債権各論 I
契約法
第2版

平野裕之
Hiroyuki Hirano

DROIT CIVIL

日本評論社

第2版はしがき

　本書の初版が出版されたのは、債権法改正が成立した直後の2018年である。その後、改正法についての書籍の出版には目を見張るものがある。しかし、今回の改訂の目的は、その間の議論の蓄積を盛り込むことに限られない。本シリーズは、2023年の債権総論の改訂から執筆方針を変更し、学生用の簡易な教科書という方針を変更した。信山社の民法総合に詳しい議論は委ねるという役割分担の予定であったが、民法総合の改訂よりも本シリーズを詳しくしていく方が遙かに楽であるため、日本評論社の編集部の了解を得て、本書を実務法曹の参照にも耐える、より詳しい解説書にした。学習用に特化した教科書が蔓延している現在、実務法曹が調べるのにハンディな書籍を心掛けた。逆にコアテキスト民法全6巻（新世社）は圧縮して新コアテキスト民法全3巻にする予定であり、中間がなくなる。話は変わるが、学生用ではないといいながら、実は本書は2024年秋学期の早稲田大学法学部の講義で使用するために改訂を急いだ。受講生にはこのような重い本を持ち運ぶ苦労をさせることになり、申し訳なく思っている。

　表記方法について1点だけ言及しておくと、初版では2017年改正は「改正法」と呼んでいたが、改正よりすでに7年が過ぎ、今更「改正法」と呼ぶことには違和感を覚えるため、第2版では「現行法」と称することにした。ただし、文脈に応じて改正法と称さざるをえない箇所もある。また、執筆方針も、自説を抑えていた初版を変更し、学術書たるべく、自説を論じることを躊躇しないことにした。それでも、あえて自説を述べていない部分が多いが、それは基本的に判例を支持する趣旨と理解してもらって結構である。

　ところで、私は2023年4月より、慶應義塾大学法科大学院を定年前に退職し、日本大学法科大学院に所属している。それまでの大規模ロースクールから少人数のロースクールに移籍して、新たな環境で本書を出版したことに

i

なる。学生数が前任校の4分の1以下であるが、それを支える職員は2倍近くおり、研究・教育のサポートが充実している。ロースクール専用の建物の講師控室には授業サポート専門の職員がいて、教材を授業の直前に持っていっても、すぐにコピーをして教室に持ってきてくれる。Zoomによる出席が全授業の半分程度まで許されるが（主に夜間学生に配慮したもの）、その録画等のセッティングなどもすべて行ってくれる。このような恵まれた環境がなければ、本書の出版はありえなかった。ここで記すのは場違いであろうが、種々のサポートをいただいた職員、また新たな職場に不慣れな自分に気を掛けてくれた同僚教員らに感謝したい。

　改訂あたっては、このシリーズの初版より担当していただいた室橋真利子さんにお世話になった。今回の改訂は多少の加筆でとどまるものではなく、全面的に書き改めたに等しく、編集作業の苦労は想像を絶するものであったと思われる。それを短期間で行ってもらった。とりわけ、初校では本文だけで700頁近くあったものを、1行1行を血の滲むような苦労で削減し、大幅な頁数の削減が実現した。無理に圧縮したため文章が不自然なものにならないよう、室橋さんには綿密なチェックをしていただいた。末筆ながら、室橋さんにはこの場を借りてお礼を申し上げたい。

2024年10月

平野裕之

はしがき

　筆者は、すでに契約法については、『民法総合Ⅴ　契約法』(信山社・2007年)を著しており、それとの関係について説明をしておきたい。同書は通読する本ではなく、辞書代わりに調べるものとして書かれており、それとは別に通読用の教科書として書かれたのが本書である。もちろん民法総合は改正法に対応しておらず、本書には改正法の解説をするという意図もある。

　ところで、100年近く前の書物であるが、中島玉吉『民法釈義』(金刺芳流堂)という単著による重厚な民法コンメンタールがある。そのシリーズが『民法釈義巻之三（債権総論）上』(1924年)まで出版され、以降の部分は未完であるが、債権総論の上巻だけで745頁にもなる詳細なコンメンタールである。債権総論上巻を出版後に、同著者が『債権総論』(金刺芳流堂)を1930(昭和5)年に出版しているが、これは学生のためにざっと読める教科書として書かれたものであり、学説の引用は全くしていないという徹底さである。ただし、学生用の簡単な書物といいつつも385頁に及んでいる。本来ならば、全てについて詳細な研究をしてから、いかに簡単な学生用教科書とはいえ教科書は執筆すべきであるという見本である。

　ところで、本書はいまだ施行前ではあるものの改正法また2018年改正相続法に依拠している。改正法の解説については、改正前とどう変わったかというbefor/afterをいちいち説明はしないことにした。それは改正法の解説書が行うことだからである。また、改正の際の議論や改正の経緯についても、いちいち言及はしていない。やはりそれも、改正法の解説書の使命であって、本書の役割ではないからである。ただし、改正規定の理解のためにどうしても議論の経緯を知ることが必要な場合については、改正の経緯についても説明している。とはいえ、改正法が成立し立法府の手を離れた現在、改正法について、解釈の名の下で内容を明らかにすることは、文言の限界を超えない限り自由であって、改正に反対していた学者が改正法の解釈として、自己の考えを主張することは自由である。もっとも、改正法についての解釈上の議論について、いまだ学説を整理するほどの議論の蓄積はなく、今後の

iii

議論に多くは委ねられている。

　今回も日本評論社編集部の室橋真利子さんに、面倒な編集作業について全面的にお世話になった。ここに感謝したい。本シリーズの財産法に関する限り、残りは『債権各論II——事務管理・不当利得・不法行為』のみとなった。その完成を進めると共に、改正法の解釈論が次第に蓄積されてきたならば、既存の他の巻についても改訂をしたいと考えている。

2018 年 7 月

平野裕之

目次

第 1 編　契約総論

第 1 章　契約の意義と分類

§Ⅰ　契約の意義 …………………………………………………………………… 2
§Ⅱ　契約の分類 …………………………………………………………………… 7
　1　典型契約（有名契約）・非典型契約（無名契約） …………………………… 7
　2　諾成契約・要物契約 ……………………………………………………… 14
　3　要式契約・不要式契約 …………………………………………………… 15
　4　有償契約・無償契約──合意と契約の限界 …………………………… 17
　5　双務契約・片務契約 ……………………………………………………… 20
　6　予約・本契約 ……………………………………………………………… 20
　7　事業者間契約・消費者契約 ……………………………………………… 21
　8　継続的契約・一時的契約 ………………………………………………… 23
　9　複数の契約の連結 ………………………………………………………… 25
　10　多数当事者による契約 …………………………………………………… 29

第 2 章　契約の成立

§Ⅰ　契約の交渉過程をめぐる法律問題 ……………………………………… 32
　1　契約交渉過程における合意 ……………………………………………… 32
　2　契約締結上の過失（契約交渉の不当破棄） …………………………… 33
§Ⅱ　申込みと承諾の合致による契約の成立 ………………………………… 46
　1　契約の成立 ………………………………………………………………… 46
　2　申込み ……………………………………………………………………… 52
　3　承諾 ………………………………………………………………………… 59

v

§Ⅲ　申込み・承諾以外の方法による契約の成立 ……………… 62
　　1　交叉申込みによる契約の成立 ……………………………… 62
　　2　承諾の通知を必要としない場合における契約の成立 ……… 63
§Ⅳ　定型約款 ……………………………………………………… 64
　　1　定型約款の意義と拘束力 …………………………………… 64
　　2　定型約款の変更 ……………………………………………… 69
　　3　不当条項の規制 ……………………………………………… 70
§Ⅴ　懸賞広告 ……………………………………………………… 71
　　1　懸賞広告の意義および法的性質 …………………………… 71
　　2　普通懸賞広告 ………………………………………………… 72
　　3　優等懸賞広告 ………………………………………………… 73

第3章 │ 契約の効力

§Ⅰ　同時履行の抗弁権 …………………………………………… 76
　　1　同時履行の抗弁権の意義・機能・根拠 …………………… 76
　　2　同時履行の抗弁権の成立要件 ……………………………… 78
　　3　同時履行の抗弁権の効果 …………………………………… 88
§Ⅱ　危険負担 ……………………………………………………… 89
　　1　対価危険と所有者危険の移転 ……………………………… 89
　　2　両者の帰責事由によらない場合
　　　　──反対給付についての抗弁権の付与 …………………… 90
　　3　債権者の帰責事由による場合──債権者主義の採用 …… 91
§Ⅲ　第三者のためにする契約 …………………………………… 93
　　1　契約の債権的効力についての相対効の原則 ……………… 93
　　2　第三者のためにする契約の意義 …………………………… 95
　　3　第三者のためにする契約の要件 …………………………… 96
　　4　第三者のためにする契約の効果 …………………………… 98
§Ⅳ　契約譲渡（契約上の地位の移転）………………………… 101
　　1　契約譲渡の意義と分類 ……………………………………… 101

目次

    2　特定の財産権と密接不可分な契約上の地位の譲渡
　　　　──賃貸人たる地位の移転 ··· 101
    3　純粋な契約当事者たる地位の譲渡──賃借人たる地位の移転 ············· 104

第4章 │ 契約の解除

§Ⅰ　解除の意義および機能 ·· 108
    1　解除の意義 ·· 108
    2　解除（法定解除）の制度の根拠 ··· 119

§Ⅱ　解除の要件──解除権の成立 ··· 121
    1　催告による解除 ·· 122
    2　催告によらない解除（無催告解除・即時解除） ··························· 137
    3　債権者の帰責事由による場合の解除の否定 ····························· 140

§Ⅲ　解除権の行使 ··· 142
    1　解除権者および解除の行使方法 ··· 142
    2　解除権不可分の原則 ··· 143

§Ⅳ　解除権の消滅 ··· 147
    1　相手方の催告による消滅など ··· 147
    2　解除権の消滅時効 ··· 148
    3　目的物の滅失・損傷による消滅 ··· 148

§Ⅴ　解除の効果 ··· 149
    1　解除の効果の法的構成 ··· 149
    2　契約関係の解消および物権変動 ··· 151
    3　原状回復義務 ··· 152
    4　損害賠償義務 ··· 160
    5　解除と第三者 ··· 161

§Ⅵ　法定解除以外の解除 ··· 163
    1　約定解除 ·· 163
    2　合意解除（解除契約） ··· 164

vii

第2編　財産の取得を目的とした契約（契約各論①）

第1章 | 贈与

§Ⅰ　贈与の意義 ……………………………………………………………… 168
§Ⅱ　贈与の成立および拘束力 ……………………………………………… 170
1　諾成契約──実質要式契約 or 要物契約 ……………………………… 170
2　贈与契約の任意解除権 …………………………………………………… 171
3　受贈者の虐待等の非行および贈与者の困窮化の場合の贈与者の保護 …… 180
4　目的不到達の法理による返還請求 ……………………………………… 184
§Ⅲ　贈与の効力 …………………………………………………………… 187
1　贈与者の履行義務 ………………………………………………………… 187
2　贈与者の適合物引渡義務・担保責任 …………………………………… 188
§Ⅳ　特殊な贈与 …………………………………………………………… 193
1　定期贈与 …………………………………………………………………… 193
2　負担付贈与 ………………………………………………………………… 193
3　死因贈与 …………………………………………………………………… 196

第2章 | 売買

§Ⅰ　売買の意義・成立 ……………………………………………………… 202
§Ⅱ　売買契約の総論規定 …………………………………………………… 203
1　売買の一方の予約 ………………………………………………………… 203
2　手付（解約手付契約） …………………………………………………… 207
3　売買契約に関する費用 …………………………………………………… 218
§Ⅲ　売主の義務（売買の効力①） ………………………………………… 219
1　財産権移転義務 …………………………………………………………… 219
2　担保責任総論（債務不履行責任の特則としての再構成） …………… 224
3　他人の権利の売主の担保責任 …………………………………………… 227
4　数量の契約不適合についての担保責任（物の不適合①） …………… 231
5　種類または品質についての担保責任（物の不適合②） ……………… 234

viii

		目次

6	権利の不適合（制限物権の存在・不存在）	260
7	競売における担保責任	262
8	不適合を知った時から1年の除斥期間	263
9	担保責任の補論	273

§Ⅳ 買主の義務（売買の効力②） 275

1	代金支払義務	275
2	売買目的物の滅失等についての危険の移転	276
3	利息支払義務	283
4	目的物および目的物に関係する書類の受領義務	283

§Ⅴ 買戻しおよび再売買の予約 284

| 1 | 買戻し | 284 |
| 2 | 再売買の予約 | 289 |

§Ⅵ 交換 291

第3編　財産の利用を目的とした契約（契約各論②）

第1章 消費貸借

§Ⅰ 消費貸借の意義および法的性質 294

| 1 | 消費貸借の意義 | 294 |
| 2 | 消費貸借の法的性質 | 296 |

§Ⅱ 消費貸借の要物性 301

| 1 | 要物性についての要件 | 301 |
| 2 | 書面による消費貸借における貸金債権の成立時期 | 302 |

§Ⅲ 消費貸借の効力 303

| 1 | 貸主の義務 | 303 |
| 2 | 借主の義務 | 305 |

§Ⅳ 準消費貸借 308

1	準消費貸借の意義	308
2	準消費貸借の成立	310
3	準消費貸借の効力	310

ix

第2章 使用貸借

§Ⅰ 使用貸借の意義および法的性質 ·········· 314
1 使用貸借の意義 ·········· 314
2 使用貸借の成立 ·········· 315

§Ⅱ 使用貸借の効力 ·········· 318
1 貸主の義務 ·········· 318
2 借主の義務 ·········· 319
3 借主の第三者との関係 ·········· 321

§Ⅲ 使用貸借の終了 ·········· 321
1 期間の定めがある場合 ·········· 321
2 期間の定めがない場合 ·········· 322
3 その他の終了原因 ·········· 327
4 契約終了後の法律関係 ·········· 329

第3章 賃貸借

§Ⅰ 賃貸借の意義および特別立法 ·········· 332
1 賃貸借の意義・成立 ·········· 332
2 不動産賃貸借をめぐる特別立法 ·········· 335

§Ⅱ 賃借権の対抗力と不動産賃借権の物権化 ·········· 337
1 "売買は賃貸借を破る"という原則 ·········· 337
2 不動産賃借権の物権化 ·········· 338

§Ⅲ 賃貸借の存続期間および終了原因 ·········· 350
1 民法による規律 ·········· 350
2 特別法による修正 ·········· 357

§Ⅳ 賃貸借の効力 ·········· 367
1 賃貸人の権利義務 ·········· 367
2 賃借人の権利義務 ·········· 386

§Ⅴ 敷金および権利金など ·········· 391
1 敷金 ·········· 391

	2	権利金など	398

§Ⅵ　賃借権の譲渡・転貸 ……… 399
　　1　賃借権の譲渡 ……… 399
　　2　転貸借 ……… 403

§Ⅶ　賃貸借契約の終了 ……… 415
　　1　賃貸借契約の終了原因と返還の当事者 ……… 415
　　2　返還義務、収去義務および原状回復義務 ……… 416

第4編　役務の取得を目的とした契約（契約各論③）

第1章｜雇用

§Ⅰ　雇用の意義・法的性質および特別立法 ……… 424
　　1　雇用の意義および法的性質 ……… 424
　　2　雇用をめぐる特別立法 ……… 426

§Ⅱ　雇用の締結および成立 ……… 427
　　1　労働条件の明示など ……… 427
　　2　未成年者との契約 ……… 427
　　3　女性労働者の差別禁止 ……… 428

§Ⅲ　雇用の効力 ……… 429
　　1　労働者の義務 ……… 429
　　2　使用者の義務 ……… 432

§Ⅳ　雇用の終了 ……… 435
　　1　期間の定めのある場合 ……… 435
　　2　期間の定めのない場合 ……… 437
　　3　その他の終了原因 ……… 439

第2章｜請負

§Ⅰ　請負の意義と法的性質 ……… 442
　　1　請負の意義 ……… 442
　　2　請負の法的性質・成立 ……… 443

§Ⅱ 請負の効力 ·· 447
   1 請負人の義務 ··· 447
   2 注文者の義務 ··· 473
§Ⅲ 請負の終了 ·· 482
   1 債務不履行による解除 ································· 482
   2 特別規定による解除 ···································· 483

第3章 | 委任（準委任）

§Ⅰ 委任の意義と法的性質 ································· 488
   1 委任の意義 ·· 488
   2 委任の法的性質 ·· 490
§Ⅱ 委任の効力 ·· 493
   1 受任者の義務 ··· 493
   2 委任者の義務 ··· 504
§Ⅲ 委任の終了 ·· 512
   1 任意解除（告知） ··· 512
   2 当事者の死亡等の事由の発生 ····················· 522
   3 委任終了の効果と終了の際の措置 ··············· 526

第4章 | 寄託

§Ⅰ 寄託の意義と法的性質 ································· 530
   1 寄託の意義 ·· 530
   2 寄託の法的性質 ·· 531
§Ⅱ 寄託の効力 ·· 534
   1 受寄者の義務 ··· 534
   2 寄託者の義務 ··· 540
§Ⅲ 寄託の終了（任意解除） ···························· 542
   1 寄託者による任意解除──いつでも、期間を定めても可能 ··· 542
   2 受寄者による任意解除 ································· 544

§Ⅳ　特殊な寄託 ……………………………………………………………………… 545

　　1　混合寄託 …………………………………………………………………… 545

　　2　消費寄託（預貯金契約等）……………………………………………… 547

第5編　その他の契約（契約各論④）

第1章 ｜ 和解

§Ⅰ　和解の意義──紛争解決契約 ……………………………………………… 566

§Ⅱ　和解の成立 …………………………………………………………………… 568

　　1　当事者間に争いが存在すること ………………………………………… 568

　　2　当事者が互譲をすること ………………………………………………… 569

　　3　争いを止める合意をすること …………………………………………… 571

§Ⅲ　和解の効力 …………………………………………………………………… 573

　　1　和解の確定効 ……………………………………………………………… 573

　　2　和解契約上の債権と当初の債権との同一性 …………………………… 577

　　3　和解の確定効と錯誤の関係 ……………………………………………… 578

第2章 ｜ 組合・終身定期金

第1節　組合 ………………………………………………………………………… 584

§Ⅰ　組合の意義 …………………………………………………………………… 584

　　1　組合契約（組合設立行為）の意義 ……………………………………… 586

　　2　団体としての組合 ………………………………………………………… 589

§Ⅱ　組合の設立 …………………………………………………………………… 591

§Ⅲ　組合の業務執行 ……………………………………………………………… 593

　　1　内部的意思決定および業務執行 ………………………………………… 593

　　2　対外的業務執行──組合代理 …………………………………………… 598

§Ⅳ　組合の財産関係 ……………………………………………………………… 600

　　1　所有権などの財産権 ……………………………………………………… 600

　　2　組合の債権（組合債権）………………………………………………… 606

　　3　組合の債務（組合債務）………………………………………………… 607

| | 4 検査権および損益分配 | 609 |

§V 組合員の変動 … 611
1 組合員の脱退および除名 … 611
2 組合員の加入・組合員たる地位の譲渡 … 615

§VI 組合の消滅 … 616

第2節 終身定期金 … 618

§I 終身定期金の意義 … 618
§II 終身定期金の主要な規律 … 619

事項索引 … 621

判例索引 … 628

条文索引 … 639

文献等略記

【教科書──2017 年改正前】

石田（文）	石田文次郎『債権各論』（早稲田大学出版部・1947）
石田穣	石田穣『民法Ⅴ（契約法）』（青林書院新社・1982）
磯谷・上	磯谷幸次郎『債権法（各論）上巻』（嚴松堂・1926）
磯谷・下	磯谷幸次郎『債権法（各論）下巻』（嚴松堂・1929）
内田	内田貴『民法Ⅱ（債権各論）［第 3 版］』（東京大学出版会・2011）
梅	梅謙次郎『民法要義巻之三債権編』（有斐閣・1912 年版復刻）
川井	川井健『民法概論 4 債権各論』（有斐閣・2006）
北川	北川善太郎『債権各論［第 3 版］』（有斐閣・2003）
来栖	来栖三郎『契約法』（有斐閣・1974）
品川・上	品川孝次『契約法上巻』（青林書院・1986）
品川・下	品川孝次『契約法下巻』（青林書院・1998）
末川・上	末川博『契約法（上）』（岩波書店・1958）
末川・下	末川博『契約法（下）』（岩波書店・1975）
末弘	末弘厳太郎『債権各論』（有斐閣・1918）
鈴木	鈴木禄弥『債権法講義［4 訂版］』（創文社・2001）
田山・上	田山輝明『債権各論上巻』（成文堂・2001）
田山・中	田山輝明『債権各論中巻』（成文堂・2001）
鳩山・上	鳩山秀夫『増訂日本債権法各論（上）』（岩波書店・1924）
鳩山・下	鳩山秀夫『増訂日本債権法各論（下）』（岩波書店・1924）
半田	半田吉信『契約法［第 2 版］』（信山社・2005）
平井	平井宜雄『債権各論 1 上契約総論』（弘文堂・2008）
広中	広中俊雄『債権各論講義［第 6 版］』（有斐閣・1994）
星野	星野英一『民法概論Ⅳ』（良書普及会・1975・1976）
水本	水本浩『契約法』（有斐閣・1995）
三潴	三潴信三『契約法』（日本評論社・1940）
三宅・総論	三宅正男『契約法（総論）』（青林書院新社・1978）
三宅・上	三宅正男『契約法（各論）上』（青林書院新社・1983）
三宅・下	三宅正男『契約法（各論）下』（青林書院新社・1978）
山本	山本敬三『民法講義Ⅳ-1 契約』（有斐閣・2005）
柚木	柚木馨『債権各論』（青林書院新社・1956）
横田	横田秀雄『債権各論』（清水書店・1908）
我妻・上	我妻栄『債権各論（上）』（岩波書店・1954）
我妻・中一	我妻栄『債権各論（中一）』（岩波書店・1957）
我妻・中二	我妻栄『債権各論（中二）』（岩波書店・1962）

【教科書──2017 年改正後】

近江	近江幸治『民法講義Ⅴ契約法［第 4 版］』（成文堂・2022）
後藤	後藤巻則『契約法講義［第 4 版］』（弘文堂・2017）
潮見・新総論Ⅰ	潮見佳男『新債権総論Ⅰ［第 3 版］』（信山社・2017）
潮見・新各論Ⅰ	潮見佳男『新契約各論Ⅰ』（信山社・2021）
潮見・新各論Ⅱ	潮見佳男『新契約各論Ⅱ』（信山社・2021）
中田	中田裕康『契約法［新版］』（有斐閣・2021）
中舎	中舎寛樹『債権法』（日本評論社・2018）
野澤	野澤正充『セカンドステージ債権法Ⅰ 契約法［第 4 版］』（日本評論社・2024）
藤村	藤村和夫『契約法（新民法基本講義）』（信山社・2018）
山野目	山野目章夫『民法概論 4 債権各論』（有斐閣・2020）

【2017 年改正法に関する書籍】

一問一答	筒井建夫＝村松秀樹編著『一問一答 民法（債権法）改正』（商事法務・2018）
大村・道垣内・ポイント	大村敦志＝道垣内弘人編『解説民法（債権法）改正のポイント』（有斐閣・2017）
検討委員会・詳解Ⅰ～Ⅴ	民法（債権法）改正検討委員会編『詳解債権法改正の基本方針Ⅰ～Ⅴ』（商事法務・Ⅰ～Ⅲは 2009、Ⅳ・Ⅴは 2010）
潮見・概要	潮見佳男『民法（債権関係）改正法の概要』（金融財政事情研究会・2017）
実務上の課題	道垣内弘人＝中井康之編『債権法改正と実務上の課題』（有斐閣・2019）
重要論点	鎌田薫ほか『重要論点 実務 民法（債権関係）改正』（商事法務・2019）
詳解	潮見佳男ほか編『詳解改正民法』（商事法務・2018）
中田ほか・講義	中田裕康＝大村敦志＝道垣内弘人＝沖野眞已『講義債権法改正』（商事法務・2017）
Before/After	潮見佳男ほか編『民法改正 Before/After』（弘文堂・2017）
民法学Ⅰ	安永正昭＝鎌田薫＝能見善久監修『債権法改正と民法学Ⅰ 総論・総則』（商事法務・2018）
民法学Ⅱ	安永正昭＝鎌田薫＝能見善久監修『債権法改正と民法学Ⅱ 債権総論・契約(1)』（商事法務・2018）
民法学Ⅲ	安永正昭＝鎌田薫＝能見善久監修『債権法改正と民法学Ⅲ 契約(2)』（商事法務・2018）
森田・深める	森田宏樹『債権法改正を深める』（有斐閣・2013）
森田・文脈	『「債権法改正」の文脈──新旧両規定の架橋のために』（有斐閣・2020）

【注釈書】

民コメ(11)～(14)［執筆者］	『民法コンメンタール(11)～(14)』（ぎょうせい）

文献等略記

注解民Ⅴ［執筆者］
　　　　　　『注解法律学全集⒁ 民法Ⅴ［契約総論］』（青林書院）

注民⒀〜⒄［執筆者］
　　　　　　『注釈民法 13 巻〜17 巻』（有斐閣）

新版注民⒀〜⒄［執筆者］
　　　　　　『新版注釈民法 13 巻〜17 巻』（有斐閣）

新注民⑾［執筆者］
　　　　　　渡辺達徳編『新注釈民法⑾Ⅱ債権⑷』（有斐閣・2023）

新注民⒀［執筆者］
　　　　　　森田宏樹編『新注釈民法⒀Ⅰ債権⑹』（有斐閣・2024）

新注民⒁［執筆者］
　　　　　　山本豊編『新注釈民法⒁』（有斐閣・2018）

新基コメ［執筆者］
　　　　　　鎌田薫＝潮見佳男＝渡辺達徳編『債権 2』（日本評論社・2020）

改正民法コンメ［執筆者］
　　　　　　松岡久和＝松本恒雄＝鹿野菜穂子＝中井康之編『改正民法コンメンタール』
　　　　　　（法律文化社・2020）

【その他】

笠井・建設工事	笠井修『建設工事契約法』（有斐閣・2023）
現代大系 1〜9	『現代契約法大系第 1 巻〜第 9 巻』（有斐閣・1983〜85）
講座 5	『民法講座第 5 巻』（有斐閣・1985）
スミッツ	ヤン・M・スミッツ／太矢一彦＝川上マーク敏明共訳『スミッツ契約法』（信山社・2021）
争点	『民法の争点』（有斐閣・2007）
争点Ⅱ	『民法の争点Ⅱ債権総論・債権各論』（有斐閣・1985）
大系Ⅰ〜Ⅶ・補巻	『契約法大系Ⅰ〜Ⅶ・補巻』（有斐閣・1962〜65）
田中・代償請求権	田中宏治『代償請求権と履行不能』（信山社・2018）
田中・追完請求権	田中洋『売買における買主の追完請求権の基礎づけと内容確定』（商事法務・2019）
古谷・不適合給付	古谷貴之『民法改正と売買における契約不適合給付』（法律文化社・2020）
民法典の百年Ⅲ	『民法典の百年第 3 巻──個別的観察⑵債権編』（有斐閣・1998）

【外国法などの略記】

BGB	ドイツ民法
CC	フランス民法典
CISG	ウィーン国連動産売買条約
PECL	ヨーロッパ契約法原則

DCFR	ヨーロッパ私法の原則・定義・モデル準則
UNIDROIT	国際商事契約準則
UCC	アメリカ統一商事法典

※ドイツ民法については、山口和人『ドイツ民法Ⅱ（債務関係法）』（国立国会図書館調査及び立法考査局・2015）、PECL については、潮見佳男ほか監訳『ヨーロッパ契約法原則Ⅰ・Ⅱ』（法律文化社・2006）、同『Ⅲ』（法律文化社・2008）、CISG については、国際物品売買契約に関する国際連合条約（外務省公定訳）、DCFR については、窪田充見ほか訳『ヨーロッパ私法の原則・定義・モデル準則 共通参照枠草案（DCFR）』（法律文化社・2013）、UNIDROIT は、内田貴ほか訳『UNIDROIT ユニドロア国際商事契約原則2010』（商事法務・2013）、UCC については、田島裕『UCC コンメンタリーシリーズ第 1 巻 総則・売買・リース』（雄松堂・2007）などを参照した。

【校正段階での参考文献の追記】
石川博康＝加毛明編『契約法の基層と革新』（東京大学出版会・2024）
鎌田薫＝加藤新太郎＝松本恒雄編『債権法改正講座 3 巻 契約』（日本評論社・2024）
ハイン・ケッツ／潮見佳男ほか監訳『ヨーロッパ契約法［第 2 版］』（法律文化社・2024）
山城一真『契約法を考える』（日本評論社・2024）

＊裁判例の引用にあたっては、カタカナのものについてはひらがなとしたうえで、適宜、句読点を付した。また、ひらがなのものについても、促音便は小文字で表記した。

第1編
契約総論

第1章
契約の意義と分類

§I
契約の意義

1-1 (1) 契約の意義

(a) 法的拘束力の認められる「合意」 民法は契約の定義規定を置いていない。DCFR 第 2 編 1:101 条は、「契約」を「法的に拘束力のある関係の発生、またはその他の法的効果の発生」を意図した合意と定義している。また、PECL2:101 条(1)(a)は、契約には「両当事者が、法的に拘束される意思を有していること」を必要としている。これらを参考にして考えると、債権契約に限定するが、法的な拘束力ある義務を引き受ける合意と契約を定義することができる。

1-2 (b) 債権契約・物権契約 ①債権債務の発生を目的とした契約を**債権契約**、②物権的な効力の発生を目的とした契約を**物権契約**という。例えば売買契約にはこの 2 つの契約が含まれている。また、③物権以外の財産について、債権譲渡などの物権契約に準じた効力を生じさせる契約を**準物権契約**という。④さらには、財産、場合によっては身体についての管理・処分権限（代理権等）を付与する契約も考えられる（財産管理権授与契約）。②と③は処分契約として括ることができるが、それらとも異質の契約である。

1-3 (2) 契約と認定する基準

(a) 財産の供給 日常生活に溢れている合意の中から、1-1 の基準により契約を見分けなければならない[1]。財産、金銭を与える場合には、対価を伴わない場合でも贈与契約などの無償の出捐契約であるから、契約であること

---

1) ローマ法では、訴権の認められた契約のみが法的保護を受けることができたが、17 世紀に至り、契約は守られなければならない（pacta sunt servanda）という一般原則が認められ、合意に広く契約としての法的拘束力を認めることに疑念が生じた。そこで、単なる合意とは区別し、契約として認められるハードルを高く設定するために、フランス法ではコーズ（cause）ないしラテン語でカウサを要求し、イギリス法では約因（consideration）を必要とした。現在では、フランス民法の改正によりコーズ規定は削除され、コーズを要件とする立法は少数になっている。そのため、契約として法的に拘束される意思があればよく、コーズに拘泥する必要はなくなっている。契約法において「約束」の重要性を探るものとして、マーティン・ホグ（太矢一彦ほか監訳）『契約における約束』（信山社・2024 年）がある。甲画の 100 万円での「売買契約」の締結（合意）は、売主は甲画の引渡しの「約束」、買主は 100 万円の支払の「約束」をするが、「約束」という概念を論じる意義は不明である。

第1章 契約の意義と分類 第1編 契約総論

の認定は容易である。自然債務（☞債権総論 3-11 以下）を負担する場合で
も契約である。

1-4 **(b) 役務の提供** 契約か否かが問題になるのは、無償で他人のために何か
を為す合意である。為すことを約束する場合でも、対価を伴えば契約と認定
できる。対価を伴わない場合が問題であり、日常生活において無償で何かを
為すことを約束したとしても、当事者が法的に債務を負担し、約束を守らな
いと債務不履行というサンクションを受けることを引き受けていなければ契
約ではない[2]。ただし、契約とは認められないとしても、不法行為が成立し
うるし、事務管理を理由とした債務不履行を問題にすることもできる。

1-5 **◆契約かどうかが争われた事例**

(1) 訴訟上の和解に際する調査返答の合意（否定）

　　原告と被告の弁護士同士が訴訟上の和解をし、その際に権利濫用の抗弁を主張
したかどうかを調査して回答するという約束がされたが、回答がされなかった事
例で、「右のような約定は、われわれの日常生活においてなす友誼的な軽い約束
のたぐいであって、当事者はこれに拘束される意思あるものとは解し得られない
から、右は法律上の保護に値しないものと認めるを相当とする。しからば、右約
束の履行を求める X の請求は、その主張事実自体に照し失当」と判示されてい
る（最判昭 34・2・26 民集 13 巻 2 号 394 頁）。隣人訴訟の事例は、1-48 に述べる。

1-6 **(2) 宅地の買主の建物建築についての約束（肯定）**

　　良好な住宅として宅地を開発分譲するに際し、買主は住宅の建築にあたって、
①住宅地の品位環境を害さないようにし、契約締結後 2 年以内に住宅を建築する
こと、②買主は、アパートまたは 3 階建て以上の建築あるいは付近の住宅に迷惑
を及ぼすような建築を禁ずるとする特約を分譲業者が各買主との間でし、その効
力が問題になった事例がある。法的効力が争われたが、「かかる分譲住宅地を買
求めて移り住むすべての買主においては、住宅環境の向上を望みつつその悪化を
おそれて、かかる特約を進んで承認し、買主相互間においても、この特約を遵守
し、その存在に信頼して生活しているものである」として特約の効力が認められ
ている（神戸地伊丹支判昭 45・2・5 判時 592 号 41 頁）[3]。

2）　社交的合意（social agreement）、例えば週末に一緒にバーベキューをするといった合意は、法的な拘束
力を当事者が欲しておらず、契約とは認められない（スミッツ 96 頁）。また、家庭内の合意（domestic
agreements）、例えば妻に夫がもう地元のバーに飲みに行かないと約束しても、法的拘束力は認められない
（スミッツ 98 頁）。ドイツの判決で、恋人同士で性交時にはピルを服用することを合意したが、女性がこれ
を守らず妊娠・出産した事例で、その法的拘束力が否定されている（スミッツ 100 頁）。ドイツの議論につ
き、一木孝之『委任契約の研究』（成文堂・2021 年）100 頁以下参照。

3

§I　契約の意義

1-7 **(3)　本書で扱う分野**

　本書は、いわゆる契約法を扱うが、民法第3編「債権」第2章「契約」の規定の解説を中心とする。契約の章の第1節「総則」の部分は「**契約総論**」と呼ばれ、契約についての通則を規定するが、そのうちの契約の効力に関する同時履行の抗弁権と危険負担は、双務契約の総論である。また、売買の規定は実質的に有償契約の総論的な性格を持っている（559条）。無償契約についての総論的規定はなく、贈与契約の規定が無償契約総論として位置づけられているわけではない。第2節「贈与」以下の個々の契約規定の部分は、講学上「**契約各論**」と呼ばれている。

1-8 **◆理念としての契約像と現実の契約――契約法理の指針の設定**
(1)　合理的理性人同士の契約？

　契約理論の指針に関わるが、契約、そしてその当事者をどのように設定して契約理論を構築するかは、近代から現代に至るまで議論が尽きない。19世紀には、自由・平等を理念とし、合理的理性人を想定して私人の意思自治に委ねることが理念とされた。しかし、実際の契約は平等ではなく、強者側の自由のみがあるにすぎない。そのため、フランスでは、意思自治から「有用性」「契約正義」へと修正原理が提案され、連帯主義といった観点から「契約の均衡」などの種々の原理が提唱されており、契約法の再定理が問題になっている（金山直樹『現代における契約と給付』[有斐閣・2013年] 3頁以下）[4]。

1-9 **(2)　契約の理念の修正**

　しかし、これに対しては、契約法では予見可能性（計算可能性）が必要なので、取引の安全が第一の要請になり、そのためには明確な規範、安定した結論、そして正確な概念が必要であるなどと批判がされる。フランスでは、裁判官による契約への自由な介入に対しては否定的な傾向があり、裁判官のフリーハンドの判断につながるので法的安定性を害するという懸念が示されている。また、連帯主義は、法と法外を混同しており、契約をすることは宗教に入ることでもなく、人間愛において他者と一体になることでもない、契約法は、あるがままの人間にあわせて構想すべきであるとも批判される。

1-10 **(3)　裁判所による契約への介入の是認**

　こうして、合理的理性人による自由・平等契約という理念の反動ともいうべ

---

3)　建築基準法の建築協定は、その地域の市町村の認可を得て公告がされることで、同意後の土地の譲受人にも対抗できる（建築基準法75条）。この要件を満たさない限り、同様の内容の合意がされても、第三者に対する効力は認められない（前掲神戸地伊丹支判昭45・2・5）。

4)　イギリス法を体系化しないように裁判官らに呼びかけたマクミランは、「偉大なるアメリカの裁判官が我々に思い出させるのは、法の営みは論理ではなく、経験であるということである」と述べている（スミッツ11頁）。

き、連帯・友愛の精神に基づく契約関係の規律というのも、現実の人間の行動を無視し過ぎである。他方で、均衡等の新たな柔軟な理論は、裁判官に過度の評価の自由を与えるため法的安定性とも抵触することになる。中庸を探るしかないが、日本では裁判官に自由裁量を認めることに対して、そこまで過度の不信感がないことは、類推適用、信義則、権利濫用法理が多用されていることからもわかる。具体的妥当な解決に対して、より力点が置かれてよいといえよう。日本には契約解釈の規定がなく（比較法として異例）、民法改正では明文を設けることが検討されたが断念された[5]。

1-11

(4) 私的自治・当事者による変更に委ねる 2017 年改正

2017年民法改正の根底にある基本思想として、任意法規を置きつつも、契約・合意に任せ、個別具体的事例で民法規定の適用が不適切なものにならないように当事者に任せようという意図が透けてみえる[6]。当事者の合意によって決定されることを期待し、あくまでも民法規定は補充的な位置づけになる。例えば、異議をとどめない承諾を廃止して抗弁放棄に任せる、連帯債務の絶対効を制限して当事者の特約に任せる等である。また、新しい契約責任論に基づき、債務不履行責任として要件・内容については、当事者の合意に任せ、どのような結果までを引き受けているのかという契約解釈の問題とされている[7]。

---

5)　＊契約解釈　中間試案は概ね以下のような規定の導入を提案していた（DCFRにつき☞注2-18）。①口頭または書面による「表示」がある場合には、その表示の意味を確定することが必要になり、ⓐ当事者の共通の意思を探り（共通の意思の探究）、表示に拘泥すべきではない（事実認定）。ⓑこれが不明確または積極的に齟齬している場合には、客観的解釈により表示の意味内容を確定する（規範的解釈）。判例では当事者の「合理的意思」の探究などといわれる。②口頭または書面の表示がなければ、裁判所に契約内容の補充権限が認められる（補充的解釈）。これは「黙示の意思表示」と呼ばれ、やはり当事者の「合理的意思」に従って契約内容──もし合意をしていたらこのような契約を締結していた──が補充される。実際の運用では①ⓑと②は明確には区別されていない。いずれも任意規定と異なる認定も可能である。

6)　＊契約の規律　契約についての規律は、①まず、契約の給付の性質によりその給付またはその給付に類似する給付についての典型契約の規定が適用される。②しかし、契約法の規定は任意規定なので、特約によって異なる規律とすることができ、特約の存在が自己にとって有利な当事者が主張することになる。③特約の主張に対して、公序良俗違反または消費者契約であれば消費者契約法10条違反などが主張される。④任意規定と異なる慣習法があれば、これが優先的に適用される（92条）。問題は、契約法に明確な規定がない事項の規律である。関連規定の類推適用、信義則から問題の権利・義務を導く、さらには、契約の規範的解釈──裁判官による補充的解釈による補完も考えられるが、日本では認められていない──により補完されることになる。

7)　法制審において立法に関係した中田教授は、1990年頃から、日本では契約自由の強調ないし合意の重視という流れがみられ、①契約自由の復権、②「契約利益」を中心とする債権法の構築、そして、③契約の保護（ないし契約尊重の原則）の3つをその例として指摘する。そして、①と②とが合流し、債権法改正論議の中で「1つの有力な立場」を占めるに至ったと指摘している（中田裕康「債権法における合意の意義」新世代法政策学研究8号［2010］4頁［同『私法の現代化』（有斐閣・2022）所収］）。

§ I 契約の意義

1-12 **◆契約の個数**

(1) 目的物が複数の場合

物の給付と役務の給付が目的とされている場合に、1つの混合契約なのか、複数の契約が同時に締結されているのかが問題となるだけではなく、目的物が複数の契約の場合に、目的物ごとの契約なのか、1つの契約なのかが問題となる。

例えば、コンビニでおにぎりを3つ買う場合、これは1つの売買契約であっておにぎりごとの3つの売買契約と考える必要はない。隣接した甲地と乙地をそれぞれ違う所有者から購入するのは2つの契約であるが、同一人所有の隣接する甲地と乙地を買主や賃借人が1つの目的のために購入ないし賃借をする場合、1つの契約と考えるべきであろうか。

1-13 **(a) 1つの契約だとすると** 隣接した土地を同一の所有者から購入した場合、登記申請の関係で別々の契約書を作成したとしても、買主がそれらを1つの土地として利用する予定の場合、契約解釈によって1つの契約と考える可能性がある[8]。目的物の個数は必ずしも契約の個数には直結しない。一方の土地に問題があった場合、1つの契約ならば契約全体が無効・取消し・解除が認められるか、一部無効・取消し・解除になるかという議論になる。一部不履行で全部解除ができるのかは、全部が揃って初めて買主が契約をした目的が達成できる場合（不可分的目的の場合）であることが必要である。買主は、全部解除や取消しができる場合でも、不履行や不適合のある土地のみの一部解除を選択することもできる。

1-14 **(b) 複数の契約だとすると** 他方で、契約書が複数あるため、それぞれの土地の売買契約であると考えることもできる。このように考えると、一部のみ債務不履行や不適合があった場合、複合契約論（☞ 1-67）により、解除の範囲を他の土地に拡大するか、他の土地については錯誤取消しを問題にすることになる。この場合にも、解除権の拡大を主張するかどうかは、買主の自由に任される。こうして、実際には契約の個数の判断が微妙な事例は少なくなく、1つか複数か、いずれと構成しても結論に差が出ないような解釈運用をすることが好ましい。なお、個数論は、客体が複数の場合だけでなく、主たる契約に従たる契約が付随する場合（パソコンの購入＋3年間の有償サポート契約）、2つの契約なのか、売買についての特約にすぎず契約は1つだけなのかというように問題になる。

---

8) 最判昭39・6・19民集18巻5号806頁は、原判決が「本件賃貸借は所論2筆の土地を一括して賃貸借の目的としたものであり、かつ、上告人が本件第1の土地上に所論石油貯蔵庫を建築したのは本件第2の土地及びその地上の事務所その他の建物とともに石油類販売のため右2筆の土地を総合的に利用しようとするにあること」を認定しており、「石油貯蔵庫建築による用法違反は本件借地全体に対する解除原因とするに妨げない」と判断したことは、原判決挙示の証拠関係に徴し首肯でき、「目的物が複数存する場合には、その数だけの契約の存在を認めるべきが経験則に合する旨をいう所論は、独自の見解として採用できない」と判示しており、1つの契約として全部の解除を認めている。これに対して、借地についての最判平9・7・1（☞ 9-39）、借家についての最判平25・4・9判時2187号26頁（☞ 11-50）は、契約が複数であることを前提として議論している。

第1章　契約の意義と分類　第1編　契約総論

1-15

⑵　給付が複数である場合

　混合契約は複数の給付が密接不可分に1つの目的を達成する関係にある場合であり、複数の給付が同一契約でなされただけでは足りない（☞ 1-26）。そのため、契約自体は別々にされていても、それらが不可分一体の給付である場合には、これを1つの混合契約と解することが可能である。例えば、有料老人ホーム入居契約は、居室への入居と介護等の種々のサービスの提供を受ける契約とからなり、高齢者にとっては両者が終の棲家として不可欠である。そのため、2つを別の契約で締結する場合（別型）でも、1つの混合契約となる。

　なお、複数の契約が結びついていて、主たる契約・従たる契約と認められる場合や、いわゆる複合契約（☞ 1-67）と認められる場合が考えられる。前者では、主たる契約が従たる契約の行為基礎をなしており、主たる契約の効力の喪失により、従たる契約も効力を喪失する（ないし解除権が認められる）と考えられる。

§Ⅱ
契約の分類

1　典型契約（有名契約）・非典型契約（無名契約）

1-16

⑴　典型契約（有名契約）

　「契約」の章の第2節以下（549条〜696条）に規定されている「贈与」から「和解」までの契約を、典型的な契約という意味で**典型契約**、また、民法典に名称を持つ契約という意味で**有名契約**[9]という。典型契約は契約の目的を基準に次のように分類することができる[10]。

> ①　"財産の取得"を目的とする契約（贈与・売買・交換）→本書第2編
>
> ②　"財産の利用"を目的とする契約→本書第3編
>
> 　ⓐ　消費貸借　受け取ったその物を返還するのではなく、受け取った物を

---

9)　旧民法は、この点につき規定を置き、財産編303条は、「合意には有名のもの有り無名のもの有り」（1項）、「有名の合意は固有の名称ありて本法又は商法に於ける特別の規則の目的たるものなり特別の規則を設けざる総ての場合に於ては其合意は本部の規則に従ふ」（2項）、「無名の合意は本部に掲げたる合意の一般の規則に従ひ又有名の合意に特別なる規則は其合意と最も類似する無名の合意に之を適用することを得」（3項）と規定していた。しかし、解釈に委ねることとし、これに対応する規定は明治民法には採用されなかった（大村敦志『典型契約と性質決定』［有斐閣・1997年］22頁以下参照）。

7

消費してそれと同じ種類の物を返還する契約

　　ⓑ　**賃貸借・使用貸借**　受け取った物を善管注意をもって利用し、契約の
　　　終了時にその物自体を返還する契約

　③　**"役務の取得"を目的とする契約**（雇用・請負・委任・寄託）
　　→**本書第4編**

　④　**その他の契約**（和解・組合・終身定期金）→**本書第5編**

1-17　　◆**契約書の作成にあたっての契約法規定の意義**
　　　⑴　**弁護士によるリーガルチェックがされる**
　　　　日頃の日常生活における契約では、いちいち契約書で契約関係を規律すること
　　はせず、当事者のいずれにも偏らない中立・公平な規律を定めた任意規定による
　　規律に任せて、契約締結を簡略化することになる。ところが、弁護士が事業者の
　　ために、事業者間のそれ限りの契約や汎用性のある契約ひな形を作成する場合、
　　民法の規定はさておき、起きうるすべての問題を網羅した契約条項を作成するこ
　　とになる。顧客たる事業者に有利な契約内容にすることを第1に考え、民法の規
　　定については、契約条項がそれと異なる場合に、その条項が無効にならないかと
　　いう点がチェックされる。プロの弁護士が報酬をもらって作成するので、必要な
　　規定は網羅し、民法の規定との抵触そしてその効力のチェックがされている。

1-18　　　⑵　**典型契約において考えられている機能との齟齬**
　　　　⒜　**契約書の不備の補完**　典型契約においては、多くの合意は「不明瞭・不完
　　全」なので、「それを明瞭・完全にする規準（任意規定）」を定めたのが典型契約
　　の規定と理解されているが（我妻・上47頁以下）、弁護士のリーガルチェックの入
　　った契約書が、不明瞭・不完全ということは考えられない。民法による補充の必
　　要はなく、民法との抵触、抵触する場合の効力を検討しつつ条項を作成すること
　　になる。したがって、契約条項のほとんどは民法の確認であり、民法規定によっ

10）　整理・分類は、動植物など色々な分野でされている。植物でいえば、種子植物・種子を作らない植物、
　被子植物・裸子植物等とは別に、それぞれにつきまめ科、ひるがお科などがあり、その中にも多様な植物が
　ある。ひるがお科でいえば、サツマイモのように芋を地中に作るもの、大木になるもの（キュウリにもキュ
　ウリの木という木になるものもある）まである。契約にも、有償・無償、財産供与・役務提供等があり、契
　約の一種である売買の中にも動産売買、不動産売買、権利の売買など、さらに下位の分類がある。法的な分
　類の意義は、分類によって適用される規定・規律が異なることにある。目的物や給付の種類だけでなく、主
　体による分類（商人、事業者、消費者等）も問題になり、保証規定では、保証人が誰か、主債務がどういう
　ものかによってかなり精緻な分類がされている。一方で事例に応じて多様な法的扱いをする必要性があるが
　（例えば、利率規制における元本額の考慮、個人保証人保護における経営者保証人またこれに準ずる者の排
　除）、実際の運用の便宜や訴訟のことを考えると、単純化の要請もある。時効期間の単純化、法定利率の一
　本化（商事時効や商事法定利率の廃止）といった単純化の流れがある一方、消費者・事業者による区別とい
　った新たな分類による法的扱いの差も現れている。

第1章　契約の意義と分類　第1編　契約総論

て規律されるのは、契約書も定型約款もない事例である。

1-19　　(b)　**消費者契約における準強行規定性**　契約関係を規律する規定は、強行規定ではないので当事者が自由に決められるが、当事者の合意がない場合について、いずれの当事者にも偏らない中立公平な解決——過去の判例法理の成果——が採用されている。そのため、当事者の交渉によってそれとは異なる合意は許されるものの、消費者・事業者間の消費者契約においては、準強行規定とされる（消費者契約法10条）。すなわち、これと異なる内容の合意で、信義則に反して消費者に不当に不利益をもたらす内容である場合には——548条の2第2項は実定法規定との抵触は要件とはされていない——、その契約の合意部分を無効とする。

1-20　　(c)　**典型契約論**　典型契約論とは、一言でいうと従前の理解に対して典型契約の意義を再認識する考えといってよい[11]。従前、契約には契約自由の原則が当てはまり、当事者が自由に決められるので、民法の規定はどの契約かの選別を経て<u>補充的に適用される</u>といった程度の意義しか認めていなかったが、(b)の準強行規定性を有する契約を選択し必要な修正を加える自由と考えることになる（小粥太郎『民法の世界』[商事法務・2007] 49頁参照）。また、実際の契約を、典型契約による内容確定、典型契約ではない契約についての個別的な内容確定という別ルートを定める「準拠枠設定機能」といったものも認められている（山本敬三「契約法の改正と典型契約の役割」同『契約解釈の構造と方法Ⅰ』[商事法務・2024] 333頁以下）。典型契約としての認定は、契約締結、認定等において省力化という大きな意味を持つことは否定できない（大村・前掲注1-9が詳しい）[12]。

1-21　(2)　**無名契約（非典型契約）および混合契約**

　(a)　**非典型契約および混合契約の意義**　民法の典型契約のいずれの給付にも該当しない給付を目的とする契約を**非典型契約**または**無名契約**という。また、複数の典型契約の給付が密接不可分に組み合わされた契約を**混合契約**と

11）　加藤雅信＝加藤新太郎編『現代民法学と実務(上)』(判例タイムズ社・2008年) 5頁以下 [大村敦志] では、大村教授による趣旨説明がされている。「典型契約」としての「類型」の有効性・有用性を再認識すべきであるという主張と、典型契約の機能として、①「分析基準としての機能」、②「内容調整のための機能」および③「創造補助のための機能」の3つを挙げる。社会学などを参考にした、類型やモデルが持つ「情報縮減機能」に着目するものである。動植物の分類、建築物の分類など多様な分類がされその学問的意義が問われているが——学問により分類の意義は異なろう——、契約を典型契約に分類し——これも国により一様ではない——、その意義、どう整理するかといった議論——役務提供契約といった一般規定を置くか——は、立法論・解釈論において有意義である。典型契約についてのこのような学理的な議論、および1-19の準強行規定性を認める議論を、「典型契約論」と呼ぶかどうかは措き重大な功績である。

12）　どうして典型契約規定が重視され尊重されるべき——なるべく典型契約規定が適用されるべき——なのかについては、「典型契約に関する規定は、それぞれの典型契約における各当事者の利益の公正・妥当な保護に資する有用な道具としての性格（これは典型契約に関する規定に本来的に期待される性格である）を確保しうる」ためである。しかし、これは任意規定一般にいえることで、典型契約論ではなく任意規定論に一般化できる。

9

§Ⅱ　契約の分類

いう[13]。無名契約と分類されるためには、典型契約にはない給付が中心的な契約内容となっていることが必要なのかは議論がある。例えば、有料老人ホーム入居契約についていうと、賃貸借と介護等の給付（準委任）を内容としており、混合契約とする学説と、これらが不可分一体となった特殊な契約であるとして無名契約と分類する学説とがある。

1-22　◆**無名契約が認められた具体例**

(1) 在学契約

(a) 在学契約の特殊性　最判平 18・11・27 判時 1958 号 62 頁は、「在学契約は、大学が学生に対して、講義、実習及び実験等の教育活動を実施するという方法で、上記の目的にかなった教育役務を提供するとともに、これに必要な教育施設等を利用させる義務を負い、他方、学生が大学に対して、これらに対する対価を支払う義務を負うことを中核的な要素とする」。「教育役務の提供等は、各大学の教育理念や教育方針の下に、その人的物的教育設備を用いて、学生との信頼関係を基礎として継続的、集団的に行なわれるものであって、在学契約は、学生が、部分社会を形成する組織体である大学の構成員としての学生の身分、地位を取得、保持し、大学の包括的な指導、規律に服するという要素も有している」。

1-23　**(b) 在学契約の法的性質**　「在学契約は、複合的な要素を有するものである上、上記大学の目的や大学の公共性（教育基本法 6 条 1 項）等から、教育法規や教育の理念によって規律することが予定されており、取引法の原理にはなじまない側面も少なからず有している。以上の点にかんがみると、在学契約は、有償双務契約としての性質を有する<u>私法上の無名契約</u>と解するのが相当である」。

1-24　**(2) フルペイアウト方式によるファイナンス・リース契約**

(a) 賃貸借ではない　サブリースについては特殊な賃貸借と理解するのが判例であるが（☞ 9-7）、最判平 7・4・14 民集 49 巻 4 号 1063 頁は、フルペイアウ

---

13)　*混合契約の意義　混合契約も、ドイツ法を参考にして、①定型結合契約（数個の給付が結びついていて、そのいずれもが単独では主たる給付とみられない場合）、②二重提携契約（典型契約上の 2 つの給付が相互に交換される場合〔労務提供に対して、居室を対価として貸与する〕）、および、③定型融合契約（混合贈与）とされる。混合贈与は、給付が価格的に一部分のみ対価関係に立ち、これを超える部分は無償で与えられるもの。いわば、売買と贈与の混合とに分けられる。「それぞれ独自の経済的目的を有し、当事者もこれを別個の（経済的には相互関連するものとしながらも）ものとみている 2 つの契約が相互に結びついていて、その 1 つの有効性または現実の実現性が他方の有効性の条件または契約の基礎と考えられている、という場合（たとえば、旅館を賃貸すると共に、そこに備えつけた旅館用の家具・什器を売却した場合）も考えられるが、これは 1 個の混合契約なのではなくして、全く 2 個の契約の結合したものにほかならない」といわれる（新版注民⑭5 頁〔柚木馨＝高木多喜男〕）。しかし、単に 2 つの典型契約の給付を 1 つの契約で合意する場合も、混合契約と理解されているといってよい（DCFR II.-1:107 条 1 項の定義はそのようなもの）。1 つの契約でなければならず、2 つの別々の契約の給付が密接不可分に結びついている場合には、いわゆる複合契約である（☞ 1-67）。しかし、いずれかの認定は微妙である（混合契約につき、我妻・中二 883 頁以下参照）。

10

ト「方式によるファイナンス・リース契約は、リース期間満了時にリース物件に残存価値はないものとみて、リース業者がリース物件の取得費その他の投下資本の全額を回収できるようにリース料が算定されているものであって、その実質はユーザーに対して金融上の便宜を付与するものであるから、右リース契約においては、リース料債務は契約の成立と同時にその全額について発生し、リース料の支払が毎月一定額によることと約定されていても、それはユーザーに対して期限の利益を与えるものにすぎず、各月のリース物件の使用と各月のリース料の支払とは対価関係に立つものではない」。無名契約とは明言していないが、賃貸借とは異なることを認めている（現在、担保法改正で検討中）。

1-25 　**(b)　会社更生手続におけるリース料債権の扱い**　　上記判例は続けて以下のように述べる。「会社更正手続の開始決定の時点において、未払のリース料債権は、期限未到来のものも含めてその全額が会社更生法 102 条にいう会社更生手続開始前の原因に基づいて生じた財産上の請求権に当たる」。「同法 103 条 1 項の規定は、双務契約の当事者間で相互にけん連関係に立つ双方の債務の履行がいずれも完了していない場合に関するものであって、いわゆるフルペイアウト方式によるファイナンス・リース契約において、リース物件の引渡しをしたリース業者は、ユーザーに対してリース料の支払債務とけん連関係に立つ未履行債務を負担していないというべきであるから、右規定は適用されず、結局、未払のリース料債権が同法 208 条 7 号に規定する共益債権であるということはできない」。「本件リース契約に基づく未払のリース料債権を会社更生手続によらないで請求することはできず、また、会社更正手続開始決定の後は、未払のリース料の支払を催告して本件リース契約を解除することはできない」。

1-26　**◆混合契約の規律**
(1)　無名契約と混合契約
　典型契約にない給付を中核たる目的としていれば、従たる給付として典型契約の給付を目的としていても無名契約になる。逆にいうと、典型契約にない給付を目的としていても、それが主たる給付でなければ混合契約になる（☞注 1-13）。並列的な給付の場合と、主従の区別ができる場合とが含まれる。無名契約を、①典型契約の給付以外の給付を主とする契約に限定するか、それとも、②典型契約の給付を内容とするが、それらが一体不可分に結合して独自の客観的意義を有する場合も、混合契約とはせずに無名契約と認めるかは議論がある。②において無名契約とするか混合契約とするか、1-28 にみるように、適用条項が演繹的に当然に導かれるものではない。

1-27　**(2)　混合契約の例**
　混合契約かどうかが議論される契約に製作物供給契約があり、この点は後述する（☞13-9）。預金契約は、「消費寄託の性質を有する」が、預金契約に基づい

§II 契約の分類

て金融機関の処理すべき事務には、「振込入金の受入れ、各種料金の自動支払、利息の入金、定期預金の自動継続処理等、委任事務ないし準委任事務」の性質を有するものも多く含まれると認められているが、混合契約として性質決定することを明言していない（最判平 21・1・22 民集 63 巻 1 号 228 頁）。有料老人ホーム入居契約は、居室の賃貸借に、介護給付、食事、健康管理サービス、レジャーサービス等、人生の最後の終の家として、様々な給付を目的としている。入居者が元気な場合には居室の賃貸借が中心、介護なしに生活できない状態であれば、介護が中心となる（☞ 1-15）。

1-28 **⑶ 混合契約の規律——給付についての規定の修正可能性**

最判昭 31・5・15 民集 10 巻 5 号 496 頁は、浴場用建物ならびにこれに附属する物件の賃貸借契約と浴場経営による営業利益の分配契約とが不可分的に混合した一種特別の契約につき、「その契約に或る典型契約の包含するを認め、これにその典型契約に関する規定を適用するに当っては、<u>他に特段の事情の認むべきものがない限り右契約に関する規定全部の適用を肯定すべきであって、その規定の一部の適用を認め他の一部の適用を否定しようとするためには、これを首肯せしめるに足る合理的根拠を明らかにすることを必要とする</u>」と判示する。賃貸借契約であり、当時の借家法の適用が問題になった。原判決が正当事由（借家法 1 条ノ 2［当時］）の適用を認めながら、賃料の増額請求の主張を排斥したのを破棄差し戻している。ただし、傍論として下線のように例外の余地を認めている[14]。DCFR II.-1:107 条 2 項は、「適切な補正をなした上で」その契約類型に関する規定を適用するものと規定する。

1-29 **⒝ 無名契約の規律**

㋐ 典型契約的給付を含む場合　無名契約と混合契約の区別は微妙である。サブリース契約（☞ 9-133）については、賃貸借なのか、自己の名での賃貸物件の管理を委託する契約なのか、はたまた共同事業を行う組合なのか、契約自体の理解について議論がある。しかし、重要なのは民法の典型契約の規定の適用をめぐる判断であり（混合契約につき☞ 1-28）[15]、無名契約か混合契約かいずれと評価するかで結論が変わるべきではない。無名契約でも、典型契約の要素を含んでいる場合、混合契約同様その適用を無制限に認めてよいかの判断が必要になる。

---

14) 例えば、空家について、所有者から居住を認める一方で、建物の管理や所有者宛ての郵便物の管理といった、賃借人としての善管注意義務を超えた建物の管理を引き受ける場合、住む必要もないのに管理のために占有するもので管理委託が中心なのか、住むことが中心で管理はついでのようなものなのか事例により異なろうが、混合契約、無名契約、負担付使用貸借など分類は容易ではない。使用貸借ではなく委任の報酬と賃料が清算されている賃貸借の要素を含むのか、借地借家法の適用にまで問題は及ぶことになる。

第1章 契約の意義と分類 第1編 契約総論

1-30 **(イ) 全く独自の給付を目的とする場合** 例えば、在学契約においては、教育役務給付については準委任同様の規律を受けるが、大学からの解除や学生からの退学については、在学契約独自の規律がされるべきである。ファイナンス・リース契約は、購入代金の融資＋購入代行・買主としての税務・会計処理の委託が契約内容であり、賃貸借ではない。リース物件に不適合があり使用できなくても、賃料ではないのでリース料支払義務は免れず、かといってユーザーは買主ではないので、売主に対する修補等の責任追及ができない。実際には「特約」という形で、リース会社が売主に対する売買契約上の権利を、リース物件の不適合についての免責条項の見返りにユーザーに譲渡している。

1-31 **◆形式が仮託されている場合に基準とされる給付**

クレジット契約は、契約形式は依頼者の代金の立替払いをして、その求償権を利息を付けて分割払いするものであり、経済的には代金の融資に等しい。実質は金銭消費貸借であるが、形式は立替払いという準委任契約になる。ファイナンス・リース契約（☞ 1-24）も、賃貸借という形式を採りながら、その実質は、買主の代わりに目的物を買い取り、買主としての会計・税務処理を行ってもらうと同時に、代金の立替払いをして利息を付けて分割払いにするものであり、金銭消費貸借契約の実質を中核とする。脱法目的の場合には、隠匿行為を真の契約内容として規律することも考えられる。いわゆるチケット金融は、チケットの売買契約の形式を採用するが、貸主がチケットを買い取る者とグルになって行う金銭消費貸借契約と認定すべきである（☞注 7-3）。

15) 無名契約や混合契約で、典型契約に属する給付が含まれていても、直ちにその規定を適用する、また、典型契約の給付に類似する給付を目的としている場合に、その類似する給付を目的とする契約の規定を類推適用し、全く適切な規定がない場合には契約条項を適用しまた判例による適切な法創造を行うというのが、簡単明瞭であり原則論としてはこれでよい。しかし、その無名契約また混合契約において、契約全体としてどのようなことを達成しようとしていたのか、当事者の目的（主観的なものである場合には、相手方が了知していることが必要）の実現に最も寄与する解決を模索すべきである。ある典型契約の給付が契約内容に含まれていても、その適用が排除されることも考えられる。有料老人ホーム入居契約では、終の住まいの保証が契約目的であり、サービス提供など準委任的給付の部分は、ホーム側が自由に解除して廃止できると考えるべきではない。他方で、入居者側からは、自由にサービス利用を停止・再開できてよい（枠契約であり、停止は解除ではない）。

13

§Ⅱ　契約の分類

2　諾成契約・要物契約

1-32　(1)　諾成契約

　申込みと相手方の承諾だけで成立する契約を、**諾成契約**という。また、要式契約に対して、何ら要式を必要としないという意味で**不要式契約**ともいう。民法は、「契約は、契約の内容を示してその締結を申し入れる意思表示（以下「申込み」という。）に対して相手方が承諾をしたときに成立する」（522条1項）、「契約の成立には、法令に特別の定めがある場合を除き、書面の作成その他の方式を具備することを要しない」（同条2項）と、**諾成主義の**原則を宣言している[16]。ローマ法では契約の成立には一定の儀式が必要であったが、中世において、合意をした以上は契約を守るべきであるという教会法的思想、また、自然法の思想からは意思の合致さえあれば契約が成立すると考えられ、諾成主義が採用された。

1-33　(2)　要物契約

　(a)　**要物契約の意義と民法の規定**　他方で、民法には、当事者の合意だけでは契約は成立せず、物の交付が成立要件とされている契約がある[17]。合意だけでは足りず物の交付が契約の成立のために必要な契約を**要物契約**という。現在では消費貸借（587条）が典型契約としては唯一要物契約であるが、2017年改正前は、使用貸借（旧593条）、寄託（旧657条）も要物契約とされていた。なお、消費貸借についても、書面による場合に限り合意だけで契約が成立することが認められている（587条の2）。

1-34　(b)　要物契約の存在の意義

　(ア)　**無償契約以外**　典型契約以外の民法上の契約としては、質権設定契約（344条）が要物契約とされ、代物弁済契約（482条）——弁済としての効力を付与する代物弁済契約についてであり、債権契約については諾成契約——、

---

16)　**＊成立時期についての合意**　契約の成立要件を合意することも可能である。例えば、契約書を作成し消費者が署名押印して事業者に交付した時に成立する、第1回目の料金の支払があった時に成立するといった合意も可能である。ただ、成立した契約の効力によって契約の成立時期が定められるというのは矛盾する。合意の際に口頭で取り決められ、契約書はその合意を確認するものと理解せざるをえない。

17)　契約法の要物契約では物の交付は有効要件かのように規定されているが（587条）、これは起草者が契約の成立要件と有効要件との区別を十分にできていなかったことによるものであり、解釈上は成立要件と理解されている。

手付契約（557条）も要物契約と考えられている。しかし、手付契約については諾成契約と考えるべきである（☞6-37以下）。代物弁済契約、質権設定契約および手付契約については、それぞれ独自の根拠に基づくものである。

1-35　**(イ)　無償契約**　消費貸借、使用貸借および寄託が要物契約と考えられるのは、無償契約の拘束力の緩和ないし否定という点に根拠があった。現行法も諾成契約の原則を貫きながら、無償給付者を保護するという方針を維持する。贈与契約における、諾成契約であるが書面がなければいつでも解除ができるという法規制を無償契約に一般化したのである。ただし、消費貸借契約については、諾成契約として、無利息の場合に書面がなければ貸主は自由に解除ができるという方式は採用しなかった（☞7-23以下）[18]。

3　要式契約・不要式契約

1-36　**(1)　原則としての不要式契約**

(a)　契約不成立とされるもの　諾成契約の原則に対する例外には、要物契約のほかに、契約書の作成を契約の成立要件とする**要式契約**がある。諾成契約は、要式契約に対して**不要式契約**ともいわれる。消費貸借契約は、要物契約が原則であるが、要物契約の原則に対する例外が認められるためには要式契約でなければならない。ヨーロッパの民法では贈与は公正証書による要式契約であるが、履行されれば給付の返還は請求できない（実質的に要物契約）。日本民法では、保証契約が要式契約であり（446条2項・3項）——151条の合意も書面が必要——、履行しても無効のままである。

1-37　**(b)　特約が無効とされるだけのもの**　また、借地借家法には、定期借地契約（☞9-84）および定期借家契約（☞9-82）については、書面によらなければならないという規定がある。例えば、定期借家契約でいうと、書面は定期借家契約としての成立要件にすぎず、定期借家契約書がないまたは契約書に定期借家についての規定がなく口頭で合意されているにすぎない場合には、定期借家とするという特約の部分のみが無効とされるだけである。賃貸

18）「それぞれの契約が何故要物性を有するのかということがわからないままこれを排したり、修正したりするのである。嘆かわしいというより、憐憫の念を起こさせる」という批判がある（木庭顕『新版現代日本法へのカタバシス』［みすず書房・2018年］139頁）。ただ、日本法は、スイス債務法のように諾成主義を徹底する立法モデルと共に、比較法的には興味深い一例を加えたということはできる。

借契約は通常の借家契約として有効に成立する。

1-38 　　(c)　**契約の効力に影響のないもの**　なお、消費者契約において、事業者に契約書の作成、消費者への交付を義務づけ、その違反に各種の罰則が用意されている契約がある（例えば、貸金業法17条、特商法4条等）。しかし、違反に対して業法上の規制や、クーリングオフの期間満了の否定という効果は認められるだけで、契約の成立は否定されない。なお、(a)(b)の場合、契約書を2通作成して相手方に1通を交付することは、成立要件ではない。

1-39 **(2)　要式契約の根拠**

　　要式契約の根拠には種々のものがある。①まず、無償契約につき軽率に約束して拘束されるのを否定するため、諸外国では贈与契約につき書面の作成——しかも公正証書——が契約の成立要件とされている（☞5-7）。②また、フランス民法では、個人との800ユーロ以上の代金の契約については契約書の作成を必要としている。高額な契約については、証拠を残させ、紛争を未然に防止することを目的としている。③英米では詐欺防止法により、一定の契約については、契約書を作成しかつ債務者の署名を具備していない限り、契約に基づく裁判上の救済が与えられない——ただし、例えば保証契約であれば、保証人が履行してしまえば有効な履行と扱われる——。日本の民法では、要式契約は保証契約だけである（446条2項・3項）。

1-40 　　◆**公正証書による契約**

　　　ヨーロッパには公証人制度が普及しており、法律によって一定の契約には公証人の作成する契約書面（公正証書）による要式契約とされる例があり、これが次第に増加している。これは、公証人による紛争の予防を期待してのものである。弁護士が紛争解決のための職種であるのに対して、公証人は紛争を予防するための職種と考えられており、単に法の要求する書面を粛々と作成するのではなく、その作成に際して種々の説明・助言を行い紛争の予防に努めるのである。

　　　公正証書は、①公証人が作成したものであるため書面に証明力が付与され、後日その内容を争うことができず、②契約書に執行受諾文言が記載されていればその書面だけで債務名義となり（民執法22条5号）、執行力が付与されるというだけでなく、③公証人が、当事者の利益保護のために契約作成に後見的に関与するのである。日本では、保証契約には公正証書は要求されないが、事業上の貸金等債務の個人保証には、保証意思宣明公正証書の作成が要求されている（465条の6）。

第1章　契約の意義と分類　第1編　契約総論

1-41 **◆電磁的記録によることの可能性**

　「書面」とは紙で作られたものであり、電磁的記録は書面ではない。しかし、ペーパーレス社会化により、電磁的記録により書面に代えることの要請は高く、民法も一定の場合には、電磁的記録を書面と擬制する規定を置いている。まず、「電磁的記録」について、98条2項2号に括弧書きで定義規定を置き、以降の規定における「電磁的記録」はこれに倣うものとしている。電磁的記録は「紙」ではないのに「書面」とみなす擬制規定がある場合にだけ、書面とみなされる。①擬制規定があるものとして、446条3項（保証）、472条の4第5項（免責的債務引受における保証人の承諾）、587条の2第4項（消費貸借）がある。なお486条2項は受取証書についての弁済者からの請求についての規定である。②擬制規定のないものとして、550条（贈与）、593条の2ただし書（使用貸借）、657条の2第2項ただし書（寄託）がある。

4　有償契約・無償契約──合意と契約の限界

1-42 **(1)　有償契約**

　契約の当事者がお互いに対価として──当事者が主観的に対価と考えていればよい──給付＝出捐をし合う契約を**有償契約**という。有償契約の代表が売買契約であり、そのため民法は、売買についての「この節の規定は、売買以外の有償契約について準用する。ただし、その有償契約の性質がこれを許さないときは、この限りでない」(559条)と規定している。すなわち、売買についての規定には、有償契約総論としての意味があることになる。

1-43 **◆射倖契約**

　売買契約では、代金額が合意され当事者がそれと対価関係にあると考えている目的財産を取得する。つまり、代金の反対給付が確定している。ところが、損害保険では、保険料を支払っても保険事故がなければ金銭給付を受けることはないが、保証に付されているという給付を受けているようなものである。このように反対給付が運次第で決まる契約を「射倖契約」という（西原慎治『射倖契約の法理』[新青出版・2011年]参照）。典型例が、宝くじの購入、クレーンゲーム等である。これらも実際には何も得ていなくても、夢を買う、ゲームを楽しむという利益を受けている。ほかにも、永久利用権の購入も考えられ、高額の代金を支払って一生涯料金を支払わずに利用できる契約である（さいたま地熊谷支判令5・2・14消費者法ニュース136号211頁は、酵素風呂の永久会員権の販売を、公序良俗に違反せず有効とする）。元を取るまで利用すれば得するが、そうでなければ損をする射倖性がある。事業者側には、射倖性に加えて、一時に事業資金を獲得できるうま味がある反面、利用者は、途中で事業者が倒産するリスクも引き受けることになる。

17

§Ⅱ　契約の分類

1-44　**(2)　無償契約**

　他方で、契約当事者の一方のみが給付＝出捐する、または両者が給付＝出捐をするが、両給付が当事者において対価関係とは考えられていない契約を**無償契約**という。対価関係になければ、他方が何らかの給付をする場合であっても無償契約である。無償契約においてこのような債務を**負担**といい、無償契約は俗にいうただの全面的無償契約と、負担付きの無償契約とに分かれることになる。無償契約については、売買とは異なり、無償契約の代表たる贈与の規定を他の無償契約に準用する規定はない。しかし、無償契約の拘束力を弱める規定（550条）や、無償出捐者の責任を軽減する規定（551条）といった無償契約一般に通ずる規定もあり、性質が許す限り典型契約・非典型契約を問わず、贈与規定を無償契約に類推適用することが許される。

1-45　**◆無償契約の特殊性**

　(1)　無償契約の拘束力

　　無償契約は対価を得ずに相手に対して何か給付をなすものであり、何か特殊な人間関係がある場合、例えば困っている者を助けたり義援金などの寄付の場合が考えられる。合意だけで拘束力を認めてよいのか、また、履行に際する責任について有償契約と同じでよいのかなど疑問がある。

　　まず、契約の拘束力であるが、無償契約については、イギリス法では対価という約因がないため、合意だけでは無償契約は成立せず、書面を作成した場合に例外を認め、大陸法でも、要式契約や要物契約とされ、合意だけでは拘束力が生じないようにされている。日本では、贈与は諾成契約としつつ解除を自由に認め、物の引渡しが必要な場合は要物契約とし、委任契約については解除を自由に認めることにしたが、2017年改正において、要物契約を消費貸借に限り、他は要物性を否定し自由な解除へと統一した（☞1-35）。

1-46　**(2)　無償給付者の注意義務**

　　履行に際する注意義務については、無償の寄託については、受寄者の注意義務が軽減されているが（659条）、それ以外の無償契約について同様の規定はない。中世ローマ法学の下では、契約類型によってその責任を問うために要求される過失の程度が3つに段階分けされていた。これが近代になって、債務不履行の一般規定において一元化された。債務不履行の過失を無理に415条で一元化する必要はなく、その要求される注意義務に応じて過失の内容も異なって然るべきであり、高度な義務を負わせ実質無過失責任となるようなものから、無償契約のように注意義務が軽減されるものまで、種々の段階があってよい。したがって、受寄者についての659条はこのような一般原理の発現にすぎず、寄託に限定する必要はなく、原則として無償契約全般に同様の注意義務の軽減を認めてよい。ま

18

第 1 章　契約の意義と分類　第 1 編　契約総論

た、物の保管以外の自己の事務を他人に代わりに行わせる委任契約では、無償で
あっても善管注意義務が認められているものの、善管注意義務といっても、事業
者の注意義務と無償受任者の注意義務には差があって然るべきである。

1-47

◆**無償契約と好意的行為**

　1-4 に述べたように、無償（好意）で何らかの「行為」を約束するにすぎない
場合には、単なる社会生活上の合意──例えば授業に欠席するので、プリントを
自分の分ももらっておくよう頼むなど無数にありふれている──なのか、それと
も契約（無償契約）といえるのか、判断が微妙な事例が少なくはない。この場
合、無償の契約の成立が認められようと、契約の成立が否定され不法行為法上の
過失が問題とされようと、客観的過失の注意義務を軽減すべきである。その意味
で、このような軽減をしていない下記判決には問題が残る。近隣者ではなく、子
ども会のハイキングの引率中の川遊びの事故について、引率者の立場によって責
任が認められている（津地判昭 58・4・21 判時 1083 号 134 頁）。

1-48

●**津地判昭 58・2・25 判時 1083 号 125 頁（津隣人訴訟）**　[事案]　幼
稚園に通う子供同士が遊んでいたところ、A（4 歳・男児）の母親（X$_1$）
が、午後 3 時頃、買い物に行くために A を連れて帰ろうとした。A が、
友達 B とそのまま遊んでいたいと言い張るため、X$_1$ は、B の父親（Y$_2$）
の口添えもあり、A をそのまま B と遊ばせておくこととし、買い物に行く
のでよろしく頼む旨を B の母親（Y$_1$）に告げ、Y$_1$ がこれを受けた。Y$_1$ は
両児が団地内道路や付近で自転車を乗り回して遊んでいるのを家事の合い
間に視認していたが、その後屋内へ入り 7、8 分後、B が戻ってきて、A
が泳ぐと言って池に潜ったまま帰ってこない旨告げた。A は近くの池で溺
死していた。A の両親 X$_1$・X$_2$ が、B の両親 Y$_1$・Y$_2$ と、市、県、国に対し
て損害賠償を求めた。市、県、国に対する損害賠償請求は棄却され、Y$_1$・
Y$_2$ に対する損害賠償請求だけが一部認容された。

1-49

　[判旨①（契約の成否）]　「X$_1$ と Y らとの応答は従前から近隣者とし
て、また同一幼稚園へ通い遊び友達である子供の親として交際を重ねてい
た関係上、時間的にも短時間であることが予測されるところでもあり、現
に子供らが遊びを共にしていることを配慮し、**近隣のよしみ近隣者とし
ての好意から出たもの**とみるのが相当であり、Xらが A に対する監護一切を
委ね、Yらがこれを全て引受ける趣旨の契約関係を結ぶという効果意思に
基づくものであったとは認められない」、準委任契約の成立を前提とする
X らの債務不履行の主張は失当である。

1-50

　[判旨②（Y らの過失）]　「本件池との間には柵などの設備がなく、水際
までは……子供らが自由に往来できる状況にあったこと、掘削により水深

19

§Ⅱ　契約の分類

の深い部分が生じていること、Ａが比較的行動の活潑な子であ」り、「渇水期にはX₂と共に水の引いた池中に入り、中央部の水辺までいっていたことなどをＹらは知っていた」。「当日は汗ばむような気候であったのであるから、乙地で遊んでいる子供ら、ことにＡが勢のおもむくまま乙地から水際に至り、水遊びに興ずることがあるかもしれないこと、したがってまた深みの部分に入りこむおそれがあることは、Ｙらにとって予見可能なことであった」。「そうだとすれば、幼児を監護する親一般の立場からしても、かかる事態の発生せぬよう両児が乙地で遊んでいることを認めた時点で水際付近へ子供らだけで立至らぬように適宜の措置をとるべき注意義務があった」。Ｙらは 709 条・719 条に基づく責任を負う。

1-51　　　　[判旨③（責任の減額）]「かかる場合に、よって生じた結果につき、有償の委託の場合などと同様の責任をＹらに負担させることは、公平の観念に反し許されない（いうなれば有償の委託の場合などに比し、義務違反の違法性は著しく低い）ものというべき」こと、および、Ｂの死亡には、Ｘらの「平素からのＡに対する仕付けのあり方に至らぬところがあったこともその背景をなしているものと推認できるから、過失相殺の法意を類推し、この点もまたＹらの責任の範囲を考えるにつき斟酌」すべきである（7 割減額）。

5　双務契約・片務契約

1-52　　①売買契約に代表されるように、契約の両当事者が対価関係にある債務を負担し合う契約を**双務契約**という。これに対して、一方のみが債務を負担する――ただし、他方が対価関係に立たない債務＝「負担」を負うことは可能（☞ 1-44）――契約を**片務契約**という。双務契約においては、両当事者の対価関係にある債務の牽連関係が認められる。双務契約と有償契約、片務契約と無償契約とはほぼ一致するが、書面によらない利息付消費貸借は、貸金交付による契約成立後には、契約上の債務は借主の返還義務・利息支払義務だけなので、有償契約であるが片務契約であると考えられている。

6　予約・本契約

1-53 **(1)　予約・本契約**

　当事者が将来において一定内容の契約を締結すべきことを約束する契約を**予約**といい、この予約に基づいて締結される契約を**本契約**という（☞6-6）。両者が本契約締結義務を負うものを双方の予約または双務予約、一

方のみがこの義務を負うものを**一方の予約**または**片務予約**という。民法は予約については、契約総論に一般規定を置かず、売買につき一方の予約を規定し（556条）、これを有償契約に準用しているにすぎない（559条）。

　日常生活において「予約」という言葉は、レストランの予約、結婚式場の予約[19]、ホテルの予約、歯医者の予約等々、あらかじめ契約をしておくといった程度で使われている。これは予約ではなくそれぞれの契約の締結である。契約が成立しているので、例えば客が歯医者の予約を入れたのに歯医者に行かず、歯医者が営業上の損害を受ければ、損害賠償を認める余地がある。

1-54 **(2)　多段階契約締結方式の契約**

　また、予約と異なる概念として、大型のプロジェクトなど交渉を経て具体的契約内容が煮詰められていき、最終的に契約が締結される場合に、交渉相手を選定して相互に誠実に交渉しその交渉の間に得た秘密を保持するなどの基本合意がされることがある（☞2-1）。また、**ソフトウェア開発委託契約**では、開発しながら試行錯誤して依頼者の要望に添った内容のソフトを開発していくのであり、このいわゆる**多段階契約締結方式**は、経産省においてもモデル契約とされている。①まず「コンサル契約」（準委任）が締結され（この段階で見積もりが試算される）、②これに基づいて個別契約が締結されることになり、まず「要件定義契約」（この段階で見積もりの概算が作られる）、次いで、③外部設計契約（準委任または請負であり、この段階で見積もりが確定される）、そして、④ソフトウェア開発契約（請負契約）が最終的に締結されることになる（☞11-7以下））。

7　事業者間契約・消費者契約

1-55 **(1)　消費者契約**

　(a)　主体による契約の分類　私人間の法律関係でも、19世紀後半には、使用者・労働者間の契約関係（労働契約）、またそれを規律する労働法が民法から独立した法領域になる。そして、20世紀後半には消費者法という法

---

19)　結婚式場については、慣行として、「仮予約」が行われている。仮予約は、気に入った会場の日取りを、他の予約が入らないように無料で押さえてもらえるシステムのことであり、多くの会場がこの「仮予約システム」を導入している。認められる期間は会場によって異なり、7日から10日ほどが一般的である。この期間中ならキャンセル料がかからず、期間内に本契約をしないとキャンセルするまでもなく失効する。

§Ⅱ　契約の分類

領域が認められるようになる。それ以前は、商法の適用のある商行為による契約（商事契約）かそうでない民事契約という分類がされたが、商事時効も商事法定利率もなくなり、商事代理などにおいて差が残されている。これに代わり、現在注目されているのは、事業者・消費者間の BtoC（Business to Consumer）の契約、事業者間の BtoB（Business to Business）の事業者間契約、消費者間の CtoC の契約という分類である。

1-56　　**(b)　消費者契約**　2002（平成14）年に施行された消費者契約法2条は、「消費者」を「個人（事業として又は事業のために契約の当事者となる場合におけるものを除く。）」（同条1項）、「事業者」を、「法人その他の団体及び事業として又は事業のために契約の当事者となる場合における個人」と定義し（同条2項）、「消費者契約」を、「消費者と事業者との間で締結される契約」と定義している（同条3項）。消費者と事業者との契約では、専門的能力、交渉力、経済力の格差があり、事業者主導で契約が締結されることになって消費者に不利な内容になり、また、事業者に不履行があっても消費者は泣き寝入りになることが多いため、消費者保護という特別の要請が生まれてくる。

1-57　　◆民法の保証規定と消費者法・消費者契約
　　　消費者契約法は消費者を、商品やサービスの消費者に限定せず、「個人」とのみ位置づけている。2004年改正また2017年改正後の民法の保証規定は、法人を除外して個人保証人を保護する規定を置いている（458条の3第3項・465条の2第1項・465条の5・465条の6第3項・465条の10第3項）。しかし、民法では法人でなければよく、反対解釈により個人でさえあればよいことになるが、消費者契約法では、法人と個人事業者が事業者とされ、個人がすべて消費者になるものではない。事業者・消費者と法人・個人とはパラレルな分類ではない。このため、民法では、個人事業者も個人保証人保護規定の適用を受けることになる。ところが、保証意思宣明公正証書については、465条の9で一定の個人を除外しており、消費者に該当する取締役、経営者の配偶者等が保護されないことになる。取締役個人としての保証は、事業者・消費者いずれなのか微妙な領域である。

1-58　**(2)　事業者間契約**

　　事業者間契約は、消費者契約とは異なる特性があり、商法（商取引法）の適用関係にそれはよく現れている。簡易迅速を旨とし、契約に必要な情報は自己責任で収集するといった個人主義の理念がそのまま当てはまることになる。ただし、専門以外の分野においては、事業者、特に個人事業者については、他方当事者たる事業者が作成した約款に付合する契約ができるだけであ

第1章　契約の意義と分類　第1編　契約総論

り、その保護の必要性は消費者に準ずる。

8　継続的契約・一時的契約

1-59 **(1)　継続的契約の意義**

　家電量販店でテレビ1台を購入する場合のように、代金の支払、目的物の引渡しといった一回的給付によって契約が終了し、契約関係の継続が考えられていない契約を**一時的契約**という。これに対して、アパートの賃貸借契約のように、契約関係の継続が考えられている契約を**継続的契約**という。また、継続的契約をめぐる法律関係を**継続的契約関係**という。継続的契約も、大雑把に分ければ次の3つが考えられる[20]。

---

① **給付が一時的ではないもの**
　ⓐ **給付の性質によるもの（継続的給付契約）**　賃貸借、寄託、雇用では、給付義務自体（使用させる、保管する、労働する）が継続的なものである。反対給付との同時履行を考えることができない。
　ⓑ **回帰的給付を目的とするもの**　例えば、1年間の新聞購読契約のように、新聞の給付自体は継続的給付ではないが、これが決められた期間、複数回にわたって継続して行われる場合である。
② **個々の契約の規律を設定する基本契約**　これに対し、継続的供給契約のように、それに基づいて個々の売買契約が締結される基本契約も、個々の売買契約とは別の1つの契約である[21]。

1-60 **(2)　継続的契約の特殊性**

　継続的契約にはいくつかの共通点がみられる。①まず、解除の効果に遡及効がない——解除と区別するため**告知**と称することがある——。②また、解除の要件において、信頼関係の破壊を解除の認否の基準とする。③期間の定めがない場合に、契約の永久の拘束は認められないので、相当期間を経過す

---

[20]　これらの場合の根保証については、①では継続的契約上の債務の保証であるが、②では、基本契約の債務ではなく、基本契約により規律される個々の契約上の債務が保証の対象である。根保証は個別保証債務集積型と根抵当権類似型とに分けられるが、これは①②の区別に対応するものではなく、いずれについても自由に2つの類型を選択できる。根保証が有効となるためには、あくまでも将来の不特定多数の主債務が特定できればよいのである。

23

れば、相当の予告期間を置いて自由に解除ができる——信頼関係を破壊する特段の事情があれば即時解除が可能——。④事情変更の原則の適用、さらにいえば信義則による支配がとりわけ重要になる。⑤その帰結として、同時履行の抗弁権などをめぐって一時的契約とは異なる特殊な考慮を要する。

1-61 **◆継続的供給契約の更新**

　継続的契約では、一時的契約とは異なり、契約の「更新」が考えられる。「更新」の意義については、これを定めた規定はない。同一内容の新たな契約の締結なのか、契約はそのままで期間を延長するだけなのか、更新前後で契約の同一性が認められるのか（抵当権者との対抗関係の賃貸借側の基準時が問題になる）、問題がある[22]。条文の表題に「更新」という用語が619条に登場するが、条文に定義はなく、「同一の条件で更に賃貸借をした」と規定する。前の契約は期間満了により終了するが、同一内容——従たる契約である敷金契約も含めて——で新たに契約をし直したという理解のようである。しかし、ほかの規定をみると、共有物の分割禁止の合意（256条2項）、永小作権（278条2項）、不動産質権（360条2項）、賃貸借（603条・604条2項）については、期間を延ばすという意味で「更新」という用語が用いられている。期間の部分だけ変更し、例えば2年の契約を延長して4年の契約にしたというのが、一般的な意識のように思われる。

1-62 **◆継続的供給契約の解約・更新拒絶の制限**
(1) 期間の定めがある場合

　長期の継続を前提に資本を投下して継続的な契約を締結した場合に、やむをえない事由なしに解約や更新拒絶がされると予期に反した損害を被ることから、供給者を保護する必要がある。そのため、最高裁判決はないが、下級審判決には解約や更新拒絶を制限しようとするものがある。

　まず、期間の定めがある場合を考察する。①「継続的売買契約における契約関

---

21) **＊枠契約**　2016年のフランス改正民法1111条は、基本契約たる枠契約（contrat cadre）を、将来締結される契約の内容を取り決める「合意」（accord）として、これに基づいて締結される具体的契約をcontrats d'applicationと呼んでいる。同1111-1条は、瞬時の履行契約（le contrat â execution instantanée）と継続的履行契約（le contrat â execution successive）とを区別している。したがって、枠契約は継続的契約ではあるが、継続的「履行」契約ではないことになる。ドイツにおける「枠契約」については、寺川永「Rahmenvertrag〈枠契約〉の史的変遷とその現代的意義に関する一考察」一橋法学1巻1号（2002年）225頁参照。継続的供給契約の基本契約とは異なり、例えば介護付き有料老人ホーム入居契約では、まだ健康な高齢者が、将来介護が必要になったときのことを慮って入居し、契約で利用できるサービスとして、介護、食事等々の様々なリストが契約書に書かれている。今は利用しなくても、利用できる法的地位を取得しておいて、必要になったら利用するという、利用できる給付の「枠」を合意し、その選択利用権を入居者に付与するものであり、これも一種の「枠」を設定する「枠契約」である。
22) 中田裕康「契約における更新」同『継続的契約の規範』（有斐閣・2022年［初出は2007年］）112頁以下参照。同131頁は、「契約の更新」を新たな契約の締結、「期間の更新」を原契約の延長と表現する。

第 1 章　契約の意義と分類　第 1 編　契約総論

係の安定性の保護の要請」があるので、重大な債務不履行、信頼関係破壊行為、買主の信用不安、背後事情の変化など、解消者側の対応も併せて考慮してやむをえない事由がなければ一方的な解除は認められない（中田・前掲書［注 1-22］492頁）。②更新は原則自由であるが、被解消者が長期的な取引を前提として多大の投資をしていたり、形式的には短期の契約が現実には長年にわたって反復継続されている場合には、期間の満了を理由に解消を認めるべきではない[23]。

1-63

(2)　期間の定めがない場合

名古屋高判昭 46・3・29 判時 634 号 50 頁は、「特定商品の継続的な一手販売供給契約にして、供給を受ける者において相当の金銭的出捐等をしたときには、期間の定めのないものといえども、供給をなす者において①相当の予告期間を設けるか、または②相当の損失補償をしない限り、③供給を受ける者に著しい不信行為、販売成績の不良等の取引関係の継続を期待しがたい重大な事由（換言すれば已むを得ない事由）が存するのでなければ、供給をなす者は一方的に解約をすることができない」とする（①②③追加）。

上記に違反して解約がされた場合、設備投資を回収しておらず損害を被るが、賠償内容が問題になる。ⓐ過去の取引実績を基礎とし、それによって算定できない場合には、同種の事業を営む者の数値などによる。ⓑ保護の対象となる期間は、日本の判例は半年ないし 1 年程度を認めていることから、そのあたりが目安になる（中田・前掲書 488 頁以下）。

9　複数の契約の連結[24]

1-64

(1)　融資に関わる場合

例えば、物品の購入資金として他から融資を受ける場合に、買主が代金支払のために金融機関から融資を受ける場合には、債務者の主観ないし動機において 2 つの契約が結びついているだけである。ところが、代金支払の与信として設計された第三者与信取引というものがある。つけ売買のように、

---

23)　例えば、東京地判平 11・2・5 判時 1690 号 87 頁は、「継続的な取引契約が長期間にわたって更新が繰り返されて継続し、それに基づき、製品の供給関係も相当長期間続いてきたような場合において、製品の供給を受ける者が、契約の存在を前提として製品の販売のための人的・物的な投資をしているときには、その者の投資等を保護するため契約の継続性が要請されるから、公平の原則ないし信義誠実の原則に照らして、製品を供給する者の契約の更新拒絶について一定の制限を加え、継続的契約を期間満了によって解消させることについて合理的な理由を必要とする」という。

24)　A から B が商品を購入し、代金支払のために B が C から融資を受ける、B がその所有の絵画を D に販売するといったように、たまたま B の主観で複数の契約が関連しているのではなく、そのような一体的な結合した制度として取引が作られている場合である。事例は多様であり、1 つの契約についての事由が、他の契約にどのような効力を及ぼすかが問題になる（都築満雄『複合取引の法的構造』［成文堂・2007 年］参照）。立法としては、抗弁権の接続（割賦販売法 30 条の 4 第 1 項・4 項）がその例である。

25

商社が物品を買い取って融資先に転売し、代金債権名目で融資金の回収を図る例もあるが、よく知られている取引としては、割賦購入あっせん契約およびファイナンス・リース契約がある。前者ではいわゆる抗弁権の接続が認められている。これは創設規定であり、それ以外には認められないのか、それとも規定がなくても同様の解決が可能なのかは議論がある（最判平 2・2・20 判時 1354 号 76 頁は、創設説を採用する）。

1-65 **(2) 重層的契約関係**

　また、A に対して B が負う義務を C に代わりに行わせる類型、例えば、建築や運送などの請負契約における下請、委任契約における復委任は、ある契約を前提として、その履行のための別の契約という形で結合しているものである[25]。建物の建築請負では、元請の契約の履行という履行の二重性が認められ、元請契約の内容に下請は拘束される（☞ 13-42）。賃貸借契約における転貸借の法律関係も、賃貸借契約を前提とした法律関係であり、また、契約関係にない者の間の権利関係の規律——債務不履行責任の拡大、直接訴権の容認など——が問題とされる。

1-66 **(3) 主たる契約・従たる契約**

　また、例えば、A 所有の建物の地下の店舗を B が居酒屋経営のために賃借し、それと同時に、建物に居酒屋の看板の設置の許可を得てその使用料を支払う合意をしたとする。この場合、建物賃貸借と建物壁面の看板設置のための利用契約とは 2 つの契約であるが——解釈によって 1 つの契約と構成する余地もある——、全体でその建物での居酒屋経営という 1 つの目的実現のために結びついた契約である[26]。そして、前者が主たる契約、後者が従たる契約と、主従の関係が認められる。従たる契約の失効は主たる契約に当然には影響は与えず、従たる契約がないと主たる契約に支障が生じるような不可欠な場合に限り、次の複合契約論の適用が可能になる。他方、主たる契

---

25) 長坂純「契約の連鎖と従属的関与者」法律論叢 89 巻 6 号（2017 年）283 頁以下、寺川永「複数契約の解除——改正で実現されなかった論点」ノモス 46 号（2020 年）51 頁参照。

26) 契約の履行のための前提的な義務を合意する場合、別の契約なのか履行義務を確認するだけの合意なのか微妙な事例も考えられる。特定物の売買で、引渡しまでの保管場所・保管方法を合意する、運送の方法を合意する場合、売買契約上の引渡義務は占有改定で履行し、寄託契約・運送契約を締結しているのか、占有改定はなく売主の義務は残っていて、売買契約の履行についての特約なのか明確ではない（前者だと従たる契約になる）。

約の失効は、従たる契約の当然の失効をもたらす。

1-67　**◆複合契約論──解除権の拡大**[27]

(1)　債務不履行解除についての判決

(a)　複合契約論の意義　判例を契機として複合契約という概念が提案されている。これは「当事者間で同時に複数の契約が結ばれた場合、それらの契約が集合として当事者の企図する契約上の利益を実現する構造になっており、その一個が機能しなければ他を契約した意味がない（一個だけならば契約しない）という関係にあるもの」と定義されている（池田真朗「判批」NBL617号66頁）。1-70 判例は、①同一当事者間であること、②複数の契約の「目的とするところが相互に密接に関連付けられていて、社会通念上」、全部の契約が履行されなければ、「契約を締結した目的が全体としては達成されないと認められる」ことを要件とし、一部の契約の不履行により、すべての契約の解除が可能とされている[28]。

1-68　**(b)　複合契約論の要件**

(ア)　同一当事者間の複数の契約　まず、①の同一当事者間の契約という要件は、相手方の取引安全との調整のための要件である。主観的に契約当事者の一方が、全部契約が履行されなければ契約をした目的を達成しえないとしても、複数の契約が別々の者との契約である場合には、解除条件にでもしておかなければ、不履行にない契約の効力を否定することはできない。Aのマンションのすぐ近くにBのスポーツクラブがあるのを気に入ってマンションを購入したが、スポーツクラブが開設されないのでBとの契約を解除しても、Aとのマンション売買契約には影響はない。買主が近くにスポーツクラブがあるから購入するという動機を表示していても、錯誤取消しは認められない。ただし、当事者が違っていても、スポーツクラブの経営会社がマンション売主の子会社であり、共同して勧誘をし

---

27)　フランス民法は、2016年改正により「契約の失効」という規定を導入し（同法1186条）、「有効に成立した契約は、本質的要素の1つでも失われると失効する」とまず明記する（1項）。その上で、「複数の契約の〔いずれもの〕履行が、1つの同一取引の実現のために必須である場合に、その1つ〔の契約〕が消滅した場合〔注：消滅原因は限定していない〕、この消滅によりその履行が不能となる契約、また、消滅した契約の履行が当事者の一方にとってその履行のために重大な要素とされていた契約は失効する」と規定する（2項）。ただし、「失効が認められるのは、失効の主張を受ける相手方契約当事者が、その合意をした時点において、取引全体として行なわれることを知っていた場合に限られる」と（3項）、相手方についての全体として取引がされていることを知っていたこと──いわば失効の予見可能性──を要件としている。複数の契約というだけであり、同一当事者間に複数の契約があることは必要ではなく、そのこともあり、3項の制限が加えられている。フランス法につき、都筑満雄『複合契約の法理』（日本評論社・2023年）参照。

28)　高齢者専用の居住マンション売買契約とライフケアサービス契約との関係について、「本件マンションの売買契約とライフケアサービス契約とは相互に密接な関連を有し、前者の解除が契約条項上当然に後者の契約の消滅事由とされている（23条）にとどまらず、後者について債務の本旨にしたがった履行がないと認められる場合には、本件マンション売買契約を締結した目的が達成できなくなるものというべきであり、ライフケアサービス契約について債務不履行を原因とする解除事由がある場合には、控訴人らとしては右ライフケアサービス契約の債務不履行を理由として右ライフケアサービス契約と併せて本件マンション売買契約についても法定解除権を行使し得る」と認められている（東京高判平10・7・29判時1676号55頁）。

§Ⅱ　契約の分類

ていたという場合は例外的に複合契約論を適用してよい。

1-69　　**(イ)　すべての契約が履行されないと契約目的が達成できないこと**　従たる契約
であれば、例えば工場用機械を購入し、購入後のメンテナンス契約を売主と締結
した場合、メンテナンスを適切に履行しないとしても、売買契約は解除できない
が、売買契約が解除されれば、メンテナンス契約は当然に失効する。相互的であ
る複合契約論とは異なる。宝石の原石の売買とそのカットの依頼なども同様であ
る。客観的に主従の関係が明らかである場合はよいが、客観的にはすべて揃うこ
とは不可欠ではなく、主観的に当事者の一方のみにとって全部揃うのが不可欠で
あった場合には、相手方の取引安全を考慮する必要がある。そのため、その場合
には、あえて解除条件にすることは必要ではないが、相手方に全部の履行が不可
欠であるという動機を知らしめることが必要であると考えられる。

1-70　　●**最判平 8・11・12 民集 50 巻 10 号 2673 頁**　[事案] X らが Y からリ
ゾートマンションの 1 室を購入すると共に、X₁ が Y の運営するマンション
に併設される予定のスポーツ施設のスポーツクラブ会員権契約を結ん
だ。契約当時、スポーツ施設として室内プールの設置が予定されていた
が、X が Y に再三請求しても、屋内プールが建設されなかったため、X ら
──妻の X₂ はスポーツ会員契約はしていない──がスポーツクラブ会員
権契約のみならずリゾートマンションの売買契約の解除を主張した。最高
裁は以下のように述べて解除を認める。

1-71　　[判旨① (複合契約の一般論)]　「このように同一当事者間の債権債務関
係がその形式は甲契約及び乙契約といった 2 個以上の契約から成る場合で
あっても、それらの目的とするところが相互に密接に関連付けられてい
て、社会通念上、甲契約又は乙契約のいずれかが履行されるだけでは契約
を締結した目的が全体としては達成されないと認められる場合には、甲契
約上の債務の不履行を理由に、その債権者が法定解除権の行使として甲契
約と併せて乙契約をも解除することができる」。

1-72　　[判旨② (事案への当てはめ [解除肯定])]　「本件マンションの区分所
有権を買い受けるときは必ず本件クラブに入会しなければならず、これを
他に譲渡したときは本件クラブの会員たる地位を失うのであって、本件マ
ンションの区分所有権の得喪と本件クラブの会員たる地位の得喪とは密接
に関連付けられている」。「本件不動産は、屋内プールを含むスポーツ施設
を利用することを主要な目的としたいわゆるリゾートマンションであり、
前記の事実関係の下においては、X らは、本件不動産をそのような目的を
持つ物件として購入したものであることがうかがわれ、Y による屋内プー
ルの完成の遅延という本件会員権契約の要素たる債務の履行遅滞により、
本件売買契約を締結した目的を達成することができなくなったものという

第 1 章　契約の意義と分類　第 1 編　契約総論

べきであるから、本件売買契約においてその目的が表示されていたかどう
かにかかわらず、右の履行遅滞を理由として民法 541 条により本件売買
契約を解除することができる」[29]。

1-73　**(2)　無効・取消しへの適用**

上記判例の認める複合契約論は、契約解除についての議論である。これを取消
しや無効に適用することはできないであろうか。例えば、上記判例の事例を変え
て、スポーツクラブの会員契約についてだけ詐欺があったとすると、買主＝入会
者はあわせて売買契約も取消しができるのであろうか。複数の契約を一体的に扱
い、その契約当事者の保護を図るという趣旨からは、複合契約論を取消しにも認
めるべきである。判例としては、親が借金をする際に、その返済のために娘が芸
娼妓として働くという娘との稼働契約部分は一種の人身売買に近いため 90 条に
より無効であり、親のした消費貸借契約についても、「密接に関連して互に不可
分の関係にあるものと認められるから、本件において契約の一部たる稼動契約の
無効は、ひいては契約全部の無効を来す」とされている（最判昭 30・10・7 民集 9 巻
11 号 1616 頁）。

10　多数当事者による契約

1-74　**(1)　一方に複数の当事者がいる場合**

契約は、2 当事者によるのが基本である。①組合契約や会社設立などは、
契約ではなく合同行為という分析がされている（☞ 16-15）。②多数の当事
者がいる場合にも、法人化していない組合や社団が当事者になる場合のほ
か、③単純に買主や売主（共有物の売却など）が複数いる場合も考えられ
る。②③では、相手方に対して複数人が債権を取得し、債務を負担するた
め、多数当事者の債権関係として、その債権・債務の規律が問題になる。②
では債権・債務の総有または合有的帰属が問題になるが、③では分割主義と
の関係で連帯特約がなくても、不可分的利益を受ける場合には不可分債務と
されるなど、事例に応じた柔軟な解決が図られている。

29)　仮にスポーツ施設も完成し、両契約共に同時に履行されたが、その後スポーツ施設を閉鎖してしまった
　場合、会員＝マンション買主はスポーツクラブ会員契約だけでなくマンションの売買契約まで解除できるの
　であろうか。契約から長期が経って、例えば 10 年後であっても同様なのか疑問が残される。

§Ⅱ　契約の分類

1-75
◆パートナリング
(1) パートナリングによる契約関係の規律

　大規模な建設工事ではいわゆるジョイントベンチャーという組合を設立して工事を請け負うが、大規模な建設工事では、本体となる工事のほか、機器の製作・据え付け、技術の指導・移転、操業の指導など幅広い業務が対象となり、複数の関係者の関与が不可避である。ビジネスの円滑な推進、リスク分配、相互補完などを目的として、多数の当事者による多数の契約を適切に設計することが必要になる。そのために、「パートナリング」という発想により契約関係を規律することが考えられている。組合を構成しないが、ワークショップ（パートナリング会議）と呼ばれる仕組みにおいて、パートナリング構成員が十分な意思疎通を図りつつプロジェクトを推進していくことになる。

1-76
(2) パートナリングの種類

　パートナリングにも2つが考えられる。①まず、発注者と受注者（主契約者）が建設請負等の契約を結び、受注者の下に多様な下請契約がなされる、いわゆる**サブコン方式**がある。下請は、元請の履行補助者になり、発注者に対する責任は元請に集約される。②次に、発注者と企業連合（コンソーシアム）との契約によるいわゆる**コンソーシアム方式**がある。複数の企業が独立してばらばらに受注するのではなく、複数の企業が共同で受注し、発注者に対して連帯して責任を負うことになる。それぞれ引き受ける債務内容が異なるため、連帯債務ではない[30]。それぞれの債務の履行を協力しながら履行し、1つの建物建設などの目的を達しようとするものである。いわば「共同債務」であり、相互に履行補助者のような関係になり、全企業が不履行（完成遅滞）について責任を負うことになる。

1-77
(2) 3当事者による契約

　1つの契約書に複数の契約が締結されることがある。例えば、有料老人ホーム入居契約では、AホームにBが入居する場合、AB間の入居契約書に、Bのための金銭保証人C、また、身元引受人（金銭債務以外を引き受ける）Dが、それぞれ保証人欄、身元引受人欄に署名することになる。そのため、AB間の契約書に、AC間、AD間の契約も便乗的に記載されていることになる。これに対して、3者で内容の異なる1つの契約を締結することは可能である。この場合の法的処遇が問題になる[31]。

30)　工事ごとにそれぞれの企業の担当を発注者との関係で割り振って協力し合うという内容ではなく、1つの請負契約を全企業で共同して請け負い、内部で担当の工事を割り振ることも考えられる（建設工事のパートナリングについては、笠井・建設工事386頁以下参照）。

31)　以上の問題は、多角的契約関係という観点から考察がされている（椿寿夫＝中舎寛樹編『多角的法律関係の研究』[日本評論社・2012年]、中舎寛樹『多数当事者間契約の研究』[日本評論社・2021年]参照）。

30

第1編
契約総論

第2章
契約の成立

§I　契約の交渉過程をめぐる法律問題

§I
契約の交渉過程をめぐる法律問題

1　契約交渉過程における合意

2-1 **(1)　交渉過程における合意**

　(a)　交渉が先行　民法上、契約は申込みに対して承諾がされることにより成立する。日常生活における契約は、せいぜい値引き「交渉」が伴うだけであるが、事業者間の重要な契約では、幾度となく交渉が行われる。またそれぞれに弁護士が就いて当事者にとって有利な内容にするための駆け引きがされ、相互に妥協しながら最終案が練り上げられて正式な締結に至ることになる。交渉に入る際に、誠実に交渉することや、交渉中に得た秘密の守秘義務などが合意される。また、ある程度交渉が進んだところで、仮契約が締結されることもある。

2-2 　**(b)　予約とも異なる**　これらの契約交渉過程における合意にどのような効力を認めるべきであろうか。内容が煮詰まってきて、契約締結への拘束力を覚悟させる意図もある仮契約等では、契約はまだ成立していないが予約とされることはないものの、何らの法的意味もない紳士協定でもない。事例によって異なるが、ここまで煮詰まったので<u>正当理由がない限り契約締結に務めること</u>を合意するものと考えてよい（条項がなくても、補充的解釈として）。したがって、正当理由なしに契約締結を拒絶（交渉を破棄）したならば、破棄した者は損害賠償責任を免れない。

2-3 　**◆判例の紹介**
　(1)　不動産取引
　　(a)　協定の債務不履行とする判例　不動産取引について[1]、例えば、京都地判昭61・2・20金判742号25頁は、結婚式場の用地の売買で、結婚式場の建設が可能か否か未確定であったため、「不動産売買協定」を締結した事例で、「本件売買協定において、本件土地上に結婚式場を建築することができるための諸条件を成就させるように努力し、かつ本件土地の売買契約を締結することができるよ

---

[1]　不動産売買で、買受希望者から「買付証明書」が売主に交付される、または売主から買主に「譲渡承諾書」が交付されることがあるが、その後に正式な売買契約書を作成して売買契約を締結することを約束するものである。予約とも異なり、予備契約ともいえる合意であるが、いまだ売買契約は成立していない。

第 2 章　契約の成立　第 1 編　契約総論

う互いに誠実に交渉をなすべき義務を負うことを合意した」と認定する。そして、「売買契約の締結を妨げる……当事者の責に帰すべき事由によらない……事由がないのに当事者が一方的に本件売買協定を破棄した場合には、……条件成就の努力義務、誠実交渉義務違反による債務不履行の責を免れない」と、債務不履行責任を認めている。

2-4　　(b)　**協定を考慮して信義則上の義務を認める判例**　他方、東京地判平 6・1・24 判時 1517 号 66 頁は、リゾートマンションの建築、分譲を目的とする土地建物の売買協定により、「当事者としては、売買契約の成立に向けて誠実に努力、交渉すべき信義則上の義務を負」い、「一方の当事者が、正当な事由もないのに売買契約の締結を拒否した場合には、右信義則上の義務違反を理由として相手方の被った損害につき賠償すべき責任を負う」と、合意による義務ではなく信義則上の義務を問題にしている。誠実交渉義務条項の有無の差といえようか。

2-5　**(2)　銀行の再編に向けた共同事業化のための交渉**

　　銀行再編の動きの過程で、X（住友信託銀行）・Y（UFJ 信託銀行）間で共同事業化のための「基本合意書」が作成されたが、Y が一方的にこの合意を破棄し、A（三菱東京フィナンシャルグループ）と交渉を開始したため、X が Y に対して A との業務提携にかかる協議を行うことを禁止する仮処分を求めた事例がある[2]。最判平 16・8・30 民集 58 巻 6 号 1763 頁は、合意の義務違反となることを認めるが、XY 間の合意の成立可能性は相当低く、Y と A が交渉を禁止されることにより相当大きな損害を被ることが予測されることから、仮処分の申請が退けられている。合意の性質上、損害賠償請求により満足するしかない。

2　契約締結上の過失（契約交渉の不当破棄）

2-6 **(1)　契約締結上の過失の意義**

　　(a)　**ドイツからの輸入法理**　**契約締結上の過失**という議論は、19 世紀のドイツ民法学の産物であり、ローマ法上の契約訴権を、契約が原始的不能により無効な場合の損害賠償請求についても認める法理であった。民法制定後、契約前段階の行為に債務不履行責任を拡大する法理として認められ、こ

---

2)　東京地判平 16・8・4 判例集未登載は、「独占交渉義務に関する合意は、最終的な合意に至る交渉過程においてこそ意味を有するものであって、最終合意の方向性を示す条項とは異なり、交渉過程における中間的な合意書面の中に置かれていても、法的拘束力を持たせるのが当事者の通常の意思に合致する」と判示する。しかし、独占交渉義務および誠実交渉義務違反の「義務違反による債務不履行責任」を認めながら、契約の内容が確定していたとはいえないため、契約が成立することにより原告が得ることのできた履行利益を観念できず、「契約が締結されていれば得られたであろう利益相当額の賠償義務を負わせることは、そもそも不可能である」として、賠償請求が退けられている（東京地判平 18・2・13 判時 1928 号 3 頁）。

33

れが日本に紹介された。そして、日本では、「契約締結上の過失」の名の下に、契約締結前の義務違反が問題となる種々の事例、種々の救済が議論されたため、統一法理としての意義が疑問視されるようになる[3]。

2-7 **(b) 問題とされた事例** 契約締結上の過失は、契約締結前の信義則上の義務違反を広く対象とするため、問題とされる事例は、契約交渉の破毀、不当な方法での契約の獲得、説明義務違反、交渉段階の安全配慮義務違反等の種々の事例が対象とされた。そもそも責任をどのような場合に認めるか、責任を認めるとして債務不履行責任なのかが問題とされた。また、消費者被害を念頭に置いて、詐欺や強迫に至らない不公正な方法による契約の締結につき、その不利益填補の方法として契約解除を認めることも議論された。ただこの問題は、消費者契約法の制定による消費者取消権の導入また拡大——特商法や金商法の制定・改正も——により解決されたといってよい。

2-8 **(2) 履行不能な契約が締結された場合（不能型）——立法による解決**

(a) どうして問題とされたのか 不能な給付を目的とする契約、例えば倉庫から盗まれていた商品の購入の申込みがあり、売主が在庫の確認をしないまま販売した場合、その売買契約は無効であると考えられていた。契約締結時に在庫の確認をしなかった過失が売主にあったとしても、契約は成立しないので、債務不履行を問題にできず、不法行為を問題にするしかなかった。そうすると、履行利益（転売利益等）の賠償は認められず、また709条に基づくためその権利・利益の侵害は何かが問題になっていた。そのため、権利・利益の侵害を問題にしなくて済むように、また履行利益の賠償を認めるために、信義則上の義務違反による債務不履行を問題としたのである。

2-9 **(b) 2017年改正による解決** この問題は、2017年民法改正により解決された。現行法上、履行不能では、債務者に履行拒絶権を成立させるだけであり、履行不能であっても債権（債務）は認められる（412条の2第1項）。これを前提に、「契約に基づく債務の履行がその契約の成立の時に不能であったことは、第415条の規定によりその履行の不能によって生じた損害の賠償を請求することを妨げない」と規定されている（同条2項)[4]。したがって、

---

3) 契約締結上の過失の議論については、円谷峻『新・契約の成立と責任』（成文堂・2004)、新版注民(13) 90頁以下［潮見佳男］が詳しい。

不能な給付を目的としていても契約は有効に成立し、帰責事由は契約締結について考え——上記の例では確認もせずに注文に応じた過失がある——、履行不能による填補賠償請求権（415条2項1号）が認められる。

2-10 **(3) 契約交渉の一方的破棄**

(a) 契約の締結は原則として自由——不合理な差別は不法行為 契約をするか否かは、法令によって締結が義務づけられている場合を除いて自由である（521条1項）。契約締結拒絶に、正当な理由があることは必要ではない。法令により締結が義務づけられている場合でも、正当な理由があれば契約の締結を拒絶できる。ただし、契約締結拒絶が不合理な差別と認められる場合には、契約拒絶が不法行為とされて損害賠償責任を負わされる。例えば、アパートの賃貸借で、保証人を立てることを求めたのにこれを拒絶したことを理由に賃貸をしなくても不法行為にはならないが、外国人ということのみで賃貸を拒絶するのは不法行為となる可能性がある。

2-11 **(b) 契約締結拒絶が不法行為になる事例の整理**

㋐ 契約締結拒絶が義務違反になる場合と被侵害権利・利益 契約自由の原則があるため、契約締結拒絶が不法行為になるためには、拒絶が他人の権利・利益に対する不可侵義務に違反することが必要になる。①契約締結義務が法定されている場合には、締結拒絶はこの義務違反であり、契約の成立を保障する趣旨から履行利益の賠償を認めてよい。②上記の不当な差別の場合には、不当な差別をしないという義務違反、また、不当な差別を受けないという人格的利益の侵害であり——自然人についてのみ問題になる——、慰謝料が問題になる。③先にみた仮契約を締結している場合には（☞2-2）、不法行為法上の権利・利益侵害がなくても、債務不履行を認めることができ、①と同様に履行利益の賠償が認められる。④問題は、それ以外に、交渉を継続した後に契約締結を拒絶する場合であり、次にこの点を考察する。

2-12 **㋑ 義務違反と正当な信頼の成立**

(i) 原則として責任なし 契約の締結交渉が開始され、一方がそのための費用を投じて契約を獲得しようと努力をしたとしても、相手方が契約をする

---

4) 立法の経緯につき、大滝哲祐「債権法改正における原始的不能と損害賠償」北海学園大学法学研究55巻2号（2019）27頁以下参照。

かどうかは自由であり、結果として、契約締結を拒絶しても何ら違法な行為ではない[5]。相手方は契約締結に至らないリスクを甘受して交渉し、交渉のために必要な費用を負担するのが原則である[6]。

2-13　**(ii) 不法行為が問題になる場合**　そのため、交渉を一方的に破棄した場合に損害賠償義務を問題にできるためには、違法性＝信義則上義務違反が認められなければならない。あくまでも契約締結義務はないので、不法行為としては、契約を締結しなかったことではなく、間違いなく契約が締結されると信頼させて履行を前提とした費用を投じさせた、または契約の締結が間違いないと信じて費用を投じていることを知っており、警告をすべきなのにこれを怠ったことを問題にするしかない。

2-14　**(iii) 正当な信頼の成立要件**　では、どのような場合に、費用支出が損害として保護されるのであろうか。①交渉当事者の言動により、相手方が契約の締結は間違いないと信頼した場合、または、②相手方が契約の締結は間違いないと信じて履行のための費用を支出し、そのことを知ったならば警告すべき信義則上の義務があるにもかかわらず、何ら警告をしなかったことが必要である。どんなに交渉しようと契約締結自由が原則であり、①②は慎重に認定されるべきである。

2-15　**(iv) 侵害される権利・利益**　仮契約があり債務不履行を問題にできれば、709 条の権利・利益の侵害を問題にする必要がなく、また履行利益の賠償が認められる。不法行為が問題になる場合にも、この類型では、権利・利益侵害を介して損害が生じることは必要ではないと考えるべきである。あえて債務不履行と構成することにより、権利・利益侵害という要件を不要とする必要はない。ただし、履行利益の賠償は認められない。ここでは、上記のような義務違反が認められるのかという違法性判断が中核になり[7]、拒絶に正当な理由があれば違法性は否定される（交渉破棄者側に証明責任あり）。

---

5)　DCFR II.-3:301 条(1)項は、交渉の自由、合意に達しないことについて責任を負わないことを原則として認める。同(2)項は、交渉に入った者は、信義誠実および取引上の公正に反して交渉を破棄しない義務を負うものと規定し、この義務は合意で制限・排除ができないものと規定する。同(3)項は、(2)項の義務違反につき、相手方に生じた損害について責任を負うと規定する。さらに、同(4)項は、合意する意図を「まったく持たずに」交渉に入る、また、交渉を継続することは、信義誠実また取引上の公正に反するものと規定する。
6)　契約交渉の不当破棄をめぐっては、改正に際して新たな規定の導入が検討されたが結局は断念された（大滝哲祐「債権法改正と契約交渉の不当破棄」北海学園法学研究 54 巻 3 号［2018］1 頁以下参照）。

第2章　契約の成立　第1編　契約総論

2-16　**(c)　責任の法的性質**　上記の場合の責任は、契約交渉関係を規律する信義則上の義務違反であり、生命、身体、財産等の不法行為法上の保護法益の侵害はなく、債務不履行と構成することも模索されていた。しかし、上記のように、権利・利益の侵害なしに経済的損害を受けた場合についても不法行為を認めることができる。また、実益としては、債務不履行による方が時効期間が長くなるということもあったが、改正によって3年と5年に縮まった。過失の証明責任は、上記のように違法性の判断が核心であり、債務不履行と不法行為のいずれと構成しようと、証明責任が変わることはない。下記判例は、いずれについても責任の性質を明らかにしていない[8]。

2-17　●**最判昭58・4・19判時1082号47頁**　土地の売買交渉を進め、売買代金をはじめ、約定すべき事項について、相互の諒解に達し、契約を締結すべき予定日まで取り決めたけれども、売主Yが契約締結の延期を申し入れると共に、再度契約締結日を取り決め、かつYはXの求めに応じて契約事項の確認を目的とした土地付建物売買契約書と題する書面の売主名欄に、その記名用ゴム印を押捺したばかりでなく、Y自らも、特約事項を記載した書面を作成してXに交付したが、Yが結局契約締結を拒絶した。原審判決（東京高判昭54・11・7判時951号50頁）は、Xとしては、「右交渉の結果に沿った契約の成立を期待し、そのための準備を進めることは当然であり、契約締結の準備がこのような段階にまでいたった場合には、YとしてもXの期待を侵害しないよう誠実に契約の成立に努めるべき信義則上の義務があると解するのを相当とし、Yがその責に帰すべき事由によってXとの契約の締結を不可能ならしめた場合には、特段の事情のない限り、Xに対する違法行為が成立するというべきである」と判示し、最高裁もこれを是認している。

2-18　●**最判昭59・9・18判時1137号51頁**　［事案］Xは分譲マンションの建築

---

7)　相手方としても、正式な契約の成立前に費用を支出しなければならない特段の事情がなければ、契約成立前に履行のための費用を投じたことにつき過失相殺がされるべきである。そうでないと、相手方が締結を拒絶できないようにするために、費用を支出して既成事実を作り上げるという戦略がとられかねない。

8)　最判平19・2・27判時1964号45頁は、ゲーム機の部品等の開発・生産について、アメリカのA会社から依頼を受けたYが、Xに商品の開発が可能かどうかを打診し、XY間で交渉が始まり、Xは商品の製造に要する部品を発注し、製造に必要な金型2台を完成させるなどの費用を投じたが、契約締結に至らなかった事例でYに責任を認める。

「Xが、Yとの間で、本件基本契約又はこれと同様の本件商品の継続的な製造、販売に係る契約が締結されることについて強い期待を抱いたことには相当の理由があるというべきであり、Xは、Yの上記各行為を信頼して、相応の費用を投じて上記のような開発、製造をした」と認定している。

§I　契約の交渉過程をめぐる法律問題

の着工と同時に買受人の募集を開始した。Yは歯科医院の移転先を探しており、Xと交渉を開始した。Yは歯科医院開業のためのレイアウトを専門業者に作成してもらい、これをXに交付した。Yは歯科医院を経営するには電気を大量に消費するので、Xにこの点を問い合わせた。Xが調べたところ、電気容量が不足するので、Yの意向を確認することなく電気容量を変更し、これをYに告げこれに伴う出費を上乗せするよう求め、その際、Yは特に異議を述べなかった。その後、最終的にYはXからのマンションの購入を拒否した。そのため、Xが主位的には契約の成立を主張し代金の支払請求、予備的に「契約締結上の過失」に基づき損害賠償を請求した。

2-19　　**第一審判決**（東京地判昭56・12・14判タ470号145頁）「取引を開始し契約準備段階に入ったものは、一般市民間における関係とは異り、信義則の支配する緊密な関係にたつのであるから、のちに契約が締結されたか否かを問わず、相互に相手方の人格・財産を害しない信義則上の義務を負う……、これに違反して相手方に損害を及ぼしたときは、契約締結に至らない場合でも契約責任としての損害賠償義務」を負う。

2-20　　**控訴審判決**（東京高判昭58・11・17判例集未登載）「取引を開始し契約準備段階に入ったものは、一般市民間における関係とは異なり、信義則の支配する緊密な関係にたつのであるから、のちに契約が締結されたか否かを問わず、相互に相手方の人格、財産を害しない信義則上の注意義務を負うものというべきで、これに違反して相手方に損害をおよぼしたときは、契約締結に至らない場合でも、当該契約の実現を目的とする右準備行為当事者間にすでに生じている契約類似の信頼関係に基づく信義則上の責任として、相手方が該契約が有効に成立するものと信じたことによって蒙った損害（いわゆる信頼利益）の損害賠償を認めるのが相当である」。

2-21　　**[最高裁判決]**「原審の適法に確定した事実関係のもとにおいては、Yの契約準備段階における信義則上の注意義務違反を理由とする損害賠償責任を肯定した原審の判断は、是認することができ、またY及びX双方の過失割合を各5割とした原審の判断に所論の違法があるとはいえない」（責任の性質不明）。

2-22　　**◆交渉破棄型の事例と損害賠償の範囲**
(1)　履行利益の賠償は認められない

　交渉破棄型の事例では契約は成立していないので、債権の効果として認められる履行利益の賠償は請求できず、信頼利益の賠償に限定されると考えられている（川井9頁）。これに対して、損害賠償の範囲に関する一般法理によって決すれば足り、必ずしも明確な概念ではない「信頼利益」に限定する必要はないという主張もされている（中田115頁）。しかし、契約締結義務自体は否定されるので、履行利益の賠償は認められるべきではない。ただ、事例によっては、所有権侵害、

38

第2章　契約の成立　第1編　契約総論

営業侵害、さらには次に述べるように、機会の喪失ということを問題にすることができ、その場合には、履行利益と重複するような損害の賠償が認められる。

2-23　**(2)　取引「機会」の侵害**
　(a)　契約成立を確実と信じて他の取引を止めたことによる損害　契約交渉開始後の契約締結拒否が不法行為として問題となる事例として、本文では無駄な費用支出型の事例のみを取り上げた。しかし、交渉をしているため、その成立が間違いないと考えて、売主側がほかからも購入したいという引き合いがあったのにそれを断っていたが、契約締結拒絶後に、ほかへの販売ができないまたは価格が下落して安くしか販売できなかった場合が考えられる。買主側も、契約成立が間違いないと思って、他の会社からの売り込みを拒絶したが、その後取得に苦労する、または、高騰してしまった価格で購入した場合も考えられる。不法行為責任に基づいても、その差額を損害として賠償請求できる。

2-24　**(b)　責任が認められるための要件**　単に交渉中にほかとの取引を断るのは、契約が成立すると信じて費用を投じるのと同様、原則としては自己の負担すべきリスクである。①そのため、このような事例でも、自己の説明態度によって相手方に契約締結は間違いないと誤信させたことが必要である（この点は共通）。②また、損害の確実性の観点から、相手方がほかから申込みを受け、拒絶しなければその者との契約締結が確実であったという事情も必要である。ほかとの契約締結の機会を失ったことによる損害の賠償であり、不法行為に基づく損害賠償請求が可能である。費用支出型同様に、責任の認定は慎重にされるべきであり、かつ、責任が認められる場合にも過失相殺によって適切に調整されるべきである。

2-25　**◆交渉の相手方から発注を受けた下請業者に対する責任**
　(1)　事実
　建物の建築注文の交渉を注文者Yが破棄したが、交渉相手方である建築業者Aから建築資材の発注を受けていた第三者Xに対する損害賠償責任が問題となった事例がある。Aが「本件建物の竣工予定時期に間に合うよう本件建具の納入等をするためには、Yが本件建物の施工業者を決定する前に、本件建具の納入等の準備作業を開始する必要があった」。「Xは、Aから、上記のとおりYの了承があった旨の説明を受けるとともに、直ちに上記準備作業を開始するよう依頼を受けたことから、本件建具の製作図の本格的な作成、打合せ、製造ラインの確保等の準備作業を開始した」。最高裁は以下のようにYのXに対する不法行為責任を認めている（最判平18・9・4判時1949号30頁）。

2-26　**(2)　最高裁判旨**
　「このような事情の下においては、XがAから上記準備作業に要した費用等についてはAで負担するとの説明を受けていたなどの特段の事情のない限り、Xは、Yの上記了承があったことから、Yが誰を本件建物の施工業者に選定したと

39

§I 契約の交渉過程をめぐる法律問題

しても、その施工業者との間で本件建具の納入等の<u>下請契約を確実に締結できる</u>ものと信頼して、<u>上記準備作業を開始した</u>ものというべきであり、また、Yは、Xが上記準備作業のために費用等を費やすことになることを予見し得た」。「信義衡平の原則に照らし、Xの上記信頼には法的保護が与えられなければならず、……上記信頼に基づく行為によってXが支出した費用を補てんするなどの代償的措置を講ずることなくYが将来の収支に不安定な要因があることを理由として本件建物の建築計画を中止することは、<u>Xの上記信頼を不当に損なう</u>ものというべきであ」る（Yの不法行為による賠償責任を認める）。

2-27 **(4) 契約締結に際する説明義務・警告義務違反（有効成立型）**

(a) **責任の法的性質についての基本的立場** 2-1 に述べたように「契約締結上の過失」という概念は、契約責任（債務不履行責任）を認めるための概念であった。契約の交渉が信義則による支配を受け、信義則上の種々の義務が認められることは疑いない。しかし、契約交渉段階における信義則上の義務違反について、債務不履行責任を認めるべきなのかは、安全配慮義務違反とは異なり判例は慎重である。時効期間が問題となり、債務不履行と構成すれば被害者が救済できた事例で、2-30 のように債務不履行責任が否定されている。現行法では商事時効はなくなったが、不法行為についての特則は残されており、3 年か 5 年かという形で縮小しつつ問題は残された。

2-28 > ●**最判平 23・4・22 民集 65 巻 3 号 1405 頁** ［事案］Y 信用協同組合は、債務超過の状態にあって、早晩監督官庁から破綻認定を受ける現実的な危険性があり、代表理事らは、このことを十分に認識しえたにもかかわらず、X らに対しそのことを説明しないまま、Y に出資するよう勧誘し、勧誘に応じた X らは本件各出資に係る持分の払戻しを受けることができなくなった。X らが Y に対して説明義務違反を理由として、①主位的に、不法行為による損害賠償請求権または出資契約の詐欺取消しもしくは錯誤無効（当時）を理由とする不当利得返還請求権に基づき、②予備的に、債務不履行による損害賠償請求権に基づき、各 5000 万円および遅延損害金の支払を求めた。

2-29 > 　**原審判決（大阪高判平 20・8・28 金判 1372 号 34 頁）** 原審（最判の判決文からの引用）は、「一般に契約が成立する前の段階における契約締結上の過失については、これを不法行為責任としてとらえることも可能であるが、むしろ契約法を支配する信義則を理由とする契約法上の責任（一種の債務不履行責任）として、その挙証責任、履行補助者の責任等についても、一般の不法行為より重い責任が課せられるべきものととらえるのが相当である。およそ、当該当事者が、社会の中から特定の者を選んで契約関係に入ろうとする以上、社会の一般

40

人に対する責任（すなわち不法行為上の責任）よりも一層強度の責任を課されるべきことは当然の事理というべきものであり、当該当事者が結果として契約を締結するに至らなかったときは、一般の不法行為責任にとどめるべきであるが（……）、いやしくもこれを動機として契約関係に入った以上、契約上の信義則は、その時期まで遡って支配するに至る」として、Y に債務不履行責任を認める。個人たる X に 10 年の時効を問題として請求を認容し、会社である X については商事 5 年の時効を適用して時効の完成を認め請求を棄却した。

2-30 　　[最高裁判旨] 個人被害者の請求を認容した原審判決部分を破棄し、以下のように判示して請求を棄却した。「契約の一方当事者が、当該契約の締結に先立ち、信義則上の説明義務に違反して、当該契約を締結するか否かに関する判断に影響を及ぼすべき情報を相手方に提供しなかった場合には、上記一方当事者は、相手方が当該契約を締結したことにより被った損害につき、不法行為による賠償責任を負うことがあるのは格別、当該契約上の債務の不履行による賠償責任を負うことはない」[9]。契約締結の準備段階においても、信義則が当事者間の法律関係を規律し、信義則上の義務が発生するからといって、その義務が当然にその後に締結された契約に基づくものであるということにならない」。

2-31 　**(b)　消費者保護法制の改善**

　(ア)　消費者保護の補完が求められた　消費者取引において、事業者側が消費者に対して、間違った説明をした場合、または意思決定にあたって重要な事項の説明をせず、そのために消費者が誤認して契約した場合、民法による救済は十分なものではない。詐欺については不作為による詐欺が認められるとしても、契約に必要な情報の収集は自己責任が原則である。また、錯誤としては動機の錯誤に該当し、救済は限定的にならざるをえない。そのため、契約から解放する形での救済ではなく、信義則上の義務違反として——不法行為では権利・利益の侵害が必要——損害賠償による保護が模索された。

2-32 　**(イ)　法改正による解放型の充実——説明義務または情報提供義務[10]違反**
ところが現在では、消費者契約法が制定され（2000 年）、重要事項について不実の告知をした場合（同法 4 条 1 項 1 号）——故意過失不要——、断定的判断の提供（同項 2 号）——故意過失は不要——、不利益事実不告知（同条 2 項）——

---

9)　本判決は、契約交渉段階の信義則上の義務は「契約上の債務の不履行」ではないというにとどまる。安全配慮義務も信義則上の義務であり、「特別な社会的接触の関係」上の義務であって「契約上の債務」ではない。「契約上の債務」であることを要求する点で、安全配慮義務の判断にまで影響が及ぶ可能性を秘めている。しかし、これに続く同様の判例は現われていない。

§I　契約の交渉過程をめぐる法律問題

故意重過失が必要——による、消費者取消権が導入された。また、特商法 6 条・21 条・34 条・44 条・52 条・58 条の 10 は、各種取引について不実告知、重要事実不告知による取消権を消費者（消費者という明示はないが）に付与している。

2-33 **(ウ)　不法行為を問題にする意義**　取消しでは相手方事業者が倒産している場合に、支払った金銭を取り戻すことは事実上期待できない。ところが、不法行為を問題にできれば、担当した従業員や取締役らに連帯して賠償責任を負わせることが可能になる。そのためには、権利・利益を侵害して損害を与えるという不法行為の要件について、この種の事例では不要とする必要がある。いずれにせよ、従業員らに対して債務不履行は問題にできないので、事業者の債務不履行責任を認める意義はない。

2-34 **◆説明義務違反をめぐる近時の判例**
(1)　なすべき説明が怠られた場合
(a)　火災保険における地震により生じた火災の除外　火災保険締結に際して、地震によって生じた火災は対象外であることが説明されなかった事例で、「このような地震保険に加入するか否かについての意思決定は、生命、身体等の人格的利益に関するものではなく、財産的利益に関するものであることにかんがみると、この意思決定に関し、仮に保険会社側からの情報の提供や説明に何らかの不十分、不適切な点があったとしても、特段の事情が存しない限り、これをもって慰謝料請求権の発生を肯認し得る違法行為と評価することはできない」とされている（最判平 15・12・9 民集 57 巻 11 号 1887 頁）。

2-35 **(b)　公団住宅の建替え後の区分所有権の優先販売——値引販売の可能性の告知**
(ア)　事案　Y による公団住宅の建替えに際して、賃借人 X に優先的に分譲されたが、X 側は同等の価格で直ちに一般分譲されると思い適切な価格であると信じていたが、公団は適正価格ではないことを認識しており直ちに一般分譲せずその後に値引販売をしたため、X が適正価額との差額を賠償請求した。

2-36 **(イ)　最高裁判旨**　最高裁は、「一般公募を直ちにする意思がないことを全く説明せず、これにより X らが A の設定に係る分譲住宅の価格の適否について十分

---

10)　DCFR II.-3:101 条は、事業者は、相手方に対して、物品その他の財産または役務を提供する契約を締結する前に、物品その他の財産または役務について、相手方が合理的に期待できる情報を開示する義務を負うものと規定する（同(1)項）。相手方が事業者の場合には、その情報を提供しないことが健全な商慣習に反するか否かにより、情報提供義務の認否は判断されるものとする（同(2)項）。なお、単なる情報提供ではなく、より高度の義務として契約に際して専門的知識・経験を持つ側が、他方当事者に対して契約締結に際して種々の助言をする「助言義務」も考えられるが（潮見・新債権総論 I 148 頁参照）、医師等の説明義務・助言義務は契約締結後も履行に際して継続して認められる義務である（情報提供義務を契約上の義務と構成する提案として、宮下修一『消費者保護と私法理論』[信山社・2006] 219 頁以下、447 頁以下）。

42

に検討した上で本件各譲渡契約を締結するか否かを決定する機会を奪った」とされ、「本件各譲渡契約を締結するか否かの意思決定は財産的利益に関するものではある」が、「慰謝料請求権の発生を肯認し得る違法行為」と認めている（最判平16・11・18民集58巻8号2225頁）。財産的損害の認定ができないので、慰謝料で補完したものであり、より悪質な詐欺の被害者でも財産的損害が填補される以上は慰謝料は認められない。

2-37　　(c)　**防火戸のスイッチの位置についての説明**　以上は契約をするかどうかについての判断に重要な事由の説明義務の問題であるが、購入する商品を使用するために必要な情報を提供しなかった事例もある。高額なマンションを購入した買主Aが、防火戸のスイッチの説明を受けず、その場所がわかりにくかったため、スイッチがオフのままになっていたことから火災により火傷を負いAが死亡した事例で、売主および仲介業者の説明義務違反が認められている（最判平17・9・16判時1912号8頁）。

2-38　(2)　**誤った説明がされた場合**
　　(a)　**土地の有効活用についての融資をした銀行の説明**
　　(ｱ)　**事案**　土地の有効活用を考えているXが、Y₁銀行から紹介された不動産業者Y₂から、土地上の建物を建て替える計画が提案され北側の土地を3億円で売却すれば資金の捻出が可能と説明されたが、建物建築後、北側の土地を売却してしまうと残された土地では容積率の制限を越える違法な建物になってしまうことがわかった。そのため、北側部分を売却できず、建物建築のためのY₁からの借入金のために設定された本件土地建物上の抵当権が実行された事例がある。

2-39　　(ｲ)　**最高裁判旨**　①［Y₂の責任］「Y₂担当者には、本件計画を提案するに際し、Xに対して本件敷地問題とこれによる本件北側土地の価格低下を説明すべき信義則上の義務があった」と認める。②［Y₁の責任］また、Y₁についても、北側土地についてXが「確実に実現させる旨述べるなど特段の事情」があれば、「本件敷地問題を含め本件北側土地の売却可能性を調査し、これをXに説明すべき信義則上の義務を肯認する余地がある」とされている（最判平18・6・12判時1941号94頁）。

2-40　　(b)　**建替えに際する建築業者の建築協定についての説明**
　　(ｱ)　**事案**　隣接建物との距離保持について協定がされている分譲宅地に土地建物を所有しているXが、建築業者Yと建物を取り壊して、協定に違反する2世帯住宅を建築する契約を結んだが、必ずしも協定を守らない住民もいるので心配はない旨の説明を契約締結の際、Yから受けて契約をしたものであった。ところが、旧建物取壊し後、建物の建築に取りかかろうとしたところ、隣家のクレームにより、Yとの契約に基づく建物の建築ができなかった事例がある。XがYに対して、旧建物の価格相当の損害および慰謝料の支払を請求した。

2-41　　(ｲ)　**判旨**　「専門の建築請負業者として、信義則又は公正な取引の要請上、本

§Ⅰ 契約の交渉過程をめぐる法律問題

件請負契約を締結する際はもとより、おそくとも旧建物の取り壊しまでの間に、適切に調査、解明して、本件協定違反による新建物の建築工事に着工した場合には工事中止になる危険性があることを告知ないし教示すべき義務があった」として、「契約締結のための準備的段階における信義則違反」の債務不履行が認められている（大津地判平8・10・15判時1591号94頁）。旧建物の価格の賠償のほか、2世帯で同居できない等精神的に多大な苦痛を被ったとして、200万円の慰謝料が認められている。

2-42
◆マンションの売買とその後の日照・眺望等を害する建物の建築
（1）買主は救済されないのが原則
　例えば、眺望や日当たりを売り物にしてリゾートマンションが分譲されたが、その後に周辺に眺望、日当たりを害する建物が建設された場合の売主の責任が問題になる。周辺の土地の所有者がその自分の土地をどう利用するかは自由であり、たとえ、現在眺望・日当たりが良いことを売りにして広告・勧誘がなされても、買主は売主に対して何ら救済を求めることはできないのが原則である。東京地判平5・11・29判時1498号98頁は、「眺望自体、その性質上、周囲の環境の変化に伴い不断に変化するものであって、永久的かつ独占的にこれを享受し得るものとはいい難い」という（錯誤無効［当時］の主張も退ける）。

2-43
（2）例外的な買主の救済
　（a）過失による不適切な説明　東京高判平11・9・8判時1710号110頁は、売主には「本件建物の日照・通風等に関し、正確な情報を提供する義務があり、誤った情報を供して本件建物の購入・不購入の判断を誤らせないようにする信義則上の義務がある」と認める。事案への当てはめとして、南側隣地が横浜駅から至近距離にあるという立地条件と相まって、大蔵省が早晩これを換金処分し、その購入者がその土地上に中高層マンション等を建築する可能性があることやマンション等の建築によって本件建物の日照・通風等が阻害されることがあることを当然予想できたのに、大蔵省所有だから建物が建たないと説明した点で、この義務違反があるとして売主の損害賠償責任を認めている（5割の過失相殺[11]）。

2-44
　（b）売主が隣接地の所有者であり自ら建設した場合　大阪地判昭61・12・12判タ668号178頁は、マンションの庭付きの1階を、交渉段階で、売主が買主に南側の土地は売主所有であり、日照を阻害する建物を建てないことを保証したため、買主は趣味の蘭栽培を温室でするために日当たりを重視して購入したが、その後、売主が第三者にその土地を売却してしまい、その第三者が高層の建物を建築した事例で、錯誤無効（当時）、解除条件成就を否定したが、瑕疵担保責任

11）錯誤では、代金の全部の返還を受けられるか否かという、all or nothing の処理になるが——ただし、表意者に錯誤取消しの主張を認めつつ損害賠償責任を負わせることも考えられる——、損害賠償請求では過失相殺により、当事者に対して損失を適切に配分できる。

44

（当時）を認めた上で解除は否定し 400 万円の賠償を命じている。また、大阪地判平 5・12・9 判時 1507 号 151 頁は、パンフレットで眺望が良いことが強調され、南側の土地は Y が購入して所有しているので、2 階建てまでしか建築しないと説明がされた事例で、「このような経緯からすると、X らの右信頼は、法的に保護されるべきものであり、Y には、X らに対し、<u>本件南側土地に本件マンションの眺望を阻害する建物を建築しないという信義則上の義務がある</u>」とし、自分で建築するのみならず、建物を建築することが予想される第三者に売却してしまうことも違反になるとして、財産的損害の賠償請求を認容している[12]。

2-45　　　(c)　**売主が隣接地所有者による建物建築の予定を知っていた場合**　前掲東京地判平 5・11・29 は、傍論として、「近々にこれが阻害されるような事情が存するときは、<u>これを知っている、又は、悪意と同視すべき重過失によりこれを知り得</u><u>なかった</u>売主は、売買契約締結に際し、買主に対し、右事情を告知すべき信義則上の義務を有しているというべく、この義務に違反した売主は買主に対し債務不履行責任を負う」と述べるが、売主がマンション建築計画を知っていたとは認められないとして買主の損害賠償請求を棄却している。

2-46 (5)　その他の義務違反

(a)　**契約締結交渉中に知りえた相手方の情報についての守秘義務**　契約交渉の過程で、相手方が提供した情報については、これを無断で利用したり公表しない義務があるというべきである。交渉段階の協定でこの義務が明示的に合意されることが多いが、合意がなくても、信義則上の義務として認められるべきである。これに違反し、相手方に損害を与えたならば、その賠償義務を免れない。合意がある場合には債務不履行、合意がない場合には不法行為となるが、責任内容に差を認めるべきではない。

2-47　　(b)　**契約締結上の加害**　契約締結上の過失の一種として、契約交渉中に積極的加害を受けた場合、例えば、建売住宅の建築現場に案内された顧客が、安全が確保されていなかったため事故により負傷した場合も問題とされている[13]。「特別の社会的接触関係」を理由に信義則から安全配慮義務を認める判例の立場では、契約の交渉のため接触し、自己の支配領域に相手が入る場合その安全を配慮すべき義務、すなわち積極的に相手の安全を保護する義務

---

12)　売主自ら眺望を害する建物を建築しても、売買契約に際して、敷地内に高層建物が建築される可能性を十分説明していたならば、売主の責任が否定される（大阪地判平 20・6・25 判時 2024 号 48 頁）。また、前掲大阪地判平 20・6・25 は、眺望を売りにしたタワーマンションの目の前に同じ業者がさらに高いマンションを建てて景色が変わったとして、大都市・大阪の中心部で、たまたま住民が良好な眺望を独占的に享受していたとしても、法的保護には値しないと判断した。

が生じることになる。そして、安全配慮義務等の違反は債務不履行になる（この類型の判例はない）。従業員の過失は履行補助者の問題に解消される。

§Ⅱ
申込みと承諾の合致による契約の成立

1 契約の成立

2-48 (1) 契約の成立・効力についての基本原理

(a) **契約自由の原則**　契約の基礎理論として、契約自由の原則、契約の効力の相対効といった原則がある。ここでは前者について説明するが、契約自由の原則も、以下の4つに分けて考えられる。

---

① 契約をするかどうかの自由（契約締結の自由）
② 誰と契約をするかの自由（相手方選択の自由）
③ 契約の内容をどう決めるかの自由（内容決定の自由）
④ 契約をどのような方式で締結するかの自由（方式の自由）

2-49　(ア) **契約締結の自由**　まず、①については、「何人も、法令に特別の定めがある場合を除き、契約をするかどうかを自由に決定することができる」と規定されている（521条1項）。契約の締結を義務づける法令がある場合は除かれる（☞民法総則6-4）。②については、不合理な差別をすることを認めるものではなく、不合理な差別的扱いは、契約の締結拒絶だけでなく、契約内容の差別についても不法行為になる[14]。これは不合理な差別を受けない人格的利益の侵害であり、被害者は慰謝料を請求することができる（711条）。

---

13) 判例としては、Yコンビニチェーン加盟のAの経営する店舗で、X（22歳の女性）が昼前に両手にパンと牛乳を持ってレジに向かう途中に、床がモップでの水拭きの後乾拭きがされないままにされていたため、Xが足を滑らし転倒した事例がある。Aには客「の安全を図る義務があ」り、Aの指導を十分行わなかったYの責任が認められている（大阪高判平13・7・31判時1764号64頁）。

14) DCFR II.-2:101条は、性別、民族、人種を理由として、契約において差別（契約をするか、どのような内容の契約を締結するか）を受けない権利を認め、DCFR II.-2:103条は、正当な目的により、その目的達成のための手段が適切かつ必要なものであるときは、差別にはならないものと規定する。

第2章 契約の成立 第1編 契約総論

2-50 **(イ) 契約内容決定の自由** また、「契約の当事者は、法令の制限内におい
て、契約の内容を自由に決定することができる」(521条2項)。「法律行為の
当事者が法令中の公の秩序に関しない規定と異なる意思を表示したときは、
その意思に従う」(91条)とされているので、「法令の制限」については、契
約自由を制限する強行規定が問題になる。また、公序良俗(90条)による包
括的な制限を受け、消費者契約では任意規定と異なる合意も信義則違反と認
められれば無効になる(消費者契約法10条)。

2-51 **(ウ) 契約方式の自由** 「契約の成立には、法令に特別の定めがある場合を
除き、書面の作成その他の方式を具備することを要しない」(522条2項)。こ
のことは、契約は申込みと承諾だけで成立し、契約書の作成や目的物の交付
は法で要求されている場合以外は不要であることを意味する。業法によって
は、契約書の作成・交付を義務づけて罰則を用意しているが、成立要件とし
て規定しているものではなく、違反しても契約の成立は認められる。

2-52 **(b) 契約の効力──拘束力・相対効**

(ア) 契約の拘束力 契約を締結した以上、当事者はこれを守らなければな
らない(pacta sunt servanda)。物権契約は物権変動の効力が生じることに
なるが、債権契約については、債権を取得し債務を負担することになり、合
意した債務の履行を義務づけられ、履行をしなければ履行の強制を受けまた
損害賠償を義務づけられる。錯誤、詐欺また強迫を理由とした取消権、制限
行為能力者の取消権はこれに対する例外である。債務不履行に対する解除、
事情変更による解除も同様である。継続的契約の解約や告知は、永遠の拘束
力は認められず必須の制度である(例えば、617条・627条)。クーリング・オフ
も、消費者取引に特化した例外的制度である。

2-53 **(イ) 契約の相対効** 契約の効力は契約当事者間にとどまり、第三者に債務
を負担させたり、債権や物権を帰属させることはできないのが原則である
(第三者のためにする契約[☞4-51]が例外)。ただし、物権など絶対権に
ついて、物権的効力を生じさせる契約は別である。例えば、所有権の移転な
どの効力は、すべての者との関係でその効力が発生する(絶対効の原則ない
し対抗可能性の原則)。そのために、物権変動については、登記・登録とい
った公示を、成立要件や対抗要件とすることで、取引の安全が図られる。

47

§Ⅱ 申込みと承諾の合致による契約の成立

2-54 (2) 契約の成立

(a) 法的に拘束を受ける合意 契約が成立するためには、申込みと承諾とが合致することが必要である（522条1項[15]）。契約書の作成は契約の成立には必要ではなく（同条2項）、合意により契約は成立し、契約書はすでに成立した契約の証拠である（民訴228条4項参照）。「合意」の成立には2-55以下の要件充足が必要である。DCFR Ⅱ.-4:101条は、合意の要件として、①当事者双方が、拘束力のある法律関係に入る意思、または、法律効果を生じさせる意思を有すること、および、②当事者双方が、十分な合意に達することを必要とする。

2-55 (b) 合意の要件

(ア) 主観的合致 まず、主体が合致しなければならない（**主観的合致**）。例えば、AがBに対して甲画を10万円で買わないかと申し込んだのに対して、それを聞いたCが、Aに対して私が買うと言っても、AC間に契約は成立しない。Cの意思表示はAへの申込みとなり、Aはこれに対して承諾をすることができる。

2-56 (イ) 客観的合致 次に、申込みと承諾の内容が合致していなければならない（**客観的合致**[16]）。例えば、Aが甲画を100万円で買わないかとBに持ちかけたが、Bがこれに対して90万円ならば買うと答えた場合、内容の合致がないため契約は成立しない。Bの意思表示は変更を加えた承諾として新たな申込みとして扱われる（528条）。契約の成立のためには契約に不可欠の要素についての合意が必要であり、AがBに甲画を買わないかと誘い、Bが

---

15) 小林一郎『日本の契約実務と契約法　日本的契約慣行の研究』（商事法務・2024）参照。「我が国の企業間取引における契約成立を画する解釈手法を、欧米等諸外国との対比において分析することを通じて、我が国の企業間取引における契約実務が、日本特有の契約成立についての考え方の影響を受け、大企業を中心に、取引関係の実質を重んじ契約を丁寧に交渉する一方で、不確実なものについて契約の成立や契約条件の確定を曖昧にすることを許容する特有の慣行が形成されてきた」ことを明らかにしようとする論考である。

16) ＊**送りつけ商法**　注文もしていない商品を消費者に送りつけ、代金の請求をすることを**送りつけ商法**（ネガティブ・オプション）という。承諾がなければ契約は成立しないので、この場合に何も返答しなくても契約は成立しない（EU消費者権利指令27条、DCFR Ⅱ.-3:401条(1)項）。DCFR Ⅱ.-3:401条(1)項(a)は、事業者が消費者に注文もされていないのに、物品の引渡しまたは役務の提供をしても、消費者が応答しないだけでは契約は成立せず、同(b)では、消費者が利益を享受しても、契約外の債務が生じることもないと規定する（(2)項が例外）。日本では、特商法59条1項は、①「……売買契約の申込みをし、かつ、その申込みに係る商品を送付した場合」、②「申込者等に対してその売買契約に係る商品以外の商品につき売買契約の申込みをし、かつ、その申込みに係る商品を送付した場合」、「その送付した商品の返還を請求することができない」と規定する。返還請求できない反射的効果として、消費者に所有権が帰属するのかは不明である。

買ってもよいと返答した場合、目的物は定まっているものの、代金が決まっていないので、いまだ交渉段階にすぎない。ただし、商法512条の適用がある場合には、報酬の合意がされていなくても契約の成立が認められる[17]。

2-57 **◆合意の有無は客観的に判断される**

　内容の合致があるか否かは、客観的に判断される（規範的解釈）。例えば、Aがメールで甲画を100万円で買わないかとBに申込みをするつもりで、10万円と打ち込んでしまい、Bが10万円で購入すると承諾した場合、Aは100万円、Bは10万円の売買と考えていて意思の合致がないが、客観的には10万円での売買契約の成立が認められる。Aの錯誤が問題になるだけである。判例には契約不成立としたものがある（☞2-58）[18]。

2-58 **●大判昭19・6・28民集23巻387頁　[事案]** XからYへの生糸製造権の1万290円での売買契約につき、①Xは繰糸釜の権利の譲渡も含まれ、これに対する全国蚕糸業組合連合会からXに支払われる譲渡の補償金2000円は、代金とは別に受けられると考えていたが、②Yはこれを差し引いた差額8290円だけ支払えばよいものと思っていた。Yが8290円しか支払わないので、Xが残額2000円の支払を求めて訴訟を提起した。大審院は次のように判示し、契約の成立を否定し請求を退けている。

2-59 **[判旨①（契約の認定）]**「生糸繰糸釜に関する権利並に補償金に付何等意思表示を為さざりしこと、及当時の事情に鑑みるときは、生糸製造権利の譲渡は当然繰糸釜に関する権利の譲渡を包含し、之に伴ひ譲渡人が全国蚕糸業組合連合会より受くべき補償金は譲渡代金の一部たるべきものと解すべく、従て之に付何等意思表示なかりし本件契約に於てもXは生糸製造権利と共に之に相当する繰糸釜に関する権利をも譲渡し之に対しYが右連合会より受くべき補償金は代金の一部たるべく、Yは1万290円より右補償金を控除したる残額を支払

---

17)　請負では代金が定まっている必要はなく、さらには、タクシーによる旅客運送契約のように仕事の具体的内容も定まっている必要がない。例えば、電話でタクシーを呼べばそれだけで旅客運送契約が成立し、どこまで運送するという内容が契約成立時には具体的には定まっておらず、客の指示する地点まで運送するという旅客運送契約となる（大阪地判昭40・6・30判タ179号128頁）。

18)　***契約内容の確定**　①まず、契約当事者が口頭または書面で合意した事項については、その用いられた表現の意味が「契約解釈」によって明らかにされる。DCFRは、①まず契約解釈につき、ⓐ当事者の意思に従って解釈がされるべきものとし（II-VIII:101条(1)項）、ⓑ当事者の一方が表現に特別の意味を与える意思を有していた場合、相手方がそれを知りまたは知りえた場合には、その意思に従って解釈され（同(2)項）、ⓒ以上で決められない場合には、合理的な者であれば、その表示に与えたであろう意味に従って解釈される（同(3)項）。その場合の解釈において考慮される事情として、契約が締結されたときの事情、当事者の行為などを、契約の性質、慣習、信義誠実や取引の公正と共に考慮すべきものとされる（II-8:102条(1)項）。②他方、当事者が契約で定めた表示の解釈とは別に、当事者が定めなかった事項については、何ら定めがないので表示の解釈によることはできず、裁判所は、契約の性質および目的、契約が締結された際の事情、信義誠実や取引の公正を考慮して黙示的条項を付加することができる（II-9:102条(2)項）。

§Ⅱ　申込みと承諾の合致による契約の成立

へば足るべき趣旨なりと解するを相当する」。

2-60　　[判旨②（意思の合致を欠き契約不成立）]「本件契約に当り、①Ｘに於ては契約の文言の通り生糸製造権利のみを譲渡し、其の代金としてＹより1万290円全額の支払を受くる意思を以て右契約を為したるに反し、②Ｙに於ては生糸製造権利と共に繰糸釜に関する権利も共に譲渡せられ之に対しＹより代金として1万290円中右補償金を控除したる残額のみを支払ふべき意思を以て右契約を為したること亦原判決の確定せる所なれば、此等原判示事実に依れば本件契約の文言に付ては当事者双方に於て互に解釈を異にし、双方相異れる趣旨を以て右文言の意思表示を為したるものにして、両者は契約の要素たるべき点に付合致を欠き従て契約は成立せざりしものと云はざるべからず」。

2-61　　◆完結条項
　　契約内容を契約書に記載されているものに限定する旨の条項を**完結条項**といい、DCFR Ⅱ.-4:104条⑴項は、先行して合意内容が決められていても、契約書に記載せず完結条項を定めた場合には、契約書に記載されていない限り契約内容とは認められないことを規定する。ただし、同⑵項は、完結条項が個別に交渉されて定められたものではない場合には、完結条項の存在により、先行した表示や合意は契約内容にはならないと推定するにとどめている。同⑶項は、当事者が先行して行った表示が、契約条項の解釈のために参照することは禁止されないことを確認する。また、同⑷項は、当事者が行った表示や行為を、相手方が合理的に信用した場合には、完結条項の援用を禁止する。日本には規定はないが、以上は日本でも契約の解釈として参考にされるべきである。

2-62　　◆電磁的方法による契約の締結（インターネット取引）
　　⑴　ネット取引で紛らわしい表示がされた場合
　　インターネットの電磁的方法による契約の申込みにおいては、消費者が誤って申込みをしてしまうことが考えられる。事業者の表示が紛らわしく、1年分の購入で、1回目の分はお試し価格というだけなのに、1回分だけの購入かのように誤解しかねない表示であるため、消費者が1回のお試しの申込みと誤解して申込み（1年分の申込み）をした場合には、事業者の表示が誤解の原因となっている。この場合には、錯誤取消し（95条）を認めるべきである。

2-63　　⑵　消費者の申込みの確認
　　また、例えば消費者が申込みの数量を誤って1個のつもりで2個と入力して送信した場合、それは表示行為の錯誤であるが、重過失があり取消しができないはずである。DCFR Ⅱ.-3:201条⑴項は、電子的方法により契約の申込みまたは承諾をする場合、申込みまたは承諾の前に、誤入力ではないか確認するために適切で効果的な手順にする義務を事業者に負わせている。同⑵項は、これに違反し、

相手方が錯誤により契約を締結した場合には、相手方が錯誤取消しを主張できるだけでなく、事業者は相手方に生じた損害の賠償を義務づけられるものと規定する。日本では、電子的方法による消費者取引につき、消費者に重過失があっても取消しができるものと規定している（☞民法総則 6-259）。また、事業者には、「最終確認画面」を設定することが義務づけられている（特商法 12 条の 6）。

(3) 事業者の確認通知義務

DCFR II.-3:202 条(1)項は、事業者は、電子的手段による申込みまたは承諾に対して、受領したことを電子的手段により通知する義務を負うことを規定する。また、同(2)項は、事業者がこの受領通知をするまで、相手方は不当に遅滞しない限り、その申込みまたは承諾を撤回できるものと規定する。同様の規律は、日本にはないが、特商法による通信販売についての 8 日間のクーリング・オフの権利が認められる。特商法の 2021 年改正（2022 年 6 月 1 日施行）により、クーリング・オフのためには書面は必須ではなく、電磁的方法（電子メール）によることも可能になっている。

◆申込みと承諾によらない契約の成立

(1) 予約完結による契約の成立

申込みと承諾によって成立するのが契約であるが、契約という定義と矛盾するような、一方的に成立させられる契約がある。①まず、売買の一方の予約は、売主に契約の締結義務を負わせるもので、買主が申込みをした場合にそれに応じなければならない義務を負うが、意思表示に代わる判決を得るまでもなく、予約完結権の行使により一方的に契約が成立する。その意味では、承諾の強制を省略したものであり、合意から全く離れたものではない。なお、申込みに対して、相手方が承諾で一方的に契約を成立させることができるが、申込みは相手方に契約を一方的に成立させることのできる形成権を与えるのに等しい。

(2) 法定の効果の場合

(a) 契約を成立させる法定の権利　賃借人の造作買取請求権（借地借家 33 条）や、借地人や借地権の譲受人の建物買取請求権（同法 13 条）のように、法律により一方的に売買契約を成立させる権限が特定の者に与えられている場合がある。契約は合意であるということを貫徹すれば、承諾が法により強制され、その手続が予約完結権のように省略されているだけになる。売買契約が成立するので、担保責任など、売買の規定が適用される。

(b) 法律上当然の契約の成立　法定地上権（388 条）は法律上当然の地上権の成立であり、債権関係は問題にならず、地上権は取得時効も可能である。ところが、仮登記担保法 10 条の法定借地権は、「賃貸借がされたものとみなす」として契約の合意があったものとみなしている。賃料額、支払時期等、契約の具体的内容は当事者により決められることになる。賃貸借契約が成立するので、賃貸借の

規定が適用されることになる。ほかに商法 509 条 2 項は、同条 1 項の諾否通知義務違反により承諾を擬制している。

2-68 **◆交渉過程における表示・合意と契約内容**

　契約交渉過程での表示が、合意された契約書に記載されていなくても、契約内容を補完することが可能である。例えば、広告で宣伝されていた内容が契約書には記載されていない、交渉の段階で口頭で合意された内容が契約書には記載されていないとしても、それを契約内容と認めることは可能である。例えば、建物の賃貸借で、口頭で土地の一部を駐車場に改造してよいと認められたが、契約書にはそのことが規定されていない場合、口頭の約束に基づき賃借人が土地の一部を駐車場としたならば、用法違反にはならない。契約書はあくまでも証拠であり、口頭の合意通りの契約が成立していると考えるべきである——証明できることが必要——。DCFR II.-9:102 条(1)は、相手方が当該表示を契約内容と理解することが合理的であったことを要件としており、日本でも同様に解すべきである。

2　申込み

2-69 **(1)　申込みの意義と効力（承諾適格）——申込みの誘引との区別**

(a)　申込みの意義と承諾適格

(ア)　申込みの意義と要件　民法は、「申込み」を「契約の内容を示してその締結を申し入れる意思表示」と定義し、これに対して「承諾」があれば契約が成立することを明記する（522 条 1 項）。申込みの要件は規定されていないが、DCFR II.-4:201 条(1)は、次の 2 つを申込みの要件とする。①は申込意思の存在（主観的要件）、②は申込みの内容的要件（客観的要件）ということができる。本規定は、申込みについての要件を明記した意味がある（野澤正充「契約の基本原則、契約の成立、危険負担」判時 2422 号［2019］126 頁）。

---

① 相手方[19]が承諾をすれば契約が成立することが意図されていること

② 契約を成立させるのに十分な確定した内容を満たしていること

2-70 **(イ)　申込みの効力と失効**　相手方の承諾があれば契約が成立するという申込みの効力を**承諾適格**という[20]。申込みには、撤回できない拘束力も認められる（☞ 2-78）。申込みは、有効に撤回された場合、承諾期間を経過した場合、また、相手方により拒絶の意思表示がされた場合には（DCFR II.-4:203 条）

──拒絶を撤回して承諾をしても無効であり、新たな申込みと扱われる
──、その効力を失う[21]。

2-71 **(b) 申込みの誘引**

(ア) 申込みの誘引の意義 契約の申込みを誘因する行為を**申込みの誘引**という。重大な契約を交渉して内容を取り決める交渉の申込みとは異なる。飲食店などの呼び込みが典型例である。「この絵画買いませんか」というように、2-69 の要件を満たしていない場合だけでなく、内容が確定していても、2-69 ①の意図がなければ、申込みではなく申込みの誘引といわれる。同①の意図まであるかどうかは、微妙な事例もある。

2-72 **(イ) 問題となる事例** 定食屋で本日のランチとして見本を店の前に出していても、売り切れになるかもしれず、また、通信販売のカタログの送付も、在庫がなくなる可能性もあり、無条件に申込みと考えるのは適切ではない。①この点、注文に応じない可能性が留保されていない限り、これを申込みとみてよいという主張もある（磯村保「法律行為の課題(上)」民法研究 2 号［2000］15 頁）。② DCFR II.-4:201 条(3)項は、広告やカタログ、物品の陳列は、在庫が尽きるまでその価格また報酬で供給することの申込みと扱っている。留保を明示していなくても、黙示的に②の留保がされていると解すべきである。

---

19) 相手方は特定している必要はなく、不特定多数または特定多数の者に対する申込みも可能である。客待ちのタクシー、自動販売機・券売機や無人の野菜売場の設置のほか、プロレスで観客にマスク等を投げ入れる行為やプロ野球の入場者がファウルボールをもらえる場合も同様である。ネットなどにより公衆一般に対する申込みも可能であるが、その場合の申込みの撤回は、同じ方法または合理的に代替しうる方法によることが必要である（DCFR II.-4:202 条(2)参照）。店舗での商品の陳列は、フランスやオランダでは申込みとみられ──レジへの持ち込みにより契約が成立し、フランスの判例には、会計に際してレモネードの瓶が破裂し客が負傷したのは契約責任になる──、ドイツやイギリスでは、申込みの誘因であり客がレジで会計を求めて申込みになる（スミッツ 65 頁）。前者でも、特売品につきお 1 人様 1 点のみという限定があれば、客は 1 点の購入のみの承諾ができるだけである。

20) インターネット上のヤフーのショッピングサイトにおいて、誤ってパソコンが代金 2787 円と表示されて売りに出されていた事例で、サイト上の表示は申込みの誘引にすぎず、また、消費者の申込みに対して、「受注確認メール」が送信されるがそれはヤフーが注文者の申込みが正確になされたことを確認するだけのメールであり、売主が送信したものではなく、これによって契約が成立したものとは認められないとされている（東京地判平 17・9・2 判時 1922 号 105 頁）。不法行為を理由とした損害賠償請求も退けられている。オランダでの同様の事例では、通常の消費者はすぐに価格表示が間違いであることに気がつくものとして、有効な契約の成立が否定されている（スミッツ 62 頁）。

21) 申込みの効力発生時期はその相手方への到達時である（97 条 1 項）。そのため、申込者がその到達前にまたは到達と同時に申込みの撤回の意思表示をすれば、申込みの効力の発生を阻止できる。申込みの訂正も同様であり、100 万円で売るというのを、到達前または同時の訂正の意思表示により、110 万円での販売の申込みに変更することができる。

§ II 申込みと承諾の合致による契約の成立

2-73
◆**契約の成立時期が明確ではない事例**
(1) **大学の在学契約**
(a) **受験契約は別の契約** 契約の成立は明らかだが、いつどのように成立したか必ずしも明らかではない契約類型がある。大学への入学契約（在学契約☞1-22）は、大学による学生募集→受験生による出願→受験→大学による合否決定→合格発表・合格通知→入学手続・入学金支払→授業料納付→4月1日になり学生の地位取得といった経過を辿る。いつ在学契約は成立したというべきであろうか。まず、入試の受験は在学契約とは別個の契約である（受験契約）。入学資格があるかの判定をしてもらう契約であり、合格すると在学契約の申込みをする資格が付与され、合格者が改めて在学契約の申込みをすることになる。

2-74
(b) **在学契約の成立時期** その後の在学契約の締結について、判例は、①「特段の事情のない限り、学生が要項等に定める入学手続の期間内に学生納付金の納付を含む入学手続を完了することによって、両者の間に在学契約が成立する」という。②ただし、「要項等において、入学金とそれ以外の学生納付金とで異なる納付期限を設定し、入学金を納付することによって、その後一定期限までに残余の学生納付金を納付して在学契約を成立させることのできる地位を与えている場合には、その定めに従って入学金を納付し、入学手続の一部を行った時点で在学契約の予約が成立する一方、残余の手続を所定の期間内に完了した時点で在学契約が成立し、これを完了しなかった場合には上記予約は効力を失う」と、予約を介在させる（最判平18・11・27民集60巻9号3597頁）。

2-75
(2) **自動販売機（券売機）による契約**
自動販売機での契約も、①設置者による販売機の設置が、その販売機で契約可能なすべての契約について、相手方を特定しないでなされた申込みなのか、それとも、②単なる申込みの誘引にすぎず、客が販売機で希望の契約ボタンを押すことが申込みに当たるのか、明確ではない。いわゆる**万馬券訴訟**は、客が、レースの予想をマークした所定のカードと紙幣を自動販売機に入れたが、紙詰まりが起き職員が点検しているうちにレースが始まってしまい、結果はマーク通りでありもしその馬券を買っていれば100円に対して1万7150円の配当がされるものであった事例である（和解が成立している）。②の考えでは、承諾がされておらず契約は成立していないことになり、券売機の不具合を不法行為として問題にするしかない。本書は①を支持する。

2-76
(2) **申込みの拘束力**

申込みだけでは契約は成立しておらず、本来ならばいまだ申込者に法的拘束力は生ぜず、申込者は相手方が承諾して契約を成立させるまで、いつでも自由に申込みを撤回することができるはずである[22]。しかし、申込みを受けた相手方は、契約が重要であればあるほどそう簡単に答えを出せるものでは

第2章　契約の成立　第1編　契約総論

なく、それなりの期間と費用（人件費も含めて）をかけて検討する必要がある。いつ撤回されるかわからないのでは不安であるし、せっかく検討したのに、承諾前に撤回されてはせっかくの苦労が水の泡になってしまう。

2-77　**(a)　承諾期間が定められている場合**　まず、申込みに承諾期間が定められている場合には——申込者が一方的に設定できるが交渉で承諾期間を合意することも可能——、その期間は承諾を受け付ける趣旨であり、申込者は申込みを撤回できない（523条1項本文）。ただし、申込者が撤回をする権利を一方的に留保することはできる（同項ただし書）。承諾期間が過ぎてしまえば、申込みの効力は当然に失効し、撤回は不要である（同条2項）。承諾も現行法では到達主義が適用されるため、承諾期間内に承諾が到達しなければならない。

　　以上は、隔地者間・対話者間いずれにも適用される共通の規律である。

2-78　**(b)　承諾期間が定められていない場合**

　　(ア)　相当期間の撤回不可　承諾期間を定めないでされた申込みであっても、「申込者が承諾の通知を受けるのに相当な期間を経過するまでは」、申込者は申込みを撤回できない（525条1項本文）[23]。ただし、申込者が一方的に撤回権を留保することができる（同項ただし書）。このような拘束力を認めた根拠は、先に述べたように相手方の熟慮の機会の保障である。そのため、「承諾の通知を受けるのに相当な期間」とは、沿革的には郵便が発送されてから到達までの期間を意味したが、答えを出すのに必要な調査・検討をするのに要する期間に限定すべきである[24]。

2-79　**(イ)　隔地者間に限定されない**　改正前は、この規定は**隔地者**間に適用が限

---

22)　イギリス法は、約因理論により、約束は相手方が何か見返りとしてするか、または、何か見返りとして約束をして、初めて約束に拘束力が生じるということを根拠に、たとえ承諾期間を定めようとも自由に申込みの撤回が可能である（スミッツ68頁）。しかし、英米法圏でもこのイギリスの立場は異例であり、アメリカのUCC2-205条は申込みの拘束力を認めている。フランスでは中間的な解決が採用され、撤回はできるが不法行為を構成するとして損害賠償義務が認められていたが、2016年改正により、申込みの拘束力が認められている（CC1116条）。

23)　ただし、これは特定人に対してした申込みの場合に限定されるべきである。したがって、家の前に家具を置いて100万円で売りますと掲示した場合（ガレッジセール）、申込みの誘引ではなく申込みとみられるとしても、525条の適用はなく、懸賞広告に準じていつでも撤回可能というべきである。黙示的にただし書の撤回権の留保があり、商品が置かれ掲示がされている限りという制限が黙示的に表示されているという認定も可能である。

24)　この点、具体的にどのような手段で承諾の返信をしたかで発信・到達までの期間も含めて考えるべきではなく、メール等で瞬時に承諾できる以上、熟慮期間だけに単純化すべきである。郵送したとしても、直ちに電話やメール等で承諾をしておくべきである。

55

定されていた。確かに対話者については次に述べる特則があるが、対話者間でも申込みを受けた者が考えさせてくれと述べて、申込者がなるべく早く返事をくださいと言って別れるような場合も考えられ、現行法は隔地者間という限定をなくした。そのため、対話者間にも 525 条 1 項が適用される。

2-80　　**(ウ)　撤回できるのはいつまでか**

　　(ⅰ)　**承諾の到達主義への変更**　改正前は、承諾の発信によって契約は成立するため、相当期間が経過しても、申込みの撤回は承諾の発信までしか許されなかった。現行法では、承諾も到達主義の原則通りになったので、承諾の到達まで申込みの撤回ができるようになった[25]。ただ、承諾の発信主義における、発信と同時に履行の準備に取りかかり契約の成立についての期待を保護するという趣旨は、承諾に到達主義を適用しても当てはまる。

2-81　　(ⅱ)　**制限すべきか**　DCFR Ⅱ.-4:202 条(1)は、承諾の発信前に、申込みの撤回が到達することを、申込みの撤回のために必要としている。①このような規定がない限り、承諾の到達前における申込みの撤回を有効と考えることもできるが、②承諾の意思表示自体はすでに成立しているので、(ⅰ)の趣旨より申込みの撤回はできないと考えることも不可能ではない。しかし、メールなどにより瞬時に承諾ができるのに、あえて郵送した場合には、到達前に申込みの撤回を受けるリスクを甘受すべきである（①と考える）。

2-82　　**◆期間経過後の効果**

　　(1)　民商法の不統一

　　525 条によれば、相当期間を経過しても撤回が可能になるというだけであり、反対解釈をすれば、撤回しない以上は申込みの承諾適格は存続することになる。そうすると、申込者が撤回の意思表示をしないで放置し、例えば 1 年後に相手方が承諾をした場合でも、契約が成立するのであろうか。商法 508 条により、商人間の申込みについては、相当期間経過によって当然に申込みの効力が失われることになっている。その前提には、民法では当然には申込みは失効しないという理解がある。DCFR Ⅱ.-4:206 条(2)は、申込みに承諾期間が定められていない場合には、承諾は、合理的な期間内に申込者に到達したときに限り、その効力を生

---

25)　DCFR は、Ⅱ.-4:205 条(1)項で、承諾が申込者に到達した時に契約が成立すると規定しつつ、Ⅱ.-4:202条(1)項は、申込みが撤回できる場合に、相手方が承諾の通知を発する前に、撤回の通知が相手方に到達することを撤回の有効要件としている。承諾の到達主義が、承諾の到達までに申込みの撤回を認めることに当然には繋がらないことがわかるが、承諾につき到達主義を適用した以上は、特別規定がない限り、承諾の到達までに申込みの撤回の意思表示が到達すれば撤回は有効だと考えられる。先後不明はありうる。先に申込みの承諾が到達したことは、申込人が証明責任を負うので、不明の場合は、契約の成立が認められる。

じるものと規定している。日本の商法と同じである。

(2) 民法でも失効を認めるべき

①まず、商事か民事かで区別する合理的な理由はなく、民法解釈としても相当期間内に承諾の通知が発せられない限り申込みはその効力を失うと解する学説もある（三瀦 21 頁、川井 12 頁）。②しかし、多くの学説は、商事取引との差を認めて、相当期間経過により当然には失効せず、申込者は撤回が可能になるだけと考えている。ただし、このことはいつまでも申込みの効力が存続するということを意味しない。申込者の意識としては、いつまででも受け入れるのではなく、相当期間——撤回可能になる相当期間とはずれる——だけ承諾を受けることを当然視しているといえる。したがって、二重の相当期間を考え、撤回できるようになってから、さらに相当期間の経過により申込みは失効すると考えるべきである。

2-84　（エ）　対話者間の申込みの特則

（i）　即時の承諾しか認められない　対話者間で承諾期間を定めずに申込みがされた場合、①「その対話が継続している間は、いつでも撤回することができる」（525 条 2 項）、また、撤回がされなくても、「申込みに対して対話が継続している間に申込者が承諾の通知を受けなかったときは、その申込みは、その効力を失う」（同条 3 項本文）。商法旧 507 条（整備法により削除）と同趣旨の規定であり、対話者間の申込みは即答が求められ、その対話が継続している限りで承諾が認められるにすぎない。

2-85　**（ii）　対話者・隔地者の意義**　隔地者とは対話者に対する概念であり、場所が離れているというのではなく、上記の規定の趣旨が当てはまるかどうかという観点から決められるべきである。そうすると、隔地者とは対話により直ちに返答ができない状態にある者と考えるべきである。したがって、電話やzoom 等のネットで話している者は対話者であって隔地者ではない。隔地者については、対話者以外の者として消去法的に定義するしかない。

2-86　**（iii）　対話者間の例外**　対話者間でも即答が要求されていない事例については、上記の規律は当てはまらない。例えば、A が B に甲画の購入を勧誘したが、B が即答はできないので考えさせてくれと求めて、A がこれを了承して別れたとする。対話関係の終了でもはや承諾を受け付けないという事例ではない。民法も、「ただし、申込者が対話の終了後もその申込みが効力を失わない旨を表示したときは、この限りでない」と規定した（525 条 3 項ただし書）。この結果、この場合にも 525 条 1 項が適用されることになる。

§Ⅱ　申込みと承諾の合致による契約の成立

2-87 **(3)　申込者の死亡または行為能力制限と申込みの効力**

(a)　発信が有効性の基準時　民法の原則によれば、意思表示は発信により成立しており、相手方の保護のため到達までその効力発生を後らせているにすぎない。そのため、発信後の死亡や意思能力の喪失、行為能力の制限は意思表示の効力に影響を与えることはない（97条3項）。申込みの意思表示についていうと、発信後に申込者が死亡し、その後に相手方に到達しても、申込みの効力は有効に発生し、相続人が申込者たる地位を相続することになる。

2-88 **(b)　民法の認めた例外①──到達前の死亡**　民法は、「申込者が申込みの通知を発した後に死亡し、意思能力を有しない常況にある者となり、又は行為能力の制限を受けた場合において、申込者がその事実が生じたとすればその申込みは効力を有しない旨の意思を表示していたとき、又はその相手方が承諾の通知を発するまでにその事実が生じたことを知ったときは、その申込みは、その効力を有しない」と規定した（526条）[26]。行為能力の制限も取消し可能になるのではなく、申込みの効力が失われる。

2-89 **(ア)　改正前──到達前に知った場合に限定**　改正前は、到達前に限定して、相手方が申込者の死亡等を知った場合に、97条3項に対する例外として、到達しても申込みの効力は発生しないものとされていた。申込者の死亡が到達前でも、到達により申込みの効力が生じることになり、到達後に相手方が申込者の死亡を知っても承諾が可能であった。申し込まれている契約が死亡を契約の終了原因とされている事例では相続が否定されるが、そうでない限り、申込者たる地位が相続され相続人に対して承諾ができたのである。

2-90 **(イ)　改正後──到達後に知った場合にも拡大**　申込者が死亡等しても、相手方が知らなければ、一旦到達により申込みの効力が発生する。ところが、現行法では、承諾をするまでに悪意になれば、申込みがその効力を有しないものと規定している。この場合には、一度、到達によって効力が生じた申込みが、相手方が申込者の死亡を知れば、それによって申込みの効力は失効することになる（一問一答219頁）。相続人が被相続人のした申込みに拘束されるのを否定し、相続人の保護を優先することになる。

---

26)　現行法は、申込者の死亡が申込みの到達前か後かを問わず、相手方が善意でした承諾を保護する制度ということになる。この規定の趣旨から、死亡した申込者に宛てた承諾の意思表示は、その相続人に対する承諾として有効になると考えるべきである。

58

第2章　契約の成立　第1編　契約総論

2-91　**(c)　民法の認めた例外②──到達後の死亡**　申込みの効力発生を問題にするのであれば、申込者の申込み到達までの死亡等そして相手方がそのことを知った事例のみが問題になり、改正前はそのように限定していたが、現行法は97条3項の例外規定という以上の規定に変更した。申込みの相続人への拘束力の問題とし、これを否定することを原則として、相手方が善意で承諾の意思表示を発した場合を例外とする変更をした。逆にいうと、申込みの到達後の申込者の死亡事例であっても、相手方が承諾前にそのことを知れば申込みは失効することになる。相手方の悪意は、契約の成立を争う相続人が証明しなければならない。

2-92　**◆申込みの解除条件とすることが可能**
　　民法は、相手方が死亡を知った場合だけでなく、「申込者がその事実が生じたとすればその申込みは効力を有しない旨の意思を表示していた」場合にも例外が認められる。申込みについては、申込者が自由にその効力・内容を決められるというのが、2017年改正の基本的スタンスである。この申込みが到達する前に自分が死亡したら申込みはなかったものとするという条件付きの申込みができることになる。97条3項の例外であると考えれば、到達までの死亡等に限定されるが、特に限定がないので、申込み後承諾前に死亡した場合についてまで失効の条件を付けられることになる。

2-93　**◆申込みの相手方の死亡**
　　フランス民法は、大統領令による2016年改正では、申込者の死亡または無能力により申込みの効力が失効することを規定していただけであった──したがって到達後の死亡でもよい──。ところが、2018年の議会による承認の際に修正がされ、相手方の死亡も同様と追加された。すなわち、相手方が死亡したならば、相手方の承諾により契約を成立させる権利は相続されないことになる。申込者は、相手方との契約を欲していたのであり申込者の保護を図るための改正と考えられている。しかし、承諾後に相手方が死亡した場合には、相続性が否定されない契約である限り、例えば買主たる地位は相続されるのであり、立法論として疑問である。日本では、当事者の死亡が契約の終了原因とされている契約では、承諾をする権利は失効する。使用貸借の借主への申込みは失効するが、贈与の受贈者への申込みは失効しない（黙示の解除条件を認定する余地はある）。

3　承諾

2-94　**(1)　承諾の意義および性質**
　(a)　承諾の意義および要件　承諾とは、特定の申込みに対してなされる、

59

その申込み通りの内容の契約を成立させようとする意思表示である。申込みにより提案された契約を成立させようとするものでなければならず、「承諾者が、申込みに条件を付し、その他変更を加えてこれを承諾したときは、その申込みの拒絶とともに新たな申込みをしたものとみな」される（528条）。したがって、申込者は、新たにこれに承諾することができる。

2-95　　(b)　**黙示による承諾**　黙示の承諾を認定することも可能である。YがA会社に石炭の注文をしたのに、A会社の石炭の一手販売権を有するXが、Yに対して石炭を数十回にわたって送付し、Yがこれに異議をとどめずに受領してきた事例で、黙示の承諾が認められている（大判昭8・4・12民集12巻1461頁）。また、「商人が平常取引をする者からその営業の部類に属する契約の申込みを受けたときは、遅滞なく、契約の申込みに対する諾否の通知を発しなければなら」ず（商509条1項）、この通知を怠った場合には、「その商人は、同項の契約の申込みを承諾したものとみな」される（同条2項）。

2-96　　(c)　**承諾するかどうかは自由**　承諾をするか否かは自由であるのが原則であるが──諾否の返答をする義務もない──、法令により承諾義務が規定されていることがある。この場合の違反の効果については、議論がある。訓示規定にすぎず行政指導等の規律を受けるだけなのか、契約の成立は強制できないが損害賠償義務は認められるのか、契約の締結強制まで認められるのか問題になる（☞民法総則6-5以下）。なお、申込者が1週間以内に返答がない場合には承諾と扱いますと、一方的に申込みの際に表示をしても無効である（☞注2-16）。相手方が、1週間以内に返答がなければ承諾と扱ってもらって結構ですと表示した場合、停止条件付き承諾になり有効である。

2-97　　**◆承諾期間後に到達した承諾**
　　承諾期間内に承諾が到達しなかった場合に、契約は成立しないが、民法は、「申込者は、遅延した承諾を新たな申込みとみなすことができる」と規定した（524条）。しかし、いつまで新たな申込みとみなして承諾ができるのか、申込みとみなされるまで申込みではないので相当期間は撤回ができないという規律は適用されないのか等の疑問が残る。DCFR II.-4:207条(1)は、不当に遅延することがないことを要件として、申込者は相手方に対する意思表示により、有効な承諾と扱うことができるものと規定する。相手方は、申込みとみなす意思表示をして525条1項を適用させ、その期間内に承諾をすることができる。もちろん直ちに承諾してもよい。

第2章 契約の成立 第1編 契約総論

2-98 **(2) 承諾の効力の発生時期（契約の成立時期）**

(a) 改正前の発信主義を廃止 2017年改正前は、「隔地者間の契約は、承諾の通知を発した時に成立する」ものと、承諾については発信主義が採用されていた（旧526条1項）[27]。2017年改正は、この規定を、「契約は、契約の内容を示してその締結を申し入れる意思表示（以下「申込み」という。）に対して相手方が承諾をしたときに成立する」と変更した（522条1項）[28]。「承諾したときに成立する」と、契約の成立には申込みと承諾が必要なことを規定しただけであり、承諾の効力発生時期についての特則部分は削除された。そのため、承諾も到達主義の原則に服することになる（DCFR II.-4:205条(1)は承諾の到達により契約が成立することを明記する）[29]。

2-99 **(b) 到達主義による規律** 承諾の発信主義の根拠として、発信後すぐに準備に取りかかることができるようにするという、前時代的な理由があった。しかし現在では、電話やメールで即時に承諾することができ、郵送する場合にも念のためメールを入れておけばよい。承諾が到達するまで、申込者は申込みを撤回でき、また、承諾者も承諾の撤回ができる[30]。

承諾期間が定まっている場合には、承諾はその期間内に到達しなければならない。延着した承諾についての特則（旧527条）は改正により削除された（528条だけの規定になった☞2-94）。

---

27) 比較法的に異例なイギリスの判例法（1818年の判例）に従ったものである。これは「郵便ルール」と呼ばれ、①当時の郵便が到達するかまた遅滞せずに到達するか信頼性がなかったこと、また、承諾者にとって、申込者が受け取ったことを証明することよりも、手紙を発信したことを証明する方が容易であること、また、②申込者による撤回の可能性を制限することが、その根底にある（スミッツ79頁）。①は今や無視してよいが、②は到達主義でも、申込みの撤回は承諾の発信までに限るという中間的解決も考えられる（☞2-81）。

28) 対話者間ではいつ契約が成立したかという問題は生じないが、17世紀から18世紀にかけて、対話者ではない者の間での契約が増加したことにより、契約の成立時期が問題とされるようになった（スミッツ54頁）。

29) 改正理由は、①現在の郵便事情からして、到達を確認してから履行の準備をしても遅くはない、②また、承諾をする者が契約の迅速な成立を望むならば、現代社会では、メール、FAX、電話等色々な方法をとることができる、③何らかの理由で郵便が到達しなかった場合にまで、契約の成立を認めるのは相手方にとって不都合であるといったことである（一問一答221頁）。申込者が、承諾の発信によって契約が成立する旨の意思表示をすることは有効と考えられている（鎌田薫ほか編『重要論点実務民法（債権関係）改正』[商事法務・2019] 56頁 [青山大樹]）。大学などの受験契約では、出願期間についてであるが、受験申込みは消印有効といった扱いがされている。

30) 承諾と承諾ないし申込みの撤回が同時ないしその先後を決しえない場合には、いずれを優先させるべきであろうか。先に撤回がされていない限り、同時の場合には承諾の効力が生じるというべきか。

§Ⅲ　申込み・承諾以外の方法による契約の成立

2-100
◆契約の競争締結
(1) 競り売り

　申込みと承諾による契約の成立の特殊な形態として、競売や入札のように、一方の当事者に競争させて最も有利な条件を提示した者と締結するという、いわゆる契約の競争締結がある。まず、市場での競り売りのように、競争締結の申出人が最低価格を提示しまたは提示しないで、相手に価格を競り上げさせて、最終的に最高価格を提示した者との間で契約を締結するものがある。最低価格が提示されている場合には、それ以上ならばいくらでも売るという申込みになり、最高価格を提示した者との間に契約が成立する。他方、まず相手の方から価格を提示させ、競り上げさせる場合には、価格の申出が申込みであり、その中で最高価格を提示した者に対して競売申出者が承諾するかどうか決めることができる。

2-101
(2) 入札

　次に、入札という競争締結方法もあり、最低価格が提示されていれば、入札の公告が申込みとなり、これに対して入札するのが承諾で、最高価格を付けた者の承諾に契約を成立させる効力が認められる。他方、最低価格が示されていなければ、入札の公告は申込みの誘引にすぎず、これに対して入札することが申込みであり、落札決定が承諾ということになる。なお、国や地方公共団体の主催する入札の場合、契約書または契約内容を記載した電磁的記録が作成されなければ契約は確定しない（会計29条の8、地方自治234条5項）。判例も落札段階では予約が成立したにすぎないと考えている（最判昭35・5・24民集14巻7号1154頁）。

---

§Ⅲ
申込み・承諾以外の方法による契約の成立

1　交叉申込みによる契約の成立

2-102
(1) 申込みしかない

　例えば、Aがその所有する甲画を50万円で売却する申込みをBに発送し、他方で、BもAの申込みの到達前に、Aに対して甲画を50万円で売ってほしいと申込みを発した場合、これを**交叉申込み**という。ここでは申込みが2つあるだけであり、申込みと承諾により契約は成立するので（522条1項）、改めてどちらかが承諾をしなければ契約は成立しないことになる。しかし、この場合、規定はないが、あえていずれかが承諾をしなくても、交叉申込みにより契約が成立するとみてよいと考えられている。

第2章 契約の成立　第1編 契約総論

2-103 **(2)　合意があればよい**

　交叉申込みは、申込みと承諾とによる契約の成立ということに対する例外となる。かつては申込みと承諾とは本質的に異なる意思表示であり、この2つがなければならないとされていたのが、契約とは「意思の合致」であると理解されるようになったため、契約の成立を認めることが可能になったのである（新版注民⑬350頁以下［遠田新一］参照）。申込みが到達しているのを知らずに、相手方が申込みをした場合も同様に扱ってよい。後の申込みが到達した時点で契約が成立することになる。

2　承諾の通知を必要としない場合における契約の成立

2-104 **(1)　意思実現の意義**

　「申込者の意思表示又は取引上の慣習により承諾の通知を必要としない場合には、契約は、承諾の意思表示と認めるべき事実があった時に成立する」（527条）。これを講学上、**意思実現**ないし**意思実現による契約の成立**という[31]。承諾は必要であるがその「通知」は不要ということになる。承諾の通知が不要なので、申込みだけで契約が成立してもよいようにみえるが、相手方の申込みに応じるか否かの自由も保障し、「承諾の意思表示と認めるべき事実」を必要とし、それを承諾とみなして契約の成立を認めているのである。承諾を不要としたのではなく、承諾を緩和したものである[32]。

2-105 **(2)　「承諾の意思表示と認めるべき事実」とは**

　「承諾の意思表示と認めるべき事実」とはどう考えるべきであろうか。例えば、会社に出入りの弁当屋への弁当の注文が、注文受けに注文書を書いて入れておく方式になっている場合、弁当屋は注文書を回収し、いちいち注文した者に承諾をすることなく、弁当を作って配達することになる。この場合、①注文書を持ち帰る、②弁当の製作を始める、③弁当の製作を完成す

---

31)　DCFR II.-4:205条⑶項は、申込み、確立した慣行または慣習により、相手方が、申込者に通知をすることなく、ある行為をすることにより申込みを承諾することができるときは、「相手方が当該行為を開始した時に」契約は成立するものと規定する。本文の例だと、弁当の製作に取りかかればよく、製作を完成させることは不要になると思われる。意思実現については、滝沢昌彦『契約成立プロセスの研究』（有斐閣・2003）103頁以下、大久保輝「意思の実現についての考察」中央学院32巻2号（2019）59頁以下参照。

32)　通説は承諾とは異なり申込者に表示される必要はなく、その行為は意思表示ではないと考えている（三宅・総論35頁、石田穣38頁等）。

63

る、④製作した弁当を会社に配達するといった行為が問題になる。店に戻ってから注文を受けられるかを確認してから決めるといった特段の事情がない限り、①で承諾の意思が認められる。厳格に解すれば④という解釈も考えられるが、④は承諾の意思表示と認められ、特則としての意味がなくなる。

§Ⅳ
定型約款

1　定型約款の意義と拘束力

2-106　**(1)　定型約款の意義**

　(a)　理念と現実

　(ア)　**契約内容をすべて合意で取り決める契約**　古典的には、例えば美術品の売買契約を締結する場合、目的物、代金額、引渡時期、代金支払時期など必要な内容を合意で取り決め、あとは民法など法律の適用に任せることになる。契約書を作成するとしても、合意した内容が契約内容になり、法律によって契約の規律が補完されることになる。近代契約法の理念は、契約当事者が契約内容を決め、合意した内容が契約内容になるというものであった。

2-107　　(イ)　**消費者取引における付合契約**　ところが、事業者と消費者との消費者契約に典型的にみられるように、大量の取引が予定されている場合には、基本的な事項のみ個別に合意をし、詳細な内容は物・サービスを提供する事業者が一方的に共通の内容により作成した契約書または別添の約款によることになる。消費者は契約書の条項また別添の約款の内容を読まず、内容を知らないまま「付合」するだけの契約をすることになる（付合契約）。合意した内容が契約内容になると考えると、消費者が内容を知らない条項については、合意されていないことになる。しかし、個別に合意が成立した条項のみが契約内容になるというのは、経済社会の実態、常識的理解に合致しない。

2-108　　(b)　約款による契約の特別扱い

　(ア)　**約款を契約内容とする合意**　国際取引では、当事者が基本的な内容を合意し、いずれかの国の法を準拠法に指定するのではなく、中立的な国際条約やモデル法による規律を合意することがある。契約内容とする合意ではな

第2章　契約の成立　第1編　契約総論

いが、内容を知らなくてもそれによって規律されることを合意するのである。約款による契約は、これを一方の事業者が用意した約款を契約内容とする合意に変更したに等しい。このような「約款を内容とする契約を締結する」という合意は有効と認めてよい。したがって、個別条項の合意がなくても、この包括的な合意の効力によって約款の内容が契約内容になる。

2-109　(イ)　**無制限に認めることはできない**　中立公平な国際条約などではなく、事業者が一方的に作成する約款は、必然的に事業者に一方的に有利な条項が盛り込まれがちである。合意で取り決められた「中心条項」は別として、「約款を内容とする契約を締結する」という合意なので、すべての条項を有効と考えるのは適切ではない。消費者は不当な条項はないと思って約款による契約に同意しているのであるから、不当条項から消費者は保護されるべきである。その方法として、①不当な条項への合意擬制を否定して不当条項は契約内容になっていないとする（民法）、②契約内容と認めつつ不当条項を無効とする（消費者契約法）、という2つの方法が用意されている。

2-110　(c)　**2017年改正による定型約款という概念の導入**[33]

(ア)　**定型約款による取引における個別条項の合意の擬制**　現行法は、事業者間取引への適用を制限することを狙って、従前の「約款」とは異なる新たな概念を導入している。まず、**定型取引**という概念を設定し、これを「ある特定の者が不特定多数の者を相手方として行う取引であって、その内容の全部又は一部が画一的であることがその双方にとって合理的なもの」と定義した（548条の2第1項括弧書）。そして、この定型取引を行う合意を**定型取引合意**とし、定型約款は、「定型取引において、契約の内容とすることを目的としてその特定の者により準備された条項の総体」と定義されている[34]。この要件を満たせば事業者間取引にも適用される[35]。

2-111　(イ)　**定型的合意の効力──個別条項の合意擬制**　定型取引合意をした者は、一定の要件を満たせば、定型約款の「個別の条項についても合意をした

---

33)　内田貴『改正民法のはなし』（東京大学出版会・2020）43頁は、今回の改正で一番難航した論点は、文句なしに、約款に関する規定であるという。経団連の了解を得たのは土壇場になってからであり、「最終版の水面下の折衝は、まさに手に汗握るドラマでした」と評される（同44頁）。ただし、経済界への妥協を重ねた結果、問題のある立法になったとして内容的に批判が強いが、必要ならばまた改正すればよく、「私の直感としては、成立した規定は意外にうまく運用されるのではないかという気がしています」と評される（同44頁）。

65

§Ⅳ　定型約款

ものとみな」される（548条の2第1項）。約款により契約をする合意をすれば、その合意の効力として、約款による契約の規律が認められ、不当条項規制が残されるだけである。ところが、民法は個別の条項まで合意をしているものとみなし、全内容について合意を認めるという擬制による解決をした。それと平仄を合わせて、不当条項については合意していないと擬制をしている（同条2項）。

2-112　　　(ウ)　**消費者契約法との差**　548条の2以下の定型約款の規定は、消費者契約法の規制（同法8条～10条）とは異なる点が3つある。①まず、消費者契約に限定されず、事業者間取引にも適用される。ただし、事業者間のひな型による取引は、画一性が双方にとって合理的ではない場合には、そのひな型は定型約款ではないと考えられている（一問一答247頁）。②また、消費者契約法は定型約款である必要はなく、個別に交渉で合意した契約でも不当条項に該当すればよい。③規制の方式が、任意規定に違反する場合の一般規定のほか、各論規定を置く消費者契約法（同法8条・9条）に対し、民法は一般規定のみで任意規定との抵触は不要である（548条の2第2項）。内容化擬制の否定（成立要件レベル）か効力否定かという差もある。

2-113　　　**◆中心条項の問題**
　　　(1)　付随条項・中心条項
　　　「部会資料11-2」62頁は、約款立法の検討課題につき、「契約の中心部分に関する契約条項について契約の主たる給付内容を定める条項（中心部分に関する契約条項）を約款としての規律の対象に含めるべきかどうかについては、不当条項の効力規制の適用範囲に含まれるかという形で、約款の定義と関連して問題となっているところ、学説の結論は一致せず、その考え方は分かれている」と記述し

---

34)　このような概念は、「従来の約款規制に関する研究者の立法論とは著しく乖離した内容」になったと評されている（山下友信「定型約款」安永正昭ほか編『債権法改正と民法学Ⅲ』［商事法務・2018］137頁）。「定型取引」「定型約款」といった、従前にはなかった概念が創設されている。これは、事業者間取引では約款よりも限定された「定型約款」という概念を創造し、その適用を制限しようとしたのである。そのため約款は、定型約款ではない約款と定型約款に該当する約款に区別されることになった。「約款」の定義としては、「多数の契約に用いるためにあらかじめ定式化された契約条項の総体」という定義が検討対象として提示され、この定義で足りると評価がされていた（河上正二「【番外編】債権法講義・特論──『定型約款』規定の問題点」法セミ726号［2015］104頁）。

35)　＊**事業者間取引**　事業者間取引のひな型は、交渉の「たたき台」にすぎず、画一的であることが合理的とはいえないといわれる（嶋寺基ほか『約款の基本と実践』［商事法務・2020］42頁）。これに対して、相手方が消費者か事業者かを問わずに内容の修正が予定されていないソフトウェア利用規約などは、顧客が消費者か事業者かを問わず内容の同一性が認められ、コストが低減されることから双方にとって合理的であり、定型約款に該当する（同42～43頁）。

ていた。代金とか給付や目的物に関わる条項である。

(2) 中心条項包含説

2-114

現行法はこの点につき明記をせず解釈に任せた。特に対象を限定していないため、中心条項にも適用されるというのが一般的理解である（丸山愛博「民法における定型約款規定新設が消費者取引に与える影響」『先端消費者法問題研究』［民事法研究会・2018］195頁、村松秀樹＝松尾博憲『定型約款の実務Ｑ＆Ａ［補訂版］』［商事法務・2018］38頁等）。定型約款に関する規定ごとに、中心条項と付随条項とでは適用のあり方を分けて考える必要がないかどうかは問題になりうるとは評されている（山下・前掲注 2-34 の 143 頁）。代金、目的物の合意部分は、約款によらしめるのではなく、契約の内容として個別に合意された内容である。

(3) 中心条項排除説

2-115

しかし、定型約款を、約款の内容を補充するためのものであり、中心的条項に対比される付随的条項（群）に限定する考え（山本敬三「改正民法における『定型約款』の規制とその問題点」消費者法研究 3 号［2017］38 頁以下）、給付を記述する条項や価格を取り決めた条項は 548 条の 2 の定める個別的合意擬制の対象とするところではなく、定型約款に関する規律の適用対象外とする主張がされている（潮見・新各論Ｉ 39 頁～40 頁）[36]。しかし、明文上は中心条項が完全に排除されているとは必ずしも断言はできないといわれている（大澤彩「定型約款(1)」詳解 400 頁）。

(4) 検討

2-116

契約の目的物や代金は交渉で合意され、代金、目的物、取引条件などについて契約書に個別に書き込む──場合によっては手書きで──だけであり、個別に合意されている部分なので、約款の組入れによる合意擬制は不要である。必ず個別合意で決められる中心条項は、定型約款の規制は不要である。ただその変更について細則で規律していれば、その部分は定型約款となってその規律を受ける。代金などについては、548 条の 4 の適用はなく、定型約款ではないので、継続的契約について、個別に将来の変更についての合意を得る必要がある。代金の細則については、定型約款であり 548 条の 4 が適用される。

2-117 **(2) 定型約款条項の合意擬制の要件**

(a) 定型約款利用の合意または事前の表示 　個別にその内容を合意している中心条項は別として、定型約款の読んでもいない個々の条項が契約内容になることの根拠づけと要件につき、2017 年改正で明文規定を置いた（548 条

---

[36] 定型約款規定の適用を認める意義は、内容規制と事業者による内容の変更を可能にすることに尽きる。前者は中心条項は個別に合意され、民法の組入合意の限界づけという規律には適しない。内容の変更については、中心条項排除説は給付や対価については 548 条の 4 の規律対象ではないと主張するが（潮見・新各論Ｉ 48 頁）、消費税の値上げに応じて引き上げるといった合理性のある場合には、中心条項であっても適用を認めるべきである。

§Ⅳ　定型約款

の2第1項）。まず、「個別の条項についても合意をしたものとみなす」と、契約内容とすることの合意擬制（反証を挙げられない）という構成を採用した。そして、その要件につき以下のいずれかを満たすことを要求した[37]。

---

① 「定型約款を契約の内容とする旨の合意をしたとき」、または、
② 「定型約款を準備した者（以下「定型約款準備者」という。）があらかじめその定型約款を契約の内容とする旨を相手方に表示していたとき」

---

　①とは別に②を規定していることから、②は相手方が承諾の意思表示をする必要はない（相手方は異議を述べられる）。

2-118　(b)　定型約款の事前事後の開示義務

　(ア)　**請求された場合に開示が必要であるにすぎない**　上記組入れの要件として、定型約款準備者が、定型約款の内容を相手方に開示していたことは求められていない。「定型約款準備者は、定型取引合意の前又は定型取引合意の後相当の期間内に相手方から請求があった場合には、遅滞なく、相当な方法でその定型約款の内容を示さなければならない」（548条の3第1項本文）。約款の書面を交付するだけでなく、ホームページに公表してあればそのURLを知らせればよい。「ただし、定型約款準備者が既に相手方に対して定型約款を記載した書面を交付し、又はこれを記録した電磁的記録を提供していたときは、この限りでない」（同項ただし書）。

2-119　(イ)　**請求されたのに開示をしなかった場合**　「定型約款準備者が定型取引合意の前において前項の請求を拒んだときは、前条の規定は、適用しない」（548条の3第2項本文）。定型約款が契約内容とはみなされないことになる。「ただし、一時的な通信障害が発生した場合その他正当な事由がある場合は、この限りでない」（同項ただし書）。いちいち開示させるのが適切ではなく鉄道、タクシー等の業種については特例が認められている[38]。

---

37)　現行法で行おうとしたのは「約款規制」ではなく、約款の効力を民法で公認することであり、「むしろ約款を用いた取引の安定性を高めるために設けられた規定」だと評されている（「《鼎談》改正民法の実務的影響を探る第3回　定型約款」NBL1117号［2018］30頁［松尾博憲］）。

第 2 章　契約の成立　第 1 編　契約総論

2　定型約款の変更

2-120 **(1)　定型約款の事後的変更の必要性**

　一度成立した契約の内容の変更は、事情変更の原則の適用または法令が認めている場合でなければ、当事者の一方の意思表示により行うことはできず、契約内容を変更する合意が必要である。これは、個別的に合意される中心条項については当てはまる（次の規定の適用はない）。しかし、付随的な条項については、契約が長期にわたる場合には、事情変更の原則が適用されるような変更がなくても、予め変更を予定して、改訂権限を定型約款準備者に付与することが考えられる[39]。問題になるのは継続的契約であり、例えば有料老人ホーム入居契約で、規約に定められている苦情受付担当者、提供する娯楽サービス、食事代などである。ただし、これを無条件に認めることはできないので、民法は、以下のような要件を規定した。

2-121 **(2)　定型約款の一方的変更の要件**

　①「定型約款の変更が、相手方の一般の利益に適合するとき」（548条の4第1項1号）、および、②「定型約款の変更が、契約をした目的に反せず、かつ、変更の必要性、変更後の内容の相当性、この条の規定により定型約款の変更をすることがある旨の定めの有無及びその内容その他の変更に係る事情に照らして合理的なものであるとき」（同項2号）は、定型約款準備者は約款内容を変更し、「変更後の定型約款の条項について合意があったものとみな」すことができる（同項柱書）。必要になるのは継続的契約関係の場面が多いであろうが、これにその適用は限定していない。

---

38)　契約に際して定型約款を契約に組み込むことを表示することを求めることが適切ではない場合があり（タクシーや電車に乗る場合等）、事業者が定型約款を予め「公表」さえしていれば、契約に組み入れられることを認める必要がある。この例外は、民法ではなく個別の特別法によることになっており、例えば、鉄道営業法18条の2は、「鉄道ニ依ル旅客ノ運送ニ係ル取引ニ関スル民法……第548条の2第1項ノ規定ノ適用ニ付テハ同項第2号中『表示していた』トアルハ『表示し、又ハ公表していた』トス」と規定する。特別法がない限り、レストラン、治療、美容院等々、日常生活に溢れている電話やネットでの予約については、事前の「公表」では組入れは認められないことになる。

39)　「枠契約」では、例えば有料老人ホーム入居契約では、入居者が利用できるサービスの「枠」を合意し、入居者はいちいち契約を変更する合意をすることなく、契約内容とされているどのサービスを利用するかの選択権が与えられている。これは契約内容の「枠」は合意されていて、契約内容を変更するものではない。

69

§ Ⅳ　定型約款

2-122 **(3)　定型約款変更の手続的要件**

　定型約款準備者は、定型約款の変更をするためには、①その効力発生時期を定め、かつ、②定型約款を変更する旨および変更後の定型約款の内容ならびにその効力発生時期をインターネットの利用その他の適切な方法により周知しなければならない（548条の4第2項）。「前項の効力発生時期が到来するまでに同項の規定による周知をしなければ、その効力を生じない」（同条3項）。個別に同意を得ることが必要でないだけでなく、個別の通知も必要ではなく、ホームページに公示するといった方法でも有効なことになる（変更をめぐる議論につき、吉川吉衛『定型約款の法理』［成文堂・2019］332頁以下参照）。

3　不当条項の規制

2-123 **(1)　合意擬制の否定**

　定型約款の「条項のうち、相手方の権利を制限し、又は相手方の義務を加重する条項であって、その定型取引の態様及びその実情並びに取引上の社会通念に照らして第1条第2項に規定する基本原則に反して相手方の利益を一方的に害すると認められるものについては、合意をしなかったものとみなす」（548条の2第2項）[40]。消費者契約法10条では任意規定との抵触を要件としまた「無効」としているが、本規定は、任意規定との抵触を要件とはせず[41]、また、合意をしなかったものとみなしている[42]（☞ 2-112）。

2-124 **(2)　合意擬制の否定ではなく不合意の擬制**

　不当な条項について「合意」を否定しており、合意擬制を解除するに尽き

---

[40]　本規定は消費者契約法10条ほど活用されていない。東京地判令3・5・19裁判所ウェブサイトは、消費者との間で「転売防止措置商品」に指定された商品の売買契約を締結した事業者が、消費者に対し、利用規約に違反して転売を行ったとして、違約金を請求した事案において、民法548条の2第2項に基づき、違約金について合意しなかったものとみなし、事業者の請求を棄却している。

[41]　そのため、消費者契約法10条よりも、消費者取引に限定されない民法548条の2第2項の方がより規制が広く、より軽度の規制が可能と考えられている（山下友信「定型約款」民法学Ⅲ 164頁）。そのために合理的な歯止めが必要になり、ドイツ民法の不当条項規制における、補償効果および累積効果の2つの運用が参考にされるべきことが提案されている（野田和裕「不当条項の内容規制と契約全体の考慮」磯村保ほか編『法律行為法・契約法の課題と展望』［成文堂・2022］365頁以下）。

[42]　ドイツ民法では、不意打ち条項は組入否定（同法305条c第1項）、不当条項は効力否定（同法307条）と2段階の規制をしている。日本の民法改正では不意打ち条項規制を規定するかどうかは議論されたが、本文のような規定を置くにとどめた。フランスでは、「付合契約」につき、契約当事者の権利と義務との間に明らかな不均衡を生じさせる条項を「規定されていないものとみなす」ものとしている（同法1171条）。不当条項規制のみであるが、効力否定ではなく組入れの否定という形式による。

ない。不当条項について、事業者が個別に説明して了解を得ていた場合、合意擬制によることなく真の合意が認められる。合意していないものとみなすというものなので、この場合にも、不当条項であれば合意していないものとみなされることになる。条項の「組入」と効力否定とを区別するのが適切であるが、民法は、あえて効力否定ではなく、合意内容の否定とした。任意規定との抵触不要、事業者間取引にも適用されるという点で、民法の定型約款規制の方が広いものになっているが、法的構成の差がそれで正当化できるものなのかは疑問である。

§Ⅴ
懸賞広告

1 懸賞広告の意義および法的性質

2-125 **(1) 懸賞広告の意義**[43]

(a) 普通懸賞広告 「ある行為をした者に一定の報酬を与える旨を広告」することを、**懸賞広告**という（529条）。例えば、逃げたインコ、猫、亀、犬等を見つけてくれた者に謝礼○○円を支払うと広く一般に公示する行為である。動物園のリクガメが園外に逃げ、見つけた者に50万円を支払うことが公示された例がある。開店から100人様に景品を差し上げるというのも懸賞広告である。開店から100人までは入場料金10％引きというのは、「報酬を与える」懸賞広告ではないが、これに準じて扱ってよいであろう。

2-126 **(b) 優等懸賞広告** 懸賞広告の特殊なものに、指定された行為をした者の中から優れたものにのみ報酬を与えるというものがあり、これを**優等懸賞広告**という（☞2-134）——小説、漫画等の何々賞の作品募集——。これに対し、通常のものを**普通懸賞広告**という。優等懸賞広告では、応募しただけでは報酬はもらえず、その中から最優秀賞、佳作等の選出手続が必要になる。駄作ばかりの場合には、該当者なしという扱いも可能である。

---

43) 懸賞広告の規定は、民法上「契約の成立」の款の中に規定されているが、位置的にここに置くのがよいのかは問題があり、契約なのかも議論がある（☞2-127）。本書では一応民法の編別に従い契約総論で説明はするが、「契約の成立」とは別の問題として位置づけた。

71

§V 懸賞広告

2-127 **(2) 懸賞広告の法的性質**

❶ 契約説 懸賞広告を契約と考えるかどうか議論があり、広告を知らずに指定行為を行った場合の効果が変わってくる（判例はない）。まず、契約説（平井176頁）では、広告が申込みであり、定められた行為をすることにより契約が成立すると考え、したがって、承諾の意思がなければならない。そのため、広告を知らずに犬を保護して、首輪に付いている電話番号に連絡をしたのでは契約は成立しないことになる。行為者は事務管理者として必要な費用の償還請求が受けられるにすぎない。

2-128 **❷ 単独行為説** 他方、単独行為説（我妻・上72頁）では、広告者は広告という単独行為により債務を負担することになる。単独行為説によれば、行為者が広告を知らなくても広告者には報酬支払義務が生じることになる。現行法には、「その行為をした者がその広告を知っていたかどうかにかかわらず、その者に対してその報酬を与える義務を負う」と、広告を知らなくてもよいことが明記された。単独行為説を採用したものと考えられる。

2 普通懸賞広告

2-129 **(1) 期間の定めのある懸賞広告**

「懸賞広告者は、その指定した行為をする期間を定めてした広告を撤回することができない。ただし、その広告において撤回をする権利を留保したときは、この限りでない」（529条の2第1項）。申込みと同様に撤回権の留保を認めたものである。期間の定めがある場合、「その期間内に指定した行為を完了する者がないときは、その効力を失う」（同条2項）。ほぼ、期間の定めのある申込みと同じ規律である。

2-130 **(2) 期間の定めのない懸賞広告**

(a) 撤回可能 懸賞広告にその指定した行為をする期間が定められていない場合、懸賞広告者は、「その指定した行為を完了する者がない間は」、広告を撤回することができる（529条の3本文）——報酬を変更することもできる——。「ただし、その広告中に撤回をしない旨を表示したときは」、撤回はできない（同条ただし書）。申込みとは異なり、相当期間の経過は必要ではない。また、撤回しない限りいつまでも有効と考えるべきではなく、取引通念上相当期間を過ぎれば失効すると考えるべきである。

第2章　契約の成立　第1編　契約総論

2-131　**(b)　撤回の方法**　撤回の方法については民法が規定しており、「前の広告と同一の方法による広告の撤回は、これを知らない者に対しても、その効力を有する」が (530条1項)、「広告の撤回は、前の広告と異なる方法によっても、することができる。ただし、その撤回は、これを知った者に対してのみ、その効力を有する」(同条2項)。例えば、広告を掲載した雑誌が廃刊された場合には、前回と同じ方法にはよりえないため、同種の雑誌によることができるが、撤回を知らないで行為をした者には、撤回を主張しえない。知ったことが要件になっているので、懸賞広告者がその証明責任を負う。

2-132　**(3)　懸賞広告の効力**

(a)　行為者全員に報酬を与える場合　懸賞広告者は、指定行為をした者に対して約束した報酬を支払う義務を負う。指定行為を完了したものが数人ある場合について、まず、懸賞広告でそのような場合の処理について規定されていれば、それに従うことになる (531条3項)。何人でもよい場合、例えば、ブラックバスを駆除した者には1kg当たり100円の商品券を与えるという場合、行為者全員が報酬を受けられる。

2-133　**(b)　1人にのみ報酬が与えられる場合**　報酬が1人にのみ与えられる場合には、①最初に指定行為をした者のみが報酬請求権を取得する (同条1項)。②もし数人が同時に指定行為をした場合には、平等の割合で報酬を受ける権利を取得する (同条2項本文)。報酬が性質上分割に適さないものであるとき、または、広告で1人にのみ報酬を与えるものとした場合には、抽選で報酬を受ける者を決定しなければならない (同項ただし書)。A・Bが別々に探していて同時に犬を発見した場合は②によるが、A・Bが共同で探した場合には連帯債権になると考えるべきか。

3　優等懸賞広告

2-134　**(a)　応募期間の設定が必須**　「広告に定めた行為をした者が数人ある場合において、その優等者のみに報酬を与えるべき」広告を、優等懸賞広告といい、「応募の期間を定めたときに限り、その効力を有する」(532条1項)。優等懸賞広告では、応募期間を定めなければ、応募者を確定できないため、必ず応募期間を設定しなければならないのである。優等懸賞広告の撤回については特別の規定はなく、普通懸賞広告について述べたと同じ規律に服する

が、優等懸賞広告では必ず期間の設定があるため、撤回権を留保していない限り撤回はできない（529条の2第1項）。

2-135　**(b)　優等者の選定**　広告者は指定行為をした者の中から、優等と判断された者に報酬を支払う義務を負うが、そのためには優等な者を選ばなければならない。選択者（審査委員）についていうと、広告で定められた者が選択をしなければならず、選択をする者を広告で定めなかった場合には広告者が判定をしなければならない（532条2項）。広告に掲げられた判定者に辞退、死亡等の事情がある場合には、別の判定者を用いることは許されるであろう。応募者は判定に異議を述べることはできない（同条3項）。数人が同等と判断された場合には、報酬を平等に分割し、報酬が性質上分割に適さないか、広告で1人のみを報酬を受ける者とすることを表示した場合には抽選で報酬を受ける者を決定する（同条4項による531条2項の準用）。事例によっては、該当者なしという判定も可能である。

第 1 編
契約総論

第3章
契約の効力

§I　同時履行の抗弁権

1　同時履行の抗弁権の意義・機能・根拠

3-1　**(1)　同時履行の抗弁権の意義**

　売買を典型とする**双務契約**は、契約の両当事者の給付が相互に対価関係にあるという、give and take の関係——これを**牽連関係**という——にある。双務契約の履行における牽連関係を保障するために、民法は、「双務契約の当事者の一方は、相手方がその債務の履行（債務の履行に代わる損害賠償の債務の履行を含む。）を提供するまでは、自己の債務の履行を拒むことができる。ただし、相手方の債務が弁済期にないときは、この限りでない」と規定した（533条）。この双務契約において、相手による履行の提供があるまで自分の債務の履行を拒絶できる権利を、**同時履行の抗弁権**という。売買契約でいえば、買主が代金を支払わずに目的物の引渡しを求めてきた場合に、売主は、代金の支払と引換えでないと渡せないと拒絶できる。

3-2　**(2)　同時履行の抗弁権の機能・根拠**

　一見の客である買主が、後で支払に来ると言って商品の引渡しを求める場合、後日代金を持ってくる保証はない。買主の住所などを知らされても、代金を支払わなかった場合に訴訟をして代金を回収するのは、時間も費用もかかり面倒（心の負担）である。そのため、①事前に損失や紛争を回避する手段、また、②相手方に履行を促す——留置権と異なり金銭債務以外にも当てはまる——手段として、同時履行の抗弁権が認められている。

　民法は同時履行の抗弁権を双務「契約の効力」（第2款の表題）として位置づけるが、究極的な根拠は当事者間の「公平」にあるため、同時履行の抗弁権は、双務契約の履行の場面以外にも立法また解釈により拡大されている（☞ 3-3)。

3-3　◆**双務契約の履行以外への同時履行の抗弁権の拡大**

　(1)　規定がある場合

　　民法自身が同時履行の抗弁権の拡大を認めているものとして、①契約が解除された場合の原状回復（546条）、②終身定期金の解除の場合（692条）、③特別法と

76

第3章 契約の効力 第1編 契約総論

して仮登記担保法3条2項などの規定がある。④履行に代わる損害賠償請求については、533条括弧書で認められている。これは契約が解除されない事例であり、改正前の担保責任についての旧571条・634条2項（請負につき☞13-82）を一般規定化したものである。修補に代わる損害賠償請求権が問題とされ、重要度により信義則上否定される場合も考えられる。

3-4 **(2) 規定がない場合**

(a) 同時履行の抗弁権が認められた事例 民法上規定はないが、解釈上同時履行の抗弁権が認められている事例として、①契約が錯誤により無効（当時）な場合の原状回復義務（最判平21・7・17判時2056号61頁）[1]、②契約が取り消された場合——現行法では錯誤も——の原状回復義務（最判昭28・6・16民集7巻6号629頁[2]、最判昭47・9・7民集26巻7号1327頁。ただし、詐欺または強迫による取消しについて☞3-6）、③弁済と受取証書の交付（486条に明記された☞債権総論10-85）、④債務者が手形ないし小切手を振り出した場合、債務者による原因たる債務の支払と手形ないし小切手の返還（最判昭33・6・3民集12巻9号1287頁、最判昭40・8・24民集19巻6号1435頁）、⑤譲渡担保における譲渡担保者の清算金支払と債務者の目的物の引渡し（最判昭46・3・25民集25巻2号208頁）がある。

3-5 **(b) 担保関係では被担保債務の履行は先履行** これに対して、担保物権は被担保債権が消滅して——付従性——その効果として消滅するのであり、理論的には、担保物の取戻し等は被担保債権の弁済と同時履行の関係には立たない。例えば、被担保債権の弁済と、抵当権登記の抹消（最判昭57・1・19判時1032号55頁）、譲渡担保の目的物の返還（最判平6・9・8判時1511号71頁）とは同時履行の関係には立たない。被担保債権の弁済と質物の返還も同様である。ただし、留置権については、単なる物権的拒絶権のようなものであり、引換給付の関係が肯定されている（☞担保物権法5-37）。

3-6 **◆詐欺・強迫取消しと同時履行の抗弁権の認否**

(1) 詐欺についての否定判決

(a) 不法原因給付で何も権利がないという判例 戦前の判例は、詐欺者からの同時履行の抗弁権を否定している。国内産の馬をロシア産と欺罔して販売した事例について、目的物は犯罪の用に供したものであり不法原因給付であり、詐欺者

---

1) 本判決では、中古自動車のオークションでの売買契約について、2台の自動車の車台を接続して1台の自動車としたいわゆる接合自動車であることが発覚した事例で、買主による錯誤無効に基づく代金返還請求との同時履行の抗弁権が問題になった。①目的物の返還との同時履行の抗弁権は肯定したが、②売主も接合自動車の事実を知らずに取得していたとしても、買主から売主への移転登録手続は複数車体番号を解消する必要があり、相当な困難を伴うため、売主が代金返還に対して移転登録手続を受けることとの引換給付を求めるのは信義則上許されないとした。

2) 本判決は、「契約解除による原状回復義務に関する民法546条に準じ同法533条の準用ある……。蓋し公平の観念上解除の場合と区別すべき理由がないからである」という。

77

§I　同時履行の抗弁権

は給付した目的物の返還を請求できず、たとえ転売され買主が代金を取得していたとしても詐欺を働いた売主には何も権利がないという理由で、代金返還請求に対し売却物の返還との同時履行の抗弁権が否定されている（大判明41・4・27刑録14輯453頁）。708条を売却物の引渡しに適用するため、反射的帰属説では、返還請求権自体が否定されることになる。返還請求権を認めても返還を請求できないので、同時履行の抗弁権はいずれにせよ認められないことになる。

3-7　　(b)　**返還請求権を認めつつ同時履行の抗弁権を否定する判例**　その後、詐欺者にも給付物の返還請求権を認めつつ、「此義務は相互に条件を成すものに非ず、各独立して履行せられるべき性質のもの」として、同時履行の抗弁権が否定されている（大判大3・4・11刑録20輯525頁）。しかし、説明として曖昧であり、また、この論理では、被欺罔者にも同時履行の抗弁権が否定されてしまい適切ではない。(2)は第三者詐欺事例であり、詐欺者が売主の場合には、同時履行の抗弁権を否定する本判決が先例となると考えられる——強迫への拡大は可能——。

3-8　**(2)　第三者の詐欺事例では同時履行の抗弁権を肯定**

戦後の判例として、土地を売却しその代金を他に融資のうえ利殖をしてあげると欺罔して、土地の売買契約を締結させた事例で、売主が詐欺を理由に売買契約を取り消し買主（第三者の詐欺の事例であり、詐欺の事実を知っている）に対して土地の返還を求めたのに対して、533条の類推適用により同時履行の抗弁権が認められている（前掲最判昭47・9・7）。第三者の詐欺の事例であることに注意すべきである。この先例価値は、第三者による詐欺の事例に限られる——第三者による強迫事例に拡大はできよう——。

3-9　**(3)　学説の状況・現行法**

学説には、原状回復関係は、原因関係から離れて考える主張もあるが、詐欺者については、信義則からみて同時履行の抗弁権が排除される場合を認めるという学説（川井25頁）や、295条2項の類推適用により、詐欺や強迫をした当事者については、同時履行の抗弁権を認めない主張があり（多数説といえる）、後者に賛成したい。被欺罔者や被強迫者からの同時履行の抗弁権の行使は否定されることはない。なお、現行法では、無効・取消しについても原状回復義務の規定が導入されたが、解除とは異なり533条の準用規定を置いていない。これは、従前通り解釈に委ねる趣旨であり、以上に述べた判例が先例として認められる。

2　同時履行の抗弁権の成立要件

① 同一の双務契約から生じた対価関係にある債務であること。
② 相手方の債務が履行期にあること。
③ 相手方が自己の債務の履行を提供しないで履行を請求してきたこと。

第3章 契約の効力 第1編 契約総論

3-10 **(1) 同一の双務契約から生じた対価関係にある債務の存在**

(a) 商事売買でも留置権のような拡大はない 同時履行の抗弁権が成立するためには、双務契約上の債権債務の対立があることが必要である。同一の契約上の債務でなければならず、商人間でも商事留置権（商521条）のように牽連性を不要とすることはない。例えば、AとBが数回にわたって同様の内容の売買契約をし、第1契約では、Aがセメントを引き渡したが、Bが代金を支払っていなくても、第2契約では、Aはセメントの引渡しにつき、第1契約上の代金も含めて同時履行の抗弁権を主張することはできない。ただし、継続的な供給契約の場合には、例外を認める余地はある（☞ 3-17）。

3-11 **(b) 同一契約上の債権・債務であればよい**

(ｱ) 主体・履行場所が異なってもよい 同一の双務契約から生じた対価関係にある債務であればよく、主体が契約当事者でなくてもよい。第三者のためにする契約のように、初めから第三者に債権が帰属する場合だけでなく、代金債権が債権譲渡によって第三者に移転された場合、買主は、468条1項ですでに成立した同時履行の抗弁権を譲受人に対抗できる。また、履行場所が同一であることは必要ではない（大判大14・10・29民集4巻522頁）。

3-12 **(ｲ) 填補賠償請求権でもよい** 債務は、契約上の当初の履行義務に限らず、「債務の履行に代わる損害賠償の債務」、いわゆる填補賠償義務でもよい（533条括弧書）。代金債務と特定物売主の目的物引渡義務とが同時履行の関係に立つが、履行不能により填補賠償義務に代わっても同時履行の抗弁権も存続する[3]。反対解釈として、拡大損害はもちろん、遅延損害金については同時履行の抗弁権は認められない。立法の沿革からして、追完に代わる填補賠償請求権にも適用があるが、信義則による制限が考えられる。

3-13 **◆一部履行・提供と同時履行の抗弁権──同時履行の抗弁権の不可分性**
(1) 給付が不可分な場合──不可分性あり
　　Aが壺をBに10万円で売却し、Bが代金の一部を支払ったが、残代金を支払っていない場合に、Aは残代金の提供があるまで壺の引渡しを拒むことができ

---

[3] 旧571条につき、明治民法起草者は、損害賠償を受けた買主が代金を支払わないことがありうるが、533条は「双務契約の履行に関する規定」であるがため、損害賠償は「契約より生ぜざる義務」であり533条を適用することはできないので、特則を規定したと説明している（梅527頁）──旧634条2項については「公平を旨とした」というだけ（梅709頁）──。この起草者の理解によるならば、括弧書は特則規定になる。しかし、同一性理論（債務転形論）に従えば確認規定になるが、改正後の債務転形論否定説では再び特則になる。

79

§I　同時履行の抗弁権

る。確かに、代金が一部支払われたことによって、例えば、5万円が支払われたことによって、残債務5万円と壺とは対価関係には立たない。しかし、留置権同様、同時履行の抗弁権にも不可分性が認められ、牽連関係にある債務が残っている限り、同時履行の抗弁権は消滅しない。ただし、全額支払ったつもりが僅少の不足があった場合だけでなく、代金の大部分をすでに支払っている場合にも、公平の観点から同時履行の抗弁権は否定される（末川・上69頁、我妻・上93頁）。

3-14
⑵　両給付が可分な場合における一部提供（一部履行）

❶　不可分説　例えば、Aがセメント10kgをBに10万円で販売する契約をし、Aが5kgを引き渡した場合、Bの同時履行の抗弁権はどうなるであろうか——物理的には可分でも、全部揃わなければ契約をした目的を達しえない場合には不可分な場合と同視してよい——。まず、① 10kgと10万円全部とが不可分的に結び付いていると考えれば、Bは10万円全額について同時履行の抗弁権を主張できることになる。大判大12・5・28民集2巻413頁は、大豆粕を1万6000円で購入した買主が、内金600円を支払いこれに相当する10分の1の大豆粕の引渡しを請求したが、売主がこれに応じないので契約を解除した事例で、売主に残代金と大豆粕全部との同時履行の抗弁権を認め、買主の解除の主張を退けている。❶説によったと評価することができる。

3-15
❷　分割説　他方で、Bは履行があった分に対応する5万円については同時履行の抗弁権を失い、残りの5万円に対応する5kgの給付義務との引換給付を主張できるにすぎないという学説がある（我妻・上92頁は公平の観点からこのように解決する）。公平ということを貫けばこのような解決も考えられるが、履行を促すという担保としての機能も見過ごせないこと、また、契約で約束していない分割給付を強制することになるから、筆者は❶説を採用したい。ただし、⑴と同じ扱いが適用され、未履行部分が僅少な場合には同時履行の抗弁権を否定することも考えられる。なお、Aは、5kg分を引き渡して同時履行の抗弁権を放棄しているが、残り5kg分は放棄しておらず、代金10万円全額につき牽連関係があるので、代金全額の同時履行の抗弁権を認める支障にはならない。

3-16
◆逐次給付および基本契約に基づく継続的給付の場合と同時履行の抗弁権

⑴　逐次的供給契約

例えば、AがBに対して、3カ月間・毎月10kgのセメントを供給し、Bが毎月10万円を支払う契約をした場合、セメント30kgの30万円での1つの売買契約であり、それを分割給付することを約束していることになる。

①まず、1カ月目の給付をAがしない場合、それに対応する1カ月目の代金の支払をBは拒絶できる。②次に、1カ月目にAはセメントを供給したが、Bが代金を支払わない場合、Aは2カ月目のセメント10kgの引渡しにつき、Bは1カ月目の10万円も合わせて計20万円につき引換給付の主張ができると考えてよ

第3章 契約の効力 第1編 契約総論

い。契約は1つであり、3-10のような問題はないからである。

3-17　**(2)　継続的供給契約**

　(a)　偶然複数の契約がされているのとは異なる　基本契約が締結され、これに基づいて個別に発注されて契約が締結されていく場合に、例えば4月の売買と5月の売買とがあって、両売買は別個の契約であるから、4月分の代金の未払いを理由に5月分の商品の供給を拒絶することはできないのであろうか。3-10のような基本契約なしに複数の契約がされた場合には、商品購入に一連の連続性はない。ところが、継続的供給契約では、例えばメーカーへの甲という部品の継続的供給であり、複数の契約があるものの連続性が認められる。この場合には、同時履行の抗弁権を拡大してよいと考えられる。

3-18　**(b)　拡大を認めた判決**　東京高判昭50・12・18判時806号35頁は、AがBに月刊誌の印刷製本を注文する継続的取引契約がされており、Aが5・6月号、7・8月号分の代金を支払わなかったことから、Bが9・10月号の納入期限を徒過しても納品しないため、AがBに損害賠償を請求した事例で、未払代金と9・10月号の納入との同時履行の抗弁権を認めて、遅滞を否定し請求を棄却している。「納入ずみの5・6月号および7・8月号分の代金債務と9・10月号の納入義務とは、それ自体は別個の法律行為によって生じたものであるが、同一雑誌の印刷製本という継続的取引から生じた相互に密接な関連を有する債務であるから、その履行についても一定の牽連関係があるのは当然であって……継続的取引契約の趣旨に合致し、かつ、当事者間の衡平に適する」というのが理由である。

3-19　**◆不動産売買と同時履行の抗弁権──引渡義務と所有権移転登記義務**

(1)　両義務と同時履行の抗弁権を認める判例

　不動産の売買契約では、売主の債務には引渡義務と所有権移転登記義務とがあり、代金債務との同時履行の抗弁権の関係に立つ債務をどう考えたらよいであろうか。当初、土地の売買において、登記の移転によって買主は第三者に対抗しうるようになり、また、引渡しを受ける以前でも処分できることから、特別の事情がない限り、買主は目的物の引渡しがないことを理由に代金の支払を拒むことはできないものとされた（大判大7・8・14民録24輯1650頁）[4]。しかし、その後、建物の売買の事例において、移転登記と引渡しの両方と代金支払とが同時履行の関係にあることが肯定されている（最判昭34・6・25判時192号16頁）[5]。

---

4)　ただし、事案では代金の残額を約定の日に登記所で支払うことを約し、その日に支払がないと売買契約は解除されるという特約があり、この特約による解除の主張に対して、買主がいわばいいがかりとして引渡しがないことを主張しており、傍論である。

5)　仮登記担保法は、予約が完結して売買契約が成立した事例につき、清算金の支払と移転登記および引渡しとを同時履行の関係に立たせている（同法3条2項）。

81

§I　同時履行の抗弁権

3-20　**(2)　学説は多様**

　学説は分かれる。①代金支払義務と所有権移転登記と引渡しの両債務が同時履行の関係に立つと考える学説（石田穣47頁）、②原則として所有権移転登記と代金支払との間にのみ同時履行の関係を認め、ただ買主が使用を目的としている場合には、引渡しと移転登記の両者につき同時履行の関係を認める折衷説もあり、これが通説といえる（我妻・上92頁、柚木68頁、半田85頁）。③また、登記と引渡しにそれぞれ同時履行の抗弁権の関係に立つ代金債務を割り付ける比例的抗弁権もある（注民(13)263〜264頁［沢井裕］）。公平という観念を貫くのである。しかし、自己の債務の履行提供をすれば同時履行の抗弁権を阻止できるのであり、①のように考えるべきである。転売目的でも不動産の引渡しを受けておく必要性がある。

3-21　**(2)　相手方の債務が履行期にあること──債務の不履行の存在**[6]

　(a)　期限の利益を有しないこと　同時履行の抗弁権は「相手方の債務が弁済期にないときは」認められない（533条ただし書）。逆にいうと、同時履行の抗弁権の要件として反対給付義務が「弁済期」にあることが必要になる。弁済期にあるとは期限の利益が与えられていないことであり、期限の定めがない場合も含まれる。履行遅滞にあることは必要ではない。弁済期が同じである必要はなく、AからBへの絵画の売買で、絵画の引渡しは1週間後、代金の支払は1カ月と約束されたが、代金の支払も引渡しもないまま1カ月が経過したならば、Aにも同時履行の抗弁権が認められる。ただし、Aはそれまでの履行遅滞の責任を免れることはない。それ以降、Aが遅滞の責任を免れるのかは議論がある（☞3-24）。

3-22　**(b)　弁済期にあることを要求した理由**　(a)の例で、Bが1週間後に絵画の引渡しを求めてきた場合、Aは代金の支払と引換えでなければ引き渡さないと同時履行の抗弁権を主張することはできない。①Aは同時履行の抗弁権が認められるべきところを、Bに期限の利益を与えて先履行義務を引き受け同時履行の抗弁権を放棄したことになる。②また、もしAに同時履行の抗弁権を認めると、せっかくBに与えられた期限の利益が無意味になってしまうからである。③さらには、同時履行の抗弁権には、履行を促す担保的機能があるが、弁済期になければ履行を求めることはできないからである。

---

6)　フランス民法には、2016年改正法により初めて同時履行の抗弁権が明文化され（CC1219条）、「他方当事者が自己の債務を履行せず、かつ、この不履行が十分に重大である［suffisamment grave］場合には、自己の債務の履行を拒絶することができる」と、相手方の債務不履行の重大性が要件として明記されている。

第3章 契約の効力 第1編 契約総論

3-23
◆先履行義務者の履行遅滞と後履行義務者の履行期の到来
(1) 先履行義務者の同時履行の抗弁権
　本文の例で、Aが絵画を引き渡さずに履行遅滞を続けているうちに1カ月が過ぎ、Bの代金支払期日が到来した場合、Aは代金支払との同時履行の抗弁権を主張できるのかは、議論があった。
　①古い学説には、1カ月後に、Bには同時履行の抗弁権は認めるが、Aの同時履行の抗弁権を否定する主張があった（柚木73頁）。先履行を約束することにより同時履行の抗弁権を放棄したと考えるのである。②しかし、通説・判例は、Aの同時履行の抗弁権も認める（末川・上68頁等）。その理由は、533条は、両債務が弁済期にあることを要求しているにすぎないこと、②AはBに対して無条件で履行しなければならないのは公平ではないことである。

3-24
(2) 先履行義務者の遅滞責任はどうなるのか
　問題は、肯定説において、同時履行の抗弁権が認められることにより、Aの履行遅滞が解消されるのかということである。①形式的に考えると、同時履行の抗弁権が認められるので違法性がなくなり、履行遅滞ではなくなりそうである。②しかし、公平という観点からは、ここでは「抗弁権」の最低限の効力、すなわち無条件に自分だけ一方的に強制されることはないという効果にとどめるべきであり、違法性を阻却するという効果まで認めるのは適切ではない。そのため、Aは同時履行の抗弁権が成立しても、自ら提供をしない限り遅滞を免れない。

3-25
◆先履行義務者の履行危殆に対する保護──不安の抗弁権（履行停止権）等
(1) 問題の確認
　本文の例で、Aが代金の支払を1カ月後に猶予し、先に目的物を引き渡すと約束したのは、Bの支払を信用したからである。ところが、契約後に、Bが信用不安にあったことが判明した、ないし、契約後に信用不安が生じた場合、先に引渡しをしても、代金支払期日に代金の支払がなされない可能性が高い。それなのに、当初の約束通り、1週間後にAは商品の引渡しをしなければならないのであろうか。実際に判例上問題となっているのは、ほとんどが継続的供給契約の事例である。従来は買主側の信用不安の事例が問題とされてきたが、代金支払が先履行で後履行の目的物の引渡しにつき履行されない危険が生じた場合にも問題になり、信用不安に限らず広く履行危殆の問題として理解されるようになっている。

3-26
(2) 先履行義務者の法的保護
　(a) 不安の抗弁権[7]
　(ア) 不安の抗弁権の意義　先履行義務を負う当事者の相手方に、契約後、履行への不安が生じた、ないし判明した場合に、先履行義務者に不安が解消されるまで先履行につき拒絶権を認めることが考えられている（**不安の抗弁権**）。
　債務者について破産手続の開始が決定されれば期限の利益を失い（137条1

§I　同時履行の抗弁権

号）、したがって、Aは同時履行の抗弁権を主張できる。一定の信用不安を疑わせる事実がある場合に期限の利益を失うという特約を付けている場合も同じである。期限の利益を失っていない場合、すなわち代金の引換えとの同時履行の抗弁権は主張できない場合には、民法上Aを保護する制度はない。期限の利益は失われていないので、同時履行の抗弁権は認められないが、不安の抗弁権を認めるのである。最高裁判決はないが、例えば、東京地判平2・12・20判時1389号79頁[8]など継続的供給契約において不安の抗弁権が認められている。

3-27　　**(イ)　不安の抗弁権の要件・効果**　立法化に至らなかったが、2017年改正における中間試案の規定は参考になる。①「相手方につき破産手続開始、再生手続開始又は再生手続開始の申立てがあったことその他の事由により、その反対給付である債権につき履行を得られないおそれがある場合」が要件とされる。②不安の原因についての要件として、ⓐ契約締結後に生じたものであるときは、それが契約締結の時に予見することができなかったものであること、ⓑ契約締結時にすでに生じていたものであるときは、契約締結の時に正当な理由により知ることができなかったものであることが必要である（以上は先履行義務者に証明責任あり）。③ただし、「相手方が弁済の提供をし、又は相当の担保を提供したときは、この限りでない」と抗弁事由が規定されている（相手方に証明責任）。要するに担保の提供などにより「不安解消」がされるまで、自己の先履行義務を拒絶できる権利が、不安の抗弁権である。

3-28　　**(b)　抗弁権以外の権利**　また、抗弁権以外にどのような権利を認めるべきかは学説上議論がある。事情変更の原則の一適用として不安の抗弁権を認めることには、学説に現在では異論はない。①学説には、さらに担保供与請求権まで認める

---

7)　フランス民法は、2016年改正により不安の抗弁権が明記された（CC1220条）。当事者の一方は、その契約相手方が期限に履行しないであろうことが明白であり[manifeste]、かつ、この不履行の結果が自己にとって十分に重大である[suffisamment graves]場合には、自己の債務の履行を停止する[suspendre]ことができる。この停止は、直ちに通知されなければならないものと規定する（深谷格「フランス法における不安の抗弁権の展開」同法74巻4号［2022］87頁参照）。日本でも債権法改正の中間試案は、不安の抗弁権を規定し（☞3-27）、解除権までは認めていなかったが、不安の抗弁権の濫用の危険があることや要件の設定が難しいこと等を理由に反対する意見が強く、明文化は見送られた。

8)　本判決は、「XがYに対して本件ベビー用品を約定どおりの期日に出荷、納入せず、また、Yとの以後の新たな取引も停止することとしたのは、……Yとの継続的な商品供給取引の過程において、取引高が急激に拡大し、累積債務額が与信限度を著しく超過するに至るなど取引事情に著しい変化があって、Xがこれに応じた物的担保の供与又は個人保証を求めたにもかかわらず、Yは、これに応じなかったばかりか、かえって、約定どおりの期日に既往の取引の代金決済ができなくなって、支払いの延期を申し入れるなどし、Xにおいて、既に成約した本件個別契約の約旨に従って更に商品を供給したのではその代金の回収を実現できないことを懸念するに足りる合理的な理由があり、かつ、後履行のYの代金支払いを確保するために担保の供与を求めるなど信用の不安を払拭するための措置をとるべきことを求めたにもかかわらず、Yにおいてこれに応じなかったことによる」。「このような場合においては、取引上の信義則と公平の原則に照らして、Xは、その代金の回収の不安が解消すべき事由のない限り、先履行すべき商品の供給を拒絶することができる」という。

主張もある。ただ、この説によると、Bがこれに応じない場合には、Bは期限の利益を失うことになるので（137条3号）、Bにとって酷である。②他方、不安解消措置がとられない限り、期日になっても不履行になることは避けられず、そうすると解除になることが明らかなので、その時点まで待たずに直ちに解除を認める提案がある（川井37頁など）。この点は、現行法では期限前の解除の一般理論に解消される（542条1項5号）（☞4-92）[9]。

3-29 **(3)　相手方が自己の債務の履行を提供しないで履行を請求してきたこと**

(a)　**履行の提供により否定されるか**　同時履行の抗弁権は、「相手方がその債務の履行……を提供するまで」認められるものであり、したがって、反対解釈として、相手方が履行をした場合はもちろん、履行の提供をしたならば、同時履行の抗弁権が消滅するのではないかという疑問が生じる。少なくとも履行遅滞になる。では、無条件に履行を強制されるのであろうか。

3-30 (b)　**一度履行の提供がされた効果**　①古くは、一度履行の提供があったら同時履行の抗弁権は消滅すると考える学説が有力であった（鳩山・上119頁、柚木80頁）。②しかし、現在の判例は、履行の提供が継続していない限り同時履行の抗弁権の主張を認める[10]。履行遅滞になることを認めつつも、無条件に履行強制を受けることは、提供者がその後に履行しないおそれがあり公平とはいい難いからである。学説もこれを支持する。同時履行の抗弁権は消滅しないが、その認められる効果が制限されることになる。

3-31 (c)　**この場合に同時履行の抗弁権が認められる効果**　一度提供がされても、履行がされない限り同時履行の抗弁権は消滅せず、履行の強制を受けないという、抗弁権として最低の効力は認められる。しかし、履行しないこと

---

9)　松井和彦『契約の危殆化と債務不履行』（有斐閣・2013）は、契約の危殆化を3段階に分け、①軽度の危殆化には何ら救済は認められず、②履行期到来時に契約目的達成を不可能ならしめるほどの義務違反が発生することが、高度の蓋然性をもって予見される程度の危殆化の場合には、先履行の合意の拘束から解放し、③上記②よりもさらに高度の蓋然性がある深刻な契約危殆の場合で、この場合には契約解除まで認めようとしている（同書380頁以下）。そして、解除の要件として、深刻な契約危殆のほかに相当期間の設定を要するかについては、重ねてこの要件を設定することが無意味な場合にはこれを不要とする（同書372頁）。

10)　判例も、「双務契約に於て当事者の一方は相手方が其債務の履行を提供するまで自己の債務の履行を拒むことを得るは、民法第533条の規定する所にして此同時履行の抗弁は当事者の一方が曾て一たび履行の提供を為したることあるも其提供にして継続せざる以上は、相手方に於て主張することを得る」。「他の一方の履行の提供が継続する場合は格別、然らざるときは之に依り其履行を拒むことを得るものと為さざるべからず。然らざれば他の一方が一たび履行の提供を為したる後無資力の状態に陥ることあるも相手方は必ず其債務の履行を為さざるべからずして甚しき不公平の結果を観るに至るべし」としている（大判明44・12・11民録17輯772頁。大判大6・11・10民録23輯1960頁、3-33判例も同様）。

により債務不履行を免れるという保護は受けられなくなり、履行遅滞になるので、損害賠償義務を負い、また、相手方は契約解除ができる。判例も、履行遅滞にはなるので、提供した者が履行遅滞を理由に契約解除をすることを認める（大判昭3・5・31民集7巻393頁も解除を認める）[11]。415条・541条・542条の適用を避けられず[12]、同時履行の抗弁権をBが失わないことは、同時履行の抗弁権のすべての効果が認められることを意味するものではない。

◆一度履行をしたがその後に給付を取り戻した場合

⑴　履行の撤回はできない

3-32

　AがBに機械を販売し、その引渡しがなされれば、Bの同時履行の抗弁権は消滅する。では、その後、Bが代金を支払わないのでAが引き渡した機械を勝手に取り返したり、使用できない状態にした場合、Bは返還または使用できる状態に戻すまで代金の支払を拒絶できるのであろうか。

　もし、Aがすでになした履行を一方的に撤回できるのだとすると、撤回によりAの債務が復活するため、同時履行の抗弁権も復活することになる。しかし、自力救済禁止に反し、実力をもって取り戻して履行を撤回することは許されない。そのため、AB間に債権債務の関係が復活することはなく、BはAに対して所有権に基づく返還請求権を行使するだけであり、双務契約上の債権債務の対立はない。そのため、判例は3-33判決でBの同時履行の抗弁権を否定した。

3-33

> **●最判昭34・5・14民集13巻5号609頁（パチンコ「あひる」取り外し事件）**　［事案］パチンコ店を経営するYに、パチンコ機械製造業者Xが、パチンコ機械を販売し引き渡したが、Yが代金の大部分を支払わないので、Xがパチンコの「あひる」の部品を取り外して持ち帰り、Yがパチンコを使用できないようにした。YはXの代金支払請求に対して、①使用不能になり引渡しがなかったことになった、②提供が継続されていないことを理由に同時履行の抗弁権を主張した。しかし、最高裁は次のように判

11）「債務者が債権者をして其の解除権を消滅せしむるには債務の本旨に適したる履行の提供を為すと共に遅延に因る賠償をも併せて提供することを要するものとす。……債務者が此の両者を提供したるときは遅滞の効力消滅する結果として債権者の解除権消滅すべきも、斯る提供ある迄は債権者に於て解除権を失ふべき理由なく、従て債権者は曩に履行の催告を為したる際自己の債務の履行を提供し債務者を遅滞に付したる以上、解除権を行使するに当りては其の提供を継続することを要せざるものと謂はざるを得ず」と判示する。

12）**＊相殺**　売主が、買主に対して金銭債権を有している場合、売主は抗弁権の付いた債権を自働債権とはできないので、相殺はできない。では、一度提供をしてその際に相殺の意思表示をすれば、自分の代金債務を消滅させることができるのであろうか。同時履行の抗弁権については、目的物引渡義務を履行して同時履行の抗弁権を消滅させなければ、相殺はできないように思われる。

86

示して、Yの主張を退ける。

　　[判旨]「双務契約の当事者の一方は相手方の履行の提供があっても、その提供が継続されない限り同時履行の抗弁権を失うものでない」が、Xは期日までに「約束通り引渡したというのであるから、Yは右引渡を受けたことによって所論同時履行の抗弁権を失ったものというべきであり、従ってその後において、Xの代理人Bが右機械の『あひる』を取外して持ち帰ったからといって、同人に別個の責任の生ずる可能性のあることは別論として既になされたXの債務の履行に消長を来し、一旦消滅した同時履行の抗弁権が復活する謂れはない」。

(2)　533条の類推適用

　　しかし、533条の類推適用を肯定するのが通説である。その後の判例に、判例変更を宣言することなく、所有権留保の事例で、売主が所有権留保に基づいて目的物を取り戻した事例で、買主に同時履行の抗弁権が認められている（☞3-36）。肯定説では、Bに同時履行の抗弁権が認められるが、Aについては295条2項の趣旨からして、同時履行の抗弁権が否定されるかが問題になる。無条件で強制されないという限度での抗弁権の最低限度の保護は認めてよいが、その占有は違法占有のままであり、Aは不法行為責任を免れないと考えるべきである。

●**最判昭50・7・17判時792号31頁**　[事案]自動車2台が所有権留保特約付きで販売されたが、1台が修理のために引き渡され、売主が修理終了後これを返還せず、さらに残りの1台の自動車も買主から回収してしまったため、買主が第1回の割賦代金を支払わず、そのため売主が契約を解除して損害賠償請求権に基づく強制執行手続を採ったのに対して、買主が異議を申し立てた事例である。原審は、売主による自動車の留置また引揚げが違法であるとしても、本件自動車2台は一旦売買契約に基づき買主に引き渡されたものである以上、売主の自動車返還義務と買主の代金支払義務とは同時履行の関係にあるわけではないから、買主は第1回の割賦代金の支払を拒みうるものではないとして履行遅滞を認め、売主側の主張を認めた。最高裁は原審判決を次のように破棄差し戻している。

　　[判旨]「自動車の割賦売買契約において、売主が、一旦売買の目的たる自動車を買主に引き渡したが、その第1回割賦代金支払期日前に右自動車が故障したため買主より修理を依頼され、その引渡を受けて修理を完了しながら、何ら正当な事由もないのに留置権を主張してその自動車を買主に引き渡さない場合、あるいは、何ら正当な事由もないのに第1回割賦代金支払期日前に買主の手許からその意に反して売買の目的たる自動車を引き

§I　同時履行の抗弁権

揚げてしまったような場合には、売主において再度当該自動車を買主に引き渡す義務があるものというべく、売主がこの義務を履行するまでは、公平の理念に照らし、買主は自己の債務たる割賦代金の支払を拒むことができ、その不払につき履行遅滞の責を負わない」。

3-38
◆相手方が事前に履行を拒絶している場合と同時履行の抗弁権
(1)　履行の提供まで同時履行の抗弁権が認められるのが原則
　例えば、Aが絵画をBに売却し、1週間後に代金と引換えに絵画を引き渡す約束をしたとする。ところが、その後Bが契約の効力を争い、代金の支払も絵画の引渡しを受けることも拒絶することを通知してきたとする。この場合、Aが遅滞の責めを免れるための提供は口頭の提供でよく、また、受領拒絶の意思が確定的であれば口頭の提供さえも不要である。では、Bには同時履行の抗弁権があるので、Bを履行遅滞に陥れるためには必ず提供が必要なのであろうか。

3-39
(2)　提供なしに履行遅滞になる
　法は無駄を強いないと考えるべきであり、Aとしては口頭の提供でよく、また、Bの履行拒絶が確定的であれば口頭の提供も不要である。Bの拒絶の意思が確定的なので、Aは絵画を準備しておれば、口頭の提供さえ要することなく、提供があったのと同様の効果が認められるべきである。そうすると、Bは期日の経過により催告なしに当然に履行遅滞に陥ることになる。判例もこの立場である。最判昭41・3・22民集20巻3号468頁は、「双務契約において、当事者の一方が自己の債務の履行をしない意思が明確な場合には、相手方において自己の債務の弁済の提供をしなくても、右当事者の一方は自己の債務の不履行について履行遅滞の責を免れることをえない」という。理由については、大判大3・12・1民録20輯999頁は、「相手方［A］が債務の履行を提供するは他の一方［B］の債務履行を期して之を為すものなれば、他の一方［B］が債務の履行を為さざるの意思明確なるに拘らず履行の提供を強ゆるは没条理」であると説明する。

3　同時履行の抗弁権の効果

3-40
(1)　履行の強制を受けない
　同時履行の抗弁権の効果は、「自己の債務の履行を拒むことができる」ことである（533条）。これが同時履行の抗弁権の固有の効果である。これを行使の効果として位置づける説明もあるが（行使効果説）、訴訟で主張しなければ認められないのは当然であり、賛成しえない。訴訟上主張しなければ認められないのはすべての私法上の効果についての訴訟法上の原則である。

第3章 契約の効力 第1編 契約総論

3-41 **(2) 履行遅滞を免責されるかは事例による**

そして、同時履行の抗弁権があるために、履行しないことが適法となり、履行遅滞の責任を免れることになる。この部分を取り出して、これを同時履行の抗弁権の存在の効果として説明する学説もある（存在効果説）。これは一面では正しいが、この効果も訴訟で主張しなければ認められないのは、533条の効果と変わることはない。ただ、この効果は533条の効果そのものではなく、415条・541条の解釈として、同時履行の抗弁権の存在により履行遅滞の責任まで免がれるのが適切なのかという、それぞれの規定での評価の問題である。そのため、各所に述べたように、同時履行の抗弁権があっても遅滞の責任を免れない事例が認められることになる。

§Ⅱ
危険負担

1 対価危険と所有者危険の移転

3-42 **(1) 対価危険──給付を受けないのに対価を支払う必要はない**

双務契約におけるいわゆる危険負担には、次の2つの異なった議論が含まれている。

---

① **対価危険**
給付を受けていない以上、反対給付をする必要はないのが原則である。
② **所有者危険の移転**
所有者として負担すべき危険が、売買契約においていつ移転するのか。

---

①は、give and take という牽連関係の本質を持つ双務契約において、自分が給付を受けていなければ相手方に給付をする必要はないという原則である（536条1項［**対価的牽連関係**]）。履行不能になった債務の債務者が対価を得られないという不利益を負担するので、債務者負担主義（債務者主義）という。ただし、その履行不能が債権者の帰責事由による場合には、代金債務をそのままにする例外（債権者主義）が認められている（同条2項）。

89

§Ⅱ 危険負担

3-43 **(2) 所有者危険の「移転」**

　②は、不可抗力で自己の所有物が滅失したり損傷した場合、所有者がその危険を負担するが、売買契約があった場合にその危険がいつ移転するのかという問題である。例えば、一戸建てを購入した買主に危険が移転した後は、不可抗力で建物が滅失しようと、その危険は買主が負担し代金の支払義務を免れない。これに対して、買主に危険が移転する前の不可抗力による建物の滅失は、売主がその危険を負担し代金の支払を受けられないことになる。①にはない、「危険の移転」という特殊な問題があるのである。

3-44 **(3) 現行法は所有者危険の移転を売買に規定**

　改正前は、②の所有者危険の移転も対価危険とまとめて規定されていたが（旧534条・535条）、現行法は旧534条・535条を削除し売買に規定を置き（567条）、この規定を有償契約に準用した（559条）。しかし、所有者危険の事例にも、代金の支払に関する限り536条は依然として適用される。解除しない限り、買主は代金の支払を拒絶するために536条1項を援用することになる。また、同条2項は対価危険の場合だけでなく所有者危険についても適用される。売買契約に536条の適用がなくなり、567条により規律されるようになったのではない。

2 両者の帰責事由によらない場合——反対給付についての抗弁権の付与

3-45 **(1) 債務者主義の原則**

　民法は対価危険の問題について、「当事者双方の責めに帰することができない事由によって債務を履行することができなくなったときは、債権者は、反対給付の履行を拒むことができる」と規定し（536条1項）、履行を受けないのに対価を支払うことの拒絶を認める（債務者主義）。例えば、旅行会社による海外へのパック旅行ツアー契約締結後に、内乱勃発によりツアーの実施ができなくなった場合、客は本条により代金の支払を拒絶でき、また、契約を解除して（542条1項1号）、既払代金の返還を求めることができる[13]。

3-46 **(2) 抗弁権の成立にとどまる**

　不可抗力による履行不能については、改正前は「反対給付を受ける権利を有しない」（旧536条1項）と規定され、債務の消滅原因と考えられていた。ところが、現行法は履行不能を債務の消滅原因ではなく履行不能の抗弁権を

認めるだけに変更したので (412条の2第1項)、債務者主義を実現する法的構成を変更しなければならなくなった。反対給付をする債務が当然に消滅するのではなく、「履行を拒むことができる」という、抗弁権に変更されたのである[14]。この結果、すでに代金を支払っている場合には、抗弁権では対処できない[15]。代金債務を消滅させるためには、契約解除が必要になる。この点、民法は、履行不能解除に債務者に帰責事由を不要として (542条1項1号)、この場合にも契約解除を認めて代金の返還を請求できるようにしている。

3 債権者の帰責事由による場合──債権者主義の採用

3-47 (1) 債権者主義による解決

「債権者の責めに帰すべき事由によって債務を履行することができなくなったときは、債権者は、反対給付の履行を拒むことができない」(536条2項前段)。例えば、Aが所有する建物の塗装をBに依頼したが、勝手に別の業者に塗装を行わせてしまった場合、塗装は終了しており履行不能となる。この場合、民法はAがBに報酬代金債権の支払をしなければならず、**債権者主義**が例外的に認められている (債務者の帰責事由については、413条の2第2項に注意)。536条2項は雇用契約にも適用される[16] (☞ 3-49)。

3-48 (2) 得た利益の償還義務

ただ、債務者たる請負人Bは履行をしないで済み、足場代、塗装代、ま

---

13) ①賃料については使用の対価であり (利用型契約)、危険負担を持ち出すまでもなく、使用できなければその分の賃料は当然に発生せず、または先払特約があれば暫定的に成立しても消滅する。②雇用、請負、委任等の労力の対価については (労務・役務提供型契約)、給付がされた対価分の報酬またなされた仕事につき注文者が受ける利益の限度で報酬を受けられる規定が置かれている (634条・648条2項・648条の2・665条)。そのため、反対給付義務は消滅せず抗弁権を認める536条1項を適用する必要はない。

14) 債務者の帰責事由によらない履行不能でも債権者に契約解除権を認めるため、さらに危険負担によって当然に債務が消滅するという制度まで残しておくと、解除と「制度が重複する」ので、「制度の重複を回避する観点からは、危険負担制度を廃止し、契約の解除に一元化するのが簡明である」と考えられたと説明されている (一問一答228頁)。

15) 重箱の隅をつつくような議論であるが、買主が複数いる場合には解除権不可分の原則が適用され、解除できないことが危惧されている (磯村保「解除と危険負担」『債権法改正の論点とこれからの検討課題 (別冊NBL147号)』[2014] 90頁)。この点、この履行拒絶権があることから、「債務としては存在しないのと同様に評価することができ」、自然債務的なものなので、債務者が抗弁権の成立を知らずに弁済した場合には、非債弁済として不当利得返還請求ができるという主張もある (一問一答228頁注2)。なお、改正論議では契約解除に統合することも議論された (福本忍『「黙示の解除条件」の研究』[渓水社・2024] 389頁以下参照)。

91

た、人件費が浮いている。代金にはこれらが内訳として含まれているため、代金全額を受けられるのは公平ではない（二重の利得になる）。そのため、民法は、この場合に、「債務者は、自己の債務を免れたことによって利益を得たときは、これを債権者に償還しなければならない」ものと規定した（536条2項後段）。AはBの代金支払請求に対してBの利得を証明して、償金請求権による相殺を主張することになる[17]。

3-49

◆債権者の帰責事由が問題となる事例——危険領域説の認否

(1) 危険領域説

　雇用契約においてはいずれが危険を負担すべきかについて、いずれの危険領域なのかで判断する解決の可否が検討されている（危険領域説）。536条2項を拡大適用することになる。しかし、判例は危険領域説を認めない。雇用契約についての判例は、ストライキについて、これを債権者の帰責事由とは認めていない。判例は、「労働者の一部によるストライキが原因でストライキ不参加労働者の労働義務の履行が不能となった場合は、使用者が不当労働行為の意思その他不当な目的をもってことさらストライキを行わしめたなどの特別の事情がない限り、右ストライキは民法536条2項の『債権者ノ責ニ帰スヘキ事由』には当たらず、当該不参加労働者は賃金請求権を失うと解するのが相当である」と判示して、原告等の賃金支払請求を棄却する（最判昭62・7・17民集41巻5号1350頁）。

---

16) 雇用契約には536条1項は適用にならない（☞注3-13）。雇用契約では労働分の賃金をもらえるにすぎないからである（ノーワーク・ノーペイの原則）。しかし、使用者の帰責事由により一時的な就労ができなかった場合には、536条2項の適用は認められる。そのため、雇用契約については、賃金債権は労働義務の履行により発生するものなので、発生している賃金債権が失われないのではなく、「労働義務の履行に代わって、民法536条2項により賃金請求権が発生する」と構成せざるをえない（山川隆一「債権法改正と労働法」民法学I 147頁）。賃貸借についても同じ問題は当てはまり、利用できなくても、536条2項——611条1項反対解釈による賃料減額排除——の法定の効果により賃料債権が発生すると考えることになる。なお、継続的な契約関係では、賃貸借も雇用契約においても、賃借人や使用者からの自己都合での解除については、予告期間が保障されるだけで、641条のような履行利益の賠償を認めることはない。

17) 改正前の事例であるが、最判昭52・2・22民集31巻1号79頁は、Y（注文者）所有家屋の冷暖房工事を請け負った訴外A（元請人）から、X（下請人）が下請けをし——YはAがXに負担すべき債務につき連帯保証をする——、XおよびYの再三にわたる請求にもかかわらず、Aは防水工事を行わずボイラーとチラーの据付工事を拒んだために残工事ができない事例で、残工事分の代金全額の支払を命じている。まず、「Xにおいて本件冷暖房工事を完成させることができず、もはや工事の完成は不能と目され」、「Xの行うべき残余工事は、おそくともXが本訴を提起した……時点では、社会取引通念上、履行不能に帰していた」とする原審の判断を容認する。その上で、「請負契約において、仕事が完成しない間に、注文者の責に帰すべき事由によりその完成が不能となった場合には、請負人は、自己の残債務を免れるが、民法536条2項によって、注文者に請負代金全額を請求することができ、ただ、自己の債務を免れたことによる利益を注文者に償還すべき義務を負うにすぎない」。「本件冷暖房設備工事は、工事未完成の間に、注文者であるAの責に帰すべき事由によりXにおいてこれを完成させることが不能となったというべき」であり、「Xが債務を免れたことによる利益の償還につきなんらの主張立証がないのであるから、XはAに対して請負代金全額を請求しうる」として、Yの保証人としての責任を認めている。

第3章 契約の効力 第1編 契約総論

3-50 **(2) 労働基準法の特則**

ただし、「労働基準法 26 条が『使用者の責に帰すべき事由』による休業の場合使用者に対し平均賃金の 6 割以上の手当を労働者に支払うべき旨を規定し」ているのは、民法を全面的にではなく中間的解決を認める修正をするものであり、その使用者の責めに帰すべき事由とは、「取引における一般原則たる過失責任主義とは異なる観点をも踏まえた概念というべきであって、民法 536 条 2 項の『債権者ノ責ニ帰スヘキ事由』よりも広く、使用者側に起因する経営、管理上の障害を含む」と考えられている（最判昭 62・7・17 民集 41 巻 5 号 1283 頁）。一般論としてはこう述べるが、ストライキについては同規定の適用を否定している。

$\S\mathrm{III}$
第三者のためにする契約

1 契約の債権的効力についての相対効の原則

3-51 **(1) 債権契約は相対効が原則**

契約はその契約をした当事者間においてのみその効力が生じ、第三者にはその効力が及ばないのが原則である。これを**契約の相対効の原則**という（岡本裕樹『「契約は他人を害さない」ことの今日的意義』[日本評論社・2024] 参照）[18]。私的自治ないし意思自治の原則の帰結である。ただし、これは債権・債務についての原則にすぎない。第三者に債務や債権また契約により取得する権利を帰属させることはできない、というだけである。

3-52 **(2) 物権的効力は絶対効が原則──対抗可能性の原則**

契約の効力でも、例えば売買契約における所有権の移転という物権的効力については、物権という絶対権という性質上その効力が当事者間に限られるということはなく、当然に第三者に対してもその効力が及ぶことになる。物

---

[18] 物権関係と結び付いた契約関係については、当事者間の債権的効力しか認められず、目的物が譲渡されても承継されることはなく、このような意味でも契約の相対効といわれる。例えば、隣接する土地所有者 A・B が土地の利用についての合意、例えば、庭木の生け垣を同じ種類の木で統一するなどは、B がその土地を C に譲渡してしまえば、AB 間の契約は AC 間に承継されない。ただし、建築基準法は、いわゆる建築協定について特定承継人への対抗を認めている（同法 75 条）。法定の要件を満たさない建築協定については、「債権契約としての効力を有するにとどまる」とされている（福岡地判平 8・5・28 判タ 949 号 145 頁）。

93

権変動は絶対効が認められる。これを**対抗可能性の原則**というが（☞物権法3-6）、これを貫くと公示との乖離が生じるため、取引の安全を害しかねない。そのため、民法は対抗要件主義を導入し、物権的効力を対抗要件の具備があるまでは対抗できないものとした（☞物権法6-1以下）。

3-53 **(3) 第三者のためにする契約**

契約自由の原則は当事者間の原理であり、債権についても、第三者に帰属させることはできないはずである。もっとも、勝手に第三者に債務を負担させる合意はできないが、債権ないし契約により取得する物権などの財産権を第三者に付与することは可能とされている（☞3-57以下）。

3-54 **◆契約の効力の相対効と第三者による援用および対抗**

(1) 第三者による援用

契約の効力の相対効については、免責条項を中心に、第三者との関係で2つの問題が提起されている。ただ、これは免責を認める法規定（例えば、商577条・597条）も問題になり、契約規範一般の人的妥当範囲の問題である。

まず、第三者による援用が問題になる。例えば、AがBに運送を依頼した物を、Bが運送中にCの倉庫に寄託したが、Cの下でその物が滅失、損傷したり盗難にあった場合で、AB間の契約で賠償限度額が定まっているとする。Aが責任制限条項を避けてCに不法行為を理由に損害賠償を請求した場合、CはAB間の賠償限度額の約定を援用できるであろうか。Cは下請でありBの地位をそのまま甘受しなければならないが（☞3-56）、逆に利益も享受できるのであろうか（商法588条のような規定がない）。問題提起にとどめる。

3-55 **(2) 第三者への対抗**

(a) 免責条項　また、第三者への対抗も問題になり、こちらの方が深刻である。BがCに寄託した物が、Bの物ではなくAの物であった場合には、CはBではなくAから所有権侵害による賠償請求を受けることになるが、この場合に、BC間の責任制限条項をAに対抗できるであろうか。不利益については原則として対抗できないことになろうが、判例には、運送契約において、「荷受人も、少なくとも宅配便によって荷物が運送されることを容認していたなどの事情が存するときは、信義則上、責任限度額を超えて運送人に対して損害の賠償を求めることは許されない」とした判決がある（最判平10・4・30判時1646号162頁）。「容認していたなどの事情」が要件とされている。

3-56 **(b) 請負における所有権帰属についての特約**　建物建築請負契約において、元請人と注文者との完成建物を注文者に帰属させる特約を、下請人にも当然に対抗することが認められている（☞13-44）。ここでは特約を「容認していたなどの事情」は要件とされていない。「建物建築工事を元請負人から一括下請負の形で

第 3 章　契約の効力　第 1 編　契約総論

請け負う下請契約は、その性質上元請契約の存在及び内容を前提とし、元請負人の債務を履行することを目的とするものであるから、下請負人は、注文者との関係では、元請負人のいわば履行補助者的立場に立つものにすぎず、注文者のためにする建物建築工事に関して、元請負人と異なる権利関係を主張し得る立場にはない」ことが理由である（最判平 5・10・19 民集 47 巻 8 号 5061 頁）。

2　第三者のためにする契約の意義

3-57 **(1)　第三者のためにする契約の意義**

「契約により当事者の一方が第三者に対してある給付をすることを約したときは、その第三者は、債務者に対して直接にその給付を請求する権利を有する」（537 条 1 項）。このような契約を、**第三者のためにする契約**という。典型例が、生命保険契約において、保険金の受取人を第三者に指定する場合である。

3-58 **(2)　原因関係が存在している**

代金債権を第三者に帰属させるような場合、例えば、A が B に商品を販売するが代金債権は C に取得させる場合、AC 間に何らかの原因関係があるからこのような契約にするのである。その原因としては、A の C に対する債務の弁済、A の C に対する融資などが考えられる[19]。契約当事者のうち、このような形の契約を必要とする A を**要約者**、その相手方としてこれに応じた B を**諾約者**といい、第三者を**受益者**ともいう。また、① AC 間の関係を**原因関係**といい、② AB 間の関係を**補償関係**という。

3-59 **◆未成年者を対象として親が締結する契約**

未成年者を親が保育園、幼稚園、私立小学校、塾、ピアノや書道のお稽古などに通わせる契約、子の治療を目的とした医療契約などの法律関係が問題になる。

①子を契約当事者とする契約であり親権者として代理して締結しているのか、それとも、②親が契約当事者であり、ⓐ子はペットを預ける、ペットの治療を依頼するのと同様に、給付の対象にすぎないのか、それとも、ⓑ子に権利を与える第三者のためにする契約であり、子の権利を親が親権者としてさらに代理して行使するのであろうか。乳幼児は②ⓐも可能である[20]。契約書がどうなっているか

---

19) 同じ目的を実現するための方法としては、まず、第三者に債権を取得させる方法として債権譲渡の方法がある。また、第三者が支払を受ける方法としては、第三者への支払を依頼する支払指図も考えられる。債権譲渡の場合には譲受けで債権は消滅するが、第三者のためにする契約では、第三者が債権を取得しただけでは債権は消滅しない。

95

§Ⅲ　第三者のためにする契約

によるが、不明な場合にはなるべく②ⓑと認定し、代金の支払義務は親が負担すると考えるべきである。

3　第三者のためにする契約の要件

3-60　**(1)　第三者が債権を取得すること**

　第三者のためにする契約といえるためには、「契約により当事者の一方が第三者に対してある給付をすることを約した」ことが必要である（537条1項）[21]。文言からは明確ではないが、契約上の債権を第三者に取得させることが必要である。先の例でいえば、売主Ａが本来取得するはずの代金債権をＣが取得することになる。事実上第三者に利益を与えるというだけでは足りない。例えば、その地域を開発した売主と買主が、買主は高層の建物の建築をしないという協定を締結しても、それは他の住民のための第三者のためにする契約とはならない（基コメⅠ50頁［小川英明］）。

3-61　**(2)　第三者の要件**

　第三者は契約当時に存在している必要はない。「前項の契約は、その成立の時に第三者が現に存しない場合又は第三者が特定していない場合であっても、そのためにその効力を妨げられない」とされている（537条2項）。特定可能であればよく、将来生まれる子や設立される法人であってもよい。

3-62　**◆第三者の債務免除**

　(1)　第三者に利益を与える点では共通

　　第三者のためにする契約は、第三者に「ある給付をすることを約」するもので

---

20)　浦和地判平7・12・12判時1575号101頁は、幼稚園の債務不履行に基づき、親が契約を解除した事例で、親への授業料などの返還を認めるとともに、親に対する慰謝料10万円を認めている。幼児は原告になっていない。さすがに中学生になると、塾への通学契約は本人が契約当事者になり、親権者の同意が契約に際して求められるだけであるが、静岡地富士支判平8・6・11判時1597号108頁は、親を契約当事者として、債務不履行に基づき支払った金銭の損害賠償を認め、中学生の子については、不法行為を理由とする慰謝料請求（20万円）が認められている。第三者のためにする契約という構成によるならば、子への教育を求める契約上の債権が認められるのみならず、子にも同様の債権が認められるので、子にも債務不履行による慰謝料請求が認められるはずである。

21)　＊**贈答品の配達依頼**　例えば、Ａ（デパート）でＢが、甲商品を購入し、Ｃへの配達を依頼する場合、第三者のためにする契約であろうか。AB間の売買契約、BC間の贈与契約に疑いはないが、ＡはＢの指図によるＢのＣに対する引渡義務の履行補助者なのか、それとも、ＢではなくＣの債権を認める第三者のためにする契約であり、Ｃは受領によって受益の意思表示をしているのであろうか。目的物に不適合があった場合には、ＣがＡに直接責任追及ができるため——契約当事者ではないので解除・代金の返還請求はできない——後者と考えるべきである。

96

第3章　契約の効力　第1編　契約総論

あり、第三者の債務を免除する契約は第三者のためにする契約には該当しない。例えば、不法行為の加害者の父親が、子に代わって例えば100万円を賠償するので、それ以上の債務を免除してもらうことを被害者と合意をする場合、第三者のためにする契約ではないが、有効である（472条2項）。この場合、537条以下を性質に反しない限り適用してよい。

3-63

(2)　有効と認める判例

判例も、「537条は其明文上当事者の一方に於て第三者に給付を約したる場合のみに付き規定せるが如しと雖、法律が第三者の利益の為めにする契約の第三者に対する効力を特に此場合にのみ限定したるものと解すべき理由なきが故に、当事者間の契約に於て其一方が第三者に対して有する債権を免除することを約したる場合と雖、亦其契約は有効にして、此場合に於ては第三者の受益の意思表示ありたるときより免除の効力を生ずるものと解すべきものとす。蓋し……、第三者の利益の為めにする契約の内容が其給付たると免除たるとに於て毫も解釈を異にすべき理由なければなり」と、第三者のためにする免除の合意の効力を認めている（大判大5・6・26民録22輯1268頁）[22]。絶対的免除とは、このような第三者のためにする免除を含む（☞債権総論　注84）（最判平10・9・10民集52巻6号1494頁）。

3-64

◆代金等の第三者口座への振込の依頼

(1)　振込指図

第三者のためにする契約か否かが争われている事例として、債務者に対する第三者の銀行口座への振込指図がある。AがBに商品を販売し、または、金銭を借入し、その代金または借入金を、Aに対して100万円の債権を有するCの甲銀行口座に振り込むよう、Bに指図しBがこれに応じて、Cの口座に100万円を振り込んだとする。

3-65

(2)　振込指図の法的構成

①これを第三者のためにする契約であるとすれば、C→B債権が成立し、もしAB間の契約が無効であった場合、C→B債権は成立しておらずBC間で清算がされることになる。②これに対して、単なる指図にすぎず、A→B債権が成立し、一旦Aが受け取ってそれをCに支払うのを簡略化するために、BからCへの振込がされているとすると、法的にはBからA、AからCの2つの弁済がされていることになる。そのため、AB間の契約が無効であっても、BA間の弁済が無効になりこの間で清算関係が生じるだけで、AC間の弁済はAが自分の金銭で支払った場合と同様に有効なままである。

---

22)　連帯債務における絶対的免除（最判平10・9・10民集52巻6号1494頁）とは、このような第三者のためにする免除を含む。Aに対してBCが100万円の損害賠償義務を負っていて、Bが50万円賠償して、残額50万円についてBC全員の債務を免除してもらう場合、Bの債務だけではなく第三者Cの債務も免除が合意されているため、Cも全額免除されるのである。

97

§Ⅲ　第三者のためにする契約

3-66
（3）　判例の評価
　大判昭 15・12・16 民集 19 巻 2337 頁は、原審判決は第三者のためにする契約構成によったが、大審院は B から C への返還請求を退けており、第三者のためにする契約を採用していないと考えるべきである。取引通念からいって、単に指図をしているだけで、金銭のやりとりを省略しただけであり、法的には 2 つの弁済がなされていると考えるのが適切である。AB 間の契約が無効な場合は、AB 間の弁済が無効であるから A → B の返還請求権が成立するだけで BC 間の弁済は有効、BC 間に債権がなかった場合は、AB 間の弁済は有効、BC 間の弁済が無効で、B → C の返還請求権が成立するだけである。

4　第三者のためにする契約の効果

3-67
（1）　第三者（受益者）の地位
（a）　受益の意思表示前
（ア）　受益の意思表示により権利を取得　「利益といえども強制しえない」という思想から、第三者のためにする契約により、<u>当然には</u>第三者に権利が帰属することはない。「第三者の権利は、その第三者が債務者に対して同項の契約の利益を享受する意思を表示した時に発生する」のであり、第三者のその利益を享受する意思表示——これを**受益の意思表示**という——を必要とする（537 条 3 項）。法により当然に第三者の権利を取得が認められている場合もある（保険 42 条、信託 88 条）。

3-68
（イ）　受益の意思表示前の法律関係　第三者が受益の意思表示をする前には、第三者は権利を取得しておらず（3-72 の判例は疑問）、契約当事者は第三者が受益の意思表示をするまでは、第三者が取得すべき権利を消滅させたり変更することができる（538 条の反対解釈）。第三者のためにする契約の第 1 段階の効果は、第三者への受益の意思表示をする権利の帰属である。もし第三者が受益の意思表示を拒絶したならば、要約者は、新たな第三者を指示するか、または、通常の契約へと変更することができる。

3-69
（ウ）　受益の意思表示を不要とする特約　なお、第三者の受益の意思表示を不要とする特約をすることができるか、換言すれば 537 条 3 項は任意規定と解すべきかは議論がある。①利益といえども強制されるべきではないこと、権利の放棄に遡及効は認められないことから、特約を無効とする考えがあり（我妻・上 122 頁、末川・上 121 ～ 2 頁など）、判例である（大判大 5・7・5 民録 22

98

輯 1336 頁）。②これに対して、第三者は権利を放棄できるのであり、このような特約も有効とする考えもある（鳩山 180 頁、末川・上 122 頁、石田穣 69 頁、注民⒀ 342 頁［中馬義直］）。実益のある議論ではないが、有効と考えたい（ドイツ民法 328 条は受益の意思表示を必要としない）。

3-70　(b)　**受益の意思表示後**

　(ア)　**第三者の権利の確定**　受益の意思表示がなされた後は、契約当事者も第三者の取得した権利を消滅させたり変更することはできなくなる（538 条 1 項）。本条は当然の規定であり、本条の意味はその反対解釈として、受益の意思表示前ならば消滅・変更が自由であることを認める点にある。

3-71　(イ)　**諾約者の保護**　第三者 C の取得する権利は、AB 間の契約上の権利にすぎず、債務者たる諾約者 B は、本来要約者 A が債権者となった場合よりも不利益を負わされるべきではない。したがって、諾約者 B は要約者 A に主張しえた事由——契約の取消し、同時履行の抗弁権など——はすべて受益者 C に対して主張することができる（539 条）。このことからわかるように、第三者のためにする契約の受益者は、94 条 2 項・96 条 3 項などの第三者保護規定にいう「第三者」には該当しない[23]。

3-72　(2)　**要約者の地位**

　(a)　**諾約者との関係**

　(ア)　**第三者への履行請求権が成立する**　要約者 A は諾約者 B に対して自己への履行を請求することはできない。しかし、A も B の C への履行に利害関係を有するため、要約者も自己への履行は求められないが、C への履行を求める権利は認められるべきである。判例は、受益の意思表示がなされる前にも、A がこの権利を有することは変わりなく、B は C に提供をしなければ A に対する責任を免れないという（大判大 3・4・22 民録 20 輯 313 頁）。

3-73　(イ)　**損害賠償請求権を取得する**　要約者 A も第三者への履行をするよう請求する権利があるので、諾約者 B に債務不履行があれば、C に対して損害賠償をするよう請求するだけでなく、自己固有の損害があれば、それを賠償請求することができる[24]。解除について、現行法は、受益の意思表示後

---

23)　ただし、C が A または B に詐欺を働いて契約をさせた場合には、第三者による詐欺となり、相手方当事者がそれを知り善意無過失である場合には取消しができないことになる（96 条 2 項）。

は、AはCの承諾を得なければ契約解除ができないものとした（538条2項）。ただし、この規定は任意規定であり、受益の意思表示がされる前に、契約当事者間で第三者の承諾を要することなく債務者の債務不履行に基づき要約者が契約を解除できる合意できると考えられている（一問一答230頁(注)）。

3-74 **（b）第三者（受益者）との関係**　AとCとの原因関係は契約内容とはならないため、第三者のためにする契約をした原因関係が無効であっても、第三者のためにする契約の効力には影響はない。したがって、第三者Cは有効にBに対して権利を取得し、Bから給付を受けると、Bとの関係では債権（法律上の原因）があるため不当利得とはならないが、Aとの関係においては不当利得となり、AはCに返還請求しうることになる。AC間の原因関係が無効な場合には、538条1項の適用を制限すべきである。

3-75 **（3）諾約者の地位**

諾約者の地位は、第三者および要約者について述べたところの裏返しであり、その説明に尽きている。諾約者は給付を第三者に対してなす義務を負い——同時に要約者への義務にもなる——、第三者へは契約についての抗弁を対抗しうる。要約者がその契約上の給付を履行しない場合、諾約者は同時履行の抗弁権を主張できるが、第三者が受益の意思表示をした後であっても契約解除ができるであろうか。①要約者については受益者の承諾が必要なことは538条2項に明記されたが、②諾約者については規定がなく解釈に任されている。諾約者は要約者の都合でこのような契約になった不利益を受けるべきではなく、受益者の承諾なしに契約を解除できると考えるべきである。

24）　親が子の手術を医者に頼んだ事例において、これを第三者のためにする契約と評価し、医療過程により子が死亡したことにつき、親に債務不履行責任に基づく固有の慰謝料請求を認めたものがある（旭川地判昭45・11・25判時623号52頁）。同様のことは、幼児の保育契約における事故などでもいえるであろう。

第3章　契約の効力　第1編　契約総論

§Ⅳ
契約譲渡（契約上の地位の移転）

1　契約譲渡の意義と分類

3-76 **(1)　契約譲渡の意義・要件**

　契約上の債権・債務をひっくるめて、契約当事者たる地位を譲渡すること
を**契約譲渡**（ないし**契約引受**）という。債権譲渡と債務引受を組み合わせた
ものと考えるのではなく（分解説）、現在ではそれに尽きない契約当事者た
る地位を移転する独自の制度として理解されている（一体説）。2017年改
正において、「契約の当事者の一方が第三者との間で契約上の地位を譲渡す
る旨の合意をした場合において、その契約の相手方がその譲渡を承諾したと
きは、契約上の地位は、その第三者に移転する」という1カ条を置いた
（539条の2）。債務者の変更を含むため、相手方の承諾なしに行うことはでき
ないことになる。対抗要件については規定されていない。

3-77 **(2)　契約譲渡がされる場合**

　契約譲渡には、その原因から個別契約ごとに行われる事例と、営業譲渡の
ようにその雇用契約等一切の契約が承継される事例とに分けられる。また、
個別契約の譲渡についても、①不動産賃貸人が目的不動産の譲渡と共に賃貸
人たる地位を譲渡するように、特定の財産の譲渡と密接不可分な譲渡の事例
と、②その逆の賃借人たる地位の譲渡のように、純粋に契約上の地位だけの
譲渡の事例とが考えられる（野澤正充『契約譲渡の研究』［弘文堂・2002］参照）。以
下、①②について説明していこう。

2　特定の財産権と密接不可分な契約上の地位の譲渡
──賃貸人たる地位の移転

3-78 **(1)　賃貸人たる地位の譲渡の特則を規定**

　特定の財産と結び付いた契約上の地位の譲渡については、建物の火災保険
において建物を譲渡する場合における保険契約者たる地位の譲渡、フランチ
ャイズ店舗の譲渡に伴うフランチャイズ契約の譲渡などが考えられる。特則
がない限り、3-76の原則が適用され、相手方の承諾が必要になる。この

101

点、民法は、賃貸人たる地位の譲渡について、賃貸借の規定に特則を設けている。それまでの判例を明文化するものであり、賃貸人たる地位が譲渡される事例を、民法は2つに分けている。

3-79 **(2) 2つの規定**

(a) 法定の移転 まず、「賃貸借の対抗要件を備えた場合において、その不動産が譲渡されたときは、その不動産の賃貸人たる地位は、その譲受人に移転する」(605条の2第1項)。賃貸人たる地位を譲渡していなくても認められる法定承継であり、正確には譲渡ではない（法定承継と呼んでおく）。なお、賃貸人たる地位も譲渡せずに譲渡人に留保することもできる（☞9-58）。賃借権が対抗力を具備していない場合には、賃貸人たる地位の譲渡がされない限り、賃貸借契約は賃貸不動産の譲渡によって終了する（売買は賃貸借を破る☞9-16）。

3-80 **(b) 賃貸人たる地位の譲渡** 「不動産の譲渡人が賃貸人であるときは、その賃貸人たる地位は、賃借人の承諾を要しないで、譲渡人と譲受人との合意により、譲受人に移転させることができる」(605条の3前段)。賃貸人たる地位の譲渡のためには、「賃借人の承諾を要しない」と明記された。判例は、「賃貸人の義務は賃貸人が何ぴとであるかによって履行方法が特に異なるわけのものではなく」、「特段の事情のある場合を除き……賃借人の承諾を必要とせず」としていた（最判昭46・4・23民集25巻3号388頁）。特段の事情のある場合を例外とする余地を残したが、現行法は例外の余地を残していない[25]。

3-81 **(3) 契約上の地位の譲渡についての対抗要件**

民法は、契約上の地位の譲渡の相手方または第三者への対抗要件については、何も規定しないで解釈に任せている。①相手方への対抗としては、相手方を債権者とする履行（提供）、②相手方を債務者とする履行請求が問題になる。②については債権譲渡の規定の類推適用が考えられるが、その射程（対抗力）が①にも及ぶのかは、疑問がある。①②を含めて債権譲渡についての467条1項・2項の類推適用を認めるべきである。いずれにせよ、相

---

25) 例えば適切な管理を売りにしていたのに適切な管理が期待できないような会社に譲渡された場合、仮に賃借人の承諾がなければ譲渡はできないとすると、所有権移転は否定できないので、賃貸人たる地位は譲渡人にとどまり履行不能となって賃貸借契約は終了することになる。例外を認めることが必ずしも賃貸人の保護にはならず、例外を規定しなかったのは適切である。反社会勢力への譲渡は、売買契約自体の効力を否定する余地がある。

手方に譲渡の事実を知らせることは、対抗のために必須の要件である。

3-82 **(4) 契約譲渡の効果**

契約譲渡の効果は、契約関係が譲渡人との関係から譲受人との関係に移行し、契約上の一切の権利・義務を譲受人が取得することである。賃借人のための賃貸保証がされている場合には、譲渡後は譲受人たる新賃貸人の債権を担保するために存続することになる（賃借人の変更と混乱しないこと）。民法は、「第608条の規定による費用の償還に係る債務及び第622条の2第1項の規定による同項に規定する敷金の返還に係る債務は、譲受人又はその承継人が承継する」と規定した（605条の2第4項）。

3-83 **◆賃貸人たる地位の譲渡と賃料債権の譲渡または差押えなど**
(1) 賃料の前払いの対抗

建物の賃料7年分が前払いされていた事例で、不動産譲受人＝新賃貸人が譲受け後の賃料を請求した事例で、前払いの対抗力が認められている。「建物につき物権を取得した者に効力を及ぼすべき賃貸借の内容は、従前の賃貸借契約の内容のすべてに亘るものと解すべきであって、賃料前払のごときもこれに含まれる」とされて、譲受人の請求が退けられている（最判昭38・1・18民集17巻1号12頁）。譲受人の側で前払いの有無を確認の上、譲り受ける必要がある。譲渡人には、譲受人に前払いについて説明をする義務があり、これを怠れば損害賠償義務を免れない。

3-84 **(2) 賃料債権の包括的譲渡と賃貸不動産の譲渡など**

(a) 賃貸借契約の解除　将来の賃料債権の譲渡後に賃貸借契約が解除された場合、合意解除か債務不履行解除かを問わず、それ以降の賃料債権を債権譲受人は取得しえない。賃貸人に賃料債権が発生すると同時に譲受人に移転するのであり（466条の6第2項）、その前提として譲渡人が賃料債権を取得することが必要である。ただし、転借人についてと同様に、合意解除の対抗を否定する余地はある。

3-85 **(b) 賃貸不動産の譲渡**　将来の賃料債権の譲渡後に賃貸不動産（賃貸人たる地位）が譲渡された場合の最高裁判決はない。東京地執行処分平4・4・22金法1320号65頁は、「将来発生する賃料債権の譲渡は、譲渡の対象となった賃料債権を譲渡人が将来取得することを前提としてなされるものである。したがって、賃料債権の譲渡人がその譲渡後に目的物の所有権を失うと、譲渡人はそれ以後の賃料債権を取得できないため、その譲渡は効力を生じないこととなる」と判示する。次の差押えの判例との整合性の問題は残される。

3-86 **(3) 賃料債権の包括的差押えと賃貸不動産の譲渡など**

(a) 賃貸借契約の解除　賃料債権が包括的に差し押さえられた後に（民執151条）、賃貸借契約が解除されれば、賃料債権が発生しないので差押えの効力は認

§Ⅳ　契約譲渡（契約上の地位の移転）

められない（最判平 24・9・4 判時 2171 号 42 頁）。労働契約上の給料債権の差押え
も、退職したら効力を失うのと同様であり、継続的給付の差押え一般に共通する
問題である。合意解除も対抗しうるかはここでも問題になる。

3-87　　**(b)　賃貸不動産の譲渡**　ところが、差押え後に、賃貸不動産が譲渡された場合
には、「譲受人は、建物の賃料債権を取得したことを差押債権者に対抗すること
ができない」とされている（最判平 10・3・24 民集 52 巻 2 号 399 頁）。その理由は、
「建物の所有者を債務者とする賃料債権の差押えにより右所有者の建物自体の処
分は妨げられない」が、差押えの効力は「建物所有者が将来収受すべき賃料に及
んでいるから（民事執行法 151 条）、右建物を譲渡する行為は……将来における賃料
債権の処分を禁止する差押えの効力に抵触する」ことである。契約関係が存続す
る点で解除との差が生じる。

3　純粋な契約当事者たる地位の譲渡──賃借人たる地位の移転

3-88　**(1)　有効要件**

(a)　相手方の「承諾」が必要　賃借人たる地位は賃貸人の承諾がなければ
譲渡しえない（612 条 1 項）。539 条の 2 に、契約譲渡一般に相手方の承諾を
必要としたので、単なる確認規定になった。賃貸借契約においては信頼関係
が重視されるが、すべての契約関係において債務者の交替を伴うことになる
ので相手方の承諾が必要になっている（雇用につき 10-18 以下参照）。相手
方は追認が可能である。

3-89　**(b)　承諾は移転のための要件**　賃貸人など契約の相手方の譲渡の承諾は、
契約当事者たる地位に移転性を与えるものであり、承諾なしにされた譲渡に
よっては契約当事者たる地位の移転は生じない。ただし、賃貸借において信
頼関係を破壊しない特段の事情がある場合には 612 条 2 項の解除が否定さ
れるだけでなく、移転性が認められる。賃貸借以外の事例として、新聞社と
個人販売店との新聞販売店契約につき、個人事業者がその事業を法人化しこ
れに事業を承継させる場合には、相手方新聞社は、その地位の移転を拒むこ
とはできないとされる（札幌高判平 23・7・29 判時 2133 号 13 頁）。

3-90　**(2)　債権者および第三者への対抗要件**

(a)　相手方への対抗要件　相手方の承諾がないと譲渡ができないので、原
則として対抗要件は問題にならない。問題になるのは、譲渡を自由に認める
特約があったり、賃貸人から具体的に相手を示さず譲渡の承諾を受けた場合

第3章 契約の効力 第1編 契約総論

である。賃借権以外の純粋な契約上の地位の譲渡も含めて、相対的関係という ことから、債権譲渡に準じて相手方契約当事者への対抗および第三者への 対抗ともに、467条の類推適用により処理されるべきである。

3-91 **(b) 第三者への対抗要件** 相手方の承諾を得て譲渡をする場合、第三者への対抗が問題になる。ゴルフ会員権の譲渡の事例につき、ゴルフクラブの経営主体の承認を得て名義書換えがされるまでは会員権に基づく権利を行使することができないが、「譲渡の当事者間においては、名義書換えがされたときに本件ゴルフクラブの会員たる地位を取得するものとして、会員権は、有効に移転」し、「第三者に対抗するには、指名債権の譲渡の場合に準じて、譲渡人が確定日付のある証書によりこれをAに通知し、又はAが確定日付のある証書によりこれを承諾することを要し、かつ、そのことをもって足りる」とされている（最判平8・7・12民集50巻7号1918頁）。

3-92 **(3) 契約譲渡の効果**

(a) 債務については債務者が変更される 契約譲渡により、契約上の権利・義務は一切譲受人に移転する。既存の債務については、別個に債務引受がされない限り譲渡人が債務者であり、既存の債権については債権譲渡がされない限り譲渡人が債権者のままである。譲渡人は、譲渡後の債務については責任を免れる。契約上の一切の権利が移転するのであり、契約当事者たる地位と結び付いている権利、契約解除権、契約取消権なども譲受人に移転する。

3-93 **(b) 担保はどうなるのか** 譲渡人の債務についての担保については、債務引受と同様に考えてよい。保証人や物上保証人など第三者の承諾を得なければ、保証債務や抵当権などの担保は消滅することになる。他方で、譲渡人の提供した担保は、効力を失うことなく、依然として譲受人の債権を担保するために存続する。ただし、敷金については、賃借人が適法に賃借権を譲渡した場合でも承継が否定されている（622条の2第1項2号）。

第1編
契約総論

第4章
契約の解除

§Ⅰ　解除の意義および機能

1　解除の意義

4-1　**(1)　解除の意義と類似の制度**

(a)　解除の意義と種類

(ア)　解除の意義　契約解除（以下、「解除」という）は、広く解除権の行使としての、契約当事者の一方による他方当事者に対する、契約を解消させる旨の意思表示（単独行為）である。解除の効力として、未履行の債務は消滅するので、その履行を拒絶でき、既履行の給付については原状回復を求めることができる。なお、賃貸借などの継続的契約関係の場合には、遡及効はなく学理上「告知」と呼ばれ、また、契約各論の規定では「解約」（例えば617条）と呼ばれている。

4-2　**(イ)　解除の種類**　解除また解除権は、以下の4つに分類できる。

①まず、541条以下の債務不履行を理由とする解除があり、これを**法定解除**またこの解除権を**法定解除権**という。②次に、契約各論の債務不履行解除の特則があり、612条2項がその例である。③契約各論の債務不履行によらない解除もあり、ⓐ解除に理由が必要ではない「無理由解除」の完全解放型（550条等）、ⓑ理由は不要だが賠償義務を負うもの（641条）──契約の拘束力の全面的否定ではない──、ⓒやむをえない事由による解除（628条）がある。④さらに、契約当事者の合意により、当事者の一方または双方に解除権を留保することもでき、これに基づく解除を**約定解除**、その解除権を**約定解除権**という（例えば、1週間は返品可能といった特約）。

4-3　**(ウ)　債務不履行解除の機能**　*pact sunt servanda*（契約は守られなければならない）というのが、民法の書かれざる原則である。契約をしたにもかかわらず、それを白紙に戻せるのは例外であり、錯誤、詐欺、強迫また制限行為能力を理由とした取消しと同様に、契約解除もこの例外の1つである。双務契約において、相手方がその給付を履行しない場合、強制執行するよりも、他の者と契約をし直した方が簡単であり、経済社会のあり方としてはそれが最適である。また、解除の危惧には、相手方の債務の履行を間接的に促

す威嚇的効果が期待できる。

4-4　(b)　**継続的契約関係の解除（告知）**

(ア)　**告知の将来効**　契約は解除により初めに遡ってなかったことになり、当事者は契約がなかったならば今あったであろう状態を実現しなければならない（原状回復義務）。他方で、賃貸借を代表とする継続的契約関係の解除（告知）では、将来に向かってのみ契約を解消する効果さえ認められればよい。賃借人には目的物の「原状回復義務」が認められるが（621条）、契約の「原状回復義務」（545条1項）とは異なる。

4-5　(イ)　**告知の種類・要件など**　解除同様、告知にも債務不履行によるもの、法の特別規定によるもの、当事者の合意によるものが考えられる。債務不履行による場合には、継続的契約関係、とりわけ賃貸借契約では信頼関係の破壊の有無が解除（告知）を認めるか否かの基準となる。法律の特別規定による、債務不履行を理由とするもの以外の解除（告知）は**解約**といわれ、期間の定めがない場合には性質上これを認めることは必須である。①やむをえない事由があれば即時の解約ができるが、②やむをえない事由がない限り、解約には相当の解約予告期間を置くことが必要である。

4-6　(c)　**解除と区別すべき概念**

(ア)　**合意解除（解除契約）・解除条件**　当事者の合意で契約を解除する場合、その合意を**合意解除**ないし**解除契約**という。約定解除は、解除権を留保する点では合意であるが、その行使は単独行為たる解除である。また、解除条件も、合意で設定されるがその事由が生じれば当然に契約が解消されるので、意思表示である解除とは異なる。期日に履行しなかったならば、または、信用不安を示す一定の事由が生じたならば契約は当然解消されるという条項が約束されることがあり、これを**失権条項**という。

4-7　(イ)　**取消し・クーリングオフ**　契約を単独行為により遡及的になかったことにする意思表示として、**取消し**がある。取消しは契約成立時に存した事情を原因として、契約を白紙に戻すものである。解除の場合でも、無償契約において無償給付者が契約したことを後悔して白紙に戻すことができ、550条は原始規定では取消しとされていたが、撤回に変更され、現行法では「解除」とされ、他の無償契約にその仕組みが拡張された（593条の2・657条の2第2項）。過量販売に対する消費者保護は、消費者契約法では取消し（同法4条4

項)、特商法では、「申込みの撤回」または「売買契約若しくは役務提供契約の解除」と規定されている（同法 9 条の 2 第 1 項）[1]。

4-8 (2) 事情変更の原則――解除を中心に

(a) 契約拘束力の原則と事情変更に対する当事者の保護

(ア) **clausula rebus sic stantibus 理論**　契約はその後の事情の変化のリスクも引き受けて締結されるべきものである。ただし、継続的契約関係では、契約関係が長く続くがゆえに、予想もしていなかった事情の変更に対する保護を考える必要がある。中世において、註釈学派によって発展させられた *clausula rebus sic stantibus* 理論が認められ、すべての契約には、"その基礎となる事情が変わらない限り効力を存続する" という条項が含まれており、事情が変更すれば契約に対する拘束力は失われる、と解された。

4-9　(イ) **近代における多様な類似原理**　この理論をめぐっては、ドイツでは行為基礎理論という広汎な法理が創られ、2001 年改正によって明文化される。フランスでは不予見理論が判例上認められ、2016 年改正によって明文化される。他方、イギリス法のフラストレーション（不能理論とは別の理論）やアメリカ UCC の商事上の実現困難の理論が認められ（ハードシップ）、事後的な特殊な不能法理とされている。DCFR や UNIDROIT もこれに準ずる。これに対して、わが国では規定がなく、**事情変更の原則**という非常に広汎な統一法理が解釈によって認められているにとどまる[2]。

4-10　**◆対象事例また規律は分かれる**

(1) **履行費用の高騰事例を対象とするもの**

2016 年の改正でこの関連規定が初めて導入されたフランス民法では、判例法理をさらに進める規定を置いている。当事者がそのリスクを引き受けていない契約締結時に予見できなかった、履行を極めて費用がかかるものとする事情の変更があった場合には、相手方に再交渉を求めることが許される（CC1195 条 1 項）。相手方が、再交渉を拒否した、または再交渉がまとまらなかった場合、当事者は解除の合意ができ、相当期間内に合意が成立しなければ、当事者の求めによって、

---

1)　**＊クーリング・オフ**　イギリスで発した訪問販売についてのクーリング・オフ制度が日本でも採用されている。特商法は、「訪問販売」についていうと、9 条・9 条の 2 は「申込みの撤回」または「売買契約若しくは役務提供契約の解除」（割賦販売法 35 条の 3 の 12、保険業法 309 条 1 項なども同様）がこれに該当する。9 条の 3 は不実告知等につき「取消し」と規定しており、消費者契約法と平仄を揃えたものであるが、過量販売は前者に位置づけられ、消費者契約法とは必ずしも平仄は揃っていない。

2)　わが国の事情変更の原則という名称は、勝本正晃『民法における事情変更の原則』（1926 年）の論文の影響による。正確には事情不変更の原則だといわれている。

要件と期日を定めて、契約を改訂するまたは終了させることができる（同条2項）。

(2) 費用の高騰と給付の不均衡を対象とするもの

UNIDROIT6.2.2条（ハードシップ）は、履行費用の高騰と履行価値の減少による契約の給付に重大な不均衡が生じた場合につき、①契約後の事情または契約前の事情だが不利益を受ける者が契約後に知ったこと、②不利益を受ける者が合理的に予想しうるのではなかったこと、③不利益を受ける者の支配を超えた出来事であること、④そのリスクが不利益を受ける者により引き受けられていないことを要件とする。6.2.3条により、効果として、①再交渉を求めることができ——履行拒絶はできない——、②合理的期間内に合意に達しない場合には、各当事者は裁判所に契約の解消、または、給付の均衡を回復させるための契約の改訂を求めることができる（DCFR III.-1:110条もほぼこれに近い）。

(3) 広汎な行為基礎理論によるドイツ民法

ドイツ民法では、条件のみを規定し「前提」理論が採用されなかったが、「前提」理論はドアから放り投げても窓から舞い戻ってくるともいわれ、実際に「行為基礎理論」が学説・判例により認められるようになり、2001年債権法改正で明文化された。①「契約の基礎となっている事情が、契約締結後著しく変更し」——契約後に誤りが明らかになった場合に拡大される——、②当事者がこの変更を予見していたら契約をしないまたは異なった内容の契約を締結していたであろう場合、③相手方の変更されない契約への固執が危険分担を考慮しても期待されえないものである限り、契約への適合請求権が認められる（BGB313条1項）。契約の適合が不可能か、当事者に期待できないときは、不利益を受ける当事者は解除・告知ができる（同条3項）。

(b) 事情変更の原則が問題となる事例の類型化

(ア) 履行後の履行費用の高騰　例えば部品の継続的供給契約で、契約後に原材料費の著しい高騰があり——例えば、材料のレアアースの高騰——、部品供給者に契約通りの価格での提供が過酷と思われるようになった場合が考えられる。イギリス法では、履行不能による債務者の免責を認めるフラストレーションの法理が認められるようになり、これが経済的不能へと拡大されている。わが民法では、履行不能にいわゆる経済的不能を取り込めるかが議論されることになる。改正前の634条1項ただし書は瑕疵が軽微で過分の費用がかかる場合に、修補請求権を否定していたが、この規定は削除され、412条の2第1項の「不能」に取り込まれた。そのため、この類型は不能免責による解決も考えられる。

(イ) 契約後の対価の不均衡　また、双務契約において、給付と反対給付の

§I 解除の意義および機能

等価関係が事情変更により著しく不均衡になる場合も考えられる。継続的供給契約で原材料の高騰が目的物価格の高騰の原因である場合には(ア)であるが、例えば、土地の売買契約において、代金支払・引渡期日までに土地の値段が著しく高騰した場合である。わが国では、事情変更の原則が判例上問題とされている事例はこの類型で占められており、判例は容易には解除を認めない（☞ 4-15）。履行期までに目的物の価格が著しく値下がりする場合も考えられるが、実際には問題になることはない。

4-15

●**最判昭56・6・16判時1010号43頁** 昭和38年11月11日に、ＸとＹ（北九州市）との間で本件土地につき売買予約が締結され、その後昭和44年12月4日に、本件土地が国鉄山陽新幹線の用地となることが決定された。Ｘが売買予約完結の意思表示をしてＹに移転登記を求めたのに対して、Ｙにより事情変更の原則による解除が主張された事例である。原審判決は、土地の価格が予約当時に比して約6倍弱になっており、「本件売買の完結時点においてなお当初の合意の効力を認め……ることは信義衡平の原則に照らして相当でなく、予約完結権を行使することは許されない」とした。しかし、最高裁は下記の通り判示して、原判決を破棄差し戻した。「本件売買予約の完結時における時価（……）が右予約締結時に定められた代金額の6倍弱の程度になり、それが当事者双方の責に帰することができず、しかもその予想を越えた事情に起因するものであったとしても、原審の確定した事実関係のもとにおいては、右の程度の金額の差異をもってしてはいまだ予約自体の効力に影響を及ぼすものと解することはでき……ない」。

4-16

(ウ) 契約をする必要がなくなった場合・行為基礎の喪失等 さらには、①婚約で夫となる者の親が妻となる者の親に結納金を支払ったが、夫となる者の不貞が原因で婚約が破棄された（**目的不到達**☞ 5-55）、②卒業式用の袴と記念写真撮影の予約をしたが留年が決まった、③建物の塗装を依頼したが、シロアリ被害が発見されたので建て直すことにした、④内縁の妻が内縁の夫に土地を無償で貸し、夫が建物を建築したが、夫が浮気をしたために内縁関係が破綻した（行為基礎の喪失）、⑤農地をたくさん所有していたため、その一部を親戚に無償で貸したが、他の農地が土砂崩れの被害に遭って使用できなくなった、⑥温泉付きの住宅を購入して温泉設備の維持管理契約をしたが、大地震があり温泉が枯渇した等、問題となる事例は数限りない。保護されるのは例外であり、保護のための法理も事情変更の原則だけではない。

4-17

●**大判昭19・12・6民集23巻613頁**　土地の売買契約締結後、履行期前に、価格統制令が施行され、価格の認可を受けなくてはならなくなり、しかも相当期間認可を受けられず、かつ認可価格によっては契約が失効するおそれが出てきたため、買主が事情変更を理由に解除を主張した事例で、大審院は次のように解除を認める。「斯くの如く契約締結後其の履行期迄の間に於て統制法令の施行等に因り契約所定の代金額を以てしては、所定の履行期に契約の履行を為すこと能はず其の後相当長期に亘り之が履行を延期せざるを得ざるに至りたるのみならず、契約は結局失効するに至るやも知れざるが如き事態を生じたる場合に於て、当事者尚此の長期に亘る不安定なる契約の拘束より免るることを得ずと解するが如きは信義の原則に反する」。「斯かる場合に於ては当事者は其の一方的意思表示に依り契約を解除し得る」。

4-18　(c)　**事情変更の原則の要件**

(ア)　**中間試案による要件の整理**　2017年の民法改正に際して、事情変更の原則について従前の判例・学説を明文化することが目指されたが、立法は断念された。しかし、これまでの学説・判例をまとめたものとして示された中間試案は参考になる。中間試案は、以下の要件をすべて満たす場合に、当事者は「契約の解除／契約の解除又は契約の改訂の請求」ができるとする規定を提案している[3]。再交渉義務の規定はない。

① 事情変更についての要件
  ⓐ「契約締結時に当事者が予見することができ」なかったこと
  ⓑ「当事者の責めに帰することのできない事由により生じたものであること」
② 当事者についての事情
  「その事情の変更により、」
  ⓐ「契約をした目的を達することができず、又は」（「かつ」ではない）
  ⓑ「当初の契約内容を維持することが当事者間の衡平を著しく害することとなること」

3)　事情変更の原則についての改正をめぐる議論については、上野達也「事情変更の法理(1)(2・完)」民商155巻3号189頁、4号213頁（以上、2019）参照。

§I 解除の意義および機能

4-19 (イ) 個々の要件

(i) 予見しえなかったこと 当事者が予見しえた事情の変更は各自の契約危険として、それによる不利益を甘受すべきである。例えば、生もずくの売買契約で、契約後に産地での生産規制等により、価格が2〜3倍に高騰した事例で、売主による契約改訂または解除の主張が、「通常人の予想を絶した事情の変更」とまで認められないとして、退けられている（東京地判昭55・9・17判タ431号111頁）。また、建物の屋上に広告設置場所を3年契約で賃借したが、高速道路の前に高い建物が建設され高速道路から看板が見える部分が大幅に減少した事例で、「誰もが全く考えもしなかったことが起こったというような性質のものではな」いと、賃借人による「信義則や事情変更の原則」による解約が否定されている（大阪高判平12・9・12判タ1074号214頁）。

4-20 (ii) 当事者の責めに帰することのできない事由によること 帰責事由の不存在ではなく、415条1項ただし書同様に、「責めに帰することのできない事由」という表現になっている。4-16の例で、内縁関係の解消という事情変更が、使用貸主の浮気による場合には使用貸主は解除ができない。結納の事例も同様である。また、売買契約で買主が代金を支払わないため、売主が引渡し・所有権移転登記をせず数年が経過し、その間に地価が下落した場合も、地価下落自体には帰責事由はないが、履行が遅れていることに帰責事由があり、この場合にも要件充足を否定すべきである。

4-21 (iii) 目的達成不能または衡平を著しく害すること 契約拘束力の原則に対する例外を認めることが正当化されるほどの重大な事情の変更であることが必要である。この点、保護を認めるべきかは、両当事者の事情を総合判断して衡平の観点から決めるべきである。無償契約か、履行遅滞に帰責事由があるかどうかなどは、考慮されるべき重要な事由である。売主の履行遅滞中に価格の高騰があっても、売主は事情変更を理由として契約を解除することは許されない（最判昭26・2・6民集5巻3号36頁）。売主が遅滞を続けたがために事情変更の原則の利益を受けるのは、信義則の要請に反する。

4-22 (d) 事情変更の原則の効果

(ア) 再交渉義務 近時は第一次的効果として再交渉義務を認める立法が多く、日本法の解釈としてもまず当事者には、協議（再交渉）義務を認める考えが提唱されている（久保宏之『経済変動と契約理論』[成文堂・1992] 244頁以下。内田

第4章 契約の解除 第1編 契約総論

貴『契約の時代』［岩波書店・2000］115頁）。そして、第二次的効果として契約改訂、第三次的効果として相手方の解除を位置づける。まず当事者間の協議による自主的解決の努力を求め、それが不調に終わって初めて裁判所に改訂の申立てができるのである。日本では裁判外での解除権や改訂権の行使を認めるとしても、その前提要件として相当期間内に再交渉がまとまらなかったことを要件とする意義はある。その限度で、再交渉義務を認めるべきである。

4-23 　(イ)　**契約解除権**

(i)　**売買契約**

❶　**価格の変動**　4-17のように解除を認める判決があるが、実際には、解除はほとんど認められていない。契約後の地価の高騰の事例として4-24があり、解除が否定されている。逆に、価格の下落の事例として、バブル期に不動産業者が購入した土地がバブルの崩壊によって3分の1の価格になった事例で——転売用に購入した事例——、買主の主張した事情変更の原則による解除が否定されている（大阪地判平7・4・12判タ887号221頁）。

4-24
> ●**大阪高判昭44・9・12判時582号76頁**　昭和18年にXがその所有の土地をYに2万円で売却し、契約時に代金の内1万円が支払われ、残代金はXが地上建物を撤去し更地として引き渡し、併せて移転登記をするのと同時に支払うことにしたが、引渡しが延引している間に、地上建物が空襲によって焼失し（昭和19年）、その焼跡にYが工場を建てて占有しており、戦後のインフレと地価の高騰により、この土地の価格が716万円に高騰したため、XがYに売買契約の解除を通告して、土地の明渡しを求めた事例がある。しかし、Xが引渡しを遅延していため、「この場合、Xに事情変更による契約解除を認めるとすると、契約に従った履行を遷延した者にかえってその遷延によって生じた事情変更の利益をうけさせるという結果になり、かかる結果は明かに信義則の要請に反する」として、解除が否定されている。

4-25　❷　**価格変動以外の事情変更**　価格の変動以外では、Yが家屋をAに売却したが、その後Yが居住家屋を戦災により焼失し、売却した家屋に居住せざるをえなくなったため、事情変更による解除を主張した事例がある。原判決は、Yの解除を認めたが、最高裁は、「単に戦災によって居住家屋を焼失したというだけでは、事情変更による解除権の発生を認めるには足りない」とし、しかも、売買当時、空襲による自分の家屋の焼失を予見すること

ができたと認定し、解除を否定する（最判昭 29・1・28 民集 8 巻 1 号 234 頁）。

4-26　　(ii)　**売買契約の予約**　売買契約の予約では、予約完結により売買契約が成立する時点で、目的物の価格が著しく高騰——または下落——しており、約束通りの代金での売買契約に拘束されるのは当事者に酷な場合が生じる。

　　判例は、「いわゆる事情の変更により契約当事者に契約解除権を認めるがためには、事情の変更が信義衡平上当事者を該契約によって拘束することが著しく不当と認められる場合であることを要」し、右の「事情の変更は客観的に観察せられなければならない」（後掲最判昭 29・2・12 ☞ 4-28）と、一般論として事情変更の原則による解除の可能性を認めたが、解除は実際には容易には認められることはない[4]。

4-27　　┌───┐
　　　　│ ◉**東京地判平元・12・12 判タ 731 号 196 頁**　新宿の建物の店舗部分の区分
　　　　│ 所有権と敷地の共有持分についての売買予約が成立し、2 年という期間制限が
　　　　│ あり代金 1 億 500 万円と合意された事例で、「本件売買予約の完結時における
　　　　│ 時価が、右予約締結時に定められた約定代金額の 4 倍弱の程度になり、それが
　　　　│ 当事者双方の責に帰することができず、しかもその予想を超えた事情に起因す
　　　　│ るものであったとしても、右約定代金額自体、前記認定のとおり、Y 側で予約
　　　　│ 完結権行使期間内の地価上昇をも見越して X 側に提示したというのであり、以
　　　　│ 上の事情を彼此考較するときは、X が思わざる利益を得ることになるとして
　　　　│ も、他に特段の事情のない限り、本件売買予約の完結権の行使が信義則に反し
　　　　│ て許されないと解することはできない」とされている。
　　　　└───┘

4-28　　(iii)　**不動産の賃貸借契約**
　　　　❶　**解除が否定された事例**　建物賃借人 X が Y から賃借中の家屋から立ち退く裁判上の和解が成立したが、X が戦後の住宅事情の激変悪化を理由に、この和解契約の解除を主張した事例がある。最判昭 29・2・12 民集 8 巻 2 号 448 頁は、「いわゆる事情の変更により契約当事者に契約解除権を認めるがためには、事情の変更が信義衡平上当事者を該契約によって拘束する

---

4)　例えば、最判昭 31・5・25 民集 10 巻 5 号 566 頁は、不動産の代物弁済予約の事例で（現在では仮登記担保法により規律されている）、約 8 年間で物件価格が十数倍に高騰した事件で、解除を否定する。これに対して、解除が認められた事例は、戦時中に調停または和解により建物につき予約が成立し、10 年以上経過した戦後に予約完結権が行使されたが、物価の高騰により建物の価格が 100 倍以上に高騰してしまった、という非常に異例な事例である（東京高判昭 30・8・26 判タ 55 号 41 頁、熊本地八代支判昭 30・10・15 下民集 6 巻 10 号 2145 頁）

ことが著しく不当と認められる場合であることを要する」。「契約締結の当時
と原審口頭弁論終結の時との間に戦災等のため、……住宅事情の相違がある
からといって、本件和解につき直ちにＸの解除権を容認しなければならな
い信義衡平上の必要があるものとはみとめられない」とした。

4-29 　❷　**解除が認められた事例**　また、Ｘがガソリンスタンドの建設・経営
のために、Ｙ所有の土地についてＹと賃貸借契約を締結したが、第三者が
すでに先願したため、スタンドの設置が法律上不可能になり、Ｘが事情変
更を理由に解除を主張した事例で、解除が認められている（大阪高判昭53・
11・29判時924号70頁）[5]。「給油所建設が不可能となった結果、Ｘが本件土地
をほとんど何の用途に供することもなく放置せざるを得なくなったのに毎年
24万円程度の賃料を支払い且つ金400万円の敷金を預けておかねばならぬ
ことは双方の給付、反対給付の間に甚だしい不均衡が生じたと称するに妨げ
なく、かかる状態を向後20年間も存続させることは信義衡平に反する」と
いうのが理由である。

4-30 　**◆コロナ禍と式場予約客の保護**
　⑴　予見できない未曾有の事態
　　2020年に世界的に未曾有のコロナ禍が蔓延したが、その前年の2019年に結
婚披露宴の契約を式場の経営者と締結していた利用客が、式場に対して解約を申
し入れ、式場から約定の解約料（取消料）を請求され、紛争になる事例が多発し
た。これまでに3つの判例が出ているが、いずれも<u>社会通念上の不能かどうか</u>を
問題とし、不能解除が議論されている。契約当時に予見ができず、当事者のいず
れの帰責事由によるものではないので不可抗力である。実施すればコロナの万が
一の蔓延可能性は絶対には払拭はできないが、3密は工夫によって相当程度軽減
できる。実際に、コロナ禍でも規模を縮小して披露宴を行った者がいる。

4-31 　**⑵　判例は事例によって分かれる**
　　東京地判令3・9・27判時2534号70頁とその控訴審である東京高判令4・
2・17LEX/DB25592207は、2020年4月8日を挙式予定日としており、同年4
月7日に初めての緊急事態宣言が出されるが、それよりも前また挙式予定日の3
日前の解約の事例で、工夫を凝らすことで3密（密閉、密集および密接）を避け

---

5)　最判昭29・2・12（☞4-28）を援用して、「契約成立後、契約締結の基礎となった事情がもし当時それ
　が予見されておれば該当事者がとうてい契約を締結しなかったであろうと思われる程度の著しい変更を来
　たし、右変更を右当事者が予見していなかったことは勿論通常の注意をもってしては予見することが不可能
　であり、右変更は右当事者の責に帰すべき事由によったものではなく、右変更の結果給付と反対給付との間
　に甚だしい不均衡が生ずるなど契約をそのまま存続させておくことが信義衡平に反することとなる場合にお
　いては、右当事者は契約を解約することが許される」との一般論を展開する。

られないとはいえず、事実上実現が社会通念上不能ではなく、実際にも当該式場で同日に挙式を行った利用者がいるとして、利用者の取消料の返還請求を否定する。他方、名古屋地判令4・2・25裁判所ウェブサイトは、挙式予定日が2020年6月14日であり、同年4月7日の緊急事態宣言の発令後であったため、利用者が翌8日に解約した事例で、社会通念上履行は困難であり、やむをえない事由による解約であるとして、利用者の取消料の支払義務を否定した。

4-32
(3) 事情変更の原則による解除

実際に挙式を行っている利用者がいる状況でも、3密を低減できない方法での挙式が予定されていたのであれば、社会通念上履行不能として式場側も履行を拒絶できるが、そうでない限り、式場は拒絶できないので不能と考えることは難しい。利用者に、挙式をするか解除をするかの選択肢を認める形での保護が必要である。そのため、不能解除ではなく事情変更の原則による解除が認められるべきである。利用者は、招待客の安全に配慮しなければならず、それを完全には確保できない状態であるため、実施を断念するか、参加を参加者の判断に任せるべきである。事情変更の原則に基づくやむをえない解除になるため、取消料規定の適用はない。既履行費用分については報酬の支払を免れない（648条3項2号）[6]。

4-33
(ウ) 契約内容の改訂権

(i) 契約の改訂権まで認めるか　解除をして全く契約を消してしまうのではなく、契約を維持しながら、変更した事情に応じてその内容を適切なものに改訂する権限を、事情変更により不利益を受ける当事者に認めることもできる（我妻・上27頁）。しかし、学説には、契約解除権のみを認めそれ以外の権利を認めない主張もある（加藤雅信『新民法大系Ⅰ［第2版］』［有斐閣・2005］271頁）。先に述べた中間試案では、「契約の解除／契約の解除又は契約の改訂の請求」にするかが検討課題とされていた。仮に認めるならば、改訂を受け入れない場合、相手方には契約解除権を認めるべきである。

4-34
(ii) 契約の不均衡が生じた事例で問題になる

❶ 売買予約完結前の価格高騰　地主Yと借地人Xとの間で売買予約がされ、契約から20年後に借地人Xが予約を完結した事例で、列島改造ブームなどの経済変動を経て、本件土地の時価が約20年間で20数倍に高騰したが、当時の一般人がこれを予測しえなかったため、事情変更の原則の適用

6）名古屋地判令4・2・25（☞4-31）は、①招待状の実費相当額について、本件契約に基づく既履行分の実費としてその支払は有効とされ、また、②申込金については、希望する日時場所で披露宴を開催しうる地位を取得するための対価であり、解除されても申込金相当額の返還請求権を有しないと判示している。

が認められている。「第一次的には……内容の変更を主張する権利を認める程度にとどめ、これに対して相手方が拒絶する等この方法ではなお不衡平な結果を除却することができない場合に初めて第二次的に当初の法律関係全体を解除する権利等を認めてこれを解消させうる」と述べる。当初の売買予約上の代金額175万円ではなく、予約完結権が行使された時点における本件土地の更地時価相当額である金4000万円による売買の成立が認められている（神戸地伊丹支判昭63・12・26判時1319号139頁）。

4-35　❷　**貨幣価値の変動**　貨幣価値の変動については、最判昭31・4・6民集10巻4号342頁は、鉱業権の売買契約で、物価の100〜160倍の上昇を理由に、売主が代金の修正を主張した事例につき、「本件売買契約が成立した昭和11年5月当時と原審の最終口頭弁論期日たる同27年10月15日当時との間に貨幣価値に著しい差異の存したことは顕著であるけれども、それだけで契約上の債権額が当然修正せられるものと解すべき現行法上の根拠はない」とされた。

4-36　❸　**履行費用の高騰**　アメリカでは、アルミニウムを鋳造してもらう請負契約において、OPECの原油値上げにより電力費が著しく上昇した——アルミ製造には電力が非常にかかる——ため、アルミの市場価格が著しく上昇しており、契約通りの報酬で鋳造を行うと、原告（請負業者）は著しい損失を被るため、原告が被告（注文者）に対して、現実にかかった費用を請求した事例で、フラストレーションを理由に請求が認められている（久保・前掲書66頁参照）。ハードシップや不予見理論の典型例であり、日本でも事情変更の原則の要件を満たす場合には、供給者側に契約改訂権を認めることができる。なお、定型約款による契約の変更には、548条の4の要件を満たせばよく、事情変更の原則の要件充足は必要ではない[7]。

2　解除（法定解除）の制度の根拠

4-37　(1)　**債務不履行を受けた当事者の保護——契約からの解放**

(a)　**売買契約の売主の保護**　解除は、債務不履行を受けた当事者たる債権

---

7)　借地借家法11条・32条の賃料増減請求権では、著しい変更、予見しえない変更、引き受けるべきではないリスクといった要件は要求されていない。したがって、事情変更の原則の適用ではないが、その大幅に緩和された特殊な法理ということは妨げない。

者を契約の拘束力から解放するための制度である。その必要性について、売買契約の売主を例にすると、①履行前は、売主としては、買主に見切りを付けて、他に売却し早く代金を取得することが解除によって可能になる。②履行後は、買主が代金を支払わない場合でも、解除による目的物の返還によって他に販売することが可能になる。先取特権も認められ、競売が必要ではあるが、所有権を留保しておけば私的実行が可能となり、解除は不要である。

4-38　**(b)　売買契約の買主の保護**　買主としても、その目的物をぜひともほしい場合には、履行の強制をするしかないが、他の物でもよい場合には、契約を解除して、他から購入した方がよい。①代金支払前はやはり代金支払義務を免れ、損失を未然に防止でき、かつ、契約の拘束力を免れて他から目的物を調達できる。②代金支払後は代金を取り戻し、目的物を他から調達できるようになる。なお、履行不能の場合には、解除の実益はさほど大きくない。

4-39　**(2)　債務不履行「責任」か**

　　(a)　債務者は契約を失う不利益を受ける　AがBに絵画を100万円で販売したという事例を例にして考えると、①Aが解除をすると、Bはせっかく100万円で買った絵画を取得できなくなり、また、②Bが解除をすると、Aはせっかく100万円で絵画が売れたのにその苦労が水の泡になる、といった不利益を受ける。このように、解除は獲得した契約を失うという不利益を相手方当事者に与えることになるため、不履行を受けた当事者の保護だけでなく、相手方の利益への配慮も必要である。では、損害賠償責任の追及と同様に、債務不履行につき債務者に帰責事由が必要であろうか。

4-40　**(b)　債務者の帰責事由は不要**　旧543条（不能解除）では、危険負担の債権者主義との調整のために、債務者の帰責事由が要求されていたが、旧541条（遅滞解除）では帰責事由は要求されていなかった。しかし、債務不履行による解除には、債務者には帰責事由が必要であると考えられていた。ところが、解除制度は債務不履行を受けた当事者を解放する制度であり、債務者側に帰責事由は必要ではないと考えるのが世界的な理解であった。そのため、2017年改正は、543条で「債務の不履行が債権者の責めに帰すべき事由によるものであるときは、債権者は、前二条の規定による契約の解除をすることができない」と、この場合以外は解除ができることを規定し、反対解釈によって債務者の帰責事由を不要とする立場を明らかにした。

第4章　契約の解除　第1編　契約総論

§Ⅱ
解除の要件──解除権の成立

4-41　民法は、解除の要件を以下のように規定している。

---

① 催告による解除（541条）

　──追完義務などの不履行でもよく軽微でないことが必要

② 催告によらない解除（542条）

　ⓐ 全部解除（同条1項）

　　㋐ 全部が履行不能の場合（同項1号）

　　㋑ 債務者による明確な全部の履行拒絶の場合（同項2号）

　　㋒ 一部不能または一部の明確な履行拒絶＋残部だけでは契約をした目的を達しえない場合（同項3号）

　　㋓ 定期行為の（全部）不履行で特定の日時または一定の期間を経過した場合（同項4号）

　　㋔ その他の債務不履行で催告をしても契約目的を達しうる履行がされる見込みがないことが明らかな場合（同項5号）

　ⓑ 一部解除（同条2項）

　　──残部（履行された部分）だけで契約をした目的を達しうる場合

　　㋐ 一部が履行不能の場合（同項1号）

　　㋑ 債務者による明確な一部履行拒絶の場合（同項2号）

1　催告による解除

4-42 **(1)　催告による解除の基本規定**

(a)　**催告による解除の意義**　541条は、「当事者の一方がその債務を履行しない場合において、相手方が相当の期間を定めてその履行の催告をし、その期間内に履行がないときは、相手方は、契約の解除をすることができる[8]。ただし、その期間を経過した時における債務の不履行がその契約及び取引上の社会通念に照らして軽微であるときは、この限りでない」と規定し

121

ている。「履行しない」には、履行不能が別に規定されていることからして、履行不能は含まれない。したがって、本条は、一切履行をしない、一部しか履行しない、または、完全な履行をしないという履行遅滞に属する債務不履行類型に適用されることになる。

4-43　　**(b)　催告による解除の要件**　催告による解除（遅滞解除）の要件は次の4つである。④は抗弁事由になっており、債務者側が、債務不履行が軽微であることを主張・立証して解除の効力を否定できるにすぎない。

---

① 債務者が「その債務を履行しない」こと

② 債権者が「相当の期間を定めてその履行の催告をし」たこと

③ 債務者が「その期間内に履行がない」こと（以上は541条本文）

④ 債務不履行が軽微ではないこと（541条ただし書［抗弁事由］）

　解除ができる「契約」に限定はないが、債務不履行が考えられない更改などの処分行為には適用されない（遺産分割につき☞4-48）。学説には、解除をドイツ民法同様に双務契約に限定して適用する提案もある。片務契約については、負担付きの場合にのみ適用することになる（553条参照）。しかし、起草者は双務契約に限定しないつもりであり（旧民法を変更）、通説・判例（大判昭8・4・8民集12巻561頁）は、片務契約にも541条の適用を認めている。

4-44　　**◆継続的契約関係と解除——信頼関係破壊の法理**
　　⑴　改正前の議論
　　(a)　継続的契約の告知規定なし　賃貸借を代表とする継続的契約関係では、信頼関係の破壊があるか否かが解除の決め手になる[9]。しかし、それを実現する規定はなく、学説には、雇用についての628条を継続的契約関係における解除（告知）の基本規定として、雇用以外に拡大して適用することが提案されている。しかし、判例・通説は、541条を継続的契約関係にあわせて柔軟に運用することで対処してきた。継続的供給契約など解除を制限するが、賃貸借における信

---

8)　賃貸保証人に賃借人の不履行につき、賃貸借契約の解除権を認める規定の有効性が問題とされた事例がある。最判令4・12・12民集76巻7号1696頁は、「本件契約書13条1項前段は、賃借人が支払を怠った賃料等の合計額が賃料3か月分以上に達した場合、賃料債務等の連帯保証人である被上告人が何らの限定なく原契約につき無催告で解除権を行使することができるものとしている点において、任意規定の適用による場合に比し、消費者である賃借人の権利を制限するもの」とした、消費者契約法10条により無効としている。

第4章 契約の解除 第1編 契約総論

頼関係破壊の法理とパラレルに考えてよいのかは疑問である。

4-45 **(b) 信頼関係破壊の法理の特則性**

(ア) 解除の要件の制限 例えば、催告しても賃料の支払が全額（僅かな一部ではなく）支払われなかったとしても、賃貸人は解除ができず、数カ月にわたって滞納して初めて信頼関係を破壊するものとして解除が認められる。また、無断改装などの用法義務違反や善管注意義務違反については、軽微な場合には信頼関係の破壊が否定される。612条2項とは異なり、解除を主張する賃貸人が、信頼関係を破壊するほどの重大な不履行であることを証明する必要がある。

4-46 **(イ) 解除の要件の緩和** 他方で、善管注意義務違反が重大で信頼関係を破壊するものである場合には、賃貸人は即時解除ができる。また、契約上の義務違反はなくても、賃借人の帰責事由によって信頼関係が破壊されていれば、賃貸人は解除ができる。この場合も、即時解除を主張する賃貸人が信頼関係を破壊するほどの債務不履行であることの証明責任を負う。他方で、無断転貸や譲渡についての信頼関係破壊の法理は、612条2項の解除を制限する法理であり、解除を争う賃借人が、信頼関係を破壊しない特段の事情の存在について証明責任を負う。

4-47 **(2) 現行法**

改正前は旧541条ですべてまかなわれていたが、現行法でも信頼関係破壊の法理は維持されるべきであるものの、条文の当てはめをどうすべきかは明らかではない。一方で制限をし、他方で拡大する法理なので、1つの規定によることは難しい。学説については11-76に述べるが、制限は541条ただし書によるのではなく、従前通り541条本文の制限解釈によるべきである。他方で、即時解除を認める点については、542条1項5号の活用によるべきである。

4-48 **◆遺産分割と解除**

(1) 判例は債務不履行解除を否定

遺産の分割協議は解除ができるのであろうか。この点について初めて判断した最判平元・2・9民集43巻2号1頁は、「共同相続人間において遺産分割協議が成立した場合に、相続人の1人が他の相続人に対して右協議において負担した債務を履行しないときであっても、他の相続人は民法541条によって右遺産分割協議を解除することができない」とする。その理由については、①「遺産分割はその性質上協議の成立とともに終了し、その後は右協議において右債務を負担し

---

9) 前掲最判令4・12・12は、「原契約は、当事者間の信頼関係を基礎とする継続的契約であるところ、その解除は、賃借人の生活の基盤を失わせるという重大な事態を招来し得るものであるから、契約関係の解消に先立ち、賃借人に賃料債務等の履行について最終的な考慮の機会を与えるため、その催告を行う必要性は大きい」、「本件契約書13条1項前段は、所定の賃料等の支払の遅滞が生じた場合、原契約の当事者でもない被上告人がその一存で何らの限定なく原契約につき無催告で解除権を行使することができるとするものであるから、賃借人が重大な不利益を被るおそれがある」として、信頼関係の破壊の有無を問わずに無催告解除を認める条項を、消費者契約法10条に基づき無効としている。

123

た相続人とその債権を取得した相続人間の債権債務関係が残るだけと解すべき」こと、②「このように解さなければ民法 909 条本文により遡及効を有する遺産の再分割を余儀なくされ、法的安定性が著しく害される」ことを挙げる。

4-49 **(2) 2 人でも同じ、また履行不能も同じ**

①の理由は更改などと同じであるが、②は 3 人で遺産分割して 2 人の間で補償金の支払が合意された場合に当てはまる。A・B の 2 人の場合でも解除できないのか、例えば相続財産たる土地建物（1 億円相当）を A に帰属させ、A が B に補償金 5000 万円を支払う合意がされたが、A が B に 5000 万円を支払わない場合、または履行不能の場合、例えば甲画を A、乙画を B に帰属させる合意の場合で、甲画が不可抗力で滅失した場合（遺産分割と危険負担の問題でもある）でも解除ができないのか、上記判例の射程は問題になる。2 人の場合には、解除して一度白紙に戻して分割をやり直すことが認められてよい。

4-50 **(2) 債務者がその債務を履行しないこと（要件①）**

(a) 催告により履行遅滞になることが必要 「その債務を履行しない場合」に該当するためには、①履行期を徒過しているか、または、②履行期の定めがないこと――期限の利益が与えられていないこと――が必要である[10]。これは催告についての要件であり、催告前に履行遅滞にあることは必要ではない。債務者に同時履行の抗弁権や留置権がある場合には、債権者は自己の債務を提供して催告をしなければならない（☞ 4-51）。もし、催告前にすでに履行遅滞に陥っていることを必要とするならば、同時履行の抗弁権がある場合に、一旦提供して遅滞に陥れて、再度解除のための催告をしなければならず、それは迂遠であり要求する必要性もない。

4-51 **(b) 同時履行の抗弁権がある場合** 債務者に同時履行の抗弁権がある場合でも、債権者は自己の債務の提供と同時に催告ができ、また、履行期が定まっていない場合、412 条 3 項の催告と 541 条の催告を同時になすことができる（大判大 6・6・27 民録 23 輯 1153 頁）。条文上も、債務者がその「債務を履行しない」というだけで、催告時の履行遅滞までは要求していない。催告後の相当期間、債務者が履行遅滞にあったことが、解除権の成立のために必要であるにすぎない。なお、1 度提供されても、無条件に履行を強制されないという抗弁権の側面は失わないが、解除を退けるという同時履行の抗弁権の存

---

10) 特殊な事例としては、預託金ゴルフ会員権契約で、ゴルフコースの一部を全面改良することになっていたのに、改良工事の着手が予定から約 4 年も遅れ、いまだ完成していないとして履行遅滞を認め、会員からの解除を肯定した判決がある（東京地判平 6・9・8 判時 1542 号 80 頁）。

第 4 章　契約の解除　第 1 編　契約総論

在の効果はもはや認められなくなることは、3-41 に述べた。

4-52　**◆当事者双方が提供せず期限を徒過した後の催告等**

　　確定期限が定まっていたが、両当事者が同時履行の抗弁権を有したままその確定期限を徒過した場合、期限「経過後本件契約は期限の定なきものとな」るといわれる（大判大 13・5・27 民集 3 巻 240 頁）。この結果、その後は、期限の定めのない場合と同じ扱いが可能であり、一方が提供をして他方に履行の催告をすれば、541 条の催告として有効である。しかし、期限は徒過しているが、同時履行の抗弁権があるために履行遅滞にならないだけであると考えるべきである。したがって、<u>もし相手方が履行すれば、催告をしなくても、他方当事者は同時履行の抗弁権を失い履行遅滞となる</u>と解すべきである（412 条 1 項）。判例のように期限の定めのない債務になると考えると、それにプラスして催告がなければ遅滞に陥らないことになる。

4-53　**◆受領遅滞にある者からの解除――受領遅滞の解消が必要**

　　例えば、A が B に絵画を売却し、A は期日に絵画を提供したが、B が契約の効力を争い受領を拒んだ場合――自己の債務の履行も拒絶しているから履行遅滞でもある――、後日 B から契約を解除するためにはどのようなことが必要であろうか。自己の受領遅滞を解消しなければ、催告をして解除をすることはできないと考えられている。大判大 9・4・12 民録 26 輯 487 頁は、受領遅滞にある買主は、「自己の受領遅滞を除去せずして、売主に引渡義務の不履行ありとし契約の解除」をすることはできないとし、受領遅滞を除去せずになした買主の売主に対する履行催告・解除の効力を否定した。また、最判昭 35・10・27 民集 14 巻 12 号 2733 頁も、「受領遅滞を解消せしめるに足る意思表示をした上」で、請求をすべきであり、「これなしに漫然その支払のみを請求しても契約解除の前提としての適法な催告をしたものとは認められない」という[11]。

4-54　**(3)　債権者が相当の期間を定めて催告をしたこと（要件②）**

　　(a)　相当期間を示した催告を要求した趣旨　債権者は対象となる債権を明示して、相当の期間を定めてその期間内に履行するよう催告をしなければな

---

11)　同判決は、買戻契約で、財産税額を X の負担として一応 3 万円と見積もり、3 万円支払えば畑 3 筆を X に返還することとして、後日財産税額が判明次第清算する旨の約束がなされたため、X は 3 万円を調達して Y 方に持参して提供したところ、Y が税額は 3 万 5000 円であると言い出し、1 日ないし 2 日後に X が 3 万 5000 円を持参して提供すると、今度は 4 万円と言い出したので 4 万円を提供したが、Y が税額についての納得のいく説明をしないので、X が持ち帰った事例で、X の所有権移転登記請求に対して、Y はその後 3 万円の支払請求をしたが X が支払わないので契約を解除したとして争った事例である。「受領遅滞にある Y としては、契約解除の前提としての催告をするがためには、X に対し右受領遅滞を解消せしめるに足る意思表示をした上、右 3 万円の請求をすべきであって、これなしに漫然その支払のみを請求しても契約解除の前提としての適法な催告をしたものとは認められない」と判示した。

§ II 解除の要件——解除権の成立

らない。催告期間内に履行しないと解除されることを警告する必要はない（大判昭 15・9・3 評論 30 巻民 52 頁）。催告期間の設定を解除の前に要求したのは、債務者に債務を履行する機会を保障し、契約維持の利益に配慮したためである（大判大 13・7・15 民集 3 巻 362 頁）。一度された契約はなるべく維持すべきである、という契約関係維持原則（*favor contractus*）の適用でもある[12]。催告を不要とする特約も有効である[13]。

4-55 **(b) 「相当の期間」** 「相当の期間」は、①これから準備をして履行する——例えば、これから輸入する、他から仕入れる、生産する、採掘する等——ために必要な期間ではなく、②すでに準備は完了していることを前提として、履行を準備し給付を完了するのに必要な期間であれば足りる。古い判例は準備の時間も含めていたが（前掲大判大 6・6・27）、その後、②の立場に変更された（前掲大判大 13・7・15）。債務者の主観的な事情——病気、旅行中等——は考慮する必要はないと考えられている（前掲大判大 6・6・27 [外国に旅行していた事例]）。なお、催告に必要な最低期間が法定されている場合もある[14]。

4-56 **◆催告期間の定めが適切ではない場合と期間の定めのない催告**

(1) 無効説（旧判例）

催告の期間の定めが適切ではない場合、または催告に期間の定めがない場合には、その催告は無効であろうか。①「相当の期間」を定めて催告することが催告の要件であるということを厳格に解すれば、これらは無効な催告となる（鳩山・上

---

12) 売主が目的物の引渡場所を指定すべきなのに指定しないままに引渡期日を経過した場合に、買主が売主に対して、売主の店舗において目的物を引き渡すよう催告をした事例で、催告は適法であるとして解除の効力が認められている（大判昭 9・2・19 民集 13 巻 150 頁）。

13) 例えば、買主が支払期日から代金の支払を 1 週間遅滞したら、売主は催告を要せず解除できるといった合意である。買主が消費者の場合、このような遅滞で即時解除というのは無効と考えられる（消費者契約法 10 条）。賃借人については、信頼関係破壊の法理があるのでさらに適切な制限がされるべきである。最判昭 43・11・21 民集 22 巻 12 号 2741 頁は、「家屋の賃貸借契約において、一般に、賃借人が賃料を一箇月分でも滞納したときは催告を要せず契約を解除することができる旨を定めた特約条項は、賃貸借契約が当事者間の信頼関係を基礎とする継続的債権関係であることにかんがみれば、賃料が約定の期日に支払われず、これがため契約を解除するに当たり催告をしなくてもあながち不合理とは認められないような事情が存する場合には、無催告で解除権を行使することが許される旨を定めた約定であると解するのが相当である」、「原判示の特約条項は、右説示のごとき趣旨において無催告解除を認めたものと解すべきであり、この限度においてその効力を肯定すべき」であるという。信頼関係破壊の法理は公序であり、この法理の適用を排除することはできない。

14) 割賦販売法 5 条は、割賦販売業者について、賦払金の支払の義務が履行されない場合には、「20 日以上の相当な期間を定めてその支払を書面で催告し、その期間内にその義務が履行されないときでなければ、賦払金の支払の遅滞を理由として、契約を解除し、又は支払時期の到来していない賦払金の支払を請求することができない」と規定し（1 項）、「前項の規定に反する特約は、無効とする」とも規定している（2 項）。

124頁、横田171頁など）。当初の判例も無効としていた（大判大6・7・10民録23輯1128頁など）。この立場では、期間を定めないで何度催告しても無効となる。なお、相当期間よりも長い期間を定めた場合には有効であり、その期間を経過しなければ解除できない。

(2)　有効説（現判例）

その後、催告期間があるべき相当期間より短めであった事例で、「債務不履行を理由とする契約解除の前提としての催告に定められた期間が相当でない場合であっても、債務者が催告の時から相当の期間を経過してなお債務を履行しないときには、債権者は契約を解除することができる」ものと認められた（最判昭44・4・15判時560号49頁）。また、期間を定めずに催告を繰り返した事例で、客観的に相当な期間を経過すれば解除権が発生するとした（大判昭2・2・2民集6巻133頁など）。学説もこれを支持している。この結果、とにかく、催告があり、客観的に相当期間と思われる期間が経過しさえすれば、解除権が成立することになる。

◆過大催告・過小催告

催告の内容については、催告されている債権が債務者にわかればよく、金額が実際より大きくてもまたは小さくても、催告は有効である（最判昭34・9・22民集13巻11号1451頁など）。判例では、例外的事例として、賃料月3980円に対して、月5000円の賃料を主張しこの額でなければ受領しないことが明確な場合につき、催告の効力を否定した判決がある（最判昭39・6・26民集18巻5号968頁）。しかし、金額に争いがあるだけで、債権は特定されているので、解除を否定するのは別の論理によるべきである。受領拒絶が明らかな場合には、提供しなくとも遅滞にならないし、また、債務者（賃借人）が口頭の提供をしなくてもよく、さらには信頼関係を破壊しないので解除はできないと考えれば足りる。

(4)　債務者が相当期間内に履行をしなかったこと（要件③）
──帰責事由は不要

(a)　催告期間の経過が必要──拒絶すれば即時解除可能　催告期間内に債務者が履行しないことにより、法定解除権が成立する（541条）。なお、期間経過前であっても、債務者が履行しない意思を表明した場合には、直ちに解除できると考えられていた（大判昭7・7・7民集11巻1510頁［賃借人による無断増改築の事例］）。学説も賛成している（我妻・上167頁）。この点、改正によって債務者の履行拒絶が即時解除権の成立事由とされたので（542条1項2号）、拒絶時より本規定による即時解除が可能になる（条文根拠は541条ではない）。

(b)　債務者の帰責事由は不要　改正前の判例は、債務者の帰責事由を契約解除の要件としていた（大判大10・5・27民録27輯963頁など）[15]。古い学説も、

§Ⅱ 解除の要件——解除権の成立

帰責事由を必要としていた（鳩山・上215頁、磯谷・上255頁以下、我妻・上153頁）。しかし、近時は、債権者を契約の拘束力から解放するという点に解除制度の存在意義を認め、不要説が通説になっており（好美清光「契約の解除」現代大系2・180頁、辰巳直彦「契約解除と帰責事由」谷口知平先生追悼2［信山社・1993］339頁、後藤巻則「契約解除の存在意義に関する覚書」比較法学28巻1号23～24頁）、現行法は541条に帰責事由を要件として規定しなかった。543条の反対解釈として、債務者の帰責事由は不要になる。

4-61 **(5) 債務不履行が軽微ではないこと（抗弁事由）**

(a) 軽微な債務不履行ではないこと——解除の許容性

(ア) 解除制限の必要性 すべての債務不履行に契約解除を認めるわけにはいかない。①一方で、債務不履行によって契約をした目的を達しえず、債権者の契約からの解放を認める「必要性」があり、②他方で、契約が白紙にされて取引利益を失う債務者の利益保護との調整の必要性もあり、解除が正当化されるだけの「許容性」が必要になる。また、解除が契約拘束力の原則に対する例外制度であることを考えれば、契約をした目的を達しえないほどの重大な不履行であることが必要になる。そのため、以上の3つの要件を満たしても、「その期間を経過した時における債務の不履行がその契約及び取引上の社会通念に照らして軽微であるときは」解除は認められない（541条ただし書）[16]。軽微性（規範的要件）は解除を争う債務者が証明責任を負う。

4-62 **(イ) 契約目的が達成できないことは不要という趣旨** 中間試案では、「契約をした目的を妨げるものでないとき」は解除ができないものというただし書規定を提案していたが、現行法は「軽微」に変更した[17]。542条1項3号～5号では、全部解除ができるためには、契約をした目的を達しえない

---

15) 判例には債務者の帰責事由を不要とするものと、必要とするものとがあるが、必要とした事例は同時履行の抗弁権が問題となっている事例であり、適切ではない。これは、古くは違法性が独立していなかったためである（渡辺達徳「民法541条による契約解除と『帰責事由』」商学討究44巻3号［1997］102頁参照）。

16) 軽微な債務不履行において解除権が制限される理由につき、ドイツ法を参考にして、①債権者の契約を維持する期待が失われていないことに加えて、②債務不履行の程度に対して重大な法的効果や不利益、制裁の側面を持つ解除を制限することによって債務者を保護する点にあるという主張もされている（山田孝紀「比例原則からみる解除権の制限」法と政治69巻3号［2018］136頁）。

17) そのため、潮見・総論Ⅰ557頁以下は、中間試案の解除法モデルを「契約目的達成不能⇒解除」とし、改正法の解除法モデルを「債権に拘束することの期待可能性⇒解除」と整理する。

ことを要件としているが（証明責任も債権者側負担）、これとあえて区別したのである[18]。すなわち、催告解除については、「契約をした目的を達することができない」という程度に至らない場合にも解除を認める趣旨で、「軽微」に変更したと説明される（一問一答236頁）[19]。契約の目的達成にかかわらないが重大な不履行として解除を認めた例として、4-63判決が挙げられる（「部会資料79-3」14頁）。しかし、それは説明の仕様でどのようにでもなり疑問である[20]。なお信頼関係破壊の法理は別の原理である（☞4-44）。

4-63

●**最判昭43・2・23民集22巻2号281頁** ［事案］Xがその所有の土地をYに売却し、代金の一部を契約時に支払い、残額は毎月割賦で支払うことが約束され、特約として移転登記は代金完済と同時になし、それまでは、Yは土地上に建物その他の工作物を築造しないことが合意されていた。しかし、Yは移転登記をしてしまい、また、建物建築の基礎工事を開始したため、XがYに解除の意思表示をなし、移転登記の抹消および工作物を撤去して土地を明け渡すことを求めた。一審は解除を無効としたが、二審はYの行為を「著しい背信行為」として解除を認めた。最高裁は次のように述べてYの上告を棄却する。

4-64

　［判旨］「右特別の約款が外見上は売買契約の付随的な約款とされていることは右確定事実から明らかであり、したがって、売買契約締結の目的には必要不可欠なものではないが、売主（＝X）にとっては代金の完全な支払の確保のた

---

18) DCFR III.-3:502条(1)は、債務不履行が重大な場合には解除ができると規定し、同503条(1)は、債務不履行が重大でない場合でも、債権者は相当な期間を定めて催告をして、債務者がその期間内に履行をしなければ、契約解除を認めている。また、同504条は、履行期前に履行しないことを明確に示した場合に、その不履行が重大である場合には解除を認める。日本法では、542条の即時解除は契約をした目的を達しえないことが全部解除のために必要で、541条の催告解除は契約をした目的を達しえないことは必要ではないが重大な債務不履行であることが必要、と区別されている。しかし、契約拘束力の原則に対する例外であることに鑑みれば、解除ができるのは契約をした目的を達しえないほど重大な債務不履行であることが必要であり、債権者に証明責任を認めるのが適切である。

19) 要綱案のたたき台でも、541条ただし書は「ただし、その期間が経過した時の不履行が契約をした目的の達成を妨げるものでないときは、この限りでないものとする」とされ（「部会資料68A」21頁）、542条同様に契約目的達成の可否が基準とされていた。ところが、要綱仮案の原案ではほぼ現行法同様の変更が加えられ（「部会資料79-1」9頁）、軽微でなければよく、契約目的不達成までは不要と拡大したというわけである（重要論点265頁［鎌田］）。旧566条1項は契約目的不達成の場合に解除を制限していたが、現行法は541条・542条が適用されることになり「一般論としては解除ができる範囲が広がった」という評価もされている（実務上の課題305頁［中井］）。他方で、「軽微である」という前に「その契約及び取引上の社会通念に照らして」という言葉が入っているため、「契約をした目的」が自ずから考慮され、そうすると現行法と変わらない、というよりも「変わらないように解釈するのが妥当だと思います」とも評されている（実務上の課題99頁［道垣内］）。

20) 「軽微」という文言にこだわらずに、「契約締結目的の達成に重大な影響を与えるか否か、といった点から解釈することが必要である」という評価（伊藤栄寿「売買契約の解除」森田宏樹監修『ケースで考える債権法改正』［有斐閣・2022］262頁）もある。

めに重要な意義をもつものであり、買主（＝Y）もこの趣旨のもとにこの点につき合意したものである」。「そうとすれば、右特別の約款の不履行は契約締結の目的の達成に重大な影響を与えるものであるから、このような約款の債務は売買契約の要素たる債務にはいり、これが不履行を理由として売主は売買契約を解除することができると解するのが相当である」[21]。

4-65 **◆軽微な債務不履行の2つの観点からの分類**

　潮見・新総論Ⅰ 567頁は、軽微な不履行を、①違反された義務自体が契約全体からみて軽微な場合、②義務違反の態様が軽微な場合とに分ける。この基準を参考として考えてみると、①の問題となる義務自体の分類として、ⓐ従たる給付義務の不履行の場合（複合契約の従たる契約の履行義務もこれに準じる）、ⓑ給付義務の履行のための義務（付随義務1）──農業委員会への許可申請等──、ⓒそれ以外の付加的な義務（付随義務2）──既払いの固定資産税の清算など──に分けられ、②の態様については、その違反によって契約をした目的が達成できなくなるものか、不履行ないし違反の重要度が考慮される。これらを総合して、契約目的を達しうるか否か（次述）を判断すべきである。農地売買における売主の知事への許可申請の協力義務違反は軽微ではないが、買主の同義務は、すでに代金が支払われているかどうかで結論が変わってくる。

4-66 **(ウ) 契約目的不達成に読み替えるべき**　契約拘束力の原則に対する例外として解除が認められるのは、契約の目的の達成を妨げる債務不履行の場合に限定すべきである（下記のようになる）。

> 軽微な債務不履行　＝　契約をした目的を達成しうる
> 軽微ではない（＝重大な）債務不履行
> 　＝　契約をした目的を達成しえない

　①軽微ではないが契約をした目的を達しうる、軽微だが契約をした目的を達しえないという説明を認めるのではなく、②軽微かどうかは契約目的を達しうるかどうかで判断すべきである。同じ義務違反でも契約目的を達しうるかどうかは事例によって変わり[22]、また、重大なようであっても、契約をし

21）　しかし、この場合、背信行為による期限の利益の喪失を認め、買主の残代金不払いがあって初めて、売主は解除できると解すべきである。

第 4 章　契約の解除　第 1 編　契約総論

た目的を達しうる事例もある[23]）。玉虫色に説明を変えるのではなく、契約目的不達成による説明で一貫すべきである[24]）。

4-67　**(b)　付随義務についての判例**

(ア)　解除を否定した判例──公租公課の買主負担の特約　大判昭 13・9・30 民集 17 巻 1775 頁は、農地の売買で代金完済まで所有権を売主が留保し、その間、買主は小作料取立ての代理権を取得し、他方で、土地の公租公課と残代金について年 9 分の利息を支払う約束がされたが、買主が公租公課と利息の支払を遅滞した事例で、売主による解除が否定されている。「公租公課及利息支払の義務は附随のもの」であり、かつ、「遅滞したりと認定せられたる分は而も其の一部に過ぎず、法律が債務の不履行に因る契約の解除を認むるは契約の要素を為す債務の履行なく契約を為したる目的を達すること能はざる場合を救済せんが為め」であり、「以上の如き附随的の義務を怠りたる場合の如きは特別の約定なき限り之を解除し得」ないという[25]）。

4-68　**(イ)　解除を肯定した判例**

(i)　買主の検査義務　枕木の売買において、買主が納入に先立って納期な

22）　農地売買における買主の知事への許可申請の協力義務違反も、代金が支払われていれば、売主の代金取得という契約目的を達しており、代金未払いであれば契約目的は達していない。後者の事例のみ、売主は解除が可能である（☞ 4-69）。

23）　例えば、購入した機械がスイッチを入れても動かないとする。商品生産のために購入した機械が作動しないのでは、契約をした目的を達しえない。しかし、機械が作動しないのは、1 つの部品の不具合によって接続不良が起きているためであったとする。この場合に、どの業者でもその部品を交換することができ、容易に、短期間で、費用もかけずにできるとすれば、部品を交換することで容易に作動させることができるといえるから契約をした目的を達しうる。「作動しない」という現状ではなく「容易に作動させることができるか」を考えることが、相手方の利益保護との調整の観点からは求められる。

24）　大滝哲祐「催告解除要件の非軽微性に関する考察」北海学園 57 巻 3 号（2021）3 頁以下は、「解除の可否は契約をした目的により決するべきであり、541 条但書と 542 条 1 項 5 号が競合する付随的義務など微妙な問題の場合は、基本的に 542 条 1 項 5 号の問題として、541 条但書の非軽微性の要件の趣旨を考慮する方法が検討されるべきあり、その方が、催告解除と無催告解除の要件の棲み分け、受け皿規定としての機能、および法制審議会が検討した昭和 43 年判決の明文化の趣旨にも合致するのではないだろうか」と述べる。

25）　土地の売買契約において、移転登記までの公租公課は買主負担という特約があったので、売主が公租公課の支払を買主に求めたが、支払われなかった事例で、売主による解除が否定されている。「法律が債務の不履行による契約の解除を認める趣意は、契約の要素をなす債務の履行がないために、該契約をなした目的を達することができない場合を救済するためであり、当事者が契約をなした主たる目的の達成に必須的でない附随的義務の履行を怠つたに過ぎないような場合には、特段の事情の存しない限り、相手方は当該契約を解除することができない」という（最判昭 36・11・21 民集 15 巻 10 号 2507 頁）。10 万円の土地の売買において、特約とされた買主による 5800 円の税金を負担する義務は、付随的義務であるとしてその不履行を理由とした売主による解除が否定されている（東京地判昭 27・2・27 下民集 3 巻 2 号 230 頁）。

らびに検査期日を指定し、かつ検査員を派遣して検査を実施すべき義務を負担している場合に、買主がこの検査を実施しないために、売主による解除が認められている。その義務が、「本来の売買の要素たる義務と謂ふを得ざるものとするも、之を売買当事者の目的達成に付前提要件と為すべきものと解すべき」場合には、その不履行があれば541条により解除が可能であるとされている（東京控判昭14・6・24評論29巻民57頁）。受領義務違反による解除の事例であるが、売主は検査を受けないと履行ができないため代金の支払を受けられず、売主の代金の取得という契約目的を達しえないのである。

4-69 **(ii) 農地売買における買主の許可申請協力義務違反** 農地の売買で、売主が農地法5条で必要な県知事への（当時）許可申請に協力しない事例で、買主による解除が認められている（最判昭42・4・6民集21巻3号533頁）。「当事者双方は売買契約に基づきその手続の完成に協力すべき義務があり、売主がこの義務を履行するため債務の本旨に従った弁済の準備行為をしたにも拘らず、買主がその義務を履行しないときには、売主は、買主の県知事に対する許可申請手続の懈怠により、契約をした目的を達し得ないから、これを理由として、民法541条により契約を解除することができる」という。知事の許可があって初めて所有権移転登記が可能となり、許可がない限り売主は移転登記をして代金の支払請求をなしえないためである。

4-70 **(ウ) 当事者の主観により異なる事例** 建設中のゴルフ場のゴルフクラブの入会契約締結後、ゴルフコースは完成したが、ホテルなどの付属施設が完成しないため、会員が入会契約を解除できるかが問題とされた事例がある。原審判決は解除を否定したが、最高裁は、会員が入会契約を締結するにあたり、「パンフレットの記載を重視した可能性は十分ある」、「パンフレットに記載されたホテル等の施設を設置して会員の利用に供することが本件入会契約上の債務の重要な部分を構成するか否かを判断するに当たって考慮される必要のある事実である」と判示して、さらに審理を尽くさせるため、原審に差し戻している（最判平11・11・30判時1701号69頁）。その義務を重視したかどうか、債権者ごとに判断されることになる[26]。

---

26) Xがこの点を重視したことのゴルフクラブYの予見可能性は要件にしていないが、「そのような者もいる」という可能性は考えられ、そのような者が契約を解除するリスクをYは引き受けるべきである。

第 4 章　契約の解除　第 1 編　契約総論

4-71
◆売主の追完義務の不履行
(1)　品質の不適合以外
　　数量の不適合については、一部不履行なので、541 条解除も給付が全部揃わなければ契約をした目的が達しえない場合でなければ、一部解除ができるだけである。種類違いについては、甲-1 機械の注文なのに甲-2 を引き渡した場合、それが軽微な差であって契約をした目的を達しえないほどの重大な差でなければ、買主は、契約を解除できず、代金減額または損害賠償によるしかない。もちろん、ジャガイモを注文したのにニンジンが引き渡されたような場合には、全くの無履行と同視され、通常の履行遅滞となって 541 条による解除ができる。

4-72
(2)　品質の不適合の場合
　(a)　541 条ただし書による　売主が追完義務 (562 条) を履行しない場合に、追完義務が契約上の義務かどうかは、同質説では yes、異質説では no となるが、541 条も 542 条も「債務」というだけで、契約上の給付義務という縛りはないので、いずれの学説でも 541 条・542 条の適用が可能である。改正前は、旧 566 条 1 項の旧 570 条による準用により、解除ができるためには「契約をした目的を達することができない」ことが必要とされていた。現行法では、541 条ただし書により解除の可否が決められることになる。本書の立場では、解除の可否は契約をした目的を達しうるかどうかにかかることになる。

4-73
　(b)　契約目的達成ではなく達成可能性を考慮する　541 条ただし書の判断には、契約目的を達しうるかどうかが基準とされるべきであるが、達成の可能性があるかどうかが考慮されるべきである。中古機械の売買契約でいうと、一部塗装が剥がれているという程度では、使用という契約目的達成に支障はない。では、作動しないという不具合であれば、当然重大であり解除ができるのかというと、そうともいえない。その原因が、コンピューターソフトの不具合にあり、専門の業者ならばソフトの改善を短期間でできる場合、買主は容易に他の業者に依頼して作動できるようにすることができ、契約をした目的を達しうる。不具合の重要度、追完の容易度など総合的に評価して、解除の可否が決定されるべきである。

4-74
(6)　一部解除論──債務の一部不履行論[27]
　(a)　全部解除が認められるか否かの基準
　(ア)　一部履行不能、履行拒絶　542 条は、一部の履行不能または一部の履行拒絶の場合、「残存する部分のみでは契約をした目的を達することができ

---
27)　大判昭 14・12・13 判決全集 7 巻 109 頁は、農地賃貸借において賃料の増額請求があり、金額に争いがあった事例であるが、僅かな不足があっても解除は認められないとした。ただ賃貸借の事例では、信頼関係破壊の法理、さらには農地法 20 条 2 項に基づき賃借人は適切と考える賃料を提供すればよいので、問題自体生じない。

133

ないとき」には、履行済みまたは未履行の部分も含めて、契約全部の解除ができるとする（同条1項3号）。そうでない限り、すなわち、一部だけの履行でその部分につき契約をした目的を達しうる場合——残りは他から調達できる場合等——不履行の部分のみ解除ができるにすぎない（同条2項）。

4-75　**(イ)　一部履行遅滞**　債務の数量的一部の履行遅滞については、541条には特に規定がない。541条は全部解除できるかどうかではなく、「解除ができるかどうか」をただし書で規律しているにすぎない。この点につき、あえて(ア)と別基準による必要はなく、542条の趣旨を類推して、541条によって全部解除ができるかどうかは、「残存する部分のみでは契約をした目的を達することができないとき」かどうかにより判断すべきである。例えば、甲・乙2つの物の売買契約につき、売主が甲しか渡さない場合、甲・乙2つが揃わないと契約をした目的を達しえないならば、買主は履行された甲を含めて解除できる。以下、事例を分けて検討する。

4-76　**(b)　一時に給付をなすべき場合**

(ア)　双方の給付が可分な場合——売主側の債務不履行

(i)　数量的に可分な給付　反対給付が可分な場合、例えば、セメント10kgを10万円で売買した場合に、売主が5kg分しか引き渡さないときは、残部の不履行部分だけ解除して、残りは他から調達することができる。一部の履行でもその一部について契約をした目的を達しうる。ところが、セメントが特殊で、同じものを他から調達できず、10kg全部揃わなければ工事に使用できないといった特段の事情がある場合には、全部解除をすることができる。10kgのセメントは可分であるが、目的において不可分だからである。

4-77　**(ii)　異なる物の場合**　次に、複数の種類の違う給付が組み合わされている場合、契約の個数論にも関わるが、例えば、パソコンαと付属機械βを購入したが、売主がパソコンαしか持って来ない場合、買主としては、別々に履行して意味がある限り、βだけしか解除することができない（例えば、岡山地判昭57・6・29判タ489号120頁）。これに対して、その付属品が揃って初めて買主が達しようとしていた目的を達しうる場合には、付属品が来ない限り、全部解除を認めてよい。ただし、そのためには、売主側がその特別の事情を買主から説明されて知っていたことを必要とすると考えるべきである。

4-78　**(イ)　解除権者の給付が不可分な場合——買主の代金債務の不履行**　例えば

第4章　契約の解除　第1編　契約総論

甲画の1000万円での売買で、買主が代金の一部しか支払わない場合、売主は残代金の請求をして支払がないと契約を解除できるだろうか。ここでは一部解除は不可能であり、解除を認めるか否かというall or nothing的処理しか考えられない。代金を500万円しか払っていないのなら解除を認めてもよいが、990万円支払って10万の支払を遅滞している場合には、解除を認めるのは買主に酷である。541条ただし書の軽微性を契約目的達成と読み替える立場からは、代金獲得という目的をほぼ達する程度の支払があるかどうかにより、解除の可否が決められる。

4-79　**(c)　逓次給付の場合**

(ア)　初めから給付をしない場合

(ⅰ)　判例は契約が1個であることを理由とする　玄米を3月、4月、5月の3回に分けて給付する約束の事例で、1回目の給付をしない場合に、買主には2回目、3回目の給付の不履行を待つまでもなく、契約全部の解除が認められる（大判明39・11・17民録12輯1479頁）。この判決は、「契約は唯一にして三箇に非ざる」、「契約に因りて生じたる債務を一時に弁済することを要する場合と、2回若くは数回に分ちて之を弁済すべき場合とを分たず一部の不履行に因りて全部の契約を解除」できるという（大判大8・7・8民録25輯1270頁も同旨）。1つの契約なので、一部でも不履行があれば契約全部の解除ができるという理屈である。

4-80　**(ⅱ)　判例への疑問**　不履行になっている1回目だけでなく、いまだ不履行になっていない2回目、3回目までどうして解除ができるのか、疑問になる。判例の1つの契約だからという根拠づけは適切ではない。別の根拠を探るべきである。1回目を給付しないのに、2回目、3回目だけ給付することは期待できず、2回目、3回目については、542条1項5号による解除が認められると考えられる。契約を争うなど2回目、3回目の拒絶もされていれば、542条1項2号により即時解除が可能である。

4-81　**(イ)　途中から給付をしなくなった場合**　例えば、3回に分けて給付をする場合、1回目は目的物の引渡しをしたが、2回目の引渡しをしない場合、契約は1つという論理だと既履行分を含めて全部解除ができそうである。しかし、4-80の論理を適用すると、3回目は542条1項2号または5号により解除ができることになる。判例も、「債権者は其の遅滞に係る部分は勿論

135

§Ⅱ 解除の要件──解除権の成立

未だ履行期の到来せざる部分に付ても契約を解除し得べしと雖、其の既に履行を終りたる部分に付ては、此の一部分のみにては契約を為したる目的を達することを得ざる等の特別なる事情の存せざる限之を解除すること能はざる」と述べ（大判大14・2・19民集4巻64頁）、既履行部分の解除は認めず、学説も異論はない（山中康雄『総合判例研究叢書民法10』[有斐閣・1958] 47～48頁）。

4-82

◆請負契約── 634条の前提として

⑴ 全部解除ができるのか

　複数の物の製作を注文して、1つは製作したが残りを製作しない場合、1つごとの「完成」を観念できるため、全部揃わなければ契約をした意味がない場合は別として、完成部分については解除できず、不履行部分しか解除は認められない。ところが、特注の自動車1台の製作の注文は不可分であり、注文者は契約を解除して、中途の製作物の受取りまた代金全額の支払を拒むことができる。そして、これは建物の建築請負でも同様のはずである。ところが、建築請負においては途中までであっても相当の費用がかかっており、その工事を基礎として他の業者に続行工事を注文して完成させることができる。

4-83

⑵ 判例による一部解除への制限

⒜ 土地の工作物についての例外

　⑦ 一部解除に制限　そのため、判例は、建築請負契約における中途解除を全部解除ではなく一部解除に制限している。すなわち、最判昭56・2・17判時996号61頁は、「建物その他土地の工作物の工事請負契約につき、工事全体が未完成の間に注文者が請負人の債務不履行を理由に右契約を解除する場合において、工事内容が可分であり、しかも当事者が既施工部分の給付に関し利益を有するときは、特段の事情のない限り、既施工部分については契約を解除することができず、ただ未施工部分について契約の一部解除をすることができるにすぎない」と一般論を宣言する。

4-84

　⑦ 当てはめ──完成との関係　上記事例では、工事出来高が工事全体の49.4％、「既施工部分を引取って工事を続行し、これを完成させた」と主張されており、その通りであれば「本件建築工事は、その内容において可分であり、Yは既施工部分の給付について利益を有していた」として、Aとの請負契約をYは解除したので「工事代金債権もこれに伴って消滅した」と判断した原審判決を破棄して差戻しを命じている。完成して初めて報酬を請求できるという点については、続行工事の完成を問題にするかのようである。請負人が基礎工事を中止し、工事が老朽化しており注文者に利益がない場合には妥当しない。

4-85

　⒝ 現行法による明文化　注文者が既施工部分を利用することを解除制限の要件にするのは、その時点では利用されているわけではないので適切ではない。また、利益があるが、注文者が既施工工事を利用せず完成させなかったらどうなる

136

第 4 章　契約の解除　第 1 編　契約総論

のか、上記の判例には疑問が残された。現行法は、634 条を新設し、完成を擬制することで続行工事による完成を要件としない解決をした（☞ 13-108）。634 条 2 号は、一部解除しかできないとは明言しないが、上記解除の制限を明文化したものと考えられる。「利益」は全面的であることは要求されていない。既施工工事に不具合があるなら担保責任が問題になるが、不具合が重大で全面的にやり直しが必要であれば、全部解除が認められる。

2　催告によらない解除（無催告解除・即時解除）

4-86　**(1)　履行不能解除**

(a)　即時解除の 4 類型　民法は、541 条の催告による解除とは別に、542 条に「債権者は、前条の催告をすることなく、直ちに契約の解除をすることができる」解除類型を規定している。催告なしに直ちに解除ができる無催告解除ないし即時解除ができる場合として、民法が規定したのは、以下の 4 つである（542 条 1 項）[28]。全部解除が可能かどうかは、後述する（☞ 4-94）。

---

① 履行不能

② 履行拒絶

③ 定期行為

④ 債務者が履行せず、催告をしても履行される見込みがない場合

4-87　**(b)　不能解除の要件——履行不能**　「債務の全部の履行が不能であるとき」は、債権者は直ちに解除ができる（542 条 1 項 1 号）。債務者の帰責事由は問わないが、債権者の帰責事由による場合には債権者が危険を負担すべきであるため（536 条 2 項）、解除は否定されている（543 条）。不能の意味については 412 条の 2 第 1 項の解釈とパラレルに考えてよい（☞ 債権総論 4-59）。

---

28)　541 条は強行規定ではないので、契約当事者間で、541 条の催告＋相当期間の経過という要件を排除して、債務不履行があれば直ちに解除できるという特約をすることも有効と考えられている。したがって、定期行為か否か微妙なケースならば、この特約を結んでおけばよい。その期間内に履行がされないと当然に解除される、という解除条件の合意さえできる。ただし、消費者契約では、消費者の不履行に対して、事業者に即時解除を認める特約は、消費者契約法 10 条により無効とされるべきである。なお、「事業者の債務不履行により生じた消費者の解除権を放棄させ、又は当該事業者にその解除権の有無を決定する権限を付与する消費者契約の条項は、無効」とされている（消費者契約法 8 条の 2）。

履行不能解除では、履行期の到来を待つのは無意味であり、履行期前でも解除ができる。催告中に履行不能になれば、その時点から不能解除ができる。

4-88 **◆不完全履行による解除**

不完全履行の場合には、解除はどう処理されるべきであろうか。①まず、売買契約で、代替の目的物の交付、目的物の修補が可能な場合には、その不適合が軽微ではない限り、541条の催告による解除が可能である。これが拒絶されたならば即時解除が可能になる（542条1項2号）。②他方、修補が不能な場合には、542条1項3号の一部不能の規定を適用し、残存する部分では契約をした目的を達しえない場合には、買主や注文者は契約を解除できる。③塾などのサービス給付で、給付内容が不完全な場合、それが軽微でなければ将来に向かって契約を解除し（542条2項5号）、すでになされた分については代金減額請求や損害賠償請求が可能になる。

4-89 （2） 債務者による履行拒絶意思の明確な表示

催告によらない解除の2つ目は、「債務者がその債務の全部の履行を拒絶する意思を明確に表示したとき」である（542条1項2号）。一部の履行拒絶で、残りの部分では契約をした目的を達することができない場合にも、契約全部の即時解除ができる（同項3号）。債務者が履行を拒絶することに帰責性がなくても、例えば、無権代理だが表見代理の成立が認められる場合でも、相手方は即時解除ができる。弁済期にあることは必要ではなく、拒絶が「明確に表示」されれば弁済期前でも直ちに解除ができる。

4-90 **◆履行期前の履行拒絶**

債務者が履行拒絶の意思を表示したが、それが明確とはいえない場合には、即時解除は許されない。弁済期にある場合には、541条の催告解除をすればよい。問題になるのは、履行期前の履行拒絶である。態度が改まる可能性があるが、改まらない限り結局は履行期まで待って解除になるだけで、債権者をそこまで待たせるのは酷である。しかし、明確ではないのに、履行期前で債務不履行にないのに、即時解除を認めるのも不合理である。そこで中間的解決として、履行期前に履行拒絶を表明する行為は信頼を破る行為であり、債権者は、それを撤回し履行を約束するよう催告し、これに応じない場合には遅滞解除（541条）、明確に拒絶してきたら即時解除（542条1項3号）を認めるべきである[29]。

---

29) 潮見・新総論Ⅰ572頁は、履行期前に債務者から確定的な履行拒絶の意思が表明されていない以上、履行不能と評価できるか、客観的事情のみから、契約目的達成不能（信頼関係破壊）と評価できるか、事情変更の原則が妥当するような場面でない限り、いまだ債権者は契約を解除できないと主張する。

第4章 契約の解除 第1編 契約総論

4-91 **(3) 定期行為（確定期行為）の債務不履行**

　(a)　**定期行為の意義**　催告によらない解除の3つ目の類型として、民法は、「契約の性質又は当事者の意思表示により、特定の日時又は一定の期間内に履行をしなければ契約をした目的を達することができない場合において、債務者が履行をしないでその時期を経過したとき」を規定する（542条1項4号）。このように、履行を一定の期日または期間内になさなければ、債権者が契約をした目的を達成しえなくなる契約を**定期行為**という。これにも、①行為の性質上当然の**絶対的定期行為**[30]と②債権者の主観的な目的による**相対的定期行為**[31]——祝賀会用にビールを注文するなど——とに分かれる。②の場合には、その旨を債務者に知らせることが必要である。

4-92 　(b)　**定期行為の債務不履行の要件**　定期行為が、催告なしに解除できるのは、「特定の日時又は一定の期間」を経過したときである。①「特定の日時」は例えば、午後5時から7時まで祝賀会をするからビールを持ってきてくれと頼んだ場合、5時を過ぎた時である。②「一定の期間」とは、例えばクリスマスツリーを頼んで20日が引渡日であった場合、25日を過ぎた、中元の贈答用にうちわを注文した場合、中元の季節を過ぎたならば、債権者は即時解除ができる——それ以前は催告による解除——。この場合には、債権者はもはや受領義務を負わず、提供された目的物の受領を拒絶し——提供の効果は認められない——直ちに解除できる[32]。

4-93 **(4) 上記(1)～(3)以外の契約目的達成の見込みがない場合**

　民法は、さらに催告によらない解除の補充的な包括規定として、「前各号に掲げる場合のほか、債務者がその債務の履行をせず、債権者が前条の催告

---

30)　例えば、クリスマスツリーや門松の注文、年賀はがきの印刷の注文。判例としては、次年度のカレンダーの売買（大阪区判大7・5・15新聞1426号18頁）、中元の進物用としてのうちわの売買（東京控判大15・11・15民録26輯1779頁）、凍氷の売買（東京控判大15・5・27新聞2605号14頁）がある。これに対して、肥料の売買では否定されている（東京控判大10・10・11評論11巻民911頁）。

31)　なお、単に期日を厳守すべきことを約束しただけでは足りないが、杉苗の売買で、転売用の購入であり転買人に急遽発送すべき事情のあることを売主に示し、売主もこれを承知の上で引渡期日を定めた場合には、定期行為と認定されている（盛岡地判昭30・3・8下民集6巻3号432頁）。

32)　**＊商人間売買では当然に解除が擬制される**　商法では、「商人間の売買において、売買の性質又は当事者の意思表示により、特定の日時又は一定の期間内に履行をしなければ契約をした目的を達することができない場合において、当事者の一方が履行をしないでその時期を経過したときは、相手方は、直ちにその履行の請求をした場合を除き、契約の解除をしたものとみなす」と、当然に契約が失効するものと扱われている（商525条）。

をしても契約をした目的を達するのに足りる履行がされる見込みがないことが明らかであるとき」を規定している（542条1項5号）[33]。債務者が事実上倒産しており、催告しても無意味な場合、履行の準備にかなり期間が必要であり催告をして相当期間を待っても無駄な場合や、塾が契約に適合しない講義を行っており、交渉しても埒が明かない場合など、催告しても無意味な場合がこの規定により救われることになる（信頼関係破壊の法理につき☞4-44）。

◆一部不履行の場合の規律

(1) 全部解除ができる場合

「債務の一部の履行が不能である場合又は債務者がその債務の一部の履行を拒絶する意思を明確に表示した場合において、残存する部分のみでは契約をした目的を達することができないとき」は、全部解除が認められる（542条1項3号）。例えば、雄と雌のつがいの特定の動物を繁殖用に購入ないし賃借する場合に、その1匹が引渡し前に死亡し履行不能になった場合には、買主ないし賃借人は全部契約を解除することができる。民法は、履行不能と履行拒絶について即時解除のみを規定したが、541条の催告解除も同様に解すべきである（☞4-75以下）。

(2) 一部解除しかできない場合

これに対し、「債務の一部の履行が不能であるとき」（542条2項1号）および「債務者がその債務の一部の履行を拒絶する意思を明確に表示したとき」（同項2号）は、「債権者は、前条の催告をすることなく、直ちに契約の一部の解除をすることができる」にとどまる（同項）。例えば、除草用にポニーを2頭賃借したが、1頭が賃借人の帰責事由によらずに死亡した場合、賃借人は1頭分の賃貸借契約を不能を理由として解除できるにすぎない。5頭借りて4頭が死亡し、1頭では除草の目的を果たせない場合には、全部解除の余地がある。ただし、種類物賃貸借であれば、貸主は死亡した分の補充義務がありそもそも履行不能ではない。

3 債権者の帰責事由による場合の解除の否定

(1) 債務者の帰責事由は不要

民法は、541条と542条のいずれについても債務者の帰責事由を要件とはせず、543条において、541条および542条につき、債権者の帰責事由

---

33) 契約の解除や契約の解釈で、契約の「目的」が論じられるが、フランスでは契約の有効性の議論につき契約の目的（objet）が論じられる。フランスのobjet論を紹介した上で、日本の契約「目的」論への示唆を行うものとして、大塚哲也「契約目的概念の意義および位置づけに関する序論的考察」流経法学22巻1号（2021）89頁以下がある。

による場合には解除ができないと規定した（次述）。この反対解釈によって、債権者の帰責事由に基づかない限り解除が認められ、<u>債務者の帰責事由は不要</u>ということが導かれる。債務不履行による解除制度を、債務の履行を受けない債権者を契約の拘束力から解放する制度として認めて、債務者の帰責事由を解除の要件にしない趣旨であると説明されている（一問一答234頁）。なぜ解除が否定されるのか、という点の肝心の説明はない[34]。

4-97 **(2) 債権者の帰責事由による債務不履行についての解除否定**

（a） 契約解除の禁止 債権者の帰責事由による履行不能の場合に、債権者による解除を認めるのは危険負担についての536条1項と抵触し、また、履行遅滞についても、債権者が受領しない等債務者の履行に協力せずそのために履行ができないのに、債権者による解除を認めるのは公平ではない[35]。そのため、民法は、「<u>債務の不履行が債権者の責めに帰すべき事由によるものであるときは、債権者は、前二条の規定による契約の解除をすることができない</u>」ものと規定し（543条）、帰責事由ある債権者による解除を否定した（制定経緯等につき、福田清明「改正民法543条が担う課題」東洋法学61巻3号［2018］333頁参照）。受領遅滞中の履行不能については、履行不能が不可抗力による場合であっても、債権者の帰責事由によるものとみなされる（413条の2第2項）。

4-98 **◆債務者と債権者の両者に過失がある場合**

帰責事由を基準に債務不履行事例を分類してみると、下記4つに分けられる。

---

① 債務者の帰責事由のみの場合

② 債務者にも債権者にも帰責事由がない場合

③ 債権者の帰責事由のみの場合

④ 債権者にも債務者にも帰責事由がある場合

---

34) 潮見・新総論 I 563頁注18は、国際的モデル準則には543条のような規定はなく、債権者の利益と債務者の利益衡量の枠組みの下ではもはや「重大な不履行」とは評価されないと考えられると説明する。日本法に関する限りは、重大な債務不履行であり契約目的を達しえないが、「公平」の観点から解除を認めないと考えれば足りる。562条2項・563条3項・606条1項ただし書等とパラレルな根拠である。

35) 債権者が債務者の履行に協力しないがために債務者が履行できない場合、債権者が債務者に履行を求めても、541条の催告としての効力は認められない（北居功「債権者の責めに帰すべき事由による催告解除の制限」新井誠先生古稀記念論文集［日本評論社・2021］246頁）。

§Ⅲ　解除権の行使

　①②では、債権者は解除が可能であるが、③は解除ができない。問題は④である。「債権者の責めに帰すべき事由によるものであるとき」とは、債権者に帰責事由があればよいのか（解除不可）、債権者のみの帰責事由による場合に限定されるのであろうか（解除可）。損害賠償については、両者に帰責事由があると過失相殺で調整される。ところが、解除を認める場合にはその不利益を債務者が全面的に負担することになり、公平ではない。解除を否定し、過失相殺を認めて損害賠償で処理されるべきである[36]（北居功「債権者の責めに帰すべき事由による解除制限」慶應法学 44 号［2020］82 頁参照）。

4-99　**(b)　その他の制度との関係**　債務不履行が債権者の帰責事由による場合には、履行不能については、536 条 2 項による危険負担の債権者主義が採用されると共に、種々の規定で債権者の保護が否定されている。追完請求権（562 条 2 項）、代金減額請求権（563 条 3 項）、危険の移転についての債権者の帰責事由の拡大（567 条 2 項）──413 条の 2 第 2 項も参照──賃貸人の修繕義務（606 条 1 項）、賃料の減額（611 条 1 項）、請負人の担保責任（636 条）、などである。636 条では、注文者のした指図や注文者が提供した材料が不適合の原因である場合、解除だけでなく追完請求や代金減額請求も認められない。

§Ⅲ
解除権の行使

1　解除権者および解除の行使方法

4-100　**(1)　解除権者**

　契約解除権が認められるためには、契約の「当事者」であることが必要と

---

36)　**＊追完請求**　例えば、A がある特定物を B に販売し、引渡し前に、A・B 両者の同等の過失により目的物が滅失または損傷したとする。滅失の場合、代金が 100 万円で、価格も 100 万円であり填補賠償額は 100 万円であるものの、債権者である買主 B にも過失があるので過失相殺され（2 分の 1）、50 万円の填補賠償請求権になる。そうすると、代金と相殺して、売主 A は代金を 50 万円しか受けられず、他方、買主 B は、目的物を受け取れないのに代金を 50 万円支払うことになり、A・B が公平に損失を負担することになる。この場合に、B が解除できるとなると、代金を一切支払わなくてよいことになるので、④の場合には解除を認めるべきではない。問題は損傷の事例である。追完請求や代金減額請求を認めると、B にも帰責事由があるのに、A だけが一方的に損失を負担することになる。かといってこれを否定すると買主 B が全面的に損失を負担することになる。損害賠償であれば過失相殺によって調整できるが、all or nothing の処理になってしまう。それを考えると、④の場合にも、562 条 2 項・563 条 3 項を適用して、損傷の場合にも損害賠償だけに限定して、過失相殺で調整するのが落とし所としては適切かもしれない。

なり、「債権者」というだけでは足りない。例えば、代金債権の譲受人は代金が支払われなくても、契約を解除することはできない。第三者のためにする契約の受益者も同様である。解除制度の機能は、契約当事者が契約を見切って契約の拘束力から解放を受けるというものだからである。なお、免責的債務引受がされても、債権者は契約解除を妨げられない。

4-101 **(2) 解除権の行使**

(a) 単独行為──撤回できない 解除権の行使方法について、民法は、法定解除と約定解除共通の規定を置いており、「解除は、相手方に対する意思表示によってする」ものと規定する（540条1項）。解除権の行使は、相手方のある単独行為である。そして、一度した解除の意思表示は、「撤回することができない」（同条2項）。民法総則の取消しは排除されておらず、錯誤、詐欺、強迫、制限行為能力による解除の意思表示の取消しは可能である。

4-102 **(b) 条件・期限を原則として付けられない** また、単独行為であるので、規定はないが、相手方を不当に不利にする条件を解除に付けることはできない──解除契約に条件を付けるのは自由──。そのような条件を付けた解除は、解除自体が無効になる。遡及効があるので、解除に期限を付けるのは無意味であり、期限を付けても期限の部分は無効である。ただし、催告と同時に"催告期間内に履行がなければ当然解除される"という停止条件付き意思表示は有効と解されている。改めて解除の意思表示をする手間が省けるため、解除権者にはこのような解除の必要性があり、債務者は債務を履行すればよいので（許容性あり）、不合理な条件ではないからである。

2 解除権不可分の原則

4-103 **(1) 解除権不可分の原則とは**

(a) 解除権不可分の原則の意義 民法は「当事者の一方が数人ある場合には、契約の解除は、その全員から又はその全員に対してのみ、することができる」と規定した（544条1項）。これを**解除権不可分の原則**という[37]。例えば、AからB・Cが共同して絵画を100万円で購入した場合──50万円ずつの分割債務の場合、100万円の連帯債務の場合とが考えられる──、解除が問題になるのは、次の2つである。

§Ⅲ　解除権の行使

> ①　Ａが絵画の引渡しをしない場合のḂとĊからのＡに対する解除
> ②　ＢとＣが代金を支払わない場合（ないしＢだけが代金を支払わない場合）のȦからのＢとＣに対する解除

　①ではＢ・Ｃ共に解除の意思表示をする必要があり[38]、②ではＡがＢ・Ｃ両者に対して解除の意思表示をする必要がある。①で、ＢだけがＡとの契約を解除する、②でＡがＢとの契約だけ解除することは認められない[39]。

4-104　**(b)　解除権不可分の原則の根拠**

　(ア)　契約は１つ（①②につき）　契約当事者が複数いても契約は１つである。契約の一部解除も可能であるが、それは数量的一部についてである。①でＢだけの解除が仮に認められるとすると、ⓐ ＡＣ間の契約になりＣは100万円の代金債務を負うのか、それとも、ⓑ ＡＣ間の契約でＣは50万円の債務を負ったままで、Ｂの部分はＡに帰属しＡＣの共有になるのか、不明である。民法は、Ｂ・Ｃが連帯債務で、Ｂに無効・取消原因がある場合、Ｂだけ失効することを認めている（437条）——分割債務や連帯債権の場合は対応規定がない——。無効・取消しと解除とで足並みが揃っていない。437条の根拠は不明で、その事後処理も不明である。

4-105　**(イ)　解除権は１つ（②につき）**　①ではＢ・Ｃに解除権が帰属し準共有になる。解除は処分になるので全員の同意が必要になる（264条）。Ｂ・Ｃに取

---

37)　同様の問題は、解除権以外の形成権についても生じるが、任意解約権、取消権、撤回権、予約完結権などについても、同様に不可分性を認めるべきである。これらの権利の準共有であり、その行使は処分であり全員の同意が必要だからである。ただ、共有物の管理に関わる場合には、共有物の管理規定が優先適用され、持分の過半数で決定することができる（☞4-108）。判例上、544条が問題とされた事例のほとんどが、不動産賃貸借の事例であり、それ以外には、被相続人の告知義務違反により、保険会社が保険契約を解除する事例がある程度である（大阪地判昭63・1・29判タ687号230頁）。なお、「賃貸借契約において、賃借人が死亡し、数人の相続人が賃借権を相続したものの、そのうち特定の相続人のみが賃借物を使用し、かつ賃料を支払っているような場合は、他の相続人は賃貸借に係る一切の代理権を当該相続人に授与したと見て差し支えないこともあり、そのような特段の事情がある場合は、賃貸人は、当該相続人に対してのみ賃料支払いの催告や契約解除の意思表示をなせば足りる」（大阪地判平4・4・22判タ809号175頁）。

38)　全員が共同して解除の意思表示をすることは必要ではなく、各人が別々に解除の意思表示をするのでもよく、最後に解除した者の意思表示が相手方に到達した時に解除の効力が生じる（大判大12・6・1民集2巻417頁）。

39)　544条は強行規定ではないので、ＡからＢ・Ｃが商品を共同購入したが、Ａが引渡しをしない場合、ＢはＡ・Ｃの同意を得れば、自身のみ債務不履行解除ができる。Ｃは自分の代金だけを支払い、目的物はＡＣの共有になる。

第 4 章　契約の解除　第 1 編　契約総論

消権が準共有される場合には、同じ扱いになるはずである。判例としては、無権代理の本人に共同相続があった場合には、本人の追認権は不可分であるから相続人全員の追認が必要とされている（最判平 5・1・21 民集 47 巻 1 号 265 頁）。4-103 ① の事例は、形成権の準共有で説明ができる。他方、4-103 ② の事例、とりわけ B だけが債務不履行にある場合について、A の B だけの解除の否定は別の根拠が必要になる。437 条との整合性も問題になる。

4-106　**(2)　解除権の成立・存続**

　(a)　1 つの解除権の消滅　また、解除権不可分の原則の趣旨から、544 条 2 項は「前項の場合において、解除権が当事者のうちの 1 人について消滅したときは、他の者についても消滅する」と規定した。「解除権が当事者のうちの 1 人について消滅」とは、4-103 ① の事例で、A が B に提供すれば B・C に帰属する 1 つの解除権が消滅し、同 ② では、B が A に自己の代金を提供すれば、A の B・C に対する 1 つの解除権は消滅することになる。解除権は 1 つであり、1 人について解除権消滅事由があれば、不可分的に 1 つの解除権が消滅することを規定したものと考えるべきである。

4-107　　**(b)　1 つの解除権の成立**　これは消滅における不可分性といえるが、成立段階でも考えられる。4-103 ① の事例で分割債務であれば、B・C 両者がいずれも代金を提供して引渡しを求めることが必要になる。C が代金を提供していなければ、B だけが代金を提供して引渡しを求めても、B だけのために解除権が成立することはない。4-103 ② については、544 条 2 項の趣旨から、B・C いずれに対しても解除の要件を満たさなければ、A には解除権は成立しないことになる。C は代金を支払ったが、B が支払わない場合、A が B についてだけ解除権を取得することはない[40]。

4-108　　**◆共有物の管理と解除権不可分の原則**

　(1)　問題点の確認

　　例えば、A・B が C に賃貸されている不動産を共同相続により取得し、持分は A が 3 分の 2、B が 3 分の 1 であるとする。① C が賃料の支払を遅滞する場

---

40)　なお、契約関係が両給付共に可分な場合には、1 つの契約だからということを貫く必要はなく、また、法律関係の複雑さを生じさせないので（例えば、A から B・C が米 10kg を共同購入したが、B は代金を支払ったものの C が支払わない場合、A は B との関係でのみ 5kg 分の解除を認めてもよい）、一部解除を肯定してよい（山中・前掲書 101 頁。債権総論 7-18 以下参照）。この場合には、債権・債務共に分割債務になり、契約の解除権も当事者ごとに成立することを認めてもよいであろう。

145

合、解除をするかどうかは共有物の管理に関する事項として、252条により持分の過半数で「決する」ので、Aが解除をするかどうか決められることになる。②ところが、解除権は準共有で（264条）、その行使は処分に当たるので、全員の同意が必要になる。③また、解除権はA・Bに1つの権利として帰属するので、544条に基づきA・Bが全員で行使しなければならない。

---

① 252条では持分の過半数で決する

② 264条では全員の同意が必要

③ 544条1項では全員で解除権を行使しなければならない

---

(2) 判例および検討

(a) 判例——Aが自己の名でA・Bの契約を解除する権利

(ア) 544条の適用を排除　4-108①と②が内部的意思決定で、③は決定されたことの実行であり、抵触が問題になるのは①と②である。ところが、判例は、「共有者が共有物を目的とする貸借契約を解除することは民法252条にいう『共有物ノ管理ニ関スル事項』に該当し、右貸借契約の解除については民法544条1項の規定の適用が排除される」、とした（最判昭39・2・25民集18巻2号329頁）。①と③が抵触するという理解である。

(イ) 544条の排除とはどういう意味か　544条の適用が排除されるという理解であるが、どう排除されるのかが明確ではない。544条ではA・Bで解除しなければならないが、AがAの名で解除してもBにその効力が及ぶという意味なのであろうか。Aに財産管理権、解除の実行権を認め、いわば管理権者としてその名で解除をする権利を認めるのであろうか。Bにも解除の効力を及ぼす必要があるが、この点の十分な説明はない。

(b) 検討——AのA・Bの名で解除する権利　破産管財人のような自己の名での財産管理権を、多数持分権者に認めるのは疑問である。破産管財人や不在者財産管理人であれば、共有者の代理人ではなく自己の資格また名で解除できる（544条に抵触しない）——組合の場合には、組合業務の執行権者が組合名義で解除できる——。しかし、252条が264条の適用を排除するとしても、544条の特例までを認める規定と解すべきではない。Aは、A・Bの名で解除できると考えるべきである。544条の適用を排除する必要はない。

第 4 章　契約の解除　第 1 編　契約総論

§Ⅳ
解除権の消滅

1　相手方の催告による消滅など

4-112 **(1)　催告による解除権の消滅**

　　(a)　**売買、請負など**　①解除権が発生しても、これを行使するか否かは解除権者の自由であり、解除をしないで履行を求めてもよい。その結果、相手方は、履行をしなければならないのか解除されるのか不安定な立場に立たされる。民法は、債務者にこの不安定な立場から解放される手段として、相当期間を定めて解除権者に解除するか否かを催告することができるものとした（547条）。催告された期間内に解除がされないと、解除権は消滅し、債務者は安心して履行の準備また履行をなすことができるようになる[41]。

4-113 　　(b)　**賃貸借契約**　解除がされないままで問題になる事例のほとんどが、賃貸借契約の事例である。賃借権の無断譲渡や転貸、用法遵守義務違反が問題になる事例である（鶴藤・注 4-41 論文 322 頁以下）。用法遵守義務違反による解除権が成立したが、賃借人がこれを改めた場合、継続的契約関係であるから解除権は消滅する。履行による解除権の消滅とは異なるが、信頼関係の破壊がなくなれば、一度成立した解除権が消滅すると考えるべきである。

4-114 **(2)　解除権の放棄**

　　また、解除権者が解除権を放棄することができるのは当然である。解除権者が解除できるのに履行を請求した場合には、債務者も解除をしないものと信頼して履行の準備にとりかかると思われるので、その後直ちに解除されては不都合であり、原則として解除権の放棄とみてよいであろう。解除権成立後に、債務者に懇願されて債権者が履行期の猶予を与えた場合にも、すでに成立した解除権を放棄する趣旨が含まれているものと解すべきである。

4-115 **(3)　提供・弁済（履行）による解除権の消滅**

　　(a)　**債務者は履行できる**　履行遅滞により解除権が成立した後も「解除権

---

41)　債務者の履行拒絶による解除権（542 条 1 項 2 号）については、債務者が催告をして解除権を消滅させることは矛盾した行為であり、信義則上認めるべきではないと評される（鶴藤倫道「解除権の権利行使期間と催告による解除権の消滅」磯村保ほか編『法律行為法・契約法の課題と展望』[成文堂・2022] 345 頁）。

147

の行使なき間は契約は尚ほ依然として存続するを原則とするを以て、其期間内に履行なきの一事を以て当然解除せらるべき特別の事由なき限りは、債権者は尚ほ債務の履行を請求することを得ると同時に、債務者も亦其債務を履行することを妨げざる」ものとされ、履行により解除権は消滅する（大判大6・7・10民録23輯1128頁）。

4-116 **（b）債務者による履行提供** また、債務者が解除権発生後に履行の提供をする場合、提供によって履行遅滞は解消される。しかし、解除権の消滅原因とは規定されていないので、解除権がどうなるのかは解釈に任される。この点、解除権の消滅を認めてよい。ただし、提供には遅延賠償金の提供が必要であり、「債務者が債務の本旨に従へる履行を提供するも、遅延に因る賠償を提供せざるときは、債権者は之が受領を拒絶して解除を為すことを得る」ことになる（大判大8・11・27民録25輯2133頁）[42]。

2 解除権の消滅時効

4-117 解除権の消滅時効については、その結果として生じる原状回復請求権の時効との関係をめぐって議論がある。詳しくは民法総則で論じられるべきであり（☞民法総則9-180以下）、要点だけを確認しておく。

①まず、形成権の時効とその結果生じる原状回復請求権の時効とを別に考える二段階構成が考えられる。この立場では、原状回復請求権は解除から5年の時効にかかる（166条1項1号）。問題の解除権については、166条2項を適用して20年の時効期間とするのではなく、債権と同じ時効期間に服すると考えられている。②他方で、解除していつでも原状回復請求ができるので、5年以内に解除をして原状回復請求権を行使しなければならないという一段階構成も主張されている（筆者は二段階構成を支持する）。

3 目的物の滅失・損傷による消滅

4-118 **（1）受領物の返還不能など**

民法は、下記の要件を満たすことにより解除権が消滅するものと規定した（548条）。

---

[42] 提供は本旨に従ったものでなければならず、債務者は代金と共に遅延利息も提供しなければならない。代金だけが提供されても、債権者たる売主は、代金の提供も無効として受領を拒絶できるためである。

第 4 章　契約の解除　第 1 編　契約総論

> ① 解除権者が契約の目的物を
>   ⓐ 「著しく損傷し」た場合
>   ⓑ 「返還することができなくなった」場合
>   ⓒ 「加工若しくは改造によってこれを他の種類の物に変えた」場合
> ② 解除権者の故意もしくは過失によること
> ③ 解除権者が解除権を有することを知らなかったこと（抗弁事由）

　履行を受けていることが前提になっているため、本規定の適用は、約定解除や、一部履行で残部が履行されないため全部解除ができる場合において問題になる。軽微な損傷の場合には、解除はできるが、損害賠償義務ないし原状回復義務を免れない。

4-119 **(2)　解除権者の解除権についての悪意、返還不能等についての故意・過失**

　③は問題となることは考えられず、②が問題である。代金を支払って購入したが、1 週間は解除ができる特約の場合、受け取った物は買主の所有物であり、故意・過失は問題にならない。しかし、この場合、売主には解除により所有権が復帰するという物権的期待権があるため、買主にはいまだ善管注意義務があると考えられる。危険は移転していないので、不可抗力で滅失した場合には解除ができ、解除を認めることには、原状回復義務を免れることを認める趣旨が含意されている。

§Ⅴ
解除の効果

1　解除の効果の法的構成

4-120 **(1)　直接効果説**

　(a)　通説である　まず、解除の効果を取消しの効果（121 条）と同様に考え、契約が解除により遡及的に効力を失うと考える学説があり（直接効果説）、古くからの通説である（鳩山・上 198 ～ 199 頁、横田 190 頁、我妻・上 191 頁、

149

末川・上 136 頁、川井 91 頁）。最も簡単な構成であり、民法の趣旨に適するというのがその理由である[43]。そして、ドイツ民法のような物権行為の独自性・無因性を採用していないため、所有権移転といった物権的効果についても遡及的になかったことになる（鳩山・上 232 頁、我妻・上 192 頁）。かつては無因説も一部に主張されたが、今やそのような主張はなくなっている。

4-121　**(b)　判例でもある**　判例も、「特定物を目的とする売買契約を解除したる場合に於ては、契約の解除は当事者間に契約なかりしと同一の効果を生ぜしめ、換言すれば当事者間に成立したる権利関係を消滅せしむるものなるが故に、売買契約解除当然の効果として買主は所有権を取得したることなきものと看做さるべく、所有権は当然売主に帰属するに至る」と、直接効果説を採用している（大判大 6・12・27 民録 23 輯 2262 頁）。ただし、どの法的構成をとっても、結論にほとんど差はなく実益のある議論ではない。なお、改正法は、この点につき従前の判例を変更する意図はない。

4-122　**(2)　間接効果説・折衷説・原契約変容説**

(a)　間接効果説

(ア)　解除で契約は消滅しない　間接効果説は、物権行為の独自性、無因性を認めるドイツで主張された学説であり、ドイツの議論をそのままの状態で採用する学説はないが、物権行為の独自性、無因性を否定しつつ間接効果説を主張する学説はある（半田正夫「解除の効果」中川善之助ほか『不動産法大系 I 売買』[青林書院新社・1970] 563 頁以下）。間接効果説は、解除は契約を消滅させるものではなく、履行を内容とする契約関係から原状回復を内容とする契約関係へと、契約の同一性を保持しつつ内容を変更するものと考える。

4-123　**(イ)　解除の効果**　間接効果説では、①未履行債務については、契約は有効なままであり債務は消滅せず、ただ債務者に履行拒絶権が認められるにすぎない。しかし、永遠に債務が残って抗弁権が認められるだけ、というのは市民の法意識とはかけ離れる。②また、既履行債務については、履行は有効なままであり不当利得にはならないが、原状回復義務が新たに契約上の債務として発生する。原状回復義務は不当利得返還請求ではないことになる。

---

43)　直接効果説に対しては、契約の成立要件・有効要件の点で何ら問題がなかったのに、契約違反を理由に契約が成立しなかったものとみなすのは、契約からの離脱という目的の達成に必要以上の過剰な手段を与える、履行利益の賠償を認めるのは論理矛盾であるという批判がある（潮見・新総論 I 596 頁）。

第4章　契約の解除　第1編　契約総論

4-124　**（b）　折衷説など**　一旦生じた効力を初めからなかったことにするのは法による擬制であり、明文規定なしには認められない、と直接効果説と異なる立場に依拠しつつ、間接効果説とも異なる主張をする見解もある。履行に向かう関係から原状回復の関係へ転換したのに、当初の履行義務が存続するのは不合理であり、未履行債務は解除により消滅するという折衷説である（水本110頁、広中352頁など）。いわゆる原契約変容説も折衷説と内容はほぼ等しく、①既履行給付は原状回復義務となり、②未履行給付は解除により原状回復義務が発生すると同時に履行済みになり消滅すると考えている（山中・前掲書152頁以下、四宮和夫『請求権競合論』［一粒社・1978］209頁など）。

2　契約関係の解消および物権変動

4-125　**（1）　物権変動はなかったことになる**

　売買を例にすると、直接効果説では、解除によって契約が遡及的に消滅し、所有権の移転がなかったことになる。直接効果説は、取消しのように契約が初めからなかったことにするのが簡単でよいとするが、本説に対しては、ⓐ遡及的消滅というのは法による擬制であり、擬制を認める規定が用意されている場合にしか認められない、ⓑ取消しは入口に問題があったからそのような擬制が許されるのに対し、問題なく成立した契約を解除する場合は事情が異なっているといった批判がされている[44]。

4-126　**（2）　復帰的物権変動を認める考え**

　他方、間接効果説、折衷説、原契約変容説では、契約は解除によって消滅することはなく、原状回復へ向かう関係に内容が変更され、新たに所有権が復帰することになる（復帰的物権変動）。この点、物権行為の独自性を認めなければ、解除と同時に所有権が復帰するが、独自性を肯定する考えでは、解除後、引渡し・登記といった物権を復帰させる物権行為がなされた時に所有権権が復帰することになる。判例は、取消しについて、実質的に復帰的物権変動を認めており（大判昭17・9・30民集21巻911頁）、解除についての判例はないものの、同様に考えることになると思われる。

44）　ただし、取消しとは異なり、契約のすべての条項が効力を失うと考える必要はなく、契約中の紛争解決のための規定、その他解除後にも適用されるべき契約の条項は、解除によってその効力を失わないと考えるべきである（DCFR III.-3:509条(2)参照）。

§V 解除の効果

3 原状回復義務

4-127 **(1) 原状回復義務の意義と解除の効果論との関係**

  (a) 原状回復義務の内容

  (ア) 類似概念との区別　解除の効果について、民法は、解除により「<u>各当事者は、その相手方を原状に復させる義務を負う</u>」と規定している（545条1項本文）。解除をした者も、例えば手付金などの給付を受けていれば、原状回復義務を負う。両当事者が原状回復義務を負う場合には、同時履行の抗弁権が認められる（546条)[45]。「原状に復させる義務」は、**原状回復義務**と呼ばれる。損害填補における「現実賠償」とは別の概念である[46]。賃借物を借りた時の状態に復帰させる<u>賃借物の原状回復義務</u>（621条）とも異なる。

4-128　**(イ) 不当利得返還義務との関係**　間接効果説では、契約上の債務内容が変更されるだけであるが、直接効果説では、給付を受けた法律上の原因がなくなるため、取消し・解除の原状回復義務は、不当利得返還義務となる。しかし、不当利得返還義務では、悪意利得者でない限り現存利益を返還すれば足りることになるが（703条）、偶発的な不当利得とは異なり、解除においては、「相手方を原状に復させる義務」を認めたことになる。

4-129　**(b) 解除の効果論との関係——不当利得の類型論**　直接効果説では、契約

---

45) 例えば、絵画を100万円で販売した場合、代金50万円が先に支払われたとしても、残りの50万円の代金と絵画の引渡しにつき同時履行の抗弁権が認められる。したがって、代金50万円を支払ったが残額の支払がないため契約が解除された場合にも、絵画の返還と50万円の返還との間に同時履行の抗弁権が認められてよい。ただし、信義則上相当額であることが必要になろう。最判昭63・12・22金法1217号34頁は、「双務契約当事者の一方が契約の解除に伴い負担する当該義務の内容たる給付が可分である場合において、その給付の価額又は価値に比して相手方のなすべき給付の価額又は価値が著しく少ない等、相手方が債務の履行を提供するまで自己の債務の全部の履行を拒むことが信義誠実の原則に反するといえるような特段の事情が認められない限り、同時履行の抗弁をもって履行を拒絶することができる債務の範囲が一部に限定されるものではない」という。

46) 損害填補については、現実賠償（物を壊した場合にそれを修理して元に戻す）は請求できず、金銭賠償によるが（417条・722条1項）、原状回復の方法については何も規定がない。例えば、買主が代金を支払わず、売主が契約を解除したが、目的物が損傷しているとする。それが不可抗力であろうと、損害賠償義務ではないので買主は原状回復義務を免れないが、どのような内容になるのであろうか。引渡しは、復帰した所有権に基づく物権的請求権で説明ができるとして、損傷を修理して原状に戻すことを義務づけられるのか。種類物の場合には返還ができなければ、同種の物を調達して引き渡すことを義務づけられるのか。規定はないが、原状回復できない場合には、金銭による填補が義務づけられ、損傷の例では修理費、返還不能の場合にはその価格を金銭で支払うことが義務づけられることになる。DCFR Ⅲ.-3:510条(4)は、現物返還が不能な場合には、その価格を支払うことで利益を返還することを義務づけられるものと規定する。第三者に売却して代金債権が残っていれば、解除をした売主はそれを移転するよう請求できると考えられる。

152

が初めに遡りなかったことになるため、すでになされた給付には原因がなくなるので、不当利得となる。直接効果説の論者は、あくまでも性質は不当利得の返還義務であるが、545条1項により特則が設けられていると考えることになる（鳩山・上230頁、我妻・上194頁など）。判例も、傍論であるがこの趣旨を述べる（大判大8・9・15民録25輯1633頁）[47]。無効・取消しを含めて（121条の2）、契約当事者間の給付の巻戻しは、不当利得であるが、703条・704条によるのではなく原状回復を義務づけられる給付利得の類型に整理される。

4-130 **(2)　受領物の返還義務**

(a)　目的物の返還が可能な場合

(ア)　返還は物権的請求権　まず、目的物の返還が可能な場合は、その目的物を返還する義務を負う。これは不当利得返還義務たる原状回復義務ではなく、所有権に基づく物権的請求権である。所有権については、解除だけで当然に復帰し、所有権を復帰させる原状回復義務は問題にならない。ただ、売主が目的物を占有していた事実状態に戻すことを、占有の不当利得、占有の原状回復として問題にする余地はあるが、特に実益のある議論ではない。

4-131 **(イ)　減価分の価額償還**　引き渡した物が戻っても、必ずしも原状が回復されるとは限らない。使用により消耗する物については、返還まで使用されたことで減価しており、目的物が戻ってきても元の財産状態には戻らないからである。価値減価分を価額償還することが、原状回復義務としては求められることになる。ただし、減価の原因となった使用について、使用利益の返還義務を認めると、価額償還と使用利益の返還が重複し、過ぎた義務を認めることになる（☞4-143）。賃貸借でいえば、賃料を支払うことで通常の減価については、原状回復義務を負わないのであり、解除においても使用利益の返還を認める以上、賃借人に価額償還まで認めるべきではない。これに対して、買主の過失に基づく損傷による減価については、価額償還と使用利益の返還を共に認めるべきである[48]。

---

47)　合意解除の場合に、545条1項を適用できないという結論を述べる際に、その理由の説明として、「契約の解除は……債権債務は初より存在せざりしこととなり従て其債務を履行するが為めに為したる給付は法律上の原因なくして為したる給付となるが故に、茲に不当利得返還の義務を生ずる……と雖も、同法は当事者の一方が契約又は法律により与へられたる解除権の行使により契約を解除したる場合に於ける効果に付ては特に第545条以下に於て其特例を設け之に依らしむることとなしたるを以て、右第545条以下の規定は之を当事者双方が合意により契約を解除したる場合に之を準用することを得ざればなり」と述べる。

§V　解除の効果

4-132　**(b)　目的物の返還が不能な場合**[49]

(ア)　契約解除前の返還不能（返還困難）

(i)　価額償還義務を負う　売買契約の目的物の引渡し後、買主が代金を支払わないため売主が解除したが、すでに目的物は転売されていたとする。①545条4項の損害賠償請求が問題になり、相当因果関係にある損害として目的物の価額（本書では価額で統一する）を賠償請求できる。②解除前は、買主にとっては所有物の処分となるので、違法な行為ではないが、目的物が返還できない場合には、目的物の価値を金銭で実現する義務として認められる。これは、**価格返還**（我妻・上196頁など）もしくは**価格賠償義務**といわれていたが、424条の6に倣い、本書では**価額償還義務**と称する。目的物の返還不能が不可抗力でも認められる。買主は一旦所有者としてリスクを引き受け、代金の支払を免れなくなっていたからである（川井95頁）。

4-133　**(ii)　価額の算定基準時**　目的物の価額はいつの時点を基準として算定すべきであろうか。この点についての判例はない。学説は、①解除時、②給付時、③滅失・損傷時、④契約時など諸説がある。契約がされなければ「今あったであろう財産状態を実現する」のが原状回復であるため、口頭弁論終結時の価額を問題にすべきである。なお、卸売価格の場合、メーカーAから卸売商Bが50万円で購入し、小売商に60万円で転売したが、BがAに代金を支払わないのでAが解除した場合、たとえAは目的物を取り戻しても、50万円の卸売価格でしか販売できないので、50万円の価額償還にとどめるべきである。545条4項の損害賠償請求も50万円になる。

4-134　**(イ)　契約解除後の返還不能（返還困難）**

(i)　故意・過失による場合　売主が、買主の債務不履行を理由として契約を解除した後に、滅失・売却・盗難などにより返還が不能になった場合、原

---

48)　東京地判昭33・8・14判時164号27頁は、「売買契約の目的物が毀損されてその価額を減少している場合においては、それが原状回復義務者の責に帰すべき事由によるものであるかどうかにかかわりなく、売買契約に基く引渡当時の価額のものとして、すなわち現物にその減損価額に相当する金額を加えてなされなければならない」としつつ、「被告が右のごとく215日間本件物件を使用したことによる利益」を本件物件の相当賃料額を基準として算定して返還を認めている。この問題については、野中貴弘「原状回復における減価償還と使用利益返還」日本法学89巻4号（2024）1頁以下が詳論している。

49)　121条の2も545条も、現物の返還が不能な事例について規定せず、詐害行為取消しの原状回復義務については、返還が「困難」な場合として不能よりも範囲を広げ、「価額の償還」と正式に命名もしている（424条の6）。121条の2も545条も平仄を合わせて「困難」でよく、価額償還義務と称すべきである。

154

状回復義務についてはどう考えるべきであろうか。まず、返還義務を負う買主側の故意または過失による返還不能の場合について考える。

①この場合、原状回復義務の履行不能による債務不履行として損害賠償義務、②また、所有権の侵害による不法行為による損害賠償義務を問題にできる。③さらには、滅失が解除の前か後かを問わず、原状回復として滅失時の価額での価額償還義務を認める主張もある（三宅・総論242頁）。

4-135　(ii)　**不可抗力による場合**　次に、解除後の返還不能が不可抗力による場合には、原状回復義務の履行不能また不法行為による損害賠償のいずれも認められない。問題とできるのは価額償還である。この場合、<u>所有者危険を誰が負担するのか</u>ということは問題にできる。そうすると、履行の裏返しで、所有権が観念的に復帰すればよいのではなく、<u>引渡しにより支配が復帰すること</u>が必要であり（567条1項類推適用）、ただ受領拒絶により返還できない間に不可抗力で滅失・損傷した場合には、解除した売主への危険の復帰（移転）を認めてよい（同条2項の類推適用）。このこととのバランスからして、<u>買主のみが返還義務を負う場合</u>にも、所有者危険は引渡しによって初めて売主に復帰し、それまでの間の不可抗力による滅失については、買主に価額償還義務が認められるべきである。

4-136　**◆不適合を理由とした解除の場合──不適合物の引渡しによる危険の移転**
⑴　解除前の返還不能（返還困難）
　(a)　不可抗力以外による場合　①売買の目的物の不適合を理由として買主によって売買契約が解除された場合、不適合が滅失・損傷の原因であれば、解除前後のいずれの滅失でも、買主は価額償還義務を負わないと解すべきである（同旨、新版注民⒀731頁［山下末人］）。②解除前に目的物が滅失したが、それが買主の故意または過失による場合には、買主は解除ができない（548条前段）（☞6-118）。損傷が軽微で解除ができる場合には、買主は損傷による減価の価額償還義務を負う。ただし、不適合が重大で目的物に価値がなければこの限りではない。

4-137　　**(b)　不可抗力による場合**　解除前に不可抗力によって不適合な目的物が滅失した場合には、解除権者は解除できるが（548条）、原状回復義務はどう考えるべきであろうか。①まず、買主が所有者である段階での不可抗力による滅失なので、買主に所有者危険を負担させ、価額償還を義務づけることも考えられる（鳩山・上236頁、末川・上167頁、戒能106頁、三宅・総論243頁、鈴木117頁）。②他方、解除されるような重大な不適合の場合には、買主に所有者危険の移転を認めないと考えることもできる（我妻・上195頁）。解除を認めることは、危険の負担を否定する

趣旨といえ、②が適切である。

(2) 解除後の返還不能

　①不適合な目的物の解除後における滅失が買主の過失による場合には、原状回復義務の不履行、所有権侵害の不法行為を理由として、目的物の価額の賠償義務を買主に負担させることができる。②他方、解除権者＝買主に過失がない場合については、価額償還義務を認めて買主にその危険を負担させることも考えられるが、(1)とパラレルに考え、買主がそもそも危険を負担する必要はないので、解除後も同様に、買主を免責すべきである。代金未払であれば買主は解除して代金債務を免れ、代金既払ならば解除して代金の全額の返還を求めることができる。

◆返還不能となった受領物が種類物の場合

(1) 旧 548 条 1 項の判例

　もし受領した物が種類物であり、その物が滅失等により返還不能の場合、種類物による返還義務が原状回復義務として成立するのであろうか。現実に原状回復義務が認められたのではなく、買主が目的物を転売して現物の返還ができなくなっても、旧 548 条 1 項により履行不能ではなく解除ができるのかが問題とされた事例において、履行不能にはならずに解除を認める前提として、種類物による返還義務が認められている（大判明 37・2・17 民録 10 輯 153 頁）。「売買に付特定物の買主は其原物を返還し不特定物即代替物の買主は其原物若くは現物と同種類同品位の物を返還するを以て足るべく、代替物を売買したる場合に於て必ずしも原物の返還を要するの法意にあらざるなり」という。545 条 1 項についての判例はないが、(2)から推察すると同じ解決がされるものと思われる。

(2) 不当利得についての判例

　他方、不当利得についての判例では、最判平 19・3・8 民集 61 巻 2 号 479 頁は「受益者は、法律上の原因なく利得した代替性のある物を第三者に売却処分した場合には、損失者に対し、原則として、売却代金相当額の金員の不当利得返還義務を負う」とし、受領種類物の返還が不能でも種類物での返還義務を認めた大判昭 18・12・22 新聞 4890 号 3 頁の変更を宣言する。なお、「その返還すべき利益を事実審口頭弁論終結時における同種・同等・同量の物の価格相当額」にしない点は、①「その物の価格が売却後に下落したり、無価値になったときには、受益者は取得した売却代金の全部又は一部の返還を免れる」、②「逆に同種・同等・同量の物の価格が売却後に高騰したときには、受益者は現に保持する利益を超える返還義務を負担することにな」り、いずれも公平の見地に照らして相当ではないことが理由である。

(3) 金銭の返還義務

　解除により金銭を返還すべき場合、「その受領の時から利息を付さなければならない」（545 条 2 項）[50]。買主などが金銭を支払っていなかったら、現在

第 4 章　契約の解除　第 1 編　契約総論

どのような財産状態になっていたのか、原状回復として実現されるべき財産状態は解除権者により千差万別であろう。そこで、金銭債務の不履行については、遅延損害を遅延利息に画一化したのと同様に、少なくとも利殖の可能性はあったため、これを画一化して法定利息の支払という形にしたわけである。したがって、この利息は遅延損害金ないし遅延賠償とは異なるので、546 条・533 条により同時履行の抗弁権が成立する場合でも支払を免れない。なお、売買契約において、売主が代金、買主が目的物の返還義務を相互に負う場合に、575 条を類推適用することができる。

4-142 **(4)　果実・使用利益の返還義務**

　(a)　解除までに生じた果実など

　(ア)　果実の返還義務　例えば、A が養鶏場を B に売却して引き渡し、B が養鶏業を経営して卵を収穫していたが、売買代金を B が支払えず、A が契約を解除したとする。解除によって、鶏の所有権移転がなかったことになれば、鶏が産んだ卵（果実）も A が所有していたことになる。したがって、卵を収穫して B が得た代金を A に返還すべきことになる。民法は、「第 1 項本文の場合において、金銭以外の物を返還するときは、その受領の時以後に生じた果実をも返還しなければならない」と規定した（545 条 3 項）。他方で、B は、解除までの養鶏場の管理費用（餌代、電気代等）の償還を請求できる。A の所有物を管理していたことになるからである。

4-143 　**(イ)　使用利益の返還**　例えば、A が B にトラックを売却し、B が引渡しを受けてトラックを使用していたが、結局 B が代金を支払えず A が契約を解除したとする。B はそのトラックを返還しなければならないが、返還までに B がこのトラックを使用したり、他に賃貸して賃料を受けていた場合、賃料は果実として上記と同じ扱いになる。545 条 3 項は「果実」についてしか規定していないが、使用利益はどう考えるべきであろうか。使用利益については、果実に準じて扱うことが可能であり、同規定を類推適用すべきである（改正前からの確立した判例）。なお、トラックのような消耗品については、返還まで使用したことによる減価分を価額償還させると、使用利益の

---

50)　判例は、直接効果説により、遡及的に契約が消滅することを理由として、受領の時から利息を付けることを説明する（大判明 44・10・10 民録 17 輯 563 頁）。

返還と重複塡補になることは、4-131 に述べた。

4-144 ◆**売主が所有者でなかった事例（所有権留保）**

(1) **事案**

ディーラー A が代金完済までの所有権留保特約付きでサブディーラー Y に販売され引き渡された自動車を、Y がユーザー X に販売した。その後、Y が A に代金を支払わなかったため、A が所有権留保特約に基づいて X から自動車を回収したので、X が Y に対して契約を解除して Y に対し代金の返還請求をした。これに対して Y が、①自動車の返還また代金返還との同時履行の抗弁権、これが不能ならば価格返還（価額償還）、また、②自動車の使用利益の返還を求めた。最判昭 51・2・13 民集 30 巻 1 号 1 頁は以下のように判示した。

4-145 (2) **最高裁判旨**

(a) **価格返還（価額償還）請求（否定）** 「Y が、他人の権利の売主として、本件自動車の所有権を取得してこれを X に移転すべき義務を履行しなかったため、X は、所有権者の追奪により、Y から引渡を受けた本件自動車の占有を失い、これを Y に返還することが不能となったものであって、このように、売買契約解除による原状回復義務の履行として目的物を返還することができなくなった場合において、<u>その返還不能が、給付受領者の責に帰すべき事由ではなく、給付者のそれによって生じたものであるとき</u>は、給付受領者は、<u>目的物の返還に代わる価格返還の義務を負わない</u>ものと解するのが相当である」と判示する。

4-146 (b) **使用利益の返還請求（肯定）** 解除の場合に使用利益の返還請求ができるという「この理は、他人の権利の売買契約において、売主が目的物の所有権を取得して買主に移転することができず、民法 561 条の規定により該契約が解除された場合についても同様である」、「売主が、目的物につき使用権限を取得しえず、したがって、買主から返還された使用利益を<u>究極的には正当な権利者からの請求により保有しえない</u>こととなる立場にあったとしても、このことは右の結論を左右するものではない」と判示する。

4-147 (3) **学説**

❶ **肯定説** 所有者等への財貨の帰属秩序を保護すべき「他人の財貨からの利得」ないし「侵害利得」ではなく、給付を巻き戻して清算するという「給付利得」の問題であり、前者と異なって侵害された財貨秩序の回復ということを含む必要はないとして、判例に賛成する学説がある（好美清光「契約の解除の効力」現代大系 2・185 頁、本田純一「解除に基づく損害賠償義務 II」LS45 号［2003］22 頁）。不当利得であれば、請求権者に「損失」が必要であり、売主が所有者ではないので損失はないが、物権秩序を離れて、給付の巻戻しを考える「原状回復義務」の特例を認めることになる。また、善意占有者なので、所有者は使用利益の返還請求権が認められず（189 条）、売主にも返還しなくてよいとすると買主が望外の利益を得てしまう。所有者は、売主が買主から取り戻した使用利益を不当利得として取り戻

第 4 章　契約の解除　第 1 編　契約総論

すことができる。

4-148　　❷　**否定説**　他方、原状回復義務は、契約がなければどのような利益を得ていたかその状態を実現するものだとすれば、所有権もない者に使用利益や果実を得ていた利益は保障されないはずである[51]。不当利得の特則とはいえ、損失のない者に原状回復義務に基づく返還請求権を認めるべきではない。問題は、そうすると、買主が誰に対しても使用利益の返還をする必要がなくなってしまう点である。189 条は、善意占有者の保護が前提となっており、解除によってこの前提が失われた場合には、遡って 189 条の適用がなくなり、所有者は買主に対して使用利益の返還を請求できると考えるべきである。

4-149　◆**返還請求権者の費用償還義務**

原状回復として売主が使用利益の返還が認められる場合、買主が返還をする物につき必要費や有益費を費やしていれば、費用の償還が問題となる。この場合、返還を受ける者は、196 条に従って費用を償還しなければならないことになる。有益費については、返還を受ける当事者に利益となる限度で、費用の償還請求ができるにすぎない（我妻・上 195 頁、近江 97 頁など）。必要費については、巻戻しの関係に 575 条を類推適用すれば、使用利益と費用とが清算されることになる（☞ 4-150）。

4-150　◆**575 条の類推適用**

双務契約において、両者が契約解除により原状回復義務を負う場合に、巻戻しの関係についても対価的牽連関係が考慮され、同時履行の抗弁権が認められる（546 条）。また、575 条の類推適用を肯定する学説が主張されている（加藤 74 頁、加藤雅信『事務管理・不当利得』［三省堂・1999］150 頁）。他人物売買の場合でも、使用利益の返還義務を認めれば 575 条の類推適用も可能になる（加藤雅信「判批」重判昭51 年度 67 頁）。代金と目的物の返還が問題になるのは、約定解除や解除契約の場合であって、目的物の不適合により使用利益が認められない場合は別として、575 条の類推適用を認めてよい。

4-151　　(b)　**解除後の果実など**　契約解除後については、もはや買主は所有者ではなく使用権限を有せず他人物の占有となり、この時点からは不当利得法により律せられる。解除されたのに使用を続けると、その利得は不当利得として返還しなければならない。この場合、解除されたのであるから、当然に悪意

51）　なお、前記判例の事案は所有権留保の事例であり、他人物売買ではなく、担保権の付いた物の売買として処理すべきであったと思われる。すなわち、Ｙの所有物であり、ＹがＸに対して当然使用利益の返還を請求でき、結論としては本文の解決は適切であった。

159

§V　解除の効果

の占有者として 190 条で処理されることになる（704 条の適用もある）。

4　損害賠償義務

4-152 **(1)　直接効果説では特例**

545 条 4 項は、「解除権の行使は、損害賠償の請求を妨げない」と規定している。本規定は、解除によって契約が解消されると、無効や取消しと同様に、契約上の債権・債務が遡及的になくなるので、債務がなければその不履行も問題にはできなくなるのではないか、という疑問に答える規定である。直接効果説では、理論的には信頼利益の賠償となるところを、545 条 4 項が特則を規定していると理解されている（末川・上 174 頁、我妻・上 200 頁。最判昭 28・12・18 民集 7 巻 12 号 1446 頁など）。

4-153 **(2)　損害賠償の内容**

その肝心の「損害賠償」の内容については何も規定しておらず、解釈に任されている。学説には、解除により契約が消滅して債権もなかったことになるので、債権の効力としての損害賠償請求権は認められず、無駄な費用の支出など信頼利益の賠償にとどめる主張もあった（信頼利益説）。しかし、545 条 4 項を根拠に履行利益の賠償を認めるのが、通説・判例である（履行利益説）。債権者を保護するための解除制度なのに、信頼利益の賠償に制限するのは背理であり、わざわざ規定した以上、履行利益の賠償を認める規定として解釈すべきだからである。ただし、解除がない場合とは損害賠償の内容は異ならざるをえない（☞ 4-154）。

4-154 **◆解除と損害賠償についての若干の分析**

(1)　買主による解除

まず、売主 A が目的物を引き渡さないので、買主 B が契約を解除した場合、履行を受けたがそれが遅れた場合とは異なる損害賠償が問題となる。B は履行不能の場合と同様に、填補賠償を請求できる（415 条 2 項 3 号）。解除によって買主は履行請求権を失うからである（算定基準時は解除時☞債権総論 4-236）。その代わりに、解除によって代金債務を免れるので、それを損益相殺しなければならず、結局は填補賠償と代金との差額を賠償請求できることになる。代金が既払いの場合には、代金返還請求権を取得し、差額の損害賠償請求権が認められる。その他、解除して他から代替品を取得するまで目的物を使用できない損害など、相当因果関係にあるすべての損害の賠償請求が可能である。

第 4 章　契約の解除　第 1 編　契約総論

(2)　売主による解除

4-155

　次に、買主 B が代金を支払わないので、売主 A が契約を解除した場合を考える。買主 B の債務は金銭債務であり、金銭債務の損害賠償は 419 条により遅延利息に限定されている。しかし、解除がされた場合には、419 条の適用はなく、履行が遅れたわけではないので、履行までの遅延損害金はなく、目的物を解除後、他に売却したが安くしか売れなかった差額などの、損害賠償が請求できる（大判大 5・10・27 民録 22 輯 1991 頁）。学説には、売主からの解除についても填補賠償を問題にする主張があるが（我妻・上 201 頁）、そのように考える必要はない。

5　解除と第三者

(1)　解除前の第三者

4-156

(a)　民法の規定──「第三者」は解除により害されない　A から B への不動産の売却後、B によって第三者 C に目的物が転売され、その後 A によって解除されたとする。545 条 1 項ただし書は、原状回復義務に続けて「ただし、第三者の権利を害することはできない」と規定している[52]。「第三者」は、96 条 3 項等と同様に、契約の目的物について新たな利害関係を取得した者であり、買主からの転得者──解除された売買契約が所有権留保されていて転得者が所有権を取得していなくてもよい[53]──、抵当権設定を受けた者、賃借権の設定を受けた者、差押債権者らがこれに該当する。売買契

[52]　大判昭 7・1・26 法学 1 巻上 648 頁は、「民法第 545 条第 1 項但書に所謂第三者とは、契約の目的物の上に権利を取得したる第三者を指称し、其取得したる権利に付第三者に対抗する要件を具備することを要する」という（最判昭 45・3・26 判時 591 号 57 頁も「民法 545 条 1 項但書にいう第三者とは、その契約から生じた法律効果を基礎として解除前に新たに権利を取得し対抗要件をそなえた者を意味する」という）。立木につき、対抗要件を満たせばよいので、引渡しを受ける必要はなく、明認方法が施されるのでもよいものとする。この定義では、物権取得者であることが前提とされており、特定物債権者は含まれない。しかし、対抗関係では、立木の事例につき、最判昭 28・9・18 民集 7 巻 9 号 954 頁は、「未だ所有権自体は取得するに至らないで、たゞ右立木の所有権を自己に移転させる単なる債権を取得したにすぎないものである としても、すでに X がかかる権利を取得した以上、X は右立木について、Y の所有権の取得に対し明認方法の欠缺を主張すべき正当な利益を有する第三者に該当する」と述べている。545 条 1 項ただし書や 96 条 3 項なども同様に解し、所有権留保買主らも含めるべきであり、対抗要件についても仮登記で足りると考えるべきである。

[53]　A が B に甲地を代金完済まで所有権を留保して売却し（B が仮登記を経由）、B が代金を支払う前に B が甲地を C に売却して仮登記に付記登記をしたとする。B が代金を支払わないので、その後、A が売買契約を解除したとする。所有権を取得していないが、C は 545 条 1 項ただし書の第三者に該当するであろうか。「第三者」は新たな利害関係を取得することが必要であり、B と売買契約をしただけで法的保護に値する利害関係を取得しているといえる。そのため、C は解除がないものとして、B の代金を代位弁済し、B の A に対する所有権移転登記請求権を代位行使することができる。C の権利保護要件としては、仮登記の付記登記でこれを満たすものと考えるべきである。

§V　解除の効果

約上の債権の譲受人については、468 条 1 項と抵触する限りで、545 条 1
項ただし書の適用は排除される（☞債権総論 9-96）。

4-157　　(b)　**解除の法的構成との関係——対抗要件・主観的要件**

❶　**間接効果説・折衷説——対抗関係**　解除により契約の効力が消滅する
ものではないとする間接効果説・折衷説などの考えでは、A から B に一旦
生じた物権変動の効力は影響を受けず、契約解除により改めて B から A に
所有権が戻されることになる。このように B → A という解除による物権変
動を認める考えでは、B を起点として、C 次いで A へと所有権の移転が問
題となり、A・C は二重譲渡類似の対抗関係に立つことになる（広中 352 頁、
加賀山茂「対抗不能の一般理論について」判タ 618 号［1986］197 頁）。

4-158　❷　**直接効果説**

(ア)　**無効の遡及効の制限**　直接効果説では、取消しと同様に、遡及的に契
約そして物権変動は無効となり、B は所有者でないのに A の不動産を C に
売却したことになる。C を保護するために、95 条 4 項・96 条 3 項と同様の
遡及効制限の規定として、民法は 545 条 1 項ただし書を設けたと考えるこ
とになる。AC 間は対抗関係ではなく、C は登記なくして所有権の取得を A
に対抗できることになるはずであるが、この立場でも、いわゆる権利保護資
格要件として第三者に対抗要件を要求することも考えられる。判例は、立木
取引の事例で、第三者に対抗要件具備を要求する（☞注 4-52)[54]。

4-159　(イ)　**第三者の要件①（主観的要件）**　第三者の善意が要件とされていない
が、この点は解除権の成立を知っていてもよいという趣旨であろうか。この
点の議論はほとんどなく、判例もない。しかし事例によっては、解除権者の
犠牲の下に悪意の第三者を保護することは疑問になる。買主が代金の支払を
遅滞していて解除されても仕方がない状況にあることを知りつつ、解除され
ていないことを奇貨として、第三者が買主からその目的物を購入した場合に
は、第三者の保護を否定すべきである。

4-160　(ウ)　**第三者の要件②（対抗要件）**　対抗関係ではないので、対抗要件は要
求されないが、権利保護資格要件として、解除権者が登記や占有を取り戻す

---

54)　判例は直接効果説を採用するため、取消しの 96 条 3 項の「第三者」と同じ解決がされるべきである。
しかし、96 条 3 項については対抗要件具備を不要としており（最判昭 49・9・26 民集 28 巻 6 号 1213
頁）、一貫していない。

162

第4章　契約の解除　第1編　契約総論

よりも先に所有権移転登記や引渡しを受けることを必要とすると考えるべきである。判例も 545 条 1 項ただし書の第三者に対抗要件具備を必要とする（大判昭 7・1・26 法学 1 巻上 648 頁、最判昭 45・3・26 判時 591 号 57 頁）。ただし、解除前の第三者の事例で、解除による復帰的物権変動を認めて 178 条を適用した異例な判例もある（大判大 10・5・17 民録 27 輯 929 頁）[55]。

4-161　**(2)　解除後の第三者**

　①間接効果説等では、解除後の第三者は 177 条により規律されることになる。②他方、直接効果説では、取消しと同様に考えることになる。ⓐ取消しでは、取消し後の第三者については 177 条が適用されているので（☞ 4-126）、これと同様に考えることが可能である（我妻上 199 頁、柚木 301 〜 302 頁）。ⓑしかし、復帰的物権変動を認めずに、94 条 2 項の類推適用によることも考えられる。ただしその適用時期は、解除しうる時から、解除の時から、解除後放置したと思える相当期間経過してから、など色々考えられる。いずれの構成によるかで、主観的要件が大きく異なってくる。

§Ⅵ
法定解除以外の解除

1　約定解除

4-162　約定解除権に基づく約定解除（☞ 4-2）も、解除権の行使であり単独行為であることに変わりはない。その発生原因が、法定の解除の場合と異なるだけで、法定解除権の発生原因に関する規定を除いて、解除に関する規定は法定解除・約定解除に共通に適用されると考えてよい。したがって、発生原因の部分を除いて（541 条・542 条・543 条・545 条 4 項）、以上に述べたことが当てはまる。解除は相手方に対する意思表示により（540 条 1 項）、一度した解除

---

55)　末弘厳太郎「判批」法協 40 巻 1 号 [1922] 138 頁は、解除は物権的効力を有し、すでに第三者に「移転」していれば「復帰」の余地はないが（545 条 1 項ただし書を参照とする）、本判決は第三者への移転につき対抗要件具備（引渡し）がないので、A に対抗することができず、他方、A はすでに登記を取り戻したので「復帰」を第三者 C にも対抗できるものとしたと整理して、「吾民法の物権行為理論及び解除理論より考ふるときは極めて至当な結論だと云わねばならぬ」と評している。何の疑問もなく、解除による「復帰的物権変動」を前提とし認めている。

163

§Ⅵ　法定解除以外の解除

は撤回できず（同条2項）、解除権者また相手方が複数人いる場合には、解除権不可分の原則が適用される（544条）。そして、解除により原状回復義務が認められ（545条1項～3項）、ただし第三者の権利を害することはできない（同条1項ただし書）。解除後の原状回復につき、同時履行の抗弁権が認められる（546条）。また、相手方の催告により解除権が消滅し（547条）[56]、また、解除権者の故意または過失による目的物の滅失などにより、解除権が消滅するが（548条本文）、そうでなければ解除権は消滅しない。

2　合意解除（解除契約）

4-163　**(1)　原状回復義務規定の適用の可否**

　合意解除は契約であり、単独行為である解除権の行使ではないので、解除権の行使を規定する民法の解除の規定は適用されない。では、原状回復についてはどう考えるべきであろうか。

　通説は、合意解除の返還義務については不当利得の規定によるべきであり、解除の545条の原状回復義務についての規定の適用はないと考えている。判例も、最判昭32・12・24民集11巻14号2322頁は、「合意解約がなされた場合には、民法703条以下による不当利得返還義務の発生するのは格別、当然には民法545条所定の原状回復義務が発生するものではない」と判示する。前掲大判大8・9・15（☞4-129）は、受領した金銭に受領時からの利息を付ける必要はないという。過去に遡って清算するか、将来に向かって清算するだけか、当事者の合意によるが、後者と推定しているといえる。

4-164　**(2)　第三者との関係**

　(a)　合意解除前の第三者　合意解除は、契約により契約解消という効力を生じさせるものであり、契約は第三者を害することはできないという原則からいうと、これにより第三者が影響を受ける場合には、その第三者を害することはできない（権利保護要件は必要）。このように、そもそも契約の効力

---

56)　547条は、解除できる期間が定められている場合には適用にならない。その期間は解除が保障されているのであり、同条を適用することはその趣旨と抵触するからである。例えば、物の販売で、1週間解除ができるという契約なのに、売主が解除するかどうか明日までに返事を求めて、返答がなければ解除権を失わせるというのは、1週間の解除権を認めたことと矛盾するので許されない。

が第三者に及ばないため、545 条 1 項ただし書を適用する必要はない。

(b) 合意解除後の第三者　他方、合意解除後の第三者については、合意により復帰的物権変動が生じるので、177 条を適用することが可能になる。判例は、「合意解約は右にいう契約の解除ではないが、それが契約の時に遡って効力を有する趣旨であるときは右契約解除の場合と別異に考うべき何らの理由もないから、右合意解約についても第三者の権利を害することを得ない」。「しかしながら、右いずれの場合においてもその第三者が本件のように不動産の所有権を取得した場合はその所有権について不動産登記の経由されていることを必要とする……。けだし右第三者を民法 177 条にいわゆる第三者の範囲から除外しこれを特に別異に遇すべき何らの理由もないからである」という（最判昭 33・6・14 民集 12 巻 9 号 1449 頁）。

第2編
財産の取得を目的とした契約（契約各論①）

第1章

贈与

§ I
贈与の意義

5-1 (1) 贈与契約の意義

贈与（贈与契約）[1]は、「当事者の一方［＝贈与者］がある財産を無償で相手方［＝受贈者］に与える意思を表示し、相手方が受諾をすることによって、その効力を生ずる」契約である（549条）。贈与契約は、片務、無償の契約であり、諾成契約である。対価ではない受贈者により給付がされる場合には、**負担付贈与となる**（☞ 5-4）。負担付贈与については、負担の限度で双務契約の規律を受ける（553条）。「財産」は、物でなくてもよい（☞ 5-3）。他人の財産の贈与も債権契約としては有効である。

5-2 (2) 贈与の原因

贈与契約の動機・機能は問わない[2]。宣伝のためにポケットティシュを配ったり、八百屋がおまけをくれるのには営業目的がある。企業が社会貢献のための活動として、寄付をする行為なども考えられる。過去に受けた恩や贈与のお返しとして、これからお世話になるため、良好な情義的関係の維持のために行われることが多いが[3]、そのような原因関係は必要ではない。また、生前に推定相続人に財産を贈与しておく例がみられる。子猫を引き取ってもらうのは贈与か無償の引取りかは明確ではない[4]。

---

1) 人がなぜ贈与をするのかは、経済学や社会学の打って付けの研究テーマであり、贈与の分類も研究されている。経済学の分析を参考にして、贈与法学の再構築を目指した論文として、吉田邦彦「贈与法学の基礎理論と今日的課題」同『契約法・医事法の関係的展開』（有斐閣・2003［初出は2000］）226頁がある。無償のみに着目して画一的処理がされるべきことは、16〜17世紀の後期スコラ学派において疑問視され、贈与法学が一筋縄では捉えきれず、きめ細かな処理が目指されている（同232頁）。

2) 潮見・新各論Ⅰ39頁以下は、贈与の現実類型を、①義務的贈与、②遺産の生前処分の一環としての贈与、③戦略的贈与、④慈善目的での贈与に分ける。

3) 他人への施しにより死後に天国に行けるといった宗教上の信念、税金対策になる寄付は別として、人間の行動には**「返報性の原理」**（何かもらったり、してもらった場合には、法的には義務ではないがお返しが必要）が働き、日常の小さな贈与や無償の手伝いなどはこの行動規範によって規律されている。

4) ＊お布施　お布施は、葬式などでお経を読んでもらった、戒名を付けてもらったことに対するお礼として渡す金銭であるが、契約で金額が定まっているわけではない。実施してもらう「合意」はあるが、対価を得る有償契約ではなく、「お礼」としていくら包めばよいか支払者が決められ、「ご祝儀」のようなものである。神主による地鎮祭などの宗教サービスに料金を支払う場合、霊能力者による祈祷に料金を支払う場合などは契約であることは間違いないが、お布施については前近代的性格が残っている（お布施について、宮下修一「『お布施』の法的意味」深谷格ほか編著『生と死の民法学』［成文堂・2022］253頁以下参照）。

第1章　贈与　第2編　財産の取得を目的とした契約（契約各論①）

5-3 **(3)　贈与の目的**

　贈与は「財産」を「与える」契約でなければならないので、無利息で金銭を貸す、無償で労務を提供する契約は、いずれも贈与ではない。この場合、無償契約としての特殊性が認められ、無償の請負であれば、無償請負人には委任に準じて無理由解除が認められてよい（651条1項）。無償注文者についても、有償契約である請負の641条を類推適用すべきではなく、損害賠償は不要である（651条2項）。ただ無償注文者が材料費を負担する場合には、材料費が無駄になった損害の賠償は考えられる。

5-4 **(4)　負担付贈与**

　「無償」とは対価の約束がなければよく、俗にいうタダである必要はない。子犬の贈与で予防接種や餌代がかかっているので、その費用として5000円を支払ってもらうという合意は、代金の合意ではない。このように、対価ではないが契約上無償給付の受益者が負担する債務を**負担**といい——有償契約の対価関係に立たない付随義務とも異なる——、負担のある贈与を**負担付贈与**という。当事者が売買と考えて行えば、売れ残った子犬を捨て値で販売することも売買契約である。友達だから特別に半額で売るといった場合、負担付贈与ではないが、売買ベースの贈与的要素が入った——半額分は贈与に等しい——契約になる。

5-5 **◆募金・義援金と寄付**
　(1)　募金・義援金

　　公共の目的のために、広く募金を募る場合（災害義援金、交通遺児義援金などのほかに、町内のお祭りの寄付など）、これを**寄付**といい、寄付を発起する発起人・世話人などが集めた金銭を基金として、公共の目的のために管理し処分することになる。そのため、発起人との関係は贈与ではない。この場合には、寄付された財物などは発起人への信託的譲渡と考えられ、場合によっては、贈与目的物の寄託——最終的な贈与の相手方がいる場合、例えば、難病のある子供の手術のための募金など——、あるいは第三者のためにする契約と考えられている。

5-6 **(2)　宗教・教育・慈善団体への寄付**[5]

　　宗教団体・学校・慈善団体等に対して行われる個別的な**直接の寄付**は贈与である。この場合に、使途目的を定めないで寄付をする場合もあれば、一定の使途を

---

5)　寄付については、小出隼人「寄付の法的構成に関する一考察」法学84巻1号75頁、2号29頁（いずれも2020）参照。河上正二「霊感商法関連新法について」法教514号（2023）51頁は、寄付は、単独行為・事実行為であり、契約と考えて消費者契約法でのみ対応できるとする考えは適切ではないという。

169

提示して寄付を募ることもある。後者は負担付贈与になり、受贈者は寄付金をその目的に使用する義務を負う（我妻・中一238頁、星野109頁、石田穣29頁、内田162頁）。そうすると、寄付を受けた金銭を他の目的に使用すれば、負担の債務不履行となり、寄付者は寄付（負担付贈与契約☞ 5-87）を解除できる。ただし、例えば、大学のOBが100周年記念会館建築という名目で募金に応じた場合に、合理的な理由があれば、これを取り止めて、例えば学生の奨学金の原資にするなどの相当な使用方法への転用は許されると考える余地はある（☞ 5-87）。

§Ⅱ
贈与の成立および拘束力

1 諾成契約──**実質要式契約 or 要物契約**

5-7 **(1) 贈与法のグローバルスタンダード**

　比較法的には、無償契約は要物契約・実践契約とされ、合意だけでは拘束力は認められないが、諾成主義との妥協により公正証書による契約の成立が認められている。すなわち、贈与は公正証書による要式契約とされ、ただ要式性を満たしていなくても履行があれば返還は請求できず、要式契約・要物契約いずれかの要件を満たせばよいというに等しい。公正証書によるので、①軽率な贈与が予防でき、また、②贈与をめぐる争いが書面により（内容を含めて）画一的に解決されることになる。また、書面があったり履行がされても、受贈者による贈与者への虐待等があれば、贈与者は贈与の取消しができる。旧民法も公正証書の作成を必要とした（財産取得編358条1項）。

5-8 **(2) 日本の贈与法の特殊性**

　ところが、日本民法は贈与契約を諾成契約とした（549条）。日本の民法は、贈与契約を諾成契約とし、また、忘恩行為による取消しを認めず、無償で一方的に出捐をする贈与者にかなり厳しい。確かに書面がなければ贈与者は自由に贈与を解除できるので、諾成契約といっても実質的には要式契約と変わらない。もっとも、ここでいう書面は、公正証書である必要はないため、公証人による紛争予防・解決機能は期待できない。迂闊に一筆書いてしまっても書面ありとされてしまう。実際には、書面要件自体が争いの原因にさえなってしまうという本末転倒の状態になっている。また、受贈者が贈与

第 1 章　贈与　第 2 編　財産の取得を目的とした契約（契約各論①）

者を虐待した等の非行を働いた場合の取消権も規定されていない。

5-9 **(3)　運用により問題点は解消されたか**

　　公正証書を不要とし書面さえあれば拘束力を認め、非行を理由とする取消権を認めない点で、日本の贈与法は、<u>贈与者にかなり厳しい</u>という特異性がある。①書面を公正証書でなくてよいことにしたことから生じる問題点については、判例は書面の範囲を益々拡大し、問題を拡大している。②他方で、贈与者による財産の取戻しを、虐待等の非行に限定せず、忘恩行為にも広く認めており、その外延が不明瞭になっている。こうして、日本法においては、比較法的なボタンの掛違いは益々広がっている[6]。

2　贈与契約の任意解除権

5-10 **(1)　書面によらない贈与契約の拘束力の否定**

　　民法は、贈与を諾成契約としながら、他方で、「書面によらない贈与は、各当事者が解除をすることができる」とし（550 条本文）、ただし、「履行の終わった部分については、この限りでない」と規定した（同条ただし書）[7]。したがって、①書面によらない贈与で、かつ、②履行が終わっていない場合には、贈与者は——受贈者も——いつでも自由に贈与契約を解除することができる。諾成契約とはいえ、贈与契約の拘束力はなきに等しいのである。

5-11 　**◆離婚に際する財産分与の合意**

　　　離婚に際する財産分与の合意は、無償で財産を与える点で贈与のようであるが、離婚への慰謝料、財産の清算、離婚後の生活保障など種々の要素が含まれた特殊な契約であり、自由に解除ができるというのは適切ではない。最判昭 27・5・6 民集 6 巻 5 号 506 頁も、離婚に際しての財産分与は、「当事者の一方が他の一方に単に恩恵を与えることを目的とする単純なる贈与と同日に論ずべきではない」と判示し、550 条の適用を否定した。贈与と区別された不用品を引き取ってもらう約束も無償契約であり、550 条を類推適用してよいであろう。この場合には、解除により合意の拘束力から解放されるのは、譲受人となる。

---

6)　日本では、「相続の前倒しとしての贈与と社会的儀礼による贈与、寄付などを明確に区別して、両者には異なったルールを与えることが妥当だという方針がはっきりしなかった」ことが問題として指摘されている（藤原正則「贈与法と相続法」『現代私法規律の構造』[第一法規・2017] 331 頁）。

7)　550 条についての詳しい分析として、池田清治「民法 550 条（贈与の取消）」民法典の百年Ⅲ 255 頁がある。同条では、電磁的記録の書面擬制は認められていない。

171

§Ⅱ　贈与の成立および拘束力

5-12　**(2)　550条の立法趣旨**

　(a)　起草者の説明とその後の根拠づけ

　(ア)　起草者による説明　起草者は、民法の規定は<u>要式主義を採用する立法</u>と実質的に変わりがないと考え、550条の根拠について、①贈与者の意思は確定的ではなく、②後に後悔して争いになる可能性があり、そのような争いを避けるために、書面の有無で形式的・画一的に解決することにより、紛争を未然に回避しようとしたと説明している（梅465頁）[8]。判例・学説は、この説明をそのまま受け継ぎ、書面によらない贈与の任意解除権が認められる理由を、次の2つに整理する[9]。

5-13　**(イ)　550条が認められる理由**

　(ⅰ)　贈与意思の明確化　まず、贈与意思の明確化のために書面が要求されていると考える。贈与では本気か否かが微妙な事例が少なくなく、事後に問題になりうるため、紛争を未然に予防したと考える。しかし、これは贈与の意思があっても拘束力を免れることの説明、なぜ贈与の約束をしたのに反故にできるのかの根拠を説明していない。締結の有無、内容についての紛争の予防の説明でしかない。

5-14　**(ⅱ)　軽率な贈与の防止**　次に、軽率な贈与の防止ということがいわれる。書面を作らせることで慎重にさせ、後で後悔するような軽率な贈与を予防するというのである。しかし、①なぜ「贈与」だと、軽率にされても保護を受けるのか、最も肝心な説明が抜け落ちている。②また、公証人がチェック機能を果たす公正証書ならわかるが、軽率に私人間で書面が作成されることは避けられず、書面の方が、口頭での約束よりも慎重になるという程度の説明にしかならない。

---

8)　広中俊雄編著『民法修正案（前三編）の理由書』（有斐閣・1987）528～529頁は、「我国に於ては人人未だ公証制度に慣れざれば此の如き手続を要することは従来の慣習に反する」反面、「之に依りて贈与者の熟慮を促さんとする如きは我国に於ては殆んど其効なかるべき」ことを理由として、公正証書による要式主義を採用しなかったことを説明する。しかし、さらに続けて、「後日の争訟を予防し法律行為を確実ならしめ併せて幾分か贈与者の熟慮を促すには書面に依りて贈与を為さしむること固より立法上至当の方法たるに因り」（<u>下線引用者</u>）、公正証書でなくてよいが、書面がなければ取消しを可能にしたという。

9)　判例も550条の趣旨につき、「口頭又は暗黙の如き極めて簡易なる方法に依り意思表示を為すときは、或は軽卒に之を為して後日悔ゆることなきを保す可からざるのみならず、贈与者の真意明確ならさる為め後日の紛争を惹起することあるを免れず。是れ民法が書面に依らざる贈与を有効とすると同時に之を不確実なるものとし其第550条に於て取消すことを得る旨規定せる所以な」りと説明する（大判大7・11・18民録24輯2216頁）。

172

第1章　贈与　第2編　財産の取得を目的とした契約（契約各論①）

5-15　**(b)　根拠づけの疑問**

(ア)　拘束力否定の根拠──無償だから　上記のように、軽率な贈与が保護される根拠づけを模索する必要があるが、それは贈与が「無償」であることに求めるべきである。取引とは異なり、受贈者が一方的に利益を受け、贈与者が一方的に不利益を受ける契約だからである──贈与も多様だがこのような事例をここでは考える──。贈与は、特別の人間関係という契約内容には現れない行為基礎に基づいており、取引のように合意だけで拘束するべきではない。次述のように、拘束力を認めることがむしろ例外なのである。

5-16　**(イ)　拘束力を認めることが例外**　贈与では、対価もないのに例外的に拘束力を認める根拠づけが必要と考えるべきであり、公証人が関与して契約がされている点に求めるべきである。公証人は紛争の事前抑止を担う職業として機能・期待されている。「書面」が拘束力の根拠というよりも、公証人が後見的に関与して軽率・不適切な贈与の予防機能を果たすことが期待されているのである。そのため、公正証書ならば例外的に贈与に拘束力を認めてよいのである。また、履行後は相手に返還させるという迷惑を掛けるので、受贈者の保護が必要になる。

5-17　**(ウ)　欧米と実質的に等しい立法なのか**　翻って日本法の規定を考えると、欧米と実質的に同じかというとそうではない。公証人の後見的関与の下に契約が締結されることに意味があり、単なる書面でよいとなると、軽率に書面を作成してしまうことは防げない。軽率な贈与の予防は「書面」を要求するだけでは実現できない。軽率な贈与の防止という根拠づけは、公正証書が作成される場合にのみ当てはまる。こう考えると、日本のあまりにも贈与者に厳しい贈与法、そして判例による書面該当性を広く認める解釈は大いに疑問であるといわざるをえない。

5-18　**(3)　任意解除の要件**

(a)　「書面によらない贈与」であること

(ア)　当初の厳格な運用──贈与の意思表示を記載した書面[10]

(i)　贈与の意思表示を記載した書面が必要　550条の「書面」であるが[11]、判例は、当初は書面により贈与意思が表示されることを要求していた。前掲大判大7・11・18（☞注5-9）は、XがAに「本訴地所を贈与するに際し訴外Bに作成せしめてAに交付したる文書には、単に受贈者の氏

173

名と目的地所の地番地目及反別の記載あるに止まり他に何等の記載なくして贈与の意思なりしことを知るに由なきものなれば、……書面に依て贈与の意思を表示したるものと謂ひ得べきに非ず」という[12]。

5-19　**(ⅱ)　書面の交付は不要・事後の作成でもよい**　書面が受贈者に交付されていない事例（大判昭16・9・20判決全集8輯30巻12頁）でも、書面による贈与と認められている。書面の作成が要件であり、受贈者への書面の交付は要件になっていない。なお、要式契約ではないので、贈与契約の際に作成される必要はなく、後日作成されてもよい（大判大5・9・22民録22輯1732頁）。諾成契約なので、口頭での合意によって契約は成立し、書面が作成された時点で解除権が消滅することになる。

5-20　**(イ)　拡大を容認する判決①──契約書の記載内容**

(ⅰ)　受贈者の記載がなくても書面性を認める判決　ところが、すでに戦前から書面性を緩和する判決が現れている。贈与契約書が作成され贈与意思が表示されている場合には、受贈者の氏名が記載されていなくても書面による贈与と認められている（大判大3・12・25民録20輯1178頁）。贈与契約書が作成されてさえいれば、受贈者の記載がなくても書面を離れて確定できればよいことになる。無償契約の要式性について厳格な運用を貫くべきであり、判例の運用は疑問である。

5-21　**(ⅱ)　売買契約書を作成した場合**　贈与契約書の代わりに売買契約書を作成した場合にも──贈与は隠匿行為──、書面による贈与と認められている（前掲大判大3・12・25[13]、大判大15・4・7民集5巻251頁）。売買契約として代金支払済みという記述になっていても、諸般の事由から贈与と認定できればよいと

---

10)　**＊証明責任**　要式契約とは異なり、受贈者が履行請求のために「書面」の存在について証明責任を負うのではなく、贈与者が書面によらない贈与であることを証明して解除ができることになる。しかし、実質要式主義と同じというのであれば、規定の方式には反するが、むしろ解除を争う側に書面の存在の証明責任を負わせるべきである。

11)　電子的データは「紙」ではなく情報であり、メールの送信などは書面ではない。ただし、書面と「みなす」規定があれば、法の規定により書面と擬制される（151条4項・446条3項・587条の2第4項）。贈与については、550条で電子的データを書面とみなす規定はない。無償契約の拘束力を否定する根拠を要物契約に求めることから、贈与と同じ方式にした593条の2・657条の2第2項も贈与に倣って、電子的データを書面とみなす規定を置いていない。

12)　また、大判昭13・12・8民集17巻2299頁は、「書面に依る贈与と言ひ得る為には、贈与を約する旨の意思表示が書面に記載せられ之に依りて受贈者に対し表示せられたることを必要と」するとして、村議会が村の功労者に慰労金を与える旨を議決した議事録は、書面による贈与とはいえないと判示している。

第1章　贈与　第2編　財産の取得を目的とした契約（契約各論①）

緩和されるのである。しかし、隠匿行為として贈与が有効でも、贈与意思が表示された書面がないのであり、疑問である。

5-22　　(ウ)　**拡大を容認する判決②──書面は契約書でなくてよい**

　　(i)　**当事者の関与または了解の上に作成された書面に緩和する判決**

　　❶　**当事者による農地贈与の許可申請書の作成**　戦後になると、農地の贈与で、農地所有権移転の許可申請書に移転原因として贈与と記載した場合にも、「譲渡人から譲受人に対し本件土地を無償贈与する意思が十分に表示されているから、……その内容は民法550条にいわゆる書面による贈与と認めて妨げない」とされる（最判昭37・4・26民集16巻4号1002頁）。書面による意思表示についての<ruby>箍<rt>たが</rt></ruby>が外されてしまったのである。

5-23　　❷　**裁判所書記官が作成した調停調書**　その後、財産処分禁止請求調停事件において、調停に際してXY間で本件土地部分を贈与する旨の合意が成立し、XY間の調停調書に本件土地を除外する旨の記載がされた事例で、「同調停調書は、贈与の当事者であるX及びYの関与のもとに作成された書面において、本件土地の所有権が贈与によりYに移転し同人に帰属したことを端的に表示したものとして、民法550条にいう書面にあたる」とされた（最判昭53・11・30民集32巻8号1601頁）[14]。

　　こうして、ⓐ当事者が作成する必要はなく、当事者の「関与又は了解のもとに作成された書面」であればよく、ⓑ贈与のあったことを「確実に看取しうる程度の記載」があればよいとされたのである。

5-24　　(ii)　**贈与者の第三者宛ての内容証明郵便**　さらに、最判昭60・11・29（☞5-25）は、550条の趣旨を「贈与者が軽率に贈与することを予防し、かつ、贈与の意思を明確にすることを期するためである」と、伝統的な根拠づ

---

13)　「縦令売買に仮託して書面を作成したるものとするも、贈与の意思が其書面に依り明確なるに於ては之を書面に依る贈与と認むることを妨げざるものとす。又法律に於て書面に依らざる贈与は之を取消すことを得るものと為したる所以は、……贈与者の権利移転の意思の明確を欲したるに外ならざれば、本件に付き原審の確定したるが如く贈与者の権利移転の意思明確なるに於ては売買に仮託して贈与の証書を作成したりとするも之を以て脱法行為と謂ふを得ず」という。

14)　その理由として、「同条が書面によらない贈与を取り消しうるものとした趣旨は、贈与者が軽率に贈与を行うことを予防するとともに贈与の意思を明確にし後日紛争が生じるを避けるためであるから、贈与が書面によってされたものといえるためには、贈与の意思表示自体が書面によってされたこと、又は、書面が贈与の直接当事者間において作成され、これに贈与その他の類似の文言が記載されていることは、必ずしも必要でなく、当事者の関与又は了解のもとに作成された書面において贈与のあったことを確実に看取しうる程度の記載がされていれば足りる」と説明する。

175

§Ⅱ 贈与の成立および拘束力

けを確認した上で、5-23 ⓐⓑの要件のⓐを削り、「書面に贈与がされたこと
を確実に看取しうる程度の記載があれば足りる」と、ⓑだけを要件とした。
買い受けたが所有権移転登記を受けていなかった不動産を贈与した者が、売
主に対して、第三者に贈与をしたので、受贈者への所有権移転登記をするよ
う内容証明郵便で通知をした事例で、書面による贈与と認められた。

5-25
●**最判昭 60・11・29 民集 39 巻 7 号 1719 頁** [判旨（一般論）]「民法 550
条が書面によらない贈与を取り消しうるものとした趣旨は、[①] 贈与者が軽
率に贈与することを予防し、かつ、[②] 贈与の意思を明確にすることを期す
るためであるから、贈与が書面によってされたといえるためには、<u>[ⓐ] 贈与
の意思表示自体が書面によっていることを必要としないことはもちろん、
[ⓑ] 書面が贈与の当事者間で作成されたこと、又は [ⓒ] 書面に無償の趣旨
の文言が記載されていることも必要とせず</u>、書面に贈与がされたことを確実に
看取しうる程度の記載があれば足りる」。

5-26
[判旨（事案への当てはめ）]「X らの被相続人である亡 A は、……Y に……
宅地……を贈与したが、前主である B からまだ所有権移転登記を経由していな
かったことから、……<u>同日のうちに、司法書士 C に依頼して、右土地を Y に譲
渡したから B から Y に対し直接所有権移転登記をするよう求めた B 宛ての内
容証明郵便による書面を作成し、これを差し出した</u>」。「右の書面は、……その
作成の動機・経緯、方式及び記載文言に照らして考えるならば、[①] 贈与者
である亡 A の慎重な意思決定に基づいて作成され、かつ、[②] 贈与の意思を
確実に看取しうる書面というのに欠けるところはなく、<u>民法 550 条にいう書
面に当たる</u>」（贈与者 A の相続人 X らによる取消しを否定）。

5-27
◆ 「書面」の拡大についての学説による評価
(1) **批判的な見解もある**
判例のように、550 条の趣旨を贈与意思の明確性の担保という点に求め、その
趣旨から容認できる事例へと書面の解釈を拡大することに賛成するのが学説の一
般的傾向といってよい。しかし、判例のように書面の解釈を拡大していくと、書
面の有無で簡易に判断できず、実質判断が必要になる。そのため、学説には判例
に疑問を呈する主張もある（新版注民⑭ 43 頁以下 ［松川正毅］）。判例を制限して、①
内在的要因として、贈与者名、受贈者名、目的物、無償性の表示がされているこ
と、②外在的要因として、当事者間での作成そして交付が必要であるという。

5-28
(2) **本書は批判的**
(a) **比較法的に異例な立法・異例な運用でよいのか** 贈与は拘束力がないのが
原則であり、公証人が後見的に関与して契約が締結された場合が例外である。現

行法が公正証書に限定せず「書面」に一切拡大してしまったのが諸悪の根源である。公正証書を書面でさえあればよいと緩和した趣旨を重視し、贈与者をより拘束し、受贈者をより保護する立法をしたと好意的に評価すれば、判例の書面を緩和する運用もあながち不合理ではない。

5-29 **(b) 贈与者に厳しい贈与法は不合理** 贈与者が一方的に不利益を受け、受贈者としては無償で得られる財産が得られないだけであるから、贈与者に有利な方向に保護の針を傾けるべきである。起草者は、単なる書面に緩和しておきながら、実質的に欧米贈与法と変わらないと説明しており、矛盾である。制度設計として失敗であり、その不利益を贈与者に負担させるべきではない。可能な限り厳格な解釈が採られるべきである。公正証書は不要であるとしても、贈与の要素が記載された贈与契約書が作成された場合にのみ、解除を否定すべきである。取引安全保護とパラレルに受贈者保護を考えて、書面を拡大解釈すべきではない。

5-30 **(b) 履行が終わっていないこと——実質要物契約でもある**

㋐ 規定と立法趣旨

(i) 実質は選択的に要物契約 書面によらない贈与は任意解除ができるが、「ただし、履行の終わった部分については、この限りでない」（550条ただし書）。一部の履行をしたにすぎない場合には、未履行の部分は依然として任意解除が可能である。したがって、贈与は、実質的に、要式契約か要物契約かいずれかの要件を満たすことが必要になる。書面がない限り拘束力はないが、履行がされると完全に有効になり返還請求は認められないことになる。

5-31 **(ii) 立法趣旨** 書面がない以上、履行するかしないかは自由であるが、それは履行するまでにすぎず、無償契約だからといって履行後も解除できるというのは不合理である。取消しであれば、履行後も取消しができるが、無償であっても、履行されて受贈者の所有物になった後まで取り戻すことを認めることは、受贈者の不利益が大きい。550条ただし書の趣旨については、①履行により贈与意思が明確になり、また、軽率ではないことがわかるようになると説明がされている（我妻・中一229頁）。②しかし、合意と共に軽率に履行した場合には、軽率な贈与であっても救済されないのである。むしろ、返還を免れしめ、受贈者の保護を図る趣旨と考えるべきである。

5-32 **㋑ 「履行の終わった」とは** 550条の「履行の終わった」という意義については、708条にいう「給付をした」という要件とパラレルに考える必要はない。また、手付（557条）の「履行に着手した」という要件とも異なり着

§ II 贈与の成立および拘束力

手では足りない。受贈者に確定的に自分の財産になったという期待を与え、また、返還請求により積極的不利益を与える段階に至ったことが必要である。一部が履行されれば、その部分だけが解除を認められないことになる。

5-33 　(i)　**動産——引渡し**　動産では「履行」があったといえるためには、引渡しが必要であるが、占有改定でもよいと解されている（鈴木331頁は反対）。Aが牧場で生まれた子馬甲をBに贈与し、BはAの牧場でそのまま飼ってもらうこととし（Bが牧場に乗馬に行く）、飼育料として月額5万円と合意したとする。この場合、占有改定であり、Bが毎月の飼育料を支払い、最後までBに現実の引渡しはされないため、占有改定による履行完了を認めるべきではある。しかし、一時的な占有改定にすぎず、現実の引渡しが予定されている場合には、履行は終わっていないと考えるべきである（5-34の大判大9・6・17は1年後引渡しの約束）。登録動産では、引渡しがなくても、登録名義の変更手続があれば、履行が終わったとみてよい。

5-34 　(ii)　**不動産**

　❶　**引渡しでもよい**　不動産については[15]、引渡しがされれば、所有権移転登記がされていなくても、「履行」と認められている（大判大9・6・17民録26輯911頁）。引渡しは占有改定でもよい。X（浅草寺）からYが賃借中の土地上に、Yが建物を建ててXに贈与するが、1年間はYが建物を無償で使用し、1年後にXに引渡しをするという約束が口頭でされ、1年経っても明け渡さない事例で、占有改定が認められ「履行」と認定されている（最判昭31・1・27民集10巻1号1頁）。また、簡易の引渡しでもよいとされ、同棲中の内縁の妻に居住中の建物を贈与し、権利証と実印を預けた事例で、簡易の引渡しによる履行が認められている（最判昭39・5・26民集18巻4号667頁）。権利証の交付があれば引渡しがあったものと推定されるとした判決がある（大判昭6・5・7評論全集20巻民法683頁）。

5-35 　❷　**引渡し以外**　また、引渡しがなくても所有権の移転登記があれば、「履行」と認められる（最判昭40・3・26民集19巻2号526頁）。未登記建物につき、受贈者名義で所有権保存登記がされた場合にも、履行が認められている

---

15)　なお、書面によらない贈与でかつ履行が終わっていなくても、「贈与による権利の移転を認める判決があり同判決が確定したときは、訴訟法上既判力の効果として最早取消権を行使して贈与による権利の存否を争うことは許されなくなる」、と判示されている（最判昭36・12・12民集15巻11号2778頁）。

（最判昭 54・9・27 判時 952 号 53 頁）。

これに対して、農地の贈与につき、知事の許可を停止条件とみて、引渡しがあっても知事に対する許可申請手続が未了であることを理由に、履行が否定され、取消しが認められている（最判昭 41・10・7 民集 20 巻 8 号 1597 頁）[16]。学説も登記か引渡しかいずれかでよいと考えるのが通説であるが（我妻・中一230 頁など）、登記と引渡しの両者が必要という学説もある（末弘 314 頁）。

5-36 **◆不動産につき引渡しも移転登記もないが履行が認められた特殊事例**

所有権の帰属が係争中の土地——A 名義の登記で A が占有——を母親 B が長男 Y に贈与し、贈与の 9 年後に Y が A に対して訴訟を提起して、B がこの訴訟において、「訴訟遂行を助けるため、同人に本件土地の権利関係に関する証拠書類を交付したうえ、一審係属中に証人として出廷し Y のために証言したが、その証言の中には同人に本件土地を贈与した旨陳述が含まれていた」。Y が第一審において勝訴判決を受けた後に、B が書面によらない贈与を理由に贈与契約を取り消した。Y の勝訴が確定し、Y が A から所有権移転登記を受けたので、B の承継人 X が、Y に対して土地所有権移転登記手続を請求したが、最高裁は、「右事実関係のもとにおいては、B は贈与の取消の意思表示をするまでに、すでに Y に対する贈与の<u>履行を終っていた</u>ものと解するのが相当であって、右取消の意思表示は無効である」として、X の請求を退けている（最判昭 56・10・8 判時 1029 号 72 頁）。

5-37 **(4) 任意解除の内容**

(a) 無理由解除 550 条の当初の条文は「取消」と規定していたが、2004 年の現代語化では「撤回」と変更され、2017 年の改正ではさらに「解除」に変更された。意思表示の効力発生を阻止するのとも違い、すでに有効に成立した贈与契約の効力を失わせるものであり、また、この書面 or 要物性を満たさない無償契約の任意解除制度を無償契約に一般化するのが 2017 年改正の方針であり、593 条の 2・657 条の 2 第 2 項も「解除」とされている。クーリングオフとパラレルな解除制度である。取消し、撤回、解除と文言が変わっているが、従前の議論がそのまま妥当する。

5-38 **(b) 本解除の機能・制限**

㋐ 抗弁としてのみ機能する解除 この解除は、550 条ただし書によって

---

16) 「贈与契約が停止条件附のものであって、まだ右停止条件が成就していない場合にあっては、たとえ、事前にその引渡があっても、なお、右贈与契約は、取り消すことができる」と、都道府県知事の許可を停止条件とし、停止条件付き契約ということが根拠にされている。

履行後は認められないので、履行を拒絶するという防御的機能を持つにすぎない。したがって、550条に基づく贈与者の解除権は、抗弁権の永久性の理論が適用され、時効にかかることはない（我妻・中一230頁）。この解除権は一身専属権ではなく、代位行使が可能であり、また相続の対象にもなる。

5-39 **(イ) 負担付贈与の特則** 書面によらない負担付贈与では、贈与者は履行をしていないが、受贈者はすでに負担を履行している場合が考えられる——負担付贈与では双務契約の規定が適用されるが、売買契約の規定が適用されて550条の適用が排除されることはない——。この場合には、もはや550条の解除は否定される（☞ 5-89、5-104）。

3　受贈者の虐待等の非行および贈与者の困窮化の場合の贈与者の保護

5-40 **(1) 起草者はあえて贈与者救済規定を置かなかった**

(a) 虐待・困窮化からの贈与者保護規定を持つ立法

(ア) フランス民法 フランス民法は、条件の不遵守、非行（ingratitude）および子ができた場合に、贈与者による贈与の撤回を認めている（CC953条）。非行と認められる行為は、受贈者による贈与者の殺害、虐待、重傷を負わせ有罪となったこと、食事の提供をしないことに限定されている（CC955条）。条件の不遵守、非行による撤回は、知ったまたは知ることができた時から1年以内に行使しなければならない（CC957条）。婚姻のための贈与は、非行による撤回が認められない（CC959条）。子のいない贈与者による贈与で、贈与者に子ができたまたは養子をとった場合にも、贈与の撤回ができる（CC960条以下）。この撤回権は、出生・養子の成立から5年で時効にかかる（C966条）。

5-41 **(イ) ドイツ民法** ドイツ民法では、贈与者の窮乏による返還請求を認めるが、受贈者は、生計の維持に必要な額を支払うことにより回避できる（BGB528条1項）。贈与者が、自己の困窮を故意または重大な過失によって生じさせたとき、または贈与財産の給付から10年間が経過したときは、贈与物の返還請求は認められない（BGB529条1項）。受贈者が、自己の社会的地位にふさわしい生計または法律上の扶養義務の履行が危うくされる場合にも、返還義務を免れる（同条2項）。また、受贈者が贈与者または贈与者の近親者に対する非行をしたときは（フランスのような限定はない）、贈与者は贈

第1章　贈与　第2編　財産の取得を目的とした契約（契約各論①）

の撤回ができる（BGB530条1項）。贈与者が事実を知ってから1年を過ぎると撤回はできなくなり、また、受贈者の死後には撤回はできない（BGB532条）。

5-42 **(b)　現行民法**

(ア)　撤回権を否定　旧民法には、フランス民法と同様の規定がない。旧民法の親族・相続には独自の規定が多いが、贈与も日本の特殊性が大きく考慮されている。現行法もこれを受け継ぎ、恩に背いたら取り戻せるというのは他人に恩を売るのと同じである、また、親族間での訴訟を誘発することになるといった理由により、(a)のような撤回権は認めなかった（加藤一郎「忘恩行為の効力」法教16号［1982］69頁以下参照）。当初の学説は、この理解に忠実に撤回権を否定していた（末弘322頁、鳩山・上269頁）。

5-43 **(イ)　贈与者救済の問題点**　その後、判例は忘恩行為の事例において贈与者の救済を解釈によって図る。しかし、その方法は多様であり、日本の忘恩行為論は、問題とされる事例が広過ぎるのではないかといった疑問がある（鈴木332頁以下）[17]。フランスでは上記のように撤回できる行為は限定されており、フランスもドイツも、非行を知った時（ドイツ）、知ることができた時（フランス）から1年という期間制限が、撤回を認める見返りとして設定されている。また、贈与者の窮乏については、日本ではこれを問題にする判例はない。

5-44 **(2)　契約解釈以外による救済方法**

(a)　信義則による解決　忘恩行為をした者による贈与の履行請求を信義則によって否定し、さらには、履行後でも信義則により贈与の撤回を認める学説がある（加藤永一・争点Ⅱ107頁）。下級審判決には、信義則を根拠に、履行拒絶を認めたもの（大阪地判昭45・5・9判時620号70頁）、履行後の返還請求を認めたもの（新潟地判昭46・11・12判時664号70頁、大阪地判平元・4・20判タ705号177頁）がある。

---

17)　**＊中間試案は実現されなかった**　中間試案では、「4　贈与者の困窮による贈与契約の解除」として、「贈与者が贈与契約の時に予見することのできなかった事情の変更が生じ、これにより贈与者の生活が著しく困窮したときは、贈与者は、贈与契約の解除をすることができるものとする。ただし、履行の終わった部分については、この限りでないものとする」という案が提案されていた。また、「5　受贈者に著しい非行があった場合の贈与契約の解除」として、「(1)贈与契約の後に、受贈者が贈与者に対して虐待をし、若しくは重大な侮辱を加えたとき、又は受贈者にその他の著しい非行があったときは、贈与者は、贈与契約の解除をすることができるものとする」（(2)以下省略）という案が提案されていた。いずれも採用されなかった。

§Ⅱ　贈与の成立および拘束力

5-45　　(b)　**条理による解決**　法の欠缺があるとして、条理を基礎に撤回を肯定する学説がある（加藤一郎・前掲74～75頁）。判例にも、条理を理由に返還請求を認めるものがある（東京地判昭50・12・25判時819号54頁）。しかし、条理が法源として認められるのか、という根本的疑問がある。立法によって、撤回できる場合を明確化し、利害関係人の利益調整を図り、期間制限をすること等が必須であろう。忘恩行為の基準が明確ではない等の問題点は、すべての解決に当てはまる。

5-46　　(c)　**理論的な根拠づけ**　また、いわゆる行為基礎論による学説がある（石田穣110頁、三宅・上36頁）。取引についての例外原理である事情変更の原則についての予見不能といった厳格な要件は、無償行為では緩和すべきであり、事情変更の原則によることができる。なお、老後の扶養をしてもらうことを期待して贈与をした場合につき、老後の扶養は強制されるべきものではないのでこれを義務とすべきではなく（判例に反対）、目的の不到達の法理による提案がある（平井一雄「判批」『民法拾遺第2巻』［信山社・2000］358頁）。

5-47　　(d)　**受遺欠格規定の類推適用**　他方、特定の明文規定を根拠とするものとして、受遺欠格についての965条・891条を類推適用する提案がある（広中俊雄『民法論集』［東京大学出版会・1971］70頁、鈴木232頁、内田161頁）。札幌地判昭34・8・24下民集10巻8号1768頁は、この立場を採用する。日本の忘恩行為論は基準が明確でなくまた広過ぎるという批判を踏まえれば、891条類推適用説は卓見である。891条は、892条（推定相続人廃除）のように「著しい非行」という広い規定ではない。むしろ、892条の趣旨の準用による解除権を認めるべきである。

5-48　(3)　**契約解釈による救済方法**

　　(a)　**解除条件付贈与**　他方で、忘恩行為の問題を贈与契約の解釈により解決する方法も考えられる。まず、贈与契約の際に、忘恩行為があったり、贈与者の困窮が生じた場合には贈与の効力は消滅するという解除条件が黙示的に約束されているとみる学説がある（中川淳「判批」判評165号［1972］22頁）。しかし、擬制であり、そのような合意を認めるのは難しい。

5-49　　(b)　**負担付贈与**　また、負担付贈与の負担の不履行による解除という提案もされている（新版注民⑭36頁［松川］、松川正毅『遺言意思の研究』［成文堂・1983］153頁以下）。判例として、負担付贈与という構成によった原審判決を支持した、

第1章　贈与　第2編　財産の取得を目的とした契約（契約各論①）

5-50 の最高裁判決がある。解除の根拠条文は、現行法では 542 条 1 項 5 号に求められようか。軽微で解除ができなくても、債務不履行による損害賠償請求（慰謝料）は可能になる。もっとも、問題とされている内容が法的に義務を約束する合意といえるのか（☞ 1-1）、疑問が残る。

5-50

●最判昭 53・2・17 判タ 360 号 143 頁　[事案] X は、夫の年の離れた弟 Y の母親代わりとして Y を養育し、Y を医師にさせ、医院開業するまで仕送りを続け、夫の遺産の相続分をすべて贈与したが、Y がその後様々な嫌がらせや仕送りを断つなどするようになった。そのため、老後を Y に託して全財産を Y に贈与してしまい生活難に陥った X が、Y に対して贈与財産の返還等を請求した事例である。第一審判決は条理による撤回を肯定し、また、Y の忘恩行為を不法行為として X の慰謝料請求も認容した。控訴審判決である東京高判昭 52・7・13 判時 869 号 53 頁は、次のように判示し、最高裁は、この判決を正当として支持する。

5-51

　[控訴審判旨① （負担付贈与と認定）]「X からの贈与分は、X の財産のほとんど全部を占めるもので、X の生活の場所及び経済的基盤を成すものであったから、その贈与は、X と Y との特別の情宜関係及び養親子の身分関係に基き、X の爾後の生活に困難を生ぜしめないことを条件とするものであって、Y も右の趣旨は十分承知していたところであり、Y において老令に達した X を扶養し、円満な養親子関係を維持し、同人から受けた恩愛に背かないことを右贈与に伴う Y の義務とする、いわゆる負担付贈与契約である」。

5-52

　[控訴審判旨② （債務不履行解除を認める）]「負担付贈与において、受贈者が、その負担である義務の履行を怠るときは、民法 541 条、542 条の規定を準用し、贈与者は贈与契約の解除をなしうるものと解すべきである。そして贈与者が受贈者に対し負担の履行を催告したとしても、受贈者がこれに応じないことが明らかな事情がある場合には、贈与者は、事前の催告をすることなく、直ちに贈与契約を解除することができる」。

5-53 **(4)　本書の立場**

　(a)　事例を限定して事情変更の原則による解除を認める　問題になるのはすべての贈与ではなく、特別の個人的関係を基礎とした重大な財産の贈与の場合に限られるべきである。そうでない場合には、著しい非行があっても親戚関係、友人関係等における事実上の不利益にとどめるべきである。上記の場合、受贈者に著しい非行がある場合には事情変更の原則に基づいて解除を認めるべきである。892 条の「著しい非行」の趣旨は、ここでも考慮される

§Ⅱ 贈与の成立および拘束力

べきである。また、贈与から相当の期間に限定して、贈与者の生活の窮乏に
も事情変更の原則による解除を認めるべきである。

5-54　(b)　**解除の要件**　解除ができるためには、事情変更の原則の要件を満たす
必要があるが、事案の特殊性を考慮して運用されるべきである。予見不能と
いう事情変更の原則の要件①ⓐ（☞ 4-18）は、無償契約であり緩和してよ
い。自分が受贈者の非行の原因を作出している場合には、要件①ⓑにより解
除は認められない。生活の窮乏が自分に重大な帰責事由がある場合も同様で
ある。非行は不法行為になるので、解除ができない事例を含めて、損害賠償
の請求が可能である。

4　目的不到達の法理による返還請求

5-55　(1)　**目的不到達法理の淵源**

　　目的不到達の法理は、ローマ法に遡る法理であり、ドイツ民法の起草に際
してその導入が議論され、目的不到達の法理は不当利得法に規定された
（BGB812条1項）。ただし、給付者が給付目的を客観的に到達しえないことを
知っていた場合、また、信義則に反して目的の到達を妨げた場合には、返還
請求できない（BGB815条）。この法理は、3つの事例類型に適用され、①将来
の債権関係の発生を目的として給付がされたが、債権関係が発生しなかった
場合、②相手方の反対給付を誘引するために給付をしたが、反対給付がされ
なかった場合、および、③交換契約や贈与契約の当事者間で、その契約にと
どまらない目的を義務づける合意がされた場合[18]である。

5-56　(2)　**わが国における議論**

(a)　**判例の状況**

(ア)　**結納の事例**

(ⅰ)　**合意による解除の事例**　結納については、「結納なるものは他日婚姻
の成立すべきことを予想し授受する一種の贈与にして、婚約が後に至り当事
者双方の合意上解除せらるる場合に於ては当然其効力を失い、給付を受けた

---

18)　いわゆる結納がその代表例である（現代でも25％が行っている）。新郎家から新婦家へ、帯や着物地な
　どの結納の品を納めるのが本来の形であったが、現代では帯や着物の代わりに金子包み（結納金）を贈るの
　が通例である。婚約に際する贈与であるが、婚姻の成立が予定されている。主観的に、婚姻の成立が目的と
　されているだけでは足りない。結婚を期待して貢いだが、結局別れた場合であっても、あげた物やおごった
　食事代の返還請求はできない。結婚詐欺であれば、損害賠償請求はできる。

184

第1章　贈与　第2編　財産の取得を目的とした契約（契約各論①）

る者は昔目的物を相手方に返還すべき義務を帯有するものとす。蓋し……究局結納を給付したる目的を達すること能わざるが故に、斯の如き目的の下に其給付を受けたる者は之を自己に保留すべき何等法律上の原因を欠くものにし不当利得として給付者に返還すべきを当然とすればなり」とされている（大判大6・2・28民録23輯292頁）。目的不到達の法理が問題となる事例は、日本では事情変更の原則に基づく解除によって解決されるべきである。

5-57　(ii)　**帰責事由を考慮しない裁判例**　最高裁判例はないが、「結納は将来成立すべき婚姻生活を目的とする一種の贈与であるから、その婚姻が不成立に終った場合は目的不到達による不当利得として、<u>その不成立について当事者のいずれの側にその責任があるかに関係なく</u>、贈与者から受贈者に対してその返還を求めることができる」という判決がある（大阪地判昭42・7・31判時510号57頁）。確かに損害賠償義務を負うというサンクションは別に受けるが、婚約破棄の原因を作った有責当事者からの結納金の返還請求は、認めるべきではない（事情変更の原則の4-18①ⓑの要件を満たさない）。

5-58　(イ)　**結納以外の事例**　就職の斡旋をしてもらう謝礼として消費貸借を締結したが、就職の斡旋はされなかった事例で、「或結果の発生を目的として義務を負担したる場合に、其結果が発生せざるに至りたるときは、権利者は法律上の原因なくして利得したるものなる」とされた（大判大7・7・16民録24輯1488頁）。他方、宅地開発事業を行おうとするＸが、市や水利権者に協力金等の名目で金員を支払った事例で、これを贈与とした上で、錯誤無効（当時）、解除条件の主張と共に、目的不到達の法理の適用も否定されている（東京高判平11・9・22判時1698号77頁）。本件土地につき開発事業が行われなかったのは、「専らＸ側の事情によるものであ」ることから、「本件協力金の返還を求めるのは、信義則に反し許されない」とした。これらの事例も、事情変更の原則によって解決されるべきである。

5-59　**◆「出えん」の失効（ヤマギシズム事件）**
　(1)　脱退により「出えん」（贈与）は失効
　　ヤマギシズムに共鳴した人々が集まって結成された社会活動体であるＹ（ヤマギシ会）に入会したＸが、全財産を出えんしたが（社団への出資ではなく一種の贈与）、その後退会し財産の返還を求めた事例がある。「上記出えんに係る約定は、上記脱退の時点において、その基礎を失い、将来に向かってその効力を失った」、「Ｘの出えん行為は、Ｘの脱退により、その法律上の原因を欠くに至ったも

185

§ II　贈与の成立および拘束力

のであり、Xは、Yに対し、出えんした財産につき、不当利得返還請求権を有する」として、返還請求が認容されている（最判平16・11・5民集58巻8号1997頁）。

5-60　**(2)　返還の範囲**

Xは「脱退するまでの相当期間、長男及び次女と共に、Yの下でヤマギシズムに基づく生活を営んでいたのであり、その間の生活費等は、全てYが負担していたこと、また、Xは、自己の提供する財産がYや他の構成員のためにも使用されることを承知の上で、その全財産を出えんしたものであること等の諸点に照ら」し、「Xの不当利得返還請求権は、Xが出えんした財産の価額の総額、XがYの下で生活をしていた期間、その間にXがYから受け取った生活費等の利得の総額、Xの年齢、稼働能力等の諸般の事情及び条理に照らし、Xの脱退の時点で、Xへの返還を肯認するのが合理的、かつ、相当と認められる範囲に限られる」とされている。

5-61　**(b)　学説の状況──批判的または抑止的**　学説はこの法理につき、批判的または抑止的である。①まず、目的不到達の法理を独自の法制度として認める必要はないという否定的見解がある。「『目的不到達』を解除条件的な『前提的黙示条件』と考え、法律行為の効力の問題として」処理すべきであると主張される（加藤雅信『財産法の体系と不当利得の構造』[有斐閣・1986] 690頁）。②また、ドイツ法の5-55①の事例のみを目的不到達の法理で解決し、5-55②③の事例については行為基礎脱落の法理によって処理する学説もある（四宮和夫『事務管理・不当利得』[青林書院・1981] 114頁）。③他方、「解除条件というほど明確な合意内容はなく、客観的にみて一定の目的が達成されることを前提としてなされるものである場合には、目的不法行為到達による不当利得が成立する」と認める考えが多数である（我妻栄『債権各論下一』[岩波書店・1972] 993頁）。独自の法理として認めずとも、事情変更の原則による解決が可能である。

5-62　**(c)　目的不到達の法理の要件**　目的不到達の法理の要件としては、①債務の履行のためではない出捐、②出捐の目的は出捐の相手方に〝ある行為〟を行わせることにあること、③出捐の目的に関する出捐者・出捐受領者の間で共通の合意の存在、④出捐の目的となった相手方の行為が行われないこと、および、⑤出捐の受領者に対して反対給付の履行を強制できないこと、が挙げられている（藤原正則『不当利得法』[信山社・2002] 85頁）。返還請求を妨げる事由としては、出捐者が目的の実現を妨げたことなど信義則に反する事情がある場合が考えられ、705条の類推適用により根拠づける提案もある（松坂佐一『事務管理・不当利得［新版］』[有斐閣・1973] 137頁）。この事由は返還を拒絶する給

付受領者が証明責任を負う（藤原・前掲書85頁）。

§Ⅲ
贈与の効力

1　贈与者の履行義務

5-63　(1)　特定後の保管における注意義務

　次に述べるように、贈与者には、特定時の品質等での目的物の引渡義務が認められ、それ以降の保管についての注意義務が問題になる。特定物については400条が適用されるかのようであるが、無償寄託についての659条を類推適用する学説がある（石田穣109～110頁）——商人については商法595条を類推適用してよい——[19]。もちろん当事者の合意が優先される。

5-64　(2)　種類物の調達義務など

　また、種類物贈与については特定時の品質等での引渡義務に軽減されるが、調達義務が問題になり、そのための注意義務が問題になる。金銭贈与については、419条が適用になる。種類物贈与についての調達義務等の注意義務についても、善管注意ではなく自己の財産管理と同様の注意義務で足りると考えるべきである。現行法では415条1項ただし書の責めに帰することのできない事由の解釈の問題としてこう解すべきである[20]。

5-65　◆不要物の有償での引取契約（廃品回収等）

　譲渡人が譲受人に引き取ってもらう料金を支払う契約は、非典型契約である——建物を解体し、廃材を処分してもらう場合は、請負契約——。この場合に、目的物が合意されていたよりもひどい状態であり、予定した費用では済まない場合、譲受人は譲渡人に対してどのような法的主張ができるのであろうか。例え

---

19)　旧民法財産編334条2項は、「無償にて譲渡したる物の保存に付ては諾約者は自己の物に加ふると同一の注意を加ふるのみの責に任す」と規定していた。ドイツ民法521条は、より一般的に「贈与者の責任贈与者は、故意又は重大な過失についてのみ責めを負う」と規定する。潮見・新各論Ⅰ63頁は、贈与にも契約締結の背景には様々なものがあるため、一律に贈与者は自己の財産と同一の注意でよいとするいう定式化・定型化に反対である。

20)　債務者の免責の可否を決定するにあたっては、契約の性質等も考慮される。贈与者の性格等が考慮に入れられるべきものとされ、贈与者の免責は売主の免責よりも広い範囲で認められる余地があるといわれている（田中洋「贈与者の契約不適合責任の課題と展望」磯村保ほか編『法律行為法・契約法の課題と展望』［成文堂・2022］423頁）。

§Ⅲ　贈与の効力

ば、Aが別荘をBに100万円で引き取ってもらったが、地中に有害物質が捨てられており、その処理に100万円がかかるとする。解除した場合には、俗にいう「負動産」なので塡補賠償は考えられない。解除しない場合には、余計にかかった費用が賠償されることになる。例えば、建物を解体して農地として利用する予定であり、解体費用が100万円と見込まれていた場合、解体費用とは別に100万円浄化費用がかかるので、100万円の損害賠償請求ができる。

2　贈与者の適合物引渡義務・担保責任

5-66　**(1)　民法の規定と趣旨**

(a)　適合物引渡義務を制限　民法は贈与につき、「贈与者は、贈与の目的である物又は権利を、贈与の目的として特定した時の状態で引き渡し、又は移転することを約したものと推定する」と規定する（551条1項）。483条に対する例外であり、「贈与者の責任を軽減する観点から、贈与契約においては、贈与の目的物として特定した時の状態で贈与の目的物を引き渡すことを合意したものと推定する」ことにしたものである（一問一答266頁）[21]。

5-67　**(b)　改正による変更点**

(ア)　担保責任の改正の影響　現行法が、担保責任を改めたことによる贈与者の担保責任への影響は避けられない。担保責任が法定責任から債務不履行責任に変更され、また客観的瑕疵概念から主観的瑕疵概念に変更され契約不適合を問題にすれば足りることになった。そのため、贈与者の担保責任について、(イ)のような変更がされた（田中洋・前掲注5-20論文420～421頁参照）。

5-68　**(イ)　贈与者の責任についての問題点**　現行法は、特定時（特定物だと契約時）の状態での引渡義務に制限することで贈与者の責任の軽減を実現しようとした。悪意も例外になっていない（問題点①）。他方で、明示または黙示に適合物給付義務が認められ債務不履行になる場合には、その責任内容を規定する条文はなく、売買の担保責任規定は有償契約に準用されるにすぎない（559条）。そのため、債務不履行が認められるとしても、その責任内容をどう考えるのかは問題になる（問題点②）[22]。

---

21)　本規定については、田中・前掲注5-20論文409頁以下が詳しい。
22)　現行法では、贈与者の担保責任の軽減が551条1項の推定による規律のみで十分に実現されると考えてよいかは、なお検討の余地があると評されている（田中・前掲注5-20論文421頁）。

第1章　贈与　第2編　財産の取得を目的とした契約（契約各論①）

5-69 **(2)　適合物給付義務の基準（問題点①）――特定時の状態**

(a)　特定物

(ア)　特定時（契約時）の状態で引き渡せば責任なし　特定物の場合には、契約時から特定しているため、契約時の状態での性能等が合意されたものと推定される。子猫が病気であり、贈与者がそのことを知っていても、その状態で引き渡せば適合物引渡義務の不履行はないことになる。ただ、知っている以上は説明義務が認められ、説明義務違反の責任は免れないので、信頼利益また拡大損害についての賠償責任は認められる。

5-70 **(イ)　特約で適合物引渡義務を負担することは可能**　例えば、特約において血統書付きの猫として贈与することは可能であり、実は雑種であった場合には、贈与者も雑種の事実を知らなかったとしても債務不履行になる。この場合、受贈者は解除できるが、追完は不能であり、代金がないので代金の減額は問題にならない。帰責事由があれば損害賠償義務を免れない。もっとも、対価に見合う物の取得というところまで保障されておらず、いわゆる信頼利益の賠償に限定すべきではないかと思われる。

5-71 **(b)　種類物**

(ア)　引き渡した物の不適合　種類物、さらには制限種類物（庭の柿の木の柿を 10 個あげる約束など）については、贈与者は「特定した時の状態」での種類、性能、品質の物を供給して引き渡す義務を負う。贈与契約時に性能等の合意がなければ、贈与者が調達した物が取引通念からは不適合とされる不具合があっても、それを引き渡せば債務不履行はないことになる。やはり悪意の場合の例外規定はないが、信頼利益の賠償を認めるべきである。

5-72 **(イ)　調達義務**　贈与の段階で性能等について合意をすることも可能であり、その場合には、551 条 1 項によらず、贈与者は合意通りの物を調達して引き渡さなければならない。合意通りの物でなければ特定はしないので（軽微な不適合は別）、受贈者は受取りを拒絶し、合意通りの物の引渡しを求めることができる。

5-73 **(3)　責任の内容（問題点②）**

(a)　損害賠償の内容・範囲　債務不履行が認められる場合の贈与者の責任の内容は、そもそも代金が支払われないので、対価的均衡を保つための代金減額請求権はないが（田中・前掲注 5-20 論文 418 頁）、追完請求権や填補賠償請求

189

§Ⅲ　贈与の効力

権が認められるべきであろうか。この点、対価がないので、転売差益の賠償
などを認めるのは違和感がある。負担付きの場合でも負担の限度でしか保護
されないのに（☞ 5-86）、負担がない場合に履行利益全部が保障されるのは
バランスを失する。信頼利益、あるいはかかったないしかかる費用（病気の
猫が死ぬまでの治療費等）の賠償にとどめるべきである[23]。

5-74　**(b)　追完請求権**　追完請求権については、適合物給付義務を認める限りこ
れを認める考えもある（田中・前掲注 4-20 論文 418 頁、一問一答 236 頁注 2）。好意で
中古品をもらったり、何か作ってもらった場合に、代金を支払っているわけ
ではないので、原則として適合物給付義務違反を認めるべきではない。認め
るとしても、追完義務はそれを明確に引き受けた場合に限定すべきである。
履行利益の賠償を認めない以上、追完義務（追完請求権）を認めるべきでは
ない。ただし、情義的な贈与ではなく、商人事業者の消費者に対する景品の
引渡しなどは、代物給付など追完義務を認めるべきである。

5-75　**(c)　契約解除**　債権者に受領義務を認める限り、受贈者は目的物を引き取
ることを義務づけられる。そのため、書面による贈与であっても、受贈者は
贈与契約を解除する必要があり、541 条・542 条の要件を満たす限り、契約
を解除することができる。ただ片務契約なので、受贈者は一方的に債務免除
ができる。契約解除の可否についても、贈与契約の性質・目的が考慮に入れ
られると考えられている（田中・前掲注 5-20 論文 424 頁）。

5-76　**◆他人物贈与と贈与者の責任**
(1)　改正前は責任が制限されていた
　改正前の規定は、贈与者が「自己の財産を」と規定されていたが（旧 549 条）、
それは通常の事例を念頭に置いたものであり、他人物贈与も債権契約として有効
と考えられていた。有効であることを前提として、旧 551 条は権利がなかった
としても、贈与者が知りながら告げなかった場合でなければ責任を負わないこと
が規定されていた。一方、反対解釈として、悪意の場合には責任が認められ、ま
た他人物を取得して贈与することを約束した場合には、いわば非典型贈与として
551 条の制限解釈により責任が認められる。しかし、損害賠償の内容については
信頼利益の賠償に限定するのか等議論があった（潮見佳男「他人物贈与における贈与者
の義務と責任」磯村ほか編・前掲『法律行為法・契約法の課題と展望』371 頁以下参照）。

23）　田中・前掲注 5-20 論文 424 頁は、「通常生ずべき損害」、当事者が「予見すべきであった」か否かの判
　　断につき、当該贈与契約の性質・目的もまた考慮に入れて、売主よりも賠償範囲が限定的に解される余地が
　　ありうるとする。

第 1 章　贈与　第 2 編　財産の取得を目的とした契約（契約各論①）

5-77
(2)　現行法

(a)　規定は削除された　現行法では、551 条の免責規定は削除された（その経緯につき、潮見・前掲 387 頁以下参照）。上記の非典型贈与については、その契約解釈によって内容が決められる。したがって、自己の物として贈与した場合が問題になり、①甲画が親の財産で相続により取得したと思い、自分はいらないので甲画を贈与したが、実は親が他人から借りていた物であった場合（善意ケース）、他人の甲画を盗み、これを贈与することで取引交渉等を有利にしようとした場合（悪意ケース）といったように、善意か悪意かだけでも、責任が異なって然るべきことがわかる。もし他人物であった場合について、免責や責任内容について合意がされていれば、その合意に従うのは当然である。問題は合意がない場合である。

5-78
(b)　解釈による処理　この場合、①まず、権利取得義務を問題とする学説があり、これも、ⓐ無償契約であることから、原則として権利取得移転義務を否定する考え（中田 270 頁）、ⓑ 551 条 1 項を他人物贈与に推及し、贈与者の権利調達義務を否定する考え（山本豊ほか『アルマ民法 5 契約』［有斐閣・2018］188 頁［北居功］）がある。②他方で、贈与においても、「権利取得義務」を肯定し、贈与者の保護については、免責事由（415 条 1 項ただし書）の考慮要素として無償であることを考慮する考え（潮見・新各論 I 65 頁以下）がある。

5-79
(c)　本書の立場　悪意による贈与は不法行為だとしても、不法行為上はその物の価格の賠償義務は認められない。贈与契約上の義務としても、対価がないので、権利取得義務まで認めるべきではない。贈与者が悪意でも同様である。追完義務を否定する以上、バランス論から他人物であることを知らなくても過失がある場合でも、信頼利益の賠償義務にとどめるべきである。義務ではないが、贈与者が権利を取得して、受贈者に移転すれば損害が解消され、損害賠償義務が消滅する。また、物の価格の賠償を約束する特約がされれば有効である。

5-80
◆負担付贈与における適合物引渡義務

(1)　負担付贈与と 551 条 1 項──負担付贈与は適合物引渡義務を認めるか

(a)　適合物引渡義務を認める考え　負担付贈与については、551 条 2 項が「贈与者は、その負担の限度において、売主と同じく担保の責任を負う」と規定する。551 条 1 項は前記のように改正されたが、2 項は改正されておらず、従前の特定物ドグマを前提としたままである。しかし、担保責任を債務不履行と再構成した余波はここにも及んでおり、贈与者の責任が認められる前提として適合物引渡義務違反が必要である。この点、「贈与者が一定の性質を備えまたは権利負担のない目的物を受贈者に対して引き渡すことが贈与契約の内容になっているということが、負担付き贈与契約の解釈から導かれる」という主張がある（潮見・新各論 I 71 頁。田中・前掲注 5-20 論文 429 頁）[24]。

5-81
(b)　当然に推定を排除すべきではない　負担付贈与については、対価ではない

191

§Ⅲ 贈与の効力

が給付を負担するので、性質に反しない限り双務契約の規定が適用されるが（553条）、だからといって僅かでも負担があれば551条1項の推定を排し、適合物給付義務を引き受けたと考えるのは適切ではない。贈与である以上、551条1項の推定を及ぼし、負担の性質や契約締結の経緯などから反対の特約を認めれば足りると考える。原則としては551条1項の推定の適用を認めるべきである。また、負担の限度で履行利益の賠償を認めれば足り、信頼利益の賠償に限定し、また、追完義務は認められない。

5-82 **(2) 適合物給付義務違反が認められる場合——負担の限度での担保責任**

次に、適合物給付義務違反が認められる場合、例えば、健康な子猫という説明があったうえでもらい受けたとする。この場合には、贈与者の「担保」責任が認められるが、551条2項に基づき「負担の限度において」認められるにすぎない。この点、文字通りに、「負担の限度で、追完請求権・負担減額請求権・契約解除権・損害賠償請求権を有する」と説明されている（中田281頁）[25]。しかし、①例えば、負担の限度での解除が可能なのか疑問があり、②負担のない贈与だと負担の限度という制限はないので、負担がある方が責任が軽くなるという不都合が指摘されている（田中・前掲注5-20論文429頁）[26]。本書の立場は、5-81に述べた。

---

24) 「負担の限度では、551条1項の推定はされない」という主張もある（中田281頁以下）。負担を超えた部分では、551条1項の推定を認めるということであろうか。そのような推定が許されるのか疑問がある。

25) 負担が金銭である場合には、贈与者の帰責事由の有無を問うことなく、負担の限度で負担減額請求が認められる（一問一答267頁）。50万円の価値の骨董品が5万円の負担付きで贈与され、その骨董品が実際には1万円の価格であったとする。この場合、1万円は50万円の50分の1の価値なので、負担もこれに対応する形で減額して、5万円の50分の1である1000円に減額するということではなく、5万円の負担を1万円に減額し、差額4万円を返還してもらえることになる（相対的算定方法ではない）。もし5万円の価値であれば減額はできず（梅469頁）、結局は5万円の物を5万円で購入したに等しいことになり、受贈者がそれが嫌ならば、契約解除をするしかない。ここにも相対的算定方法（☞6-156）を適用し、50万円相当のはずが5万円であれば、90％引きで、負担が5万円ならば5000円に、負担が1万円ならば1000円にするということも考えられる。

26) そのため、負担の限度での救済とは別に、通常の贈与における救済手段も認められるという主張がされている（田中・前掲注5-20論文430頁）。

第1章 贈与 第2編 財産の取得を目的とした契約（契約各論①）

§Ⅳ
特殊な贈与

1 定期贈与

5-83 **(1) 定期贈与の意義**

　「定期の給付を目的とする贈与」、例えば、企業が、ある芸術家に支援のために毎月10万円を5年間にわたって贈与する場合、その贈与を**定期贈与**という（552条）。A豆腐屋が、豆腐の生産に際して出たおからを、近くの養豚場Bと提携して毎日無償で提供する合意をした場合、A牧場がその牧場の牛の糞を近隣の農家Bに無償で提供する合意をした場合、贈与か廃棄物の引取りか微妙であるが、定期贈与と分類できる[27]。

5-84 **(2) 当事者の死亡による終了**

　定期贈与の場合、契約の期間が過ぎれば、更新がされない限り贈与契約は効力を失うが、その期間満了前でも、「定期の給付を目的とする贈与は、贈与者又は受贈者の死亡によって、その効力を失う」ものとされる（552条）。それが、当事者の通常の意思に合致するからである。冒頭の例でいうと、芸術家やスポーツ選手の支援はその人限り一身専属的なものであって、受贈者が死亡した場合に相続人に相続されるものではない。

2 負担付贈与

5-85 **(1) 負担付贈与の意義**

　(a) 負担は債務　受贈者が対価とはいえない一定の債務を負担する場合の贈与を、「**負担付贈与**」（553条の用語）という。「負担」とは債務でなくてもよく、社会生活上の義務でもよいかのように誤解されやすいが、対価関係にないというだけで、負担とは「債務」でなければならない。忘恩行為が問題となる事例のように、扶養してもらえるないし円満に暮らすということが「動機」「期待」を超えて、法的な債務である「負担」といえるかは微妙であ

27）　この場合、おからの提供の例でいうと、贈与者が豆腐屋、受贈者が養豚場を経営していることは行為基礎をなしており、いずれかが廃業したら当然に失効すると考えるべきである。

193

§Ⅳ　特殊な贈与

り、条件との区別も不明確である（松川正毅『遺言意思の研究』［成文堂・1983］143頁以下参照）。この点、負担概念を拡大すべきではなく、忘恩行為については先に述べたように、事情変更の原則を問題にすべきである（☞5-48）。

5-86　　（b）**負担の限度での有償契約同様の扱い**　負担付贈与の場合には、対価関係に立たないまでも受贈者としても出捐を負担するため、純粋にただの贈与のような一方的に贈与者保護のみを配慮すべきではない。かといって完全に有償契約と同じく扱うことはできず、その中間的な解決が必要になる。

　　そのために民法は、2つの特則を規定した。①贈与者は、贈与の目的物の不適合について原則として責任を負わないが（551条1項）、「負担付贈与については、贈与者は、その負担の限度において、売主と同じく担保の責任を負う」（同条2項）ことは先に述べた（☞5-80）。②また、「負担付贈与については、この節に定めるもののほか、その性質に反しない限り、双務契約に関する規定を準用する」ものとされている（553条）。

5-87　　◆**負担付贈与か否かが問題とされる事例——目的の特定された寄付**
　　宗教団体が大寺院の建設のために寄付を募っておいて、その寺院が建設されなかった場合に、寄付者が返還請求できるかが問題にされた事例がある。長野地松本支判平10・3・10判タ995号175頁は、「本件寄附は、普段日常的になされる供養とは異なり、寺院新築の財源とするため、被告の呼びかけに応じる形で行われた特別の供養であって、本件寄附の申込書の記載内容等に照らしても、本件寄附が寺院新築資金という使途を定められたものであることは明らかであり、したがって、本件寄附金を右以外の使途に充てることは許されない」とする[28]。ただし、結論としては、いまだ建設計画が廃止されたのではないので、不履行も解除条件の成就もないとして、返還請求は棄却されている。

5-88　（2）**負担付贈与の特別の扱い**

　　（a）**双務契約規定の準用**　双務契約規定の準用として問題になるのは、同時履行の抗弁権と危険負担である——解除規定は双務契約に限定されない——。同時履行の抗弁権については、贈与者については負担が軽微であり信

28）「本件寄附は、被告において、㈠特段の事情の変更のない限り、本件完成予想図のような寺院を新築するが、㈡寄附当時予想できなかったやむを得ない事情により右寺院の建築が困難となり、建築する寺院の規模、時期等が変更になった場合にも、右変更後の寺院の建築資金に充てるとの負担ないし条件のもとになされたと認めるのが相当である」と判示している。やむをえない事情があれば、予定したのとは異なる寺院でも可能という点は注目される。募金が集まり過ぎて、建築費用に充てたうえでも、例えば5億円残るような場合、均等に返還する必要はない（負担は尽くしている）。

義則上同時履行の抗弁権を認めるのが適切ではない場合が考えられるが、その場合でも、受贈者からの同時履行の抗弁権は認められるべきである。ただし、負担がその性質上同時履行の関係に適さない場合――円満な親族関係を維持するなど――は、同時履行の抗弁権は問題にならない。贈与者の給付が不可抗力により履行不能になった場合、受贈者には、負担についての履行拒絶権また解除権が認められる（553条・536条1項）。逆に、負担の履行が不可抗力によって履行不能になった場合において贈与が金銭であれば、贈与者にその相当価格の履行拒絶権また一部解除権が認められる。

5-89 **(b) 負担が履行された場合**

(ア) 書面によらない贈与　負担付贈与においては、受贈者が先に負担を履行している場合には、書面によらない贈与であっても贈与者に550条の解除権を認めるべきではないと考えられている。そうすると、550条については、負担付贈与に関する限り、負担が履行されていないこと、という要件がさらに加重されることになる。ただし、負担が軽微な場合には、その履行によって贈与者の解除権は消滅しないと考えられる。その場合、解除により、贈与者は負担の履行を受けているので、原状回復を義務づけられる。

5-90 **(イ) 死因贈与**　死因贈与では書面があっても贈与者に撤回権が認められるが（☞5-101）、負担付死因贈与については、「負担の履行期が贈与者の生前と定められた負担付死因贈与契約に基づいて受贈者が約旨に従い負担の全部又はそれに類する程度の履行をした場合においては、贈与者の最終意思を尊重するの余り受贈者の利益を犠牲にすることは相当でないから、右贈与契約締結の動機、負担の価値と贈与財産の価値との相関関係、右契約上の利害関係者間の身分関係その他の生活関係等に照らし右負担の履行状況にもかかわらず負担付死因贈与契約の全部又は一部の取消をすることがやむをえないと認められる特段の事情がない限り、遺言の取消に関する民法1022条、1023条」の準用は否定される（最判昭57・4・30民集36巻4号763頁）[29]。

29）　受贈者が、贈与者がその勤務先を退職するまでの間、年2回の定期賞与金の半額と毎月25日限り1カ月金3000円の金員を送金する旨の負担を負い、実際に定年退職するまで、この負担となる給付をすべて履行してきた事例である。死因贈与と抵触する遺言があり、原判決は死因贈与の撤回を有効として遺言を有効としたが、最高裁はこれを破棄したものである。

§Ⅳ　特殊な贈与

3　死因贈与

5-91　**(1)　死因贈与の意義**

　　(a)　死因贈与と遺贈　「贈与者の死亡によって効力を生ずる贈与」を**死因贈与**という（554条）。例えば、Aが孫Bに自分が死んだら甲地を与えると約束する贈与契約である。Aが生存している間は甲地はAのものでAが使用し、Aの死後にBがもらえるのである。ところで、死因贈与に類似する自己の死後の財産についての処分行為として**遺贈**がある（985条以下）。遺贈は、Aが遺言を作成して、甲地をBに与える旨表示する単独行為である。死因贈与と遺贈との間には、次のような相違点、共通点がある。

> ① **相違点**　死因贈与はあくまでも贈与「契約」であるが、遺贈は被相続人による「単独行為」である。そのため、死因贈与では、受贈者は贈与契約上の贈与者たる地位をすでに取得しているが、遺贈は、受遺者には被相続人死亡まで何らの権利は認められない。
>
> ② **共通点**　自分が死亡した後の財産についての被相続人による「終意処分」であるという点で共通する。そのため、なるべく、被相続人の意思が尊重されるべきである。

5-92　　**(b)　死因贈与と遺贈の差**　遺贈は遺贈者の死亡まで受遺者に何らの権利を発生させないので、遺贈者が自由に撤回したり変更したりすることができる。他方で、死因贈与ではすでに契約が成立し、受贈者に権利が成立している。このように、死因贈与は、被相続人の終意処分である点で遺贈と共通するが、あくまでも贈与「契約」であり一方的行為である遺贈とは異なる点があることは否定できない。

5-93　**(2)　死因贈与についての規律**

　　「其性質寧ろ遺贈に近きが故に」（梅472頁）、民法は死因贈与につき、贈与「契約」の規定を適用するのではなく、「その性質に反しない限り」（この制限は現代語化に際し追加）、「遺贈に関する規定を準用する」と、遺贈の規定、要するに遺言についての規定によって規律されるべきものとした（554条）。問題は、原則は遺贈の規定によるとしても、贈与「契約」という「性

196

第1章 贈与 第2編 財産の取得を目的とした契約（契約各論①）

質に反」する場合には、贈与契約の規定によるため、どのような問題が「契約」ということから遺贈の規定によるべきなのか、ということである[30]。

5-94 **(a) 遺贈の効力に関する規定**

(ア) 承認・放棄の規定は準用されない　遺贈では単独行為ということから受遺者による遺贈の承認・放棄が規定されているが、すでに合意が成立している死因贈与には適用されない。遺贈の効力発生時期に関する規定（985条）は死因贈与に準用される（最判昭43・6・6判時524号50頁）。胎児に対する遺贈ができるのは（965条・886条1項）、遺贈が単独行為であるためであり、死因贈与では胎児との契約が必要になるので、母親が胎児を代理して契約をすることはできない。受遺者が先に死亡した場合に受贈が失効することを規定した994条1項の死因贈与への準用には、争いがある[31]。

5-95 **(イ) 994条（受遺者の死亡による失効）の準用**

❶ 準用否定説　994条1項の準用を否定した古い判例がある（大判昭8・2・25新聞3531号7頁）。学説にも、死因贈与は契約であり、受贈者死亡前にすでに合意に基づいて受贈者に契約上の権利が成立していることから、受贈者が先に死亡してもその相続が問題になるだけであり、994条1項の準用を否定する少数説がある（新版注民⑷72頁［柚木・高木］）。近時も、京都地判平20・2・7判タ1271号181頁が994条1項の準用を否定する。

5-96 **❷ 準用肯定説**　しかし、通説は994条の死因贈与への準用を肯定しており（我妻・中一237頁、広中42頁等）、東京高判平15・5・28判時1830号62頁は、死因贈与が「本来は相続人に帰属すべき財産を相続人に帰属させないで相手方に供与するという点で遺贈と共通性を有する」こと、「死因贈与も、その無償性に照らして何らかの個別的な人間関係に基づいてされるものであることも、遺贈と共通する」ため、「贈与者の意思は、遺贈と同様に、

---

30)　以上に述べるほか、書面によらない死因贈与がされた後に、贈与者が死亡した場合、相続人に550条の解除権（当時は取消権）が相続され、相続人が解除をすることができるのかが問題にされた事例がある。東京高判平3・6・27判タ773号241頁は、「この贈与者死亡のときこそ、贈与に書面を必要としたことの趣旨がはっきり表れるといえる。すなわち、贈与者死亡後に口約束で贈与があったと主張され、紛争が生じた場合は、死人に口なしで贈与意思の有無を決し難いことが多いのであって、その場合にこそ、相続人は書面によらないことを理由に取消権を行使して、紛争を防止することができる」と、取消しを認めている。

31)　このほかの問題としては、なお、遺言によるところの遺贈は、15歳になれば単独で有効にできるが（961条）、あくまでも契約である死因贈与については、未成年者は法定代理人の同意がなければ完全に有効な死因贈与をすることはできない。

197

§Ⅳ 特殊な贈与

そのような個別的な人間関係のある特定の受贈者に向けられている」として、994条1項の準用を肯定している。肯定説を支持したい。

5-97 **(b) 遺贈の形式に関する規定** 遺贈は遺言によるため、遺言についての厳格な形式が要求されるが（967条以下）、この規定は死因贈与にも準用されるべきであろうか。旧民法では、贈与が公正証書によることが必要であり、「総て贈与にして贈与者の死亡の後執行す可きものは遺贈と其効力を同ふす」（財産取得編389条）と、効力について規定されていたにすぎない。現行規定は全面的な「準用」へと変更され、また、贈与は諾成契約にされたので、形式も含めてすべて遺贈の規定による趣旨のようにみえる。

5-98 **❶ 準用否定説** 遺贈は単独行為であり、本人の死亡後に問題となるため、意思の明確化また偽造等の回避が要求されることが厳格な方式が要求される理由である。軽率な贈与の予防ではなく、死後に争いになったときのためであり、趣旨が異なる。そのため、判例は、「554条の規定は、贈与者の死亡によって効力を生ずべき贈与契約（いわゆる死因贈与契約）の効力については遺贈（単独行為）に関する規定に従うべきことを規定しただけで、その契約の方式についても遺言の方式に関する規定に従うべきことを定めたものではない」と判示している（最判昭32・5・21民集11巻5号732頁）。

5-99 **❷ 準用肯定説** 契約であるとはいえ、本人の死亡後に問題になった場合には、本人の意思を確認しようがない点は遺贈と同様であり、遺贈の厳格な規律が死因贈与によって没却されるおそれがある。遺贈と同様の厳格な形式を要求すれば、論理一貫性が保てよう（来栖228頁はこのような立場に好意的である）。贈与者保護に資する運用にはなるが、他の贈与とのバランスをあまりに失する。日本の贈与法が、公正証書を不要としたことがこのような問題を生じさせた原因である。本書は準用肯定説に傾くが、結論は留保したい。

5-100 **(c) 遺贈の撤回に関する規定** 遺贈は単独行為であり、しかも遺言者の死亡までは効力を生じていないため、遺贈者は自由に遺言の形式により撤回ができる（1022条）。この規定は、死因贈与に準用されるべきであろうか。死因贈与では、契約であることから直ちに受贈者に権利が成立しているのである。しかし、既得権として確定されたものと考えるべきではなく、受贈者も撤回の可能性があることを覚悟すべきである。

第1章　贈与　第2編　財産の取得を目的とした契約（契約各論①）

5-101　**❶　準用肯定説**

　(ア)　判例は準用肯定説　判例は、「死因贈与については、遺言の取消に関する民法 1022 条がその方式に関する部分を除いて準用されると解すべきである。けだし、……かかる贈与者の死後の財産に関する処分については、遺贈と同様、贈与者の最終意思を尊重し、これによって決するのを相当とするからである」と判示する (最判昭 47・5・25 民集 26 巻 4 号 805 頁。これ以前にも、大判昭 16・11・15 法学 11 巻 616 頁[32])。これに賛成する学説もある (三宅・上 56 頁、来栖 228 頁、潮見・新各論 I 75 頁)。本書も肯定説を支持する。

5-102　**(イ)　準用肯定説の帰結**　この結果、死因贈与は書面によったとしても自由に撤回でき、方式の部分は準用されないので、書面が作成されても撤回は書面による必要はなく、その表示は口頭でも、黙示でもよいことになる。例えば、A が B と死因贈与契約をした目的物を、その後に C に贈与すれば、B への死因贈与は撤回したものと考えるべきである。また 1023 条も準用されるため、死因贈与後にその目的物を遺贈（死因贈与に拡大してよい）の対象とした場合には、死因贈与は撤回したものと扱われる (☞ 5-105)。

5-103　**❷　準用否定説**　しかし、通説は、撤回が自由にできることを、終意処分性というだけでなく遺言の単独行為性に根拠づけており、死因贈与は契約であるがゆえに自由な撤回を認めることに反対している (我妻・中一 237 頁、石田穣 118 頁)。受贈者は、既得権として条件付き権利を取得していると考えるのであり、書面があれば効力は確定的なものとなる。したがって、書面が作成されていれば解除もできず、将来の死後の財産についての終意処分が早々と確定されてしまう。

5-104　**◆負担付死因贈与で生前に負担が履行されている場合**[33]

　　判例は、負担付死因贈与で、受贈者が負担をすでに履行している場合には、撤回がやむをえないと認められるだけの特段の事情がなければ、1022 条・1023 条の準用を否定する (前掲最判昭 57・4・30 ☞ 5-90)。東京地判平 7・10・25 判時 1576 号 58 頁は、上記判例を確認し、事例への当てはめとしては、負担の内容が介護であったが、5 年間介護した後に別居しており、「負担の全部又はそれに

---

32)　ただし、X が Y の耕作している土地の所有権を主張し第一審で敗訴し、その後の和解で Y が X の所有権を認めるが、X は Y に無償で耕作する権利を与えそれを失わせる処分は一切せず、X が死亡した時には土地を Y またはその相続人に贈与することが約束された事例で、死因贈与の経緯等から、X は自由に撤回することはできないとされている (最判昭 58・1・24 民集 37 巻 1 号 21 頁)。

33)　野澤正充「負担付死因贈与と遺贈に関する一考察」立教法学 109 号（2024）216 頁参照。

類する程度の履行をしたとまではいうことはできない」として、1022 条による撤回を認めている。負担の履行分は原状回復がされるべきである。

5-105

◆ 1023 条 1 項の準用

死因贈与は 1022 条に基づき自由に撤回でき、これは死因贈与と矛盾する遺言がされた場合にも当てはまる（1023 条 1 項）[34]。宇都宮地判昭 55・7・30 判時 991 号 102 頁は、「死因贈与には、遺贈の効力に関する規定が準用されるものと解するのが相当であ……り、本件死因贈与がなされたのは、昭和 46 年 2 月 2 日であり、本件遺贈がなされたのは、昭和 48 年 2 月 26 日であって、しかも、右両者はその内容において全て抵触するものであるから、訴外人の最終意思を尊重し、前の遺言と後の遺言とが抵触する場合と同じく、民法 1023 条 1 項を準用して、本件死因贈与はその後になされた本件遺贈により取消されその効力を失った」ものとする（広島地判昭 49・2・20 判時 752 号 70 頁も同旨）。

5-106

◆遺留分侵害額請求権との関係

遺贈については、遺留分侵害額請求権（1046 条）の対象になるが、死因贈与はどうであろうか。最高裁判決はないが、東京高判平 12・3・8 判時 1753 号 57 頁（減殺請求権の時代の判決）は、「死因贈与も、生前贈与と同じく契約締結によって成立するものであるという点では、贈与としての性質を有していることは否定すべくもないのであるから、死因贈与は、遺贈と同様に取り扱うよりはむしろ贈与として取り扱うのが相当であり、ただ民法 1033 条及び 1035 条の趣旨にかんがみ、通常の生前贈与よりも遺贈に近い贈与として、遺贈に次いで、生前贈与より先に減殺の対象とすべきものと解するのが相当である」という。

---

34) 死因贈与と矛盾する死因贈与がされた場合、例えば、A が甲地を B と死因贈与する契約をした後に、A が甲地を C に死因贈与する契約をした場合はどう考えるべきであろうか。1023 条 1 項準用を否定して二重譲渡の対抗関係とし、相続人から先に所有権移転登記を受けた者が所有者となって負けた者は相続人に対する債務不履行を問題にできるのであろうか。A には、相続人にそのような責任を負担させる意思はないはずであり、1023 条 1 項の準用を肯定すべきである。

第 2 編
財産の取得を目的とした契約（契約各論①）

第 2 章
売買

§I
売買の意義・成立

6-1 (1) 売買契約の意義

(a) 売買契約の意義 売買契約（以下「売買」という）は、「当事者の一方［売主］がある財産権を相手方［買主］に移転することを約し、相手方がこれに対してその代金[1]を支払うことを約することによって、その効力を生ずる」契約である（555条）。売買は、売主による財産権の移転と、それに対する買主の代金の支払が約束される諾成・双務・不要式の契約である。「金銭と財貨とを交換する契約」とも説明される（我妻・中一239頁）。

6-2 (b) 売買の対象

売買の対象は「財産権」であるから──贈与は「財産」を「与える」（549条）と規定されており、こちらの方が適切──、物の売買では所有権の売買かのようである。しかし、権利移転の合意の対象が物の所有権であるにすぎず、「物」の売買である（物が債権の目的）。物が所有権の客体かつ売買の客体（目的物）であり、売買でその所有権の移転が合意されて買主が承継取得する[2]。物の引渡しをすることも約束される。所有権の移転をめぐっては物権法に譲る（☞物権法4-7以下）。

6-3 (c) 売買規定は有償契約総論規定

なお、売買は双務・有償契約中の最も典型的な契約であり、その規定は有償契約の総論的意味合いを持ち、他の有償契約にも、その「性質がこれを許さない」もの以外は準用される（559条）。その代表が担保責任である。当初は、追完請求権や代金減額請求権については、債権総論に一般規定を設けることが考えられていた。しかし、売

---

1) 具体的な金額が決められていなくても、決定方法が合意されていればよい。市場価格の変動がある場合に、履行期の市場価格によるといったような合意ができる。DCFR II.9:104条のように「合理的な対価とする」という処理は、規定がない限り難しい（潮見・新各論I 82頁）。フランスにおける議論について、野澤正充「有償契約における代金額の決定(1)〜(4)」立教法学50号（1998）186頁、51号（1999）1頁、107号（2022）163頁、108号（2023）125頁が詳しい。

2) 意思主義を採用するフランス民法1582条は、売主の「物の引渡し」義務のみを規定し、他方で、形式主義のドイツ民法433条1項は、「物の売主は」「その物を引き渡し、物の所有権を得させる義務を負う」と規定する。意思主義では、売買は所有権を移転する合意なので、所有権を移転する義務は観念されない。日本民法555条は「財産権を相手方に移転することを約し」と規定しており、合意によって移転させるので、移転する義務を負担するという規定ではない。

第2章　売買　第2編　財産の取得を目的とした契約（契約各論①）

買契約の担保責任にこれらの権利を規定し、請負への拡張を準用規定で実現
することにしたのである。

6-4 **(2)　売買契約の成立**

(a)　諾成・不要式の契約——すべてが合意されている必要はない　売買は
諾成・不要式の契約であるから（522条2項）、当事者の合意のみによって成
立し、書面による意思表示である必要はない。売買契約が成立するために
は、成立に不可欠な売買の要素が合意されることが必要であり、契約当事
者、目的物、目的物が種類物の場合にはその種類・数量、そして、代金が合
意される必要がある。代金は金額まで確定されている必要はない（☞注
6-1）。種類物の場合の品質（401条1項）、引渡場所（484条1項）、引渡しの費
用の負担（485条）などについては補充規定がある。

6-5 **(b)　補充規定がない場合の補充**　例えば、免責合意などは合意がない以上
は認められないが、A社製パソコンB型1台を注文したが、色についての
合意を忘れた場合、契約は不成立であろうか。確かに、そのままでは引渡し
ができない。しかし、売買は成立しているものとして、買主に色の指定権を
認めれば足りる（いわば選択債権）。売主としては、買主に色の指定を求
め、指定がされない場合には履行をしえず契約をした目的を達しえないた
め、契約を解除できる（541条）。

> # §Ⅱ
> # 売買契約の総論規定

1　売買の一方の予約

6-6 **(1)「売買の一方の予約」の意義・機能**

(a)　売買の一方の予約の意義　売買の一方の予約は、「相手方が売買を完
結する意思を表示した時から、売買の効力を生ずる」ことを認める契約であ
る（556条1項）。相手方にその意思表示によって売買契約を成立させる権利
を付与する契約である[3]。したがって、債権契約ではなく準物権契約（処分
行為）である。契約を成立させる権利を**予約完結権**といい、民法はこれを当

203

§Ⅱ　売買契約の総論規定

事者の一方（どちらでもよい）にのみ認める売買の一方の予約を規定するが、予約に対して、解釈上**双方の予約**も可能である。予約完結権の行使により成立する契約を**本契約**という。

6-7　**(b)　予約の機能**[4]——**財産の取得の確保**　売買の一方の予約（以下「売買予約」という）は、いまだ契約締結を確定できないが、契約を確保しておきたい場合に行われる（買主が予約権者である事例を考える）。店舗用地を探している場合に、良い土地が見つかりはしたものの、より良い土地がこれから見つかるかもしれないので、予約にとどめておくと便利である[5]。売主側は財産権を固定することになるため、その対価が支払われる有償の場合も考えられ、また、一定期間に限定して合意をするのが普通である。

6-8　◆**最終的な拘束をペンディングにする方法**
　　例えば、ある住宅を購入したいが、今住んでいる住宅を売ってそれを資金にして買いたいという場合、一方で、その住宅の取得を確保しつつ、今の住宅が売れないリスクを回避したい。①まず、売買契約を締結しながら、ⓐ今住んでいる住宅が、例えば3カ月以内に売れたら、という停止条件付き、または今住んでいる住宅が3カ月以内に売れなかったら、という解除条件付きとする、ⓑ解約手付という方法も考えられる（☞6-19以下）。この場合には、買主は手付放棄という損失を甘受しなければならない。②これに対して、そもそも売買契約を予約にとどめておくのが、本文に述べた売買一方の予約である。

3)　＊**試味売買**　類似した取引に試味売買がある。売主が試作品を製作して、買主が気に入ったら買い取るという契約である。例えば、Aが写真屋Bに、娘のお見合い写真を製作してもらう場合、気に入ったら買い取ることになる。Bが何度製作しても、Aが気に入らない限り契約は成立しない。ただ556条2項を類推適用して、期間を定めて承諾するかを催告し、その期間内に解答がなければ、承諾したものとみなしてよい（潮見・新各論Ⅰ84頁）。濫用的な不承諾の場合には、損害賠償義務を認めることができる。ドイツ民法454条1項は、「見本による売買又は検分による売買の場合には、売買の対象の承認は、買主の任意による。疑いのあるときは、売買は、承認を停止条件として締結されたものとする」と規定している。

4)　＊**代物弁済予約**　なお、かつては代物弁済予約が担保目的——というよりも過剰な財産の奪取目的——で用いられたが、現在では、この取引は不動産に関する限り仮登記担保法により規制されている（☞担保物権4-106）。

5)　＊**優先的に申込みを受ける合意**　フランスでは、予約とも先買権とも異なる優先合意という取引がされていて、2016年改正はこれを明文化した（CC1123条）。例えば、Aが甲地を1年以内に売る場合には、必ずBに売らなければならないという合意であり、買主Bに予約完結権はない。もしCがこの合意を知りながら、1年以内に甲地をAから買い取った場合、Bは填補賠償をAに請求できるだけでなく、Cに対しても、裁判所によってCの取得を無効としてもらい、自分が買主Cに代位する（置き換える）ことを認めてもらうことができる（CC1123条2項）。第三者CがAから甲地を買いたい場合、CはBに対して相当な期間を定めて書面でもって優先的に取得するかを催告し、返答がなかった場合には、Bの2項の権利は否定される（同条3項・4項）。

204

第2章 売買 第2編 財産の取得を目的とした契約（契約各論①）

6-9 **(2) 予約完結権の意義と行使**

(a) 予約完結権の意義 売買予約により、当事者の一方に予約完結権が与えられる。買主に予約完結権が与えられる場合には、予約完結権は一方的に財産を取得する権利（買取権）、物権の場合には物権取得権となり、一種の財産権としてこれを譲渡することができる。その譲渡をめぐっては、6-11以下に説明をする。予約完結権が有効に行使された場合には、予約によって定められた内容の売買契約が成立することになる。

6-10 **(b) 予約完結権の行使期間** 予約完結権の行使期間については、当事者間で定めておくことが望ましい。当事者が定めていない場合には、166条2項で20年の時効ではなく、予約完結権の行使により成立する債権の時効とのバランスを考えて、同条1項1号の5年の時効に服することになる。しかし、5年間もの拘束を受けるのは予約義務者たる売主側には耐え難い。そこで、民法は予約義務者に催告権を認め、予約義務者は、予約権者に対して相当期間を定めて予約を完結するか否かを催告し、予約権者がその期間内に返答をしなければ、予約は効力を失うものとした（556条2項）。

6-11 **◆買主の予約完結権の譲渡の可否**

(1) 問題点

例えば、AB間で甲地の売買予約がなされ、Bに予約完結権が与えられたが、甲地をBがCに転売しようとする場合、Bは予約完結の意思表示をした上でCに転売するのではなく、Cに予約完結権を譲渡し、Cが予約を完結しAからCが甲地を買い取ることができれば便利である（所有権移転登記が1回で済む）。ところが、Aからみると、買主がBからCに変更されるに等しく、契約上の地位の譲渡は相手方の承諾が必要であるが（539条の2）、これとのバランス上予約完結権の譲渡にはAの承諾が必要ではないかという疑問がある。

6-12 **(2) 判例・通説は承諾不要説**

通説・判例は、単なる契約上の地位の譲渡と異なって、一種の財産権の譲渡として譲渡の自由を認めようとしている（大判大13・2・29民集3巻80頁）[6]。売主には、同時履行の抗弁権が認められ、また、代金が支払われなければ契約を解除できるので、財産権の譲渡自由を優先させるのである。売主が予約完結権の譲渡禁止特約を予約に入れた場合、これが有効なのかは、債権でさえ譲渡を禁止できないため問題になる。譲渡特約に違反してなされた予約完結権の譲渡は無効と解す

---

6) ただし、売主の承諾がない限り買主がCとなっても、代金債務をBに負わせることが提案されている（石田穣123〜124頁）。甲地をCがAから直接取得することを認めるが、Aの承諾がない限り、債務者の変更の効果は認めないという折衷説である。

205

§II　売買契約の総論規定

べきであろうか。

6-13

◆**予約完結権譲渡の対抗①──予約義務者（売主）への対抗**
⑴　仮登記がない場合
　予約完結権の譲渡に予約義務者の承諾は不要であるとすると、予約義務者の知らないうちに予約完結権が譲渡されることになる。予約義務者にとって、相手が誰なのか不明瞭になる点、債権譲渡に類似する。そのため、債権譲渡の規定（467条1項）を類推適用して、予約完結権の譲渡人による予約義務者への通知またはその承諾を予約義務者への対抗要件と考えることができる。なお、仮登記がある場合にも、譲渡人の通知によって予約義務者への対抗力を取得できる。

6-14

⑵　仮登記がある場合
　仮登記がされている場合、予約完結権の譲渡を原因として仮登記への付記登記ができるので、登記によって公示できるから、これにより予約義務者への対抗を認めるべきであろうか。605条の3による605条の2第3項の準用もそうだが、相手方の知らないところで登記がされて、当然に対抗できるというのは適切ではない。動産債権譲渡特例法4条2項のように、付記登記の登記謄本を添付した譲受人Cによる通知も有効とした上で、予約義務者への通知またはその承諾は必須と考えるべきである。

6-15

◆**予約完結権譲渡の対抗②──第三者への対抗**
⑴　仮登記がない場合
　予約完結権が二重に譲渡された場合、優劣はどう決められるべきであろうか。この問題は、予約完結権についての仮登記の有無によって分けて考えられている。まず、仮登記がない場合には、予約完結権は特定人に対する権利であり、債権に準じて467条2項を類推適用して、確定日付ある証書により予約権利者が通知をするかまたは予約義務者が承諾することで対抗力を取得することが認められている（前掲大判大13・2・29）。通知が同時到達の場合には、いずれの予約完結の意思表示も有効で、二重譲渡同様の関係になる。なお、対抗力の取得後に、譲渡人が仮登記をして第三者に付記登記をしても、一度生じた対抗力は覆せない。

6-16

⑵　仮登記がある場合
　目的物が不動産の場合、仮登記がされていれば、予約完結権の譲渡は仮登記に権利移転の付記登記をすることで公示できる。この場合、登記という客観的に動かし難い公示方法がある以上、これによる第三者への対抗力が認められてよい（最判昭35・11・24民集14巻13号2853頁［通説］）。さらにいえば、仮登記がある場合には必ず付記登記によるべきであり、確定日付ある通知で譲渡通知がされても、第三者に対する対抗力は認められないと考えるべきである。

第 2 章　売買　第 2 編　財産の取得を目的とした契約（契約各論①）

6-17 **◆目的不動産が第三者に譲渡された場合**

(1)　予約完結権の対抗を認めるべきか

　　A が甲地について、B に売買予約により予約完結権を付与し、B が仮登記をしたが、その後、A が土地を C に売却して所有権移転登記をしたとする[7]。この場合、B は予約完結権を第三者に対抗できるので、C は予約の制約を受けた甲地を取得し、B は C に対して予約完結権を対抗でき、C に予約完結の意思表示をしてC から B への売買契約を成立させることができるのであろうか（この考えとして、我妻・中一 259 頁）。しかし、BC 間に売買契約が成立してしまい、適切ではない。

6-18 **(2)　仮登記の順位保全効を問題とすべき**

　　仮登記は予約完結権を公示するためのものではなく、順位保全のためのものである。B は A に対して予約完結権を行使して、A → B、A → C という二重譲渡の関係になると考え、B が仮登記により優先することを認めれば足りる。これが判例の立場である（大判昭 13・4・22 民集 17 巻 770 頁）。強いていえば、B が予約完結権を C が買い取る前に取得していた、予約完結が有効なことの対抗が認められる点で、仮登記は予約完結権について C への対抗を問題にすることができる。

2　手付（解約手付契約）

6-19 **(1)　手付の意義──手付と手付契約**

(a)　手付（手付金）の意義

(ア)　手付についての民法の規定──解約手付　　民法は、「買主が売主に手付を交付したときは、買主はその手付を放棄し、売主はその倍額を現実に提供して、契約の解除をすることができる。ただし、その相手方が契約の履行に着手した後は、この限りでない」と規定する（557 条 1 項）。民法は手付を交付する場合には、上記のような行使要件が付けられた解除権を留保する合意がなされている、との推定規定を置いていることになる[8]。

6-20 **(イ)　手付の意義**　　「手付」の定義は解釈に任されているが、契約の締結に際して当事者の一方から他方に交付される金銭その他の有価物[9]と考えられ

---

7)　なお、仮登記がない場合は、B はその後予約完結の意思表示をしても甲地を取得できない。フランス民法 1124 条 2 項は、予約を知りながら悪意で目的物を取得した場合、その契約を無効としている。二重譲渡の場合に、動産（同法 1198 条 1 項）、不動産（同条 2 項）を問わず、第 2 譲受人が所有権を取得するためには善意が必要とされており、それとのバランスを失しない。日本の場合には、仮登記がない限り、予約完結権を行使後に売却された場合でも悪意の第三者が保護されるので、予約を知りながら目的不動産を取得しても、所有権取得を否定できない。

8)　557 条について詳しくは、横山美夏「民法 557 条（手付）」民法典の百年Ⅲ 309 頁以下参照。

207

ている（559条により売買以外の有償契約に準用される）。当事者が契約において実際にどう称しているかは問わない——買主からの支払に限らない（拡大適用）——。したがって、明確に代金の一部として契約時に支払われた代金も手付になる。代金とは別の金銭である必要はなく、代金の一部の支払が同時に手付になる。

6-21　　**(ウ)　手付と売買契約の締結**　フランスでは、売買契約が締結された場合、その際に交付された手付は売買契約締結のための証拠金とされ（規定はないが解釈による）、売買契約の「締結を約束」する際に——予約とも異なり前契約といわれる——交付される手付が解約手付であり、手付放棄・倍返しをして売買契約の「締結を免れる」ことができる[10]。ところが、日本民法の規定は、売買契約の締結の際に解約手付を認める規定になっている。契約の拘束力が脆弱な日本の旧来の慣習に倣ったものといわれるが、現在でも妥当するのかは疑問である。契約の締結を約束して手付が支払われた場合以外については、手付の解釈運用を厳格に行うべきである。

6-22　　**◆入学金は手付か**
(1)　入学金は手付ではない
　　　大学等への入学手続時に支払う「入学金」は、手付であろうか。この点、次に述べる手付の3つのどれにも該当せず、手付とは異なる位置づけがされている。大学から手付を倍返しして解除はできず、一方で、学生からの解除はできるもの

---

9)　金銭であるのが普通であるが、立木取引で立木の引渡しも手付となることが肯定されている（大判明34・5・8民録7輯5巻52頁）。また、通常は、買主から売主に支払われるが、売主から買主に支払われてもよい。

10)　**＊フランスと日本の不動産取引慣行**　フランス民法1590条は、売買予約（la promesse de vendre）は売買契約ではなく事前契約（avant-contrat）にすぎず、手付金（arrhes）が交付されている場合には、当事者は、与えた者（買主に限らない）はそれを放棄して、受けた者は2倍にして返すことにより、その拘束力を免れることができるものと規定している。この場合の手付は解約手付（dédit）であり、売買契約の締結を約束したにすぎない段階において、その拘束力から免れる権利を認めるものである（手付の交付なしに解約権を認めることも可能と考えられている）。最終的な売買契約が締結されると、手付は代金に充当される。しかし、手付が契約締結証拠金（acompte）の場合もあり、それは売買契約自体が締結されてその際に交付された場合であり、売買契約が締結されたことの証拠とされ、もちろん解除はできない。いずれの契約か、いずれの手付か不明な場合には、判例は契約締結証拠金と推定しており、金額が高くなるほど推定が強くなるといわれている。
　　日本でも、不動産仲介業者を介して行う不動産売買においては、手付を支払って、売買契約を締結することの合意をして、その後正式に売買契約を締結するが、それまでは手付損倍戻しによる解除ができ、売買契約を締結する段階では、残代金が支払われて所有権移転登記手続もとられる。仲介会社が、実際上フランスの公証人に匹敵する機能を果たしていることは注目される。これは、フランスと同じ本来の手付である。ただし、売買契約の締結に際して支払われるものを手付とすると、手付ではないことになる。

第2章 売買 第2編 財産の取得を目的とした契約（契約各論①）

の、それは手付の放棄ではなく、契約の性質上、退学（契約の効力発生前は入学辞退）として時期を問わず自由に認められる。その場合に、大学側は受け取った入学金を返還しない扱いがされている──授業料は措く──。入学金はなぜ返還されないのか、大学はすでに何を履行しているのであろうか[11]。

6-23 **(2) 入学しうる地位取得の対価**

この点、判例は、「入学金は、その額が不相当に高額であるなど他の性質を有するものと認められる特段の事情のない限り、①学生が当該大学に入学し得る地位を取得するための対価としての性質を有するものであり、②当該大学が合格した者を学生として受け入れるための事務手続等に要する費用にも充てられることが予定されている」。「在学契約等を締結するに当たってそのような入学金の納付を義務付けていることが公序良俗に反するということはできない」と判示している（最判平18・11・27民集60巻9号3732頁［①②追加］等）。

6-24 **(3) 入学金の内容は曖昧**

確かに、学生受入れのための事務費用であるならば合理性があり、また、すでに履行済みである。しかし、「入学し得る地位を取得するための対価」というのは詭弁である。入学金なしに入学手続だけをして入学辞退ができるとすれば、いくつも入学手続をすることが横行し、大学は新入生のクラス編成、非常勤講師の手配等新学期の予定が立てられなくなってしまう。そのことを見越して多めに合格させると、入学者が文科省から認可された入学者数を超えてしまい、補助金カットにつながるリスクがある。①事務処理費用に尽きず[12]、②可能な限り無駄な入学手続を回避させる抑止的機能を狙った特殊な違約金でもある[13]。

6-25 **(b) 手付交付をめぐる合意**

(ア) 証約手付──契約締結の証拠　まず、目的物の引渡しまたは代金の支払も後にすることを約束する場合に、契約の成立を当事者に意識させるため

---

11) 名古屋地判令4・2・25裁判所ウェブサイトは、結婚披露宴利用契約における申込金については、<u>YらがXとの間で本件契約を締結してYらの希望する日時場所で披露宴を開催しうる地位を取得するための対価としての性質を有するとして、Yらが申込金を支払った後に本件契約を解約しても、原則としてYらは申込金相当額の返還請求権を有しない</u>と判示する。

12) 学説には、入学金を事務処理費用分に限るべきであるという主張もある（岡本伸幸「学納金不返還特約と公序良俗」『高森八四郎先生古稀記念論文集』［法律文化社・2013］157頁以下）。

13) ＊**随時受け入れる専門学校の入学金**　随時受入れの専門学校については、判決文の①は当てはまらず、②だけが考えられる。しかし、東京高判令5・4・18判例集未登載では、入学の際に支払った41万円ほどの諸経費について、退学しても一切返還しないとする条項が問題とされた（COJによる条項使用の差止請求）。第1審判決は、入学をしなくても、12万円は学生たりうる地位を取得した対価、1万円を平均的損害と認めて、13万円を超える金額の返還を認めた。控訴審たる本判決は、専門学校は大学とは事情が違うことから入学しうる地位取得の対価を考える必要はないとして、ただ平均的損害を7万円と認めて、7万円を超える部分の返還を認めている。

に、契約時に代金の一部を支払ってもらうことがある。代金の一部が支払われることで、契約は成立しており、後戻りができないという契約拘束への意識を高めることになる。これも広い意味では手付であり、**証約手付**と呼ばれる。契約の成立の証拠とする、という意図・目的はあるが、特に意思表示がされているものではない。

6-26　　(イ)　**違約手付──違約金の合意**　また、買主が残代金を支払わなかった場合には、売主はその金銭を違約金として没収できるという、違約金ないし損害賠償額の予定として、そのための金銭が交付されることもある。売主の不履行の場合に、その金額を賠償するという合意も同時にすることができる。不履行に対する威嚇として、履行を促す目的で交付される手付であり、この手付を**違約手付**という。

6-27　　(ウ)　**解約手付──約定解除権の留保**　以上に対して、真逆の機能が手付に付与されることがある。契約をしたが、後日思い直して契約を白紙にすることを認め、相手方の損失を填補するために手付金額を補償金とすることを合意する場合である。この手付を**解約手付**という。宅建業法39条2項本文は、宅建業者が自らを売主とする売買契約で手付を受領した場合には、「その手付がいかなる性質のものであっても」これを解約手付とする。

6-28　**(2)　民法における手付規定──任意規定・推定規定**

　　(a)　**推定規定である──判例は反証を容易に認めない**　民法は、先にみたように、売買契約の締結に際して手付が支払われた場合、これを解約手付と扱っている。しかし、557条は任意規定（実質的には推定規定）であり、解約手付であることを争う者が反証を挙げて覆すことができる。

　　反証の認定をめぐっては、判例と学説とで温度差がある。①判例は、反証を容易に認めず、手付額が代金額に比して少ない場合でも、例えば、900円の代金に対して6円が交付された事例でも、解約手付と認めている（大判大10・6・21民録27輯1173頁）。②しかし、学説は、僅少手付については原則として証約手付にすぎないとみるべきであると考えている（我妻・中一262頁）。

6-29　　(b)　**制限解釈すべき**　解約手付制度の合理性に疑問がある以上、反証を緩やかに認めるべきである。それに尽きず、先にみたように、557条を制限解釈して、売買契約の締結を約束して手付が交付されたという、売買契約締結前段階の合意に適用を制限することも考えられる。例えば、○月○日に正式

第2章　売買　第2編　財産の取得を目的とした契約（契約各論①）

に契約を締結すると合意して手付を交付した場合、当事者はその合意通りに売買契約を締結することを義務づけられるが、手付の損倍戻しによりその拘束力を免れるのである。

6-30
◆**日本の手付法の特殊性**
(1)　売買契約の成立後にも認めるのは異例
　(a)　契約の拘束力を強めるのが本来の手付　英米法では売買の手付は契約締結の印にすぎず、フランスでは、売買の予約（契約前合意）の手付について解約手付と認められており（☞注6-10）、旧民法も「予約」についてこれを承継したが（財産取得編29条）、「即時の売買」の手付も認め（同30条1項）、この場合でも履行があれば解約はできないものとした（同条2項）。また、ドイツ民法では、契約の締結に際して手付が交付された場合には、契約締結の証として交付されたものとして、違約金と認められるためには、その旨の明確な合意を必要としており、解約手付についての規定はない（同法336条）。

6-31
　(b)　日本固有の慣行によった　現行民法の起草者は、売買予約の手付の規定を削除し、「即時の売買」の手付規定のみを残した。これは欧米の制度の導入ではなく、わが国古来の慣習に従い、売買契約自体について解約手付制度を導入する趣旨である（来栖三郎「日本の手付法」同『来栖三郎著作集Ⅱ』［信山社・2004］参照）。契約をしても、手付の放棄・倍返しにより解除を認めるのを日本の慣行と認め、これを立法したのであり、比較法的に見て極めて異例な立法になっている。

6-32
(2)　合理的な制度なのか
　この日本の手付法の評価は分かれる。①一方で、近代化した日本においてはもはや合理性がなく、これを批判的に評価することもできる（来栖三郎＝太田知行『総合判例研究叢書27』［有斐閣・1965］101頁）。この立場では、解約手付の認定は慎重になされるべきことになる（広中51頁）。②これに対し、手付を打って解除権を留保するのは非近代的な制度ではなく、合理的な制度として評価するのが一般的理解であると思われる（水本139頁、内田167頁）[14]。いずれの立場によるかで、解約手付制度の運用についての温度差が生じる（本書は厳格な解釈をする☞6-29）。

6-33
◆**違約手付が同時に解約手付たりうるか**
(1)　判例は解約手付の推定を肯定
　例えば、買主が不履行の場合に売主が手付金を没収し、売主が不履行の場合には手付と同額の金額の違約金を支払うという約束がされている場合にも、557条

---

14)　善解すれば、契約を破る自由を認める合意（641条との関係では、着手までに制限）、その場合の損害賠償額の予定の合意と評価することができる。そのように再構成する可能性はある。しかし、そのような契約をすることは合理性があるというだけで、例えば、契約をしてその際に代金の一部を支払ってもらう場合、目的物を取りに来ないで残りの代金が支払われないための損害予防対策であり、買主に対して拘束力を強める意識で行われ、積極的に解除を認める趣旨なのか疑問である。

211

§ II　売買契約の総論規定

1項の解約手付の推定が働くのであろうか。違約手付の趣旨が明らかな場合にも、解約手付の推定が認められるのであろうか。判例は次のように、違約手付の合意があるという証明では、解約手付の推定を覆すことはできないとしている。

6-34

●最判昭 24・10・4 民集 3 巻 10 号 437 頁　[事案] Y は賃貸中の建物を X に売却し（代金 1 万 5000 円）、3 〜 4 カ月以内に賃借人 A を立ち退かせた上で移転登記手続をする約束をした。X は Y に 1050 円を手付として支払った。ところが、A が建物から立ち退かず、Y が移転登記をしないので、X は Y に移転登記を求める訴訟を提起した。これに対して、Y は手付金の倍額を提供して解除したと争う。売買契約書には「買主本契約を不履行の時は手付金は売主に於て没収し返還の義務なきものとす、売主不履行の時は買主へ既収手付金を返還すると同時に手付金と同額を違約金として別に賠償」するという条項があった。原判決は、この条項を根拠に当該手付は違約手付であって、解約手付ではないとして、Y の解除の主張を排斥した。最高裁は、原判決を破棄し、解約手付と認める。

6-35

[判旨]「其適用が排除される為めには反対の意思表示が無ければならない。……固より意思表示は必ずしも明示たるを要しない、黙示的のものでも差支ない」。「しかし右第 9 条の趣旨と民法の規定とは相容れないものではなく十分両立し得るものだから同条はたとえ其文字通りの合意が真実あったものとしてもこれを以て民法の規定に対する反対の意思表示と見ることは出来ない、違約の場合手附の没収又は倍返しをするという約束は民法の規定による解除の留保を少しも妨げるものではない、解除権留保と併せて違約の場合の損害賠償額の予定を為し其額を手附の額によるものと定めることは少しも差支なく、十分考へ得べき処である」。

6-36

(2)　学説による評価

学説をみると、手付制度を積極的に評価する学説からは、判例を支持する評価がされている（水本 136 〜 137 頁、潮見・新各論 I 102 頁）。他方で、解約手付制度に批判的な学説は、違約手付はそれによって契約不履行への心理的圧迫を与え、履行を確保するためのものであり、契約の拘束力を弱める解約手付とは矛盾することから批判的である（広中 51 〜 52 頁、品川 45 頁）。違約手付と解約手付が、理論的に両立しえないものではないことは判例のいう通りである。しかし、違約手付の合意がされているのであれば、解約手付の推定は否定されるべきである。

6-37

◆解約手付契約は要物契約か

(1)　要物契約説

(a)　手付契約は成立していない　例えば、A が B に土地を 5000 万円で売却す

第 2 章　売買　第 2 編　財産の取得を目的とした契約（契約各論①）

る際に、B が A に対して手付として 500 万円を支払う合意をしたが、契約時に 500 万円の用意ができず、手付を後日振り込むことを約束して売買契約を締結してもらったとする。解約手付契約は要物契約であり、いまだ成立していないと考えるべきであろうか。557 条は「手付を交付したときは」と規定しており、手付を交付して合意することを前提にしている。そのため、手付契約を要物契約と解するのが通説である（半田正夫『不動産取引法の研究』［勁草書房・1980］110 頁）。

6-38　　　（b）　**相手からは解除できない**　この場合、手付契約はいまだ予約とみて、金額交付があるまでは売主からの解除を認めないのは、売買契約の拘束力を強めるものとして妥当であるという。この結果、B はその後に 500 万円を交付して同時に解除ができるが、A からは、B が 500 万円の交付をしてくれない限り解除ができないことになる。不公平感が残ることは否めない。また、諾成契約の原則（522 条 2 項）に対して、どのような理由で要物契約とされるのか説明がない。

6-39　（2）　**諾成契約説**

　　　（a）　**合意だけで解除権成立**　しかし、557 条は任意規定である。557 条が要物契約と規定しているからといって、契約自由の原則からして、諾成契約としての手付契約、すなわちその金額を相手方に実際に補償することを要件として解除権を認める合意は有効と考えるべきである。少なくとも、557 条が規定する手付契約とは異なる、いわば非典型契約としての解除権留保契約を認めるべきである。

6-40　　　（b）　**両者から解除が可能**　手付交付がある場合には、売主からの解除は、受け取った金銭を返還するほか、填補を約束した金額を現実に交付して解除ができるという制限があり、手付未交付の場合には、それが両者に拡大されるだけである。売主は、手付を受け取っていないから返還は不要で、500 万円の補償金だけを支払うことで解除できることになる。明確に要物契約であるという合意がされない限り、上記の事例では手付契約の成立を認めてよい（諾成契約説として、加賀山茂「手付の法的性質」『石田喜久夫先生古稀記念論文集』［成文堂・2000］559 頁）。

6-41　（3）　**解約手付（契約）による解除の要件**

　（a）　**「契約の履行に着手」する前であること**

　（ア）　**履行までは必要ではない**

　（i）　**証明責任**　解約手付による解約ができるのは、「履行に着手」するまでである。改正前は「履行に着手するまで」ということが積極的に解除の要件とされていたため、解除を主張する者が履行未着手の証明責任を負っていた。現行法ではただし書方式に変更されたので、解除を争う相手方が履行に着手していたことを証明することが必要になる。なお近時は、手付解除には短い期間が設定され、手付解除が問題になることが少なくなっている。

6-42　　（ii）　**履行は不要**　旧民法財産取得編 30 条 2 項では「履行ありたるとき

213

§Ⅱ　売買契約の総論規定

は」となっていたのが、「履行に着手した後」に変更されている[15]。このような制限をしたのは、手付額は契約をした後の解除によって生じる損害を填補する金額として予定されており、履行前でも、履行にとりかかった後の解除によって損害が生じる可能性があるためである。履行ではなくその準備をすることが重要だからである。

6-43　　**(イ)　履行の着手の意義**　そうすると、履行に「着手」とは、履行行為自体、売主ならば目的物を提供する必要はなく、目的物を調達したり生産するといった準備行為でもよいことになる。しかし、その限界はかなり明確性を欠き法的安定性を脅かしかねない。そのため、判例は「履行の着手」を「債務の内容たる給付の実行に着手すること、すなわち、①客観的に外部から認識し得るような形で②履行行為の一部をなし又は履行の提供をするために欠くことのできない前提行為をした場合」と定義して、絞りをかけている（最大判昭40・11・24民集19巻8号2019頁［①②追加][16]）[17]。

6-44　　**◆履行に着手した者からの解除**

⑴　改正前は着手者も解除できないという考えがあった

　改正前の557条1項は「当事者の一方が契約の履行に着手するまで」となっていて、「相手方が」履行に着手するまでとはなっていなかった。そのため、履行に着手した者も解除ができなくなるのではないかという疑問があった。

　そのため、当事者の一方が履行に着手して相手方に履行の期待を持たせたこと、手付契約に基づく解除は「契約は守られるべき」という原則に対する例外である以上、例外の運用は厳格であるべきことなどから、解除を否定する学説があった（末川・下25頁、石田譲128頁、新版注民⑭180頁［柚木＝高木］。水本143頁）。

---

15)　もちろん、契約締結前の、したがって履行が考えられない予約についての手付には、このような制限はない（財産取得編30条2項）。本契約の締結まで解約できることになる。

16)　ほかにも、大阪府から不動産の払下げを受けてこれを売却する契約で、大阪府から払下げを受けたのは履行の着手に当たるとした。なお、土地の売買契約において、転売代金をもって代金支払に充てる予定でいた買主が転売契約を締結したというだけでは、着手ありということはできないとした判決がある（福岡高判昭50・7・9判時807号41頁）。農地では、売買契約のためには都道府県知事の許可が必要であるが、許可前でも履行の着手は認められる。売主・買主両者が許可申請書を知事宛てに提出した場合（最判昭和43・6・21民集22巻6号1311頁）、知事の許可がされる前に、買主が残代金を売主に提供した場合（最判昭52・4・4金判535号44頁）に、履行の着手が肯定されている。

17)　＊買主による土地の造成等　土地の買主が、土地を整備し転売契約の着手をしたことを、公平の観点から買主の履行の着手と認め売主による解除を制限した判決があるが（東京地判平元・9・29判タ726号190頁）、代金支払の履行の着手とするのはこじつけであり、売主の解除を一般条項で制限するしかないのではないかと思われる。控訴審である東京高判平3・7・15判時1402号49頁は、履行の着手を否定し、売主による解除を認める。

第2章　売買　第2編　財産の取得を目的とした契約（契約各論①）

6-45
(2)　現行法──着手者は解除できる

　しかし、履行の着手があると解除ができないとされた趣旨は、6-42 にみたように "履行に着手した者を相手の解除から保護する" ということにある。そのため判例は、「<u>未だ履行に着手していない当事者は、契約を解除されても、自らは何ら履行に着手していないのであるから、これがため不測の損害を蒙るということはなく、仮に何らかの損害を蒙るとしても</u>、損害賠償の予定を兼ねている解約手附を取得し又はその倍額の償還を受けることにより、その損害は填補されるのであり、解約手附契約に基づく解除権の行使を甘受すべき立場にある」として、解除を認めていた（前掲最大判昭 40・11・24）。現行法はこの判例を明文化し、「相手方が」と明記したのである。

6-46
◆履行期前の着手

(1)　準備は履行期前に必要

　557 条 1 項は履行の着手というだけであるが、履行期前でも履行の着手による解除権の消滅が認められるのであろうか。①一方で、履行期を例えば 1 カ月後とした場合、それまで当事者には解除が保障されていることになるが、契約後早々に履行の準備をして、相手の解除権を奪うというのは適切ではない。②他方で、履行期前に履行の準備をする必要があり、履行期まで一切履行の着手は認めないのも不合理である。その調和として、社会通念上、相当の期間内であれば履行期前でも履行の着手を認める必要がある（三宅・上 183 頁、来栖 41 頁など通説）。

6-47
(2)　判例も履行期前の着手を認める

　判例も、「債務に履行期の約定がある場合であっても、当事者が、債務の履行期前には履行に着手しない旨合意している場合等格別の事情のない限り、ただちに、右履行期前には、民法 557 条 1 項にいう履行の着手は生じ得ないと解すべきものではない」とし（最判昭 41・1・21 民集 20 巻 1 号 65 頁）、履行期前でも履行の着手を認める。そして、「債務者が履行期前に債務の履行のためにした行為が、民法 557 条 1 項にいう『履行ノ著手』に当たるか否かについては、当該行為の態様、債務の内容、履行期が定められた趣旨・目的等諸般の事情を総合勘案して決すべきである」、また、「履行期が定められた趣旨・目的及びこれとの関連で債務者が履行期前に行った行為の時期等もまた、右事情の重要な要素として考慮されるべきである」といわれる（最判平 5・3・16 民集 47 巻 4 号 3005 頁）。後者では、履行期前の土地の測量および履行の催告では履行の着手にはならないとされた。

6-48
◆買主による代金の提供──履行期後の代金の準備と通知

(1)　履行期後の代金の準備は着手になる

　買主が代金の準備をし、そのことを売主に通知した場合に、それを履行の着手ありと評価できるのかは、履行期前か否かで判例の結論が分かれている。まず、

215

履行期後については、判例は「土地の買主が約定の履行期後売主に対してしばしば履行を求め、かつ、売主が履行すればいつでも支払えるよう約定残代金の準備をしていたときは、現実に残代金を提供しなくても、民法557条1項にいわゆる『契約の履行の着手』したものと認め」られるとした（最判昭57・6・17判時1058号57頁。すでに最判昭33・6・5民集12巻9号1359頁が同旨）。売主が借家人を追い出した上で引き渡す約束で、土地建物の売買がされた事例で、買主が、建物の引渡しおよび所有権移転登記手続を求める訴訟を提起すると共に、残代金を現実に売主に提供した事例で、買主による履行の着手が認められている（最判昭51・12・20判時843号46頁）。

(2) 履行期前は制限的

ところが、履行期前については、山林の立木を伐採して搬出し買主の貨車に積み込むごとに代金を支払うという売買で、期日の前日に買主が代金の支払を準備し、受渡準備が調ったことを通知したとしても、履行の「準備」であって「着手」ではないとされている（大判昭8・7・5裁判例7巻民166頁）。また、「約定の履行期前において、他に特段の事情がないにもかかわらず、単に支払の用意ありとして口頭の提供をし相手方の反対債務の履行の催告をするのみで、金銭支払債務の『履行ノ著手』ありとするのは、履行行為としての客観性に欠ける」とされ、履行の着手が否定されている（前掲最判平5・3・16）。ただし、土地の買主が履行期の10日前に、残代金支払の用意をした上でこれを売主に告げ、期日における受領を催告したことを着手と認めた下級審判決がある（東京高判昭49・12・18判時771号43頁）。

6-50 **(b) 手付の放棄・倍返しの現実の提供をなすこと（手付損倍返し）**

(ア) 買主による解除 手付契約による解除は、手付金額を実際に相手方に填補することが要件になる。解除が意思表示だけで有効となり、損害の填補がされないことを避けるため、民法は下記のように規定した。

---

① 買主による解除 「その手付を放棄」する意思表示＋解除の意思表示

② 売主による解除 手付の「倍額を現実に提供して」（内訳は下記）
　　　　＋解除の意思表示

　　ⓐ 受け取った手付の返還

　　ⓑ 手付金額と同額の賠償金の支払

買主は賠償金となる金額を先に渡しているため、それを賠償金として充当する意思表示と解除の意思表示をするだけで足りる。諾成手付契約の場合に

は、②ⓑに準じて、手付金額を「現実に提供」することが必要になる。

6-51　**(イ)　売主による解除**

(i)　買主の保護の必要性　売主による解除が意思表示だけで有効になっては、買主が損害填補を受けないままになるリスクがあり（支払った手付が戻ってこない危険もある）、買主からの解除では売主は確実に賠償が補償されることとバランスを失し公平ではない。そのため、改正前は売主は手付を倍額にして「償還」することが必要とされていた。そうすると、売主が提供しても買主が受取りを拒絶すると解除ができないという不都合があった。そのため、現行法は「倍額を現実に提供」すればよいとしたのである。

6-52　**(ii)　現実の提供が必要**　買主が予め受領拒絶をしている場合、弁済提供は口頭の提供でよいが（493条）、売主からの解除のためには常に現実の提供が求められる。改正前の判例であり（最判平6・3・22民集48巻3号859頁）、「手付けの『倍額ヲ償還シテ』とする同条項の文言」および「買主が同条項によって手付けを放棄して契約の解除をする場合との均衡」がその理由である。同判決には千種補足意見があり、銀行保証小切手など現金の授受と同視しうる経済上の利益を与えるものを提供すればよいと述べている。

6-53　**(4)　解約手付による解除の効果**

(a)　約定解除権による解除　解約手付の合意に基づいて解除がされた場合、これは約定解除権に基づく解除であり、当事者が合意によって異なる内容を取り決めていない限り、540条以下の解除の規定が適用される。例えば、買主に共同相続があり複数人が買主たる地位を承継した場合、買主全員からまたは売主から買主全員に対して解除の意思表示がされなければならない（544条）。しかし、債務不履行による解除ではないので、545条4項は適用がなく損害賠償は問題とはならない（557条2項）。

6-54　**(b)　解除されずに履行される場合**　なお、解除がされず売買契約が履行される場合には、解約手付契約は効力を失い、交付した手付は返還されるべきであるが、相殺するまでもなく当然に代金に組み入れられる（大判大10・2・19民録27輯340頁）。手付金は代金とは異なる特殊な金銭の交付ならばそうなるが、代金の一部の支払の場合には代金の支払として有効である。

3 売買契約に関する費用

(1) 契約に関わる3つの費用

「売買契約に関する費用は、当事者双方が等しい割合で負担する」(558条)。売買契約をめぐっては、次の3つの費用を区別することができる。

> ① 契約の準備のための費用
> ② 契約締結のための費用
> ③ 契約の履行のための費用

　①は例えば、広告・宣伝、目的物の測量・鑑定などであり、交渉の際になされて費用負担についての合意がされない限り、各当事者の負担である。③の目的物の引渡し、また引渡しまでの保管の費用は、債務者たる売主の負担である (485条)。取立債務や送付債務の場合には、売主の義務は引渡場所での引渡し、また発送手続をするだけであり、運送費用は買主の負担になる。「売買契約に関する費用」とは、②のみを指す。印紙代、公正証書の作成手数料など契約書の作成費用などである。

(2) 契約費用か問題になる費用

　契約費用か否かが問題とされるものに、ⓐ目的たる土地の測量費用、ⓑ登記に関する費用——登記料、司法書士への報酬など——がある。

　ⓐについては、通説は測量費用を契約費用に含めるが、反対説もある (三宅・総論177頁)。本来①の契約の前段階の費用に当たるから売主が負担すべきものである。ただし、特に当事者が契約の交渉中に測量をすることを合意してその費用を折半することにした場合には、その合意に従う。ⓑについては、登記は売買契約の公示であるとして、契約費用として折半という提案もある (三宅・総論186〜187頁)。大判大7・11・1民録24輯2103頁は、傍論としてだが契約費用とする。現在の不動産取引慣行によれば、登記費用は買主負担とされており、この慣行に従った合意がされている限り適用される結果、485条は排除される。

第2章　売買　第2編　財産の取得を目的とした契約（契約各論①）

§Ⅲ
売主の義務（売買の効力①）

1　財産権移転義務

6-57　**(1)　財産権移転義務の認否──財産法の移転それ自体を合意する契約**

　(a)　特定物売買　売買契約は、売主が買主に「財産権を……移転すること
を約」する契約である（555条）。所有権を移転することを約する物権的合意
の効果として、所有権が移転することになる。そして、所有権の移転には特
別の行為が要求されておらず（形式主義の否定）、所有権移転行為が想定で
きないため、所有権移転義務は考えられない。特約によって、引渡しの時、
所有権移転登記の時に所有権が移転するという合意がされている場合、それ
は、所有権移転時期についての合意にすぎない（☞物権法 4-9 以下）[18]。

6-58　　**(b)　不特定物売買・他人物売買**　これに対して、不特定物の場合には（制
限種類債権も）、売主が目的物を特定してこれを引き渡して所有権が移転す
る。提供したが、引渡しができなかった場合には、特定により特定物となっ
て所有権が直ちに移転する。また、特定物でも他人物売買の場合には、売主
は、所有権を取得して買主に移転する義務が負わされるが（561条）、やはり
所有権を取得する義務が問題になるだけで、売買契約に所有権移転の意思表
示が含まれており、所有権を取得すれば、当然に買主に所有権は移転する。

6-59　**◆売主の拡大損害についての責任──　契約締結に際する説明義務等**
　　(1)　責任の性質

　　本文で述べる給付義務のほかに、売主には、売買契約に付随して、目的物の危
険性についての安全性確認・説明・警告など、買主の生命・身体・財産を侵害し
ないように配慮すべき注意義務（保護義務）が認められる（潮見・新各論Ⅰ 168
頁）。判例は、投資取引を勧誘する際の信義則上の説明義務違反を不法行為とし
たが、その射程はここにも及ぶ。買主の他の財産を侵害させないように積極的に
配慮すべき信義則上の作為義務が問題となり、不法行為法上の義務としてその違
反も不法行為である。しかし、特定人間における積極的な配慮として作為が問題

---

18)　金山直樹『現代における契約と給付』（有斐閣・2013）195 頁参照。同書によれば、梅博士は権利移転
　義務を肯定し、義務が生じる瞬間に直ちに履行されるのだと理解していた。そのため、同 261 頁は、所有
　権移転義務は、その履行や強制履行を具体的に観念することは困難であるが、その不履行は比較的容易に観
　念することができ、所有権移転義務は不履行の場面でのみ顕在化する性質を有していると評する。

219

§Ⅲ 売主の義務（売買の効力①）

になることから、必要に応じて債務不履行の規定を適用（類推適用）し、また、債務不履行の法理を適用することが許される（☞債権総論 4-136）。

6-60 **(2) 問題となった事例**

(a) 他の財産の侵害 X 会社が Y から購入した子犬 1 匹がパルボウィルスに感染しており、同犬がパルボを発症して死亡し、一緒に購入した子犬、さらに X が販売している他の子犬もパルボに感染して死亡した事例で、X が Y に対して不法行為および債務不履行を理由に損害賠償を請求した事例がある。パルボウィルスに感染していた 1 匹についての売買契約の解除は認められたが、Y の過失は認められないとして、一緒に購入した子犬も含めた拡大損害について、Y の責任が否定されている（横浜地川崎支判平 13・10・15 判時 1784 号 115 頁）。

6-61 **(b) 買主の身体・健康の侵害**

(ア) コンタクトの販売 X が Y からコンタクトレンズを購入するに際して、Y が 1 週間に 1 回の割合で蛋白質除去が必要なことを告知せず、これを不要と誤認させる説明をしたため、X が蛋白質除去に必要な処理をせず、そのために眼に障害を生じた事例がある（大阪地堺支判平 14・7・10 判タ 1145 号 177 頁）。本判決は、Y は販売に際して蛋白質除去の必要性につき確実に認識できる方法で、告知・説明すべき義務があり、眼に異常が生じた場合には、使用を中止し、眼科医の診察を受けるべきことを告知・説明すべき義務があったことを認めている[19]。

6-62 **(イ) マンションの販売** マンションの防火戸のスイッチがわかりにくいところにあり、オフになったままであったために火災に際して作動せず、買主がその火災によって死亡した事例がある。防火戸が作動していたら死亡することはなかったとして、遺族がした売主に対する損害賠償の請求につき、「本件売買契約上の付随義務として、上記電源スイッチの位置、操作方法等について説明すべき義務があった」として、損害賠償請求が認容されている（最判平 17・9・16 判時 1912 号 8 頁［仲介業者にも同様の義務を認める］）[20]。

6-63 **◆売主による契約締結の際の目的物についての説明義務（拡大損害を除く）**

売主は、上記のように目的物の危険性についての説明義務等を負うほか、必要な説明が法令により定められている例として、宅建業者が売主になる場合の重要

---

19) 具体的に、Y の従業員は、蛋白質除去の必要性はない旨誤った告知をしているので、告知・説明義務違反がある。また、確かに取扱説明書を交付しているが、使用者がこれを読んでも、蛋白質除去の必要性を正しく判断できないものというべきであり、ひと月程度で交換する使い捨てコンタクトレンズであるかのように理解させていたといえるので、取扱説明書を交付していても、告知・説明義務を尽くしたものとはいえないとする。

20) また、マンションの販売会社につき、規約によってペットが飼えない可能性があるのにそのことを説明しなかった事例で、ペットについて相談をした購入希望者に、ペット可と説明したことには不法行為の成立が認められたが、ペットについて相談をしなかった購入希望者については、不法行為の成立が否定されている（大分地判平 17・5・30 判タ 1233 号 267 頁）。

220

事項の説明義務等がある——これは賃貸借でも認められ、有料老人ホームやサ高住の事業者にも、契約締結前に重要事項説明義務が課せられている——。また、動物愛護法21条の4は、ペット販売に際しての売主の買主に対する義務につき、「動物の現在の状態を直接見せるとともに、対面（……）により書面又は電磁的記録（……）を用いて当該動物の飼養又は保管の方法、生年月日、当該動物に係る繁殖を行った者の氏名その他の適正な飼養又は保管のために必要な情報として環境省令で定めるものを提供しなければならない」と規定する。

6-64　◆**売主の余後義務——値下げ販売をしない義務**

　建売住宅やマンションを高額で買った買主が、バブル崩壊後に売れ残った物件を売主が安く販売したことに対して、値下げ販売をしない黙示の合意があった、売主には売買契約後も信義則上このような販売をしない義務がある、値下げ販売行為は住宅の価値を下げる不法行為であるなどと主張して、売主に対して損害賠償を請求した事例がある。①時価が下がってそれに対応した値下げをして販売した場合には、値下げ販売によって買主の購入物件の価格が下がったわけではない（東京地判平8・2・5判タ907号188頁、東京地判平13・3・22判時1773号82頁など）。値引き販売はしないと売主側の社員が述べていたとしても、これは義務を負担する意思表示ではないと認められている[21]。②問題は、不動産業者が適正価格以下で売る場合であるが、基本的には所有者は自分の物をいくらで処分しようと自由であり、法的な責任が生じるとは認められない。

6-65　**(2)　対抗要件を具備させる義務・引渡義務**

　(a)　対抗要件を具備させる義務　「売主は、買主に対し、登記、登録その他の目的である権利の移転についての対抗要件を備えさせる義務を負う」（560条）。登記の場合には、共同申請主義なので、登記の共同申請に協力する義務を負う——買主も受領義務として協力義務を負う——。農地の場合には、登記以前に、農業委員会、都道府県知事への許可申請への協力義務が認められる。債権の売買では、売主は債務者だけでなく第三者に対する対抗要件を具備するための譲渡通知（467条2項）をすることが義務づけられる。

6-66　　**(b)　引渡義務**　規定はないが、目的物が「物」の場合には、動産、不動産

---

21)　契約に際する義務が問題にされた事例として、値下げ販売の可能性を説明しなかったことが問題とされた事例で、不法行為が否定されたが（大阪地判平10・3・19判時1657号85頁）、公団による賃貸建物の建替事例で、賃借人に優先買取権を認めその価格を高く設定し、その後直ちにその値段で一般公募をするつもりもないのにそのように誤解させ、その後一般公募において値下げ販売をした行為を、十分に検討した上で契約を締結する「機会」を奪ったものとして、不法行為の成立が認められている（最判平16・11・18民集58巻8号2225頁）。

§Ⅲ　売主の義務（売買の効力①）

を問わず、売主は買主への引渡しを義務づけられる。「引渡し」には、現実の引渡し、簡易の引渡し、占有改定、指図による占有移転があり、事例によって合意で認められる引渡しの内容は異なることになる。買主が、目的物を転売していて転売先へ直接の引渡しが「指図」された場合、法的には、売主が目的物を転買人に引き渡せば、売主から買主（転売人）、買主（転売人）から転買人への2つの引渡義務が履行されたことになる。

6-67　　　**(c)　調達義務、引渡しまでの保存義務**　種類物売買の場合には、売主の義務として、期日の引渡義務が履行できるように、生産や買付けなどにより調達をすべき義務（調達義務）、それを適切に保管しまた引渡し前に適合性の検査をすべき義務などが考えられる。給付義務の債務不履行としては、適合物引渡義務の不履行が問題になり、そのための具体的な行為義務の違反として上記義務の違反は過失判断（415条1項ただし書の免責事由）として問題になる。この点は、特定物についての善管注意義務と同様である（400条）。

6-68　　　**◆売買契約後、引渡しまでの果実・使用利益**
　　　(1)　総則における果実についての規定
　　　　(a)　果実取得権の移転時期が問題になる　特定物の売買で、売買契約後、目的物につき果実を生じた場合、その果実は誰に帰属するのであろうか。例えば、AがBに養鶏場ごと売却した場合、引渡期日まで鶏が毎日卵を産むが、鶏の所有者は誰で、その果実である卵は誰の物になるのであろうか。また、賃貸中の不動産が売却された場合、賃料は誰に帰属するのであろうか。通常は、個別の売買契約で合意されるであろうが、合意がされなかった場合に問題になる。なお、買戻しの場合に、利息と果実とが清算される（579条後段）。

6-69　　　　**(b)　総則における果実の規定**　「天然果実は、その元物から分離する時に、これを収取する権利を有する者に帰属」し（89条1項）、「法定果実は、これを収取する権利の存続期間に応じて、日割計算によりこれを取得する」ものとなっている（同条2項）。所有者が収取権を有し、特定物においては、売買契約と共に所有権が移転するから、契約後の果実は買主に帰属することになる。そして、売主は引渡しまでの費用（鶏の餌代、養鶏場の清掃費等）を請求することができる。

6-70　　　**(2)　売買についての特則**
　　　　(a)　特定物でも果実収取権は引渡しにより移転　しかし、これらの清算をし合うのは徒に法律関係を複雑にする。そこで、民法は「まだ引き渡されていない売買の目的物が果実を生じたときは、その果実は、売主に帰属する」ものと規定した（575条1項）。引渡日までの卵は売主に帰属し、餌代や清掃費も売主の負担となる。問題になるのは、引き渡していなければよく、履行遅滞になっていてもよ

第 2 章　売買　第 2 編　財産の取得を目的とした契約（契約各論①）

いのかということである。①代金は支払われ引渡期日が過ぎている場合、また、②引渡しが先履行で、代金は支払われていないが履行遅滞になっている場合とが問題になる。この規定の根拠については、次の 2 つの理解が可能であり、いずれによるかでこの問題についての結論が変わってくる。

6-71

(b)　575 条の根拠

❶　果実と費用の清算という理解　　まず、果実と費用とを清算したと理解するのが判例である（大連判大 13・9・24 民集 3 巻 440 頁）。この考えでは、代金を受領していても、目的物の引渡しがない限り、売主が履行遅滞にあっても 575 条 1 項は適用になる（履行遅滞による遅延賠償は免れない）。上記①②いずれの場合にも、575 条は適用されるはずであるが、判例は、①の事例につき本規定の適用を否定する[22]。

6-72

❷　物の収益と代金の運用利益の清算という理解　　これに対して、果実から保管費用を差し引いた売主の収益と、買主の代金額の運用利益とを清算する規定と考えることもできる。この立場では、①引渡先履行の特約がある、または同時履行だが代金の提供があり引渡義務が履行遅滞である場合、ⓐいまだ代金も支払われていなければ、売主が引渡しを遅滞していても本規定は適用される。ⓑ他方、代金が支払われていれば、引渡しがされていなくても本規定は適用されない。②代金先払特約の場合には、代金が支払われていても本規定が適用されるが、引渡期日を過ぎて引渡義務が履行遅滞になれば本規定の適用は否定される。判例は❶の理解によりつつ、注 6-22 で①ⓑの場合に本規定の適用を否定しており、むしろ❷の理解と評価すべきである。

---

22)　①前掲大連判大 13・9・24 は、575 条 1 項の趣旨を「売主が其の目的物を使用したる場合に、買主より売主に対して其の果実若は使用の対価を請求することを得せしむるときは、売主より買主に対して目的物の管理及保存に要したる費用の償還並代金の利息を請求し得ることとなり、[相互間に]錯雑なる関係を生ずる」により、「之を避けんとするの趣旨に外ならざ」ると理解する。そしてこの趣旨から、「代金の支払に付期限の定めありて、買主が其の支払を遅滞したるときは勿論、同時履行の場合に於て買主が目的物の受領を拒み遅滞に付せられたるときと雖、目的物の引渡を受くる迄は代金の利息を支払ふことを要せざるもの」という。②ところが、大判昭 7・3・3 民集 11 巻 274 頁は、代金の支払まで受けた場合には、575 条 1 項の適用を否定する。「民法第 575 条第 1 項は本来売買の目的物の引渡前に於て売主と買主との間に生ずる諸種の錯雑なる関係を相消せしむる為設けられたる規定に相違なきも、而も尚衡平の観念を度外視したるものには非らざるが故に、売主をして代金の利用と果実の取得との二重の利益を獲得せしむるが如きは其の法意に適せざるものと云ふべく、従て既に代金の支払を受けながら且引渡すべき目的物を引渡さずして占有する売主は、其の目的物より生ずる果実を取得し得ざるものと為すを以て右法条の律意に副ふものと云ふべし」という。

223

2 担保責任総論（債務不履行責任の特則としての再構成）

6-73 **(1) 特定物ドグマの否定**

(a) 特定物売買における適合物引渡義務の肯定

(ア) 483 条の改正

(i) **特定物ドグマの根拠規定であった旧 483 条**　旧 483 条は、「債権の目的が特定物の引渡しであるときは、弁済をする者は、その引渡しをすべき時の現状でその物を引き渡さなければならない」と規定し、**特定物のドグマ**そして瑕疵担保における**法定責任説**の根拠条文とされていた（野澤正充『契約法の新たな展開』［日本評論社・2022］17 頁以下参照）。しかし、今や世界的にみて特定物ドグマを認めることは異例であり、現行法は次のように 483 条に文言を追加して、特定物ドグマを否定した。

6-74　(ii) **483 条の改正による特定物ドグマの否定**
　　　　——特定物でも適合物引渡義務を承認

❶ **品質については合意があるのが原則**　一見すると何も変わっていないようにみえるが、「契約その他の債権の発生原因及び取引上の社会通念に照らしてその引渡しをすべき時の品質を定めることができないときは、」という文言を付け加えた。特定物でも、合意された品質の物としての引渡義務（適合物引渡義務）を合意することを認め、しかも「取引上の社会通念」を付け加え、明示的に合意した場合だけではなく、規範的解釈によりあるべき品質が定められることを容認するのである[23]。

6-75 ❷ **種類・数量については規定なし**　現行法は、562 条以下の担保責任を種類、数量にも拡大したが、改正 483 条は、従前の規定に上記文言を追加したが「品質」だけしか規定していない。特定物売買での数量と種類については、契約の規範的解釈により補完して債務内容として認めるか、483 条の拡大適用をする必要がある。特定物でも、数量については数量指示売買であることが必要になり、種類の合意（中古の機械が甲-1 型として売買されたが、マークが変造されており実は甲-2 型であったなど）も必要になる。

---

23)　改正前から契約自由なので、483 条と異なる特約が可能であるから、何も変わっていないともいいうる。しかし、明示の特約なしに、合意があるのを当然の前提として規範的解釈で必ずあるべき性能・品質を決めるという、文言には現れていない方向転換がされている。

第 2 章　売買　第 2 編　財産の取得を目的とした契約（契約各論①）

6-76　**(イ)　特定物でも適合物引渡義務が観念される**　こうして、特定物ドグマは本条により否定された（潮見・概要 182 頁、Before/Afte 297 頁［下村信江］）。特定物であってもあるべき品質が想定され、引き渡された目的物がその種類、品質、数量に合致しなければ、契約不適合となり債務不履行責任が成立する。この結果、適合物引渡義務の不履行について、特定物売買、不特定物（種類物）売買とを区別する必要はなくなり、両者の適合物給付義務違反を担保責任として統一的に規律がされることになった（562 条以下）[24]。なお、担保責任については、商人間（事業者間）売買につき商法 526 条以外の特則がある[25]。

6-77　**◆ 「担保責任」という用語**
　「担保責任」という用語は、現行法でも 261 条・565 条・566 条・568 条・569 条・572 条・636 条・637 条・911 条等の表題において残されている[26]。「担保責任」という用語には、債務不履行の特則を示すことに意味が認められている[27]。一部他人物売買は担保責任、全部他人物売買は担保責任ではなく、また、不特定物売買で全部の引渡遅滞は担保責任ではないが、一部の引渡遅滞は——異種物引渡しと同様に従前は担保責任ではなかった——担保責任になる。担保責任も、566 条の適用があるものとないものとに分かれることになる。

6-78　**(b)　不特定物売買にも適用して引渡し時を不適合判断の基準とする**
　　　——危険負担の問題も解決

(ア)　判断基準時——契約時から引渡し時へ

(i)　引渡しが必要　現行法は、「引き渡された目的物が……」（562 条）と規定し、改正前のように「売買の目的物」とは規定していない。この結果、不

---

24)　一問一答 274 頁は、「法定責任説のように、特定物売買と不特定物売買とを截然と区別してその取扱いを大きく異ならせるのは、取引の実態に合致しておらず、また、いたずらにルールを複雑化するものであって合理的ではない」と説明している。

25)　EU では、消費財の担保責任についての 1999 年の EC 指令があり（2019 年の指令により修正されている）、これを各国は国内法化しており、例えばフランスでは民法の担保責任に対して、消費法典に消費者売買についての規定が設けられている（カライスコス・アントニオス＝寺川永＝馬場圭太「物品の売買契約の一定の側面に関する欧州議会及び理事会指令（Directive (EU) 2019/771)」ノモス 45 号［2019］161 頁以下参照）。

26)　フランス民法も、債務不履行責任と考えられているが、「隠れた瑕疵」は「隠れた欠陥」に変更されたものの、「担保責任」(galantie) というローマ法以来の用語を維持している（同法 1641 条以下）。EC 指令を国内法化したフランス消費法典 L.217-7 条は、「適合性の欠如」という表現を導入する。ドイツ民法は、法定の担保責任とは別の合意による保証責任を担保責任（Garantie）と称している（同法 443 条以下）。

27)　中田 315 頁。しかし、改正前の法定責任を変更し、債務不履行責任として一元化する現行法では、「担保責任」という用語を用いない方が一貫するといわれ、「契約不適合責任」といった用語が推奨されている（野澤 125 頁）。

特定物売買でも不適合物の引渡しがあれば、担保責任が成立する。すなわち、担保責任を債務不履行の特則としたために、特定物売買、不特定物売買を問わず適用され、また、不適合の基準時は引渡し時になる。

6-79 **(ii) 適合物「引渡義務」の不履行** 適合物引渡義務の「不履行」により担保責任が成立するので、特定物で契約時の不適合があっても、修補等をして適合物引渡義務を履行すれば、担保責任は成立しない。引渡し前に売主が過失で目的物を損傷すると善管注意義務違反になるが（400条）、修補して引き渡せば適合物引渡義務の不履行はなく、担保責任は成立しない。

6-80 **(ｲ) 特定物売買における所有者危険の移転についても規定** 引渡しにより担保責任が成立するため、引渡し時に不適合が存在していたことが必要になる。その後に、買主の下で不可抗力により滅失、損傷があっても、担保責任の対象ではない。このことは、所有者危険が引渡しにより移転することを意味している。すなわち、契約と同時に所有者危険が移転することを認めていた旧534条1項は、改正により削除された（☞ 6-247 以下）。

6-81 **◆担保責任適用の基準時としての「引渡し」──引渡し前における買主の権利**
(1) 担保責任の基準時は引渡し時
　先にみたように、現行法では、562条以下の担保責任は引渡し以降についてのみ適用されるにすぎない──「引き渡された目的物」に限定されている──。換言すれば、引渡し時が担保責任規定適用の基準時ということになる。562条・566条ないし567条の「引渡し」は、請負における引渡しと同様に契約に適合するものと肯認する行為であり、「瑕疵なき給付を求める本来の履行請求権は履行としての受領から瑕疵担保権に変容される」と評されている（藤田寿夫『表示責任と債権法改正』［成文堂・2018］27頁）。

6-82 **(2) 引渡し前には担保責任規定は適用にならない**
　(a) 引渡し前は483条の適合物引渡義務の履行請求 この結果、562条以下の担保責任の規定が適用になるのは、売主の引渡し＝買主の受領後であり、提供がされても「受領」がない限りは適用がないことになる。提供された目的物を買主が検査をしたところ不具合がある場合、買主はその受領を拒絶して適合物引渡義務の履行を求めること、すなわち契約に適合した物の引渡しを求めることはできる（483条の契約上の適合物引渡義務の履行請求）[28]。適合物に修理するよう請求することになるが、引渡し後の担保責任による562条の「追完」請求ではない。その後、適合物を持参しなければ、541条によって解除ができる。担保責任としての564条・541条による解除ではない。代金減額の主張をして、その不具合のあるまま目的物を引き渡すように請求することはできない。

第2章　売買　第2編　財産の取得を目的とした契約（契約各論①）

6-83　　　**(b)　追完請求権の位置づけへのフィードバック**　後述の異質説・同質説の対立をここに当てはめると、同質説では、引渡し前に適合物に修補して「引き渡す」よう請求するのは、契約上の適合物引渡請求権の行使であり、不適合物を渡した後の担保責任としての追完請求権は、適合物ではないので「適合物」の引渡しという点で履行（弁済）の完全な効力は生じておらず、適合物引渡請求権が修補請求権として残っており、適合物引渡請求権との同一性が認められる。引渡し前後で変わることはない。他方、異質説では、引渡し前後で修補を求める権利の位置づけが大きく変わってくることになる。当初の履行請求権は履行がされないことへの救済、追完請求権は「契約不適合」への救済と分けられることになる[29]。

3　他人の権利の売主の担保責任

6-84　**(1)　全部他人物売買──権利取得・移転義務**

(a)　担保責任（債務不履行の特則）ではない

(ア)　改正前は買主の善意を要件とする　売主が他人に帰属する財産権を売買の目的とした場合の責任について、改正前は、旧560条から564条まで詳しい規定を置き、全部他人の権利か一部他人の権利かを区別し、また、売主や買主の善意・悪意を問題にしていた──善意の売主に解除権を認める──。しかし、買主が悪意でも、所有者から買い取って自分に販売するように依頼する場合には、悪意だからといって、買主の法的保護を否定する必要はなく、民法の規定との関係が問題とされていた。

6-85　　**(イ)　現行法は単純化**　現行法は、「他人の権利（権利の一部が他人に属する場合におけるその権利の一部を含む。）を売買の目的としたときは、売主は、その権利を取得して買主に移転する義務を負う」という1カ条の規定を置くにとどめた（561条）[30]。買主の善意は要件ではなくなり、善意の売主

---

28)　潮見・概要257頁、磯村・前掲論文Law and Practice70頁、改正民法コンメ731頁（北居功）、新基コンメ121頁（渡辺拓）。中間試案第3、3(2)は、「売主が買主に引き渡すべき目的物は、種類、品質及び数量に関して、当該売買契約の趣旨に適合するものでなければならない」という規定を提案していた。しかし、不適合についての追完義務を規定することで、適合物引渡義務が明らかになるから重複し不要と考えて（「部会資料83-2」42頁）、この規定の導入は断念された。いずれにせよ、適合物引渡義務を認める以上は、引渡し前の請求としては、483条により成立する適合物給付義務の履行請求そのものとして認められることになる。これに応じなければ履行遅滞になり、415条・541条・542条により規律される。

29)　異質説に立つ潮見教授は、562条の「基礎にある追完請求権に関する規範は」履行前に不適合が判明した「契約危殆」の場合にも「等しく妥当すべきである」とし、「562条を類推適用することになろう」と述べる（潮見・新各論Ⅰ）。

227

§Ⅲ　売主の義務（売買の効力①）

の解除権の規定もなくなった。以下、全部他人物売買と一部他人物売買とに分けて説明する。

6-86　**(b)　全部他人物売買の効果──買主に認められる権利**

㋐　契約の解除　買主は、売主に対して、権利を取得して自己に移転するよう請求できる。買主は、催告による解除をできるが（541条）、履行不能と確定したと考えられれば、即時解除ができる（542条1項1号）。履行拒絶がされた場合も、即時解除が可能である（同項2号）。悪意の買主の損害賠償の否定、善意の売主の解除権などの規定はなくなった。また、566条は適用されず、消滅時効も一般規定（166条1項）によることになる。

6-87　**㋑　損害賠償請求権など**　旧561条後段は、買主が「契約の時においてその権利が売主に属しないことを知っていたときは、損害賠償の請求をすることができない」と規定し、悪意の買主の損害賠償請求を否定していた[31]。現行法では、買主が悪意であろうと、売主の権利取得義務を認めているので、売主が権利取得を怠ったならば、帰責事由が認められる限り、売主は損害賠償義務を免れないことになる。過失相殺がされるにすぎない（418条）。

6-88　**(2)　一部他人物売買──担保責任（債務不履行の特則）**

(a)　特則たる担保責任の内容　売主が他人に帰属する財産権を売買の目的の一部とした場合の責任について、現行法では、565条括弧書により、562条から564条が準用される。562条の準用により、足りない部分の権利の取得移転を請求でき、563条の準用により代金減額請求ができる[32]。また、564条の準用により、415条による損害賠償請求、541条または542条による契約解除ができる。

6-89　**(b)　消滅時効は一般規定による**　566条の除斥期間は適用されず──566条は「種類又は品質」の不適合のみに適用される──、全部他人物、一部他

---

30)　全部他人物売買では、担保責任の債務不履行の一般規定に対する特則が適用されず、債務不履行の救済の一般規定によることになる。そのため、現行法では「担保責任」ではなくなった。

31)　他人の物を買い取ってきて（請負の要素）、これを売却する（売買の要素）という場合には、買主が悪意でも、売主・請負人側が適切な買取りのための交渉を行わなかった場合には、債務不履行を問題にすることはできた。

32)　562条以下の不適合責任については、特定物売買だけでなく不特定物売買にも適用されるが、561条は「売買の目的」が他人の権利の事例であり、特定物売買に限られている。不特定物売買で他人の物を引き渡した場合には、475条・476条により規律されることになる。種類物であるので、引き渡した物の所有権を取得して移転する義務ではなく、自己の所有物を引き渡す義務が存続することになる。

228

人物のいずれについても時効の一般規定による。その結果、①他人物売買であることを知った時から5年（166条1項1号）、または、②契約時から10年（同項2号）になる。5年の主観的起算点の適用が考えられる事例の一例になる。知ったという点については、改正前の旧564条についての興味深い6-90の判例があり、①の解釈につき参考にされるべきであろう。

6-90 ●**最判平13・2・22判時1745号85頁**　[判旨]「売買の目的である権利の一部が他人に属し、又は数量を指示して売買した物が不足していたことを知ったというためには、買主が売主に対し担保責任を追及し得る程度に確実な事実関係を認識したことを要する[33]」。「本件のように、土地の売買契約が締結された後、土地の一部につき、買主と同土地の隣接地の所有者との間で所有権の帰属に関する紛争が生起し、両者が裁判手続において争うに至った場合において、隣接地の所有者がその手続中で係争地が同人の所有に属することを明確に主張したとしても、買主としては、その主張の当否について公権的判断を待って対処しようとするのが通常であって、そのような主張があったことから直ちに買主が係争地は売主に属していなかったとして売主に対し担保責任を追及し得る程度に確実な事実関係を認識したということはできない」。（仮処分申立事件において所有者と主張する者から答弁書が提出された時点をもって、民法564条［旧規定］所定の除斥期間の起算点と解した原審判決を破棄）。

6-91 　**◆外観法理による権利取得との関係**
　　現行法では、他人の物を自分の物として売却した場合か、他人から取得して売却することを請け負った場合かを区別する必要はなくなった。権利者が追認をしてくれれば、買主は権利を取得でき、売主の責任は免責される。ところで、動産については192条、不動産については94条2項またはその類推適用により、他人物売買においても買主が有効に所有権を取得しうる。これらの規定は売主を免責する制度ではなく——表見代理と117条1項の関係のように——、買主が売主の責任を追及しており、所有者に対して192条、94条2項の類推適用を援用していないのに、売主から免責のためにこれらを援用することは許されない[34]。

33）　主観的起算点を採用する旧724条前段につき、最判昭48・11・16民集27巻10号1374頁（ロシア人拷問事件）は、加害者を知ったという意味につき、「加害者に対する賠償請求が事実上可能な状況のもとに、その可能な程度にこれを知った時を意味する」と説明をしており、権利行使期待可能性があり権利の上に眠る者であると認められる時点までは起算をしていない。歩調を揃える解決でありいずれも妥当である。

§Ⅲ 売主の義務（売買の効力①）

6-92

◆他人物売買と相続

⑴ 所有者による他人物売主の単独相続

　他人物売主が、所有者を単独相続すれば、権利移転義務があるため当然に所有権移転の効果が発生する。反対に、他人物売主が死亡し、所有者が単独相続した場合には、当初の判例は、買主は所有者に権利移転義務の履行を求めることができるものとした（最判昭 38・12・27 民集 17 巻 12 号 1854 頁）。しかし、所有者はたまたま売主を相続したがために土地を奪われてしまうのは酷であり、その後、所有者は履行を拒絶できるものと判例が変更されている（最大判昭 49・9・4 民集 28 巻 6 号 1169 頁）。もちろん、売主としての損害賠償義務は免れない。

6-93

⑵ 所有者による他人物売主の共同相続

　所有者を他人物売主が他の相続人と共同相続をした場合には、無権代理の事例での、「無権代理行為を追認する権利は、その性質上相続人全員に不可分的に帰属する」（最判平 5・1・21 民集 47 巻 1 号 265 頁）というのと同様に考えるべきであろうか。しかし、追認権も不可分的に共同相続人に帰属するというのが、全員でなければ追認できないことの根拠であるとすると、他人物売買は初めから債権契約としては有効であり、所有権移転という物権的な効力だけが補完されるにすぎない。そうすると、他人物売主が取得した持分権部分だけ有効になると考えられる。買主はそれで満足して代金減額請求にとどめることもできるが——追認しない他の相続人に代金の返還を請求する——、所有権全部を取得しないと契約をした目的を達成しえないので、契約全部の解除もできる。

6-94

◆**買主の代金支払拒絶権**

　他人の権利の売買の場合には、買主は、目的物の全部または一部につき権利を取得できない可能性がある。土地の全部または一部につき所有権を主張する者が登場した場合、全部または一部解除ないし代金減額になる可能性があるのに、代金の支払を拒めないというのは酷である。そのため、民法は、権利を取得できない危険の程度に応じて、買主は代金の全部または一部の支払を拒むことができるものとした（576 条）[35]。権利を主張する者がいるなどの事由により権利を失う

---

34)　＊**取得時効が認められる場合**　例えば、AがBに甲地を売却したが、その一部にC所有の隣地部分も含まれていた場合、①すでにAの下で取得時効が完成していた事例と、②Bの下で初めて取得時効が完成した事例とについて、BはAに対して担保責任を追及できるか考えてみたい。原則としては、取得時効を援用するかどうかは自由なので、時効を援用せずに売主の責任を追及することは許される。では、援用をしないで売主に対して代金減額を主張し、その上で、Cに対して取得時効を援用することが許されるのであろうか。①の事例についてであるが、東京地判昭 62・12・22 判時 1287 号 92 頁は、「このような代金減額請求権の行使を認めれば、本件土地の買主は無償で本件畦畔の所有権を取得できる結果になる」として、代金減額請求権の行使を権利濫用とした。①②とも否定すべきである。

35)　例えば、土地の一部につき他人が所有権を主張している場合、その範囲に対応した代金減額ができるので、その範囲で代金支払を拒絶できるだけでなく、残りの部分だけでは契約をした目的を達しえない場合には全部解除ができるので、その場合には代金全額の支払を拒絶できる。

230

第 2 章　売買　第 2 編　財産の取得を目的とした契約（契約各論①）

「おそれがある」必要がある売主が相当の担保を供した場合には、この拒絶権は認められない（同条ただし書）。

4　数量の契約不適合についての担保責任（物の不適合①）

6-95　**(1)　特定物売買における数量の契約不適合（数量不足）──数量指示売買**

(a)　改正前──特定物の数量指示売買　旧 565 条は、特定物売買について、「数量を指示して売買をした物に不足がある場合」（**数量指示売買**という）に、代金の減額請求、契約解除、損害賠償請求を認め（旧 563 条の準用）、権利行使について事実を知った時から 1 年という制限をしていた（旧 564 条）。判例は、数量指示売買を、「①当事者において目的物の実際に有する数量を確保するため、その一定の面積、容積、重量、員数または尺度あることを売主が契約において表示し、かつ、②この数量を基礎として代金額が定められた売買」と定義していた（最判昭 43・8・20 民集 22 巻 8 号 1692 頁［①②は追加］）。

6-96　**(b)　現行法**

(ア)　特定物では数量の保証は必要　現行法は、「引き渡された目的物が……数量に関して契約の内容に適合しないものであるとき」と、不特定物売買における一部不履行も含む一般規定を導入した（562 条 1 項）。そして、特定物ドグマを否定するため──483 条は「数量」にも適用すべき（☞6-75）──、特定物でも約束の数量の物の引渡義務を観念することになり、不足があれば債務不履行となる。数量指示売買という概念は否定されたという評価もある[36]。しかし、特定物については、品質、種類同様に、数量も契約内容になり、それを基礎に代金が算定されていることが必要である[37]。

6-97　**(イ)　担保責任の効果**　個別に特別規定は置かれず、担保責任については共通規定が置かれ、①追完請求権（562 条）、②代金減額請求権（563 条）、③損害賠償請求権（564 条・415 条）、④契約解除権（564 条・541 条・542 条）が認められる。追完請求については、土地の場合は不可能であるが、特定物として 1 袋 10 個入りのリンゴの売買で 9 個しか入っていない場合に、同じ物が調達

---

36)　中田 317 頁。新基コメ 123 頁（渡辺）は、数量を確保するために一定の面積、容積、重量等を売主が表示したことは必要であるが、必ずしも「数量を基礎として代金額が決定された」といえない場合でも、562 条・563 条の適用を認める。なお、あるワイン樽 1 つについて 100ℓ が入っていることを保証し、1ℓ 1000 円として 10 万円で販売した場合、初めから 90ℓ しかない場合と管理が悪くて 90ℓ に減ってしまった場合のいずれにも担保責任が適用されるが、数量指示売買の要件を満たす必要がある。

§Ⅲ　売主の義務（売買の効力①）

可能であれば、1個の追加の引渡請求が考えられる。

6-98 　　**(ウ)　数量不足には除斥期間は適用されない**　566条の除斥期間については、数量不足への適用は除外されているので、166条1項の時効の一般規定によることになる。ただし、ウィーン条約やモデル法では、数量不足を除外しておらず、日本においても拡大して適用する考えがあることは後述する（☞ 6-222）。

6-99 ◆**数量超過の場合の代金増額請求──特定物売買（不特定物売買は後述）**
　(1)　契約の改訂の合意がある場合
　　改正前の特定物の数量指示売買において数量を超過していた場合に、売主が超過分について何らかの支払請求ができるのかは議論されていた。不特定物売買では、債務の超過分は履行とは認められないが、事後処理については議論があった。不特定物売買で、より品質が上の商品を引き渡した場合にも問題になる。買主は受領を拒絶できるが、買主が数量が多いことを知りつつ容認して受領した場合には、契約の変更・追加を容認したものとみなすことができる[38]。

6-100 　**(2)　代金の増額を認めない改正前の判例**
　　問題は、従前から議論のある土地の数量指示売買における数量超過の事例である（合意した以上の高い品質であった場合☞ 6-167）。①起草者もこの問題を意識しており、何ら請求を認めない趣旨で起草しており、通説も否定説であった。判例も、旧565条は「数量指示売買において数量が不足する場合又は物の一部が滅失していた場合における売主の担保責任を定めた規定にすぎないから、数量指示売買において数量が超過する場合に、同条の類推適用を根拠として売主が代金の増額を請求することはできない」と判示している（最判平13・11・27民集55巻6号1380頁）。改正によって状況は変わったと考えるべきであろうか[39]。

---

37)　一問一答275頁(注)は、最判昭43・8・20（☞ 6-95）の場合に限らず、「単純に一定の数量の目的物を引き渡すとの売買契約がされた場合において、売買契約に適合しない数量しか引き渡さなかったときには」担保責任が成立するという。要するに、<u>数量指示売買に限定しない</u>というだけで、種類物売買の一部履行遅滞でも担保責任が成立するということであり、特定物売買で数量指示売買でなくてよいという説明ではない。潮見・新各論Ⅰ127頁は、改正前の「数量を指示して」売買がされたと捉えられていたタイプのものにおいて認められるという。また同129頁は、〈売買契約の当事者が当該契約のもとで「数量」に特別の意味を与え、その数量を基礎として代金額が決定された〉か否かが決定的であるという。野澤159頁も、前掲最判昭43・8・20は現行民法でも維持されると評する。

38)　DCFRのⅣ.A.-3:105条(2)は、超過品の提供に対して、買主は受領を拒絶できるが、買主が超過する部分を保持した場合には、契約に基づいて提供されたものと「みなし」、買主はその部分の契約価格に応じた代金の支払を義務づけられるものとする（同条(3)）。契約の変更の合意が認められればそれに従うが、法定追認のように擬制をしているものといえる。擬制する規定がないので、日本では事実上の推定により解決が図られるべきであり、種類の違うものについても契約の変更合意の事実上の推定を認めることが可能である。例えば、Aランチを注文したのに、Bランチが配膳された場合、客は受領を拒絶できるが、受け取ってBランチに契約を変更することを合意できる。

232

第2章 売買 第2編 財産の取得を目的とした契約（契約各論①）

6-101 **(3) 特定物ドグマの否定によってどう変更されるか**

　　特定物のドグマを認めれば、この土地を引き渡せば売主に債務不履行がないのと同様に、買主はその<u>土地全部の引渡しを受ける権利があり不当利得にならない</u>。ところが、現行法は特定物ドグマを否定するので、買主は特定物でも約定の数量しか受け取る債権はないことになり、超過部分につき不当利得が成立することになる。そのため、改正後は、<u>不当利得返還請求は認められると考えるべきである[40]</u>。土地が200㎡という契約であったのに205㎡あった場合には、5㎡だけ返還するのは適切ではなく、5㎡分の不当利得返還により処理するしかない。ただ特定物でも、例えばあるワイン樽全部の売買で100ℓという契約であったのに105ℓあったとしたならば、売主は5ℓ分の返還を請求できる[41]。

6-102 **(2) 不特定物売買における数量不足──現行法は担保責任の対象とする**

　(a) 改正前　改正前は、不特定物売買における数量不足は、<u>一部履行遅滞</u>として債務不履行の一般規定により規律されていた。例えばビール10本を注文して、9本の引渡ししかなければ、9本分の引渡義務が履行によって消滅し、1本の引渡義務が存続して、買主は<u>残存している契約上の履行請求権の行使として1本の引渡し</u>を請求できる。催告しても持って来なければ、<u>一部解除</u>ができる。

6-103 　**(b) 現行法**　ところが、現行法は、前記規定により不特定物売買における数量不足にも担保責任の規定を適用する。しかし、「不足分の引渡し」すなわち不足する1本の引渡請求権を追完請求権として、担保責任の効果として成立する新たな権利とする必要はない。また、1本分の代金減額を認め契約の9本の売買契約に改訂する必要はない。除斥期間の適用もなく（商法526条は適用される）、現行法の担保責任規定は意味はない。なお、引き渡された物が数量超過している場合については6-168に述べる。返還までの所有は問題だが、第三者が滅失させたり盗んだら、1本分の賠償請求や返還請求は売主に認められる。

[39]　この問題については、大木満「数量超過売買と改正民法の影響」『藤井俊二先生古稀祝賀論文集』（成文堂・2019）参照。近江144頁は判例を支持する。

[40]　潮見・新各論Ⅰ153頁は、「準則そのものを創造して低減するほかない」とし、買主は、①超過数量分を返還するかこれに代わる価額返還をするか、または②経済的負担が増加することを回避するために契約を解除することができ、③売主は、買主がこれらの手段をとらないときは、選択権の行使を催告した上で、これに応じない買主に対して代金増額を求めることができるという準則を立てるのが適切であるという。

[41]　野澤163頁は、土地で実測売買の場合には、当事者間において数量超過のときには代金を補正する意思があると認めることができ、売主の代金増額請求権または超過部分の返還請求権を認める。

5 種類または品質についての担保責任（物の不適合②）

6-104 **(1) はじめに**

改正前の**瑕疵担保責任**（旧 570 条）をめぐっては、判例は**特定物のドグマ**を認める**法定責任説**を基本としていたが、先にみたように（☞ 6-74）、現行法はこれを債務不履行責任と位置づけ、その特則として規定した。しかも、その適用範囲を、不特定物に拡大し、また「種類」や「数量」の契約不適合にも拡大している（数量不足は既述）。

6-105 **(2) 種類・品質の不適合責任の要件論**

(a) 要件論①──適用対象

(ア) 特定物売買・不特定物売買の両者に適用される 旧 570 条は「売買の目的物」と規定し、判例は、他の担保責任同様に特定物売買についての規定と考えていた。ところが、現行法は、「引き渡された目的物」が「種類、品質又は数量に関して契約の内容に適合しないものであるとき」と規定し（562 条）、特定物と不特定物の両者を含む表現へと変更した。

6-106 **(イ) 異種物にも適用**

(i) 「種類」の不適合と評価できることが必要（異種物） 現行法は、「品質」だけでなく「種類」の不適合にも同じ規律を適用している。例えば、ジャガイモのキタアカリを 10kg 注文したのに、メイクイーンを 10kg 引き渡した場合、メイクイーンとしては傷んでおらず品質に不適合はなくても、種類に不適合があり、買主は適合物（キタアカリ）の引渡しを請求できる。また、特定物売買にも適用され、ある中古機械が甲-1 型という説明であったのに甲-2 型であったという事例にも、「種類」の担保責任が認められる。

6-107 **(ii) 「色」「サイズ」違いの場合や無履行の場合** 甲-1 型パソコンの「黒」の注文で、「赤」が引き渡された場合、スニーカー α 26cm の注文に α 27cm が引き渡された場合、種類は間違っていないが色やサイズが違う。しかし、「種類」を拡大解釈して 562 条の適用を認めるべきであり、買主は「黒」「26cm」との交換を求めることができる（566 条の適用もある）。ところが、ジャガイモの注文でニンジンを引き渡した場合には、無履行であり履行があったことを前提とする担保責任を問題にできない[42]。買主はジャガイモの引渡しを請求でき、また、ニンジンの引取りを求めることもできる。

第2章　売買　第2編　財産の取得を目的とした契約（契約各論①）

6-108　　**(b)　要件論②──種類・品質の「不適合」（買主の善意、「隠れた瑕疵」という要件の放棄）**

　　(ｱ)　契約不適合という契約解釈の問題として徹底　旧570条は、ローマ法以来の売買の目的物の隠れた「瑕疵」という要件を設定していたが──準用規定である旧566条1項で買主の善意も要件とする──、現行法は、特定物・不特定物を問わず、品質の契約不適合に要件を再構成し、「瑕疵」という概念を放棄した[43]。これに伴い、商法526条も改正されている。そして、瑕疵に代わって、種類・品質について「契約の内容に適合しない」こと（以下「契約不適合」という）を要件とし、契約解釈により契約内容の1つとして種類・品質の内容が明らかにされることになる[44]。

6-109　　**◆契約不適合に再構成する世界的な趨勢**
　　　──種類、品質、数量の契約不適合を問題とする

　　CISG35条1項は、「売主は、契約に定める数量、品質及び種類に適合し、かつ、契約に定める方法で収納され、又は包装された物品を引き渡さなければならない」と規定する。1999年の消費財の担保責任についてのEC指令2条1項も、売主は消費者に対して、売買契約に適合した物品を提供しなければならないと規定する（同条2項以下に契約に適合することの推定規定を置く）。共通欧州売買法草案も不適合を問題とする（同99条）。アメリカのUCC2-314条1項は、事業上の売主につき「商品性」の黙示的保証を認め、2項で商品性につき求められる内容を列挙する。同2-316条は、黙示的保証についての契約解釈によって解決することを前提として、詳しい規定を置く。

6-110　　**(ｲ)　すべてを契約解釈の問題に解消**　こうして、品質不適合は、契約内容についてどのような合意がなされたかが契約解釈により明らかにされ、その内容に反するかどうかという判断に解消された。英米法において、黙示的保

---

42)　**＊買主の保管および供託義務**　商人間の売買では、注文と異なる物品が引き渡された場合、また数量を超過する物品が引き渡された場合には、買主は、引渡しを受けた物、また、「当該超過した部分の数量の物品」（買主が指定できる）を保存するか供託しなければならず、滅失または損傷のおそれがある場合には、裁判所の許可を得て競売して──任意の売却は認められない──その代価を保管するかまたは供託しなければならない（商528条・527条）。商人間売買でない場合にも、受領をしたという先行行為に基づく作為義務として、保管を義務づけられると解される。

43)　ちなみに、**住宅の品質確保の促進等に関する法律**は、民法改正後も、同法2条5項で「この法律において『瑕疵』とは、種類又は品質に関して契約の内容に適合しない状態をいう」と規定し、瑕疵という概念を維持し、第7章「瑕疵担保責任」と表記している。

44)　しかし、実際には、品質の不適合か種類の不適合か微妙な場合も多いと推測されている（新基コメ122頁［渡辺］）。区別が難しいからこそ、種類の不適合に適用を拡大した意味が認められる。

235

§Ⅲ　売主の義務（売買の効力①）

証の対象かどうかが契約解釈によって解決されるのと同様である[45]。その背景には、判例が「瑕疵」について主観的瑕疵概念を採用しており、これを前提として改正がされたという経緯がある（☞6-115以下）。

6-111　◆ 「瑕疵」についての従前の議論
（1）　瑕疵から契約不適合への変更
　　（a）　改正前の「瑕疵」をめぐる議論　「瑕疵」については、2つの理解が対立し、修正説を含め3つの考えがあった。

---

❶ 客観的瑕疵概念　客観的にその種類の物が通常有すべき性質か否かにより、瑕疵を判断する考えがある（客観的瑕疵）。特に保証された性能を欠く場合には、客観的瑕疵はないため瑕疵担保責任ではなく、債務不履行責任たる保証責任による（二元説と呼ばれる）。

❷ 主観的瑕疵概念　個別具体的な契約において当事者がどのような性能・品質を予定していたかどうかにより、瑕疵を判断する考えである。品質保証が特にされても瑕疵となり、すべて瑕疵担保責任の問題になる（一元説と呼ばれる）。

❸ 2つの瑕疵を認める修正二元説　瑕疵について客観的瑕疵と主観的瑕疵とを区別していずれも瑕疵と認める考えである（修正二元説と呼ばれる）。

6-112　　（b）　現行法は「契約不適合」を要件とし契約解釈の問題とした　現行法は、瑕疵また隠れた瑕疵という概念を放棄し──6-111の❶か❷かという議論はしなくてよい──、契約不適合を要件とした。品質だけでなく、種類や数量も問題にしたことが大きい[46]。❶も❷も契約不適合として統一的に規律されることになった（方向性は❷説に依拠）。2つの事例で確認をしてみたい。

6-113　（2）　問題となる事例の処遇
　　（a）　キズが了解されている場合　客観的には瑕疵であるキズが目的物にあっても（例えば、中古車に傷がある）、買主がそれを了解して代金を差し引いてもらっていれば[47]、売主に責任がないという結論は変わらないが、いずれの立場によ

45）　今回の改正は、契約当事者の自主的──名目だけであり規範的解釈を活用する──な規律に任せることを指針としているような印象である。債務不履行について責任を負うかどうかも、過失責任ではなく、契約で責任を引き受けた事由かどうかという契約解釈によって決めることになる（新しい契約責任論）。

236

るかで説明が異なる[48]。

> ❶では瑕疵はあるが免責特約がされていることになる。
> ❷ではそもそも瑕疵はないと説明することになる。
> ❸では瑕疵はあるが免責特約を認める（ここは❶と同じ）。

　現行法では契約不適合に一元化したので、契約不適合＝契約で約束した目的物の引渡義務に不履行がなければよいことになり、上記事例も契約の不適合はないという理由で担保責任は否定される。アメリカの warranty のように、保証の対象か否かで決められることになる。

6-114 　　**（b）　特に保証した品質を欠く場合**　逆に、売主が特別の性能・品質があることを説明したため、それを代金において考慮して購入したが（例えば、防弾ガラス装備の中古車）、その性能・品質がなかった場合、やはりいずれの立場かによって説明は変わる。

> ❶では瑕疵はなく、瑕疵担保責任は成立せずそれとは別の品質保証
> 　責任を問題にすることになる。
> ❷では瑕疵が認められることになる。
> ❸でも瑕疵が認められる（ここでは❷と同じ）。

---

46)　フランス民法 1641 条は、それを知っていたら（したがって買主の善意が要件）買わなかった、またはより安い値段で購入していたと思われる、その使途に不都合を生じさせる、またはその使用価値を相当程度に低減させる隠れた瑕疵（vice は defaut に改められた）について、売主は担保責任を負うものと規定している。客観的瑕疵概念に依拠している。数量や種類は含まれない。ドイツ民法も、「……売主は、買主に対して、物の瑕疵及び権利の瑕疵のない物を提供しなければならない」（同法 433 条 1 項）と規定し、同法 434 条は、「物の瑕疵（Sachmangel）」と題して、「物が、危険の移転の際に、約定された性状を備えているときは、その物は瑕疵のない物とする。性状に関する約定が存在しない場合には、次に掲げるいずれかの場合に、瑕疵のない物とする」（同条 1 項）。

47)　契約解釈ですべての問題を解決するので、特にこのキズで代金を引くといった合意をしていなくても、明確にわかるキズについては、買主がそのことを知って価格交渉をしていれば、そのキズを容認したと規範的解釈をすることになる。

48)　一問一答 275 頁(注)は、「『瑕疵』という用語を用いると、目的物に客観的にキズがあれば契約内容と適合するかどうかにかかわらず売主が担保責任を負うとの誤解を招くおそれがある。そこで、新法は、『契約の内容に適合しない』との用語を用いて、端的に『瑕疵』の具体的意味内容を表すことにしている」と説明する。結論は変わらないが、誤解を招く説明ということで、説明の表示としての善し悪しを重視したものである。また、比較法の趨勢に依拠しているという点もある。

§Ⅲ　売主の義務（売買の効力①）

　　現行法は、瑕疵かどうかは問題にせず、単純に契約不適合の有無を判断するので、この場合も<u>契約の不適合が認められ</u>、担保責任が成立することになる。

6-115　**◆主観的瑕疵概念（一元説）に親和的な現行法**

（1）　判例による主観的瑕疵概念の採用

　　改正前には主観的瑕疵概念を採用する学説が多く（中田 304 頁参照）、最判平 22・6・1 民集 64 巻 4 号 953 頁は、「売買契約の当事者間において目的物がどのような品質・性能を有することが予定されていたかについては、売買契約締結当時の取引観念をしんしゃくして判断すべき」ものと判示している。また、最判平 25・3・22 判時 2184 号 33 頁も「本件各売買において予定されていた品質・性能を欠いていた」かどうかを「瑕疵」として問題としている。こうして「瑕疵」とは、当該売買契約において予定されていた性能・品質を欠くことであり、フッ素が客観的に危険であっても、当時フッ素が危険なものと認識されていなかったため、フッ素に汚染された土地の「瑕疵」が否定されている[49]。

6-116　**（2）　現行法**

　　（a）　契約内容不適合への再構成　現行法では、契約内容への不適合（債務不履行）という基準に統一されたため、先の瑕疵についての議論はもはや不要になる。主観的瑕疵概念に依拠して立法がされたという説明もされるが、債務不履行責任に統一したので、瑕疵概念を放棄し、契約不適合に統一したといえば足りる。また、瑕疵というと、物理的な瑕疵だけしか含まないような印象を受けかねないため、法律的また心理的な不適合も含む表現によったということも指摘できる（瑕疵と契約内容不適合については、松本克美「民法改正と瑕疵担保責任」立命館 375 = 376 号 [2017] 452 頁以下参照）。

6-117　　**（b）　従来の判例の先例価値**　主観的瑕疵と客観的瑕疵の理解の対立は、責任を認めるか否かという結論に差をもたらすものではなく、また、現行法が法定責任説から債務不履行責任説に変更したからといって、従来の判例の責任の認否についての先例価値が否定されることはない（古谷・不適合給付 307 頁以下）。特定物ドグマを認めても、性能・品質の明示または黙示の保証があって初めて瑕疵といえたのであり、確かに、契約内容不適合というと債務不履行責任説に親和的であるが、法定責任説でも契約解釈によっていかなる性能・品質を約束したのかが認定される必要があったのである。そのため、<u>従前の判例と、現行法の適用が変わることはない</u>と評価され（《鼎談》「改正民法の実務的影響を探る（第 1 回）」NBL1113 号

---

[49]　**❶**の事例とも異なっている。おそらく、客観的瑕疵概念でも、取引通念による解釈をして「瑕疵」を否定することは可能である。この判決をもって主観的瑕疵概念を採用した、と理解することには異論がある（松本克美「契約内容不適合責任と消費者」現代消費者法 39 号 [2018] 58 頁参照）。土壌汚染と瑕疵・契約不適合については、宮崎裕二＝八巻淳『土壌汚染をめぐる 41 の重要裁判例と調査・対策の実際および費用計算の具体例』（プログレス・2023）21 頁以下参照。なお、請負の注 11-22 も参照。

238

第 2 章　売買　第 2 編　財産の取得を目的とした契約（契約各論①）

[2018] 58 頁［藤澤治奈］)、債務不履行責任説の採用は、判例の主観説（主観的瑕疵概念による立場）の採用と連動しているといわれるが、改正により具体的に実務に大きな変化がもたらされるとは考えられていない（前掲鼎談 58 頁［井上聡］)。

6-118　　(ア)　**法律的瑕疵（法令上の制限）**　例えば工場用地として購入した土地が、河川法上の制限に服し、工場が建てられない場合や、伐採のために山林を購入したが、保安林に指定されており伐採ができない場合、目的物に物理的な瑕疵はない。ただ法律的に目的たる行為ができないだけである。この場合に、瑕疵と認めて瑕疵担保責任によるか旧 566 条を類推適用すべきかは議論があり、判例は、旧 570 条の瑕疵担保責任を適用していた。現行法は従前の判例を変更する趣旨ではなく、判例は先例としての価値を持つことになる（☞ 6-192)。

6-119　　(イ)　**心理的瑕疵**　物に物理的瑕疵があるのではないが、心理的に嫌悪すべき事情が目的物にあって、普通の者が心理的に使用をためらうような場合も、旧 570 条の瑕疵として、いわゆる**心理的瑕疵**も認められていた。最高裁判決はないが、心理的瑕疵という概念を認めることはほぼ判例として確立していた。目的物の使用の適正に関わる物の性質であり、日本ではこれを不適合と評価することができる（心理的不適合）。従前の心理的瑕疵については、品質等の契約不適合の中に含めることができるものと評されている[50]。

6-120　　(ウ)　**環境瑕疵**　不動産の売買契約において、その不動産自体ではなく、その周辺にその不動産の使用収益に支障を生じさせたり価値を下げる原因となる事実がある場合、それをその不動産の瑕疵として、旧 570 条の瑕疵担保責任を問題にできるかは議論されていた（環境瑕疵と呼ばれていた）。マンション建設用地として購入した土地の交差点を隔てた対角線に暴力団の事務所があった事例で、暴力団事務所があるため土地の評価額が 20 ～ 25％低下するとして、隠れた瑕疵と認めた東京地判平 7・8・29 判時 1560 号 107 頁、マンションの 1 室の売買で、同じマンション内に暴力団幹部が 1 室を所有し、他の区分所有者に迷惑をかけている事例で、そのマンションの隠れた瑕疵と認めた東京地判平 9・7・7 判時 1605 号 71 頁がある。しかし、契約締結に際する説明義務の問題と考え、その違反による損害賠償で解決すべきである。

50)　内田貴『改正民法のはなし』（民事法務協会・2020) 92 頁。潮見・新各論 I 123 頁は、心理的瑕疵も、個々の売買契約の内容次第では、物品の品質に関する契約の不適合に含まれる余地があるという。なお、物の不適合かどうかが問題とされた事例に、本文のほかに、借地上の建物の借地権付き売買で、借地の崖の部分に水抜き穴がなかった事例がある。最判平 3・4・2 民集 45 巻 4 号 349 頁は、賃貸借契約の問題であるとして、売主の瑕疵担保責任を否定した。権利の売買でも、共有物の持分の売買では、目的物に不適合があれば権利の不適合（持分が 60％として購入したが 40％であった等）ではないが、担保責任が成立しうる。他方、借地権は、賃貸人に対する債権にすぎない。

§Ⅲ　売主の義務（売買の効力①）

6-121 （c）　要件論③
——不適合が買主の帰責事由によるものではないこと（抗弁事由）

（ア）　買主の帰責事由による場合の除外　　現行法は、「不適合が買主の責め
に帰すべき事由によるものであるときは」、買主には追完請求権また代金減
額請求権が認められないと規定した（562条2項・563条3項）。解除権について
は543条（564条の準用関連）で、やはり同様の制限がされている。損害
賠償（564条の準用関連）については規定がないが、これらの規制の趣旨を
及ぼして過失相殺による責任の全面的な否定も考えられる（418条）。

6-122 （イ）　買主の受領遅滞の場合が考えられる　　上記の適用事例としては、413
条の2第2項が適用される場合、すなわち受領遅滞中に不可抗力で損傷し
たといった場合が考えられる。ただ、同規定は履行不能に適用を限定してい
るので、その損傷が修補可能な場合には適用ができない。しかし、567条2
項の損傷は修補が不能な場合に限定していないので、この規定によって危険
の移転を認め、担保責任を排除できる。

6-123 ◆債権者と債務者の両者の帰責事由による場合と担保責任
債権者と債務者のいずれにも帰責事由がある場合、損害賠償請求については、
過失相殺によって損失の公平な分担が実現できる。他方、追完請求は、これを認
めると過失相殺による調整ができないので、全面的に売主負担になる。かといっ
て認めないと、全面的に買主の負担になり、いずれも適切ではない。代金減額も
全部認めるのは適切ではない。代金減額に過失相殺の趣旨を取り込むことも考え
られるが、解釈論としては難しい。解除も同様である。解除を認めると、やはり
全面的に不利益を売主が負担することになる。結局、過失相殺による調整が可能
な損害賠償請求権以外は認めるべきではない。字義通り、債権者に帰責事由があ
れば、562条2項・563条3項・543条が適用され、これらの規定を債権者の帰
責事由のみによる場合に制限解釈する必要はない。

6-124 （3）　種類・品質の不適合責任の効果論（担保責任の内容）
「種類」または「品質」の契約不適合（担保責任）の効果（責任内容）に
ついては、現行法は、買主に売主に対する以下の4つの権利を認めている
（559条により請負にも準用される）[51]。

① 追完請求権（562条）
② 代金減額請求権（563条）

第2章　売買　第2編　財産の取得を目的とした契約（契約各論①）

③　契約解除権（564条・541条・542条）

④　損害賠償請求権（564条・415条）

6-125　**◆追完優位の原則──売主の追完権の保障**

　　①から④の権利の関係については、売主の**追完権**──追完の機会の保障を受ける権利とでもいうべきものである[52]──を保護するため、追完を原則とする「**追完優位の原則**」が採用されている（古谷・不適合給付336頁）。すなわち、まず売主に追完の機会を与えて、ⓐ追完不能、ⓑ追完拒絶、ⓒ定期行為の場合、ⓓその他追完が期待できない場合でなければ（これは代金減額だけに規定されている〔563条2項4号〕）、解除、代金減額、追完に代わる損害賠償ができないのである。代金減額や損害賠償については、ほかの業者に行わせるのではなく売主に追完させた方が効率性の観点から好ましいことが指摘される。追完優位の原則全体としては、買主の機会主義的行動（モラル・ハザード）の抑止、および経済的損失の発生防止が、その根拠として挙げられる（古谷・不適合給付334頁）。売主の代金債権保障に寄与し、それが巨視的には社会的費用の軽減にもなる。

6-126　**(a)　追完請求権（担保責任の内容①）**

　(ア)　追完請求権規定の創設　「種類」または「品質」において契約に適合しない物が引き渡された場合には、買主は、売主に対して「<u>目的物の修補、代替物の引渡し……による履行の追完を請求することができる</u>」（562条1項本文）。これを**追完請求権**という[53]。債権総論に債務不履行に対する一般的な救済規定として追完請求権を置くことも検討されたが（「部会資料32」8頁以下）、断念された（「部会資料53」35頁）。問題になるのは売買と請負において

---

51)　**＊一度した意思表示を変更できるか**　買主は一度選択した内容を変更することができるのであろうか。青野博之「契約不適合責任における買主の権利の関係──買主のした選択の変更の可否を含めて」駒沢法曹16号（2020）1頁以下は、以下のようにいう。①追完請求として修補請求をした後にこれを変更して代物請求をすることができる。②追完請求のうちの修補請求と代物請求の変更は、信義則または権利濫用法理によって、例外的に許されない場合がある。③解除、代金減額請求および追完に代わる（大きな）損害賠償請求は、両立しない権利であり、買主は自分のした選択を変更することができない。④代金減額請求と追完と併存する（小さな）損害賠償請求は両立する（以上、同21〜22頁）。

52)　**＊売主の積極的な追完権**　買主が追完請求をしない、または不具合を主張するが追完方法を申し出ない場合に自分の側から積極的に行動を起こし、契約内容に適合し、買主に不相当な負担をさせない限り、その提供は有効と考えるべきである（潮見・新各論Ⅰ137頁）。

53)　**＊追完についての特約**　「追完方法について第一次の選択権を売主に与える特約、買主が選択することができる追完方法を限定したり、優先順位をつけたりする特約、買主からの追完請求を受けた売主による追完方法を限定したり、売主による追完可能性を拡張したりする特約は、有効である」といわれる（潮見・新各論Ⅰ130頁注147）。もちろん消費者売買において、追完請求を認めず、代金減額だけにするなど、消費者に不利な変更で信義則に反する場合には、消費者契約法10条により無効になる。

241

§Ⅲ　売主の義務（売買の効力①）

あり、売買に規定して請負には有償契約の準用規定を置くにとどめた。

6-127 **◆修補と代替品供給の選択**

(1)　CISG の規定

　例えば、CISG46 条(2)項は「買主は、物品が契約に適合しない場合には、代替品の引渡しを請求することができる。ただし、その不適合が重大な契約違反となり、かつ、その請求を第 39 条に規定する通知の際に又はその後の合理的な期間内に行う場合に限る」と規定し、また、同条(3)項は、「買主は、物品が契約に適合しない場合には、すべての状況に照らして不合理であるときを除くほか、売主に対し、その不適合を修補によって追完することを請求することができる。その請求は、第 39 条に規定する通知の際に又はその後の合理的な期間内に行わなければならない」と規定する。原則は修補請求であり、重大な場合には代替品の引渡しを請求できることになる。

6-128 **(2)　日本法の解釈**

　日本法でも、代物請求ができるのは重大な契約違反に限定されるべきである。不相当な費用がかからないという制限も必要なことは同様である。その場合には、修補請求の可能性は残される。修補も不相当な費用がかからない必要があり、修補に過分の費用がかかる場合には、修補請求はできない。両方の要件を満たせば、買主が代替物か修補かを選択でき、562 条 1 項ただし書によって売主が変更をする可能性が残されるだけである。代金減額または追完に代わる損害賠償請求とは、概ね代替物、修補請求と重畳し選択関係になる。

6-129 **◆追完請求権の法的構成**[54]

(1)　不足分の引渡し、代替物の引渡し、修補

　(a)　契約上引渡義務が存続している場合　①数量不足、例えばビール 10 本の注文で 9 本しか持って来ない場合、弁済の効力で 9 本の引渡義務は消滅し、1 本について契約上の引渡義務が存続している。②種類違い、例えば、α種のトカゲの引渡義務で、β種のトカゲを引き渡した場合、買主は売主に対してβ種を引き取り、α種を引き渡すよう請求でき、この場合も契約上のα種の引渡義務が消滅せず存続しているだけである。③品質不適合、例えば、種類物たる機械の売買で、全く使用に耐えない機械が引き渡された場合、弁済（履行）の効力は生じておらず、買主は「代物の引渡し」を請求できる契約上の適合物引渡義務が存続している。

6-130 　**(b)　契約上の義務かどうかが問題になる事例**　上記③の事例で、不具合が軽微

---

54) この問題については、田中・追完請求権、古谷・不適合給付参照。下森定「新給付障害法に関する一所感──修正法定責任説から見た新給付障害法」志林 118 巻 2 号（2021）63 頁以下は、本来的請求権、追完請求権のいずれも「債務不履行の効果」とし、契約の効果として認められるものではない、「追完請求権は本来の履行請求権が具体化したもので異質の権利ではない」とも述べている。

242

で、修補請求のみが認められる場合、「修補」請求権（義務）が担保責任の効果として、契約上の債権とは別に新たな債権（債務）として成立するのであろうか。①修補という為す給付を求めるものであり、当初の契約上の引渡義務とは異なるので、そのように考えることも可能である（異質説）。②しかし、債務の本旨に従った履行（弁済）がないので、当初の契約上の適合物引渡義務は消滅していないはずである（473条）。引渡しがあり不完全ながら債務消滅の効力は発生していて、契約上の適合物引渡義務が修補義務に縮減しており、修補請求権も当初の契約上の債権であると考えられる（同質説）。次に敷衍して説明したい。

6-131

(2) 異質説と同質説の対立

❶ **異質説** ①学説には、履行請求権を債権とは別の、債務不履行に対する救済として与えられる権利と位置づけ、適合物引渡請求権につき、全く履行がされない場合の履行請求権と、不適合な給付がされた後の追完の履行請求権とは、別の救済であるとして、別の「履行請求権」とする主張がある。債権としては、契約上の履行請求権とは別の権利として理解する（潮見・新各論Ⅰ 131頁）[55]。②また、追完請求権を債務不履行に対する填補賠償の方法を認める特例として理解する学説もある（改正前の議論であるが、森田宏樹『契約責任の帰責構造』［有斐閣・2002］246頁以下）。これらは**異質説**ないし**現実賠償説**といわれる。

6-132

(a) 別の債権か 追完請求権は「引き渡された物が契約に適合しないという不完全履行の状態を除去し、契約において期待される給付結果を実現するために、当初の履行義務とは別個の一定の行為義務を課するもの」と評される（森田・前掲287頁）。ドイツでも、瑕疵のない物の給付義務を認めることから、買主の修補請求権が当然に導かれるのではないとして、改正前の多数の学説は、適合物給付義務から修補義務を当然に導くことを――仕事完成義務を給付内容に含む請負とは異なり――否定していた（田中・追完請求権197頁以下）。

6-133

(b) 法的正当化 損害賠償の方法（現実賠償）だとすると、契約上の履行請求権とは異なる特別の制限を説明しやすいといわれる（田中・追完請求権189頁以下参照）。「改正法のもとでは、追完請求権には、本来の履行請求権とは異なる規律が課されており、追完請求権は本来の履行請求権の一態様ないし具体化したものにすぎず、両者にはその法的性質を同じくするとの見方は、理論的に正当化が困難なものとなっている」と評される[56]。①設置した不適合物の収去など、本来の履行とは異なる行為を請求できることがその理由である[57]。②また、買主の帰責事由による不適合に追完請求権が認められないことにつき、追完請求権を履行請求

---

55) 562条2項は、買主の帰責事由による場合には追完請求権を否定しており、このことは同質説からは説明がつかない。追完請求権を履行請求権とは異質のものとみた上で、追完請求権を契約不適合を理由とする解除権、代金減額請求権、損害賠償請求権と同レベルの、買主の救済手段の一種と捉える（潮見・新各論Ⅰ 131頁）。

56) 森田宏樹「売買における契約責任」瀬川信久ほか編『民事責任法のフロンティア』（有斐閣・2019）286頁。古谷・契約不適合322頁以下も同様。

§Ⅲ　売主の義務（売買の効力①）

権の一態様とみる立場からは、合理的な説明がつかないと批判する[58]。

6-134　❷　**同質説——弁済の効力が完全に生じておらず適合物請求権が存続**
　（a）**弁済の効力という観点から**　契約上の適合物引渡義務については、債務の本旨に従った弁済がなされていないので債務消滅の効力が生じておらず、残存している適合物引渡請求権を行使すればよいはずである。(1)にみたように、弁済が有効ではないので契約上の債権（債務）が存続しているはずである。問題は「修補」であるが、これも契約上の債権（債務）と考えることができる。請負とは異なり、売主には仕事完成義務はないので、追完を契約上の義務の存続とするのは難しいと批判されるが、特定物では引渡し前に修補をし適合物にして引き渡す義務があったのであり、引渡し後はこの部分だけが存続することになる。

6-135　（b）**適合物引渡義務が存続している（本書の立場）**　契約の適合物引渡義務は、不適合物の引渡しでは債務の本旨に従った履行ではなく、履行（弁済）の効力が完全には生じておらず、縮減しつつ——不完全ながら債務消滅の効力はある——存続していると考えることができる。契約上の適合物引渡請求権が同一性を保って縮減しただけの権利として、追完請求権を位置づけることになる。これを**同質説**と呼ぶ（同一権利説でもよい）。異質説は履行請求権の側からみているが、義務の消滅原因からアプローチする考えである[59]。

6-136　❸　**修正異質説（折衷説）**　ドイツでは、買主の追完請求権は「修正された本来的履行請求権」などとされており、これを参考として、買主の追完請求権は、本来的履行請求権とは別の権利であるが、本来的請求権と共通する規律が妥当することが当然に否定されるものではないとして、同一の規律がされるべきもの——例えば、売主の帰責事由不要、同時履行の抗弁権に服する等——と特有の規律内容を探求する必要があるものとを分けて考える提案がされている（田中・追完請求権298頁、299頁注219、315頁以下）。ただし、個々の具体的問題についての結論の相違が、法的位置づけにより異なることにはならないことは認めている。

6-137　**◆特定物売買における代替物引渡請求権**
（1）**不特定物売買**
　追完として、不特定物の場合には代替物の引渡しも含まれ、不適合が重大で修補では対応できなければ、買主は代替物の引渡しを請求できる。ただ、買主が目的物を選定して契約の目的物とした場合については、売主は調達義務を負担しないが、不完全履行を治癒するための賠償方法の1つとして、当初の契約上の義務

---

57)　ドイツ民法439条2項は、「売主は、履行の追完の目的のため必要な費用、特に輸送費、通行料、労賃及び材料費を負担しなければならない」と規定する。
58)　潮見・新各論Ⅰ131頁。同頁注149は、履行請求権自体も債務不履行に対する救済であり、履行請求権は「無履行」の場面、追完請求権は「契約不適合」の場面に妥当する救済手段として区別をする。
59)　石崎康雄『「新民法典」の成立——その新たな解釈論』（信山社・2018［以下「石崎・成立」で引用]）89頁。引渡しによる危険移転後は、履行請求権は追完請求権へと変容する（石崎・成立109頁）。

とは別個の新たな義務として代替物の引渡義務を認めることは可能だといわれている（森田・前掲論文［フロンティア］301頁）。店頭にあるものを「現品限り」で購入した場合、代替物の引渡請求を認める可能性があると説明されている[60]。

(2) 特定物売買

(a) ドイツでは認める　では、562条は目的物を不特定物に限定していないので、特定物売買でも代物請求権が認められるのであろうか（田中・追完請求権188頁以下参照）。例えば、ペットショップで、生後1カ月の雌のペルシャ猫を20万円で購入したが、遺伝性の病気ですぐに死亡してしまった場合、同等の別の猫の引渡しを求めることができるのであろうか。ドイツでは、判例および多数説は、特定物についても代物請求を認めるが、常に認めるわけではなく、例えば中古品の売買ではこれを認めない（田中・追完請求権140頁以下）。

(b) 日本では解釈に任せた　この点は、部会審議でも明確な態度決定がされておらず、解釈に委ねられていると評されている（田中・追完請求権290頁）。特定物ドグマは否定されても、特定物では、その特定物しか引き渡す義務はないので、代物請求権は否定されるべきである（磯村保「売買契約法の改正——『担保責任』規定を中心に」Law and Practice10号［2016］69～70頁）。ただし、特定物売買でも、代物給付を求める権利を認める特約は有効である。ペットショップによっては、契約書に「〇日以内に死んだら新しい子と交換します」という条項が含まれている。

◆代替物の引渡しと使用利益の返還

追完が代替物によって行われた場合、代替物の返還までの不適合物の利用による利益は清算されるべきであろうか——適合物の遅滞による損害賠償と相殺されようが——。①解除と同じ利益状況にあることから545条3項を類推適用する、または、②解除とは異なる救済手段であり、解除と同じ扱いをすることを否定する、という2つの考えが可能といわれている（古谷・不適合給付22頁）。ほとんど議論がないが（否定説として、森田・前掲論文［フロンティア］298～299頁）。給付物の使用利益を返還しその管理費用を償還し、また、本来の履行がない点の損害賠償を全面的に認めるというのは複雑であり、否定説が適切である[61]。

(イ) 追完請求に対して売主に認められる抗弁

(i) 不能の抗弁　旧634条1項ただし書は、請負契約につき、①瑕疵が重要ではなく、②修補に「過分の費用」がかかる場合に、修補請求を否定し

---

60)　道垣内弘人＝中井康之編『債権法改正と実務上の課題』（有斐閣・2019）302頁［山野目章夫］。

61)　共通欧州売買法草案112条1項は、取換えの場合に、売主は元の物を引き取る権利と義務があることを規定し、2項は、買主は取り替えるまでその物を使用したことについて支払義務を負うことはないものと明記する。

た。現行法は、この規定を削除し、412条の2第1項に任せた。そのため、不適合が重要かどうかを問わず過分の費用がかかる場合には、追完不能の抗弁が認められる——売主に証明責任あり——。追完により得られる買主の利益と、追完のための売主の費用との間に、重大な不均衡が生じる場合（潮見・新各論Ⅰ141頁）、技術的には追完ができても履行不能と認められる。

6-142　　(ii)　**追完方法についての提案権**　現行法は、「売主は、買主に不相当な負担を課するものでないときは、買主が請求した方法と異なる方法による履行の追完をすることができる」と規定した（562条1項ただし書）。売主には追完の機会が保障されるが、さらには追完内容についての選択権の保障もされていることになる[62]。買主が不適合を通知したが、抽象的に追完を求めるだけであったり、追完の請求をしない場合にも、上記規定を適用し、売主から買主に追完方法を提案し、相当期間内に返答がなければ受領義務を踏まえて承認したとみなせると考えるべきである（潮見・新各論Ⅰ137頁）。

6-143　　◆追完に代わる損害賠償請求権[63]
　　(1)　問題となる追完請求権
　　追完請求権について追完に代わる損害賠償の請求ができるか、その条文根拠・要件が問題とされている。数量不足の場合の不足分の引渡し、異種物の場合の適合物（代替物）の引渡し、品質不適合で重大な場合の適合物（代替物）の引渡請求権については、これらに代わる損害賠償請求が415条2項により請求できることは疑いない。問題は、品質不適合の場合の修補請求である。旧634条2項は、修補に代わる損害賠償を認めていた。ところが、同項の解釈として、修補請求権と修補に代わる損害賠償請求権とが同時に成立し選択関係と理解されていたが、それでは、現行法では売主の追完権保障と抵触してしまうのである。

6-144　　**(2)　415条2項を適用すべきか**
　　①415条1項により修補に代わる損害賠償請求を認め、買主に直ちにその選択を認めることは、追完権保障の趣旨と抵触する。②そこで、売主の追完権の保障を実現する方法としては、ⓐ415条2項を修補に代わる損害賠償請求にも適用する、ⓑ修補に代わる損害賠償請求を415条1項により認めつつ、修補権の

---

62)　この規定は、追完内容は第一次的には買主が決定でき、売主はこれに従わなければならないことを前提としている（潮見・新各論Ⅰ133頁）。

63)　この問題につき詳しくは、田中洋「改正民法における『追完に代わる損害賠償』(1)〜(5)完」NBL1173号4頁、1175号29頁、1176号28頁、1177号29頁、1178号38頁（以上2020）が詳しい。なお、損害賠償請求ではなく、売主のなすべき追完を買主が行えば買主が売主の追完義務を消滅させたことになるので、不当利得として費用償還請求権を認めることができる。自分のために行っているので、事務管理というのは難しい。

第2章　売買　第2編　財産の取得を目的とした契約（契約各論①）

保障を 563 条の趣旨を類推することで図ることが考えられる。②ⓐでも売主の修補権は、解除権が成立している場合という要件（415 条 2 項 3 号）によって保障されることになる。ところが、ⓑとは異なり、ⓐでは解除権が成立するほど重大な不適合でなければならず、軽微な不適合では、追完に代わる損害賠償請求ができなくなる。ただし、代金減額は認められるので、実益のある議論ではない。

(3)　理論的問題点と結果の妥当性

(a)　理論的な問題点　415 条 2 項は「履行に代わる損害賠償」と規定している。そのため、追完義務を契約上の履行義務と位置づける同質説では文言上問題ない。ところが、異質説ではそれ自体が現実賠償義務なので、「履行に代わる」のではなく損害賠償請求権たる現実賠償義務に代わることになる。しかし、拡大して適用することはできると思われるので、ここで適否が決まるものではない（533 条括弧書は修補に代わる損害賠償を含む）。

(b)　結果の妥当性

㋐　追完権は保障される　売主の追完権保障が必要であるが、415 条 2 項を適用すると、これがないがしろにされないかという疑問がある。しかし、この点は、同項 3 号をみると解除ができる場合であることを要件にしているために、同規定を適用しても追完権も実質的に保障される。1 号と 2 号では軽微であることは必要ではないが、追完権保障と抵触しない。

㋑　解除できる場合に制限される　他方で、415 条 2 項 3 号を適用して解除ができることが必要だとすると、軽微な不適合については、1 号と 2 号の適用事例以外では填補賠償が請求できないことになる。とはいえ、代金減額請求ができるので、それで特に不都合はない。ただ、理論的には、同じ追完に代わる損害賠償なのに、1 号・2 号と不適合の重大性によって差を設けることに違和感はある。

(4)　学説は分かれる

❶　415 条 2 項適用否定説

(a)　代金減額請求に限定することも可能　まず、追完義務に 415 条 2 項を適用することを否定することが考えられる。これも理論的には 2 つに分けられる。①追完義務については追完に代わる損害賠償の請求は認めず、563 条（559 条）による代金減額請求しか認めないという考えが可能である。追完権を保障するために、563 条の代金減額だけを認めるという制限は不合理ではない。

(b)　415 条 1 項＋ 563 条の趣旨類推　しかし、追完に代わる損害賠償を 415 条 1 項の損害賠償請求により認めることも可能であり[64]、追完権保障のため、563 条の趣旨を適用することが考えられる。追完不能、追完拒絶、催告がされたまた定期行為の事例であることが必要になるが、不適合が重大であることは必要

---

64)　一問一答 76 頁（注 2）、341 頁（注 2）は、415 条 2 項の適用を否定し、同条 1 項により解決する（軽微な場合にも追認に代わる填補賠償を認める）。後者において、「文言から明らかなように、この問題は規定の射程外である」とまで断言する。

ではなくなる。この解決が条文の説明を考えると、最も無難なように思われる。

6-150 　❷　**415条2項法意類推適用説**　他方で、追完義務に415条2項を適用すると、追完に代わる損害賠償請求ができるのは解除が可能な場合に限られ、その場合には代金減額請求権と競合するので選択が可能になる。他方で、軽微な場合には代金減額のみが認められる。ただし、異質説との整合性に着目し、直接適用は否定しつつも、「415条2項の法意から」追完についても同規定の要件を満たして「追完に代わる損害賠償請求権が発生する」という、いわば415条2項類推適用説もある（潮見・新総論Ⅰ483頁、同・新各論Ⅰ164頁）。

6-151 　**(b)　代金減額請求権（担保責任の内容②）**

　(ア)　数量不足の場合の再確認──一部解除／契約内容の改訂

　(i)　一部解除ができる　数量不足の場合、例えばビール10本の売買で、9本の引渡しがされた場合、1本分の一部解除が認められる。一部不履行の場合の一部解除（542条2項［遅滞については541条］）をすることも可能である。その効果も、1本分の代金の返還請求は、545条1項の原状回復請求権であり、同条2項により受領時からの利息支払義務が認められ、また、解除した不履行部分の損害賠償請求も可能である（同条4項）。ところが、民法は、数量不足の場合にも、買主に代金減額請求権を認めている（563条）。

6-152 　**(ii)　代金減額請求権との関係**　数量不足の場合、9本を履行として認容し代金減額をすることによって、10本の売買契約が9本の売買契約に変更される（契約内容の改訂権）。一部解除と実質的に同じである。この2つにつき、①選択を認める、②代金減額のみを認めるという選択肢が考えられる。数量不足の場合には、代金減額も実質的に一部解除であり、代金減額に解除の規定を類推適用できる。また、代金減額には566条の期間制限は適用にならない。その意味で実益のある議論ではなく、①でよい。

6-153 　**(イ)　種類・品質不適合の場合──契約内容の改訂**

　(i)　追完不能の場合──追完権保障は不要

　❶　**品質不適合の場合**　他方で、目的物の品質に関わる場合、修補不能であれば、追完請求権また売主の追完権はなく、契約をした目的を達しえなければ解除ができ、そうでなければ、代金減額（また損害賠償請求）ができるにすぎない。健康な子猫として購入した猫が、先天的な障害を有していた場合、代金減額は、その目的物を履行として認容しその目的物の売買に契約内容を変更することを意味し、その結果、代金をそれに見合った金額に変更す

第2章　売買　第2編　財産の取得を目的とした契約（契約各論①）

ることになる。数量的な一部解除との選択関係にない契約の変更である。

6-154　❷　**種類不適合の場合**　中古の特定物が甲-1型という説明であったのに甲-2型であった場合、別の中古の甲-2型の引渡請求はできず、追完不能である。この場合、買主は甲-2型では契約をした目的を達しえなければ契約を解除でき、そうでなければ、代金減額（また損害賠償請求）ができるにすぎない。買主が甲-2型を履行として認容し、甲-2型の売買へと変更し、代金減額を主張することになる（評価額が上がる場合☞6-167）。

6-155　**◆代金減額の位置づけについての立法担当官の説明**
　　立法担当官は、代金減額を、実際に引き渡された目的物を「契約の内容に適合していたものと擬制しその差を代金額に反映させるという意味で契約の改訂を行うもの」と説明している。また、一部解除と類似する機能を果たす権利であるが一部解除そのものではないと説明している（一問一答279頁㊟）。代金減額請求により不適合給付＝債務不履行は、買主により解消されることになる。「売主には債務の不履行（契約との不適合）はなかったことになる」と説明される（一問一答279頁㊟）。不適合が履行として認容され、契約が改訂されるからである。しかし、一部不履行については、契約の一部解除も可能である（☞6-151）。

6-156　**◆実質一部解除と同視すべきか──解除に準じた法的扱いの認否**
　　数量不足の場合は、先にみたように一部解除に等しいが、他の場合には契約内容の改訂であり、一部解除ではない。目的物の内容が変更されたことによる代金の改訂になる。すでに代金が支払われている場合の差額の返還、また、当初の債務を基準にした債務不履行により損害賠償請求の可否が、解除に準じてそれぞれ545条2項・4項の類推適用により認められるのかが問題になる（吉永一行「売買目的物に契約不適合がある場合の代金減額請求権」法教471号［2019］78頁は肯定[65]）。契約内容をそれでよいと改訂した以上、債務不履行はなくなり、解除と異なり当初の債務を基準とした履行利益の賠償請求はできないことになるのであろうか[66]。しかし、数量不足の場合と、それ以外とで大きな差が生じることは好ましくない。また、債権者の救済制度である点で共通することから、類推適用を肯定したい。

6-157　（ii）　**追完可能な場合──追完権保障が必要**　追完（品質について修補、種類について代物の引渡し）が可能な場合には、買主の追完請求権と代金減額

65）　代金債務も一部消滅させる機能を営むという点では、解除と共通する性質を持つといわれている（吉永・前掲論文77頁）。一部解除と類似する機能を持つことから、当初の債務を消滅させても、545条4項により、その当初の債務を基準とした損害賠償請求が認められる（吉永・前掲論文78頁）。
66）　一問一答279頁㊟は、代金減額は契約の改訂であり、代金減額と「両立しない損害賠償の請求や解除件の行使をすることはできない」という。

249

§Ⅲ　売主の義務（売買の効力①）

請求権とは選択関係になり、他方で、売主の追完権の保障が必要になる。代金減額請求権を行使する場合、買主は、品質の劣るないし種類の異なる引き渡された物を容認し——売主の追完権保障がされた上で（563条1項・2項）——、債務不履行が解消されるので、追完請求権はこれにより消滅する。この場合にも、545条2項また4項の類推適用が認められる。

6-158　**（ウ）　減額の算定方式**　代金減額請求権は、「その不適合の程度に応じて代金の減額を請求することができる」と（563条1項）、減額の算定方法は、「その不適合の程度に応じて」の解釈によって決められる。不適合の程度に応じて減額するというので、暗に下記の相対的減額方法が示唆されているということができる。減額する金額を出すのではなく、減額される割合を算定し、それに当てはめて減額される金額を算出することになる。

6-159　◆**代金減額の算定方法——規定を置くことが断念された**
⑴　3つの算定方法
　　減額の算定方法については、以下の3つの方法が考えられる。

---

❶ **絶対的算定方法**　ⓐ目的物が契約内容に適合していた場合の価額と、ⓑ実際の目的物の価額との差額を、契約で合意した代金から減額する方法である。例えばⓐ100万円、ⓑ80万円とすると、差額の20万円を減額する。代金が適正価格かどうかを問わず20万円を差し引くので、代金額が100万円だと80万円、90万円だと70万円に、120万円だと100万円に減額される。

❷ **相対的算定方法**　上記ⓐⓑ2つの価額の比較から減価割合を出して、これに合意された代金額を当てはめてその額を代金から減額する方法も考えられる。ⓐ100万円、ⓑ80万円なので20%の代金を減額することになり、代金額が100万円だと20万円減額で80万円、90万円だと18万円減額で72万円、120万円だと24万円減額で96万円に代金は減額される。

❸ **現実価額への減額に固定する方法**　代金額から不適合物の価額を差し引き、要するに現実の目的物の価格の支払にとどめ、現実価格へ減額する方法である。上記の例では、代金が100万円、90万円、120万円のいずれでも実際の価格80万円への減額になる。

第2章　売買　第2編　財産の取得を目的とした契約（契約各論①）

6-160

⑵　民法が採用したのは

現行法は、差額を代金から減額するでも（❶の方法）、現実の価格まで減額する（❸の方法）でもなく、「程度に応じて」減額すると規定しており、明記はしなかったが、❷の方法を示唆しているといってよい。学説も、主観的な等価関係が尊重されるべきであるとして、❷が一般に支持されている（潮見・新各論Ⅰ 147頁）[67]。代金と不適合がなければあったであろう価額が同じであれば、どの算式でも結論が変わらず、この2つがずれる場合——安く買った or 高く買った場合——が問題である。❸では、100万円の価値の目的物を90万円で購入したという利益が反映されない[68]。

6-161

◆代金減額請求と区別すべき意思表示

一度代金減額請求をした場合には、単独行為であるから売主の同意がなければ撤回することはできない。ただし、代金減額は契約の改訂であるため、契約改訂の交渉を申し込んだにすぎない事例も考えられる。その場合には、契約改訂の合意が成立していないので、改めて、買主は、一方的に代金減額請求権を行使するか契約解除をするかの選択が可能となる（中田 320頁）。なお、代金減額の意思表示と認められれば、具体的な金額を示していなくても、客観的に決定される金額への減額の効力を認めることができる（☞6-162）。

6-162

◆代金減額をめぐる問題点

⑴　減額の金額を表示することは必要か（不要）

履行認容そして代金減額の意思表示のためには、減額される額を明示する必要はない——差額の返還請求や残代金の提供のためには金額を示すことが必要——。履行認容により、売主の追完義務（いわゆる追完権も）また買主の追完請求権は消滅する。買主が鑑定や修理に出していて金額が確定するのを待っている間に、代金減額で処理する旨の意思表示をしても有効である。ただ金額を示していない場合には、買主が追完を諦めたかどうか認定は慎重にされるべきである。

---

[67]　石川・前掲論文（詳解改正民法）433頁、改正民法コンメ744頁［北居］。法制審議会において、法務省の事務当局からこの❷の基準を明記する規定を置く案が作成され、検討に供されたが（「部会資料43」18頁）、議論があるため解釈に任せることにして、減額の算定式は明記しないことにされた。同案は、「上記❶により減額できる代金の額は、現実に引き渡された目的物の引渡し時における価額が、契約に適合する目的物の当該引渡し時における価額に対して有する割合による（当該割合を約定代金額に乗じた額に代金額を減額することができる）旨の規定を設けるという考え方があり得るが、どのように考えるか」というものであり、CISG50条を参考にしたものである（「物品が契約に適合しない場合には、代金が既に支払われたか否かを問わず、買主は、現実に引き渡された物品が引渡時において有した価値が契約に適合する物品であったとしたならば当該引渡時において有したであろう価値に対して有する割合と同じ割合により、代金を減額することができる。ただし、……」）。

[68]　算定が困難な場合も考えられ、この場合には、民事訴訟法248条の趣旨に鑑みて、裁判所が柔軟に減額割合を認定することを認める提案があり（新基コメ127頁［渡辺］）、賛成したい。

§Ⅲ　売主の義務（売買の効力①）

6-163

(2)　解除権不可分の原則との関係

　ところで、一部解除か契約内容の改訂かいずれであっても、買主側が複数である場合（共同買主）、全員によらなければ代金減額請求権の行使はできないことになる（実質解除だとすると544条の類推適用）。全員で、追完請求にするか、代金減額または修補に代わる損害賠償によるかを決めることになる[69]。ただし、追完請求は不可分債権として各買主が行使できる。代金減額は分割行使ができないとすると、修補に代わる損害賠償も、金銭債権であるので分割債権になり各買主が行使できそうであるが、代金減額に等しいので分割行使を否定すべきである。なお、共同買主は目的物の共有者になるが、共有規定を適用すべきではない。

6-164

◆代金減額と損害賠償請求（填補賠償請求権）の関係

(1)　選択関係

　代金減額と追完に代わる損害賠償請求との関係は明確ではない。代金減額算定によるか、追完に代わる損害賠償請求権によるかで金額が変わるのは適切ではない。これを避けるためには、代金減額に一元化するか、または両者の選択を認めるが、損害算定基準と減額基準とを統一する必要がある。

　この点、買主は、代金減額請求権と追完に代わる損害賠償とを<u>選択できる</u>と考えるのが一般的理解といえる[70]。損害賠償一切と選択関係にあるわけではなく、履行に代わる損害の賠償以外については、代金減額請求権を行使しても賠償請求が可能である（前掲鼎談61頁以下［松尾博憲ほか］参照）。基準は統一すべきであり、また、いずれを選択しても、それにより追完請求権は消滅する。

6-165

(2)　売主の帰責事由は不要

　代金減額請求できる分──評価額の低下による差額や追完費用等──を損害賠償請求──代金未払いの場合にはそれと代金債権との相殺──する場合には、代金減額請求権の場合と同様に売主の帰責事由は不要と考えられる。対価分の代金を支払えばよいという、対価的調整をするだけであるからである。もちろん、これを超えた転売差益（転売物件）や営業利益の逸失（自己使用物件）の賠償請求については、415条1項の原則通り売主の帰責事由が必要である。

---

69)　ドイツ民法441条2項は、「買主又は売主の側において複数の者が当事者となっているときは、代金減額は、全ての者から又は全ての者に対する意思表示で行わなければならない」と規定する。

70)　共通欧州売買法草案120条3項は、買主が代金減額を請求する場合には、代金減額により填補される損害を重複して賠償請求することはできないが、それ以外に被った損失について損害賠償を求めることができることを規定する。代金減額によらず、損害賠償によることもでき選択関係になることが前提になっている。フランス民法1644条は、買主は、物を返還して代金の返還を受けるか、物を保持して鑑定人により算定される代金の一部のみの返還を受けるか選択できると規定し、また同法1645条は、売主が瑕疵を知っていた場合には、代金を返還するにとどまらず、買主が受けた損害の賠償を義務づけられることを規定する。他方同法1646条は、売主が瑕疵について知らなかった場合には、代金の返還に加えて、売買契約によって生じた費用の買主への償還のみを義務づけさせられるものと規定する。

第 2 章　売買　第 2 編　財産の取得を目的とした契約（契約各論①）

6-166

◆**価格算定のための鑑定費用**

　　買主が代金減額のために、目的物の価格の算定を業者に依頼した場合、買主は売主に対してその鑑定費用についてどのような請求ができるのであろうか。①契約不適合によって生じた「損害」の賠償であるとして、売主に帰責事由がなければ認めない考え、②代金減額のための算定に必須の費用であり契約費用に準じて折半——売主に帰責事由があれば全額賠償請求ができる——する考え（山野目・前掲論文［曹時］8 頁）、③追完費用に準じて、売主に帰責事由なしに賠償を認める考え（古谷・不適合給付 38 頁）などが考えられる。②が適切である。

6-167

◆**数量また品質においてグレードアップした契約への改訂（数量超過も含む）**

(1)　品質がより高い別の物の引渡し

　　特定物の数量超過については 6-99 以下に述べたが、品質についてはどう考えるべきであろうか。品質が悪ければ買主に代金減額、その反対として売主に代金増額の請求が認められるのであろうか。例えば、事故車として格落損分値引きして販売したが、実は事故車ではなかった場合、売主は代金増額を主張できるのか、それとも錯誤取消しを問題にできるだけであろうか。差額分の不当利得返還請求を認め、買主がそれを欲しない場合には錯誤取消しを認めるべきである。種類物の場合には、天丼 800 円を注文したのに売主が上天丼 900 円を持って来た場合、買主が消費すれば不当利得や不法行為が問題になり、損害賠償請求につき過失相殺がされるべきである。

6-168

(2)　不特定物売買における数量超過

　　不特定物売買における引渡物の数量超過も、現行法では数量に関する契約不適合であり、564 条による解除と損害賠償請求が認められる（野澤 163 頁）。ビール 10 本の注文に対して 11 本を持って来た場合、一部解除するまでもなく初めから 10 本の売買契約である。①引渡しによって混和（245 条）に準じて全部所有権が移転して、10 本分の債権しかないので、不当利得として 1 本分の償金支払義務（248 条）を負うのであろうか。買主が 11 本の買取りを事実上強制され、適切ではない。②実質一部解除である代金減額とは異なり、買主は追認して 11 本の売買契約に一方的に変更することはできない。③買主は売主に対して 1 本引き取るよう請求ができる。④超過を知りつつ消費すれば悪意の不当利得だが、知らない場合には現存利益の返還に限られる。ビール 1 本落として割れてしまえば利得はない。ただ、損害賠償義務は問題になる（過失相殺は必須）。

6-169

(エ)　売主の追完権の保障　　代金減額請求に関しては、既述のように売主に追完をして当初の契約通りの代金を受ける機会が保障される必要がある（**追完優位の原則**）。本来の契約の内容通りに売主によって完全な履行がされるのが望ましい、ということが理由として説明されている（一問一答 278 頁）。よ

253

§Ⅲ　売主の義務（売買の効力①）

り事情に詳しく、より少ない費用で目的を達成することができる売主に選択権を認めることは（安価費用負担者へのリスク・権限の配分）、社会的費用を減少させるという「効率性」の観点から望ましいという功利主義的な考え方に基づくものと評されている（田中・追完請求権166頁）。そのため、代金減額請求権の行使は以下の要件を満たして初めて認められる。

6-170　**（i）　催告による代金減額請求権──売主の追完権の保障**

❶　**相当期間を定めて追完を催告し、その期間が経過することが必要**　代金減額請求権が認められるためには、原則として、「買主が相当の期間を定めて履行の追完の催告をし、その期間内に履行の追完がない」ことが必要である（563条1項）。催告による解除（541条）と基本的にパラレルな要件が設定されている。催告がされたこと、またその期間を経過したことは、買主が証明責任を負う。相当期間は追完に必要な期間である（ただし☞6-171）。

6-171　❷　**期間が相当ではない場合**　相当でない期間を設定しても、客観的に相当期間を経過すれば563条1項の要件を満たすと考えてよいことは、541条と同様である（☞4-57）。買主が代金減額にしようと考えているのに、相当期間を設定して追完請求をしなければならないのは、買主にとって負担となる。そのため、追完に必要な相当期間の運用として短めの期間を認めてよいと考えられる（石崎康雄『新民法典成立への扉』［信山社・2016］170頁）。

6-172　**◆追完請求権と代金減額請求権との選択**

（1）　選択関係──代金減額の選択は確定的

催告期間が経過しても売主が追完をしない場合には、買主には代金減額請求権が成立し、買主は追完請求権と代金減額請求権の2つの権利を有し選択することができる──それまでは追完請求権のみ──。①代金減額により契約改訂権を行使し、債務不履行をなくし追完権（追完義務）を消滅させることができる。②選択債権とは異なり、買主が追完請求をしても代金減額請求権は消滅せず、追完に固執するか諦めて代金減額にするか依然として選択ができる。

6-173　**（2）　交渉段階にとどまる場合**

代金減額請求の具体的な金額を示す必要はないが、ただ代金を値引くよう値引交渉をするのは、実務上、追完請求権も保持するつもりであることに注意すべきであるといわれている（債権法研究会『詳説　改正債権法』［金融財政事情研究会・2017］444頁［大澤加奈子］）。代金減額を選択して追完を受領しない意思を明確に表示して初めて、代金減額に確定することになる──確定的な金額を明示する必要はない──。例えば、パソコン10台の注文に対して売主が9台しか持って来ない場

合、買主は催告をして代金減額（実質一部解除）の意思表示をすればよい。代金減額請求をすれば、一部解除同様、もはや撤回はできない。

6-174
◆売主に追完の機会を与えない買主による追完

追完が可能であり、かつ、563条2項のその他の要件も満たしていないのに、買主が売主に追完の機会を与えずに第三者に修補をさせた場合、代金減額請求権の要件は満たされていない。この場合は536条2項の、債権者の帰責事由による履行不能として解決することが考えられる[71]。買主が、売主に修理の機会を与えずに修理をしたことにより、売主の追完義務が履行不能になっている。そのため、536条2項を適用し、買主は代金全額の支払義務を免れず——修理のため使用が遅れたことによる損害の賠償請求は可能——、売主が修理をしないで済んだ費用について、買主に償金請求を認めることになる。

6-175
(ii) 催告によらない代金減額請求権（即時の代金減額請求権）　例外として、買主が「催告をすることなく、直ちに代金の減額を請求することができる」場合がある（563条2項）。それは以下の4つの場合である。

①「履行の追完が不能であるとき」（1号）
②「売主が履行の追完を拒絶する意思を明確に表示したとき」（2号）
③「契約の性質又は当事者の意思表示により、特定の日時又は一定の期間内に履行をしなければ契約をした目的を達することができない場合において、売主が履行の追完をしないでその時期を経過したとき」（3号）
④　そのほか、買主が追完の「催告をしても履行の追完を受ける見込みがないことが明らかであるとき」（4号）

これらは基本的に、542条の催告によらない解除についての要件とパラレルなものである。これらの要件の充足については、買主に証明責任が負わされる。売主が買主と交渉しても誠実に対応しない場合、催告をしても誠実に対処することが期待できないので、④の代金減額請求を認めてよい。

---

71)　**＊自力救済か**　買主が相当期間定めて売主に催告しても、売主が修補をしない場合、買主は勝手に業者に修補させることはできず、代替執行手続を採らねばならないのであろうか。563条1項の要件を満たす限りその必要はなく、自ら適切な業者を選定して修理させていても自力救済にはならない。

§Ⅲ　売主の義務（売買の効力①）

6-176 **◆代金減額の算定をめぐる諸問題——算定基準時**

⑴　目的物の市場価格がある場合

　代金減額の算定基準時については解釈に任されている。不特定物の場合、例えば、アメリカ産大豆「Ｍサイズ」1t を 100 万円で注文したのに、より価値の落ちる「Ｓサイズ」1t が引き渡され、取り換えるように催告してもこれに応じないので、買主が売主に「Ｓサイズ」を履行として認容し代金減額請求をしたとしよう。「Ｍサイズ」「Ｓサイズ」100t の相場が変動している場合、どの時点を基準として評価額が算定されるべきであろうか。

6-177 　**⒜　CISG は引渡し時**　① CISG50 条は、引渡し時の価格による。学説も、**引渡時説**が通説といえる[72]。②他方で、契約締結後の目的物の価値変動を織り込んだ救済は、損害賠償によって実現されるべきであり、代金減額は当初の契約締結時の価格に基づいて算定されるべきであるという主張もある（磯村・前掲論文 Law and Practice10 号 75 頁）。

6-178 　**⒝　ドイツ民法は契約時（一問一答の立場も同様）**　ドイツ民法 441 条 3 項は、「契約締結の当時において、瑕疵のない状態の物の価値が、実際の価値に対して有したこととなる比率に従って、売買代金を減額しなければならない」と、契約時の差額の比率によるものとする。日本民法は規定を置いていないが、立法担当者は、代金減額請求権は「契約の改訂を行うものであることから、その基準時は契約時とするのが相当である」と述べる（一問一答 279 頁注）。

6-179 **⑵　修補費用が問題になる場合など——基準とされる金額**

　売主が催告されても修補をしないので、買主が業者に修補を行わせ、修補の代金としてぼったくり価格である 50 万円を支払ったが、売主なら 10 万円でできた、また、他の業者としても 30 万円程度の料金によるのが普通であるとする。この場合に、不適合のない目的物の評価額から 50 万円全額を減額し、その差額割合によって実際の代金から減額（相対的算定方法を前提とする）がされるべきであろうか。これを損害賠償請求したならば、過失相殺されるのに、代金減額では考慮されないのは適切ではない。公平の観点から、過失相殺の趣旨を類推適用して、減額率を調整すべきである。

6-180 　**⒞　損害賠償請求権（担保責任の内容③）**

　㋐　履行利益の賠償が認められる　改正前は、瑕疵担保責任の損害賠償（旧 570 条・566 条 1 項）については、特定物ドグマにより信頼利益の賠償に限定されるかどうかが議論されていた——信頼利益に限定する下級審判決が散

72）　潮見・概要 263 頁、松尾弘『債権法改正を読む』（慶應義塾大学出版会・2017）23 頁注 24、山野目章夫『新しい債権法を読みとく』（商事法務・2017）191 頁、Before/After359 頁［後藤巻則］、改正民法コンメ 744 頁［北居］。

第2章　売買　第2編　財産の取得を目的とした契約（契約各論①）

見されるが、これを宣言する最高裁判決はない——。現行法は、債務不履行
責任説を採用し、415条を適用している（564条）。賠償内容については416
条により規律され、履行利益の賠償が認められることになる。

6-181　　（イ）　**売主の帰責事由の要否**　損害賠償には売主に帰責事由が必要であるが
——正確には責めに帰することができない事由の不存在（415条1項ただし書）
——、売主は帰責事由がなくとも追完義務を負い、追完義務の遅滞に帰責事
由が認められれば、売主は遅滞による損害について賠償責任を負う。不適合
物の売却・引渡しに帰責事由があれば、追完の遅滞に帰責事由がなくても責
任を免れない。なお、代金減額と実質的に等しい追完に代わる損害賠償につ
いては、代金減額とのバランスからして売主の帰責事由は不要である。

6-182　　**◆不当利得返還請求も可能**
　　売主が為すべき修補を買主が行うと、不当利得となって買主は売主に対して不
当利得返還請求が可能である（磯村・前掲論文Law and Practice72頁）。売主の追完権
保障をせずに買主が修補をした場合も同様であるが、結論は536条2項の適用
と変わらないことになる。本来の履行ではないことから（異質説が前提）、570
条を類推適用して、買主に費用の償還請求を認める学説もある（民法改正コンメ
754頁［北居功］）。買主が、損害賠償請求権ではなく、この費用償還請求権を選択
したとしても、売主の代金支払請求に対し、533条を類推適用してこれを拒むこ
とができると考えられている（同754頁［北居］）。

6-183　　**◆複数の買主がいる場合**
　　（1）　それぞれ問題となる権利の行使
　　共同購入の場合や買主に共同相続があった場合、買主の担保責任についての権
利行使については種々の問題がある。契約解除には全員の同意が必要である
（544条）。追完請求権は、不可分債権として、各債権者が行使できる。追完請求
権は1つで、これを準共有しているとも、共同債権として、全員で行使しなけれ
ばならないと考える必要もない。代金減額請求権は、実質的には一部解除また契
約の変更であることを考えれば、解除権不可分の原則を適用することが考えられ
る（544条類推適用）。損害賠償請求権は、金銭債権であり分割債権になる（427条）。

6-184　　**（2）　権利の選択**
　　追完請求権を貫徹するか、代金減額にするか、契約解除をするかは選択関係な
ので、いずれを選択するかについて全員の合意が必要になる。追完をさせて損害
を解消するには各買主が単独で行使できるが、代金減額請求には全員の行使が必
要となる。しかし、損害賠償請求については、分割債権で各自が行使できるとい
うのは釈然としない。どの権利を選択するのかは、各人が自由には決められない

§Ⅲ　売主の義務（売買の効力①）

と考えるべきである。引渡し後の問題なので、共有物の管理行為として持分の過半数で決定できる（252条1項前段）というべきではなく、権利の選択は全員の同意を要すると考えるべきである。

6-185　**(ウ)　代金減額また売主の追完権との関係**　追完請求権、代金減額請求権が認められていなかった改正前では、追完にかかる費用を損害として賠償請求によるしかなかった。ところが、現行法では追完権保障がされており、買主はこれを代金減額請求によらずに、損害賠償請求を選択して売主の追完権保障をないがしろにできるのは適切ではない（一問一答279頁�注）。この点は、415条2項の適用の可否をめぐってすでに説明した（☞ 6-143以下）。

6-186　**(d)　追完遅滞、拒絶、不能による契約解除権（担保責任の内容④）**

(ア)　改正前民法

(i)　契約目的を達しえないことが解除の要件　改正前は、旧566条1項の570条による準用によって契約解除ができるためには「<u>契約をした目的を達することができない</u>」ことが必要とされていた。瑕疵のため使用できなくても容易に修補が可能な場合には修補をすることで契約目的の達成ができ、買主は契約解除ができないのか議論されていた。判例は必ずしも明確ではなかった。

6-187　**(ii)　容易に修補できる場合に解除ができるのかは議論があった**　改正前には買主に追完請求権はなく、追完を催告して旧541条により解除できず、旧566条1項（即時解除）による必要があった。例えば、中古機械のコンピュータの接続部分に欠陥があり稼働しない場合、そのままでは機械を使用しえない。ところが、そのコンピュータの部品を取り換えるだけで簡単に稼働するようになる場合、即時解除が許されるのかが問題になっていたのである。売主以外でも容易に修補が可能であれば契約目的は達成可能であり、解除はできないと考えることが、契約尊重原則からは導かれる[73]。

6-188　**(イ)　現行法**

(i)　品質の不適合以外　数量の不適合については、一部不履行なので、一部不履行の場合の解除の規律による（☞ 6-74以下）。種類違いについて

---

73)　契約尊重原則については、円谷峻「ファボォール・コントラクトス（契約の尊重）」『好美清光先生古稀記念論文集』（経済法令研究会・2000）3頁以下、森田修「『契約の尊重（favor contractus）』について」『遠藤光男元最高裁判所判事喜寿記念文集』（同論文集編集委員会・2007）199頁以下参照。

は、甲-1 型機械の注文なのに、甲-2 型を引き渡した場合、軽微な差であり契約をした目的を達しえないほど重大な差でなければ、買主は契約解除をできず、代金減額または損害賠償によるしかない。もちろん、ジャガイモを注文したのにニンジンが引き渡された場合には、全くの無履行と同視され、通常の履行遅滞となり契約解除ができる。

6-189 **(ii) 品質の不適合の場合**

❶ 契約の目的達成不能は不要？　改正前は、上記のように旧 566 条 1 項の旧 570 条による準用により、契約解除ができるためには「契約をした目的を達することができない」ことが必要とされていた[74]──その反面、即時解除──。現行法は、①催告解除は 541 条ただし書により軽微かどうかを解除の基準とし、② 542 条 1 項 3 号は、一部不履行につき、全部解除できるかどうかを契約の目的を達成しうるかどうかを解除の基準としている。そもそも 2 つの基準に差があってよいのかは問題である。軽微かどうかも契約目的を達しうるかどうかにより、基準を統一すべきである（☞ 6-66）。

6-190 **❷ 重大な不履行＝契約目的不達成と考えるべき**　追完の催告がされた場合には、541 条ただし書の重大な不履行かどうかによることになるが、それは上記のように契約目的を達しうるかどうかにより判断されるべきである[75]。追完不能や追完拒絶の場合には、数量的一部不履行ではないので、法の欠缺があることになるが、541 条・542 条を通して解除の可否は契約目的不達成に統一して判断すべきである[76]。

---

74)　一問一答 281 頁は、現行法では解除のために契約目的の達成不能は要件にはならないというが、同 281 頁㊟は、541 条ただし書の判断に際しては、「契約目的の達成・不達成は最も重要な考慮要素になる」と説明する。

75)　例えば、DCFR の IV.A.-4;201 条は、不適合が軽微である場合を除き、買主は契約を解除できると規定する。564 条は特に規定をしていないが、催告しても追完しない場合には 541 条ただし書により軽微な場合には解除は否定され、追完が不能または追完が拒絶された場合には、残部だけで契約をした目的を達しうる場合に解除はできないことになるが、先にみたようにいずれも同様に解すべきである。拒絶をしたか、催告期間内に追完しなかったかで基準が異なるのは不合理である。数量不足の場合には（附属設備がない場合などもこれに準ずる）一部解除か全部解除かという議論が当てはまるが、追完については解除ができるかどうかだけであり──一部解除ができなくても代金減額ができ、その意味からも代金減額は一部解除というよりも契約改訂権である──、軽微ではなく契約をした目的を達しえないことを必要とする。

76)　6-189 の例の場合、現行法でも、その原因が、コンピューターのソフトの不具合であり、専門の業者ならばソフトの復旧を短期間で容易にできる場合、買主は業者に依頼して作動できるようにし、契約をした目的を達しうる。不具合の重要度、追完の容易度など総合的に評価して、契約をした目的を達しうるかどうかが判断されるべきである。

§Ⅲ　売主の義務（売買の効力①）

6　権利の不適合（制限物権の存在・不存在）

6-191 **(1)　規定の一元化・簡素化**

(a)　改正前規定　改正前は、瑕疵担保と数量不足以外の担保責任として
は、①ⓐ全部およびⓑ一部他人物売買（旧560条〜564条）、②目的物に地上
権、永小作権、地役権、留置権または質権といった占有または利用を伴う権
利がある場合（旧566条1項。囲繞地通行権は含まれていない）、③ⓐ売買
の目的である不動産のために存するとされた地役権がなかった場合、または
ⓑ対抗力を備えた賃借権があった場合（旧566条2項）、④さらには、売買の
目的たる不動産に存した抵当権または先取特権の行使により買主がその所有
権を失った場合（旧567条）が規定されていた。

6-192 **(b)　現行法**

(ア)　担保責任としてまとめ準用規定を置くにとどめる　現行法は、物の不
適合同様に、移転した権利の不適合についても債務不履行として構成するこ
とにして（一問一答282頁）、規定を非常に簡素化した。すなわち、これらを
565条の1カ条にまとめ、「買主に移転した権利が契約の内容に適合しない
ものである場合」として、562条から564条を準用するにとどめて独自規
定を置かなかった。一部他人物売買は括弧書で同様とされている。なお従
前、物の瑕疵と権利の瑕疵とが区別され、法律上の瑕疵をいずれに位置づけ
るかが議論されていた。この問題は、改正後は「物の」契約不適合と「権
利」の契約不適合とに分けられ、「法令上の制限」がいずれにより処遇され
るのかという議論に引き継がれることになる[77]。

---

77)　**＊法令上の制限**　判例は、法令上の制限につき瑕疵担保責任を適用していた。比較的新しい判例とし
て、最判平13・11・27民集55巻6号1311頁は、土地建物の売買で、土地が道路位置指定がされている
ため、建物の改築にあたり床面積を大幅に縮小しなければならないため、道路位置指定がされていること
は、民法570条の「隠レタル瑕疵」に該当することを認めた上で、契約から21年経過しているため、瑕疵
を知らず除斥期間が経過していなくても引渡し時から10年で時効が完成するので、時効援用権の濫用の再
抗弁を審議させるため破棄差し戻している。①改正後は、中田314頁、山野目118頁は権利の瑕疵とす
る。目的物の品質の問題であるとすると、568条4項が適用され、競売の場合に担保責任が否定される。
②他方で、568条4項は従前の判例を変更する意図はなかったことは明らかであるため、判例は現行法で
も維持されると評価されている（田中宏治『ドイツ売買論集』［信山社・2021］381頁［ドイツでは、物の
瑕疵に該当することについてほとんど疑問は出されていない］）。判例の評価と学説は別であるが、いずれに
しても、売買契約においてその法令上の制限が了解されて売買契約がされていれば、担保責任が成立しない
ことになる（潮見・新各論Ⅰ125頁）。

第2章　売買　第2編　財産の取得を目的とした契約（契約各論①）

6-193　**(イ)　適用事例**　抵当権付き不動産の売買については、570条によるため、上記規定が適用になるのは、一部他人物売買のほかに以下のような事例が考えられる（全部他人物売買につき☞6-84）。

> ① 売買の目的物に、地上権、地役権、留置権、質権など、占有を妨げる権利が存在する場合
> ② 土地の売買で、当該土地のために存するとされていた地役権がなかった場合
> ③ 建物の売買で、建物のために存するとされていた土地利用権が存在しなかった場合
> ④ 不動産の売買で、当該不動産に対抗力を有する他人の賃借権が存する場合

6-194　**(2)　抵当権・先取特権付き不動産売買についての改正**

(a)　改正前規定　改正前は、所有権を失った買主は売買契約を解除でき（旧567条1項）、また、実行を阻止するために第三者弁済などをした場合には、その費用を売主に対して償還請求でき（同条2項）、いずれの場合にも、買主は損害を受ければその賠償を請求できることになっていた（同条3項）。責任の否定は、免責特約によることになる。

6-195　**(b)　現行法**

(ア)　規定の簡略化　現行法は、「買い受けた不動産について契約の内容に適合しない先取特権、質権又は抵当権が存していた場合において、買主が費用を支出してその不動産の所有権を保存したときは、買主は、売主に対し、その費用の償還を請求することができる」と変更した（570条）。旧567条2項に匹敵する規定だけを残し、ここでも565条による統一的規律に服せしめようとしたのである（質権を追加）。

6-196　**(イ)　適用除外**　また、「契約の内容に適合しない先取特権、質権又は抵当権」という表現からわかるように、これらの担保物権を了解して代金を定めるなどした場合には債務不履行にはならず、これらの存在が契約において容認されていなかった場合に初めて問題になる。通常は、3者で協議をして代金を抵当権者に支払って、その金額が被担保債権に満たなくても抵当権を外

261

§Ⅲ 売主の義務（売買の効力①）

してもらうので、実際には問題になることはない。

7 競売における担保責任

6-197 **(1) 競売の売主は誰か**

　他人の所有物を処分する処分授権が当事者の合意で付与された場合、売主は処分授権を有する者になる。競売は、債権者や担保権者の申立てに基づき、裁判所が行う売買契約であり、売主は裁判所であろうか。担保責任を負う売主は誰なのか疑問になるが、568条1項は「債務者に対し」解除や代金の減額を請求できるものと規定しており、買主が売主になるものと考えているようである。

6-198 **◆物上保証人・第三取得者**

　568条1項は、「債務者」が売主の責任を負うことを規定しているが、物上保証人や第三取得者の所有であったら、物上保証人らが売主の責任を負うのであろうか。債務者が売主ではないのに、債務者への解除というのはしっくりこない。そのため、かつては物上保証人らに読み替えられていたが、現在では債務者でよいと考えられている（潮見・新各論Ⅰ 203頁）。代金を受けたに等しい利益を受けていない物上保証人らに担保責任を負わせるのは背理であり、その利益は債務者が受けているからである。また、債務者が無資力の場合には、買受人は配当を受けた債権者の責任追及ができるため、買受人保護はそれで十分だからである。

6-199 **(2) 買主の権利**

(a) 契約解除および代金減額

㋐ 債務者に対する権利行使　競売の場合における買受人は、種類・品質以外の不適合について[78]、541条・542条ならびに563条の規定によって、買受人は契約を解除し、または、代金減額請求が可能である（568条1項）。この場合、代金は債権者に配当されているが、債務者が支払債務を消滅させるという利益を受けており、代金ないし超過代金の返還義務を負うこ

---

78) 建物の競売において、建物のために存在するとされていた敷地利用権が存在していなかった場合には、改正前の最判平8・1・26民集50巻1号155頁が担保責任の適用を認めており、現行法でも先例価値が認められる。「建物に対する強制競売の手続において、建物のために借地権が存在することを前提として建物の評価及び最低売却価額の決定がされ、売却が実施されたことが明らかであるにもかかわらず、実際には建物の買受人が代金を納付した時点において借地権が存在しなかった場合、買受人は、そのために建物買受けの目的を達することができず、かつ、債務者が無資力であるときは、民法568条1項、2項及び566条1項、2項の類推適用により、強制競売による建物の売買契約を解除した上、売却代金の配当を受けた債権者に対し、その代金の返還を請求することができる」と判示する。

とになる。

6-200　**（イ）　債権者に対する権利行使**　原則として債務者のみが責任を負い、債権者は責任を負わないが、債務者が無資力である場合には、買受人は配当を受けた債権者に対して、代金の全部または一部の返還を求めることができる（568条2項）。債権者が悪意であることは要件にされていない。不当利得ではなく、法定の債権を認めることになる。

6-201　**（b）　損害賠償義務**　「物若しくは権利の不存在」（数量不足や権利の不適合も含むと解すべき）につき、①債務者が知りながら申し出なかった場合、また、②債権者が知りながら競売を請求した場合には、買受人は債務者に損害賠償を請求することができる（568条3項）。不法行為責任の規定であり、709条では過失でも責任が認められるが、悪意の場合に責任を制限したことになる。ただし、重過失の場合には悪意に準じて責任を認めてよいであろう。

6-202　**（3）　種類・品質についての適用除外**

　「競売の目的物の種類又は品質に関する不適合については」——法令の制限も品質不適合に準じる（☞注6-77）——、568条1項から3項の規律は適用されない（同条4項）[79]——反対解釈として数量不足や権利の不適合には適用される[80]——。買受人は、差し押さえて競売した絵画が贋作であっても、債務者に対して契約解除や代金減額を求めることはできないことになる。ただし、債務者や債権者は、過失があれば709条で損害賠償責任を負うが、568条3項を類推適用して責任を制限すべきである。

8　不適合を知った時から1年の除斥期間

6-203　**（1）　改正前民法**

　（a）　除斥期間の設定　改正前は、一部他人物売買（旧564条）、数量指示売買（旧565条）、地上権等がある場合の担保責任（旧566条3項）、瑕疵担保責任

---

79)　適用除外を維持すべきかどうかは議論があり、適用を認める意見も出されたが、結局改正前の適用否定という結論が維持された。フランス民法1649条も、公売について担保責任を認めない。ドイツ民法445条は、物が質権に基づいて公の競売により売買された場合について、売主が悪意で瑕疵を告げなかったか、または物の性状に対する担保責任を引き受けたときに限り、買主に瑕疵を理由とする権利が認められるものとされている。

80)　内田・前掲『改正民法のはなし』91～92頁は、判例がそのまま維持される解釈上の余地は残されるが、筆者としては物の瑕疵ではなく、権利の瑕疵に含めた方がよいと思っていると述べる。

§Ⅲ　売主の義務（売買の効力①）

（旧570条・566条3項）につき、事実を知った時から1年という**除斥期間**（権利行使期間）が規定されていた。瑕疵担保責任についていえば、現在、瑕疵があっても、引渡し時からあったのか、引渡し後に生じたのか判定は容易ではない。そのため、法律関係の安定（また裁判所の負担軽減）のために1年という除斥期間を設定したのである。他方、学説には、履行済みと信じている売主保護規定と考えて、悪意の売主の保護を否定する主張もあった。

6-204　　**(b)　判例は除斥期間内の権利行使とは別に権利の保存行為を認める**　除斥期間であるので、その期間内に権利行使がされることが必要である。解除については解除の意思表示がされる必要があり、損害賠償請求については損害賠償請求をすることが必要である。売主が瑕疵を認めても除斥期間には何ら影響はない。ところが、損害賠償請求については損害の確定に時間がかかることもあり、判例は権利行使自体がなくても、下記の行為（瑕疵の通知だけでは足りない）により民法に規定されていない除斥期間におけるいわば**権利保存**制度を認めていた（最判平4・10・20民集46巻7号1129頁）。

瑕疵を知った時から1年以内に、買主が売主に対して、
　① 瑕疵を明らかにして、
　② 「売主の担保責任を問う意思を明確に告げ」ること

6-205　　**(c)　問題点**　法律関係の早期の確定という趣旨からは、引渡し時から1年が起算されるべきであり、確かに請負の担保責任ではそうなっていた（旧637条）。ところが、旧570条・566条3項では、瑕疵を知らない買主に酷であるため、売買においては買主が瑕疵を知ってから1年を起算することとされ、売買と請負とで首尾一貫していなかった。また、近時のモデル法などでは、不適合発見から相当期間内の通知義務、不適合を知ったまたは引渡しからの2年の時効または除斥期間の両者、または、後者だけを規定している（☞6-206）。ところが、日本法では、商人間売買に検査・通知義務は規定されているが（商526条）、民法には通知義務の規定はなかった。

第2章 売買 第2編 財産の取得を目的とした契約（契約各論①）

◆比較法

⑴ 二段階の期間による通知義務による例

(a) CISG（ウィーン国連動産売買条約）

(ア) 2段階での通知義務懈怠による権利喪失 CISG39条は、①「買主は、物品の不適合を発見し、又は発見すべきであった時から合理的な期間内に売主に対して不適合の性質を特定した通知を行わない場合には、物品の不適合を援用する権利を失う」（同条1項）、②「買主は、いかなる場合にも、自己に物品が現実に交付された日から2年以内に売主に対して1項に規定する通知を行わないときは、この期間制限と契約上の保証期間とが一致しない場合を除くほか、物品の不適合を援用する権利を失う」（同条2項）と規定する。

(イ) 悪意・重過失の場合の適用除外 そして、同40条では、「物品の不適合が、売主が知り、又は知らないことはあり得なかった事実であって、売主が買主に対して明らかにしなかったものに関するものである場合には、売主は、前二条の規定に依拠することができない」と規定する。DCFRや共通欧州売買契約法草案とは異なり、売主が悪意または重過失の場合には、以上の通知義務の適用を否定することになる。

(b) 同様の規定を持つ立法等 ①DCFRのIV.A.-4;301条は、状況に応じて合理的な期間内に、買主は目的物を検査しまたは検査させることを義務づけられ、これを怠った場合には不適合を援用する権利を失うことがあると規定する（同条1項以下）。②他方、DCFRのIV.A.-4;302条は、買主は、物品が現実に交付された時――占有改定だと一般の時効によるしかなくなる――から2年以内に、売主に対して不適合の通知を行わないと、不適合を援用する権利を失うものと規定する。ただし、同IV.A.-4;304条は、売主が知っていたまたは合理的に知りえた不適合については、以上の規定を適用しないものとする。

⑵ 時効期間または除斥期間だけを置く立法

ドイツ民法438条は、「瑕疵に関する請求権の消滅時効」につき、原則として2年の時効期間とし（同条1項3号）、「土地については、引渡しとともに、その他については、物の交付とともに開始する」ものとし（同条2項）、売主が悪意の場合には通常の消滅時効期間によるものとしている（同条3項）。フランス民法1648条1項は、改正前に瑕疵を発見後速やかに権利行使をすることを求めていたが、2005年の時効法改正により、瑕疵担保訴権は、瑕疵の発見から2年以内に行使しなければならないものと改正した。売主が悪意である場合を除外する規定はない。消費者売買についての消費法典L217・12条は、2019年のEU指令に従い、引渡しから2年としている。

§Ⅲ　売主の義務（売買の効力①）

6-210　**(2)　現行法**

(a)　種類または品質の不適合の通知期間
——緩和された権利行使期間（除斥期間）

(ア)　特別の期間制限の維持　改正に際しては、担保責任を債務不履行責任に再構成したので、消滅時効の一般原則に委ねるという案も検討された[81]。しかし、①引渡し後には売主に履行が完了したという信頼が成立し、②売主の手を離れて買主の支配領域に入るため、買主の下で損傷等が生じる可能性が出てくること、また、③早期に不適合が発見された方が売主もより安価に追完が可能であり、売主の追完についての利益を保護する必要があることなどから、現行法も特別の期間制限を残すことにした。

6-211　**(イ)　通知による権利保存を認める除斥期間**　566条本文は、「種類又は品質」についての契約不適合に限定して——したがって、<u>数量不足、一部他人物および権利の不適合には適用されない</u>——、「<u>買主がその不適合を知った時から1年以内にその旨を売主に通知しないときは</u>」、買主は追完請求権、代金減額請求権、損害賠償請求権および解除権についてその行使が「<u>できない</u>」と規定した。権利行使がなくても権利保存行為を認める改正前の判例を（☞ 6-204）、さらに不適合の通知でよいと緩和したという意図のようである（一問一答285頁）。商法526条のような検査・通知義務の規定ではなく、あくまでも除斥期間の権利行使を緩和したという意図である。1年以内に通知をすれば、権利行使は1年以内にしなくてもよいことになる[82]。

6-212　**◆「知った」ということの意義**
(1)　最判平13・2・22判時1745号85頁の先例価値

566条の「知った」という要件については、前掲最判平13・2・22に先例としての価値が認められると説明されている（「部会資料75A」38〜39頁）。土地の一部が他人物であった事例で、旧564条の1年の除斥期間が問題になった事例であり、「売買の目的である権利の一部が他人に属し、又は数量を指示して売買し

---

[81]　消滅時効の一般規定の適用だけでよく、担保責任について特別の失権ルールを設けることに異論を唱える学説もあり（潮見・新各論Ⅰ 180頁注260）、法制審議会でもその旨の主張がなされたが、採用されていない。

[82]　1年以内に通知すればよい、というのは適切ではないと批判がされている（石田穣『債権総論』［信山社・2022］335頁）。通知すべき「その旨」は不適合であり、判例は「担保責任を問う意思を明確に告げ」ることを要件としていたのに、これを緩和したことになる。通知にはこの趣旨が当然に含まれていると考えれば、「明確に」という要件を不要としただけかもしれない。

第 2 章　売買　第 2 編　財産の取得を目的とした契約（契約各論①）

た物が不足していたことを知ったというためには、買主が売主に対し担保責任を追及し得る程度に確実な事実関係を認識したことを要する」と判示する（詳しくは 6-90）[83]。これを支持する学説がある（民法改正コンメ 764 頁 [北居]）。

6-213
(2)　先例価値を疑問視する理解

しかし、1 年以内に権利行使までしなければならないため、買主保護のために「知った」という起算点を厳しめに運用する必要があったのに対して、現行法は通知でよく、ともかく問題が見つかれば信義則上通知をしておくことが求められる。そのため、判例は変更されたという評価（潮見・概説 267 頁）、単なる不適合の認識でよくなったという評価もされている（西村あさひ法律事務所編『債権法実務相談』[商事法務・2020] 326 頁 [今野渉]）。566 条は「種類又は品質」の不適合であり、前掲最判平 13・2・22 は一部他人物という権利関係が問題になっている。物の目視で確認しえない観念的な権利関係とは異なり、物の不適合については権利行使を期待できるほど知ったという点は緩和して運用されてよい。

6-214
◆品確法による特則
(1)　10 年の除斥期間

住宅の品質確保の促進等に関する法律（1999 年）——いわゆる品確法——は、「新築住宅の請負契約又は売買契約における瑕疵担保責任について特別の定めをする」ことで、新築住宅の注文者または買主の保護を図っている。民法 566 条に対して特則を設け、売主は、①新築住宅の売買であり、②新築住宅に「瑕疵」（「種類又は品質に関して契約の内容に適合しない状態」[2 条 5 号]）があり、③それが「住宅のうち構造耐力上主要な部分又は雨水の浸入を防止する部分として政令で定めるもの」の瑕疵である場合には、引渡しから 10 年間、「民法第 415 条、第 541 条、第 542 条、第 562 条及び第 563 条に規定する担保の責任を負う」（95 条 1 項 [94 条に請負人について規定]）。

6-215
(2)　関連規定

品確法は、95 条 2 項で「前項の規定に反する特約で買主に不利なものは、無効」と規定している。①期間を 10 年より短くする、②起算点を引渡しよりも前にする、③適用対象を品確法よりも制限するなどの合意は無効である。逆に規定はないが、適用範囲を拡大するのは有効である。また、除斥期間を引渡しから 10 年以上に延ばすことができる。ただし、引渡し時から 20 年以内に限定されている。除斥期間であり、法律関係の早期確定という観点からは 10 年は長期であり、また、私人の合意を認める点で異例である。

---

83)　判例は、権利行使可能性（旧 166 条 [現 166 条 1 項 2 号]）につき、法律上の障害がないだけでなく、権利の性質により債権者に権利行使の期待可能性がない場合に、時効の起算を否定している（☞民法総則 9-151 以下）。この問題も権利の行使期待可能性の問題として考慮し、権利の行使が期待できるほどの認識を得て初めて「知った」と考えるべきである。

§Ⅲ　売主の義務（売買の効力①）

6-216　(b)　**制度趣旨——善意の売主保護規定**

(ア)　**特則規定の必要性**

(ⅰ)　**法律関係の早期確定**　改正前の瑕疵をめぐる争いを早期に決着をつけて法律関係の早期確定を図るというのは、それなりに説得力があった。初めから品質が劣っていたのか、それとも取得後の使用・管理が悪くてそうなったのか、時が経過するほど不明になるからである。全くの無履行とは異なる証明をめぐる問題がある。しかし、この保護を善意の売主——さらに無過失まで要求するか——に限定するかが問題とされた。

6-217　(ⅱ)　**善意の売主の履行済みという信頼の保護**　①証明問題とは別に、履行により決着済みだと信じている善意の売主の保護に光が当てられる。この観点であれば、すべての事例が証明問題に難点を抱えているわけではないという問題点は乗り越えられる。②また、早期に不適合を知らされていれば安価での履行の追完ができるが、長期経過後では多大な費用が余儀なくされるため、売主保護の必要がある[84]。ただ買主保護との調整のため、起算点を引渡し時ではなく、買主が不適合を知った時としたのである。

6-218　(イ)　**二段階の期間制限にはしない**　(ⅰ)の観点から、買主保護も考えて、知った時から短期間の制限、(ⅱ)の観点から客観的起算点から 2 年程度の除斥期間という、いずれかが先に適用されることによる権利失効を認める二重の期間制限にすることが考えられ、実際、そのような制度が多いことは先にみた（☞ 6-206 以下）。しかし、現行法は、前者につき権利行使までは要求せず、不具合の通知で権利保全を認め、後者については規定せず、買主が気がつかない場合には、166 条 1 項 2 号の 10 年の時効に任せた。民法だけみると、比較法的に最も買主寄りの立法である。他方で、商法 526 条 2 項は引渡しから 6 カ月での失権という、最も買主に厳しい立法である。

6-219　(ウ)　**売主に悪意または重過失ある場合の適用除外**　(ア)(ⅱ)の趣旨から、現行法は、「ただし、売主が引渡しの時にその不適合を知り、又は重大な過失によって知らなかったときは、この限りでない」と規定した（566 条）——商法526 条も 3 項で悪意の売主について適用除外——。ただし書があるおかげ

---

84)　森田・前掲論文（フロンティア）278 頁以下、中田 321 頁。一問一答 284 頁は、目的物の引渡しにより履行を終えたと考える売主に、買主からの担保責任の追及に備えて、関係証拠を長期間にわたって保存しておくことを期待するのは、売主に過度の負担をさせることになると説明する。

268

第 2 章　売買　第 2 編　財産の取得を目的とした契約（契約各論①）

で、売主から 566 条本文の期間制限が援用されても、買主側は売主の悪意を証明してこれを退けることができる——買主側に証明責任あり——。売主の悪意・重過失の基準時は、引渡し時である。

6-220　**(c)　「その旨」の通知——必要な通知内容**

⑦　不適合の種類・範囲を伝えることが必要　通知の趣旨が、善意の売主に「種類又は品質」の不適合を知らしめ、「売主にその存在を認識し把握する機会を与えることにある」ため、単に不適合があることを通知するのでは足りず、「不適合の内容を把握することが可能な程度に、不適合の種類・範囲を伝えることを想定している」と解説されている（一問一答 285 頁）。商法 526 条の買主の通知義務についての大判大 11・4・1 民集 1 巻 155 頁[85]（当時は 288 条 1 項）が参考とされている。学説も、同判決同様に「契約不適合の種類及び大体の範囲の通知」であると考えている（中田 321 頁）。

6-221　**⑦　緩和する学説の提案**　しかし、商人間売買ではなく消費者売買が 566 条では問題になることから、「ここでの通知は、売主に売買目的物には契約不適合があった事実を知らせて、以後当事者の契約不適合をめぐる交渉を開始する契機を与える趣旨」として理解して、単に引き渡された売買目的物に不具合があるといった内容を通知すれば足りるという提案もされている（改正民法コンメ 764 頁［北居］）。電話による場合には、売主側が会話により不具合の内容を確認しつつ聞き取ることができる。それ以外の場合には、売主側は信義則上確認のために連絡をすべきであり、買主の通知はそのきっかけを作るのに値する内容であればよく、この緩和する主張に賛成したい。

6-222　**(d)　数量不足、一部他人物、権利の不適合については適用除外**　566 条が適用がされるのは、「種類又は品質」についての不適合の事例だけである。数量不足、一部他人物、権利の不適合の事例には適用されない。しかし、履行済みと信頼している売主の保護が根拠であれば、数量不足を除外する理由はない評されている（石田・前掲書 337 頁）。詳しくは 6-223 以下に述べる。

---

85)　同判決は、規定の趣旨からして、「売主をして或は瑕疵なき物と引換ふべきか、或は瑕疵なき物と主張して証拠保全を申請すべきか、或は其の他の臨機の処分を為すべきか等を決意せしめ得べき程度に於て其の通知を為すことを要し、且之を以て足れりとす。従て単に瑕疵ありと通知したるのみにては未だ十分ならず、猶瑕疵の種類及大体の範囲を通知することを要す。然れども其の細目特に数量の如きは之を通知することを要せざるものとす。何となれば此等は何時にても点検の上之を知ることを得べければなり」という。

269

§Ⅲ　売主の義務（売買の効力①）

◆適用事例の限定——「種類又は品質」についての契約不適合に限定した

(1)　商法の検査・通知義務は数量も含む

　566条は「種類又は品質」についての契約不適合についてのみ、以上の期間制限の適用を限定した。「数量」不足の場合と、一部他人の権利の場合には、担保責任の規定は適用になるが、566条の制限は受けないことになる。他方で、商法526条は調整法により改正がされているが、「種類、品質又は数量」についての契約不適合に適用されることは維持され、検査・通知義務の対象には「数量」も含まれている。比較法的にも、数量を除外する例はない。

(2)　民法では数量不足を除外した

　(a)　除外した理由

　(ア)　売主保護の必要性が乏しい　数量不足に566条を適用しない理由として、「特定物売買であるか不特定物売買であるかを問わず、性状に関する契約不適合の場合と異なり、数量不足は外形上明白であり、履行が終了したとの期待が売主に生ずることは通常考え難く、買主の権利に期間制限を適用してまで、売主を保護する必要性は乏しい」ことが指摘される——期間制限の根拠は売主保護であることが前提——。また、「売主の期待を保護する必要性がある類型に限るのが適当である」ため、数量不足は外見上明らかであることが多く、また、目的物に担保物権や用益物権が付着していた場合なども、登記等が対抗要件とされていてその判別は比較的容易であるということも理由とされている（一問一答284頁）。

　(イ)　時の経過で数量不足が不明になることは考えられない　また、「目的物の使用や時間経過による劣化等により比較的短期間で瑕疵の有無の判断が困難となることから、法律関係の早期安定という期間制限の趣旨が妥当しない場面が多い」ことが挙げられている（「部会資料75A」24頁）。この点は、善意の売主保護だけでなく、法律関係の早期確定という趣旨が、期間制限にはあることが前提になっている。以上、数量不足を適用除外とされた理由は、要するに特別の保護は不要であること、また売主が気がつかないのは重過失といえることである。

　(b)　批判的見解　しかし、数量不足の場合でも、566条の趣旨が妥当する場合には同規定を類推適用することも不可能ではないという意見が出されている（田中・追完請求権292頁）。(ア)(イ)の点が当てはまる事例ばかりではなく、数量不足にも類推適用した上で、重過失の運用により適切な解決が図られれば足りる。

◆消滅時効の一般規定との関係

　改正前は、除斥期間と消滅時効の一般規定とが二重に期間制限として適用され（最判平13・11・27民集55巻6号1311頁）、この点は、改正後の566条と消滅時効の一般規定との関係についても同様である。

　買主が、不適合に気がつかなくても、166条1項2号の権利行使しうる時——目的物の引渡し時——から10年で消滅時効が完成する。また、買主が不適合を

知ってすぐにこれを売主に通知した場合にも、知ってから5年（166条1項1号）または引渡しから10年（同項2号）で消滅時効が完成する。買主が不適合を知ってから1年以内に売主に通知をしなかったが、売主が悪意または重過失の場合も同様である。

6-228

◆拡大損害への適用

(1)　拡大損害は不法行為の時効

　現行法の品質不適合による売主の責任については、拡大損害もカバーするのかは問題になる。すでに、旧570条において議論されていた問題である。現行法でも問題になり、適用を肯定すれば、買主が不適合を知ってから1年以内に不適合の通知を売主に行わなければ、たとえその後に拡大損害が発生しても損害賠償請求ができないことになる。ただし、不法行為との請求権競合を認めれば、不法行為責任は排除されないことになる。現行法では、履行済みと信じている売主保護という趣旨から、拡大損害も免責の範囲内と考えるかどうかという問題になる。この点、担保責任の対象を給付利益に限定し、拡大損害は不法行為（製造物責任法）により規律されると考えるべきである[86]。

6-229

(2)　問題となる損害

　(a)　拡大損害発生の防止費用　問題になるのは、拡大損害の発生を予防するための修補費用である。修補に代わる損害賠償の請求にすぎないと考えれば、566条の制限を受けそうである。しかし、拡大損害の発生を予防するための費用であり、最判平19・7・6民集61巻5号1769頁が、拡大損害を生じさせる危険な欠陥がある場合に、その修補費用を契約関係にない請負人に対して不法行為を理由に賠償請求することを認めている。ただし、製造物責任法では、「その引き渡したものの欠陥により他人の生命、身体又は財産を侵害したとき」と、これらの権利侵害を介して拡大損害が生じたことが必要であり（同法3条）、事故予防の費用を同法により賠償請求することは無理である。

6-230

　(b)　信頼利益の賠償　また、買主が不適合物を他の物に組み込んだり、他の物に取り付けた場合、その取外し費用だけでなく再度の取付費用（無駄になった取付費用ではなく）の賠償請求ができる——当初の無駄になった取付費用は二重に賠償させることになるので賠償請求は認められない——。ドイツではタイル事件で問題になり、ドイツ民法439条3項が2017年改正により追加されたが（田中・追完請求権134頁以下）、日本でも、564条・415条・416条の解釈として、上記のように解することは可能である。

---

86)　潮見・新各論168頁は、拡大損害について法的には別系列の問題として処理を考える。そして、契約不適合に関する規律によるのではなく、保護義務違反の問題として処理すべきであるという。

§Ⅲ　売主の義務（売買の効力①）

6-231

◆錯誤と担保責任

(1)　問題は形を変えて持ち越された

　特定物売買において、目的物の不適合を知らずに買主が契約をした場合、不適合の担保責任のほかに錯誤取消しの可能性がある。では、①買主が不適合を知ってから1年以内に不適合の通知をしなかった場合でも、不適合を知ってから5年以内であれば、錯誤取消しが可能なのであろうか。これを認めたのでは、1年という通知期間（除斥期間）を設けて善意の売主を保護した趣旨が没却されてしまう。また、②売主に追完権保障がされているのに、買主が担保責任による解除ではなく、直ちに錯誤取消しを選択をして、追完権保障がないがしろにされてよいのであろうか（これは現行法で新たに生じた問題）。

6-232

(2)　改正前の判例──自由な選択を認める

　判例は請求権競合において自由競合を認めるのと同様に、ここでも錯誤無効（当時）の無制限な選択を認めている（大判大10・12・15民録27輯2160頁［中古アルゲマイネ社製電動機事件］）。最判昭33・6・14民集12巻9号1492頁（特選金菊印苺ジャム事件）は、錯誤無効を優先させたものではなく、選択を認めるため、錯誤無効を買主が選択している場合には裁判所はそれに従わなければならないという民事訴訟法の原則を適用したにすぎない（処分権主義）。なお、現行法でも、詐欺取消しとの関係については、売主が悪意なので566条が適用にならず、問題を生じない。売主も善意だが強迫によって不適合物を販売した場合には、買主は566条により担保責任の追及はできなくなるが、強迫取消しは5年間可能である。

6-233

(3)　現行法

　錯誤が無効ではなく、取消しと構成され、126条により5年・20年という期間制限が適用されることになった。しかし、不適合を知ったが、不適合の通知をしなかった場合でも、買主は5年間は錯誤取消しができるのかという形で問題は持ち越された。この点、どちらでもよくなったと評価されている[87]。また、実務上は、錯誤ではなく、契約不適合の主張が選ばれるという評価がされている（前掲鼎談69頁［松尾］）。錯誤取消しにも566条を類推適用する考えや、一律に566条を類推適用せず信義則によって制限する考えもある（大木満「契約不適合責任と錯誤について」『宮本健蔵先生古稀記念論文集』［信山社・2022］240頁）。改正によって、契約不適合規定を優先適用する考え方がより説得力を増したともいわれている（古谷・不適合給付50頁、337頁）。この点、筆者は、同一事例に複数の規律が適用される場合、その事例に必ず適用がされるべき規範が認められれば、他の規定の選択を認めつつも、その規範を適用すべきであると考えている。本問題では、除斥期間（566条）は、錯誤取消しを選択しても適用されると考えるべきである。

---

87)　前掲鼎談69頁［藤澤］。潮見・新各論Ⅰ201頁以下は、制度間競合の問題とし、選択可能性説を採用しつつ、566条を錯誤取消しに類推適用すべきかは、規範統合を積極的に認めるかどうかの態度決定次第であるという。

第2章　売買　第2編　財産の取得を目的とした契約（契約各論①）

9　担保責任の補論

6-234 **(1)　債権の売主の担保責任**

　債権の売買において、買主が例えば 1000 万円の債権を 900 万円で買い取ったが、債務者が十分な資力を有せず、結局 40 万円しか回収できなかった場合、買主は売主の責任を追及できるであろうか。債権を売買した際の事情によって、以下のように分かれる。なお、債権が全部または一部他人に帰属していた場合には 560 条以下、債権の一部がすでに消滅していた場合には 565 条、債権に担保権が付いていた場合には 567 条が適用される。

6-235 　**(a)　債務者の資力を売主が担保しない場合**　額面 1000 万円の債権の売買で 1000 万円の債権を取得しており、何も権利の移転としては問題がない。債権が額面通りの価値を持つか否かは債務者の資力状態に依存している[88]。したがって、特に債務者の資力を売主が保証したのではない限り、買主が債務者から回収できなくてもそれは買主が引き受けるべき危険である。

6-236 　**(b)　債務者の資力を担保した場合**

　㋐　契約時の資力を担保した場合　例外的に、債権の売主が債務者の資力を担保する場合にも、いつの資力を担保したのかが問題になるので、民法は以下のような規定を設けた。まず、「<u>債権の売主が債務者の資力を担保したときは、契約の時における資力を担保したものと推定する</u>」（569 条 1 項）。したがって、債権の売買後の債務者の資力状態の悪化は、買主が引き受けるべきリスクであり、売主に対して責任追及できるはずはない。

6-237 　**㋑　将来の弁済期の資力の担保をした場合**　「<u>弁済期に至らない債権の売主が債務者の将来の資力を担保したときは、弁済期における資力を担保したものと推定する</u>」（569 条 2 項）。債権がいくらで取引されるかは、債務者の信用状態にかかっており、現在債務者の信用状態がしっかりしていても将来もそのままという保証はない。そのため、弁済期における資力を担保しても、それ以後の資力悪化は買主の引き受けるリスクであり、売主は責任を負わないことになる。

---

88)　不良債権の取引はギャンブル的な要素があり、安く購入して額面額を債務者に請求し、場合によっては大きな利益を上げることができる。

§Ⅲ 売主の義務（売買の効力①）

6-238 **◆債権の売買にも 562 条以下は適用されるか**

　債権の売買については、569 条が債務者の資力の担保に関して規定しているにすぎない。では、債権に物的担保や保証が伴うとされていたのに、それが実際には存在しない場合はどうなるであろうか。債権の価値に関わる点では債務者の資力の有無と関係するため、569 条の類推適用により処理をすることも考えられる。しかし、物でいうならばあるべき保証された性質が存在しないのに等しいので、債権の不適合として扱うことが考えられる。そこで、562 条は「目的物」と規定し、「物」のみを対象としているが、物以外の財産権、さらに債権にも類推適用できる——売買の「目的」という場合には権利も含むが、ここは「目的物」と明示されている——。債権にも旧瑕疵担保責任の規定の類推適用が認められていた[89]（新版注民(14) 256 頁 ［柚木＝高木］）。

6-239 **（2）　担保責任についての免責特約**

　契約自由の原則からいって、公序良俗に反しない限り、売主の担保責任を排除する特約は有効である（例えば、本物かどうか確証がない絵画を、担保責任を負わない特約の下に格安で売るなど。本物であれば売主が損、偽物であれば買主の損といった、射倖契約的要素を持つ）。しかし、例外的に担保責任の免責特約が無効とされる 2 つの場合を民法は規定した（572 条）。

6-240 　**（a）　売主が「知りながら告げなかった事実」**　例えば、中古車の売買において、カーステレオが故障しているのに売主がこれを買主に告げずに、エンジンと足まわり以外は責任を負わないと約束した場合、知らなかった排気管の傷みについては免責されるが、カーステレオの故障については免責されることはない（売主の悪意は買主が証明すべきであり、また重過失は悪意と同視される）[90]。

6-241 　**（b）　売主が「自ら第三者のために設定し又は第三者に譲渡した権利」**　例えば、目的物に用益権が設定されている、または、第三者に自ら譲渡していて、その後に目的物を売却する際に担保責任について免責を約束するのは、信義則に反し許される行為ではなく、免責条項は無効である。なお、これら

89）　そのほかにも、債権が全部または一部他人に帰属していた場合には 560 条以下、債権の一部がすでに消滅していた場合には 565 条、債権に担保権が付いていた場合には 567 条が準用される。

90）　悪意について重過失も含めるという一般論を認めれば、特に類推適用とする必要はないが、日本においては、重過失は悪意とは異なることを貫いて、個別規定ごとに悪意という要件の重過失への拡大を類推適用によって説明しようとする。572 条につき重過失への類推適用を認める下級審判決として、東京地判平 15・5・16 判時 1849 号 59 頁、東京地判平 24・9・25 判時 2170 号 40 頁。

の行為が売却後ならば、債務不履行となり免責条項の対象ではない。

6-242
◆**消費者保護の必要性**

(1) 民法の原則通りでよいのは事業者間契約

　上の例に挙げたように、不適合の可能性があるが、あるかどうかは不明な場合に、両当事者がリスクを負担する射倖契約的要素を持つものとして、免責特約は合理的なものである（例えば、東京都が埋立地を事業者に売却した事例で、東京地判平7・12・8判時1578号83頁は、免責条項を有効としている）。しかし、売主が事業者で、買主が消費者である場合には、一方で、①売主は専門事業者としての消費者に対する重い責任があり、他方で、②売主が一方的に作成した契約書の免責条項を消費者は押し付けられるに等しいため、民法の規定する例外以外は免責特約を有効と手放しで考えるわけにはいかない。

6-243
(2) 消費者保護のための特別法

　特別法では、宅建業法は、宅建業者が売主となって不動産を販売する場合、566条よりも買主に不利な特約をすることを禁じている（同法40条）。また、品確法95条2項は、民法415条・562条・563条よりも買主に不利な特約を無効としている（☞6-215）。

　消費者を買主とする消費者売買契約においては、2000年に制定された消費者契約法の8条1項・2項により、担保責任を全部免責する条項または事業者に責任の有無または限度を決定する権限を付与する条項は、一定の場合を除き無効とされている[91]。

§Ⅳ
買主の義務（売買の効力②）

1　代金支払義務

6-244
(1) 支払時期・支払場所

　買主は、合意された代金を支払う義務を負う。代金の支払時期は、合意があればそれに従うが、合意がない場合には、引渡時期についての約定があれば、代金についても同一の期限であることが推定される（573条）。代金の支

91）　フランスでは、事業者である売主が消費者たる買主に対して、瑕疵担保責任を含めて契約上の責任を免責または軽減する条項を不当条項として禁止し、無効（記載がないものとみなす）と扱われている。さらに、事業者である売主は、契約書に瑕疵担保責任についての民法の規定を全文記載しなければならないことになり（また、瑕疵担保責任が民法上当然あるのに、このような責任を特別の利益として宣伝することも禁止される）、これに違反すると刑事罰まで用意されている（実効性は乏しいのだが）。

§Ⅳ 買主の義務（売買の効力②）

払場所については、代金の支払と目的物の引渡しとが同時に行われることが約定されている場合には、引渡場所で支払うこととされる（574条）。普通は振込先を指定して代金を振り込んでもらうことになるので、支払場所は問題にならず振込先が売主により指定される必要がある。また、振込を確認してから引き渡す、引渡しを確認してから振り込むといったことが合意される。

6-245 **（2）　代金支払拒絶権**

　買主は、他人の権利の売買において、権利を取得できない危険の程度に応じて代金の支払を拒絶でき（576条）、また、「契約の内容に適合しない抵当権の登記がある」場合には、買主は抵当権消滅請求の手続が終わるまで代金の支払を拒むことができ（577条1項）――売主は遅滞なく抵当権消滅請求をするよう請求できる――、「契約の内容に適合しない先取特権又は質権の登記がある」場合も同様である（同条2項）。以上いずれの場合も、売主は買主に対して、代金を供託するよう請求することができる（578条）。

6-246 **（3）　履行協力義務・受領義務**

　買主は、目的物の受領義務を負い（DCFR IV.A.-3:101条(b)。同104条）、期限前の引渡しについては（売主による期限の利益の放棄）、受領が買主の利益を不合理に害することにならない場合を除き、買主は受領を拒絶できる（同106条(2)）。以上は日本でも同じように考えてよい。また受領以外にも、売主の履行に協力する信義則上の義務があり、引渡場所を買主が指定すべきときはこれを指定すべきであり、目的物の色を買主が指定するという合意であれば、遅滞なく色を決定して売主に伝えるべきである。

2　売買目的物の滅失等についての危険の移転

6-247 **（1）　所有者危険の移転の問題**

（a）　2つの危険負担の区別

（ア）　対価危険と給付危険の問題　すでにみたように、双務契約においては、一方の債務が債務者の帰責事由によらずに履行不能になり、他方が給付を受けられない場合には、他方当事者はその対価を支払う必要はないという、対価的牽連関係が認められている。（対価危険の問題）。また、債務者は、履行が可能な限りは、履行費用がどれだけかかるとしても給付義務を免れない（給付危険の問題☞ 3-42）。

第2章　売買　第2編　財産の取得を目的とした契約（契約各論①）

6-248　　**(イ)　所有者危険の移転の問題**　　ところが、同じ双務契約においても、売買契約では、対価危険と区別されるべき所有者危険の移転が問題となる。物が不可抗力で滅失・損傷した場合、それは所有者が負担する危険である。売買契約において、その所有者の危険がいつ移転するのか、それは所有権の移転とパラレルに考えるべきなのかという問題を生じる。

6-249　　**(b)　所有権の移転に従うか**

　　(ア)　所有者主義　　フランス民法は、契約と同時に所有権の移転を認め（同法1196条1項）──2016年改正により、当事者の意思、法律または事案の性質により契約とずれることを認める（同条2項）──、所有権の移転により物についての危険が買主に移転し、ただ売主が履行遅滞にある場合には売主が危険を負担することにしている（同条3項）。改正前民法も、所有権と共に所有者危険の移転を認める所有者主義に依拠し、特定物売買では、意思主義（176条）により直ちに所有権が移転し、引渡し前でも買主に危険を負担させていた（旧534条1項）──不特定物売買でも特定により同じ（同条2項）──。

6-250　　**(イ)　疑問提起また実務との乖離**　　しかし、学説によって支配の移転に伴い危険は移転すべきであると主張され、また実務でも、契約書において引渡しによって危険が移転するという内容になっているのが普通であり、民法の規定は取引通念と乖離した規定になっていた。また、所有者危険の移転は売買において引渡主義により規定するのがグローバルスタンダードであり、現行法は534条・535条を削除し、売買規定の中に所有者危険についての規定を置き、かつその内容を引渡主義に変更した。

6-251　**(2)　引渡主義の採用──引渡しまでは売主が危険を負担**

　　(a)　売買規定の中に567条を規定──引渡し時を基準とする

　　(ア)　引渡し以降は買主が危険を負担　　567条1項は、「売主が買主に目的物（売買の目的として特定したものに限る。以下この条において同じ。）を引き渡した場合において、その引渡しがあった時以後にその目的物が当事者双方の責めに帰することができない事由によって滅失し、又は損傷したときは、買主は、その滅失又は損傷を理由として、履行の追完の請求、代金の減額の請求、損害賠償の請求及び契約の解除をすることができない。この場合において、買主は、代金の支払を拒むことができない」と規定した[92]。担保責任を問題にできず、また代金未払いであっても、536条1項によって代

277

金の支払を拒絶しえないことになる。

6-252 　（イ）**567 条 1 項は反対解釈が重要**　567 条 1 項は反対解釈が重要であり、契約締結後でも、引渡し前であれば、不可抗力による損傷でも、そのまま引き渡せば担保責任が成立し——追完請求、代金減額請求などが可能——、引渡し前も、483 条により修理するなどして適合物にして引き渡す義務を免れない。また、滅失であれば直ちに不能解除ができ、536 条 1 項により代金の支払を拒絶できることになる。

6-253 　（b）**567 条 1 項の引渡し**

　　（ア）**占有改定でもよい**　危険が移転するための引渡しは、要するに売主の引渡義務の履行がされ、引渡義務が消滅すればよいので、現実の引渡し、簡易の引渡しだけでなく、指図による占有移転、占有改定も含まれる。子牛を販売し、そのまま牧場での飼育を委託する場合、占有改定によって売主の引渡義務は履行されて消滅しその履行不能はもはや問題にならない。以後は、飼育委託契約の保管義務・返還義務が問題になる[93]。明日取りにくるという程度では、占有改定かどうかが問題になる。

6-254 　（イ）**送付債務の場合**　また送付債務の場合には、売主は引渡義務を負うが運送義務を負わないので、売主は運送業者に運送（着払い）を依頼する手続をとってこれに目的物を引き渡せば——不特定物では特定する（401 条 2 項）——、それにより危険が買主に移転する。売主の義務はすべて履行したことになり——売主の引渡義務は運送人に目的物を引き渡せば履行となって消滅——、その後の運送は履行補助者による運送義務の履行ではない。

6-255 　◆「売買の目的として特定したものに限る」とは
　　　——不特定物の場合には「特定」が必要
　　（1）**特定してから引き渡すことは必要か**
　　　旧 534 条 2 項は、不特定物について 401 条 2 項により特定した時から危険負

---

92) 不動産については、引渡しがなくても所有権移転登記で危険が移転するのかは、改正前は議論されていたが、現行法では引渡しがあれば登記がなくても危険は移転し、登記がされても引渡しがなければ危険は移転しないことになった。ただし、新基コメ 137 頁［笠井修］は、引渡しは、危険の移転を正当化しうる程度の支配の移転の要素を指すものと解し、引渡し前に所有権移転登記がされた場合には、567 条 1 項の引渡しがあったものというべき場合が多いという。

93) なお、危険の移転とは異なり、担保責任の期間制限の起算点として、知った時からの通知義務と引渡しからの除斥期間ないし時効期間を定める立法などでは——日本では商法 526 条 1 項が「受領」を問題としており、検査義務を問題にするので占有改定は含まれない——、現実の引渡しを要件とする——そうでないと買主がチェックできない——例が多い。

第2章　売買　第2編　財産の取得を目的とした契約（契約各論①）

担の規定を適用していた。567条1項は括弧書で「（売買の目的として特定したものに限る……）」と規定する[94]。しかし、前者は引渡し前なので特定が必要であるが、567条1項は引き渡した場合の規定であり、一旦特定してから引渡しがされたことは必要ではない。引渡しがされればよいので、特定という段階を介する必要はない。括弧書は特定とは異なる制度と考えられる。

6-256

(2)　567条1項は401条2項の特定の要件を満たす必要があるか

❶　峻別説　まず、567条1項括弧書の「特定」は、401条2項の特定と同一の概念ではなく、別異に解釈する学説がある[95]。「評価判断を経ていない特定」といわれる（山野目章夫「民法の債権関係の規定の見直しにおける売買契約の新しい規律の構想」曹時68巻1号［2016］10頁[96]、野澤正充「契約責任法の新たな展開」NBL1107号［2017］11頁以下）。特定の効果が生じる必要はないことから、ともかく引渡しがあればよいということも考えられる[97]。もちろん、滅失前に成立していた代金減額請求権等は否定されない[98]。

6-257

❷　同一説　単なる事実行為である引渡しと受取りに、危険の移転という強い効果を与えてよいのか疑問が提起されている[99]。567条1項括弧書と401条2項の特定とを同一に考え、債務の本旨に従うことを必要とすることになる[100]。この立場では、不適合物を提供しても特定せず、引渡しがされても危険は移転しないことになる。そのため、引き渡された不適合物が買主の下で不可抗力により滅失しても、買主は追完請求として代替物の引渡しを請求できることになる。確

---

94)　この要件については合理性がなく（立法過誤）、567条1項括弧書は混乱を招くだけであり無視し、括弧書は書かれていないものとして567条1項を解釈すべき——立法論としては削除——であるという提案がある（渡部拓「契約不適合がある種類物が……」磯村保ほか編『法律行為法・契約法の課題と展望』［成文堂・2022］453頁以下）。括弧書を死文化する提案には頷くしかない。

95)　しかし、括弧書の特定について、引き渡された物が契約に適合しているか、または適合していなくてもその不適合が軽微な場合をいうと解すべきであるという（山野目・前掲論文82頁以下）。

96)　北居功「買主の正当な認容拒絶」法律91巻2号（2018）192頁は、567条1項は2項と異なり適合物であることを要求していないことから、不適合物でも引渡しによって買主に危険が移転するものの、買主は解除や代替請求ないし代物に代わる損害賠償請求をし、自身は価格賠償義務を負わないとして、危険を売主に嫁返できるという（野中貴弘「契約適合性への買主の信頼」日法83巻1号［2017］86頁以下も同旨）。

97)　中田330頁は、不適合な物を引き渡しても特定は生じないという考えを、引き渡された目的物に重大な契約不適合がある場合に認める。特定は生じないので、所有権の移転もなく、そもそも「引渡し」を否定する可能性もあることを認める。本書は401条2項の要件を満たしていなくても、引渡し（受領）がされれば、目的物の不完全履行となり、所有権は移転すると考える。

98)　しかし、解除されるほど重大な不適合があった場合には（特定物か種類物かを問わない）、すでに成立していた解除権は、548条が適用されない事例なので滅失後も消滅しない。だとすれば、所有者危険の移転を否定し、567条1項の適用を否定すべきである。解除して代金全額の返還が請求できることになる。

99)　潮見・新各論 I 192頁以下は、401条2項の特定と同様に考えて、特定しておらず、給付危険も対価危険も買主に移転せず、引き渡された物の所有権も買主に移転しないと考えている。磯村・前掲論文 Law and Practice87頁も、特定と同意義に理解し、特定を否定して567条1項の適用を否定する。

100)　磯村・前掲論文 Law and Practice87頁、石川博康「売買」潮見佳男ほか編『詳解改正民法』（商事法務・2018）437頁、潮見・新総論 I 216頁以下、同・新各論 I 192頁。

279

かに解除がされるほど重大な場合には注 6-98 に述べたように、危険が移転しないが[101]、軽微な不適合の場合には危険の移転を認めるべきである。

6-258 **◆引渡しにより危険が移転するのがグローバルスタンダード**

ドイツ民法 446 条は、「売買された物の引渡しとともに、偶然の滅失毀損及び偶然の劣化の危険は、買主に移転する。引渡しの時から、買主には、物の使用権が帰属し、買主は、物の負担を負う。買主が受領遅滞にあるときは、引渡しと同等とする」と規定する[102]。共通欧州売買法草案 142 条 1 項は、消費者への売買では、消費者が占有を取得する、または消費者によって指定された第三者が受け取った時に危険が移転するものとする（DCFR の IV.A.-5:103 条(1)項も同様）。同 143 条 1 項は、事業者間売買では、物品の引渡しまたは物品に代わる書面の引渡しにより危険が移転するものと規定する（DCFR の IV.A.-5:102 条(1)項も同様）。CISG は国際取引であるため、詳細な規定を置く。①運送が予定されている場合には、売主が物品を運送人に交付した時に危険が移転し（同 67 条 1 項）、②運送途上の物品の売買がされた場合には、売買契約の時に危険が移転し（同 68 条）、③それ以外の場合には、ⓐ買主が物品を引き取った時、またはⓑ引き取らない場合は、引取義務に違反した時に危険が移転する（同 69 条 1 項）。

6-259 **(3)　提供＋受領拒絶 or 受領不能があれば引渡しがなくても危険が移転 (567 条 2 項)**

(a)　提供規定には置かなかった　改正前は、所有者危険の移転は、提供の効果なのか、受領遅滞の効果なのかが議論されていた。また、債権者（買主）側に帰責事由が必要なのかどうかが議論されてきた。現行法は、「売主が契約の内容に適合する目的物をもって、その引渡しの債務の履行を提供し

---

101)　筆者は解除ができるほど重大でなければ、ほんの些細な不適合でなくても危険の移転を認める。軽微な不適合では特定を認めてよく、いずれの説でも結論に差はないといえる。

102)　ただし、製作物供給契約については、640 条 1 項 1 文は、性質上受領が不要な場合は別として、「注文者は、契約に従って製造された目的物を受領する義務を負う」と受領義務を認め、瑕疵があっても、「本質的でない瑕疵のため受領を拒絶することはできない」と規定（同項 2 文）──反対解釈をすると、本質的な瑕疵がある場合には、完成させるように求めて受領を拒絶できることになる──、さらに、「注文者が、受領義務を負うにもかかわらず、請負人が注文者に対して定めた相当の期間内に目的物を受領しないときは、受領されたものとみなす」と規定する（同項 3 文）。提供だけで直ちに危険は移転せず、相当の期間が経過して受領とみなされ、危険が移転することになる。売買との整合性の問題は残される。

なお、同条 2 項は、「注文者が、前項第 1 文の規定により、瑕疵のある仕事の目的物を受領した場合」、注文者が瑕疵の存在を知っていたときには、注文者が受領の際に瑕疵による自己の権利を留保したときに限り、634 条 1 号から 3 号の権利（追完請求権、自ら追完しその費用の請求権、代金減額請求権）が認められるものと規定する。否定されるのは 1 号から 3 号の権利なので、4 号の損害賠償請求権については、悪意で権利を留保しなくても認められることになる。

第2章　売買　第2編　財産の取得を目的とした契約（契約各論①）

たにもかかわらず、買主がその履行を受けることを拒み、又は受けることができない場合において、その履行の提供があった時以後に当事者双方の責めに帰することができない事由によってその目的物が滅失し、又は損傷したときも、前項と同様とする」と規定した（567条2項）。この規定によれば、売主の提供があり、買主に受領拒絶または受領不能があれば、引渡しがなくても買主に危険が移転することになる[103]。

6-260　　　**(b)　買主の受領遅滞についての帰責事由の要否**　民法は、提供による所有者危険の移転を提供の規定には置かず、567条2項に規定し[104]、買主の帰責事由は要件とはしなかった。民法の他の関係する規定をみると、543条・562条2項・563条3項・606条1項ただし書・611条1項など債権者側に帰責事由があることを債権者が不利益を負担する要件としている。567条2項については、①解釈の余地を残した、②買主の帰責事由を不要とした、という2つの解釈が可能である。この点、売主は引き渡して危険を負担しなくてよかったはずであり、買主の帰責事由不要と解するのが公平に資すると考えられる。

6-261　　**◆不適合物の提供では危険の移転は認められない**
　　567条1項の危険移転のための引渡しは適合物の引渡しでなくてもよいが（☞6-256）、同条2項は提供にとどまるため、不適合物の提供では債務の本旨に適合せず有効な提供にはならない。そのため、買主が不適合を理由に受領をしなかった場合に限らず、正当な理由なしに受領しなかった場合にも、同規定の適用はなく危険は移転しない（ほんの些細な不適合は適用を認めてよい）。
　　567条1項括弧書は「この条において同じ」と、2項も含む形で規定をしている。すると、先の議論がここでも当てはまるかのようであるが、この点、同条2項は「契約の内容に適合する目的物」ということが明記されており、ほんの些細な不適合は別として（1項は軽微程度でもよい）、不適合物の提供では危険が移転しないことになる。特定物にも適用され、不適合物の提供では危険は移転しえない。

---

103)　**＊制限種類債権の場合**　567条1項括弧書は「この条において」と規定しているので、2項にも適用されるが、通常の場合を考えており、制限種類債権では、特定なしに提供が認められる場合（漁業用タール事件）には、枠内の目的物全部が履行不能になったならば、特定はないが567条2項が適用されると考えるべきである。

104)　567条2項は、受領遅滞による危険の移転の考え方に出たものであると考えられている（潮見・新各論Ⅰ194頁）。

281

§Ⅳ　買主の義務（売買の効力②）

6-262 **(4)　提供はあるが受領遅滞または不能はない場合**

　(a)　受領遅滞または不能を要件とした　567条2項は、危険の移転には提供だけでなく受領遅滞または不能を必要とした（413条の2第2項も同様）。そうすると、売主が目的物を提供したが、買主が代金の準備ができておらず、後で支払うので引渡しをしてくれるよう求め、売主がこれを拒絶し目的物の引渡しをしなかった場合、提供による代金債務の履行遅滞はあるが、受領拒絶も不能もない（413条1項・413条の2第2項も同様）。

6-263 　**(b)　解釈による適用拡大の可能性**　しかし、買主は代金を支払えば受け取れたのであり、受け取っていれば危険は買主に移転していたはずである。結論としては、危険の移転を認めるべきである。567条2項を類推適用するか、「受けることができない」ということを拡大適用するか、または、同項は受領遅滞を必須とした、ないし提供だけで危険が移転することを否定したものではないと考えるべきである。

6-264 **◆債権者（買主）の帰責事由また両者の帰責事由による滅失・損傷**
(1)　債権者（買主）の帰責事由による滅失・損傷

　提供の有無にかかわらず、目的物の滅失・損傷が債権者（買主）の帰責事由による場合には（413条の2第2項参照）、536条2項により買主は代金の支払義務を免れない。また、そのまま引き渡しても、担保責任につき、追完請求権は認められず（562条2項）、代金減額請求権も認められない（563条3項）。契約の解除も認められない（543条）。担保責任の規定の適用は、引渡しがあった事例の問題であるが、引渡し前の段階で、483条の適合物引渡義務はどうなるのであろうか。これが否定されなければ、損傷した物を渡せば担保責任が成立するはずであり、上記規定はこれを否定する趣旨、すなわちその損傷した物を引き渡せばよいということを含意している。債権者の帰責事由による損傷の場合には、483条の適合物引渡義務は否定され、その損傷した状態での引渡義務になると考えられる。

6-265 **(2)　両者の帰責事由による滅失・損傷**

　売主と買主の両者の帰責事由による滅失・損傷についてはどう考えるべきであろうか。まず滅失については、填補賠償が認められ、過失相殺により減額される。問題は、損傷の場合の適合物引渡義務である。引渡しにより初めて担保責任が成立するので、いまだ追完義務は問題にならない。①適合物引渡義務を否定し、損傷した目的物の引渡しでよいとすると（担保責任も成立しない）、一方的に買主が不利益を負担することになる。②他方、適合物引渡義務を認めると、売主が一方的に不利益を負担することになる。②によりつつも、売主の買主に対する修補にかかった費用の損害賠償請求を認め、過失相殺で調整すべきである。②

282

第2章　売買　第2編　財産の取得を目的とした契約（契約各論①）

では、引渡し後は担保責任が成立し、買主から売主に損害賠償請求ができるが、やはり過失相殺がされる。

3　利息支払義務

6-266　民法は、「買主は、引渡しの日から、代金の利息を支払う義務を負う。ただし、代金の支払について期限があるときは、その期限が到来するまでは、利息を支払うことを要しない」と規定している（575条2項）。この「利息」とは何を意味するのであろうか。

代金の支払期日が定められ、引渡しが先履行の場合には、期限の利益が認められ、それまでの代金分の運用利益は買主が取得し、他方で、期日が過ぎれば遅延利息"遅延損害費"の支払を義務づけられる（412条1項）。これに対して、代金支払期日が定められていない場合には、確かに催告があるまでは履行遅滞にはならず、遅延利息の支払は義務づけられないが（同条3項）、期限の利益までが積極的に認められてはいない。575条2項が規定しているのは、まさにこの場合である。買主は、目的物の引渡しを受けてしまえば、もはや支払うべき代金の運用利益を保持できない。この運用利益を返還させる趣旨であって、遅延損害金ではない。

4　目的物および目的物に関係する書類の受領義務

6-267　DCFR IV.A.-3:101条は、買主の義務として、代金支払義務と並べて、物品の引渡しを受領する義務、および契約により必要とされる場合に、物品を表象する書類または物品に関係する書類の受取義務を規定している。日本では、債権者の受領義務については議論があるところであるが、買主の目的物受領義務を認めることは、グローバルスタンダードとしては当然視されるところである。硫黄鉱石の受領のような大規模な場合に限られるものではない。提供された物に契約不適合がある場合には、軽微な不適合でなければ、買主は受領義務を負わない。

283

§Ⅴ 買戻しおよび再売買の予約

1 買戻し

6-268 **(1) 買戻しの意義および要件**

(a) 民法の規定——解除権の留保 民法は「不動産の売主は、売買契約と同時にした買戻しの特約により、買主が支払った代金（別段の合意をした場合にあっては、その合意により定めた金額。第583条第1項において同じ。）及び契約の費用を返還して、売買の解除をすることができる。この場合において、当事者が別段の意思を表示しなかったときは、不動産の果実と代金の利息とは相殺したものとみなす」と規定した（579条）。このように、売主が売買契約と同時に解除権を留保する特約を**買戻特約**という。民法は登記制度が存在する不動産についてのみ規定しているが、契約自由の原則からは、動産や他の財産権の売買においても有効と認め、民法の買戻規定が類推適用されるべきである。

6-269 **(b) 譲渡担保との関係**

(ア) 真正の買戻しの場合 売買契約がされるが、買主が約定された用法に違反した場合に売主が買戻しできるという場合には、買戻しと認めてよい。また、代金を取得することで資金を獲得するが、資金ができてまた必要になったならば買い戻すという程度の意図による取引についても、売買契約がされており、買戻しと認めてよい。

6-270 **(イ) 買戻しではなく譲渡担保の場合** 問題は、買戻しという形が採られているが、代金名目で金銭を借りただけであり、目的物を引き渡すことはなく売主が依然として使用している場合である。判例は、6-271のように、買戻しの場合には担保という規律——清算金支払義務など——を認めず、これが認められる譲渡担保と区別をする。そして、<u>占有を移転しない場合には特段の事情がない限り、譲渡担保と認定すべきであるとする。</u>

6-271 **●最判平18・2・7民集60巻2号480頁 [事案]** 買戻特約付き売買契約がされ、買主が売買契約を理由に売主に明渡しを請求した事例である。原審判決

第2章　売買　第2編　財産の取得を目的とした契約（契約各論①）

はこれを認容したが、最高裁は次のように、買戻特約付きで売買契約がされたのではなく、譲渡担保契約がされたにすぎないので、引渡請求は認められないと判示し、原判決を破棄し、請求を棄却している。

6-272　　[判旨①（買戻しでは不動産価額との清算の必要なし）]「真正な買戻特約付売買契約においては、売主は、買戻しの期間内に買主が支払った代金及び契約の費用を返還することができなければ、目的不動産を取り戻すことができなくなり、目的不動産の価額（目的不動産を適正に評価した金額）が買主が支払った代金及び契約の費用を上回る場合も、買主は、譲渡担保契約であれば認められる清算金の支払義務……を負わない（民法579条前段、580条、583条1項）」。

6-273　　[判旨②（担保目的の場合には［実行による］清算義務あり）]「このような効果は、当該契約が債権担保の目的を有する場合には認めることができず、買戻特約付売買契約の形式が採られていても、目的不動産を何らかの債権の担保とする目的で締結された契約は、譲渡担保契約と解するのが相当である」。

6-274　　[判旨③（占有の移転があるかどうかが決め手になる）]「真正な買戻特約付売買契約であれば、売主から買主への目的不動産の占有の移転を伴うのが通常であり、民法も、これを前提に、売主が売買契約を解除した場合、当事者が別段の意思を表示しなかったときは、不動産の果実と代金の利息とは相殺したものとみなしている（579条後段）。そうすると、買戻特約付売買契約の形式が採られていても、目的不動産の占有の移転を伴わない契約は、特段の事情のない限り、債権担保の目的で締結されたものと推認され、その性質は譲渡担保契約と解するのが相当である」。

6-275　**(2)　買戻特約の要件**

　(a)　不動産に限られる　買戻特約の要件は、①目的物が不動産であり、かつ、②売買契約と「同時に」特約をすることである（579条前段）。動産についてこれを認めなかったのは、公示がないことに理由があるが、動産についても類推適用を肯定する考えもある（石田穣167頁）。

6-276　　**(b)　売買契約と「同時」にされたこと**　買戻特約は、売買契約と「同時に」されなければならないが（579条）、買戻特約が売買契約後になされた場合、効力はどうなるであろうか。①買戻しの要件を満たさず無効とするのが判例である（大決大15・10・19民集5巻738頁）。②これに対して、買戻契約を無効にする必要はなく、ただ買戻特約を登記する前の第三者については対抗することができないと解すれば十分であるという考えもある（石田穣167頁）。売買契約後に、解除権を留保する契約も有効であり、②説を支持したい。

285

§V　買戻しおよび再売買の予約

6-277　**(3)　買戻権の行使と効果**

(a)　買戻権行使の要件──代金等を「返還して」解除

(ア)　代金等の「返還」が解除の要件　以上の要件を満たして、売主に買戻権が認められる場合、その行使のためには、支払った代金および契約費用──「契約の費用」には登記に関する費用も含まれる──を返還することが要件とされている（579条前段）[105]。予約完結にはこのような要件はないが、代金が支払われなければ売主は売買契約を解除できる。買戻しの場合に、意思表示だけで解除が有効であるとすると、解除されたが代金等の返還がない場合に、解除の解除といった救済を受けられないのである。

6-278　**(イ)　提供でもよい**　改正前の手付損倍戻しによる売主からの解除のように、返還は提供でもよいと考えられている（583条1項がこれを前提）[106]。提供により解除の効力が発生し、売主による代金・契約費用の返還と、買主による目的物の引渡し・登記とは同時履行の関係にあるものとされる（大判明35・4・23民録8輯4巻83頁）。売主は提供をしなければ、買戻権を行使できないが、同時履行の抗弁権があるので無条件に支払う必要はない。583条は、557条1項とは異なり「現実に提供して」と明記しておらず──手付では、買主による手付放棄とのバランスを考慮する必要がある──、事前に受領拒絶をしている場合には、口頭の提供でよいと考えられる。

6-279　**(b)　買戻しの行使期間**

(ア)　合意できる買戻期間　10年以上の買戻期間を定めることはできず、10年以上の買戻期間を定めた場合には、10年に短縮される（580条1項）。これは、買主の地位があまりにも長期にわたって不安定になることを防ぐためである[107]。

---

105)　代金の一部しか受領していない場合には、その受領した額だけを返還すればよい（大判大10・9・22民録27輯1590頁）。

106)　提供の点については、「若し買主に於て予め買戻代金及契約の費用の受領を拒絶するの意思を表示したるときは、売主は買戻権を実行するに付き、現実に右代金並に契約の費用を提供することを要せず、其弁済の準備として認むるに足るべき行為を為したることを買主に通知して其受領を催告するを以て足る」（大判大7・11・11民録24輯2164頁）、また、「売主が右金額を供託所に供託して其旨を買主に通知し之が受領を催告するに於ては、其弁済準備として認むるに足るべき行為を為したるものなること論を竢たず」とされている（大判大10・4・30民録27輯832頁）。

107)　不動産登記法69条の2が2021年改正で追加され、共同申請の原則に対する例外として、「買戻しの特約に関する登記がされている場合において、契約の日から10年を経過したときは、……登記権利者は、単独で当該登記の抹消を申請することができる」ことになっている。

第2章　売買　第2編　財産の取得を目的とした契約（契約各論①）

6-280　**(イ)　期間の合意がない場合**　当事者が買戻期間を定めなかった場合には、売主は5年以内に買戻しをしなければならない（580条3項）。消滅時効期間ではなく、除斥期間である。5年以内に買戻しの意思表示がされた場合、それによって生じる債権は、166条1項1号により5年の消滅時効にかかることになる[108]。

6-281　**(c)　買戻しの効果**

(ア)　原状回復についての特則①——利息と果実　契約解除の場合には、売主は受領時からの利息を付けて代金を返還し（545条2項）、買主は目的物の果実（使用利益に拡大される）の返還を義務づけられるが（同条3項）、買戻しでは、両者は清算したものと扱われ、売主が買主に対して代金と契約費用を返還すればよいものとされる（579条）。575条の原状回復版の規律である。

6-282　**(イ)　原状回復についての特則②——必要費**　上記のように、売主は果実の返還を受けないので、必要費の返還をする必要はない。583条2項は、売主は196条に従い費用償還義務を負うものと規定しているが、同条1項ただし書により、果実（使用利益）を取得した場合には、通常の必要費の償還義務を免れる。特別の必要費のみ償還義務を負う。この償還は、買戻し後の清算の問題であり、買戻しの際に提供する必要はない（583条2項本文）。

6-283　**(ウ)　原状回復についての特則③——有益費**　有益費（土地の一部を駐車場にしたなど）については、196条2項の準用により、買主は売主に償還請求できる。同項では、善意占有者について、裁判所により期限を付与することを認めており、583条2項も、有益費については、売主の請求により裁判所は相当の期限を付与することができるものと規定している。この期限の付与によって買主の留置権の成立を阻止できる。

6-284　**(エ)　第三者との関係**　買戻しがされると、買戻登記により保全効が認められ、買主のした処分・制限物権の設定は覆滅される（581条1項）。ただし、対抗力が認められる賃借権については、残存期間1年を超えない期間に限って対抗が認められている（同条2項本文）。ところが、「売主を害する目的

---

108)　当事者が買戻しにつき始期や停止条件を付した場合、①その期限到来または条件成就から、580条2項の5年の期間は計算され、また、②契約から10年以内に行使しなければならないとされる（大判大12・8・2民集2巻582頁）。したがって、売買から8年後に条件が成就した場合、それから2年間だけ買戻しが可能となる。

§Ⅴ　買戻しおよび再売買の予約

で」賃貸借がされた場合には、この限りではないものとされる（同項ただし書）。

6-285　**(4)　買戻しの対抗要件**

　　(a)　**買戻登記は成立要件**　例えば、A → B、B → C と転々と売買契約がなされた場合、A が AB 間の売買契約を解除しても、C に対抗できないが（545 条 1 項ただし書）、A が仮登記により買戻しの登記をしておけば、C に対抗できるはずである。この点、買戻しの登記は第三者 C が登場する前にされれば足りるはずであるが、民法は、売買契約と同時に買戻特約の登記をしなければならないものとした（581 条 1 項）。判例は、売買の登記後に買戻しの登記をなすことを認めず、移転登記後にされた買戻しを理由とする仮登記申請を却下した原審判決を正当としている（大決大 7・4・30 民録 24 輯 570 頁）。

6-286　(b)　**売買契約後の買戻登記の可否**　では、売買の後に買戻しの登記をすること、さらには、売買契約後に買戻特約をしてその登記をすることはできないのであろうか。起草者は、登記が売買契約と同時でなくてよいとすると、買戻特約がなかったのに売主と買主が通謀して売買契約時にされていたと偽って後日登記ができてしまうので、これを避けるためと説明している（梅 558 頁）。後れた登記を禁止する理由にはなるが、なぜ売買契約と同時でないと買戻特約ができないのか、説明されていない。

6-287　(c)　**転得者がいる場合の買戻しの相手方**　ところで、買戻しの登記があって転得者に買戻しを対抗できる場合、買戻しの意思表示は誰にするべきであろうか。転得者とするのが、判例である（大判明 39・7・4 民録 12 輯 1066 頁、最判昭 36・5・30 民集 15 巻 5 号 1459 頁）[109]。代金が買戻権者から転得者に返還されることになるが、登記された代金額が実際の代金額より多くても、登記に公信力はないのであるから転得者は保護されない（大判昭 10・4・5 民集 14 巻 499 頁）。しかし、94 条 2 項によって転得者を保護すべきである（石田譲 179 頁）。

6-288　**(5)　買戻権の譲渡**

　　売主は、買戻権——解除権だが物権取得権の一種と理解される——を第三者に譲渡することができる[110]。この場合、買主としては、代金を返還する

---

109)　予約完結権については、仮登記の保全的効力を認めるだけでよく、予約完結は予約後の譲受人に対してするものではない（☞6-18）。買戻しも解除の対抗力を保全するだけであり、AB 間で買戻特約付きで売買契約がされ、B が C に転売した場合でいうと、あくまでも AB 間の売買契約の解除をするのであり、物権取得権の対抗ではない。買戻し（契約解除）は B に対してして、AB 間で清算がされ、BC 間は別個に清算されるべきである。再売買予約とのバランス論からもこう考えるべきである。

債権者が変更するわけであるから、利害関係があるものとして、買主の承諾は必要であろうか。この点、買戻権者たる譲受人は、第三者のためにする契約の代金と契約費用を提供しなければ買戻権を行使しえないのであるから、買主を特に害することはない。買主の承諾は必要ではない。

(6) 共有持分の買戻し 6-289

(a) 持分の買戻特約付き売買とその後の分割・競売 「不動産の共有者の1人が買戻しの特約を付してその持分を売却した」場合に、例えば、A・B共有の土地につき、AがCに持分を買戻特約付きで売却した場合——B・Cの共有になる——、その後に、「その不動産の分割又は競売があったときは、売主は、買主が受け、若しくは受けるべき部分又は代金について、買戻しをすることができる」（584条本文）。B・Cで土地を甲地・乙地に分割しCが乙地を取得した、または、第三者に売却し代金分割をした場合、AはCが受けた乙地または代金を買い戻すことができる。そして、「売主に通知をしないでした分割及び競売は、売主に対抗することができない」（同条ただし書）。

(b) 買主が競売により単独所有になった場合 「買主が不動産の競売における買受人となったとき」——全面的価格賠償がされた場合にも拡大してよいであろう——、「売主は、競売の代金及び第583条に規定する費用を支払って買戻しをすることができ」、これにより「売主は、その不動産の全部の所有権を取得する」（585条1項）。ただし、「他の共有者が分割を請求したことにより買主が競売における買受人となったときは、売主は、その持分のみについて買戻しをすることはできない」（同条2項）。競売の場合に限定しており、CがBから持分を取得して単独所有になっても、Aは売却した持分を買い戻せるだけであり、A・Cの共有になる。 6-290

2 再売買の予約

(1) 再売買の予約の意義 6-291

　再売買の予約とは、目的物の売主が買主から、売却した目的物を将来買い

---

110)　なお、買戻特約を買主・売主間で合意解除しても、その登記（抹消登記）をしない限り、その後の買戻権の譲受人には対抗できない（大判大13・4・21民集3巻191頁）。

取る旨の売買の予約である。特別の規定はないが、売主を買主とする売買の一方の予約を、売買契約と同時に行うことを否定する理由はない。その目的は、買戻しによって達成することも可能であるが、買戻しには、売買契約と同時に登記をすることが必要とされるなど厳しい要件があるため、脱法行為とまでいう必要はないが、それに代わるものとして行われている。

6-292 **(2) 再売買の要件および行使の要件**

(a) 売買契約と同時である必要はない 買戻特約と異なり、再売買の予約は、売買契約と同時にする必要はない。したがって、登記も売買契約と同時にされなくてもよい。代金と契約費用の返還の提供は、再売買予約完結権の行使の要件ではない。また、解除によって代金の返還を受けるものではないため、元の代金と再売買の代金は異なってもよいが、利息制限法の潜脱を防ぐために、最初の代金に利息制限法上の制限利率により計算された額をプラスした額を超えることはできないと解されている（星野 150 頁、石田穣 174 頁）。

6-293 **(b) 特別の行使期間なし** 買戻しのように行使期間は制限されていない。そのため判例は、30 年間予約完結権を行使しうるという特約（大判昭 13・4・22 民集 17 巻 770 頁）や、35 年後に予約完結権を行使しうる旨の特約（大判大 9・9・24 民録 26 輯 1343 頁）も有効としている。しかし、学説は、買戻しとの類似性を考慮して、再売買予約に 580 条の類推適用を肯定するものが多い（我妻・中一 339 頁、石田穣 174 頁）。

その法律関係は、売買の一方の予約と同じであり、再売買予約関係も譲渡できその対抗要件も予約について述べたところが当てはまる。

第2章　売買　第2編　財産の取得を目的とした契約（契約各論①）

§Ⅵ
交換

6-294 **(1)　交換の意義**

　(a)　財産権の交換　「交換は、当事者が互いに金銭の所有権以外の財産権
を移転することを約することによって、その効力を生ずる」（586条1項）。金
銭の所有権以外の財産権が対象であり、物物交換の場合もあり——動産でも
不動産でもよく、動産と不動産の交換も可能——、物と財産権、財産権同士
の交換も可能である。クワガタ1匹とカブトムシ2匹といったように、1つ
の物と2つの物とを交換することも考えられる。交換契約は、有償・双務
契約であり、諾成・不要式契約である。

6-295 　**(b)　交換の法律関係の規律**　交換は有償・双務契約であるため、双務契約
についての規定（533条以下）が適用され、同時履行の抗弁権が認められる。
その他売買契約の規定が性質上可能な限り準用され（559条）、担保責任の追
完請求は準用可能であるが、代金がないので代金減額は準用されない[111]。
危険の移転についても準用され、引渡し前に一方の目的物が不可抗力で滅失
すれば、他方は自己の履行を拒絶し契約を解除することができる（542条1項
1号）。575条については、果実同士について準用される。

6-296 **(2)　補足金が支払われる場合**

　(a)　交換と売買の混合契約　交換される両財産権の価格が同一ではない場
合、補足金の支払が約束される。例えば、Aがその100万円相当の甲画
を、B所有の80万円相当の乙画と交換する場合に、Bが差額の20万円を
Aに支払う合意がされる。この場合には、売買と交換の混合した契約とな
り、「当事者の一方が他の権利とともに金銭の所有権を移転することを約し
た場合におけるその金銭については、売買の代金に関する規定を準用する」
と規定されている（586条2項）。555条では「代金を支払う」と規定されて

---

111)　Aの甲トカゲ（α種という説明）とBの乙トカゲおよび丙トカゲとを交換した場合（1対2の交換）、
　　甲トカゲが実はα種の価値の半分であるβ種のトカゲで、乙と丙は等しい価格だとすると、代金減額の代わ
　　りにBは乙か丙かいずれかの返還を求めることができる。他方、乙トカゲが病気を持っていてすぐに死ん
　　でしまった場合、Aは乙トカゲの価格の損害賠償を請求でき、代金減額に匹敵するのでBの帰責事由は不
　　要と考えられる。

291

いるのに対し、「金銭の所有権を移転する」と規定されているが、特別の意味はない。「補足金を支払うことを約し」と同じである。

6-297 **(b) 補足金（売買契約部分）の規律** 補足金部分については売買の規定が適用になる結果、例えば甲画が引き渡された時から、Bは乙画の果実をAに引き渡さねばならないだけでなく（559条・575条1項）、20万円についての利息も支払わなければならない（575条2項）。また、甲画の作者が異なり価値が90万円程度であるとすると、Bは補足金を10万円減額して差額の10万円の返還を求めることができる（559条・563条）。甲画の引渡しにつき、乙画の引渡しと補足金20万円の支払の両者が同時履行の関係に立つ。

第3編
財産の利用を目的とした契約（契約各論②）

第1章
消費貸借

§Ⅰ 消費貸借の意義および法的性質

1 消費貸借の意義

7-1 (1) 消費貸借の意義

「消費貸借は、当事者の一方が種類、品質及び数量の同じ物をもって返還をすることを約して相手方から金銭その他の物を受け取ることによって、その効力を生ずる」契約である（587条）。原則として、利息を取らない無償契約、不要式契約であるが、要物契約である。

賃貸借や使用貸借が、借りた·そ·の·物·を返還する契約であるのに対して、消費貸借は、使用が消費という本質を持つ**消費物**を受け取って、これを使用＝消費して、同種・同品質・同量の物の返還を約束する契約である。最も重要なものが金銭の消費貸借であり、以下でも金銭消費貸借を念頭に置いて説明をする。

7-2 (2) 利息付きと無利息消費貸借

民法は、売買と贈与、賃貸借と使用貸借については、有償か無償かで契約類型を区別しており、請負は有償契約であって、無償の場合は無名契約（非典型契約）となる。ところが、委任および寄託と同様に消費貸借は、無償を原則としつつも有償の特約を可能としている。しかし、有償・無償とで異なった規律がされるべきであり、消費貸借、委任、寄託は有償・無償を十把一絡げに規定しているが、この点は注意をして解釈をすべきである[1]。

7-3 (3) 金融業の規律

(a) 業法による規律 金融機関が当事者として行う融資は、当然のことながら、利息を取る有償のものである。他方、庶民に対する小口の貸金業者は（生活資金を調達する消費者信用が中心）、担保は取らず、回収手続の費用・回収不能のリスクを考慮するため、利息を高めに設定することになる。そのため、利率規制の対象となり、闇金の跋扈への対策も必要になる。貸金業者

---

1) この点を考慮しないで有償取引を念頭に置いて、要物契約性が批判されたことがある（石坂音四郎「要物契約否定論」同『改纂民法研究下巻』[有斐閣・1920] 677頁以下）。

は、貸金業法という特別の業法による規律がされている[2]。

7-4 **(b) 資金の調達は多様** 資金の調達には、金融機関から融資を受けるほか、株・社債の発行による資金調達もある。また、7-5のように消費貸借を隠匿するだけでなく、実質上資金を借り入れると同様の経済的機能を持つ取引が行われる場合がある。例えば、有料老人ホームの開設には資金が必要であるが、月払い賃料にせず、例えば5年分をまとめて前払いをしてもらうことにより、無利子で借り受けたと同じ資金調達ができる（☞11-175）。

7-5 **◆消費貸借の隠匿行為**

(1) 隠匿行為とはされない場合

リース契約やクレジット契約は、与信を目的とした契約ではあるが、金銭消費貸借契約そのものとは異なり、立替払いや賃貸借という形をとった消費貸借の隠匿行為とは考えられていない。商社が介入して代金を買い取り、転売の形をとって、代金を与信するつけ買売も同様である。これらは、形式通り特殊な賃貸借、立替払いの委託契約、売買契約と認められており、隠匿行為としての規制はされていない。

7-6 **(2) 隠匿行為とされる場合**

(1)とは異なり、イレギュラーに行われる脱法的な目的を有する取引は隠匿行為と解されている[3]。例えば、AがB・Cと通謀して、A所有の物件をAがB、BがCに売却し、さらにこれをCがAに販売し割賦で代金を支払う約束をし、AがB経由でCから代金名目で実質的に融資を受け、代金名目で利息を付けて、A

---

2) 2006年の貸金業法の改正により、ノンバンクの貸金業者による過剰融資が禁止されている（同法13条）。具体的には金融庁の事務ガイドラインによって内容が定められており、自社からの借入残高が50万円超えとなる貸付け、または、総借入残高が100万円超えとなる貸付けの場合には、年収等の資料の取得を義務づけ、調査の結果、総借入残高が年収の3分の1を超える貸付けなど、返済能力を超えた貸付けを禁止している。これは**総量規制**といわれるもので、1社からの借入れについてだけではなく、すべての借入総量の制限である。そのため、個人がすでにどの程度の融資を受けているのかをチェックできるような体制が必要になり、指定信用情報機関制度を創設した。貸金業者は、必ずどれかの指定信用情報機関を利用して顧客の債務情報を提供し、情報機関による情報管理が行われ、貸付けをする際に顧客の債務状況（収入は個々の顧客に資料を提供してもらうしかない）を確認できるようにしている。

3) いわゆる**リース金融**（借主から、その所有物を買い取って代金を交付し、直ちにその物を賃貸したことにして、賃料名目で法外な利息を付けて金銭を回収）や**チケット金融**（借主に、チケットを例えば20万円で販売し、これを借主が通謀者に例えば10万円で買い取ってもらって、1カ月後に代金名目で貸主が20万円を回収）のほか、**給与ファクタリング**という方法も行われている。Aが使用者Bに対する10万円の給与債権をCに譲渡し、CからAに代金6万円が支払われ、その後、AがBから給与10万円が支払われたところで、Cがその債権は自分の債権であることを理由に、Aが受け取った10万円の引渡しを求めた事例がある。東京地判令3・1・26判時2527号60頁は、債権譲渡ではなく6万円の金銭消費貸借になるものとして、超高金利の公序良俗違反また不法原因給付として、CのAに対する一切の請求を棄却している（石田剛「事業者ファクタリングの『貸付』該当性」『小野秀誠先生古稀記念論文集』[法律文化社・2024] 208頁参照）。

からＣへの支払が約される場合がある（目的物はＡが使用したまま）。この事例で、ＢがＣから受け取った金銭をＡに渡さない場合に、ＣからＡへの代金の支払請求ができるのかが問題とされ、下記判例はＡＣ間の金銭消費貸借であるとして、ＣのＡに対する請求を退けた（☞ 7-7）。

> **●最判平 5・7・20 判時 1519 巻 69 頁　[控訴審判決]** 控訴審判決は、「前記売買契約は、実質上ＣからＡに金融を得させることを目的とするファイナンス・リースの一種であって、いわゆるリース・バックないし割賦バックと称されているものである。一般に、この種の契約は、融資を受けるという経済的な目的のもとに行われたものではあっても、形式的、法律的には、……各売買契約がそれぞれ別個に成立したことになり、……借主は中間者からの代金支払が得られないことを理由にリース業者に対する売買代金（融資金）の弁済を拒否することは許されない」と、Ｃの請求を認容する（東京高判昭 62・10・14 東高民時報 38 巻 10 ～ 12 号 90 頁）。最高裁は、Ａの上告を受け入れ、原判決を破棄する。
>
> 　[判旨①（売買契約と認めない）]「Ａ、Ｃ及びＢの三者間では、本件冷凍冷蔵庫につき売買契約締結の形式があるとしても、各当事者間では真にその目的物件の所有権を移転する意思があったとはみられないばかりでなく……、ＢはＣから売買代金名下に受領した 1744 万円と同額の金員をＡに交付することを同意したにすぎないのであって、Ｂが転売利益を取得する余地はない」。
>
> 　[判旨②（消費貸借と認定）]「むしろ、右三者間の各契約の中で実質的意味があるのは本件契約だけであって、……本件契約の実質は、元本を 1744 万円としこれをＡがＣに対して……の各約定に従って返済する趣旨の金銭消費貸借契約又は諾成的金銭消費貸借契約であるというべきであるのに、前記のようなＣの営業目的に合致させるため本件冷凍冷蔵庫の割賦販売契約を仮装したものと考えるほかはない」。Ａは融資金の交付を受けていないので、本件契約に基づく融資金を返還すべき義務がない。

2　消費貸借の法的性質

(1)　要物性または要式性

(a)　要物契約である

(ア)　**返還を約束する契約だから要物契約なのか**　消費貸借は、貸主から受け取った金銭その他の消費物を借主が「返還をすることを約」する合意であり[4]、「相手方から金銭その他の物を受け取ることによって、その効力を生

第1章　消費貸借　第3編　財産の利用を目的とした契約（契約各論②）

ずる」（587条）、要物契約とされている。「返還をすることを約」するので、受け取ることが当然の前提だから、要物契約なのであろうか（谷口聡「わが国における要物契約条項の継受と今日までの展開」『伊藤進先生傘寿記念記念論文集』［第一法規・2017］177頁参照）。消費貸借は、ローマ法以来要物契約である。

7-11　（イ）**無償契約の拘束力の否定**　消費貸借契約を無利息の要物契約とするのは、ローマ法に由来する。ローマ法では、知人間の情義的な関係で行われる無利息消費貸借が要物契約とされていた（ゲオルク・クリンゲンベルク［瀧澤英治訳］『ローマ債権法講義』［大学教育出版・2001］169頁）。他方、消費貸借が利息を伴う場合には問答契約によって行われ、これは諾成契約であった（同書166頁）。ローマ法では、使用貸借、消費貸借および寄託は無償契約であり、無償給付の履行を任意とするために要物契約とされていたのである。一方、有償の賃貸借、利息付消費貸借また有償寄託は、諾成契約とされていた。

7-12　（b）**強行規定ではない──諾成的消費貸借の承認**　改正前も、587条は強行規定ではなかったため、特約による諾成的消費貸借が認められていた（椿久美子「要物的消費貸借・諾成的消費貸借・消費貸借予約の効力と相互関係」中央学院13巻2号［2000］249頁以下参照）。現行法は、利息付きの場合に諾成的消費貸借契約を認めるのではなく、<u>無利息の事例に着目し</u>、書面の作成を要物性に代わる要件とした（587条の2第1項［同条4項で電磁的記録も可］）。無利息事例を取り込んで複雑な構成にしたがゆえの混乱がみられる（贈与は電磁的記録不可）[5]。

7-13　（c）**予約規定の削除**　このように、現行法は消費貸借を要物契約としながら（587条）、書面がある場合に限って要物性を不要としている。そのため、その位置づけが不明であった消費貸借の予約規定（旧589条）は削除されたが、556条の準用は可能である（一問一答293頁注3）[6]。559条による556条

---

4)　消費貸借か否かが議論された事例として、従業員YがX会社の費用負担で留学するに際して、「留学終了後、5年以内に、万一自己都合により退職する場合は、留学費用（ただし、人件費相当分を除く）を全額返還いたします。」と記載された誓約書を作成してXに提出した事例につき、「前記文言を社会通念に従って判断すると、……留学費用について金銭消費貸借の合意がされたものと認めるのが相当である」、また、「本件誓約書は、大学授業料及び大学出願料を貸付けの対象とするものであり、これらの金員について、XY間で、弁済期を定めないこととしてXがYに貸し付け、留学課程終了後5年間Xが就労した場合には返還義務を免除する旨の消費貸借」とされた（東京地判平16・1・26労判872号46頁）。

5)　消費貸借の要物契約性については、無償貸主の保護とは別に、「消費貸借における要物性の要請は、目的物の受取り前の段階で借主に契約上の拘束力が及ぶことをできる限り抑止するという借主保護の観点から基礎付けられるべきである」といった主張があり（石川博康「債権法改正をめぐる理論的諸問題」司法研修所論集127号［2017］154頁）、押貸しの抑止という説明になじむ理解である。

§ I 消費貸借の意義および法的性質

の準用に限定したことで、利息付きの予約のみが認められたことになる（千葉恵美子「消費貸借」詳解454頁）。また、利息付消費貸借の予約についても、587条の2第1項の趣旨により、書面の作成を必要とすると解すべきである[7]。

7-14 **◆消費貸借の書面要件**

①利息付消費貸借契約は有償契約であり、諾成契約でよいはずである。②他方で、無利息の消費貸借契約は、贈与に合わせれば、諾成契約だが書面を作成していない限り、貸主はいつでも解除でき、履行してしまえば解除ができず（合意した期間は貸さなければならない）、書面には電磁的記録は含まれないことになるはずである。ところが、改正は以上に述べたように変更した。無償契約について、使用貸借と無償寄託は贈与の規律で統一しながら、消費貸借だけが不揃いになっており、再改正が必要である。

7-15 **◆消費貸借は継続的契約関係か**

(1) 学説は分かれる

借りた特定物を返還する賃貸借や使用貸借は継続的契約関係であるが、消費貸借契約では、金銭を交付した後に貸主には何も義務が残らず、あとは借主の返還義務が存続するだけで、継続的契約関係ではないのであろうか。判例はこのような抽象論を展開することはないが、学説は分かれる。継続的契約関係と考えることは許されるというもの（我妻・中一353頁）、貸主は期限付返還債権を有するだけと反対するもの（三宅・下531頁、田中実「いわゆる継続的債権（契約）関係の一考察」法学研究26巻12号［1953］16頁）、継続的契約と明言するもの（来栖249頁、飯島紀昭「継続的債権関係と告知」『民法の争点 II』［有斐閣・1985］104頁等）に分かれる。

7-16 **(2) 継続的契約関係と考えるべき**

この点、目的物が消費物という違いがあるものの、消費貸借も賃貸借と同様に継続的契約関係と考えるべきである。すなわち、貸主は、約束の期間中、借主による使用を認容し、返還を求めないという形で借主に利益を享受させる義務を負っていると考えるべきである（来栖249頁、広中103頁）。貸借型契約は、①契約が成立した段階、②目的物が引き渡された段階、③契約が終了した段階に分けられる（新住民⑬9頁以下［森田宏樹］）が、消費貸借においても、継続的契約関係が存在

---

6) 消費貸借契約の予約の利用が考えられるのは、1999年制定の「特定融資枠契約に関する法律」による「特定融資枠契約」（コミットメント・ライン契約）がされる場合である。簡単にいうと、一定期間内において銀行と顧客との間で設定した極度額を限度として、その期間内であれば何度でも資金の借入れや返済を行うことができる契約である（潮見・新各論 I 260頁以下参照）。

7) ただし、予約が諾成的消費貸借を合意するものである場合には、予約について書面があれば、予約完結の意思表示により諾成的消費貸借契約が成立するので、これについて個別に書面を作成する必要はないと考えるべきである（一問一答293頁注3、千葉・前掲論文449頁）。また、消費貸借の予約には、587条の2第3項が類推適用される（一問一答294頁、千葉・前掲論文454頁、潮見・新各論 I 259頁）。

298

第 1 章　消費貸借　第 3 編　財産の利用を目的とした契約（契約各論②）

し、③の契約関係の「終了」を想定することができる（詳しくは、新注民⒀Ⅰ 2 頁以下［森田］参照）。

7-17　(2)　書面による消費貸借

(a)　借主の任意解除権

(ア)　**借主に任意解除権を認めた**　書面による消費貸借契約は、要物性は不要とされ、書面による合意だけで成立し[8]、貸主の貸金交付義務ないし借主の貸金交付請求権が成立する。借主も、受領義務（振込先を教えるなどの協力義務）を負うことになる。しかし、借主が事情によって借入が不要になった場合にまで、借入を強要する必要はない。そのため、借主は受領まではいつでも契約を解除できる（587 条の 2 第 2 項前段）——強行規定である（一問一答 294 頁注 4）——。ただし、これによって貸主に損害が生じれば、借主は損害を賠償しなければならない（同項後段）。損害賠償は、解除の要件ではない。

7-18　(イ)　**損害賠償**　何が賠償されるべき損害かは問題になる。法制審の審議では、①約束された返還期限までの利息（貸主が引き渡さなくて済んだ金銭等の運用による利益を控除する）、②積極損害（信頼利益）が問題とされた（窪田充見「金銭消費貸借における損害賠償をめぐる問題についての覚書」磯村保ほか編『法律行為法・契約法の課題と展望』［成文堂・2022］496 頁以下）。交付後の 587 条の 2 第 2 項とのバランスを考える必要もある[9]。一問一答 294 頁注 5 は、「貸主が金銭等を調達するために負担した費用相当額にとどまる」と説明し、②の趣旨のようである。136 条 2 項と意図的に表現に差を設けて、「損害を受けたときは」と要件を規定したことから、ここでの損害は履行利益ではないといわれる（債権法研究会編『詳説改正債権法』［金融財政事情研究会・2017］484 頁［三上徹]）。ただし、個別の消費貸借の形態によって実質的判断も変わってくるとも評されている（窪田・前掲論文 501 頁以下）。

7-19　(b)　貸金交付義務の不履行

(ア)　**貸主の貸金交付義務**　書面による消費貸借契約が成立し、貸主に貸金交付義務が発生しても、「借主が貸主から金銭その他の物を受け取る前に当

---

8)　書面を作成しても、要物契約と明記することはできる（鎌野邦樹「金銭消費貸借」安永正昭ほか監修『債権法改正と民法学Ⅲ契約(2)』［商事法務・2018］233 頁）。

9)　金銭交付までは、貸主は借主の無資力のリスクを引き受けておらず、貸主の「貸す債務」には確定的な拘束力が付与されていない。そうすると、この段階では、融資を実行したら返還時期まで生ずべき利息相当の利益を得ることが保障されているとみることは妥当ではない（森田・債権法改正 245 頁）。

299

§Ⅰ 消費貸借の意義および法的性質

事者の一方が破産手続開始の決定を受けたときは、その効力を失う」ものとされている（587条の2第3項）。特約でそれ以外の信用不安の場合に、貸主に解約権を留保することもできる。これらの事情がない限り、貸主は貸金の交付を義務づけられ、これを履行しないと債務不履行責任を負うことになる。

7-20　　**(イ)　損害賠償の内容**　貸金交付義務も金銭債務であるため、419条により法定利率による遅延損害金の支払しか請求できないことになる。しかし、消費貸借契約は継続的契約関係であり（☞ 7-16）、貸主の義務は合意された期間につきその資金の運用をさせる継続的義務である以上、通常の金銭債務とは異なり、419条の適用はなく、実損害の賠償を請求できると考えるべきである。7-22の交渉段階の不当破棄の場合の損害賠償とのバランスからも、そのように考えるべきである。

7-21　　**◆貸金交付義務の不履行と419条の限定的適用説**
　　書面により消費貸借契約が締結されたが、貸主が融資を実行しない場合、419条の適用をめぐって議論があることは本文に述べた。この点、2つに分けて検討する学説がある。「貸す債務についても基本的に民法419条が適用されるが、それは金銭の引渡しという債務の目的が維持されている限りにおいてであり、もはや目的が達成できないことが確実となり、遅れてなされる金銭の引渡しがもはや意味をなさない場面においては、民法419条を適用する根拠も合理性も失われた」ことが理由である（窪田・前掲論文493頁）。2度目の不渡りを回避するための借入れが、融資の実行がないため支払えずに不渡処分を受けて営業が継続できなくなった場合に、目的達成ないし達成不能が考えられる。なお、不法行為を理由に損害賠償請求することは、419条の規制を回避するためであり、端的に債務不履行で処理することが合理的であるといわれる（窪田・前掲論文494頁）。

7-22　　**◆融資約束の不当破棄**
　　東京地判平4・1・27判時1437号113頁は、融資予約の不履行を債務不履行にとどまらず、不法行為と認める。Yは、X_1会社が工場用地取得について千葉県の分譲委員会の審査を通過した直後に、Yの融資が工場用地取得代金支払に充てる予定であることを充分承知しながら、またメインバンクたるYの融資拒絶がX_1会社の本件工場進出計画に悪影響を及ぼすであろうことも容易に予測できるのに、正当な理由なく融資を拒絶し、その結果、X_1会社が予定していた土地代金の支払計画に支障を来させ、別途3億7000万円の調達に奔走せざるを得ない事態を招来し、またそれによりX_1会社の社長X_2に著しい心労を与えたとして、Yの不当な融資拒絶は、Xらに対する違法な権利侵害行為として、社長個人に対する不法行為まで認めている。控訴審判決（東京高判平6・2・1判時1490号87

頁）も、これを維持する。

§Ⅱ
消費貸借の要物性

1 要物性についての要件

7-23 (1) 書面がないと要物契約

「金銭その他の物を受け取ること」により、要物契約である消費貸借契約の要件——要物性という——が満たされ、契約が成立する。他方、書面による消費貸借契約においては、契約がすでに成立してはいるものの、契約成立段階では、貸金交付請求権（義務）が成立しているにすぎず、要物性を満たして初めて貸金債権が成立する（☞ 7-27）。もちろん、書面が作成されても、当事者が要物契約としての消費貸借契約と合意することはできる。

7-24 (2) 要物性の充足

(a) 金銭以外 貸主が現実に金銭を借主に交付することは必要ではなく、金銭の交付があったと同様の経済的利益を貸主が借主に与えればよい（新注民(13)Ⅰ 45頁［丸山絵美子］参照）。判例上、国庫債券の交付（大判明44・11・9民録17輯648頁）、預金通帳と印章の交付（大判大11・10・25民集1巻621頁）、約束手形の交付（大判大14・9・24民集4巻470頁）、小切手の交付（大判昭16・11・29法学11巻711頁）[10]は、金銭の交付と同視されている[11]。

7-25 (b) 借主以外への交付 金銭の交付があったのと経済的に同じ利益を与えればよいので、借主への金銭の交付でなくても、要物性が満たされることがある（新注民(13)Ⅰ 46頁［丸山］参照）。①貸主が第三者（例えば、貸主の債務者）

---

10) この場合に、現金自体を受け取っていないことに変わりはなく、いついかなる金額の消費貸借が成立するのかという問題が残される。判例は、「手形の割引に因りて銀行より金銭の交付を受けたるときは之と同時に手形面の金額と同一なる額を目的として両者間に消費貸借を成立せしむる意思表示ありしもの」と判示している（大判大14・9・24民集4巻470頁）。

11) 金銭の交付の代わりに、物を交付してそれを借主に売却させてその代金を貸すことを約束したが、形の上では売買契約の形式をとった場合、販売の委託契約——自己の名で売却する処分授権——とその受託代金の消費貸借契約が問題となる。物を売却して、買主がそれを転売して資金を獲得し、売主は分割払いなどにより期限の利益の付与を受ける場合、真実の売買契約か、上記のような消費貸借の隠匿なのかは事例によって判断するしかない。注7-3の闇金の行うチケット金融などは消費貸借の隠匿と考えてよいであろう。

に指示して金銭を借主に交付させてもよく（大判昭 8・9・15 民集 12 巻 2347 頁）、
②借主が第三者への弁済に使うために借りる場合に、貸主が借主の指示で借
主の債権者に支払うことでもよい（大判大 13・7・23 新聞 2297 号 15 頁）。貸主か
ら第三者に金銭が交付されているが、法的には、貸主から借主への交付、借
主から第三者への交付が行われていることになる。

2　書面による消費貸借における貸金債権の成立時期

7-26 **(1)　要物性を不要とした実際的意義**

かつて、諾成的消費貸借を認める学説が実現しようと考えていたのは、①
契約と同時に公正証書で借用証書を作成し、②抵当権の設定契約をし、③抵
当権の設定登記をし、然る後に融資が実行されるが、①〜③を有効とするこ
とであった（加藤一郎「諾成的消費貸借」『民法ノート(上)』［有斐閣・1984］120 頁以下参
照）。契約と同時に<u>貸金債権の成立を認める</u>ことで、借用証書、抵当権設定
そしてその登記を有効にしようとしたのである。金銭の交付もないのに、貸
金債権＝借入金返還債務の成立を認めるため、借主に未受領の抗弁を認めて
いた（我妻・中一 355 頁）。

7-27 **(2)　貸金債権の成立には要物性が必要**

(a)　貸金交付義務が成立するだけ　ところが、現在の通説は、諾成的消費
貸借契約を認めても、その効果として、貸主の貸金交付義務を認めるだけ
で、貸金債権は<u>貸金の交付があって初めて成立する</u>と考えている（星野 174
頁、加藤・前掲 124 〜 5 頁、広中・注民(15) 150 頁）。その上で、下記の通り、先の①〜
③の問題は別個に解決されており、これが適切な解釈である。

7-28 **(b)　問題点の解決**　まず、公正証書（①）について、当初は、契約が成立
しておらず借入金返還債務が生じていないにもかかわらず作成されたものと
して、無効とされたが、交付の時から公正証書は有効になると変更された
（大判昭 11・6・16 民集 15 巻 1125 頁）。公正証書の効力を遡及させる必要性はない
ので、これで十分である。次に、抵当権設定契約およびその登記（②③）に
ついて、判例は抵当権の付従性を緩和することによって問題を解決した。す
なわち、将来発生確実な債権については、抵当権が直ちに有効に成立するこ
とを認めていた（大判明 38・12・6 民録 11 輯 1653 頁）[12]。

第 1 章　消費貸借　第 3 編　財産の利用を目的とした契約（契約各論②）

§Ⅲ
消費貸借の効力

1　貸主の義務

7-29　**(1)　貸金交付後の貸主の義務**

　　書面により要物性が不要とされた消費貸借契約において、貸主は貸金交付義務を負うが、貸金が交付された後は、貸主の義務またはその履行は考えられないのであろうか。この点は、先にみた消費貸借契約を継続的契約関係と考えるかどうかの理解にかかっている（☞ 7-16）。①貸主は、金銭の支払について期限の利益を与えたにすぎないとして、貸主の義務を否定する考えがある。②他方、消費貸借も継続的契約関係であり、貸主に賃貸人同様の、借主をして融資をした資金の運用を可能とすべき義務を認めるべきである。

7-30　**◆貸主の付随的義務**

(1)　勧誘に関与した金融機関の使途に関わる説明義務

　　接道義務を満たさない土地の購入を個人に勧誘し、その購入資金の融資をした銀行について、説明義務違反が肯定されている（最判平 15・11・7 判時 1845 号 58 頁）。また、融資を受けて顧客所有地に容積率の上限に近い建物を建築した後にその敷地の一部を売却して返済資金を調達する計画を提案した建築会社の担当者に、建築基準法に関わる問題についての説明義務違反が認められ、融資をした銀行にも建築基準法に関わる問題についての説明義務違反が認められている（最判平 18・6・12 判時 1941 号 94 頁）。差戻審判決である大阪高判平 19・9・27 金判 1283 号 42 頁は「消費貸借契約に附随する信義則上の義務」と明言する（岡林伸幸「銀行の融資者責任」千葉 24 巻 1 号 [2009] 1 頁参照）。

7-31　**(2)　取引履歴の開示義務**

　　また、貸金業者について、借主に対して取引履歴の開示を求められた場合にこれに応ずべき義務が認められている（☞ 7-32）。預金契約については、準委任の要素が含まれていることから、預金者の銀行に対する取引履歴開示請求権が認められているが、貸金業法の解釈によるところが大きい。

---

12)　相殺の問題については、差押え前に債権が成立していなければならないとすると、消費貸借契約は成立していたが反対債権の差押え後に融資が実行された場合には、相殺を対抗できなくなる。しかし、511 条 2 項により、債権が「差押え前の原因に基づいて生じた」場合には相殺を対抗しうることになっている。債権譲渡も同様である（469 条 2 項）。

303

§Ⅲ　消費貸借の効力

7-32

●最判平 17・7・19 民集 59 巻 6 号 1783 頁　[判旨①（貸金業法の趣旨）]「貸金業法は、罰則をもって貸金業者に業務帳簿の作成・備付け義務を課すことによって、貸金業の適正な運営を確保して貸金業者から貸付けを受ける債務者の利益の保護を図るとともに、債務内容に疑義が生じた場合は、これを業務帳簿によって明らかにし、みなし弁済をめぐる紛争も含めて、貸金業者と債務者との間の貸付けに関する紛争の発生を未然に防止し又は生じた紛争を速やかに解決することを図ったものと解するのが相当である」。

7-33

　[判旨②（契約上の附随義務）]「以上のような貸金業法の趣旨に加えて、一般に、債務者は、債務内容を正確に把握できない場合には、弁済計画を立てることが困難となったり、過払金があるのにその返還を請求できないばかりか、更に弁済を求められてこれに応ずることを余儀なくされるなど、大きな不利益を被る可能性があるのに対して、貸金業者が保存している業務帳簿に基づいて債務内容を開示することは容易であり、貸金業者に特段の負担は生じないことにかんがみると、貸金業者は、債務者から取引履歴の開示を求められた場合には、その開示要求が濫用にわたると認められるなど特段の事情のない限り、貸金業法の適用を受ける金銭消費貸借契約の付随義務として、信義則上、保存している業務帳簿（保存期間を経過して保存しているものを含む。）に基づいて取引履歴を開示すべき義務を負う」（取引履歴の開示の拒絶は不法行為を構成する）。

7-34 **(2)　貸主の担保責任**

(a)　借主の返還義務・貸主の責任　利息の有無を問わず、「貸主から引き渡された物が種類又は品質に関して契約の内容に適合しないものであるときは、借主は、その物の価額を返還することができる」(590 条 2 項)。問題になるのは、金銭以外の消費物についてである。次の無利息の場合は別として、利息付きの場合には、種類または品質の異なる物を貸主が交付した場合には債務不履行であり、借主は契約に適合した消費物の引渡しを請求でき、その遅滞によって受けた損害を賠償請求できる。

7-35 **(b)　無利息貸主の担保責任**　無利息の場合には、贈与の 551 条 1 項と同様の責任を負うだけである。引き渡した物の状態での種類または品質の貸付けが約束されたものと扱われ、交付によって貸主の責任は生じない(590 条 1 項・551 条 1 項の準用)。負担付消費貸借の場合には、負担の限度で貸主は責任を負うことになる。

304

第1章　消費貸借　第3編　財産の利用を目的とした契約（契約各論②）

2　借主の義務

7-36 **(1)　元本返還義務**

　(a)　消費貸借契約の終了の問題　借主は、貸主から交付を受けた物と同種、同等、同量の物を返還する義務を負う。ただし、同種、同等の物を返還することができない場合には、その不能となった時の物の価格を償還しなければならない（592条本文）。元本の返還時期の問題は、消費貸借契約を継続的契約関係と考える限り、契約の終了時の問題となる。

7-37 **(b)　契約の終了時**

⑦　返還時期の定めがある場合

(i)　確定期限になる　まず、返還期日が定まっていれば、その時に契約は終了し返還を義務づけられる。412条1項に基づき、借主は催告なしに遅滞に陥ることになる。期限の利益は借主に帰属し、借主は期日前に期限の利益を放棄して返済することができるが、利息付きの場合には貸主にも期限の利益がある。

7-38 **(ii)　借主が期限の利益を放棄した場合**　現行法では591条3項が追加され、「当事者が返還の時期を定めた場合において、貸主は、借主がその時期の前に返還をしたことによって損害を受けたときは、借主に対し、その賠償を請求することができる」と規定された。期限の利益の填補ではなく、期限前弁済「によって損害を受けたとき」にその損害の賠償を請求できることにした。実際に利息相当額の損害賠償請求ができるのは、相当限られることになる（一問一答299〜300頁注）。

7-39 **⑦　返還時期の定めがない場合**　借主は、返還期日の定めの有無にかかわらず、いつでも返還することができる（591条2項）。貸主からの返還請求については、「当事者が返還の時期を定めなかったときは、貸主は、相当の期間を定めて返還の催告をすることができる」（同条1項）。期限の定めなき債務として、貸主が直ちに返還するよう請求できるのでは、借主はいつ貸主から返還請求されてもよいように常に返還の準備をしておかなければならなくる。しかし、それでは契約をした目的を達することができないため、一定の期間を借主に猶予したのである（7-29の義務）。ただし、この規定の法的構成については、判例・学説は対立している（☞7-40）。

305

§Ⅲ 消費貸借の効力

7-40

◆ 591 条 1 項の相当期間の猶予の位置づけ

諸説があり、いずれの立場に立つかで、以下の 2 つの点の結論が変わる。

> ⓐ 貸主 A の請求に対して借主 B が抗弁を主張しなかった場合、請求時から遅滞に陥るか。
>
> ⓑ A の B に対する貸金債権と、B の A に対する債権とは、いつから相殺適状にあるか。

7-41

(1) 抗弁権説

まず、借主の貸金返還義務は、412 条 3 項の原則通り期限の定めのない債務として、直ちに貸主は履行を請求でき、かつ借主も支払わなければならず、591 条 1 項の抗弁権が与えられているだけと考える学説がある（横田 459 頁、磯谷・下 494 頁、末川・下 143 頁）。この学説によると、ⓐについては、抗弁権を主張しない限り、原則通り 412 条 3 項により借主は遅滞に陥ることになる（大判大 3・3・18 民録 20 輯 191 頁、大判昭 5・6・4 民集 9 巻 595 頁）。また、ⓑについては、相当期間を定めずに直ちに相殺ができることになる（大判昭 17・11・19 民集 21 巻 1075 頁）。

7-42

(2) 期限規定説

他方、催告そして相当期間の経過をもって、借主の返還義務の履行期を到来させるための積極的要件を規定したものと考える学説がある（鳩山・下 424 頁）。この学説によると、ⓐについては、期限が到来していないので遅滞に陥らない。また、ⓑについては、期限が到来していないのでいまだ相殺はできないことになる。消費貸借を継続的契約関係であるとすれば、期間の定めのない賃貸借とパラレルに、相当期間の経過による契約の終了を考えることができる（我妻・中一 372 頁、石田穰 186 頁、星野 171 頁）。本書もこの立場である。

7-43

◆ 相当の期間を設定しないでした返還請求

貸主が相当の期間を設定しないで催告した場合、または、設定された期間が相当ではない場合、その催告は無効となるのであろうか。7-42 の(2)説によっても、541 条の解除における催告のように、相当期間の経過により解約告知の効力が生じると考えることができる。判例も、「按ずるに民法第 591 条第 1 項に於て、消費貸借の当事者が返還の時期を定めざりしときは、貸主は相当の期間を定めて返還の催告を為すことを得る旨を定めたるは、借主をして返還の準備を為さしむる為相当に猶予期間を許与する趣旨に外ならざるが故に、貸主が為す返還の催告に於て一定の日時若は期間を明示せざりしとするも其の催告の時より借主が返還の準備を為すに相当なる期間を経過したる後に於ては借主は最早之が返還を拒否し得べき理由なく、従て履行を為すべき時期は到来し爾後借主は履行遅滞の責に任ずる」とする（大判昭 5・1・29 民集 9 巻 97 頁）。

第1章 消費貸借 第3編 財産の利用を目的とした契約（契約各論②）

7-44 **(2) 利息支払義務**

(a) 民法上の規制――暴利規制 (90条)

(ア) 利息が認められる場合 民法上、利息の支払は消費貸借の要素とはされておらず (587条)、特約で利息の支払が約束された場合にのみ、借主は利息支払義務を負うにすぎない (589条1項)。ただし、商人間では、特約がなくても当然に借主は利息支払義務を負う (商513条1頁)。利息の発生時点は、貸金債権の成立時であり、書面作成により成立する消費貸借契約においても、貸金交付によって初めて貸金債権が成立するので、交付以後（翌日から）ということになる (589条2項)。

7-45 **(イ) 利率** 特約または法律規定によって利息の支払義務を負う場合、利率についての約定が特になければ、法定利率による (404条)。では、利率の約束は契約自由の原則に任され、暴利行為とされる事例のみを公序良俗違反 (90条) として無効とすれば足りるのであろうか。借主は、窮乏状態にあるからこそ金を借りるのであって、公序良俗違反といえなければ有効、という扱いを認めてしまえば、貸主に有利な利率が借主に押し付けられる事態は目に見えている。そのため、特別法によって以下のように規制されている。

7-46 **(b) 特別法上の規制**

(ア) 利息制限法 まず、利息制限法により、以下のように、同法の利率を超える利息部分は無効とされている (同法1条)[13]。

① 元本10万円未満	→	年20%
② 元本10万円以上100万円未満	→	年18%
③ 元本100万円以上	→	年15%

　かつて、超過利息を借主が任意に支払ってしまえば、その返還を請求できないと規定されていたが (同法旧1条2項)、現在では削除されている。この結

---

13) 利息制限法3条は、「元本以外の金銭は、……いかなる名義をもってするかを問わず、利息とみなす」ものとし、ただ契約の締結費用および弁済費用はこの限りでないものとされている。この規定については、貸金業者が保証会社を設立し、これによる保証を要求し借主に保証料を支払わせる場合の保証料が本条により利息とみなされるかが問題となっている。債権者の債権回収部門を独立させただけに等しく、法人が2つであっても実質的には利息とみなすべきかが問題になるのである。肯定する下級審判決がある（例えば、山形地判平20・9・2消費者法ニュース79号90頁）。

307

§Ⅳ　準消費貸借

果、超過利息を支払っても、借主は常に返還請求ができることになった。

7-47　　**(イ)　出資法**　次に、いわゆる出資法により、一般私人が貸主の場合で、年109．5％以上の利率が約束された場合、5年以下の拘禁刑もしくは1000万円以下の罰金に処され、または併科される（同法5条）。当初は、貸金業者についても109．5％、2006年12月の改正までは29．2％までは、刑罰に触れないため、サラ金業者はこの範囲で利息制限法を無視して利率を設定していた――いわゆる**グレーゾーン金利**――。それが、2006年12月の改正によって20％までに引き下げられ、グレーゾーンが①については解消されたが、②③については依然として僅かながら残されている。

7-48　　**(ウ)　貸金業法**　さらには、闇金の高金利による消費者被害に対応するために、2003年に貸金業法が改正され（同法42条）、年109．5％以上の利率で貸付をした場合には、「当該消費貸借の契約は、無効とする」とされ、利息の合意全部が無効とされたことに加え、消費貸借自体も無効とされた。したがって、消費貸借契約に基づいて元本を返還請求するのではなく、不当利得返還請求によることになるが、この場合に不法原因給付（708条本文）の規定が適用されるのか問題となる。この点は規定が置かれず解釈に委ねられた。その結果、90条・708条の解釈に任されている。

§Ⅳ
準消費貸借

1　準消費貸借の意義

7-49　**(1)　狭義の準消費貸借（新債務負担型）**

　(a)　準消費貸借の意義――金銭の占有改定　民法は、「金銭その他の物を給付する義務を負う者がある場合において、当事者がその物を消費貸借の目的とすることを約したときは、消費貸借は、これによって成立したものとみなす」と規定する（588条）。これを**準消費貸借**という。文言からわかるように、要物性要件を緩和して新たな消費貸借の成立を擬制する制度である[14]。

7-50　**(b)　既存債務を借入金で弁済したものと擬制**　例えば、AがBに100万円の代金債権を有していて、代金の支払にあたっての融資もBがAから受

第1章　消費貸借　第3編　財産の利用を目的とした契約（契約各論②）

ける場合、要物性を貫くと、AがBに貸金100万円を交付し、Bがこれを
Aに代金として支払う必要がある。それを、AからB、BからAへと金銭
のやりとりを省略し、いわば金銭の占有改定により、当事者の意思表示だけ
で金銭のやりとりがあったとみなすのが準消費貸借である。住宅ローンの同
一銀行からの借換えはこれに該当するが、貸金業者が過去の貸金債権を一本
化する——新たな貸付も同時にする[15]——ために行うこともある。

7-51　　(c)　**新債務負担型の意義**　書面があれば消費貸借契約は合意だけで成立す
るが、貸金債権の成立には要物性は不可欠である。その意味で、現行法にお
いても準消費貸借という概念を認める意義がある。ただこの**新債務負担型**
は、要物性を緩和するために588条に特別規定を置いたのであるが、現在
では、解釈によって要物性の認定は緩和されているので（☞7-24）、同条は
確認規定にすぎない。587条の消費貸借そのものと考えることができる。

7-52　(2)　**広義の準消費貸借——もう1つの準消費貸借**

(a)　**債務が存続する場合**　AB間で代金債権のままで——複数あればひと
まとめにして——、期限の利益を与え、併せて消費貸借同様に利息の合意を
することも考えられる。契約自由の原則からこのような合意ができるのは当
然である。債務はそのままで、債務の原因を消費貸借契約に変更する取引と
構成する必要はない（そのような学説もある☞7-14）。要物性に関わる消費
貸借契約が成立したものと「みなす」588条の準消費貸借でもない。

7-53　　(b)　**いずれも扱いは消費貸借**　ただし、上記合意も、代金債権のまま消費
貸借契約についての規律を適用する合意であり、これは有効である（**債務存
続型**と呼んでおく）。債務は代金債務のままであり、原因が変更されて借入
金債務に変更されるわけではない。債権の同一性はあるが、消費貸借の規律
が必要に応じて認められるため、判例は、上記特約も準消費貸借と位置づ
け、準消費貸借を債務の同一性がなくなるものと、同一性が維持されるもの

---

14)　ただし、学説には、準消費貸借を、既存債務が消滅するのではなく、債務の「原因」（cause）が変更さ
れるにとどまるという理解もある（潮見・新各論Ⅰ253〜254頁）。この理解では、7-50は準消費貸借で
はなく、消費貸借契約そのものということになる。

15)　サラ金業者Aから、Bが10万円、20万円、20万円の借入をしていて、新たに50万円を借り入れる際
に、100万円を貸し付けたことにして、既存の50万円についてはこの借入金で返済し消滅させ、新たな借
入の交付（要物性充足）と合わせて新たな100万円の貸金債権を成立させることになる。実務上、債務の
「書換え」と呼ばれる。

309

§Ⅳ　準消費貸借

とに分けている。

2　準消費貸借の成立

7-54　「金銭その他の物を給付する義務」の債務者が、債権者と「その物を消費貸借の目的とすることを約した」ことが必要である（588条）。消費貸借上の債務を準消費貸借の目的とすることもできる。既存債務が存在することが必要であり、債務がないのにされた準消費貸借は無効である（☞7-56）。債務が争われている場合に、支払を約束するのは和解であり、後日債務の存在しないことが明らかになっても有効である。先に述べたように、準消費貸借には、要物性を緩和した消費貸借たる新債務負担型と無名契約というべき債務存続型の2つが考えられ、いずれなのかは契約解釈による。

3　準消費貸借の効力

7-55　**(1)　消費貸借による規律**

(a)　消費貸借の規律を受ける　準消費貸借においては、新債務負担型は当然、債務存続型でも、問題の債務は――債務存続型の先の例だと代金債務のまま――消費貸借契約規定の規律を受けることになる。単なる弁済期の猶予の場合には、期限の利益が付与されたにすぎないが、準消費貸借の場合には、債務を存続させる場合でも、例えば代金債権のまま消費貸借契約同様の継続的契約関係になる。

7-56　**(b)　債務がなかった場合**　債務が存在しなかったり、取消しにより遡及的に消滅した場合には、債務の存在は準消費貸借の当然の前提であるから、準消費貸借は効力を生じえない（大判大15・4・21民集5巻271頁）。旧債務の一部のみが無効等であれば、残部の債務の限度で準消費貸借が成立することになり、利息制限法の適用上元本は有効な残部を基準としてその制限利率が適用される（最判昭55・1・24判時956号53頁）。

7-57　**(2)　新旧債務の同一性をめぐる諸問題**

(a)　総論

㋐　当初は新債務負担型を当然視　新債務負担型と債務存続型のいずれによるかは当事者の自由である。当初の判例は、準消費貸借は旧「債務を完済し新に……金圓を借り受けたることと為るの筋合」なりとしていた（大判大

310

第1章　消費貸借　第3編　財産の利用を目的とした契約（契約各論②）

5・5・30民録22輯1074頁）。起草者も新債務負担型を準消費貸借と考えていた
が（梅590頁）、**(ウ)**の判例の後は、通説は判例に賛成する（末川・下85～86頁、我
妻・中一367～368頁など）。

7-58　　**(イ)　2つの可能性を認める**　ところが、判例は「準消費貸借の場合には、
常に必ず旧債務を消滅せしめ新債務を発生せしむるものと云うを得ず、或は
債務の同一は之を維持しつつ唯其内容のみを変更するに止まることあり、畢
竟其孰なりやは当事者の意思如何に繋るものとす」と、2種類の準消費貸借
を認めるようになる（大判大7・3・25民録24輯531頁）。いずれとなるかは、当
事者の意思次第であるとされたが、不明な場合にいずれと推定されるのかは
明言していない。

7-59　　**(ウ)　債務存続型と推定**　その後、同一性を維持するものと推定すべきこと
が明言される。大判昭4・5・4新聞3004号12頁は、「債権債務の同一性
は之を維持しつつ唯爾後は消費貸借の規定に従いて之を律せむとする」こと
が「当事者の意思に中れる」と判示した。また、当事者が、「旧債権債務に
付て存在したる従たる債務、担保物権、詐害行為取消権及抗弁権等は総て消
滅す」るといった「重大なる効果の発生を欲したるものと推定すること」
は、「一般の取引観念上当事者の意思に適合せざるものと謂ふべく、<u>寧ろ当
事者は斯る結果を欲せず単に便宜上消費貸借の規定に準拠せんと欲すること
多かるべ</u>」しともされている（大判昭8・2・24民集12巻265頁）。

7-60　　**(b)　各論――同一性が問題となる事項**

　(ア)　同時履行の抗弁権　売主が買主と代金債務について準消費貸借をした
場合、債務存続型では代金債務が存続する。したがって、買主は同時履行の
抗弁権を有し、目的物の引渡しがされていない場合には同時履行の抗弁権を
主張し、また、引渡しを受けた目的物に不適合があれば、その追完との同時
履行の抗弁権を主張することができる。判例は当初、同時履行の抗弁権を否
定したが（前掲大判大5・5・30）、前掲大判昭8・2・24（☞7-59）はこれを肯
定し、最判昭62・2・13判時1228号84頁も同様である。

7-61　　**(イ)　詐害行為取消権・担保権**　また、売主は、準消費貸借契約前にされた
買主（債務者）の詐害行為につき、債務存続型では詐害行為取消権が認めら
れるが、新債務負担型でも、取消権を認める余地がある（424条3項）。債務
について保証人がいたり、抵当権が設定されている場合、また、売買代金債

311

§IV 準消費貸借

権につき先取特権が成立していた場合、新債務負担型ではこれらは消滅してしまう。しかし、担保を消滅させることは意図されておらず、債務存続型と認定されるべきである。

7-62 **(3) 時効期間**

(a) 問題となる事例は制限された 短期消滅時効制度が廃止されたため、問題になるのは特別法によって5年よりも短い消滅時効期間が設定されている債権（例えば、商586条）、また、不法行為の724条の損害賠償請求権につき準消費貸借がされた場合である。新債務負担型では消費貸借契約上の債権が新たに成立し、消費貸借についての5年の時効期間が適用される（166条1項1号）。では、債務存続型の場合には、当初の債権の時効期間のままなのであろうか。和解でも同様の問題がある。

7-63 **(b) 判例は消費貸借の時効による** この点、判例は、債務存続型と認めつつも、時効については特別の扱いをする。当事者の意思が債務の同一性を維持することにある場合であっても、「当事者の意思は此の債務をして爾今以後民法にもあれ商法にもあれ広く消費貸借に関する規定の支配を受けしめむとするに在りて、則ち適用せらるる法条と云ふ立場より之を観るときは宛ら準消費貸借締結の際新に消費貸借が成立したると択ぶところ無きの地位に已存債務を置かむとするものに外なら」ないとした（大判昭8・6・13民集12巻1484頁）。代金債権――当時は短期消滅時効により2年の時効期間（旧173条1号）――の準消費貸借につき、準消費貸借が商行為であることから5年の商事時効（商旧522条）を適用した。

7-64 **(c) 債権はそのままで消費貸借の規律を受ける** 抗弁権や担保については、債務の同一性が問題を解決する決め手になる。しかし、債務存続型で債務の同一性が維持されるとしても、債務についての規律は変更されて消費貸借の規律を受けることになる。時効についても、消費貸借契約についての時効の規律を受け、724条ではなく166条1項が適用されることになる。和解は、損害賠償請求権のまま債権額の争いを避けるだけなので、724条の3年の時効によって規律されるままである（☞14-32）。

第3編
財産の利用を目的とした契約（契約各論②）

第2章
使用貸借

§I　使用貸借の意義および法的性質

§I
使用貸借の意義および法的性質

1　使用貸借の意義

8-1　**(1)　当初規定では要物契約——無償貸主の保護**

　　改正前は、使用貸借契約は無償契約[1]であり、また要物契約とされていた（旧593条）。これはローマ法に由来するものであり（旧民法財産取得編195条1項も要物契約）、合意の法的拘束力を否定し、その履行を無償貸主の任意に委ねる趣旨である。他方、比較法としては、ドイツ民法は、使用貸借を要物契約としてはいないが（BGB598条）——フランス民法も同様——、使用貸主（以下「貸主」という）は、故意または重大な過失のみ責任を負い（BGB599条）、予見しえなかった事情によって目的物を貸主が必要とするようになった場合に、貸主に解約告知権を認める（BGB605条）等の保護を図っている。

8-2　**(2)　現行法**

　　(a)　諾成契約化　現行法は、贈与の合意だけで契約を成立させて書面（電子的記録に拡大されない）がなければ解除を認める、という構成を、無償契約一般に——消費貸借を除き——拡張した。使用貸借も「当事者の一方がある物[2]を引き渡すことを約し、相手方がその受け取った物について無償で使用及び収益をして契約が終了したときに返還をすることを約することによって、その効力を生ずる」（593条）と、諾成契約とされた（森山浩江「債権法改正における使用貸借の諾成化をめぐって」法雑66巻1=2号［2022］41頁参照）[3]。

8-3　　**(b)　無償契約性の考慮**　しかし、無償性を考慮して、「貸主は、借主が借用物を受け取るまで、契約の解除をすることができる。ただし、書面による使用貸借については、この限りでない」とされている（593条の2）。引き渡す前であれば、貸主は自由に解除ができる。書面（電磁的記録を書面とみなす

---

1)　なお、それぞれの土地を交換するのではなく、返還時期を定めずに交換的に無償貸与するのは、使用貸借とはいえない（大判昭10・3・28裁判例9巻民84頁）。交換類似の特殊な使用関係である。

2)　物のみが使用貸借の目的となる。財産権の使用貸借も考えられるが、物の利用に関わる場合には、賃借権、地上権等の使用貸借ではなく、やはり物（他人物）の使用貸借と構成されるべきである。

3)　使用貸借の判例等については、埼玉県弁護士会編『使用貸借の法律と実務』（ぎょうせい・2021）参照（以下「埼玉県弁護士会」で引用する）。

314

規定はない）によることについては、贈与とは異なりただし書になっているので、解除を争う借主側が証明責任を負う。

8-4 **(3) 目的物、負担付使用貸借など**

目的は物でなければならず、物以外の財産権を無償で使用させることは無名契約になる。性質が許す限り、使用貸借の規定を類推適用してよい。対価でなければ、何らかの負担を借主に負わせる場合であっても使用貸借である（負担付使用貸借）。通常の必要費は借主が負担するが（595条1項）、これを特約で免責することは可能である。負担付使用貸借では、先に負担が履行されていれば、事例によっては593条の2本文の解除が否定されてよい。

8-5 **(4) 貸主の義務**

貸主は、使用借主（以下「借主」という）に対して、占有を移しその使用・収益を容認する義務を負うにすぎない。対価を得て目的物につき使用収益が可能な状態に置かなければならない賃貸借とは異なり、貸主は修繕義務を負担しない。また、551条が準用されており（596条）、引き渡した時の状態での使用を認める義務のみを負うことになる。なお、占有を移転することが必要なので[4]、無償で通行を認めるのは無償契約たる無名契約になる。

2　使用貸借の成立

8-6 **(1) 負担付使用貸借か賃貸借か**

(a) 賃料か負担か　借主が何らかの金銭を支払う場合に、それが賃料なのか使用貸借の負担にすぎないのか、争いになることがある（埼玉県弁護士会34頁以下参照）。賃貸借であれば、書面がなくても解除ができず、また、不動産の場合には借地借家法の適用を受けるので、対価と評価されるかどうかは重大な問題となる。なお、通常の必要費は、使用借主の負担とされる（595条1項☞8-22）。

8-7 **(b) 賃料ではなく負担と認められた事例**　貸主が自己所有家屋の2階にある7畳間・6畳間の2室を自己の妻の伯父に貸し、通常であれば1畳につき月1000円を賃料として受け取るところを、全部で月1000円しか受け

4）　スーパーやデパートでの買物に際して、カゴ、カート、ベビーカーを借りる場合、店舗内での使用に限られ、占有は移転していないので客は占有補助者にすぎない。ただし、使用貸借ではないとしても、善管注意義務、原状回復義務などが認められるべきである。

§I　使用貸借の意義および法的性質

取っていない場合、対価というよりは特殊な人間関係に基づく謝礼であり、使用貸借とされた（最判昭 35・4・12 民集 14 巻 5 号 817 頁）。また、貸主が再従兄に家屋を貸与し、借主が貸主の固定資産税などを支払う場合、これが家屋使用の対価的意義を有すると認められる特段の事情がない限り、負担にすぎず使用貸借とされた（最判昭 41・10・27 民集 20 巻 8 号 1649 頁）。

8-8　**(2)　親族間における黙示の使用貸借が認められる場合**

(a)　使用貸借か親族法上の法律関係か　親族関係に基づいて不動産を利用する場合[5]、例えば、親の土地上に成年の子が建物を建築して家族でそこに居住する場合、あるいは子所有の家に親が住む場合など、使用貸借なのか、親族間の扶け合いの義務（730 条）に基づく法律関係なのか、明確とはいえない事例がある。未成年の子が親の建物に居住するのは、身上監護義務（820条）の履行であり、また配偶者の他方配偶者所有の住居への居住は同居、協力・扶助義務（752 条）に基づく居住[6]である。成年の子が親の住居に居住できるのは、どう法的に構成すべきであろうか。

8-9　**(b)　黙示の使用貸借契約の活用（擬制的使用貸借）**　所有者が死亡し共同相続がされた場合に問題になるが、8-10 判決は、親と同居しながら親の家業を手伝い、親の死亡後にこれを引き継いだ事例で、親子間に使用貸借を認めた。解除を制限するため、遺産分割までという不確定期限を設定している。全面的価格賠償を認めて（最判平 8・10・31 民集 50 巻 9 号 2563 頁）、その効力の相続時までの遡及効（909 条）によるのでは、保護として十分ではない[7]。

5)　情義的関係がある場合に限らず、大学が大学教職員組合に対して、労働協約に基づき無償で事務所を貸与した場合、使用貸借とされている（東京地判平 16・1・21 判タ 1155 号 226 頁）。

6)　＊夫婦の居住関係　配偶者の所有建物にその配偶者が居住する法律関係については、使用貸借契約が締結されているのではなく、752 条の扶助義務に基づく法定の居住権によるものと考えられる（賃貸物件の場合には、賃借人たる配偶者の扶助義務）。建物所有配偶者が別居しており非所有配偶者が建物を占有する場合に、所有者から明渡請求がされた事例がある。東京地判昭 45・9・8 判時 618 号 73 頁は、「夫婦は同居し互に協力扶助する義務を負うものであるから、夫婦の一方は特段の事情のない限り他方の所有家屋につき当然に居住権を有する」とし、「Y が X に対し右建物に居住することを拒否し退去を求める特段の事情は認められない」として請求を棄却している。東京地判昭 61・12・11 判時 1253 号 80 頁は、X に対する執拗な心理的または肉体的な圧迫、脅迫により、建物所有者 X が別居し、Y が建物を占有している事例で、「今後の円滑な夫婦生活はとうてい期待できない」ため、「X の同居拒絶には正当な理由があると認められ、Y は本件建物の占有権原を有するものではなく、これを X に明渡す義務がある」と判示する。夫婦の同居義務を問題にしている（判例につき、埼玉県弁護士会 79 頁以下参照）。

7)　遡及効で他の相続人の不当利得返還請求権を遡及的に否定できるようにみえるが、遺産分割では第三者に対する賃料債権については遡及効が及ばないとされていること（最判平 17・9・8 民集 59 巻 7 号 1931 頁）とのバランスからは、この点も否定される。

第2章　使用貸借　第3編　財産の利用を目的とした契約（契約各論②）

8-10　●**最判平 8・12・17 民集 50 巻 10 号 2778 頁　［事案］** A とその妻と成年の子 Y₁・Y₂ は A 所有の不動産に同居し店舗を営業していた。A が死亡し、Y₁・Y₂ のほか X ら多数の相続人がいるが、Y₁・Y₂ はそのまま本件不動産に居住し A の営業を引き継いでいる。そのため、X らが Y らに対し、①本件不動産の共有物分割を求めると共に、②賃料相当額の損害賠償を求めた。最高裁は、以下のように黙示の使用貸借を認定して、X らの請求を棄却している。

8-11　　**［最高裁判旨］**「共同相続人の一人が相続開始前から被相続人の許諾を得て遺産である建物において被相続人と同居してきたときは、特段の事情のない限り、被相続人と右同居の相続人との間において、被相続人が死亡し相続が開始した後も、遺産分割により右建物の所有関係が最終的に確定するまでの間は、引き続き右同居の相続人にこれを無償で使用させる旨の合意があったものと推認されるのであって、被相続人が死亡した場合は、この時から少なくとも遺産分割終了までの間は、被相続人の地位を承継した他の相続人等が貸主となり、右同居の相続人を借主とする右建物の使用貸借契約関係が存続する」。

8-12　●**最判平 10・2・26 民集 52 巻 1 号 255 頁　［事案］** 内縁の夫婦が共有の不動産で居住・共同事業をしていたが、夫の死亡後に単独で内縁の妻が使用を継続したため、夫の相続人が不当利得の返還を求めた事例――内縁の妻も共有持分を有するので明渡しを求めることができない――がある。8-10 事例と似ているが、相続財産の分割が考えられないので、使用貸借がいつまで継続するのかが問題になった。最高裁は次のように判示してこれを退けている[8]。

8-13　　**［最高裁判旨］**「内縁の夫婦がその共有する不動産を居住又は共同事業のために共同で使用してきたときは、特段の事情のない限り、両者の間において、その一方が死亡した後は他方が右不動産を単独で使用する旨の合意が成立していたものと推認するのが相当である。けだし、右のような両者の関係及び共有不動産の使用状況からすると、<u>一方が死亡した場合に残された内縁の配偶者に共有不動産の全面的な使用権を与えて従前と同一の目的、態様の不動産の無償使用を継続させることが両者の通常の意思に合致するといえるからである</u>」[9]。

---

8)　死亡した内縁の配偶者が単独所有する不動産に、残された配偶者が居住している事例につき、黙示の使用貸借を認めて、内縁の妻の居住を保護した判決として、大阪高判平 22・10・21 判時 2108 号 72 頁がある。原審判決は権利濫用によったが、権利濫用では不当利得返還請求が可能になる。

9)　占有者が共同相続人である前掲最判平 8・12・17（☞ 8-10）の事例とは異なり、遺産分割までという限定がないが、所有者たる相続人には 598 条 1 項による解除が認められる。

317

§Ⅱ　使用貸借の効力

8-14 ◆**配偶者短期居住権との関係**

（1）　配偶者短期居住権制度の創設と法務省の説明

　（a）　**配偶者短期居住権制度の創設**　2018 年相続法改正により、配偶者短期居住権が導入された（1037 条以下）。その適用は配偶者に限定されているので、その適用のない者（例えば、同居の長男）については、8-10 判決は依然として先例価値を保持することになる。問題は、配偶者である。①使用貸借は配偶者保護のための苦し紛れの擬制であり、正規の制度が認められた以上、これに一元化することも考えられる。②しかし、否定するまでもないというのが一般的な理解といえようか。そうすると、配偶者は、使用貸借と配偶者短期居住権の二重の根拠に基づいて居住ができることになる。

8-15 　（b）　**法務省の説明**　しかし、法務省民事局参事官室「民法（相続関係）等の改正に関する中間試案の補足説明」（2015）4 ～ 5 頁は使用貸借は事実上否定されるという理解である。以下のように説明する。

　「平成 8 年判例は被相続人とその配偶者の合理的意思解釈として使用貸借契約の成立を推認するものであるが、本方策のような見直しをした場合には、これにより使用貸借契約が締結された場合とほぼ同様の状態が確保されることになるから、被相続人とその配偶者の通常の意思としては、それとは別に使用貸借契約を締結する意思まではないと考えるのが自然ではないかと思われ、その限りで使用貸借契約の成立を推認する従前の判例は変更されることになる」。

8-16 **（2）　可能性は排除されない**

　ただし、法務省の説明は合意が認められる可能性を全く否定したのではなく、推定を否定しただけである。そのため、使用貸借を認定することは可能であり、その場合には「当該使用貸借契約のもとで設定された規範によって処理される」と評される（潮見佳男編著『民法（相続関係）改正法の概要』[金融財政事情研究会・2019] 84 頁 [潮見]）。推定はされないので、明確に同意される必要があり、その場合に効力を否定する理由はない。

§Ⅱ
使用貸借の効力

1　貸主の義務

8-17 **（1）　使用収益認容義務──使用収益を可能な状態に置く義務なし**

　貸主は、借主の使用を妨害してはならないという消極的義務を負うのみであり、賃貸人のように、対価を得て、反対給付たる使用収益可能な状態に目

第 2 章 使用貸借 第 3 編 財産の利用を目的とした契約（契約各論②）

的物を置く義務はない（596 条により 551 条が準用されている）。したがって、貸主は賃貸借のような修繕義務（606 条）を負うことはない。反面、通常の必要費は借主負担とされており（595 条 1 項）、借主は通常必要な修繕を自ら行う義務を負う。通常必要な修繕の原因が不可抗力であっても同様である。

8-18 **(2) 借主の管理義務との関係**

貸主には必要な管理をする権利はあるが、その義務はない。かといって、借主が必要な修繕を行わず放置することは、借主の善管注意義務違反になり、解除原因になる（☞ 8-20）。引渡し時の目的物の権利の瑕疵や物的瑕疵については、貸主は 551 条の贈与者と同じ規律に服し（596 条）、目的物に瑕疵があって使用に支障があったとしても、貸主に責任は生じない。

2 借主の義務

8-19 **(1) 善管注意義務**

(a) 用法遵守義務・善管注意義務 「借主は、契約又はその目的物の性質によって定まった用法に従い、その物の使用及び収益をしなければならない」（594 条 1 項）。これを**用法遵守義務**という。無償契約でも、無償給付を受ける者の注意義務を軽減する必要はなく、借主は、善管注意義務を負うと考えられる[10]。1 つの建物に 2 世帯が同居する形での使用貸借では、「互いに円満な利用関係を害することのないような行動をとるべき契約上の義務」が認められている（東京高判昭 58・10・31 判時 1097 号 43 頁［違反による解除は否定］）。

8-20 **(b) 善管注意義務違反の効果**

㋐ 貸主の解除権──損害賠償の除斥期間 貸主が用法遵守義務に違反した場合には、貸主は直ちに契約を解除することができる（594 条 3 項）。善管注意義務違反については、541 条・542 条により貸主は解除でき、信頼関係破壊の法理による解除制限はない。貸主が損害を被った場合には、貸主は損害賠償を請求できるが、目的物の返還から 1 年以内に制限されている（600

---

10) 例えば、自動車のチューンナップ作業を依頼し、代車として無償で修理会社所有の自動車を借り受け、自宅前の駐車場に駐車していたところ、何者かによって盗まれた事例で、一見して相当の価値のある自動車と認識できたのであり、シートをかけることなく丸 4 日以上もそこに駐車していたことから、借主の注意義務違反が認められている（東京高判平 16・3・25 判時 1862 号 158 頁）。用法違反としては、居住目的で貸したのに営業に使用する、荷物置場として貸したのに居住するといった事例が考えられる（東京地判平 6・10・14 判時 1542 号 84 頁）。

319

§Ⅱ　使用貸借の効力

条1項）。この期間の性質については、①除斥期間と解するのが起草者の考え
であり通説であるが、②消滅時効と考える学説もある（川島武宜「判批」判民昭8
年度18頁以下、石田穣199〜200頁）。返還時に損傷があったかどうかという争い
を、1年に制限した除斥期間と解すべきである。

8-21　　（イ）　**特別の完成猶予あり**　また、善管注意義務違反による損傷等の後も契
約が継続している場合には、不法行為または債務不履行による損害賠償請求
権の時効がそれぞれ起算されるが、返還を受けてから1年経過するまでは
時効が完成しないという完成猶予が規定されている（600条2項）。たとえ貸
主が損傷を知って5年以上経過しても、返還から1年は完成が猶予される
のである。返還を受けて初めて損傷を知った場合には、600条1項の1年
の除斥期間また166条1項1号の5年の時効が適用される。

8-22　**（2）　通常の必要費負担義務──修補義務**

　　（a）　**通常の必要費**　「借主は、借用物の通常の必要費を負担する」（595条1
項）。不動産の使用貸借の場合、その公租公課は、特段の事情のない限り
「通常の必要費」に属するものと解されている（最判昭36・1・27集民48号179
頁、東京地判平9・1・30判時1612号92頁）。固定資産税については、通常の必要
費と考えてよいが、否定説もある（中田329頁）。もっとも、これは任意規定
であり、これとは反対の合意も可能である。

8-23　　（b）　**特別の必要費・有益費**　以上の議論は「通常の」必要費だけであり、
有益費のみならず特別の必要費については583条2項が準用される（595条
2項）。老朽化による修繕費用は必要費だが、台風、地震等による損傷の修繕
費用は特別の必要費になる。貸主はこの場合にも修繕義務はないので、借主
が修繕をして求償するしかない（196条）。賃貸借のような通知義務の規定
（615条）はないが、借主は修繕が必要になったならば、貸主に通知すべきで
ある。貸主は所有者として目的物の維持管理に利害関係を有し、修補権はあ
るからである。

8-24　**（3）　第三者への転貸の禁止**

　　「借主は、貸主の承諾を得なければ、第三者に借用物の使用又は収益をさ
せることができない」（594条2項）。家族を住まわせるのもこの制限を受け
る。これに違反した場合、貸主は直ちに契約を解除することができる（同条3
項）。特別の人間関係が契約の行為基礎となっているので、賃貸借のように

第 2 章　使用貸借　第 3 編　財産の利用を目的とした契約（契約各論②）

信頼関係の破壊の有無で、さらに絞りをかける必要はない。使用借権は、貸主の同意がなければ譲渡することができないのは当然である。

3　借主の第三者との関係

8-25 **(1)　対抗力なし**

　賃貸借と異なり、使用貸借では契約また債権の相対効の原則通り、当事者間でしか効力を有しない。したがって、貸主が目的物を譲渡して所有者が変われば、借主は使用借権を譲受人には対抗できない。使用貸借に期間の合意があったり、目的を達していない場合であっても、貸主が目的物を譲渡することにより、借主は使用できなくなる。この場合、貸主は債務不履行による損害賠償義務を負うが、賠償請求できる損害内容は議論の余地がある。

8-26 **(2)　妨害排除請求**

　賃借権が対抗力を備えた場合には、妨害排除請求権が認められている（605 条の 4）。この論理では、対抗力を取得する余地のない使用貸借では、妨害排除請求権は認められず、占有訴権または債権者代位権（埼玉県弁護士会 162頁は否定）によるしかない。しかし、使用借権に基づく妨害排除請求権を認める学説もある（石田穰 201 頁、西島・後掲 9-9 論文 296 頁）。妨害排除請求権を不法行為の停止請求権と位置づけ、借主に使用借権の侵害停止の請求を認めるべきである。なお、第三者による使用借権侵害による不法行為も成立する（永井ユタカ「使用借権の財産的価値の立証」立命 347 号［2013］319 頁参照）。

> ## §Ⅲ
> # 使用貸借の終了

1　期間の定めがある場合

8-27 **(1)　貸主は期間の約束に拘束される**

　使用貸借の期間を定めた場合には、その期間の経過により契約は当然に終了する（597 条 1 項）。逆にいえば、使用貸借でも、期間を定めた以上は、その期間満了まで貸主は返還を請求できないことになる。一方、借主からは、いつでも契約を解除し返還ができる（598 条 3 項）——負担付きでも同様

321

§Ⅲ 使用貸借の終了

——。使用貸借の終了には、借地借家法は適用されず、更新拒絶に正当事由は必要ではない。また、使用の継続による黙示の更新規定もない。

8-28 **(2) 期間経過前の契約の終了が認められる場合**

期間の定めの有無を問わず、目的物の滅失などにより使用収益ができなくなれば、契約は終了する。616条の2のような規定はないが、当然である。内縁、娘の夫など特別の関係に基づいて使用貸借がされた場合、期間が定まっていても、その関係が借主の帰責事由により解消された場合には、使用貸借は失効すると考えられる（☞注8-14）。なお、注8-11も参照。

2 期間の定めがない場合

8-29 **(1) 使用目的の定めもない場合**

使用期間のみならず、使用目的も決めていない場合には、「貸主は、いつでも契約の解除をすることができる」（598条2項）。貸主は告知期間を与える必要はなく、直ちに契約を解除して返還を求めることができる。借主に何かしら目的はあろうが、それを明示または黙示に貸主に表示して、その目的が契約内容とされない限り、このようになる。借主もいつでも契約を解除して返還することができる（同条3項）。

8-30 **(2) 使用目的が定められている場合**

(a) 一時的目的の場合 例えば、コピーをするという一回的ないし一時的目的のためにノートを借りた場合、使用貸借の終了は2段階に分けて規定されている。なお、この場合も、借主からはいつでも解除をして返還することができる（598条3項）。

8-31 **(ア) 使用収益が終了した場合——当然の契約の終了** まず、「当事者が使用貸借の期間を定めなかった場合において、使用及び収益の目的を定めたときは、使用貸借は、借主がその目的に従い<u>使用及び収益を終えることによって終了する</u>」（597条2項）[11]。上記の例では、コピーが終わった場合である。他の者からコピーを譲り受けた場合には、もはやコピーの必要はなくなるの

---

11) 期間を定めなかった場合であることが要件になっており、期間を定めた場合には使用収益を終えても当然には契約は終了しない。しかし、借主は目的を達したのであり、期間満了まで保管義務を負うだけである。そのため、特に期間を定めたことにつき貸主に利益がある場合は別として、貸主に解除権を認めるべきである。

第2章　使用貸借　第3編　財産の利用を目的とした契約（契約各論②）

で（目的達成）、類推適用をしてよい。当然に契約が終了することになるが、貸主の返還請求があるまでは履行遅滞に陥らない（412条3項）。

8-32　**(イ)　使用収益をするに足りる期間が経過した場合——貸主の解除権成立**　597条2項だけであれば、借主はコピーが終わるまでいつまででも返還しなくてよいことになるが、それでは不合理である。そのため、さらに「貸主は、前条第2項に規定する場合において、同項の目的に従い借主が使用及び収益をするのに足りる期間を経過したときは、契約の解除をすることができる」という規定を置いた（598条1項）[12]。催告期間を置く必要はない。したがって、借主がまだコピーを終えていなくても、コピーに必要な期間が過ぎていれば、貸主は直ちに解除して、返還を請求することができる。

8-33　**(b)　期間の定めのない不動産の使用貸借——特に建物所有目的の土地の使用貸借**　賃貸借では、期間が定まっていなければ、賃貸人は予告期間を置いていつでも解約ができる（617条）。期間の定めのない使用貸借で最も問題になるのは、建物所有目的の土地の使用貸借である。特にこの点を配慮した規定はなく、改正前は旧597条2項ただし書の適用ないし類推適用によって解決されていた（判例の分析につき、安井龍明「民法597条に基づく使用貸借の終了」判タ1449号［2018］49頁参照）。現行法では、同規定を承継した598条1項の解釈によって運用されることになる。

8-34　**(ア)　一時的使用目的の場合**　一時的な使用が黙示的に約束されているといえる場合、例えば、会社を解雇されて社宅を追い出された者を、アパートが見つかるまで一時的に自宅の一室に住まわせるような場合、一時的という制限を実現するために2つの解決が考えられる。

8-35　**(i)　期間（不確定期間）の定めを認める解決**　まず、新たな建物が完成するまでの間、仮の住居として使用するためになされた建物の使用貸借契約において、「本件使用貸借契約においては、Y［借主］が本件売買契約により取得する新たな建物が通常予想される建築工事期間を相当程度超えてもなお完成しない場合には、その時点で本件建物を返還する旨の合意が黙示的にされていたものと認めるのが相当である」とした下級審判決がある（東京高判平

---

12)　597条1項・2項適用と、598条1項との差は、後者では契約の終了に貸主の意思表示が必要な点にある。返還（明渡し）の請求があるまで履行遅滞にならないが、不当利得が問題となる時点が変わってくる。

§Ⅲ　使用貸借の終了

10・11・30 判タ 1020 号 191 頁)。「通常予想される建築工事期間」という不確定な期間の合意があるという認定である（597 条 1 項）。

8-36　(ⅱ)　**「目的」に絞りをかける解決**　次に、597 条 2 項の「目的」に絞りをかけて、新しく住むところが見つかるまでの居住、というように制限をかけ、同条 2 項・598 条 1 項を適用することが考えられる。「Y は所有家屋の焼失により住宅に窮し、X から本件建物を『他に適当な家屋に移るまで暫くの間』住居として使用するために、無償で借り受けた」事例で、本件使用貸借の「使用、収益の目的」は、「当事者の意思解釈上、適当な家屋を見付けるまでの一時的住居として使用収益するということであると認められるから、適当な家屋を見付けるに必要と思われる期間を経過した場合には、たとえ現実に見付かる以前でも民法 597 条 2 項但書により貸主において告知し得」るものとされている（最判昭 34・8・18 集民 37 巻 643 頁）。

8-37　(イ)　**一時的使用という制限を付けられない場合**

(ⅰ)　**目的の定めを否定した判決**　「X の先代は、Y の亡夫 A が戦争当時住居に困っていたので、その窮状をあわれみ本件建物を無償で使用させることとし、爾来 Y 一家が本件建物に居住するようになった」事例で、現建物所有者 X の Y（A の妻）に対する明渡請求が認容されている（最判昭 32・8・30 集民 27 号 651 頁）。「Y の亡夫死亡後における本件使用貸借は返還の時期又は使用及び収益の目的を定めざりしものであって、貸主は何時にても返還を請求することができる」と認めた原審判決を容認する[13]。

8-38　(ⅱ)　**特別の事情がある場合**

❶　**行為基礎の喪失**　A（＝夫）の実母が A 家族が共同生活を営むために無償で貸している建物について、「婚姻関係はもはや破綻し、A は本件建物から出てしまい、他で居住するようになったものであるから、本件建物を、A とその家族が共同生活を営むための住居として使用するという本件使用貸借契約上の目的に従った使用収益は、……既に終了した」と、旧 597 条 2 項ただし書（現 598 条 1 項）を適用した判決もある（東京地判平 9・10・23 判タ

---

13)　使用貸借は借主の死亡により終了するところ（597 条 3 項）、A 死亡後も Y に居住を認めてきたのであり、これは契約は終了しているが明渡しを猶予していただけであるといえ、いつでも明渡しを請求できる状態が続いていたという特殊性がある。居住という目的が定まっているのであり、少なくとも Y の下では目的の定めもなくいつでも現行 598 条 2 項により解除ができるというのは適切ではない。

324

第 2 章　使用貸借　第 3 編　財産の利用を目的とした契約（契約各論②）

995 号 238 頁）。

8-39　❷　**借主側の帰責事由による特別の人間関係の破綻**　判例は、贈与における忘恩行為に匹敵する事例については、旧 597 条 2 項ただし書（現 598 条 1 項）を類推適用して解決する[14]（☞ 8-40）。贈与における忘恩行為の事例についての判例（☞ 5-50）を当てはめれば──こちらが先に出されていれば、負担付使用貸借による解決もありえた──、負担付使用貸借と認定して負担の不履行を理由とした解除が認められる（石田穣 202 頁、川井 207 頁）[15]。

8-40　●**最判昭 42・11・24 民集 21 巻 9 号 2460 頁　［判旨①（使用貸借の経緯）］**「本件土地の使用貸借は昭和 26 年頃 Y_1 の父 A 及び母 X_1 の間に黙示的に成立したもので返還時期の定めがないこと、本件使用貸借の目的の一部は Y_1 が本件土地上に建物を所有して居住し、かつ、Y_1 を代表取締役とする Y_2 会社の経営をなすことにあり、Y_1 は右目的に従い、爾来本件土地を使用中であること、しかし、本件土地の使用貸借の目的は、Y_1 に本件土地使用による利益を与えることに尽きるものではなく、一方において、Y_1 が他の兄弟と協力して Y_2 会社を主宰して父業を継承し、その経営によって生じた収益から老年に達した父 A、母 X_1 を扶養し、なお余力があれば経済的自活能力なき兄弟をもその恩恵に浴せしめることを眼目としていた」。

8-41　　**［判旨②（その後の事情［解除肯定]）］**「ところが昭和 31、2 年頃 A が隠退し、Y_1 が名実共に父業を継承し采配を振ることとなった頃から兄弟間にあつれきが生じ、Y_1 は、……さしたる理由もなく老父母に対する扶養を廃し、X_2 ら兄弟（妹）とも往来を断ち、3、4 年に亘りしかるべき第三者も介入してなされた和解の努力もすべて徒労に終って、相互に仇敵のごとく対立する状態となり、使用貸借契約当事者間における信頼関係は地を払うにいたり[16]、本件使用貸借の貸主は借主たる Y_1 並びに Y_2 会社に本件土地を無償使用させておく理由がなくなってしまったこと等の事実関係のもとにおいては、民法第 597 条第 2 項但書の規定を類推し、使用貸主は使用借主に対し、使用貸借を解約すること

---

14)　内縁の妻 X の土地の上に内縁の夫 Y が建物を建てている場合に、「このような土地の使用関係が民法上の使用貸借に該当するや否やの法律論は別論として、Y の本件土地の占有権原は特段の事情のない限り右内縁関係の存続する間だけに限られ、これが解消とともに消滅に帰するものと解するを相当とする」とされている（最判昭 35・11・10 民集 14 巻 13 号 2813 頁）。ただし、使用貸借と明確に認定はしていない。

15)　贈与において、負担付贈与により解決をした判決が出された後も、下級審判決であるが、旧 597 条 2 項ただし書（現 598 条 1 項）によって解決がされている。同規定の「趣旨は、契約締結後の事情の変更により、契約で定められた使用収益の目的の達成が不能となった場合や、契約の基礎又は前提となった当事者間の信頼関係が破壊されるなどとして貸主が借主に対して目的物を無償で使用させるべき実質的な理由が欠けるに至ったような場合にも、類推適用すべき」であるとしている（東京地判平 3・5・9 判時 1407 号 87 頁。東京地判平 23・5・26 判時 2119 号 54 頁も同様）。

325

§Ⅲ　使用貸借の終了

ができるとする原判決の判断を、正当として是認することができる」。

8-42　**(ⅲ)　特別の事情がない場合**

❶　適切な規定がない（法の欠缺）　上記のような特別の事情がない場合には、どのような場合に使用貸主は解除ができるのであろうか。598条1項の改正前規定である旧597条2項ただし書の判例が、受け継がれる。貸主が建物建築を許容している場合には、同規定の相当期間の経過という要件については特別の考慮が必要である。賃貸借では相当期間の経過は必要ではなく、猶予期間の設定だけでよいのに――ただ借地借家法の手厚い保護がある――、使用貸借では相当期間の経過が必要である。

8-43　**❷　建物所有目的の土地の使用貸借**　建物の使用貸借では、社会通念上相当の期間が経過したならば、598条1項による解除が認められてよい。他方、建物所有目的の土地の使用貸借では、相当期間の経過の有無が問題になる――建物は土地の一部にならない日本法の特殊性もある――。基本的には、建物を建築することを容認するのであるから、建築が許容された建物の合理的な耐久期間は土地の使用を認めるものと考えてよい。したがって、不確定の期間の定めがある事例に準じて考えるべきである。次の最高裁判決が注目される[17]。

8-44　●**最判平11・2・25判時1670号18頁　[事案・控訴審判決（請求棄却）]**　X会社はその所有の土地を取締役Yに使用貸借して、Yはこの土地の上に木造瓦葺2階建建物を建てて居住している。その後、YはX会社の取締役を退き、土地の使用を開始してから38年8カ月が経過している事例で、XからYに対する建物収去土地明渡請求が認められるかが問題とされた。原判決は、①いまだ建物が朽廃の状態になっていないこと、②Yには本件建物以外に居住すべき所がないこと、および、③Xには本件土地を特に必要とする特別の事情が生じて

---

16)　この信頼関係は、賃貸借上の信頼関係のように賃料支払など賃貸借関係に関わる取引的信頼関係とは異なり、使用貸借をする行為基礎にある人間関係についての情誼的信頼関係のことである。無償契約をするには、特別の情誼的人間関係があり、断われない情誼的保証人の事例のように、親、兄弟、親戚、友人といった関係である。本事例では、そのような、無償で何かをするという行為基礎たる人間関係が破壊されたことになる。

17)　そのほか、建物の使用貸借につき25年を経過している事例につき、東京高判昭61・7・30判時1202号47頁、兄弟間での土地の使用貸借で40年を経過している事例として神戸地判昭62・3・27判タ646号146頁などで、使用収益をするに足りるべき期間の経過が認められている。

326

第2章　使用貸借　第3編　財産の利用を目的とした契約（契約各論②）

いないこと、を理由として、旧597条2項ただし書所定の使用収益をするに足りる期間の経過がないとして、Xの請求を退けた。最高裁は次のように原判決の破棄差戻しを命じている。一般論は述べられておらず事例判決である。

8-45　　[最高裁判旨①（請求認容）（契約締結後の変化）]Yは土地の使用収益を開始してから、口頭弁論の終結の日まで約38年8カ月の長年月が経過している。その間、Xの代表取締役Aの長男Bと次男Yが取締役であり、Aは本件建物を建築しYに取得させると共に、土地を無償で使用させ（昭和33年12月頃）、A夫婦とYとが同建物で同居していたが、その後Aは死亡し（昭和47年7月）、それ以後BとYは、Xの経営をめぐっての意見が対立し、BがXの営業実権を握っていた。Yは平成4年1月に取締役の地位を喪失しているが、「本件使用貸借成立時と比べて貸主であるXと借主であるYの間の<u>人的つながりの状況は著しく変化しており</u>、これらは、使用収益をするのに足りるべき期間の経過を肯定するのに役立つ事情というべきである」。

8-46　　[最高裁判旨②（建物の状況・借主の状況は考慮しない）]「原判決が挙げる事情のうち、本件建物がいまだ朽廃していないことは考慮すべき事情であるとはいえない。そして、前期長年月の経過等の事情が認められる本件においては、Yには本件建物以外に居住するところがなく、また、Xには本件土地を使用する必要等特別の事情が生じていないというだけでは使用収益をするのに足りるべき期間の経過を否定する事情としては不十分である」。「その他の事情を認定することなく、本件使用貸借において使用収益をするのに足りるべき期間の経過を否定した原審の判断は、民法597条2項ただし書の解釈運用を誤ったものというべきであ」る[18]。

3　その他の終了原因[19]

8-47　**(1)　借主の死亡**

(a)　借主の死亡は終了原因　使用借権は、当事者間の特別の人間関係を基

---

18)　このように、判例は相当期間を当事者間の事情も考慮した上で決め、建物が朽廃していることは要件ではなく、貸主の使用の必要性がないこと、借主の使用の必要性があることは相当期間の経過を否定する事情にはならないという考えである。類推適用も含めると、借主の帰責事由が、相当な期間を短縮するのに考慮されていることになる。この点、建築が予定されている建物についての取引通念上相当な期間を客観的に決め、解約時点で建物が朽廃していることは必要ではなく、貸主や借主の使用の必要性は考慮される事情にはならないが、行為基礎たる人間関係の消滅、またそれについての借主の帰責事由は、相当期間を短縮するのに考慮され、また、賃貸や土地売却の申入れをしていること、立退料の提案も同様に考えるべきである。このように、598条1項を法の欠缺を補完する柔軟な規定として運用することを認め、借地借家法の正当事由のような柔軟な運用を認めるべきである。負担付使用貸借は、本規定を離れて債務不履行解除を認めてよい。

327

礎としており、一身専属的性質の権利といえ、期間の定めの有無を問わず、相続の対象にならないと考えられる。民法も、「使用貸借は、借主の死亡によって終了する」と規定した（597条3項）[20]——この規定の反対解釈としては、貸主の死亡は使用貸借の終了原因ではないことになる——。ただし、相続人が使用を続けているのを貸主が容認していることで、黙示の使用貸借が新たに締結されたものと認定する判決もある（東京高判平12・7・19判タ1104号205頁）。

8-48　　（b）　**家族が残されている場合**　借主のみならずその家族のためにも貸していた場合には、契約当事者たる使用借主が死亡しても使用貸借契約は終了しないとした下級審判決がある（東京地判平7・10・27判時1570号70頁。東京高判平13・4・18判時1754号79頁も同様）。東京地判平元・6・26判時1340号106頁は、一方で、「本件建物の使用貸借は、……XにおいてAの妻Bが自己の妹であることからその住居を確保する必要があるとの配慮から認めたものであるから、このような配慮が必要と認められる事情の存する限り、民法599条の規定にかかわらず、右使用貸借契約はAの死亡によって直ちに終了するものではない」とする。ただし、使用収益をするに足りる期間が経過したとして、契約の終了を認める。

8-49　**（2）　借主の義務違反による終了など**

　　借主に善管注意義務違反があれば、貸主は契約を解除できる（☞8-20）。また、借主は第三者に使用させることはできず、借主がこれに違反すると、貸主は直ちに契約を解除することができる（594条3項）。なお、借主が負担の履行を怠っている場合には、その負担が契約目的達成に必要なものである場合には、541条または542条により、貸主は契約を解除することができる。また、目的物の滅失により、契約は終了する（616条の2類推適用）。

---

19)　使用貸借の当事者についての破産手続開始決定は、契約の終了原因ではなく、また解除事由とも規定されていない。この問題については、中田裕康「使用貸借の当事者の破産」同『継続的契約の規範』（有斐閣・2022［初出は2014]）参照。

20)　借主の死亡により、無償の使用貸借が賃貸借に転化されることを認めて、借主と同居していた家族の保護を図る提案もあるが、そのような停止条件の特約がない限り、契約を結び直すことが必要である（潮見・新各論Ⅰ333頁注56)。

第2章　使用貸借　第3編　財産の利用を目的とした契約（契約各論②）

4　契約終了後の法律関係

8-50 **(1)　附属物の収去義務また収去権**

(a)　**借主の収去義務**　「借主は、借用物を受け取った後にこれに附属させた物がある場合において、使用貸借が終了したときは、その<u>附属させた物を</u><u>収去する義務を負う</u>」（599条1項本文）。ただし、借用物から、①分離することができない物、または、②分離するのに過分の費用を要する物については、収去義務を免れる（同項ただし書）。建物にエアコンを設置したならば、これを収去する必要があるが、床を貸主の同意を得てフローリングに改造した場合に、フローリングを収去する必要はない。有益費として、契約終了時の価値での費用償還請求が認められる。

8-51 (b)　**借主の収去権**　収去は借主の義務であるだけでなく権利でもあり、「借主は、借用物を受け取った後にこれに附属させた物を収去することができる」とされている（599条2項）。借主は附属物の収去義務を負わない場合でも、収去は可能である。分離に過分の費用が必要であっても、また、収去が社会通念上不能であっても、物理的に分離可能であれば、附属物を取り外して持って出ることができる。ただし、借用物に損害を与える場合には、収去は認められないと考えられる。

8-52 **(2)　原状回復義務**

(a)　**損傷についての損害賠償義務**　「借主は、借用物を受け取った後にこ<u>れに生じた損傷がある場合において、使用貸借が終了したときは、その損傷</u><u>を原状に復する義務を負う</u>」（599条3項本文）。賃貸借で述べるように、原状回復義務は、本来適法になされた変更や附属物の設置を、契約の終了によって適法化しえなくなったために元に戻すことである。帰責事由による損傷は当然に違法であり、契約の終了を待たずに損害賠償義務が負わされ、その内容は金銭賠償である（417条）。賃貸借同様に、趣旨不明の規定である。

8-53 (b)　**借主に帰責事由がなければ損害賠償義務なし**　「損傷」という善管注意義務違反による債務不履行に基づく損害賠償の問題であるため、「その損傷が借主の責めに帰することができない事由によるものであるときは、この限りでない」ものとされる（599条3項ただし書）。借主が自己に帰責事由がないことについて証明責任を負う。

329

§Ⅲ　使用貸借の終了

8-54　(c)　**通常損耗**

(ア)　**規定を置かなかった**　賃貸借では、621条括弧書によって通常損耗は、損傷とは扱わないことが規定されている。599条3項は、解釈に任せる趣旨で、あえてそのような括弧書は規定しなかった。賃貸借では、賃料で考慮されているという事情があるが、賃料のない使用貸借には当てはまらない。しかし、困窮している者の保護のために居住させる場合には、原状回復の費用負担も免除する趣旨であることも考えられ、契約解釈にかかる。

8-55　(イ)　**不明な場合**　通常損耗についての原状回復義務を免れしめる趣旨かどうか不明な場合が問題になる。使用貸借では賃料が支払われないので、賃料に含めて回収される通常損耗の原状回復費用は、借主が負担すると考えるべきであろうか。この点、「各当事者の意思としては、借主が経年劣化や常上損耗についての原状回復義務を負うことが想定されていないことが一般的なのではないか」と評価されている (埼玉県弁護士会189頁。新注民(13)Ⅰ209頁 [森山] も同旨)[21]。賛成したい。

8-56　**(3)　費用償還請求権および損害賠償請求権の除斥期間**

借主から貸主に対する費用償還請求権、また、貸主から借主に対する損害賠償請求権は、「貸主が返還を受けた時から1年以内に請求しなければならない」 (600条1項)。なお、返還を受ける前に損傷から10年以上経過してしまった場合には、166条1項2号の時効が完成してしまいそうであるが、これを阻止するために、「前項の損害賠償の請求権については、貸主が返還を受けた時から1年を経過するまでの間は、時効は、完成しない」ものと規定した (600条2項)。この期間をめぐっては8-21に譲る。

---

21)　賃貸借で、通常損耗を原状回復の対象から外す理由が、その費用は賃借人の負担であるが、賃料に含まれて回収されているからということにあるとしても、使用貸借では通常の必要費が借主の負担とされていることとのバランス論は無視できない。通常の必要費の負担に借主の負担を限定するのが民法の立場であると考えられ、通常損耗の原状回復義務を負担させるべきではなく、621条括弧書を類推適用すべきである (推定規定があることになる☞13-13①)。

330

第3編
財産の利用を目的とした契約（契約各論②）

第3章
賃貸借

§I
賃貸借の意義および特別立法

1 賃貸借の意義・成立

9-1 **(1) 賃貸借契約と賃借権**

(a) 賃貸借契約また賃借権の意義

(ア) 民法では諾成契約 賃貸借契約は、「当事者の一方［賃貸人］がある物の使用及び収益を相手方［賃借人］にさせることを約し、相手方がこれに対してその賃料を支払うこと及び引渡しを受けた物を契約が終了したときに返還することを約することによって、その効力を生ずる」双務・有償かつ諾成契約である（601条）[1]。賃貸借契約に基づく賃借人たる法的地位——賃借人の債権たる使用収益権にとどまらない——を**賃借権**という。

9-2 **(イ) 特約については書面が必要** 定期借地や定期借家契約については、その特約が効力を生じるためには書面が必要である（借地借家22条・38条）。ただし、書面がなくても特約の効力が否定されるだけであり、書面を作成したが特約が記載されていない場合も含め、賃貸借契約自体は有効である。なお、契約による成立の例外として、仮登記担保法には法定借地権制度があり、また、不動産賃借権の取得時効が認められている（☞民法総則9-215）。

9-3 **(b) 賃貸借の目的物** 賃貸借の目的物は「ある物」とされていて[2]、特定物であるのが通常であるが、カタログで商品をレンタルするように、種類物賃貸借も可能である。この場合、賃貸人の債務は種類債務となり、契約通りの内容の物を引き渡した上で、使用収益させる義務が認められる。そして、引き渡した物に不適合があって使い物にならない場合や、引き渡した物が不可抗力で滅失した場合には、新たな物を再度引き渡す義務を負う。

---

1) DCFR IV.B.-1:101条(2)は、「賃料と引き換えに、物品を一定期間使用する権利を付与することを約束する契約」と定義している。

2) 物以外の権利の賃貸借については、性質上許される限り賃貸借の規定を類推適用することが認められる。採掘権などの賃貸借、また、温泉権の賃貸借も可能になる。しかし、地上権者による土地の賃貸は「土地」の賃貸（他人物賃貸）であって地上権の賃貸ではない——賃借人による転貸借も賃借権の賃貸ではない——。知的財産権の利用を認めるライセンス契約は、賃貸借契約のように物の保管・返還といったことは問題にはならず、類推適用できる規定は限られる。

第3章　賃貸借　第3編　財産の利用を目的とした契約（契約各論②）

9-4　**（c）賃借権の権利の内容**　賃借権は、賃借人が、賃料を支払って、賃貸人に対して「ある物の使用及び収益」をさせるよう請求できる権利である。地上権のような物権ではなく、債権であり、賃借権は、この債権を含めた賃借人たる地位という契約上の地位である。「使用及び収益」というが、使用だけを内容とするもの、例えば動物のつがいの賃貸借で生まれた子供は貸主に帰属するという特約もできる。特約がない限り、賃借権に基づく「収益」が認められるので、生まれた子供は賃借人に帰属する。

9-5　**◆ファイナンス・リース契約──賃貸借の衣をまとった与信取引**
（1）形式と実質との齟齬
　リース（lease）とは賃貸借の意味であるが、いわゆるファイナンス・リース（以下「リース」という）は賃貸借のように、使用に対して賃料を支払うのではなく、商品の購入資金の与信を受け、それを分割払いにする取引である。事業者U（ユーザー）が機械をS（サプライヤー）から購入する際に、リースによって代金の支払をする場合、指定した商品をL（リース会社）にSから購入して代金を支払ってもらい、UはそれをLから賃借する形をとって、賃料名目で、融資金に事務処理手数料を含めた額をLに分割返済していくのである[3]。

9-6　**（2）実質に合わせた法的処理**
　そのため、SL間の売買、LU間の賃貸借は形だけであり、実質はSU間の売買契約、LU間の代金の与信＋所有者名義の税務・会計処理の委任契約である。Lは与信者にすぎないので、引き渡された物が契約に適合していなくても、また、引渡しを受けた後に目的物が不可抗力により滅失しても、Uは賃料名目で与信を受けた金銭の分割払いを拒絶できず、目的物の不適合について、Uは売主の責任をSに対して追及するしかない。判例は、形式に従い、リースを賃貸借（リース）の一種と考えるものの、その実質を重視し、Uに会社更生手続が開始した場合、リース料債権を更生手続開始後の共益債権ではなく、実質は更生手続開始前に受けた融資金の分割払債権と等しいため、更生手続前からの更生債権として扱っている（最判平7・4・14☞1-24）。

9-7　**（3）契約の法的性質**
　このように、判例は、リース契約を特約で修正された特殊な賃貸借契約と考えている。しかし、使用に対する対価を支払う、という賃貸借の本質を持たないのに、賃貸借と性質決定するのには無理があり、種々の学説が存在する。筆者はこれを信託類似の事務処理委託契約で、購入資金の融資・目的物件の留保所有権の取得を内容とする契約と構成する。UはLに対して目的物を買い取り所有者とな

3）　リースについては、西村あさひ法律事務所／有吉尚哉＝原田伸彦編著『リース法務ハンドブック』（2020）、新注民⒀Ｉ643頁以下（三枝健治）参照。

333

§I　賃貸借の意義および特別立法

ることを依頼し、Lに信託的に所有権が帰属する。Lは所有者としての事務処理を担当し、代金の支払は、立替払いであるクレジット契約と同じく実質的に与信と等しい。すなわち、事務処理の委任と融資という目的を信託形式で実現する取引である。目的物に不適合があった場合のSへの責任追及は、委託の内容にはなっておらず、Uが自ら行うことになる。

9-8　**◆リースバック契約**

　国交省が令和4年（2022年）に、「住宅のリースバックに関するガイドブック」を公表している。それによると、「住宅のリースバックとは、住宅を売却して現金を得て、売却後は毎月賃料を支払うことで、住んでいた住宅に引き続き住むというサービス」と定義されている。近年、住替えの円滑化や老後の資金需要への対応など、住宅利活用の新たな選択肢として注目されており（ほかに不動産ヴィアジェ等もある）、「住生活基本計画」（令和3年3月閣議決定）でも「健全なリースバックの普及」が位置づけられている。高齢者が老後の生活資金が必要であるが、住宅を売却して、他のアパートに引越しをするのではなく、住宅を販売して代金を得ながら、従前通り同じ家に住み続けることができるようにする取引であり、売買契約と賃貸借契約とが同時に締結されることになる。特に賃貸借としては変わりはなく、賃貸借の規律を受けることになる。

9-9　**(2)　不動産賃借権に基づく妨害排除請求権**

　(a)　判例を明文化　賃借権が侵害された場合、妨害者に対して賃借権に基づいて妨害行為の停止を求めることができるのかは、専ら不動産賃借権について議論があり、判例は変遷があったものの、現行法は判例を明文化することで問題を解決した（詳しくは☞債権総論3-61）。①605条の2第1項の対抗要件を具備した②「不動産の賃借人」であることを要件として、妨害停止（605条の4第1号）また返還（同条2号）を請求することを認めている。予防請求権については規定していない（同条については、西島良尚「債権である賃借権に基づく妨害排除……」日法88巻4号［2023］265頁参照）。

9-10　**(b)　残された問題**

　(ア)　残された問題点の確認　対抗要件を備えていない不動産賃借人、不動産使用借主、さらには動産の賃借人また使用借主については、解釈に任される。否定される場合には、債権者代位権（いわゆる転用の事例）によることが可能である──もちろん二重賃貸借およびその類似事例は別である──。また、対抗力を備えた不動産賃借人に、妨害予防請求権は否定され、やはり債権者代位権によらなければならないのかも問題になる。反対解釈をさせる

334

第3章　賃貸借　第3編　財産の利用を目的とした契約（契約各論②）

趣旨で規定をしなかったのではなく——「対抗要件を備えた場合に限り」という限定をしていない——、解釈に任せたものである。

9-11　**(イ)　解釈による補充の可能性**　対抗要件を具備しない不動産賃借権の不法占有者に対する妨害排除請求権については、これを肯定する学説が多い[4]。ただそうすると、その根拠について改めて議論が必要になる。妨害排除請求権が認められるのは排他的権利に限られ、不動産賃借権も対抗要件を具備すると排他性を備えることが、判例の根拠だからである。この点、違法な侵害（客観的な不法行為）の停止請求権と再構成すべきであり、この立場からは上記すべての問題は肯定することができる[5]。使用借主にも認められ[6]、さらには妨害予防請求権を認めてよい[7]。

2　不動産賃貸借をめぐる特別立法[8]

9-12　**(a)　建物保護法**（1909年）　不動産は、人の居住という生活の本拠地、ま

---

4)　本規定は判例の結論を確認しただけで、この場合以外は認めないと反対解釈をすべきではない。学説も、この点は法の欠缺であり解釈に任されていると評している（潮見・概要298頁、秋山靖浩「賃貸借・使用貸借(1)」詳解468頁、升田純『民法改正と賃貸借契約』［大成出版社・2018］76頁）。

5)　ただし、差止請求にみられるように、賃借権や使用借権の侵害については、損害賠償請求は認めるが、妨害排除請求また妨害予防請求まで認めるほどの違法性はないという事例も考えられる。立場は異なるが、認める許容性を要求する主張もある（西島・前掲論文271頁）。生活妨害型の方が人格的利益の保障も含まれることになり妨害排除請求が認められやすいが——位置指定道路なので通行権は認められないが、生活に必須なため「通行」を人格権的権利として認め、妨害行為の除去また将来の妨害行為の禁止請求が認められている（最判平9・12・18民集51巻10号4241頁）——、事業用賃貸借について否定する必要はない。もちろん他人物賃貸借（無断転貸も含めて）には、対抗要件を具備しようと（例えば、借家で引渡し）、占有訴権、転貸の場合には賃借人の代位権の代位行使以外の救済を認める必要はない。

6)　東京地判昭48・10・30判時733号70頁は、ゴルフ会員権に基づいてゴルフ場を買収し土地を宅地に造成しようとしている会社に対して、工事中止の仮処分が求められた事例で、第三者対抗要件具備を問題にできないため、不可侵性理論により、傍論的に妨害排除を認める。

7)　肯定説として、潮見・新各論Ⅰ438頁、中田458頁、新注民(13)Ⅰ316頁（森田宏樹）など。ゴミ焼却場の建設により健康被害が生じるおそれがあるとして、人格権、所有権、賃借権などを列挙して、差止請求を認めた下級審判決がある（松山地宇和島支判昭54・3・22判時919号3頁、徳島地判昭52・10・7判時864号38頁）。賃借権の侵害ではなく、その使用における不利益内容が考慮されている。

8)　＊**住宅セーフティネット法**　行政法であるが、単身の高齢者の入居困難——孤独死や火の不始末、賃料不払いの場合の退去に手こずることなどをおそれて賃貸人が契約を敬遠する——を解消するために、2007年に「住宅確保要配慮者に対する賃貸住宅の供給の促進に関する法律」が制定されている（高齢者との通常の賃貸借契約の問題については、高村至編著『高齢者をめぐる賃貸借実務対応マニュアル——入居・管理・死亡等による契約終了・再募集』［新日本法規・2022］参照）。この法律は2017年に改正され（いわゆる住宅セーフティネット法）、住宅セーフティネット制度が導入されている。これは、①住宅確保要配慮者の入居を拒まない賃貸住宅の登録制度、②登録住宅の改修や入居者への経済的な支援、③住宅確保要配慮者に対する居住支援の3つからなる。同法2条1項の「住宅確保要配慮者」の要件の1つに「高齢者」ということが定められている（3号）。

335

た、事業者にとっても事業活動の本拠地となり、賃借人の利用の安定が特に必要とされる。そのため、民法に対する特則として、不動産については、賃借人を保護するための特別立法が多くみられる。土地（借地）については、日露戦争後の地価の高騰期に、借地権の登記がされることはなく、賃貸人が土地を第三者に売却し、借地人は買主から建物の収去を迫られた。売買が地震同様に建物を崩壊させる原因となるため、**地震売買**と揶揄された。そのため、明治42年（1909年）に「建物保護ニ関スル法律」（**建物保護法**）が制定され、借地上に借地人が自己名義で登記した建物を有していれば、借地権の対抗力を認めるという特例が定められた。

9-13 　(b)　**借地法および借家法**（1921年）　大正10年（1921年）には、借地人および借家人の保護を目的として**借地法**および**借家法**が制定され、賃借権の存続期間の強化などを図ると共に、借家について、引渡しにより対抗力を認める規定が導入された。さらに、昭和16年（1941年）の改正により、戦災による住居不足下の借地人および借家人を保護するため、解約申込みおよび更新拒絶のために正当事由の存在を要求する、正当事由制度が導入された。

9-14 　(c)　**農地法**　農地の賃貸借について、昭和13年（1938年）に**農地調整法**が制定され、農地の引渡しを受ければ対抗力が認められた。これは農地改革後の昭和27年（1952年）の**農地法**に承継されると共に、賃貸借の終了について制限をして、農地賃借人の保護が図られている。農地または採草放牧地について賃借権を設定する場合には、当事者が農業委員会の許可を受けなければならず（同法3条1項）、この「許可を受けないでした行為は、その効力を生じない」（同条6項）。

9-15 　(d)　**借地借家法**　戦時中に導入された正当事由制度は、戦後も廃止されずに存続し、貸したら戻ってこないという危惧から新規の借地の供給がなくなり、これを打開するために平成3年（1991年）に建物保護法、借地法および借家法を1つの法律にまとめあげる**借地借家法**が制定された。正当事由制度の適用のない定期借地権という更新のない借地権を創設し（同法22条）、また、その後の改正により、借家についても、定期借家制度が導入されている（同法38条）[9]。

第3章　賃貸借　第3編　財産の利用を目的とした契約（契約各論②）

§Ⅱ
賃借権の対抗力と不動産賃借権の物権化

1　"売買は賃貸借を破る"という原則

9-16　**(1)　2つの利用権**

(a)　契約関係は相対的——売買は賃貸借を破る　賃貸借契約に基づく賃借権は債権関係であって、賃借人の賃貸人に対する債権を基礎として利用が可能であるにすぎない。賃貸人が目的物を譲渡すれば、それ以後は他人物賃貸借になり、譲渡人による履行は不能になるので契約は終了し、譲受人からの明渡請求に賃借人は応じなければならない。これを**"売買は賃貸借を破る"**という。このように、賃借権は第三者には対抗できない不安定な権利であり、このような不安定な権利の上に生活が依存するのは非常に危険である。

9-17　**(b)　地上権は物権であり絶対効**　他方で、土地賃借権と同様に、他人の土地を使用・収益する権利である地上権は、民法上、物権として規定され、土地の譲受人に対抗することができる。すなわち、土地の所有権は地上権という拘束を受け、これが登記されている限り、第三者にも対抗することができ（177条）、譲受人は地上権の拘束を受けた所有権を取得するにすぎない。ところが、地上権は建物に設定することはできず、また土地についても、力関係からして土地所有者が自己に不利な地上権を選択することはなかった。

9-18　**(2)　民法および特別法による修正**

以上の不都合を回避するために、民法は不動産賃借権の登記を認め、登記による第三者への対抗を認めた（605条）。しかし、賃貸人が登記に協力することまでは義務づけられず、実際にも登記がされることはなかった。そのため、9-12の地震売買の問題が生じ、605条では十分ではなく、一層の不動

---

9)　**＊終身建物賃貸借**　賃借権は相続性があるが、この点についての特別法としては、「高齢者の居住の安定確保に関する法律」が平成13年に制定されている（国土交通省住宅局住宅総合整備課監修『高齢者居住法の解説［第2版］』［大成出版社・2002］参照）。①60歳以上の者を賃借人とする場合に、②都道府県知事の認可を受けたならば、③公正証書による等書面によって契約をすることを要件として、借地借家法30条の規定にかかわらず、「当該事業に係る建物の賃貸借（1戸の賃貸住宅の賃借人が2人以上であるときは、それぞれの賃借人に係る建物の賃貸借）について、賃借人が死亡した時に終了する旨を定めることができる」と、相続性のない終身建物賃貸借の特約が可能とされている（同法52条）。

§Ⅱ　賃借権の対抗力と不動産賃借権の物権化

産賃借人の保護が要求された。これは、民法の改正によってではなく、特別法によって実現されている（☞ 9-21 以下）。

2　不動産賃借権の物権化

9-19　**(1)　民法による修正**

　(a)　不動産賃借権の物権化　民法は、「不動産の賃貸借は、これを登記したときは、その不動産について物権を取得した者その他の第三者に対抗することができる」と規定した（605条）。この規定のおかげで、不動産賃借権は、債権関係でありながら、物権と同様に譲受人にも対抗しうることになる。これを「不動産賃借権の物権化」というが、比喩にすぎず、物権になるわけではない。買主は地上権のように地上権の負担の付いた所有権を取得するのではない。また、対抗可能という法定の効果として、契約関係が承継されることになる（☞ 3-37）。

9-20　**(b)　不動産賃借権の登記はほとんどされない**　605 条が適用されるためには、土地の賃借権では土地に借地権の設定登記、建物の賃借権では、建物に賃借権の設定登記が必要である。しかし、物権とは異なり、特約がなければ、賃借人の賃貸人に対する登記請求権は認められず、実際にも、民法施行後、不動産賃借権の設定登記が行われることがなかった。その結果、9-12 に説明したような地震売買という社会問題を引き起こし、対抗要件具備のための特例が特別法により導入されたのである。

9-21　**(2)　特別法による修正**

　(a)　建物所有目的の借地権──建物保護法（現借地借家法）

　(ア)　建物登記による借地権の対抗力の取得　建物保護法（☞ 9-12）は、その 1 条で、「建物の所有を目的とする地上権又は土地の賃借権に因り地上権者又は土地の賃借人が其の土地の上に登記したる建物を有するときは地上権又は土地の賃貸借は其の登記なきも之を以て第三者に対抗することを得」（原文カタカナ）るという、画期的な規定を置いた。この規定は、表現が修正されながらも、借地借家法 10 条 1 項に承継されている。

9-22　**◆借地借家法の適用のある借地──建物所有が目的の土地の賃貸借に限る**
　(1)　建物所有目的の場合に限られる
　　借地借家法が適用になるのは、一切の土地の賃貸借ではなく、建物所有──居

第3章　賃貸借　第3編　財産の利用を目的とした契約（契約各論②）

住用の建物に限らない——を目的とする場合に限られる。すなわち、借地借家法1条は「建物の所有を目的とする地上権及び土地の賃借権」と規定している（宮下修一「借地借家法における『建物所有目的』の意義」磯村保ほか編『法律行為法・契約法の課題と展望』[成文堂・2022] 581頁参照）。駐車場のため、資材置き場のため、建物ではない工作物（鉄塔など）所有のための場合には、借地借家法の適用はない。

9-23
(2)　「建物」の意義

建物の意義については民法総則5-10に譲る。温室、寺院、倉庫などでもよい。地上の建造物だけでなく「地下停車場、地下駐車場又は地下街の建造物」も建物と認められるため（不動産登記事務取扱手続準則77条）、土地の地下の一部を借りてこれらの建造物を設置する場合でも、借地契約になる。借地人所有の建物の屋上の一部を借りて建物を作る場合には、借家でもなく借地でもなく、借地借家法の適用はないことになる。

9-24
(3)　建物所有を目的とすること

(a)　適用肯定事例　借地上に建物を所有することも目的とはしているが、主たる目的はほかにあり、建物所有は従たるものにすぎない場合の借地借家法の適用の可否が問題になる[10]。①自動車学校経営のための土地の賃貸借については、校舎や事務室等の建物と教習コースの両者が自動車学校経営の目的を達成するために必要であるとして、借地法（当時）の適用が肯定されている（最判昭58・9・9判時1092号59頁、東京地判平2・6・27判タ751号139頁）。②また、ガソリンスタンド経営のための土地の賃貸借も、店舗や事務所は不可欠なものであるとして借地借家法の適用が肯定されている（東京地判平4・3・31判時1487号67頁）。

9-25
(b)　適用否定事例　他方、露天造船の目的（大判昭15・11・27民集19巻2110頁）、ゴルフ練習場（最判昭42・12・5民集21巻10号2545頁）[11]、バッティング・センター（最判昭50・10・2判時797号103頁）、園舎と隣接する幼稚園運動場（最判平7・6・29判時1541号92頁）、乗馬学校（東京地判平9・10・15判時1643号159頁）、中古自動車の展示販売場（東京地判平7・7・26判タ912号184頁）、釣り堀（東京高判昭57・9・8判タ482号90頁）、養鱒場（宇都宮地判昭54・6・20判時955号107頁）、園芸用植木の販売場（広島高判平5・5・28判タ857号180頁）のための賃貸借では、付属建物の所有は従たる目的にすぎないとして借地借家法の適用が否定されている。

9-26
(イ)　公示の要請の後退　不動産取引は、登記によって権利関係が確認され

---

10)　1つの契約によって締結されていても借地法が適用されるのは建物所有に通常必要であると客観的に認められる範囲に限られ、これを超える部分に適用はないとして、家庭菜園としてのみ使用されている土地部分について、その適用が否定されている（神戸地判昭62・2・27判時1239号93頁）。9-38以下も参照。

11)　本判決は、「借地人がその上に建物を築造し、所有しようとする場合であっても、それが借地使用の主たる目的ではなく、その従たる目的にすぎないときは」含まないとの一般論を述べる。事案への当てはめとして、「ゴルフ練習場を経営するのに必要な原判決判示のような事務所用等の建物を築造・所有することを計画していたとしても、それは右土地自体をゴルフ練習場に利用するための従たる目的にすぎなかった」として、借地法の適用を認めた原判決を破棄する。

339

§Ⅱ　賃借権の対抗力と不動産賃借権の物権化

て行われるという理念からすると、上記の規定は異例である。なにしろ、土地の登記簿を調べても、借地権の記載がないのである。このような例外的扱いを正当化するのは、**現地検分主義**である。土地を購入する際に現地を確認しないで、登記簿の確認だけで済ますことは通常はありえない。現地に行けば、建物があることはわかる。その建物の所有者を建物登記で調べることができ、土地所有者でないことは容易に確認できる。その上で、現地の建物の占有者に確認すれば、土地利用が借地権に基づいていることを聞き出すことはできる。

9-27　　**（ウ）　建物の所有権保存登記の位置づけ**　こうして、現地に赴いて占有者に確認すれば、いわば占有者をインフォメーションセンターとして、借地権の確認がとれる。ここまで、登記による公示という理念を緩和し、不動産取引に入ろうとする者の負担を増やしてでも、借地権者を保護しようとしたのである。だとすれば、借地人が建物を建てて土地を占有している事実さえあればよく、建物の登記さえ要件とすることも不要なのではないかという疑問を生じる。9-28 以下に問題となった事例を説明してみよう。

9-28　　**◆対抗力が問題となった事例**
　　（1）　地番に誤りがあった場合──事例により解決が分かれる
　　　（a）　対抗力が認められた場合　建物の登記簿の所在地に誤りがあった場合、借地権の対抗力について、判例は、「当該建物の同一性を認識し得る程度の軽微な誤りであり、殊にたやすく更正登記ができるような場合」には対抗力を認めている（最大判昭 40・3・17 民集 19 巻 2 号 453 頁）。事案は、79 番地にある借地人所有の建物が 80 番地上にあるものとして登記されていた事例である。「土地を買受けようとする第三者は現地を検分して建物の所在を知り、ひいて賃借権等の土地使用権原の存在を推知することができるのが通例であるから、右のように解しても、借地権者と敷地の第三取得者との利益の調整において、必ずしも後者の利益を不当に害するものとはいえず、また、取引の安全を不当にそこなうものとも認められない」と説明をする。2713 番上の建物なのに隣接地の 2710 番と表示されていた場合にも、対抗力が肯定されている（最判昭 45・3・26 判時 591 号 64 頁)[12]。

9-29　　　**（b）　対抗力が否定された場合**　これに対し、借地が 554 番 1、553 番 68、553 番 2 にまたがっているのに、建物の登記上の敷地は道路を隔ててかなり離れた場所である 552 番と表示され、建物も、登記簿上は平屋建てなのに、実際には増築により 2 階建てとなっている場合について、「その相違が建物の同一性を認識し得る程度に軽微なものといえない」として、対抗力を否定した下級審判決がある（東京高判昭 61・4・28 判時 1191 号 82 頁）。判例は、借地人の権利保護要件と

340

第3章　賃貸借　第3編　財産の利用を目的とした契約（契約各論②）

して有効な登記を必要としているといえよう。

9-30
(2)　他人名義で登記した場合

(a)　判例は対抗力を否定　借地人が将来の相続のことを考えて、長男名義で建物の保存登記をした事例で、判例は借地人名義の建物登記を要件とした根拠を、登記名義人が借地権を有することの推知可能性に求め、他人名義の登記ではこれは否定されるとして対抗力を否定する（最大判昭41・4・27 ☞ 9-32 判決）。その後も、最判昭47・6・22民集26巻5号1051頁（妻名義の事例）、最判昭50・11・28判時803号63頁（子名義の事例）と、借地権の対抗力を否定する判決が続いている。しかし、登記だけを確認して取引をするのではなく、建物登記簿には借地権の記載はないので、推知可能性だけで補うのは擬制に近く、占有者への調査という手間が入ることで、推知可能性が認められるのである。

9-31
(b)　登記の有効性は権利保護（資格）要件　土地登記簿に借地権登記がないのに対抗力を認めるのは、現地検分主義による。建物居住者に聞けば借地権者ではない妻などの名義で登記されていることは容易にわかる。それなのに、対抗力を否定するのはどう説明すべきであろうか。この点、借地権の対抗力が認められるための権利保護要件として「有効な登記」が要求されていると考えるしかない。下記判決も、「同法の保護を受けるに値しないからである」と説明している。有効な登記を有することを保護に値する借地権の要件とするのである。他方、学説には、緩和しようとする考えが有力である（水本249～250頁など）。

9-32
●**最大判昭41・4・27民集20巻4号870頁　[判旨①（対抗力を否定）]**「賃借人が地上に登記した建物を所有することを以って土地賃借権の登記に代わる対抗事由としている所以のものは、当該土地の取引をなす者は、地上建物の登記名義により、その名義者が地上に建物を所有し得る土地賃借権を有することを推知し得るが故である」。「従って、地上建物を所有する賃借権者は、自己の名義で登記した建物を有することにより、始めて右賃借権を第三者に対抗し得るものと解すべく、地上建物を所有する賃借権者が、自らの意思に基づき、他人名義で建物の保存登記をしたような場合には、当該賃借権者はその賃借権を第三者に対抗することはできな

12)　建物の登記における所在地番の表示は建物を取得した昭和34年当時は正しく登記されていたが、後に登記官が職権で表示の変更の登記をするに際し、地番の表示を誤ったため実際の地番と異なるものとなった可能性が高い事例においても、借地権の対抗力が肯定されている（最判平18・1・19判時1925号96頁）。「当初は所在地番が正しく登記されていたにもかかわらず、登記官が職権で表示の変更の登記をするに際し地番の表示を誤った結果、所在地番の表示が実際の地番と相違することとなった場合には、そのことゆえに借地人を不利益に取り扱うことは相当ではない」、「また、当初から誤った所在地番で登記がされた場合とは異なり、登記官が職権で所在地番を変更するに際し誤った表示をしたにすぎない場合には、上記変更の前後における建物の同一性は登記簿上明らかであって、上記の誤りは更正登記によって容易に是正し得る」ことが理由である。

341

§Ⅱ　賃借権の対抗力と不動産賃借権の物権化

い」。

9-33
　　[判旨②（対抗力否定の理由）]「けだし、他人名義の建物の登記によっ
ては、自己の建物の所有権さえ第三者に対抗できないものであり、自己の
建物の所有権を対抗し得る登記あることを前提として、これを以て賃借
権の登記に代えんとする建物保護法１条の法意に照し、かかる場合は、同
法の保護を受けるに値しないからである」。「本件の如く甲名義の登記簿の
記載によっては、到底Ｙが建物所有者であることを推知するに由ないので
あって、かかる場合まで、Ｙ名義の登記と同視して建物保護法による土地
賃借権の対抗力を認めることは、取引上の第三者の利益を害するものとし
て、是認することはできない。また、登記が対抗力をもつためには、その
登記が少くとも現在の実質上の権利状態と符合するものでなければならな
いのであり、実質上の権利者でない他人名義の登記は、実質上の権利と符
合しないものであるから、無効の登記であって対抗力を生じない」。

9-34
⑶　譲渡担保のために建物について所有権移転登記がされた場合
　⒜　判例は設定者の借地権の対抗力を否定　Ａから土地を借りて建物を所有
し、自己名義で所有権保存登記をしていたＹが、Ｂから借金をして、建物を譲渡
担保に供し、Ｂ名義に所有権移転登記をした後、当該土地がＡからＸに売られ
た場合に──その後Ｙは借金を返済し、建物の登記名義も回復している──、Ｘ
からの明渡請求に対して、Ｙが借地権をＸに対抗できるかが問題とされた。最
判平元・２・７判時1319号102頁は、Ｙの借地権の対抗力を否定はしたが、Ｘ
が背信的悪意者かどうか、あるいはＸの明渡請求が権利濫用ではないかを審理
させるために、差戻しを命じている。

9-35
　⒝　借地権者は誰か　議論の前提として、誰が借地権者なのかということが問
題になる。建物所有権と共に借地権が移転するのであれば、ＹからＢに借地権も
移転し、借地権者と建物所有登記の間に齟齬はない。本判決の前提には、建物に
譲渡担保権が設定されても利用権限はＹに残され、したがって借地権者はＹで
あるという理解がある。現地検分主義では居住者に聞けば、譲渡担保がされてい
るにすぎず、借地人がＹであることは容易にわかる。Ｙの借地権の対抗を認め
るべきである。Ｙは一度満たした対抗力を失わない。

9-36
⑷　未登記建物の場合
　⒜　権利濫用による判例　表示の登記は権利関係を公示するものではないが、
借地上の建物について表示の登記がされているのであれば、借地権に対抗力が認
められる（最判昭50・2・13民集29巻2号83頁）。しかし、建物が未登記である場合
に、大審院は、譲受人の善意・悪意を問わずに借地権の対抗力を否定した。ただ
し、戦後は、対抗力は認めないが、譲受人からの建物収去・土地明渡請求を権利
濫用により退ける判例が現れている（最判昭38・5・24民集17巻5号639頁など）。そ
のため、未登記の場合についても、判例は借地人保護にかなり傾斜してきている

と評されている（新版注民⑯ 365 頁［幾代通］、水本 254 頁）。

9-37　　(b)　**他の解決の必要性**　しかし、明渡請求が権利濫用というだけでは、<u>賃貸借関係が承継されない</u>ので不都合である。そのため、むしろ背信的悪意者論で処理をし、借地権の対抗力を認める提案がされている（広中 205 頁など）。有効な登記を権利保護要件とすると、登記がない以上対抗力は認めることはできない。背信的悪意者排除の法理が使えるのかは疑問がある。物権変動では本来絶対効なのに、対抗要件主義で例外的に制限をするので背信的悪意者を除外してよいが、本来ない対抗力を例外的に付与する制度なので、権利保護要件を厳格に要求することも考えられる。

9-38　**(5)　隣接地も併せて賃借している場合**

　　(a)　**ばらばらに対抗要件を考察する判例**　甲地を借り受け、同土地上に保存登記を経由した建物を所有する借地人が、甲地に隣接する乙地も賃借して庭として使用している場合に、建物保護法 1 条（現借地借家 10 条）について、判例は「本件土地が甲地と一体として本件建物所有を目的として賃借されているとみるべきか否かについて判断するまでもなく、右法律による甲地に有する Y らの賃借権の対抗力は<u>本件土地には及ばない</u>」とした（最判昭 44・10・28 民集 23 巻 10 号 1854 頁）。乙地は庭として使用する目的であり、建物がないので借地借家法による対抗力取得はできないことになる。

9-39　　(b)　**権利濫用による判例**　数個の土地をガソリンスタンド経営のために借りた事例で、「建物の所有を目的として数個の土地につき締結された賃貸借契約の借地権者が、<u>ある土地の上には登記されている建物を所有していなくても、他の土地の上には登記されている建物を所有しており、これらの土地が社会通念上相互に密接に関連する一体</u>として利用されている場合においては、借地権者名義で登記されている建物の存在しない土地の買主の借地権者に対する明渡請求の可否については、双方における土地の利用の必要性ないし土地を利用することができないことによる損失の程度、土地の利用状況に関する買主の認識の有無や買主が明渡請求をするに至った経緯、借地権者が借地権につき対抗要件を具備していなかったことがやむを得ないというべき事情の有無等を考慮すべきであり、これらの事情いかんによっては、これが権利の濫用に当たるとして許されないことがある」とされた（最判平 9・7・1 民集 51 巻 6 号 2251 頁）[13]。

9-40　　(c)　**対抗力の拡張を認めるべき**　権利濫用により明渡請求を否定するだけでは、賃貸借の対抗を認めないので不法占有になり、その後の法律関係に疑問が残る。土地は便宜的に登記で個数が決められるが、複数の土地を 1 つの賃貸借の目的としているのであり、現地検分主義の観点からはそのことが容易にわかる。①

---

13)　借家についての 11-48 も同様である。譲受人を背信的悪意者として処理する下級審判決もある（東京地判昭 41・6・18 判タ 194 号 153 頁、東京高判昭 45・5・27 判時 606 号 35 頁、東京地判昭 47・7・25 判時 685 号 107 頁等）。

§Ⅱ　賃借権の対抗力と不動産賃借権の物権化

1つの賃貸借契約として、建物がない土地にも対抗力を認めるか、②2つの賃貸借であるとしても、1つの一体的な対抗力を認めるべきである。土地の所有者が異なる場合でも、2人が共同して1つの土地として賃貸した場合でも、同様の解決が可能である。この場合には、賃借人の主観では足りず、一体として利用することが合意されていることが必要である。

9-41
◆建物滅失の場合の特則
(1) 存続要件であり対抗力は消滅する

　登記された建物があっても、後にそれが滅失してしまえば、登記した「建物を有する」という要件を満たさないことになり、一旦生じた対抗力は消滅する。しかしこのような場合に、建物を再築するまでの間に土地が売却されてしまうと、借地人は譲受人に対抗できないことになり、不都合である。そのため、関東大震災、第二次世界大戦の戦災の際に特例法が導入された。さらに、借地借家法により原因を問わない例外が認められている。

9-42
(2) 災害についての特例法

　関東大震災に罹災した借地人・借家人を保護するために、大正13年に借地借家臨時処理法が制定され、対抗力の保持が認められた。また、第二次世界大戦による戦災で建物を焼失した、または建物疎開により建物の取壊しを受けた借地人・借家人を保護するための罹災都市借地借家臨時処理法が昭和21年に制定されている。その後の改正で、「政令で定める火災、震災、風水害その他の災害のため滅失した建物がある場合に」準用される。その後、平成25年に、大規模な災害の被災地における借地借家に関する特別措置法が制定され、「大規模な災害の被災地において、当該災害により借地上の建物が滅失した場合における借地権者の保護等を図るための借地借家に関する特別措置を定めるもの」（同法1条）であり、これにより上記関連法令は廃止された。同法は、建物が滅失しても、政令公布から6カ月の対抗力を認め、または掲示により3年間の対抗力を認めている（同法4条）。

9-43
(3) 借地借家法の特例

　大規模な災害によらない、例えば個別的な火災による建物の焼失の事例についても、借地借家法は、「借地権者が、その建物を特定するために必要な事項、その滅失があった日及び建物を新たに築造する旨を土地の上の見やすい場所に掲示するときは、借地権は、なお」対抗力を有するものとしている（同法10条2項）。ただし、その暫定的対抗力は滅失から2年間のみである[14]。

---

14)　この規定から、建物保護法から借地借家法への大きな転換があったと評価されている（広中202頁）。①まず、「建物保護」から「借地権保護」への転換である。建物がなくなれば、建物保護ということは考えられなくなる。②次に、「建物登記一辺倒」から「現地検分主義の加味」の姿勢への変更がある。現地での掲示で公示としての意義を認めるという前提には、当然現地を検分するという評価があるといってよい。

344

第3章　賃貸借　第3編　財産の利用を目的とした契約（契約各論②）

9-44　**(b)　占有のみで対抗力を認める特別法**

(ア)　農地法　農地の賃借権も土地の賃貸借ではあるが、建物所有のための借地権と異なり、建物の登記を問題にすることができないため、農地の引渡しだけで対抗力が認められている（農地16条）。現地に行っても、農作物が植えられているだけで、農地賃借人の農作物という表示があるわけではない。もはや、占有は権利保護要件としての意味しかない。

9-45　**(イ)　借家法（現借地借家法）**　借家権は、借家法1条1項により、建物の引渡しにより対抗力が認められ、これが、借地借家法31条に承継されている。借地権のように登記を手掛かりとするのではなく、完全に現地検分主義で、買受人が自ら調査することが要求される。占有している者に聞けば借家権がわかるということでしか、正当化できないものである。

9-46　**◆借家の意義──「建物」の賃貸借を目的とすること**

(1)　建物の賃貸借

　借地借家法は、借「家」と称しているが「建物の賃貸借」が対象となっており、居住用のみならず事業用の建物にも適用になる。「建物」という要件については9-23の建物と同様に考えてよく、地下街の建造物を借りるのも借家契約となる。不動産登記事務取扱手続準則77条では、「ガード下を利用して築造した店舗、倉庫等の建造物」も建物とされており、ガード下を借りて店舗を経営する場合にも借家契約となる。同準則では、「半永久的な建造物」である限り、「園芸又は農耕用の温床施設」も建物とされており、養殖池と養殖用ビニールハウス等により構成されたウナギの養殖施設の賃貸借に、借地借家法の適用が認められている（東京高判平9・1・30判時1600号100頁）。

9-47　**(2)　建物の一部の賃貸借（ケース貸し）**

　建物の一部であってもよいが、デパートや駅構内などでみられる、化粧品の店、弁当販売店などが、その区画をデパートや鉄道会社などから借りて営業をする場合──**ケース貸しないしボックス貸し**という──、借家契約といえるのかは問題である。建物に自動販売機の設置を認め賃料を支払うのは、賃貸借とはいえるとしても占有の移転はなく借家契約ではない──屋根や外壁に看板を設置するのも同様──。ケース貸しは自動販売機を置くのを拡大して店員を付けているような利用であり、判例は「独占的排他的支配」の有無を「借家」の認否の基準としており[15]──デパート内でもレストランであれば借家契約になる──ケース貸しにおいて、フロアはデパートなどが占有しているからである。

345

§Ⅱ　賃借権の対抗力と不動産賃借権の物権化

9-48
◆建物賃貸借と密接不可分な看板部分の賃貸借
(1)　判例は権利濫用による

　建物の屋上や壁面の看板などの広告掲示のための賃貸借は、借家契約とはいえず借地借家法は適用されない。ところが、看板だけの設置ではなく、その建物の地下で飲食店を営業していて、1階の建物の壁面に看板を出している場合、2つの賃貸借を別の契約と考えれば、建物が第三者に譲渡された場合、地下1階の賃貸借は対抗できても、壁の部分は対抗できないことになる。密接不可分に結び付いた2つの契約であって、一体不可分と考えるべきではあるが、それを実現する法的構成が問題になる。判例は、9-50のように権利濫用によった。

9-49
(2)　対抗力の拡張を認めるべき

　しかし、対抗力を否定すると不法使用になり、事後処理に難点が残される。賃借人が営業を止めてしまえば、その時点から権利濫用にはならなくなるのか、その法律関係をめぐっては不明な点が多い。権利濫用の反射として対抗が可能になるとは考えられず、不法な使用関係のままなのであるから、不当利得が問題になる。利用権限がないので看板を交換することもできず、好ましくない権利関係である。むしろ、不可分一体的に看板の賃貸借関係にも対抗力の拡張を認めるべきである。この解決では、看板をめぐる利用関係も譲受人に承継されることになる。田原裁判官は補足意見で1つの賃貸借契約という解決を提案する。

9-50
> ●**最判平 25・4・9 判時 2187 号 26 頁**　[事案] Ｙは渋谷駅周辺の繁華街に位置する地上4階、地下1階の建物の地下1階部分を賃借し、そば屋を営業していた。営業開始以降、賃貸人Ａの承諾を得て、看板等を本件建物の1階部分の外壁、床面、壁面等に設置していた。本件建物はその後、ＡからＢ、ＢからＸに売却された。BX 間の売買契約書には、本件建物の賃借権の負担等がＸに承継されること、本件建物に看板等があることなどが記載されていた。原審は、本件建物部分のＹの賃借権には本件看板等の設置権原は含まれていないとした上で、Ｘによる本件看板等の撤去請求を、権利の濫用に当たる事情は見受けられないとして認容した。最高裁は、以下のように権利濫用を認めて、原審判決を破棄する。

15)　店舗の一部を支配的に使用するのでなければ、借家法（当時）の適用のある賃貸借とはいえないとされる（最判昭 30・2・18 民集 9 巻 2 号 179 頁）。東京地判平 20・6・30 判時 2020 号 86 頁は、「当該部分が他の部分と客観的、明確に区別され、独立排他的な支配を可能とする構造と規模を有する」ことを必要とする。転貸借の事例であるが、フロアの一部の賃貸借について、同じフロアの他の部分と区画され、独占的排他的支配が可能な構造・規模を有するとは認められないとして借地借家法の適用が否定された事例がある（東京地判平 21・4・27WLJPCA04278002）。この基準は適切なものであると考え、賛成したい。前掲東京地判平 20・6・30 も、JR 駅構内の一区画を借りてレストランを経営している事例で、「借地借家法の適用される建物であるというためには、当該部分が他の部分と客観的、明確に区別され、独立排他的な支配を可能とする構造と規模を有するものであることが必要」であるとして、これを否定している。

第3章　賃貸借　第3編　財産の利用を目的とした契約（契約各論②）

9-51　　　［判旨①（賃借人の不利益）］「本件看板等は、本件建物部分における本件店舗の営業の用に供されており、本件建物部分と社会通念上一体のものとして利用されてきたということができる。Yにおいて本件看板等を撤去せざるを得ないこととなると、本件建物周辺の繁華街の通行人らに対し本件建物部分で本件店舗を営業していることを示す手段はほぼ失われることになり、その営業の継続は著しく困難となることが明らかであって、Yには本件看板等を利用する強い必要性がある」。

9-52　　　［判旨②（買主側の事情）］「他方、上記売買契約書の記載や、本件看板等の位置などからすると、本件看板等の設置が本件建物の所有者の承諾を得たものであることは、Xにおいて十分知り得た」。「また、Xに本件看板等の設置箇所の利用について特に具体的な目的があることも、本件看板等が存在することによりXの本件建物の所有に具体的な支障が生じていることもうかがわれない」。「上記の事情の下においては、XがYに対して本件看板等の撤去を求めることは、権利の濫用に当たる」。

9-53　**(3)　賃借権を譲受人に対抗できる場合の法律関係**

(a)　賃貸人たる地位の譲渡の場合──譲渡による賃貸人たる地位の移転

(ア)　賃借人の承諾不要

(i)　例外の余地を残す判例　①民法は賃借権を目的不動産の譲受人に対抗できる場合の効果を規定し（605条の2第1項☞9-61）、その賃貸人たる地位の移転の賃借人への対抗要件を規定した（同条3項）。②これとは別に、賃貸人たる地位の譲渡も考えられる。最判昭46・4・23民集25巻3号388頁は、賃貸人たる地位の譲渡につき、「特段の事情のある場合を除き」、「賃借人の承諾を必要とせず」と述べ、「特段の事情」がある場合に例外の余地を残していた。

9-54　**(ii)　現行法**　しかし、例外を認めても所有権の移転は否定できず、賃貸人たる地位が移転しないとすると他人物賃貸借になってしまい好ましくない。現行法は、「不動産の譲渡人が賃貸人であるときは、その賃貸人たる地位は、賃借人の承諾を要しないで、譲渡人と譲受人との合意により、譲受人に移転させることができる」と規定した（605条の3前段）。539条の2の例外を認め、賃借人の承諾を不要とし、判例と異なり例外の余地を残していない。

9-55　**(イ)　賃貸人たる地位の移転の賃借人への対抗**

(i)　177条の問題からの決別　そうすると、賃借人が知らない間に賃貸人が変更され、賃料債権の債権者が変わってしまうことになる。そのため、

347

§Ⅱ　賃借権の対抗力と不動産賃借権の物権化

契約上の地位の譲渡の相手方への対抗が問題になり、従前の判例は 177 条を適用して解決していた。現行法は、賃貸借に独自の規定を置き、賃貸不動産の所有権移転登記をしなければ「賃貸人たる地位の移転」を賃借人に対抗できないと規定した（605 条の 3 後段・605 条の 2 第 3 項）。

9-56　　(ⅱ)　**登記だけでよいのか**　しかし、契約上の地位の移転の対抗であり、467 条 1 項の趣旨から賃借人への譲渡通知は必須と考えられる。上記規定は登記を必須とするが、登記だけで対抗できるとは規定していない（必要十分条件ではない）。登記を知らずに、賃借人が譲渡人に支払うと無効になり、478 条によらなければならないのは不合理である。動産債権譲渡特例法が債務者への対抗には必ず債務者への通知を必要としているのと同様に、賃借人への対抗には賃借人への通知が必要と考えるべきである。ただし登記があるので、その謄本を添付して譲受人が譲渡通知をできると考えない。

9-57　　**(ウ)　対抗できる法律関係**　賃貸人たる地位の譲渡により、賃借人との賃貸借契約はすべての内容が承継され、賃料の金額、スライド条項、支払時期などだけでなく、判例は、賃料の前払いの承継を認める（最判昭 38・1・18 民集 17 巻 1 号 12 頁 [☞ 9-123]）。敷金契約は賃貸借とは別の契約であるが、従たる契約関係であり賃貸人たる地位と共に承継され、敷金が実際に譲渡人から譲受人に交付されたことは必要ではない（605 条の 2 第 4 項）。建設協力金は賃貸借契約とは別個の消費貸借契約にすぎず、新賃貸人には承継されることはないが（最判昭 51・3・4 民集 30 巻 2 号 25 頁）、相殺特約を賃借人は譲受人に対抗できる（☞ 9-209）。

9-58　　**◆賃貸人たる地位の留保**

　　(1)　問題点

　　　賃貸人Ａが B に賃貸中の不動産を C に譲渡するが、譲受人 C が譲渡人Ａに依然として賃貸人の地位を保持させて管理をさせる場合、自己の事務を他人にその名で管理することを委託することになり、準問屋取引となる（商 558 条）。この場合に、形の上では——サブリースのように——、譲渡人が譲受人から賃貸をした形にして、賃借人は転借人とされることになる。では、所有権は移転させながら、賃貸人たる地位を譲渡人に留保することができるのであろうか。なお、譲渡担保の場合には、譲渡担保権の実行までは賃貸人たる地位は移転しない。

9-59　　**(2)　判例は留保を無効とした**

　　　判例は、賃貸人たる地位の留保を認めると、「賃借人は、建物所有者との間で賃貸借契約を締結したにもかかわらず、新旧所有者間の合意のみによって、建物

348

第3章　賃貸借　第3編　財産の利用を目的とした契約（契約各論②）

所有権を有しない転貸人との間の転貸借契約における転借人と同様の地位に立たされることとなり、旧所有者がその責めに帰すべき事由によって右建物を使用管理する等の権原を失い、右建物を賃借人に賃貸することができなくなった場合には、その地位を失うに至ることもあり得るなど、不測の損害を被るおそれがある」として、留保の合意を無効とする（最判平11・3・25判時1674号61頁）。AB間の賃貸借が存続するが、所有者はCとなってBが不法占有となるのを避けるためにAC間で賃貸借契約をすると、Bが転借人にされてしまうというのである。

9-60 **(3)　現行法による解決**

　現行法は「不動産の譲渡人及び譲受人が、賃貸人たる地位を譲渡人に留保する旨及びその不動産を譲受人が譲渡人に賃貸する旨の合意をしたときは、<u>賃貸人たる地位は、譲受人に移転しない</u>。この場合において、譲渡人と譲受人又はその承継人との間の賃貸借が終了したときは、譲渡人に留保されていた賃貸人たる地位は、譲受人又はその承継人に移転する」と規定した（605条の2第2項）[16]。留保の合意の効力を認め、譲渡人・譲受人との賃貸借契約が終了すると、賃貸人たる地位が譲受人に移転するとしたのである。AC間に賃貸借契約が締結されることが要件になっているが、Cとの関係でBを不法占有者にしなければよいので、CがAに賃貸人のまま賃貸不動産の管理を委託する契約でもよい[17]。

9-61 **(b)　賃借権の対抗が問題となる場合──法定の効果としての賃貸人たる地位の移転**　賃借権の対抗が問題になるのは、賃貸人たる地位が不動産と共に譲渡されておらず、譲受人が賃借権を否定する場合である。605条の「賃貸借」を「対抗することができる」場合の効果につき、「その不動産の賃貸人たる地位は、その譲受人に移転する」ものと規定した（605条の2第1項）。譲渡はないので、意思表示による移転ではない。対抗の効果による、反射的な移転である。「賃貸借関係が賃貸目的物の所有権と結合する一種の状態債務関係」として、所有権と共に移転するという状態債務説が主張されている（我妻・中一420頁）。なお、第三者への対抗も、賃借権登記の付記登記、引渡し（借家）、借地上の建物の所有権移転登記（借地）によるべきである（二重賃借人の契約不能時点は問題になる）。

---

16)　なお、AC間での賃貸借契約の合意解除に613条3項を適用し、AB間の賃貸借が存続すると考える必要はなく、合意解除は有効であり、BC間の賃貸借になると考えられている（一問一答318頁注2）。

17)　判例が転貸借と評価したことには疑問が出されており（奥富晃「民法改正法案605条の2第2項に対する一異見」『加藤雅信先生古稀記念〔下〕』［信山社・2018］126頁以下）、AC間は賃貸借である必要はないと解されている（秋山靖浩「賃貸不動産の譲渡における賃貸人たる地位の留保」『瀬川信久先生・古田克己先生古稀記念論文集〔下〕』［成文堂・2018］39頁以下）。

349

§Ⅲ　賃貸借の存続期間および終了原因

§Ⅲ 賃貸借の存続期間および終了原因

1　民法による規律

9-62 **（1）　期間の定めのある場合**

（a）　契約期間

（ア）　民法による制限　民法は「賃貸借の存続期間は、50年を超えることができない。契約でこれより長い期間を定めたときであっても、その期間は、50年とする」と規定した（604条1項）。更新も、50年を超えることはできない（同条2項）。2017年改正前は、最大限が20年とされ、それよりも長期の使用収益については地上権や永小作権によることが期待されていた（梅635頁以下）。しかし、実際には地上権によるのは稀である。ゴルフ場の敷地の賃貸借、太陽光パネルを設置する敷地の賃貸借のように、長期の土地賃貸借のニーズがあることから、永小作権の存続期間の上限である50年（278条1項）に歩調を合わせて、50年に延長したのである（一問一答315頁）。

9-63 **（イ）　短期賃貸借**　「処分の権限を有しない者が賃貸借をする場合」には、①「樹木の栽植又は伐採を目的とする山林」は10年、②その他の土地は5年、③建物は3年、④動産は6カ月を超えて賃貸借契約をすることはできない（602条）。この期間を超えない賃借権を**短期賃貸借**という。これに違反しても、超える部分のみ無効であるが、借地借家法の正当事由が適用される事例は全部無効である。処分権限を有しない者の例は、①不在者管財人（28条）、②権限の定めなき代理人（103条）、③相続財産の分割があるまでの相続財産の管理人（918条1項）、④財産分離後の管財人（943条2項）、⑤相続財産の清算人（953条）である[18]。

9-64 **（b）　契約の更新と使用継続による黙示の契約更新──更新料の合意**

（ア）　黙示の更新の推定規定　当事者は、契約期間満了前に、賃貸借契約を更新することができる──短期賃貸借では、契約してすぐに更新の合意がで

---

18)　被保佐人による602条の期間を超える賃貸借は、保佐人の同意を要する行為とされるが（13条1項9号）、違反しても取消しが可能になるだけで、超えた部分が無効になることはない。ただ、全部の取消しはできず、超えた部分の一部取消しになると考えることができる。

350

きたら短期の制限が潜脱されるため、期間満了前、土地は1年以内、建物は3カ月以内、動産は1カ月以内にすることが必要である（603条）——。更新がされない限り契約期間が過ぎれば、賃貸借契約は当然に終了する。ところが、賃借人が終了後も使用を継続し、それを知りながら賃貸人が異議を述べなければ、同一条件で契約の更新があったものと推定される（619条1項前段）。この場合、期間の定めのない賃貸借となり、617条の解約の申込みができる（619条1項後段）。この黙示の更新の場合には、敷金を除いて担保——保証債務など——は契約期間の満了により消滅する（同条2項）。

9-65　**（イ）　更新条項・更新料**

（ⅰ）　特約は有効　賃貸借契約に際して、更新可能とした上で更新料の支払の合意をしておくことがみられる[19]。特約がない限りは、更新がされても更新料の支払義務はない（慣習法もない）。更新料が何の対価なのか、どういう性質の金銭の交付なのか、必ずしも明確ではない。約定の更新料を借地人が支払わない場合、その不払いは賃貸借契約の基盤を失わせる著しい背信行為であるとして、賃貸人による契約解除が認められている（最判昭59・4・20民集38巻6号610頁）[20]。更新料は将来の賃料の一部であり、その不払いは賃貸借契約の基盤を失わせる著しい背信行為であることがその理由である。

9-66　**（ⅱ）　消費者契約法10条との関係**　最判平23・7・15民集65巻5号2269頁は、「更新料が、一般に、賃料の補充ないし前払、賃貸借契約を継続するための対価等の趣旨を含む複合的な性質を有する」と認め、「更新料の支払にはおよそ経済的合理性がないなどということはできない」という。そして、「［①］賃貸借契約書に一義的かつ具体的に記載された更新料条項は、［②］更新料の額が賃料の額、賃貸借契約が更新される期間等に照らし高額に過ぎるなどの特段の事情がない限り」、消費者契約法10条により無効にされることはないという（東京地判令3・1・21判時2519号52頁も参照）。

---

19)　国交省作成の「賃貸住宅標準契約書」（以下「標準契約書」という）は、2条2項で「甲及び乙は、協議の上、本契約を更新することができる」と規定するが、更新料を支払うことの約定はない。

20)　本判決は、「本件更新料の支払は、賃料の支払と同様、更新後の本件賃貸借契約の重要な要素として組み込まれ、その賃貸借契約の当事者の信頼関係を維持する基盤をなしているものというべきであるから、その不払は、右基盤を失わせる著しい背信行為として本件賃貸借契約それ自体の解除原因となりうる」とした。賃貸人が借地人に、借地権の価格を更地価格2585万3000円の7割に当たる1809万7100円とし、更新料をその1割に当たる180万9710円と算定して支払を求めた後、これを100万円に減額して借地人が更新料の支払に応じ、100万円を50万円ずつ分割して支払う旨の調停が成立していた事例である。

§Ⅲ　賃貸借の存続期間および終了原因

9-67 **(2)　期間の定めのない場合——任意解約権**[21]

　賃貸借の期間が定まっていない場合、各当事者はいつでも解約の申入れができる。ただし、いきなり解約されたのでは、居住用不動産の賃借人であれば転居先を探したり、賃貸人であれば新しい賃借人を探す必要があるので困る。そのような便宜を考えて、解約申入れにより、目的物の種類別に、以下の期間が経過した時に契約が終了するとする（617条1項）。要するに、民法の要求する猶予期間を置けば、いつでも解約ができるということである。ただし、「収穫の季節がある土地の賃貸借については、その季節の後次の耕作に着手する前に、解約の申入れをしなければならない」（同条2項）。

---

①　土地　　　　　→　1年
②　建物　　　　　→　3カ月
③　動産および貸席　→　1日

9-68 **(3)　目的物の全部滅失等による契約の終了**

　(a)　種類物賃貸借　除草用にヤギを3匹賃借するように、目的物を特定しない種類物賃貸借も可能であり、賃貸人は契約内容に合致したヤギを期間中3匹提供することを義務づけられ、1匹が病気で死亡したならば1匹を補充する必要がある。賃借人の過失による滅失の場合には、606条1項ただし書の趣旨からして、賃貸人は代替物の提供を免れその1匹分の契約が終了すると考えられる——賃借人が損害賠償義務を負うのは当然である——。

9-69 　**(b)　特定物賃貸借**

　⑺　契約が終了する　他方、特定物を目的とする賃貸借契約では、その目的物が滅失すれば、履行不能になる。現行法では、履行不能は債権・債務を消滅させず債務者に不能の抗弁を成立させるだけで（412条の2第1項）、契約が存続してしまうので、民法は「賃借物の全部が滅失その他の事由により使用及び収益をすることができなくなった場合には、賃貸借は、これによって終了する」という規定を置いた（616条の2）。解除（542条1項1号）をするまで

---

21)　期間を定めた場合には、期間満了前に解約はできないが、一方または双方に解約権が留保された場合には、617条に従い解約が可能となる（618条）。

352

もなく、当然に契約は終了する。滅失が、賃借人の帰責事由による場合には、善管注意義務違反——返還義務の履行不能とも説明される——また所有権侵害として、賃借人は債務不履行および不法行為責任を負うことになる。

9-70　**(イ)　不能の評価**　使用収益できなくなったか否かの判断については、履行不能同様、物理的不能だけでなく、法律的不能、さらには社会通念上の不能も認めるべきである。土地の賃貸借で、原発事故によりその土地が立入禁止になれば、法律的に使用収益することは不能である。建物では、物理的に建物が残っているが、ライフラインが根本的に崩壊しており、建替えに匹敵するまたはそれ以上の費用をかければ使用収益できるとしても、経済的不能と認めるべきである。他人物賃貸の場合には、転貸借についての 9-240 の判例が参考となる。

9-71　**(4)　債務不履行による解除——信頼関係破壊の法理**

(a)　継続的契約関係の解除

(ア)　信頼関係破壊の法理

(i)　通常の解除規定の不都合性　賃貸人または賃借人が債務不履行の状態にある場合、相手方は履行を催告した上で契約の解除ができるが、賃貸借の解除には遡及効はない（620 条）。解除の要件について、特別の規定はなく、541 条以下の債務不履行解除についての原則規定が適用されることになる。しかし、541 条・542 条では次のような点で、賃貸借契約にそのまま適用するのには不都合がある。

---

① 債務不履行があれば軽微でない限り催告をして解除ができる。

② 不能や履行拒絶の明確な表示がない限り、債務不履行があっても、催告をして猶予期間が経過しないと解除ができない。

9-72　**(ii)　信頼関係破壊の法理による修正**　解除の規定は、売買といった一時的契約関係を念頭に置いて作られており、そのままを継続的契約関係に適用するのは適切ではない。賃貸借は継続的契約関係であり、長期にわたって履行し合う関係であるため、信頼関係が重要な要素になる。それを踏まえると、上の結論にはそれぞれ次のような修正が必要である。この法理は、**信頼関係破壊の法理**と呼ばれている[22]。

> ① 債務不履行があっても、それが当時者間の信頼関係を破壊しない限り解除は許されない。
> ② 信頼関係の破壊が認められれば直ちに解除が認められる。

　問題は、ⓐいかなる場合に信頼関係の破壊が認められるべきか、また、ⓑ信頼関係の破壊に基づいた解除を認める根拠条文をどこに求めるか、といった点である。なお、612条の解除については、信頼関係を破壊しない特段の事情がある場合には解除を否定するという、解除を制限するだけの原理として信頼関係破壊の法理が認められている[23]（☞ 9-217）。

9-73　**(イ)　信頼関係破壊に基づく解除の根拠条文**

　(i)　改正前　改正前は、少数説として、雇用についての628条を継続的契約関係の解除の一般規定として運用する学説があったが、判例・通説が採用しているのは、541条を解除の根拠としながらも、賃貸借の特殊性にあわせた 9-72 ①②の修正を認める解決である（山中康雄『履行遅滞による解除・総合判例研究叢書10』[有斐閣・1963] 6頁以下）。なお、この点に関しては特別法による修正はない。

9-74
> ●**最判昭27・4・25民集6巻4号451頁**　[事案] XはYに対し昭和10年9月25日、本件家屋を畳建具等造作一式附属のまま期間の定めなく賃貸した。Yは昭和13年頃出征し、終戦後まで不在がちでその間本件家屋にはYの妻および男子3人が居住していた。妻は職業を得て他に勤務し昼間はほとんど在宅せず、留守中を男子3人が室内で野球をする等放縦な行動を放置していた。その結果、建具類を破壊したり、燃料に窮すれば建具類さえも燃料代わり

---

22)　＊無催告解除特約条項　賃貸借契約は、「当事者間の信頼関係を基礎とする継続的契約であるところ、その解除は、賃借人の生活の基盤を失わせるという重大な事態を招来し得るものであるから、契約関係の解消に先立ち、賃借人に賃料債務等の履行について最終的な考慮の機会を与えるため、その催告を行う必要性は大きい」ことから、「所定の賃料等の支払の遅滞が生じた場合、原契約の当事者でもないYがその一存で何らの限定なく原契約につき無催告で解除権を行使することができるとするものであるから、賃借人が重大な不利益を被るおそれがある」として、最判令4・12・12民集76巻7号1696頁は、賃料の保証会社に無催告解除の権限を認める条項を消費者契約法10条に違反して無効であるとした。

23)　証明責任については、①612条違反の無断譲渡・転貸では、賃借人が自分の行為が信頼関係を破壊するのではないことを主張・立証しなければならないが、②541条では、賃貸人の側で賃借人に信頼関係を破壊する義務違反があったことを主張・立証しなければならない（秋山靖浩ほか編『債権法改正と判例の行方』[日本評論社・2021] 317頁 [松井和彦] 参照）。

第3章　賃貸借　第3編　財産の利用を目的とした契約（契約各論②）

に焼却してしまい、便所が使用不能となり、裏口のマンホールで用便し、近所から非難の声を浴びたり、室内も掃除せず不潔極まりない状態であった。格子戸、障子、硝子戸、襖等の建具類は、全部なくなり、外壁数カ所は破損していた。XはYに対し、昭和22年6月20日、14日の期間を定めて、破損箇所の修復を請求したが、Yがこれに応じなかった。

9-75　　[判旨]「およそ、賃貸借は、当事者相互の信頼関係を基礎とする継続的契約であるから、賃貸借の継続中に、当事者の一方に、その信頼関係を裏切って、賃貸借関係の継続を著しく困難ならしめるような不信行為のあった場合には、相手方は、賃貸借を将来に向って、解除することができるものと解しなければならない、そうして、この場合には民法541条所定の催告は、これを必要としない」。「Yの所為は、家屋の賃借人としての義務に違反すること甚しく（賃借人は善良な管理者の注意を以て賃借物を保管する義務あること、賃借人は契約の本旨又は目的物の性質に因って定まった用方に従って目的物の使用をしなければならないことは民法の規定するところである）その契約関係の継続を著しく困難ならしめる不信行為であるといわなければならない。従って、Xは、民法541条の催告を須いず直ちに賃貸借を解除する権利を有する」（Xのなした解除を有効と認める）。

9-76　　**(ⅱ)　改正後の根拠条文**　現行法は、信頼関係破壊の法理を明記した規定は置いておらず、541条・542条の解釈として本法理を実現することになる。この点、信頼関係破壊の法理が担ってきた解除の可否を判断する枠組みは、541条ただし書の「軽微」性の評価、542条1項5号の契約目的達成不能の評価に引き継がれるという主張がある（潮見・新各論Ⅰ422頁以下、新注民⑬Ⅰ226頁［森田］。中田426頁は542条1項2号も根拠とする）。しかし、信頼関係破壊の法理をすべて541条と542条に吸収することはできず、「賃貸借（または、継続的契約破壊の関係）特有の判例法理として信頼関係を基礎とした解除法理は、今後も生き続ける」という評価もある（遠藤研一郎「消費貸借、賃貸借に関する見直し」判時2429［2020］129頁）。私見は4-47に述べた。

9-77　　**(b)　信頼関係の破壊に基づく解除──解除権の制限・拡大**

　　(ア)　解除権の制限

　　(ⅰ)　賃料不払い　まず、信頼関係破壊の法理は、541条の解除を制限する機能を果たしている。賃料を支払わなかったことに特段の事情があれば、解除を否定すべきである。建物賃貸借において、台風で家屋が破損したため、賃借人が賃貸人に修繕要求をしたが修繕がされなかったので、賃借人が屋根のふきかえをして、5月分から同年8月分までの賃料を催告されても支払わ

355

なかった事例で、解除が否定されている。相殺をなす等の措置をとらなかったが、「法律的知識に乏しいY［賃借人］が右措置に出なかったことも一応無理からぬところであり、右事実関係に照らせば、Yにはいまだ<u>本件賃貸借の基調である相互の信頼関係を破壊するに至る程度の不誠意</u>があると断定することはできない」とされている（最判昭39・7・28民集18巻6号1220頁）。

9-78　(ii)　**即時解除を認める特約の違反**　「建物所有を目的とする土地の賃貸借契約において、賃借人が新たに賃借地上に工作物を建設しようとするときはあらかじめ賃貸人の承諾を得ることを要し、賃借人がこれに違反したときは賃貸人において賃貸借契約を解除することができる旨の特約があるにかかわらず、賃借人が賃貸人の承諾を得ないで賃借地上に新たな建物を建築した場合においても、この建築が賃借人の<u>土地の通常の利用上相当</u>であり、賃貸人に著しい影響を及ぼさないため、賃貸人に対する<u>信頼関係を破壊するおそれがあると認めるに足りないとき</u>は、賃貸人は右特約に基づき賃貸借契約を解除することはできない」とされる（最判昭44・1・31判時548号67頁）[24]。

9-79　**(イ)　解除権の拡大──即時解除**

(i)　**信頼関係の回復が期待できなければ即時解除可能**　信頼関係が破壊され回復が期待できない場合には、催告をしても無意味であり、賃貸人は即時解除ができる。また、①賃借人が賃貸人について悪口を言いふらしているといった個人的な信頼関係は問題にできないが、②賃料の支払遅滞、用法違反、保管義務違反等の義務違反がある場合だけでなく、③付随的義務の違反についても、信頼関係破壊の法理を適用することが許される（☞9-81）。

9-80　(ii)　**債務不履行がなくてもよい**　賃貸借の基調をなす信頼関係の破壊があれば債務不履行による必要はないとされ、賃借人が、建物の賃借していない部分まで賃貸人の承諾なしに勝手に使用している事例で、「本件建物の賃貸借契約の基礎にある当事者相互の信頼関係を裏切って、賃貸借関係の継続を著しく困難ならしめる不信行為である」として、賃貸人による解除が肯定さ

---

24)　ほかにも、建物所有を目的とする土地の賃貸借契約中に、賃借人が賃貸人の承諾を得ないで賃借地内の建物を増改築するときは、賃貸人は直ちに賃貸借契約を解除することができる旨の特約がある事例で、賃借人が賃貸人の承諾を得ないで増改築をしても、「この増改築が借地人の土地の通常の利用上相当であり、土地賃貸人に著しい影響を及ぼさないため、賃貸人に対する信頼関係を破壊するおそれがあると認めるに足りないときは、賃貸人が前記特約に基づき解除権を行使することは、信義誠実の原則上、許されない」ものとされる（最判昭41・4・21民集20巻4号720頁）。

第 3 章　賃貸借　第 3 編　財産の利用を目的とした契約（契約各論②）

れている（最判昭 40・8・2 民集 19 巻 6 号 1368 頁）。しかし、現在では少なくとも信義則上の義務違反を問題にすることができる（☞ 9-81）。

9-81　**(iii)　付随義務の違反でもよい**　賃借人 Y が、ショッピングセンター内で、他の賃借人に迷惑をかける商売方法をとり、そのため、賃貸人 X が他の賃借人から苦情を言われて困まり果て、X 代表者がそのことにつき Y に注意しても、Y は X 代表者に対して、暴言を吐きまた暴行を加えた事例につき、「共同店舗賃借人に要請される最少限度のルールや商業道徳を無視するものであり、ショッピングセンターの正常な運営を阻害し、賃貸人に著しい損害を加えるにいたるものである」として、信頼関係は破壊されたとして X による解除が認められている（最判昭 50・2・20 民集 29 巻 2 号 99 頁）。

2　特別法による修正

9-82　**(1)　賃貸借の存続期間**

(a)　借地関係

(ア)　一般借地権　次の定期借地権以外の借地権を、**一般借地権**という。借地借家法では、従前の借地法の堅固 50 年・非堅固 30 年という曖昧な区別を廃止し 30 年に統一した。①合意で 30 年以上の期間を定めた場合には、その合意に従い、②合意で 30 年未満の期間を定めたり、期間の定めをしなかった場合には、30 年の期間の賃貸借として扱われる（同法 3 条）。一般借地権では、正当事由がなければ、賃貸人は更新を拒むことはできない。

9-83　**(イ)　定期借地権**　借地借家法制定の際の目玉として、期間満了によって当然に契約が終了する借地権、いわゆる**定期借地権**が導入された。正当事由制度による制限を撤廃し、契約自由の原則に戻すものであり、3 つの類型が認められている。

9-84　**(i)　一般定期借地権**　まず、**一般定期借地権**がある。契約の更新拒絶は自由であり、建物の再建による存続期間の延長はなく、当初の期間が経過したら当然に契約が終了する（同法 22 条 1 項）。その要件は、50 年以上の期間を定めること、および、後日の紛争を避けるため、公正証書などの書面（電磁的記録可能 [2 項]）で契約をすることだけである。建物が期間満了時に残っていても収去を義務づけられるため、賃借人は賃借期間を超え使用に耐える建物の建築を控え、期間満了が近づくと建物の管理を怠る懸念がある。

357

§Ⅲ　賃貸借の存続期間および終了原因

9-85　　(ii)　**事業用借地権**　専ら事業用の建物の所有を目的とする**事業用借地権**があり、これも2つある。①1つは、9条および16条、13条の特例を定めるもので、30年以上50年未満の期間を定め、存続期間の延長がなく、また、建物の買取請求が認められない借地権である（同法23条1項）。②ほかは、3条〜8条、13条および18条の特例を定める、10年以上30年未満の期間を定めたものである（同条2項）。いずれの契約も必ず公正証書で締結されねばならない（同条3項）。コンビニなどの店舗が想定されている。

9-86　　(iii)　**建物譲渡特約付借地権**　また、**建物譲渡特約付借地権**があり、「借地権を消滅させるため、その設定後30年以上を経過した日に借地権の目的である土地の上の建物を借地権設定者に相当の対価で譲渡する旨を定め」た借地権である（同法24条1項）。書面は要求されていない。この場合、賃貸人が建物を買い取った後、借地人ないし借地人から建物を借りている借家人は、建物を取得した譲受人に対して、建物の賃貸借を成立させることを裁判所に請求できる（同条2項）。期間の定めのない建物賃貸借になる。

9-87　　**(ウ)　一時使用目的の借地権**　「臨時設備の設置その他一時使用のために借地権を設定したことが明らかな場合には」、例えば、マンションを建築するに際してその工事作業員の臨時宿舎として仮設の宿泊施設を建設するために土地を賃借した場合、同法3条〜8条・13条・17条・18条・22条〜24条の適用は排除される（同法25条）。したがって、短期の期間の合意も有効であり、また、期間を定めなければ、617条による解約申入れができる。賃貸人の更新拒絶や、解約申入れに正当事由は必要ではない。契約書面も必要ではなく、一時使用の合意の部分は口頭でもよい。

9-88　　**◆建物買取請求権が認められる場合**
　　(1)　期間満了事例だけ（判例は拡大せず）
　　　借地契約が終了した場合、借地人は建物収去の上、土地を更地にして返さねばならないはずである。この点、「借地権の<u>存続期間が満了した場合</u>において、契約の更新がないときは、借地権者は、借地権設定者に対し、建物その他借地権者が権原により土地に附属させた物を時価で買い取るべきことを請求することができる」ことになっている（借地借家13条1項）。第三者たる建物買主（借地権の譲受人）にも、建物買取請求権が認められる（同法14条）。条文上は期間満了の場合に限定されているため、合意解除の場合に建物買取請求権は認められず（最判昭29・6・11民集8巻6号1055頁）、債務不履行の場合にも適用が否定されている（最

第3章　賃貸借　第3編　財産の利用を目的とした契約（契約各論②）

判昭 35・2・9 民集 14 巻 1 号 108 頁）。

9-89 **(2)　学説は拡大に好意的**

　学説は分かれる。①まず、債務不履行解除の場合にも、借地人に建物買取請求権を認める——類推適用——考えがある（我妻・中一 490 頁、新版注民(15) 423 頁 [鈴木禄弥 = 生熊長幸]）。②これに対して、債務不履行によって解除されるのは、信頼関係を破壊する場合といえるから、借地人保護という考慮は不要であり、条文通りに期間満了に限定する考えもある（石田穣 257 頁）。特別法であり安易に類推適用は控え、立法があえて期間満了に限定した以上、類推適用は否定すべきである。

9-90 **◆借家人による建物買取請求権の代位行使**

　建物買取請求権は借地人に帰属するが、借地人が借地上の建物を賃貸している場合、借地人（建物賃貸人）が建物買取請求権を行使しない場合、借家人は、借地人の建物買取請求権を代位行使することができるのであろうか。

　①判例は、一貫して代位行使を否定している（最判昭 38・4・23 民集 17 巻 3 号 536 頁、最判昭 55・10・28 判時 986 号 36 頁）。借家人は借地権に依存していること、また、建物買取請求権は土地所有者の犠牲の下に借地人を特別に保護する例外的な立法であることから、借地人がこれを行使しないのに、借家人が代位行使して土地所有者が不利益を受ける場面を徒に増加させるべきではない（判例に賛成したい）。②これに対して、借家人は自己の借家権が保全されるという関係にあることから、借家人による代位行使を認める学説がある（石田穣 259 ～ 260 頁）。

9-91 **(b)　借家関係**

(ア)　普通借家権　借家については、「期間を 1 年未満とする建物の賃貸借は、期間の定めがない建物の賃貸借とみなす」ものとされている（借地借家 29 条 1 項）。あくまでも、期間の合意に効力が認められないだけであって、借家契約自体は、期間の定めのない賃貸借として有効となる。この規定からわかるように、期間の定めのない借家契約も有効である。ホテルでの宿泊契約と建物賃貸借との区別が微妙な事例も考えられるが、家具などが備わった短期滞在型の場合には、一時使用の賃貸借と解すべきか（同法 40 条）。

9-92 **(イ)　定期借家権**

(i)　定期借家契約の要件　賃貸人が親の療養看護等のための不在期間に限っての建物賃貸借はすでに認められていたが（借地借家旧 38 条）、平成 11 年に、「良質な賃貸住宅等の供給の促進に関する特別措置法」が制定され（議員立法）、旧 38 条は発展的に解消され削除された。

　定期借家では、更新がされない特約を結ぶだけでよく、契約期間の制限も

ない。借地借家法 29 条 1 項の適用が排除され、1 年未満の期間の約定も可能である。①公正証書など書面によることが必要であり、かつ、②契約前に期間満了により契約が終了して更新がないことを、賃貸人は<u>その旨を記載した書面により賃借人に説明しなければならない</u>（同法 38 条 3 項）[25]。この説明をしないと、更新がないとする旨の定めが無効になる（同条 5 項）。

9-93　**(ii)　契約終了のための要件**　①まず、契約期間が 1 年未満の場合には、期間の経過によって契約が当然に終了する。②契約期間が 1 年以上の場合には、期間の満了の 1 年前から 6 カ月までの間に、賃貸人は契約が終了することを通知しなければならず、それをしないと賃貸人は契約の終了を賃借人に対抗できない（同法 38 条 6 項本文）。ただし、期間満了前 6 カ月が過ぎても終了の通知をすることはでき、その時から 6 カ月後に契約の終了を対抗することができる（同項ただし書）[26]。

9-94　**(iii)　借家人の期限前の解約権**　賃貸人からは、期限前に解約することはできないが、賃借人からは、居住用の建物であること、かつ、200㎡未満の建物である場合に、「転勤、療養、親族の介護その他のやむを得ない事情により、建物の賃借人が建物を自己の生活の本拠として使用することが困難となった」ことを要件として、賃貸期間満了前の解約権が認められている（同法 38 条 7 項）。同条 6 項・7 項の規定に反する特約で、賃借人に不利なものは無効とされる（同条 8 項）。

9-95　**(ウ)　取壊し予定の建物の賃貸借**　「法令又は契約により一定の期間を経過した後に建物を取り壊すべきことが明らかな場合において、建物の賃貸借を

25)　最判平 24・9・13 民集 66 巻 9 号 3263 頁は、「法 38 条 1 項の規定に加えて同条 2 項の規定が置かれた趣旨は、定期建物賃貸借に係る契約の締結に先立って、賃借人になろうとする者に対し、定期建物賃貸借は契約の更新がなく期間の満了により終了することを理解させ、当該契約を締結するか否かの意思決定のために十分な情報を提供することのみならず、説明においても更に書面の交付を要求することで契約の更新の有無に関する紛争の発生を未然に防止することにある」ことに照らして、「法 38 条 2 項所定の書面は、賃借人が、当該契約に係る賃貸借は契約の更新がなく、期間の満了により終了すると認識しているか否かにかかわらず、契約書とは別個独立の書面であることを要するというべきである」とした。

26)　解約通知がなされずに契約期間が満了して法定更新された場合にも、その後いつでも解約通知をしてそれから 6 カ月後に契約終了を主張できるのか、それとも、普通契約賃貸借契約になるのかは疑問が残される。東京地判平 21・3・19 判時 2054 号 98 頁は、「契約期間 1 年以上のものについては、賃借人に終了通知がされてから 6 ヶ月後までは、賃貸人は賃借人に対して定期建物賃貸借契約の終了を対抗することができないため、賃貸人は明渡しを猶予されるのであり、このことは、契約終了通知が期間満了前にされた場合と期間満了後にされた場合とで異なるものではない」と判示した。この立場では、定期借家契約は期間満了により終了するが、催告から 6 カ月は明渡しが猶予されるにすぎないことになる。

第3章　賃貸借　第3編　財産の利用を目的とした契約（契約各論②）

するときは、第30条の規定にかかわらず、建物を取り壊すこととなる時に賃貸借が終了する旨を定めることができる」(借地借家39条1項)。この特約は、建物を取り壊すべき事情を記載した書面によってされなければならない(同条2項)。事前の説明も、契約書とは別の書面も必要ではない。

9-96　　**(エ)　一時使用目的の建物賃貸借**

(ⅰ)　一時使用目的の借家の特例　「借家」の章「の規定は、<u>一時使用のために建物の賃貸借をしたことが明らかな場合には、適用しない</u>」(借地借家40条)。この結果、一時使用のための建物賃貸借は民法の原則的規律に服することになる。1年未満の期間の設定もでき、更新や解約申込みに正当事由は不要である。定期借家のように、書面、契約締結前の説明、通知期間内の通知などの要件は不要である。「一時使用」ということが「明らか」であることが必要であり、この要件を緩和する必要はない。

9-97　　**(ⅱ)　一時使用目的が明らかであること**

❶　賃借人側の使用目的が基準　賃借人側の使用目的が一時的なものであることが必要であり、選挙用事務所、展示用会場、夏休み期間中の貸し別荘などの場合である。賃貸人側の事情、例えば2年間の転勤期間につきその所有の建物を賃貸するという場合は、一時使用には該当しない——賃借人が1年間の転勤期間だけ借りるというのであれば可能——。定期借家契約が可能になった現在では(☞ 9-92)、定期借家契約によるべきである(稲本洋之助=澤野順彦編『コンメンタール借地借家法［第4版］』［日本評論社・2019］312頁)。

9-98　　**❷　賃貸人側の事情による一時使用を認める判例**　最判昭36・10・10民集15巻9号2294頁は、「一時使用のための賃貸借といえるためには必ずしもその期間の長短だけを標準として決せられるべきものではなく、賃貸借の目的、動機、その他諸般の事情から、該賃貸借契約を短期間内に限り存続させる趣旨のものであることが、客観的に判断される場合であればよい」とし、賃貸人側の事情による一時使用も認めていた。しかし、当時は定期借家制度がなかったという事情があり、現在では、要件を緩和する必要はなく、❶のように厳格に考えるべきである。

9-99　　**◆造作買取請求権**

(1)　期間満了・解約による終了に限定されている

借地借家法33条1項は、「建物の賃貸人の同意を得て建物に付加した畳、建

361

§Ⅲ　賃貸借の存続期間および終了原因

具その他の造作がある場合には、建物の賃借人は、建物の賃貸借が期間の満了又は解約の申入れによって終了するときに、建物の賃貸人に対し、その造作を時価で買い取るべきことを請求することができる。建物の賃貸人から買い受けた造作についても、同様とする」と規定している。また、同条2項は、転借人の賃貸人に対する直接の造作買取請求権を認めた。この規定は、旧借家法では強行規定であったが、借地借家法では任意規定に変更された（同法37条）。賃借人が店舗を改修して、終了時に買取りを請求されても、賃貸人はそのままで使用してくれる業者がなければ、無駄な費用を負担させられることになる。改修は自由だが原状回復を約束させる特約が可能にされたのである。

9-100　**(2)　債務不履行解除への拡大など**

　債務不履行解除の場合にも造作買取請求権を認めるべきかは議論がある。強制的に売買契約を成立させるという契約自由の原則に対する例外であって、賃貸借が円満に終了した場合に限って賃借人を保護すべきと考え、これを否定すべきである。判例は、借地の建物買取請求権同様に、債務不履行解除への拡大を否定する（大判昭13・3・1民集17巻318頁、最判昭31・4・6民集10巻4号356頁）。

　造作買取請求をめぐっては、代金と建物についての留置権また同時履行の抗弁権の認否の問題があるが、判例はいずれも否定している（大判昭6・1・17民集10巻6頁、大判昭7・9・30民集11巻1859頁）。学説の多くは逆にこれを肯定し、賃借人の建物についての同時履行の抗弁権および留置権を認めようとしている（新版注民⒂778頁以下〔渡辺洋三・原田純孝〕）。詳しくは、留置権などの説明に譲る。

9-101　**(2)　更新および解約申入れ──正当事由制度**

　(a)　借地関係

　㋐　契約終了には賃貸人の異議が必要　建物所有目的の借地については期間の定めのない借地権は存在せず、期間満了後の更新のみが問題となる。民法の原則によれば、期間満了により契約も終了するはずであるが、借地借家法は、その存続期間が満了しても、借地人は更新を求めることができ、賃貸人は正当事由がない限り拒絶することはできないものとした。期間が満了しても、次の2つの場合には契約が更新される。

---

①「借地権の存続期間が満了する場合において、借地権者が契約の更新を請求したときは、建物がある場合に限り、前条の規定によるもののほか、従前の契約と同一の条件で契約を更新したものとみなす。ただし、借地権設定者が遅滞なく異議を述べたときは、この限りでない。」

（借地借家5条1項）

362

第 3 章　賃貸借　第 3 編　財産の利用を目的とした契約（契約各論②）

> ②「借地権の存続期間が満了した後、借地権者が土地の使用を継続すると
> きも、建物がある場合に限り、前項と同様とする。」(同条 2 項)

9-102　　**(イ)　正当事由がさらに必要**　同法 5 条 1 項ただし書をみると、土地所有
者が遅滞なく異議を述べれば更新を阻止できるかのようであるが、賃貸人の
異議が認められるためには、賃貸人に「正当の事由」がなければならない
(同法 6 条)。正当事由の判断の要素として、土地所有者が土地を使用する必要
性、借地に関する従前の経過および利用状況、立退料の提供を衡量すべきこ
とが例示されている。借地法の時代の運用は、かなり土地所有者に厳しいも
のであったが、元来これは戦時立法、非常時立法であったことを考えれば、
時代と共に運用も当然に変化していくべきである。

　　9-101 ①②の規定によって更新される場合、最初の更新については 20
年、2 回目以降の更新については 10 年と期間が法定されている (同法 4 条)。

9-103　　**◆立退料**
　　(1)　正当事由の補完事由
　　次の借家の場合の正当事由も含めて、立退料について説明しよう。正当事由が
認められれば、借地人が自ら立退きの費用を負担し、また、立退きによる損失も
引き受けなければならないはずである。ところが、賃貸人側の必要性を比較した
だけでは正当事由があるとは認められない場合に、これらの費用や損失を賃貸人
の側でいくらかカバーするのであれば、立退きが認められてもよく、この場合に
支払われる金銭を立退料という。あくまでも正当事由の補完事由であって、立退
料の支払の提案だけで、正当事由を認めることはできない[27]。

9-104　　**(2)　損失をすべて補償する必要はない**
　　また、賃貸人・賃借人双方の事情を総合判断してそれだけでは正当事由がある
とするには足りない場合に補足する金銭であり、「明渡によって借家人の被るべ
き損失のすべてを補償するに足りるものでなければならない理由はない」(最判昭
46・11・25 民集 25 巻 8 号 1343 頁)[28]。なお、正当事由を備えた解約申入れから 6 カ
月経過して解約の効力が発生するが、解約時に立退料を提供していなくても、立
退料により正当事由が補完される場合に、解約申入時から 6 カ月の経過によって
解約の効力が認められている (☞ 9-105)。

---

27)　立退料の算定については、伊藤秀城『実務裁判例　借地借家契約における正当事由・立退料』(日本加
　　除出版・2017)、横山正夫＝小野寺昭夫『どんな場合にいくら払う⁉ 立退料の決め方 (第 5 版)』(自由国民
　　社・2021) 参照。

§Ⅲ　賃貸借の存続期間および終了原因

9-105　●**最判平3・3・22民集45巻3号293頁**[29]　[判旨①（事後的な立退料の提供でもよい）]　建物の賃貸人が解約の申入れをした場合、申入時に正当事由が存するときは、申入後6カ月の経過によって当該建物の賃貸借契約は終了する。「賃貸人が解約申入後に立退料等の金員の提供を申し出た場合又は解約申入時に申し出ていた右金員の増額を申し出た場合においても、右の提供又は増額に係る金員を参酌して当初の解約申入れの正当事由を判断することができる」（解約申入れ時には立退料が提供されていなくても、その後の立退料の提供により、解約の効力が認められる）。

9-106　　[判旨②（理由）]　そのような扱いを認める理由は、①「立退料等の金員は、解約申入時における賃貸人及び賃借人双方の事情を比較衡量した結果、建物の明渡しに伴う利害得失を調整するために支払われるものである上、賃貸人は、解約の申入れをするに当たって、無条件に明渡しを求め得るものと考えている場合も少なくないこと」、②「右金員の提供を申し出る場合にも、その額を具体的に判断して申し出ることも困難であること、裁判所が相当とする額の金員の支払により正当事由が具備されるならばこれを提供する用意がある旨の申出も認められていること」、③「立退料等の金員として相当な額が具体的に判明するのは建物明渡請求訴訟の審理を通じてであること」、④「さらに、右金員によって建物の明渡しに伴う賃貸人及び賃借人双方の利害得失が実際に調整されるのは、賃貸人が右金員の提供を申し出た時ではなく、建物の明渡しと引換えに賃借人が右金員の支払を受ける時であること」である。

9-107　**(b)　借家関係**

(ア)　期間の定めがある借家契約の更新拒絶

(i)　期間満了1年前～6カ月前の更新拒絶の通知　借家についても、民法では賃貸期間の満了によって当然に賃貸借が終了するはずであるが、借地

---

28)　賃貸人が提示した立退料が適切ではないと裁判所が判断した場合、①賃貸人の明渡請求を棄却すべきか、それとも、②裁判所は賃貸人が主張している以上の立退料の支払を条件として正当事由を認定して明渡しを認めることができるのであろうか。判例は、賃貸人が300万円もしくはこれと格段の相違のない一定の範囲内で裁判所の決定する金員を支払う旨の意思を表明していた事例で、500万円の立退料により解約を認めた原審判決を容認している（最判昭46・11・25民集25巻8号1343頁☞9-104）。そのため、訴訟では、賃貸人は、具体的な金額の立退料を提示しつつ、それ以上の額でも適正額の支払に応じる意思があると主張しておくことになる。

29)　借地についても、最判平6・10・25民集48巻7号1303頁は正当事由を補完する立退料等金員の提供ないしその増額の申出は、事実審の口頭弁論終結時までになされたものについては、土地所有者が意図的にその申出を遅らせるなど信義に反するような事情がない限り、原則としてこれを考慮することができるものとしている。

第3章　賃貸借　第3編　財産の利用を目的とした契約（契約各論②）

借家法は、これに手続および実体的要件の2点で修正を施している。まず、手続的要件として、賃貸人は期間満了の1年前から6カ月前までの間に、更新拒絶の通知を賃借人にしなければならず、これを怠ると「従前の契約と同一の条件で契約を更新したものとみな」される（借地借家26条1項本文）[30]。なお、この拒絶の通知がされても、期間満了後も借家人が使用を継続し、賃貸人がこれに対して遅滞なく異議を述べない場合も同様とされる（同条2項）。

9-108　(ii)　**正当事由の存在**　次に実体的要件として、賃貸人が建物を必要とする事情等、一切の事情を考慮して正当事由があると認められることが必要である。正当事由については、立退料により補完が可能な点など、借地について述べたのと同じである。更新後の借家契約は期間の定めのないものとなる（同法26条1項ただし書）。そのため、その後は次の(イ)の規律に従うことになる。

　なお、賃貸借契約の当事者たる地位は相続性があるが、老人用の介護サービス付住宅のように、その者限りの一身専属的な賃貸借もある（☞注9-9）。

9-109　**◆賃貸借更新後の賃貸保証の効力**

(1)　当初の判例は否定

　建物賃貸借につき連帯保証がされている場合（賃貸保証）、賃貸借契約には期間の定めがあるが、保証期間については定めがない場合、賃貸期間が満了したが合意により更新されたり、または法定更新された場合、保証人は更新後の賃借人の債務についても責任を負うのであろうか。

　大判大5・7・15民録22輯1549頁は、619条の黙示の更新の事例において、「賃貸借に期間の定ある場合に於て賃借人の保証人と為りたる者は、期間満了し賃貸借終了すると同時に其保証債務も亦当然消滅すべきは、民法第619条第2項の規定に依り明白な」りと判示して、保証人の責任を否定した。

9-110　**(2)　現在の判例は肯定**

　ところが、その後、正当事由制度が導入され、更新が保障されるようになった。その結果、実質的には期間の定めのない賃貸借契約に等しくなり、賃貸借契約をめぐる状況が変わっていった。結局は、この問題は、保証契約に期間の定めがない場合において、更新後も保証する趣旨なのかどうかという意思表示解釈の

---

30)　契約期間満了の1年前から6カ月前までに、賃貸人が賃借人に更新拒絶の通知をしなかった場合、更新が認められ、期間の定めのない賃貸借になるので、正当事由がある限り解約申入れをしてそれから6カ月の経過によって契約を終了させることができる。終了6カ月前から更新までの6カ月の間になされた更新拒絶は解約申入れとして有効とし、正当事由がある限りその時点から——更新からではなく——6カ月の経過によって契約が終了すると考えるべきである。

365

§Ⅲ　賃貸借の存続期間および終了原因

問題になる。この点について、9-111判決は、次のように更新後の債務についても保証するものと推定している[31]（遠藤研一郎「不動産賃借人保護と保証人保護法理」新報122巻1＝2号［2015］85頁、中田裕康「不動産賃借人の保証人の責任」千葉28巻1＝2号［2013］1頁［同『継続的契約の規範』（有斐閣・2022）174頁］参照）。

9-111

> ●**最判平9・11・13判時1633号81頁**　建物の「賃貸人は、自ら建物を使用する必要があるなどの正当事由を具備しなければ、更新を拒絶することができず、賃借人が望む限り、更新により賃貸借関係を継続するのが通常であって、賃借人のために保証人となろうとする者にとっても、右のような賃貸借関係の継続は当然予測できる」。また、「保証における主たる債務が定期的かつ金額の確定した賃料債務を中心とするものであって、保証人の予期しないような保証責任が一挙に発生することはないのが一般であることなどからすれば、賃貸借の期間が満了した後における保証責任について格別の定めがされていない場合であっても、反対の趣旨をうかがわせるような特段の事情のない限り、更新後の賃貸借から生ずる債務についても保証の責めを負う趣旨で保証契約をしたものと解するのが、当事者の通常の合理的意思に合致する」。

9-112　**（イ）　期間の定めがない借家契約の解約申入れ**　期間の定めがない建物の賃貸借は、民法の原則によればいつでも解約の申入れができ、解約申入れから3カ月経過することにより賃貸借が終了する（617条1項2号）。これに対して、借地借家法は、先の更新拒絶と同様に、以下のように手続および実体的要件を加重し、借家人保護を図っている。

　①賃貸人からする解約については、3カ月ではなく6カ月の期間の経過を必要とする（同法27条1項）。借家人からの解約申入れは民法の原則通り3カ月である。②借家人からの解約に理由は不要であるが、賃貸人からの解約には、更新拒絶同様に、正当事由がなければならない（同法28条）。

---

31)　基本的には妥当であるが、賃料が滞納されている場合にも更新して、集積していく賃料全額について保証人の責任を認めるのは妥当ではなく、最高裁判決もこの点につき傍論的に「賃借人が継続的に賃料の支払を怠っているにもかかわらず、賃貸人が、保証人にその旨を連絡するようなこともなく、いたずらに契約を更新させているなどの場合に保証債務の履行を請求することが信義則に反するとして否定されることがあり得ることはいうまでもない」と述べている。東京地判平10・12・28判時1672号84頁は、賃借人の賃料延滞が200万円にも及んだのに解除がされず、そのまま法定更新された事例で、最終的には延滞賃料が400万円になり訴訟が提起されたが、「右のような事態が、本件連帯保証契約が締結された当時、契約当事者間において予想されていたものであったとはいい難い」、保証人が更新後は保証責任を負わないと信じたのも無理からぬことであったとして特段の事情を認め、保証人の責任を否定している。

第 3 章　賃貸借　第 3 編　財産の利用を目的とした契約（契約各論②）

9-113　**(c)　農地関係**　期間の定めがある農地賃貸借においては、原則としてその期間の満了の 1 年前から 6 カ月前までの間に、相手方に対して更新をしない旨の通知をしなければならず、これをしないと「従前の賃貸借と同一の条件で更に賃貸借をしたものとみな」される（農地 17 条）。ただし、賃貸人からの更新拒絶には、原則として都道府県知事の許可が必要である（農地 18 条 1 項）。詳細については省略する。

§Ⅳ
賃貸借の効力

1　賃貸人の権利義務

9-114　**(1)　賃貸人の権利（賃借人の義務）**

(a)　賃料債権——賃料債権の特殊性

(ア)　賃料は使用収益させる義務履行の対価　賃貸人は、契約で定めた賃料を賃借人に請求しうる。賃料は使用収益させるという継続的給付の対価であり、1 日単位で使用収益をさせたことに対する対価として、使用収益後に発生すべきものである。それを便宜上、一定の期間——1 カ月が普通——で区切って支払い、後払いが原則である（614 条）。目的物の損傷によって使用・収益に支障が生じている場合には、使用できなかった程度に応じて賃料額が当然に減額される（611 条 1 項）。

9-115　**◆共益費**

(1)　専用利用の対価たる賃料とは別

(a)　建物の共用部分の維持管理費　国交省の「賃貸住宅標準契約書」5 条 1 項は、賃料とは別に「共益費」と題して、「階段、廊下等の共用部分の維持管理に必要な光熱費、上下水道使用料、清掃費等（以下この条において「維持管理費」という。）に充てるため、共益費」を支払うものと規定している。専用的な使用部分たる居室の使用料はその賃借人が「賃料」を支払うが、共同住宅の居住者の「共用部分」は全員が使用したり利益を受けるため、その費用は全員で均等に負担することになる。これが共益費であり、民法には規定がない[32]。

---

32)　共益費については、共益費研究会編『不動産賃貸借における共益費 Q & A　研究と実務』（民事法研究会・2023）参照。実際の契約書の規定の仕方は統一されていないといわれる（同書 36 頁）。

§Ⅳ 賃貸借の効力

9-116 　(b) **建物の維持管理を超えた共益費**　ショッピングセンターの区画を借りる場合、場所についての賃料のほかに、ショッピングセンターの宣伝費などが別に徴求されることがある。また、現 UR 都市機構は、団地の１室の賃貸につき、団地の共用部分、団地の道路、緑地の維持管理等の費用を、「共益費」名目で家賃とは別の費用を徴求している（**別立方式**）。共益費は、賃料とは別に徴求せず賃料に含める方式も採用されている（**総合賃料方式**と呼ばれる)[33]。

9-117 **(2)　不動産公取協による定義**

　法令による規制また定義はないが、不動産についての「表示」の標準化を図った、公益社団法人首都圏不動産公正取引協議会（不動産公取協）による「不動産の表示に関する公正競争規約施行規則」は、10 条[42]で、「共益費」について規定している。共益費を「借家人が共同して使用又は利用する設備又は施設の運営及び維持に関する費用」と定義し、「１戸当たりの月額（予定額であるときは、その旨）を表示すること。ただし、住戸により共益費の額が異なる場合において、そのすべての住宅の共益費を示すことが困難であるときは、最低額及び最高額のみで表示することができる」と規定する。

9-118 **(3)　共益費をめぐる問題**

　(a) **賃貸借規定の適用**　賃借人が自分の借りている居室（賃借部分）の使用には問題ないが、共同で利用する建物部分（例えば、廊下）が、損傷したり汚損している場合に、全賃借人は修補を賃貸人に請求できると考えてよい（606 条１項類推適用）。共用部分については共同利用権が認められ、それぞれ別々の賃貸借上の権利であるが不可分債権になる。賃借人の１人の帰責事由による場合には、その賃借人だけが修補請求ができないことになる。共益費を別に徴求していない場合でも、賃料に含まれているので、共用部分等の修補請求は認められるものと思われる。また、賃料減額についての 611 条も類推適用されてよい。

9-119 　(b) **物上代位の可否**　抵当権に準用される 304 条１項は「賃貸……によって債務者が受けるべき金銭」と規定し「賃料」には限定していない。東京高決平 5・12・27 金法 1379 号 34 頁は、「賃料とは別に共益費の支払が約定され、それが建物の維持管理の費用の実質を有する場合」、建物の抵当権者は物上代位によりこれを差し押さえることができないと判示する。その理由は、①「建物の抵当権者に建物の賃料債権に対する物上代位が認められるのは、右賃料債権が建物の価値の代替物の実質を有することによるのであるが、共益費債権は、原則として、建物の維持管理に要する費用の支弁を目的とするもので不動産の価値の変形したものではない」こと、②「共益費は建物全体の維持管理のための経費であっ

---

33)　賃料と別項目にする場合、借地借家法 32 条の適用が問題になる。賃料に含めるか含めないかにより不合理な差が生じるのは適切ではなく、別立方式の場合にも類推適用を認めるべきである（神戸地判平 30・2・21 LEX/DB25550012 は「適用を否定すべき合理的な根拠は見当たらない」という）。場合によっては、共益費だけ値上げが認められることも考えられる。

368

第3章　賃貸借　第3編　財産の利用を目的とした契約（契約各論②）

て、差押えによりその収入が途絶すれば建物の維持管理に支障が生じ、各戸の賃貸借の継続を困難にすることとなる」ことである[34]。

9-120　**(イ)　賃料債権の成立時期**　賃料債権はいつ成立するのであろうか。例えば2年間という賃貸期間が定まっていたとして、契約時に2年分の賃料債権が成立し、分割払いの期限が付与されているだけなのであろうか。やはり、賃料債権はその本質からして、使用収益後に発生し、前払特約は有効ではあるが、各支払期日ごとにその月の賃料債権が成立するにすぎないと考えるべきである。なお、賃料債権について、利息債権のように（☞債権総論2-59）「抽象的賃料債権」と、これに基づいて発生する「具体的賃料債権」とを区別する主張がある（新注民⒀Ⅰ218頁［森田］）。

9-121　**◆賃料債権の本質**

賃貸借契約は「一定期間の継続を不可欠の要素とする契約」であり、「賃借人が使用収益を継続するのに対応して、時間とともに各期に対応した賃料債権が継続して発生する」のである（森田・債権法改正110頁以下）。「抽象的基本的債権関係」に基づいて、「具体的支分的債権関係」として具体的な債権債務が順次発生するとも説明される（新注民⒀Ⅰ215頁、383頁［森田］）。判例も、大判大4・12・11民録21輯2058頁は、「賃貸人が賃借人をして使用収益を為さしむるの義務は賃貸借の期間継続して時時刻刻に之を履行すべく、<u>賃料なるものは其既に為さしめたる使用収益に対し之を支払ふの義務あるものなることは</u>、賃貸借が使用収益の継続給付を目的とするものなることの性質殊に賃料支払の時期に関する民法第614条の規定に照し疑を容れざる所な」りと判示している。

9-122　**◆将来の賃料債権の譲渡の効力**

(1)　賃貸借契約の解除

将来の賃料債権はいまだ発生していないとしても、「将来債権」として譲渡することができ、実際にも集合債権の譲渡担保が行われている。しかし、譲渡後に賃貸借契約が解除されれば、債務不履行解除だけでなく合意解除であってもそれ以降の賃料債権は発生しないので、譲受人が債権を取得することはなく、また、譲渡後に賃貸人と賃借人につき混同があった場合も同様である（差押えの事例であるが、最判平24・9・4判時2171号42頁）。労働債権と同様であり、将来の賃料債権

---

34)　下線部分のように別立方式の事例に適用を限定するので、総合賃料方式の場合は、管理費用部分も物上代位が可能になる。少なくとも、内訳を明記している場合には、別立ての場合と同様に扱うべきである。①居室を含めた建物全体の維持費と、②共用部分の共同利用の対価とは容易には区別できず、総合賃料方式によるか否かで差が生じることなど、建前は本文判決の通りであるが、疑問が残される。304条1項の文言が賃料に限定していないことから、共益費にも拡大してもよいと考える。

369

§Ⅳ　賃貸借の効力

は発生するかどうか未確定である、というリスクを覚悟した上で、譲渡担保にとったり、あるいは差押えがなされるべきである。

9-123　　**(2)　賃貸物の譲渡との関係**

　　(a)　**賃料の前払い**　賃料債権の譲渡ではないが、関連するので紹介しておく。将来の賃料を契約時に一括して支払っている場合に、賃貸不動産の買主はそれを知らずに賃貸物を取得しても、賃借人から前払いの対抗を受けるのであろうか。建物の賃料7年分が前払いされていた事例がある。「借家法1条1項により、建物につき物権を取得した者に効力を及ぼすべき賃貸借の内容は、従前の賃貸借契約の内容のすべてに亘るものと解すべきであって、賃料前払のごときもこれに含まれる」とされて、譲受人の請求が退けられている（最判昭38・1・18民集17巻1号12頁）。前払特約も含めて、すべての契約関係の合意が新賃貸人に承継されるのであり、結論は容認できる[35]。

9-124　　(b)　**債権譲渡の事例**　最高裁判決はないが、債権譲渡後に、賃貸不動産が譲渡され賃貸人たる地位が譲渡人から第三者に移転した場合につき、東京地執行処分平4・4・22金法1320号65頁は、「賃料債権は賃貸人の地位から発生し、賃貸人の地位は目的物の所有権に伴うものである。ゆえに、賃貸人であった者も所有権を失うと、それに伴って賃貸人の地位を失い、それ以後の賃料債権を取得することができない」。「そして、将来発生する賃料債権の譲渡は、譲渡の対象となった賃料債権を譲渡人が将来取得することを前提としてなされるものである。したがって、賃料債権の譲渡人がその譲渡後に目的物の所有権を失うと、譲渡人はそれ以後の賃料債権を取得できないため、<u>その譲渡は効力を生じない</u>」と判示する。

9-125　　(c)　**差押えの事例**　「建物所有者の債権者が賃料債権を差し押さえ、その効力が発生した後に、右所有者が建物を他に譲渡し賃貸人の地位が譲受人に移転した場合には、右譲受人は、建物の賃料債権を取得したことを差押債権者に対抗することができない」という。その理由として、「建物の所有者を債務者とする賃料債権の差押えにより右所有者の建物自体の処分は妨げられないけれども、右差押えの効力は、差押債権者の債権及び執行費用の額を限度として、建物所有者が将来収受すべき賃料に及んでいるから（民事執行法151条）、右建物を譲渡する行為は、賃料債権の帰属の変更を伴う限りにおいて、将来における賃料債権の処分を禁止する差押えの効力に抵触するというべきだからである」と説明される（最判平10・3・24民集52巻2号399頁）。(b)の帰属を争う譲渡とは異なる解決が、差押えの効力をめぐってはなされている。

---

35)　ドイツでは、賃料の前払いについて目的不動産の譲受人や抵当権者への対抗を限定的に認められている（占部洋之「不動産賃料の前払とその対抗力」磯村ほか編・前掲557頁以下）。

第3章　賃貸借　第3編　財産の利用を目的とした契約（契約各論②）

9-126 **(b)　賃料増減請求権**

(ア)　物価や周辺状況により賃料が不適切になることが考えられる　売買のような一時的契約関係ならば、一旦定まった代金をその後の事情の変動で変更することは認められない。しかし、賃貸借のように、長期にわたる契約では、最初に契約したからといって永遠にそれに拘束されるのは適当ではない。実務では、毎年一定率賃料を上昇させるスライド条項や、一定期間ごとに賃料を協議して改訂する条項や、さらには、借家であれば1年、2年といった短期の契約として更新の際に賃料を協議することが行われている。

9-127 **(イ)　借地借家法の特則**

(i)　賃料の増減請求権を認めた　このような条項がなくても、長期にわたる継続的契約関係であること、正当事由制度により賃貸人側から終了させることが制限されていることからも、公平の観点からして、賃貸人に賃料の増額請求——賃借人にも減額請求——を認める必要がある。そのため、借地借家法は、賃貸人には賃料増額、賃借人には賃料減額の請求権を認めている（借地につき同法11条、借家につき同法32条）。農地法20条も借賃等の増減請求権を認めている。

9-128 **(ii)　賃料増減請求権の要件**　賃料増減請求権の要件としては、①租税公課の増減、土地、建物の価値の上昇または低下、近隣の賃料との比較で不適当となったこと等の事情の変更が必要である。この変更さえあればよく、賃料が定められてから相当の期間が経過したことは要件とはされない（最判平3・11・29判時1443号52頁）。また、予見できない変更であることも、事情変更の原則の適用があるほどの重大な変更であることも必要ではない。ただし、一定期間賃料の増減をしない特約もまた有効であり、その期間の間は賃料の増減請求権は認められない（借地借家11条1項ただし書・32条1項ただし書）。

9-129 **◆当事者の協議が調わない場合**

(1)　相当と思われる額を支払えばよい——利率で調整

(a)　増額請求の場合　増額請求を受けた賃借人は、裁判が確定するまでは相当と思われる額を支払えばよく、裁判が確定し「既に支払った額に不足があるときは、その不足額に年1割の割合による支払期後の利息を付してこれを支払わなければならない」（借地借家11条2項。同法32条2項も同様）。増額を認める判決が確定すると、賃借人が提供・供託していた額がそれに不足していた場合、一部提供・一部供託となり無効となるはずであるが、相当な額を提供・供託すれば有効と扱

371

§Ⅳ　賃貸借の効力

えるようにしたものである（☞債権総論 10-126）。

9-130 　　(b)　**減額請求の場合**　他方、賃貸人が賃借人から減額請求を受けた場合、賃貸人は裁判が確定するまでは相当と思われる額を請求できるが、減額を認める裁判が確定した場合には、超過額に受領の時から年 1 割の利息を付して返還しなければならない（同法 11 条 3 項。同法 32 条 3 項も同様）[36]。

9-131 **⑵　相当と認めていない金額の支払**

　　(1)(a)につき、①「賃借人が従前の賃料額を主観的に相当と認めていないときには、従前の賃料額と同額を支払っても、借地法 12 条 2 項にいう相当と認める地代又は借賃を支払ったことにはならない」、②「賃借人が自らの支払額が公租公課の額を下回ることを知っていたときには、賃借人が右の額を主観的に相当と認めていたとしても、特段の事情のない限り、債務の本旨に従った履行をしたということはできない」ものとされている（最判平 8・7・12 民集 50 巻 7 号 1876 頁）。

9-132 **◆スライド条項と賃借人の減額請求権**

　　賃貸借契約において、自動的に毎年ないし一定期間ごとに賃料の増加を認めるいわゆるスライド条項について、「その地代等改定基準を定めるに当たって<u>基礎となっていた事情が失われることにより、同特約によって地代等の額を定めることが借地借家法 11 条 1 項の規定の趣旨に照らして不相当なものとなった場合には、同特約の適用を争う当事者はもはや同特約に拘束されず、これを適用して地代等改定の効果が生ずるとすることはできない</u>」とされる（最判平 15・6・12 民集 57 巻 6 号 595 頁）。また、この場合には、賃借人に借地借家法 11 条 1 項の賃料減額請求権が認められる。

9-133 **◆サブリース契約と賃料減額請求権**

⑴　サブリース被害の発生

　　デベロッパーが土地所有者に持ち掛けて、土地上にデベロッパーが建物を建設してこれを賃借し、デベロッパーが自己を貸主として賃貸——形式的には転貸——をすることとして、建物の管理の委託を受けるサブリースという取引がある。賃料保証をし、またスライド条項を設定することにより、空室のリスクを回避でき、デベロッパーから一括賃貸の賃料も保証され、銀行から融資を受けて利息を付けて返すとしても、土地所有者がその資金として安定した収益を得られる

---

36)　**＊過払いの場合**　減額請求ではなく、増額請求の事例で増額が一部しか裁判で認められなかった場合、例えば、12 万円の賃料につき賃貸人から 15 万円への増額請求があり、賃借人はやむをえず 15 万円を支払っていたが増額請求を争い、判決によって 14 万円が相当と認められてこれが確定した場合、各月 1 万円余計に支払っていたことになる。過払いになっていた賃料部分の返還について、32 条 3 項を類推適用して 10 ％の利息を付けて返還するよう請求できるのであろうか。東京高判平 24・11・28 判時 2174 号 45 頁は、類推適用を否定したが、賃貸人が異なる評価の可能性も認識していたことから、704 条の悪意の受益者と推定している。現在では改正により 32 条 3 項が適用される。

第 3 章　賃貸借　第 3 編　財産の利用を目的とした契約（契約各論②）

仕組みになっている。ところが、バブルが崩壊し、予期に反してデベロッパーには賃料が入らなくなり、デベロッパーからの賃料減額請求や解約がされることになった[37]。

9-134

(2)　サブリースの法的性質

　サブリースも一様ではなく、また、学説も分かれる。本来ならば、土地所有者が賃貸人になり管理だけを任せればよいが、①全部借り上げる形式をとって空室のリスクを回避するだけでなく、②デベロッパーに賃貸管理を<u>自己を賃貸人として</u>行うことを委任するものであり、いわゆる準問屋（商 558 条）である。借地借家法 32 条は適用にならない。しかし判例は、9-135 のように、サブリースを賃貸借契約と認め、賃料増減請求権の規定を適用しつつ、適用に際しては、その特殊事情を考慮している（松田佳久「サブリース法理の適用の現状」『宮本健蔵先生古稀記念論文集』［信山社・2022］275 頁以下参照）。

9-135

●**最判平 15・10・21 民集 57 巻 9 号 1213 頁　[判旨①（サブリースの賃貸借、借地借家法 32 条は強行規定）]**「本件契約は、建物の賃貸借契約であることが明らかであるから、本件契約には、借地借家法が適用され、同法 32 条の規定も適用される」。「本件契約には本件賃料自動増額特約が存するが、借地借家法 32 条 1 項の規定は、強行法規であって、本件賃料自動増額特約によってもその適用を排除することができない」。

9-136

　[判旨②（サブリースであることは考慮される）]「本件契約は、……サブリース契約と称されるものの一つである」。「本件契約における賃料額及び本件賃料自動増額特約等に係る約定は、X が Y の転貸事業のために多額の資本を投下する前提となったものであって、本件契約における重要な要素であった」。「これらの事情は、本件契約の当事者が、前記の当初賃料額を決定する際の重要な要素となった事情であるから、衡平の見地に照らし、借地借家法 32 条 1 項の規定に基づく賃料減額請求の当否（同項所定の賃料増減額請求権行使の要件充足の有無）及び相当賃料額を判断する場合に、重要な事情として十分に考慮されるべきである」（X も会社で、賃貸用高層ビルの事例、契約時は 1991 年）。

9-137

(2)　賃貸人の義務（賃借人の権利）

　民法は、賃貸人の義務につき、① 601 条の定義規定において、「ある物の

---

37)　サブリースをめぐる実際の問題については、後東博（上川順一監修）『サブリース契約の罠』（日本橋出版・2023）参照。サブリースの勧誘による被害が相次いだため、2020 年 6 月（12 月 15 日施行）の「賃貸住宅の管理業務等の適正化に関する法律」により、規制がされるようになっている（国土交通省の「サブリース事業に係る適正な業務のためのガイドライン」が公表されている）。

373

使用及び収益を相手方にさせる」義務という抽象的義務を規定し[38]、②その具体化として、ⓐ修繕義務を規定する（606条）。また、①からは、ⓑ適合物引渡義務やⓒ賃借人の平穏な使用を維持する義務を導くことができる。不動産賃貸人には賃借権の設定登記に協力する義務は認められないが、特約は可能である。しかし、この場合、設定登記と賃料支払義務とは同時履行の関係に立つことはない（最判昭43・11・28民集22巻12号2833頁）[39]。

9-138 **◆合意で認められた使用収益だけが権利として認められる**

賃借人は、賃貸借契約で認められた範囲での使用収益が認められるにすぎない。その範囲を超えた使用収益をして利益を上げれば、それは不当利得になる。例えば、土地を資材置き場として貸した場合、賃借人が、土地を月極駐車場にして賃料収入を上げている場合、その収益は不当利得になる。賃料を支払っているため、賃料を差し引いた差額が不当利得になる。居住用の建物を改装して店舗を営業して収益を上げている場合にも、営業収益は不当利得になると考えられる。また、賃借物を他人に賃貸（転貸）することも同様であり、賃貸人の同意を得た場合には、転貸可能な賃借権になり、不当利得にはならない。

9-139 **(a) 他人物の賃貸借（使用・収益させる義務①）**

(ア) 他人物賃貸借も有効 他人の物を賃貸することも、債権契約としては有効と考えられている。売買契約では、他人物売買も有効である。ところで、賃貸借では、目的物が滅失して不能になれば契約は終了する。契約時にすでに賃貸建物が滅失していれば、412条の2第2項により契約は成立するが、616条の2により直ちに終了することになる。問題は、他人物賃貸借の終了時期である。賃借権に対抗力がない場合、賃貸人が賃貸不動産を第三者に譲渡した場合や、賃貸人の許諾を受けた転貸が、賃貸借契約が債務不履行解除された場合も同様の問題がある。

---

38) まず、使用収益ができる状態に置くために、合意された特定の物、または、合意された性能・品質を備えた物を、賃借人に対して引き渡すことを賃貸人は義務づけられる。目的不動産を他人が占有していれば、その他人を追い出して賃借人が目的不動産を使用できるようにすることが必要である。賃貸人が賃借人を違法に追い出した場合には、賃借人は改めて賃貸人に対して契約の履行請求として引渡しを求めることができるが、占有訴権は認められない（賃借人が間接占有から直接占有になっただけで、占有者である状態は変わらない）。

39) 「本件不動産の賃貸借契約に賃借権の設定登記をする旨の特約が存したことは所論のとおりであるが、原審の確定したところによれば、X［＝賃貸人］の右登記義務とY［＝賃借人］の賃料支払義務とを同時履行の関係に立たしめる旨の特約の存在は認められないのみならず、賃借人たるYはすでに賃借物の引渡を受けて現にこれを使用収益しており、賃借権の登記がないためにYが契約の目的を達しえないという特段の事情も認められない」というのが理由である。

第3章　賃貸借　第3編　財産の利用を目的とした契約（契約各論②）

9-140 **(イ)　他人物賃貸借の終了時期**　この点、転貸借についての最判平9・2・25民集51巻2号398頁（☞9-240）は、所有者が明渡請求をして初めて社会通念上不能になるという。616条の2との関係でいうと、賃貸借の終了によって当然に転貸借契約が終了するのではなく、所有者が返還請求をして初めて不能に確定し、契約が終了することになる。他人物賃貸借も同様に解してよく（新注民⑬Ⅰ230頁［森田］）、所有者が賃借人に対して明渡しを請求した時に契約が終了することになる。それ以前でも、賃借人は、賃借物につき権利を主張する者が現れ、使用収益することができなくなるおそれが生じた場合には、576条の準用によって（559条）、賃貸人に対する賃料の支払を拒絶することができる（最判昭50・4・25民集29巻4号556頁）。

9-141 **◆不当利得との関係**[40]

(1)　賃貸人による不当利得

　①他人物の賃貸借も債権契約としては有効であり（559条による560条の準用）、賃貸人は、賃料を受領しても賃借人に対して不当利得とはならず、賃借人に賃料を返還する義務はない[41]（大判昭9・6・27民集13巻1745頁）。②所有者との関係では、賃貸人は受領した賃料を所有者に返還しなければならない[42]。返還すべき賃料額は、収受した賃料であり、相当な賃料額ではない（大判昭9・10・30裁判例8巻民252頁）。ただし、賃貸人が善意であれば、189条1項（間接占有者にも適用される）により受け取った賃料を返還する必要はない。悪意の賃貸人は、受け取った賃料を浪費し利得が残っていなかったとしても、受け取った賃料を受領時からの利息を付けて返還しなければならない（190条1項・704条）[43]。

---

40)　この問題についてのドイツ法の状況については、藤原正則「他人物の不適法な賃貸借と転貸借」『松久三四彦先生古稀記念論文集』（信山社・2022）503頁以下参照。

41)　他人物賃貸借の場合の賃貸人による錯誤取消し（95条1項）の主張については、大判昭3・7・11民集7巻559頁が否定をしている。「目的物が賃貸人の所有に属することを特に契約の一前提一内容と定めあらざる以上、此の点に関する誤信は直に以て其の締結せられたる契約の効力を左右するほど鞏く当然に重大なるものに非ず。或は賃貸人をして目的物の使用収益を為さしむ可き賃貸人の債務の履行不能に帰する結果之に対し相当の責を惹くことあるに過ぎずと解するを相当とせさるや否や」は、「各場合に於ける当事者の意思を推究して始めて決定せらる可き事実問題」であり、錯誤無効（当時）の主張を否定した原審判決は正当であるとしている。

42)　例えば、ある建物の相場の賃料は10万円なのに、①5万円で賃貸した場合、②15万円で賃貸した場合につき、所有者が賃貸人に請求できる額が問題になる。①では利得は5万円なので、不当利得返還請求は5万円であり、差額の5万円を不法行為を理由に損害賠償請求ができるかが問題になる（事例による）。②では、15万円を利得しているが、賃貸人の手腕で高く借りる者を探して賃貸したことによる利益を、所有者に与えてよいのかが問題になる。抑止・制裁機能を考慮すると、賃貸人が悪意の場合にはこれを認め、善意の場合にはこれを認めないという解決が適切である。藤原・前掲注9-40論文526頁は、具体的な賃料は客観的価値と推定され、この推定を覆すのはそう容易ではないと評する。

375

§Ⅳ　賃貸借の効力

9-142

(2)　**賃借人による不当利得**

(a)　**賃料既払いの場合**　賃借人は所有者に対して使用権限がないのであるが[44]、賃貸人に賃料を支払っているので、利得はないといってよい[45]。この場合、賃料を受領した賃貸人が利得していることになり、所有者は賃貸人に対して賃料を不当利得として返還請求することになる（☞ 9-141）。

なお、使用貸借した場合や、相当額よりも低廉な賃料で賃貸した場合、所有者は使用貸主または賃貸人に賃料相当額または相当賃料との差額を不当利得返還請求することはできず——ただし、不法行為の損害賠償は考えられる——、利得は使用借主または賃借人に返還を求めるしかない。この場合、189 条による保護は使用貸主や賃貸人ではなく、使用借主、賃借人を基準とすべきであり、これらの者が善意であれば同条 1 項によりこの返還義務を免れる（広中 14 頁）。

9-143

(b)　**賃料未払いの場合**　では、賃借人が物を使用したが賃料を支払っていない場合にはどう考えるべきであろうか。A の土地を B が C に自分の土地として賃貸し、C が使用したがいまだ賃料を支払っていないとする。B は賃料を受領していないので利得はいまだないのか、C についていうと賃料を支払っていないので利得が認められるのであろうか。善意であると 189 条が適用されるので、C が悪意の場合が問題であり、不法行為責任については、既払いかどうかに関わりなく損害賠償義務を免れず、議論の実益はない。

9-144

❶　**A → B の不当利得返還請求権を認める**　まず、C が未払いでも B に賃料債務を負担しているので利得を否定し、B について、賃料を受領していなくても賃料債権を有することから利得を認め、A → B の不当利得返還請求権のみを認めることが考えられる。ただ、B が他人物を賃貸して賃料を取得したことが不当利得なので、A は B に不当利得の返還請求として、C に対する賃料債権の移転を B に求めることもできる。また、613 条を類推適用して、A の C に対する直接請求権を認めることも考えられる。

9-145

❷　**A → C の不当利得返還請求権を認める**　次に、C が賃料債務を B に対して負担していてもいまだ賃料を支払っていない以上、C に利得を認め、逆に、B は賃料債権を有していても、賃料の支払を受けていない以上いまだ利得はないと

---

43)　平田健治「所有者・占有者関係における他主占有者の位置づけ」阪大法学 53 巻 3・4 号 212 頁は、所有権を主張する第三者の出現時点より賃借人に支払拒絶権等が発生し、他人物賃貸借であることが公的に判明した時点以降は、公的に確定された所有者の賃借人への未払部分の直接請求ないし供託還付請求を認め、賃貸人から賃借人への請求について、所有者の賃借人への供託を請求できるにすぎないという。

44)　もし所有者が、他人物賃貸借を追認した場合、例えば A 所有の土地を B が C に賃貸し、A が追認しても AC 間の賃貸借になり A が賃料債権を取得することはない（最判平 23・10・18 民集 65 巻 7 号 2899 頁［ぶなしめじ事件判決］参照）。ただ追認によって、C は適法占有になるといってよい。B の間接占有も適法になるのかは微妙である。追認によって AB の法律関係がどうなるのか、一方的に準事務管理を成立させることはできない。AC で賃貸借を契約し直すべきである。

45)　賃借人が悪意の場合には、賃料既払いであっても不当利得返還義務を肯定する主張があるが、不法行為責任を負うので実益のある議論ではない。

376

して——ただし不法行為による損害賠償請求は可能——、A→Cの不当利得返還請求権を認めることも考えられ、これが判例である（大判昭13・8・17民集17巻1627頁)[46]。CはAとBとに債務を負担することになる。CがBに賃料を支払えばその時点で利得がなくなり、A→Cの不当利得返還請求権は消滅する。CがAに賃料相当額を不当利得の返還として支払った場合には、CのBに対する賃料債務も消滅する。

9-146 　　**❸　A→B、A→Cの不当利得返還請求権の選択を認める**　最後に、A→B、A→Cの不当利得返還請求権のいずれの成立も認め、Aにその選択を認めることが考えられる。AがBから支払を受ければ、A→Cの債権も消滅する。AがCから支払を受けると、A→B債権も消滅することになる。AはBCのいずれか資力のある者から債権を回収すればよいことになる。ただこれと同じ結論は、❶でもA→C債権を直接請求権（直接訴権）として構成することで実現することができる。筆者としては、❶をベースとした直接訴権による解決を採用したい。

9-147 ## (b)　修繕義務以外（使用・収益させる義務②）

　　(ア)　目的物引渡義務　賃貸人は、賃貸借の目的物を、賃借人に引き渡し、賃借人が使用・収益できる状況にする必要がある。建物の場合には、建物の鍵の引渡しということになる。種類物賃貸借、例えば、ヤギ3匹の賃貸借で2匹しか引き渡さない場合には、もう1匹を引き渡すよう請求できる。催告しても賃貸人が引渡しをしない場合、賃借人は、3匹揃わなければ契約をした目的を達することができないならば全部解除ができるが、そうでない限り一部解除ができるだけである（541条［542条1項3号の趣旨類推]）。

9-148 　　**(イ)　妨害排除義務**　第三者による占有ないし妨害行為によって目的物の使用が妨げられている場合には、賃貸人はこれを排除しなければならない。すなわち、賃借人は消極的に妨害してはならないのみならず、「使用収益を為さしむることに努むべき積極的義務を負担」し、第三者の占有を黙認していた場合には、第三者と共に損害賠償義務を免れない（大判昭5・7・26民集9巻704頁）。賃貸人は必要な努力をすれば責任を免れ、その場合は、第三者が賃借人に対して賃借権侵害として損害賠償義務を負う。

---

46)　賃貸人に賃貸権限がないことが明らかとなった場合には、それ以前の用益も含めて賃借人に所有者に対する不当利得返還義務を認めるのが、公平に適し不当利得の制度の趣旨に合致するという主張もある（我妻・中一431頁)。Bについては、法定果実を金銭という有体物と考えれば（88条2項)、その受領が利得のためには必要となり、金銭債権と考えれば債権取得だけで利得になる。

377

§Ⅳ 賃貸借の効力

9-149 **(c) 修繕義務（使用・収益させる義務③）**

(ア) 原始的不適合——担保責任の適用の可否 改正前は、契約時に賃貸目的物に不適合がある場合、担保責任の適用があるのかが問題とされていた。これを肯定すると、隠れた瑕疵でない限り賃貸人に責任はなく、また、責任が認められる場合も1年の除斥期間に服することになる。現行法では、不適合が原始的なものか、後発的なものかにかかわらず修繕義務が認められ、その違反につき債務不履行の一般原理の適用と、賃貸借の特殊原理の適用とを認めれば十分である。売主の担保責任の規定を準用する必要はない。

9-150 **(イ) 後発的不適合**

(ⅰ) 使用収益させる義務から派生する修繕義務 賃貸目的物に使用収益を妨げる不適合がある場合には、「賃貸人は、賃貸物の使用及び収益に必要な修繕をする義務を負う。ただし、賃借人の責めに帰すべき事由によってその修繕が必要となったときは、この限りでない」(606条1項)。不適合について、賃貸人に帰責事由がなくても修繕義務を免れない。修繕が完了するまで使用に支障が出ても賃貸人は損害賠償義務を負わないが、修繕義務が遅滞したことに帰責事由があれば、損害賠償義務を免れない。不適合が賃借人の帰責事由による場合には修繕義務はないが (☞ 9-155)、賃貸人と賃借人の両者の帰責事由による場合には、賃貸人は修繕義務を免れず、費用を賃借人に損害賠償請求できる——過失相殺がされる——。

9-151 **(ⅱ) 修繕は賃貸人の権利でもある** 修繕は賃貸人が有する自己の物についての権利でもあり、「賃貸人が賃貸物の保存に必要な行為をしようとするときは、賃借人は、これを拒むことができない」(606条2項。受領義務の一種である)。そのため、賃借人には修繕を要する状態が生じた場合に、賃貸人に対する通知義務が負わされている (615条)。賃借人の意思に反して修繕が行われることによって賃借した目的を達することができない場合には、賃借人は契約の解除をすることができる (607条)。

9-152 **(ⅲ) 修繕不能・修繕義務についての特約** 修繕が不能の場合、616条の2が適用されない限り修繕義務について不能の抗弁が成立したまま (412条の2第1項)、契約は存続し、賃料は減額される。なお、606条1項は任意規定であり、特約によって賃貸人の修繕義務を軽減ないし免除すること、さらには逆に賃借人に修繕義務を負わせることも可能である[47]。しかし、消費者契約

においては、大修繕についてまで賃貸人の義務を免れさせたり、あるいは賃借人にそれを義務づけることは、消費者契約法 10 条に基づき無効になる。実際には、一定の範囲の小修繕を賃借人の負担とする明示または黙示の特約が認められることは少なくないと評されている（新注民⑬Ⅰ 331 頁［森田］）。

9-153　◆契約適合性に関する法令の変更と修繕義務

　　　賃貸人は、契約に適合した使用収益が可能な状態に物を置く義務を負う。その適合性の判断には法令も考慮されるが、建築当時に法令違反はなかった規制が改正により導入されたならば、現行の基準に合わせる修繕義務を負うのであろうか（規制が緩和されることもある）。判例は売買について、瑕疵の評価の基準時を契約時としたが（☞ 6-41）、継続的契約関係である賃貸借についてはどう考えるべきであろうか。東京地立川支判平 25・3・28 判時 2201 号 80 頁は、「民法の定める修繕義務は、賃貸借契約の締結時にもともと設備されているか、あるいは設備されているべきものとして契約の内容に取り込まれていた目的物の性状を基準として、その破損の為に使用収益に著しい支障の生じた場合に、賃貸人が賃貸借の目的物を使用収益に支障のない状態に回復すべき作為義務をいうのであって、契約締結時に予定されていた目的物以上のものに改善することを賃借人において要求できる権利まで含むものではない」として、修繕義務を否定した[48]。

9-154　◆不可抗力ないし賃借人の過失による不適合と修繕義務
　⑴　不可抗力でも修繕義務を免れない

　　　後発的な不適合が賃貸人の帰責事由によるものであれば、賃貸人がその原因につき債務不履行責任を負うことは当然であり、修繕義務も免れない。その場合、目的物の損傷については債務不履行責任を負わないものの、賃貸人は修繕義務を負うから、賃借人から善処方を求められたのに、相当期間に修繕をしなければ、

---

47)　最判昭 29・6・25 民集 8 巻 6 号 1224 頁は、映画館の賃貸借における「雨漏等の修繕は賃貸人においてこれをなすも、営業上必要なる修繕は賃借人においてこれをなすものとする」との条項につき、「本件賃貸借の目的たる建物 2 棟がともに映画館用建物で、これに備付の長椅子その他の設備一切をも貸借の目的としたもので……あって、これら賃貸借の目的物がその使用に伴い破損等を生じた場合、これに適切な修繕を加えて能う限り原状の維持と耐用年数の延長とをはかることはもとより賃貸人の利益とするところであるから、たとい右修繕が同時に賃貸人の営業にとり必要な範囲に属するものであっても、その範囲においてこれを賃借人の賃貸人に対する義務として約さしめることは、何ら道理に合わないこととなすべきではない」と判示する。なお、「仮りに賃借人が修繕する旨の特約がある場合でも本件の如き大修繕は特別の事情がない限り賃借人たる上告人が負担する義務がない」との賃借人の主張が、「独自の見解にすぎ」ないとして退けられている（最判昭 39・6・26 集民 74 号 297 頁）。最判昭 43・1・25 判時 513 号 33 頁は、「『入居後の大小修繕は賃借人がする』旨の条項は、単に賃貸人……が民法 606 条 1 項所定の修繕義務を負わないとの趣旨であったのにすぎず、賃借人……が右家屋の使用中に生ずる一切の汚損、破損個所を自己の費用で修繕し、右家屋を賃借当初と同一状態で維持すべき義務があるとの趣旨ではない」とされている。

48)　アスベストのように、契約当時法令で禁止されていなくても、客観的に欠陥と認められるものであれば、賃貸借契約後の法令改正で初めて規制されたとしても、不適合と認めて修繕義務を認めるべきである。

§Ⅳ　賃貸借の効力

その時点からは修繕義務の不履行となり、損害賠償義務を免れない（412条3項）[49]。賃料が減額されるだけでなく、賃借人に生じた損害についての賠償義務も免れないことになるのである。

9-155 　**(2)　賃借人の帰責事由による場合**

　(a)　改正前は議論があった　改正前は、目的物の損傷が賃借人の帰責事由による場合にも、賃貸人は修繕義務を免れないのか議論があった[50]。この点、学説は肯定・否定に分かれていた。最高裁判決はないものの、マンションの賃借人が、台所の流し口から食用油を流し、それが排水管内に付着したために排水管の閉塞が生じた事例で、賃借人は「合理的な期間内に修繕を行うべきであり、したがって、右期間内に修繕が行われなかったときは、賃借人は信義則上、以後の賃料の支払を建物の使用収益に支障を生じている限度において拒絶し、あるいは減額の請求をすることができる」とした下級審判決があった（東京地判平7・3・16判タ885号203頁［3割相当の支払拒絶を認めた]）。筆者は肯定説に賛成であった。

9-156 　**(b)　現行法は修繕義務を否定**　現行法は、「当事者間の公平を図る観点から」（一問一答311頁）、債権者の帰責事由による場合に、種々の規定で債権者の保護を否定しており（536条2項・543条・562条2項・563条3項・567条2項・611条1項など）、これとの平仄を揃えるため（吉政知広「賃貸借・使用貸借(2)」詳解471頁）、賃貸人の修繕義務を否定した[51]。ただし、賃借人は損傷に責任を負うが、賠償金を支払ったり、保険を付けており保険から支払われる場合には、賃貸人は修繕義務を負うと解すべきである（青野博之「賃借建物の火災の場合における賃料減額と修補」『植木哲先生古稀記念論文集』［勁草書房・2017]117頁、中田409頁）。606条1項ただし書につき、損傷についての損害賠償など補償がされない限りという制限解釈をすべきである。さらにいえば、賃貸人の修繕義務を認め、賃借人が損害賠償をするまで拒絶権を認めるにとどめるべきである。

---

49)　最判平21・1・19民集63巻1号97頁は、Yより建物を賃借してカラオケ店を経営していたXが、浸水事故により使用できないことによる営業損害の賠償を請求した事例で、事故にはYの責任がないので事故の日の1カ月後から修繕義務の遅滞を認めている。

50)　**＊賃借人の帰責事由による滅失の場合**　賃借人の帰責事由により目的物が滅失した場合には、賃貸人の義務は履行不能となり賃貸人の修繕義務が残ることはない。では、この場合にも536条2項を適用して賃借人は賃料の支払義務を免れないのであろうか。しかし、期間の定めがない場合には、残期間を想定できないし、また、継続的契約関係であって契約が履行不能により終了しているので、同項は適用にならず、賃借人の債務不履行による損害賠償義務が問題になるだけである。

51)　潮見・新各論Ⅰ377頁は、「『賃借人の責めに帰すべき事由』が認められる場面は限定的であり、修繕を要する事態がこれに至らない賃借人の不注意によって生じたときは、賃貸人の修繕義務が発生するとしたうえで、賃貸人は修繕に要した費用を賃借人の保存義務違反により生じた損害として、賃借人に対して賠償請求することができる」という。制限解釈をすることになり、本文の理解とは異なり、賃借人の賠償は要件ではなくなる。

第3章　賃貸借　第3編　財産の利用を目的とした契約（契約各論②）

◆**修繕義務の不履行と賃料支払**

(1)　先払いされた賃料

(a)　賃料は消滅したままという学説　まず、契約で約束した以上賃料債務は発生し、弁済によって消滅したままであると考え、ただ、賃借人が実際に使用できなかったならば、そのことを損害として賠償請求を認めればよいという考えもある（鳩山・上456頁、末弘586頁など古い学説）。売買契約において、売主の帰責事由により履行不能になった場合とパラレルに考えるものといえよう——填補賠償義務が発生し、代金債務は消滅しない——。

(b)　現行法（賃料は当然に消滅）　賃料は使用・収益の対価であるので、使用・収益ができなければ対価も生じないはずである。そのため、使用・収益ができなかった分に応じて減額されると考えるのが通説である（三宅・各論下679頁、川井217頁）。その背景には、継続的契約関係の構造についての理解がある。判例も当然減額を認める（大判大4・12・11民録21輯2058頁）。現行法は611条を改正し、当然に減額されることを認め（☞9-177）、不当利得として既払賃料の返還請求ができることになる。

(2)　先払賃料の支払拒絶権

(a)　使用できない程度に応じた拒絶権　修繕がされないまま、次の月の先払賃料の支払時期が到来した場合については、現行法でも規定が置かれていない。この点、賃借人は修繕がされるまで、使用できない限度での支払拒絶を認める考えが有力である（我妻・中一444頁、高島163頁、末川・下109頁、石田穣48頁）。判例も、大判大5・5・22民録22輯1011頁が、賃料の減額請求をしうる限度で賃料の支払を拒める、逆にいうと全額の支払は拒めないことを認めた。「居住にある程度の支障ないし妨害があったことは否定できないが、右使用収益を不能もしくは著しく困難にする程の支障はなかった、というのであるから、このような場合、賃借人……において賃料の全額について支払を拒むことは許されない」とされ、賃貸人による解除が認められている（最判昭43・11・21民集22巻12号2741頁。最判昭38・11・28民集17巻11号1477頁も同様）。

(b)　全面的に使用できない場合　他方で、全面的に使用ができない場合には、大判大10・9・26民録27輯1627頁は、「賃貸人の有する修繕義務が賃借人の賃料支払の時期以前に発生し既に之を履行すべきものなる場合に於いては、縦令其支払時期は賃料を前払すべき時期なるときと雖も、賃貸人に於て修繕義務を履行せざれば賃借人に完全に賃借物の使用収益を為すことを能はざるを以て、<u>賃借人は賃貸人が其有する修繕義務を履行する迄は賃料の支払を拒絶し得べきは</u>、賃貸借の双務契約たる性質上当然にして、民法第533条に依る同時履行の抗弁権と謂うを妨げず」として、賃借人は遅滞の責めはないとして解除の主張を退けた（それ以前に、前掲大判大4・12・11が賃料請求を退けている）。

(c)　拒絶権の法的性質　賃貸借も双務契約であり、両者の義務が引換給付に適

381

§Ⅳ　賃貸借の効力

したものであれば、同時履行の抗弁権を認めることは可能である。しかし、修繕義務は、請負人の仕事完成義務同様に、引換給付に適さず先履行義務とされるべきである。したがって、賃借人が修繕義務の履行を促すことが可能となるよう公平の観点から認められる、修繕を先履行とする履行拒絶権である（広中142頁も同時履行の抗弁権とは異なるという）。533条の類推適用ではなく、611条1項の適用が確実な場合の同規定の趣旨類推による拒絶権と考えるべきである。

9-162　**(d)　費用償還義務**

(ア)　必要費償還義務

(i)　賃貸人の負担に属する必要費であること　賃借物の修繕は賃貸人の義務であり、その費用は賃貸人が負担する（485条）。そのため、「賃借人は、賃借物について賃貸人の負担に属する必要費を支出したときは、賃貸人に対し、直ちにその償還を請求することができる」（608条1項）。必要費とは、196条1項と同様に、賃借物を通常の用法に適する状態に保存するために必要な費用である[52]。建物の大修繕は必要費を超えるものと考えられる。

9-163　**(ii)　正当に修繕がされたこと**　まず所有者である賃貸人に修繕の機会が与えられるべきであるため、民法は、賃借人による修繕が許されるための要件を以下のように規定した（607条の2）。

> ① 「賃借人が賃貸人に修繕が必要である旨を通知し、又は賃貸人がその旨を知ったにもかかわらず、賃貸人が相当の期間内に必要な修繕をしないとき」（同条1号）
> ② 「急迫の事情があるとき」（同条2号）

この要件を満たさないで賃借人が修繕した場合であっても、必要費償還請求は否定されない。ただし、賃貸人の修繕権が保障されているので、賃貸人がもっと安く修繕できた場合には、「賃貸人の負担に属する必要費」の解釈としてその金額まで請求可能な額は制限される（新注民⒀Ⅰ 357頁［森田］も同

---

52)　判例で必要費と認められたものとして、借家人による土台入換えの費用（大判大14・10・5評論全集15巻民法452頁）、畳替えの費用（大判昭18・7・6新聞4862号8頁）、さらには、道路の改修およびこれに伴う隣地の盛土のため借地が凹地となり雨水が停滞するようになったので地盛りをした費用（大判昭12・11・16民集16巻1615頁）、などがある。

第3章　賃貸借　第3編　財産の利用を目的とした契約（契約各論②）

旨）。賃貸借契約で賃借人に修繕することを認めることができ、また、個別に賃貸人の許諾を得て修繕できることは当然である（一問一答321頁注2）。

9-164　　（ⅲ）　**特別の除斥期間**　必要費償還請求権は、166条1項の時効に服するほか、622条により600条が準用される。賃借人は、返還してから1年以内に請求をしなければならず（600条1項準用）、この期間は先に述べたように除斥期間である。また、時効についての特則が規定されており、修繕から5年過ぎていても、引渡し（返還）から1年経過するまでは時効は完成しない（同条2項準用）。修繕と同時に必要費償還請求権は成立し、その時効が起算されるが、完成が猶予されることになる。

9-165　**◆賃借人が第三者に依頼して修理させた場合──転用物訴権**

（1）　**問題点**

　　例えば、AからBが借りているブルドーザーが故障したので、BがAの承諾を得てCに修理に出したとする。この場合に、BがCに修理代金をすでに支払っていれば、BがAに対する必要費償還請求権を持つ。では、BがCに修理代金をいまだ支払っていない場合はどうであろうか。問題は、①BがCに修理代金を支払っていなくても、債務を負担したというだけで費用償還請求権が認められるのか、②請負人CがAに支払請求ができないか、できるとした場合の法的根拠は何か、そしてその要件はどう考えるべきか、ということである。

9-166　（2）　**債務負担だけで費用償還請求権が成立するか**

　　まず、①の問題については、608条1項が「必要費を支出したときは」となっているのは、賃借人自らが自分の労力と材料をもって必要費を投じるケースを念頭に置いたためであり、第三者に修理を依頼した場合には、第三者に対し修理代金債務を負担しただけでよいとも考えられる。この考えでは、C→Bそして B→Aと債権が認められることになる。これに対し、BがCに支払をするまでは、Bの費用償還請求権を免責請求権にとどめる考えがある（鈴木770頁）。条文としては650条2項の類推適用という説明をする。後者が適切である。

9-167　（3）　**修理業者の債権の保護**

　　9-165②のCの保護については、転用物訴権を認めることが考えられる。判例は、「AがBとの間の賃貸借契約において何らかの形で右利益に相応する出捐ないし負担をしたときは、Aの受けた右利益は法律上の原因に基づく」としている（最判平7・9・19民集49巻8号2805頁［主体をABCに変更］）。AがBに対して費用償還義務を負う場合には、CのAに対する不当利得返還請求権（転用物訴権）は認められないことになる。しかし、Aが支払う金額はすべてCが受け取るべきであり、転用物訴権を認めても不合理ではない。また、BのAに対する650条2項の類推適用による免責請求権のCによる代位行使も認められる。

383

§Ⅳ　賃貸借の効力

9-168　　**(イ)　有益費償還義務**

(ⅰ)　有益費の意義　「賃借人が賃借物について有益費を支出したときは、賃貸人は、賃貸借の終了の時に、第196条第2項の規定に従い、その償還をしなければならない。ただし、裁判所は、賃貸人の請求により、その償還について相当の期限を許与することができる」(608条2項)[53]。有益費とは、196条2項と同様に、改良など客観的に目的物の価値を高めるために費やされた費用である。沿革的には、原野を農地にした事例が想定されている。建物の賃貸借でも、古くなった床をフローリングに改造するといった場合が考えられる。造作（設置されたサンルームなど）については、買取請求権が認められる(借地借家33条)。また、付合が成立しても賃借人に収去権が認められる場合もあり、賃借人は収去するか有益費償還請求するか選択できる。

9-169　　**(ⅱ)　請求できる時期・額**　有益費は直ちに償還請求できるのではなく、賃貸人が目的物の返還を受ける時に改良された価値が残っていれば[54]、その利益が不当利得となるので、返還時に残っている価値を限度で償還請求できるにすぎない[55]。また、608条2項ただし書については、賃借人は留置権の行使ができるので、直ちに費用を返還できない賃貸人のために設けられたも

---

53)　最判昭49・3・14集民111号303頁は、「民法608条はいわゆる任意規定であって、賃貸人と賃借人との間で、賃貸人が賃借建物に関して支出する必要費、有益費の償還請求権を予め放棄する旨の特約がされたとしても、右特約が借家法6条により無効であると解することはできない」と判示する。ただし、現在では、消費者賃借人については、消費者契約法10条により無効となる可能性がある。

54)　価値が残っていることが必要なので、返還前に増築部分が、賃貸人・賃借人のいずれの責めにも帰すことのできない事由によって滅失した場合には、返還請求権は発生しない（最判昭48・7・17民集27巻7号798頁）。

55)　＊地位が譲渡された場合　①　賃貸人たる地位の譲渡　例えば、Aがその所有の建物をBに賃貸し、Bが必要費または有益費を費やした後に、建物がAからCに売却され、賃貸人たる地位が移転した場合、償還義務者は誰になるのであろうか。ⓐ有益費償還請求権は契約終了時に成立するので（608条2項）、BはCに対してこれを取得することになる（潮見・新各論Ⅰ411頁）。ただ、Cが価格の上がった値段で建物を購入していれば、二重の負担をさせることになるので、CはAに求償が認められる必要がある。ⓑ必要費償還請求権は直ちに成立するので（同条1項）、BがAに対して取得し、その後Cに承継されるのかという疑問を生じる。民法は、この点、605条の2第4項に規定を設け、ⓐⓑいずれについても譲受人が「承継する」ことにした。「承継する」というのであり、254条のように「特定承継人に対しても」権利行使ができるという規定ではないので、Cだけが債務者になりAはAは免責されることになる。　②　賃借権の譲渡　他方、賃借人が賃貸人の承諾を得て、賃借権を譲渡した場合、その後、賃貸借契約が終了すれば、新賃借人（譲受人）が、賃貸人に対して償還請求権を取得する（潮見・新各論Ⅰ410頁）。譲渡人が償金請求権を賃借人たる地位と共に譲渡しているわけではない。譲受人は、賃貸人に対する償金請求権が認められ、新旧賃借人間で清算すべき場合もあるかもしれない。必要費償還請求権の場合には、賃借人たる地位の従たる権利として、新賃借人に移転するものと考えられる。

のである。有益費償還請求権も、必要費償還請求権同様 600 条が準用されている（622 条）。特約によって有益費償還請求権を排除することもできる[56]。

9-170　**(e)　付随義務（特に保護義務）**　賃貸人の付随義務として、賃借人の安全に対する保護義務が認められ（山形地米沢支判昭 54・2・28 判時 937 号 93 頁など）、また、賃借人が賃貸家屋に持ち込んだ家財についての保護義務が認められる（☞ 9-171）。この義務違反を債務不履行と構成する意義は、失火責任法を排除する点にある。また、貸しビル業者からビルの 1 室を賃借して婦人服販売店を経営している原告が、同じビルの地下 1 階を賃借し飲食店を経営している業者が悪臭を発生させたため、客が敬遠し営業上の損害を受けた事例で、社会通念上受忍限度を超える悪臭が発生しているのに「これを放置し若しくは防止策を怠る場合に」は、賃貸人の債務不履行になるものと認められている（東京地判平 15・1・27 判タ 1129 号 153 頁）。

9-171　●**最判平 3・10・17 判時 1404 号 74 頁**　[事案] X は Y 所有の建物の 1 階の一部を賃借し、店舗として使用していたが、残余部分は Y が家族と共に居住していた。ところが、Y の居住部分からの出火による火災のため、X の商品および備品がすべて焼失してしまった。そのため、X が Y に対して損害賠償を請求したが、その責任の性質が問題とされた。もし不法行為責任だとすると、Y に重過失がなければ失火責任法により免責されてしまうからである。原判決は X の請求を認めたため、Y が、「賃貸借契約においては、賃貸人の義務とされるのは使用収益させる義務であって、……使用収益させる義務を中心として、修繕義務・費用償還義務・担保責任が生じるわけであって、それ以上に賃借人の所有動産類に対する安全管理義務というものがあるわけではない」、と主張し上告した。最高裁は次のように述べて上告を棄却した。

9-172　[判旨]「右事実関係によれば、Y は、その所有に係る木造 2 階建の本件建物の 1 階の一部を総合衣料品類販売店舗として X に賃貸し、その余の 1 階部分及び 2 階全部を自ら住居として使用し、本件建物の火気は、主として Y の使用部分にあり、Y の火気の取扱いの不注意によって失火するときは、X の賃借部分に蔵置保管されている衣料品類にも被害が及ぶことが当然に予測されていたところ、Y の使用部分である 1 階の風呂場の火気の取扱いの不注意に起因する本件失火によって X の賃借部分に蔵置保管されていた衣料品等が焼失し、X は

56)　事業用の建物の場合、例えば賃借人がレストラン経営のために借りた場合、そのレストラン独特の設備にして特色を出すことになるが、その改良費が請求できるとすると、新しいレストランは全面的に改修をすることになり、賃貸人は価値増加分を賃料の形で利益を受けることはない。改修はできるが原状回復義務を賃借人に負わせる場合には、有益費償還請求権が特約で排除されているものと考えられる。

§Ⅳ　賃貸借の効力

その価額に相当する損害を被ったものというべきであるから、Ｙは右被害について賃貸人として信義則上債務不履行による損害賠償義務を負う」[57]。

2　賃借人の権利義務

9-173 **(1)　賃借人の権利──使用収益権**

　　賃借人の使用収益権は、賃貸人の義務として述べたところの裏返しである。修繕請求権や自らの修繕権は、この派生的権利である。債権だけとってみれば使用収益権であるが、これを基礎づける賃借人たる契約上の地位自体は、**賃借権**といわれる。使用収益の範囲を定めなかった場合には、「借主は、契約又はその目的物の性質によって定まった用法に従い、その物の使用及び収益をしなければならない」（616条による594条1項の準用）。使用は、612条の転貸禁止からもわかるように、自己使用に限定され、他人に賃貸することは許された使用の範囲には含まれない（特約は可能）。

9-174 **(2)　賃借人の義務**

　　(a)　賃料支払義務（賃料債務）

　　(ア)　賃料支払時期　　賃料は、使用収益させるという継続的給付の対価であり、使用収益に応じて1日ごとに発生するものである。しかし、毎日支払うのは面倒であり、月や年で区切ってまとめて支払うことになる。また、本質的には後払いであるが、月末に次の月の賃料を前払いするのが普通である。2年など賃貸期間を決めて全額前払いとすることも可能である。合意がなければ、賃料は毎月末（年払いの場合に年末）の後払いになる（614条）。

9-175 **◆有料老人ホーム入居契約における前払金**

　　有料老人ホーム入居契約は、居室利用については賃貸借契約であり、月払方式もあるが、生涯その金額で入居できる入居一時金を支払う一時金方式もある。その内訳は2つの期間に分かれている。①まず、想定居住期間を定め（例えば5年）、その期間の賃料総額が前払いされる。賃料の前払いにすぎないので、その期間の途中で契約が終了したならば、未履行分の賃料は返還される。②次に、想定居住期間を超えた後の分は、その金額で終身居住できるという射倖的賃料（射倖契約の掛け金）である。1カ月後に死亡しても返還を受けられず、予想に反し

---

57)　奥田昌道「判批」リマークス6号22頁は、本判決を信義則上の義務を認めたものと解し、給付義務ではないが、契約の本旨履行のための不可欠の行為義務を契約法上の義務として認め、これに賛成する。

第3章　賃貸借　第3編　財産の利用を目的とした契約（契約各論②）

て10年生きても追加支払は不要である。このように、有料老人ホーム入居契約の入居一時金では、①は賃料前払い、②は射倖的な賃料である。②も賃貸借であり、射倖性の性質に反しない限り賃貸借また借地借家法の規定が適用になる。

9-176　**（イ）　賃料額──減額請求権および当然の減額**

（i）　民法上の減額請求権　賃料額は当事者が自由に決定でき、借家については地代家賃統制令が存在していたが、現在では廃止されている。なお、借地借家法また農地法において、経済事情の変動を理由とした賃料の増減請求権が認められているが（☞9-126）、民法にも賃借人の減額請求権を認める規定がある。「耕作又は牧畜を目的とする土地の賃借人は、不可抗力によって賃料より少ない収益を得たときは、その収益の額に至るまで、賃料の減額を請求することができる」（609条）。2年以上も上記のような状態が続く場合には、賃借人は契約の解除をすることができる（610条）。

9-177　**（ii）　使用収益できないことによる当然の減額**

❶　改正による変更　また、当然の減額も認められている。すなわち、「賃借物の一部が滅失その他の事由により使用及び収益をすることが<u>できなくなった場合において、それが賃借人の責めに帰することができない事由によるものであるときは</u>[58]、賃料は、その使用及び収益をすることができなくなった部分の割合に応じて、減額される」（611条1項）[59]。改正前は、一部滅失のみが対象とされ、また減額請求権として構成されていた[60]。一時的な不能も含まれるが[61]、賃借物の可分な「一部」の使用収益不能が必要であり、全部使用収益できるが、契約通りの使用収益ができない場合にも拡大して適

---

[58]　賃借人の帰責事由による場合には、賃料の減額は認められないことになる。賃貸人には536条2項後段が適用される。賃貸人は修繕義務も負わないので、修繕費用を免れたことを清算されるべき利益とはいえないことになる。

[59]　＊**通知義務違反との関係**　DCFR IV.B.-4:103条(1)は、賃借人が不適合を知り、または知りうべき時から合理的な期間内に、賃貸人に通知をしないと、賃貸人が悪意か知りえた場合を除き、通知がされるまで不適合についての救済手段を利用できないものと規定する。日本では、賃借人には修繕を要する状態になった場合に遅滞なく賃貸人に知らせる義務を負わせている──賃貸人が悪意の場合は別──ものの（615条）、通知義務を怠った場合の効果については規定がない。まず、通知されず損傷等を賃貸人が知らなければ、帰責事由がなく賃貸人は損害賠償義務を免れる。問題になるのは賃料減額である。賃借人が損傷等を賃貸人に通知しなかったため、賃貸人が修補をして適正賃料を取得する機会が与えられなかったのに、賃料が減額されるのは適切ではない。そのため、611条1項の「賃借人の責めに帰することができない事由によるものであるとき」には、賃貸人が損傷等を知らず、賃借人が損傷等を知ったにもかかわらず賃貸人にそのことを通知しない場合も含むと解すべきである。

§Ⅳ　賃貸借の効力

9-178　❷　**賃借人の解除権**　この場合に、契約をした目的を達しえない状態になっている場合には、賃借人には解除権が認められる（611条2項）。改正前規定に2点の変更をしており、①一部滅失以外の事例に拡大し、かつ、②賃借人の帰責事由による場合でも、賃借人は契約解除ができるようにしたのである（一問一答323頁）。例えば、除草用にヤギを10匹賃借したが、8匹が病気で死亡し（616条の2により一部終了）、残り2匹では除草目的を達しえない場合、残部の2匹だけで契約を続けるか契約を解除するかは、賃借人に任される。なお、種類物賃貸借では補充を求めることができる（☞9-3）。

9-179　(b)　**目的物維持・保存義務および使用に際する善管注意義務**

(ア)　**目的物維持・保存義務**　DCFR Ⅳ.B:104条(1)(c)は、賃借人に、賃貸借の目的および目的物の性質を考慮して、合理的な範囲内において、目的物の通常の状態と機能を維持するために必要となる措置を採ることを義務づけている。例えば、居住用の建物の賃貸借において、賃借人が床にコーヒーをこぼしたらすぐに拭く、風呂場にカビが生えないように換気をしっかりするだけでなく、カビが生えたら洗浄する等の措置が必要になる。この維持・保存義務は、規定はないが民法においても認められるべきである[62]。

---

60)　適用範囲が拡大されたため限界づけが必要になる。例えば、建物の前にバイパスができ静穏な生活が妨げられた場合にも本条は適用されるのであろうか、青野博之「賃借物の環境悪化としての建築騒音と賃料減額の可否」駒澤法曹17号（2021）62頁は、賃貸人の使用収益させる義務の違反が必要であり、「相隣関係法に基づき建物所有者としての賃貸人がその騒音を防止することができない場合には、騒音により賃借物の環境が悪化しても、その悪化を賃貸人が防止する債務を負っていないから、賃料減額は認められない」という。筆者もこれに賛成したい。なお、賃借人の帰責事由による場合には減額が認められないのは536条2項と同趣旨で、同規定の利益償還請求が可能である。

61)　火山の近くの店舗の賃貸借で、火山活動が活発になり避難命令が出され立ち入れなくなったため、法的に使用収益ができなくなった場合（一時点な全部使用不能）、避難命令が解除されるまで使用できなくなる。一時的使用収益不能については規定がなく、611条を類推適用することが考えられている（潮見・新各論Ⅰ379頁、秋山靖浩「賃貸物の一時的使用収益不能における賃料債権の帰趨」『中田裕康先生古稀記念論文集』〔有斐閣・2021〕583頁）。611条の直接適用を否定する理由は審議経緯に求められるが、文言上は直接適用に支障はない。原発事故で立入禁止の事例には、616条の2を適用してよい。

62)　賃借人の義務なので、賃借人はその費用を賃貸人に請求できない。ただ、不可抗力や賃貸人の帰責事由で目的物に損傷が生じた場合には、賃借人に修繕義務はなく、修繕する権利が認められるにすぎず（607条の2）、そのかかった費用を賃貸人に請求できる（608条）。修繕と清掃（による汚れ落とし）との限界は微妙なこともある。また、管理に係る費用は当事者の合意が優先する。例えば、庭付き一戸建ての賃貸借で、庭木の手入れは賃借人の責任と費用で行うと合意すれば、業者に剪定をしてもらう費用は、賃借人が負担することになる。

388

第3章　賃貸借　第3編　財産の利用を目的とした契約（契約各論②）

9-180　　**（イ）　使用に際する善管注意義務**

（i）　用法遵守義務　賃借人は、「契約又はその目的物の性質によって定まった用法に従い」目的物を使用収益しなければならない（616条による594条1項の準用）。使用が許容されているため、使用に伴う通常損耗は、賃借人の責任を生じさせず、原状回復義務も生じない（☞9-266）[63]。契約目的が居住であれば家族での居住が許されるが、賃借人は同居の家族などの過失についても責任を負わねばならない（☞債権総論4-173）[64]。公序良俗に違反しない限りで、同居させることのできる者を限定することも可能である[65]。また、従たる義務として、賃借人に賃貸人への一定の場合の通知義務が認められている（615条）[66]。これは、賃貸人が修繕義務を負う場合に限られない[67]。

9-181　　**（ii）　善管注意義務違反**

❶　停止・除去請求および解除　賃借人が用法遵守義務に違反する使用をしている場合、それが継続的な状況（不適切な設備の設置など）であれば、賃貸人はその停止・除去を求めることができる。また、賃貸人が賃借人に対

---

63)　DCFR IV.B.-5:104条(1)(c)は、物品の通常の状態と機能を維持するために必要になると通常思われるすべての手段をとることを、賃借人に義務づけている。建物の賃貸借で、床に食べ物を落としたら、金銭賠償で現実賠償義務はないというのではなく、すぐに拭き取って床にシミが付いたり傷まないようにしなければならない。子供が壁に落書きをしたら消す必要がある――不法行為では金銭賠償主義なので落書きを消せとは請求できない――。この意味で、金銭賠償主義に対して、善管注意による賃借物の保全義務は例外をなすことになる。

64)　したがって、家族の行為による損傷について、賃借人は原状回復義務を負う。問題は転借人の行為であるが、土地の賃貸借で無断転貸がされ、転借人が土地上に産業廃棄物を不法に投棄した場合に、賃借人の原状回復義務として、その産業廃棄物の撤去義務が認められ、これについて賃借人には連帯保証人の責任が肯定されている（最判平17・3・10判時1895号60頁）。適法な転貸借であっても、結論は同様であろう。

65)　単身者専用の賃貸物件の場合には、客を入れることは認められるが（それも賃借人の使用の範囲）、同居させることを禁止できる。夫婦向けでも、子供は駄目とか、子供1人までとか表示されることもあるが、そのような制限の有効性には疑問が残されている。

66)　賃借人の善管注意義務違反が認められた特殊な事例として、無断転借人が賃貸物件で自殺した事例がある。自殺物件では「当該物件につき賃借人となる者が一定期間現れず、また、そのような者が現れたとしても、本来設定し得たであろう賃料額より相当低額でなければ賃貸できないことは、経験則上明らか」であるため、賃借人は、「少なくとも無断転貸等を伴う建物賃貸借においては」、「その内容として、目的物を物理的に損傷等することのないようにすべきことにとどまらず、居住者が当該物件内部において自殺しないように配慮することもその内容に含まれる」とされ、債務不履行責任が認められている（東京地判平22・9・2判時2093号87頁）。

67)　賃借人の帰責事由による損傷については、賃貸人に修繕義務がないが、この場合も、まずは賃借人の管理権限を尊重し、賃貸人において対応を検討するのが適切であると評されている（一問一答321頁注1）。条文上も、賃借人の帰責事由を問わない形になっており、賃借人の帰責事由による場合にも607条の2が適用されると考えられている（升田・注9-4前掲書92頁）。

389

して、相当の期間を定めて違反行為の停止を求め、しかる後に解除ができるが、違反行為が著しく信頼関係を破壊するものである場合には、直ちに解除ができる（☞ 9-71）。使用が合意された使用の範囲外であれば、例えば居住用の建物の賃貸借で、損傷などなく使用をしているがヨガ教室を経営していれば、賃貸人は営業を止めるよう求めることができる。

9-182　　❷　損傷等の場合　賃借人の善管注意義務違反は、債務不履行であり、また不法行為にもなる。火災により賃借建物を焼失させたり損失させた場合、失火責任法は債務不履行責任には適用がないため、賃借人は失火免責を受けられない。この場合には、賃借人は、賃貸人に対して損傷の修補を求めることができないが（611条1項反対解釈）、修繕費用を賠償すれば、賃貸人は修繕義務を負う（☞ 9-156）。また、損傷に対する責任は金銭賠償によるので（417条）、賃借人は修繕は義務づけられないが、損傷をそのまま放置すると目的物の被害を拡大させる危険がある場合には、修繕を義務づけられる。

9-183　　◆賃借物の賃借人による変更
　　①例えば、建物を商店経営のために借りて、賃貸人の承諾を得て賃借人が敷地内に倉庫を設置したのは適法な使用であり、賃貸人は契約が終了するまで倉庫の除去を求めえない（621条）。②他方で、賃借人が敷地に無断で倉庫を設置した場合には、用法義務違反であり、賃貸人は倉庫の撤去を求めることができる。適法な変更に対する原状回復請求権ではないので、契約の終了は必要ではない。建物への設置物の除去はこの通りでよいが、建物を損傷した場合には、金銭賠償主義なので（417条）、賃貸人は賃借人に対して損傷を修復するよう請求できず、損害賠償請求が認められるだけである（賃貸人の修繕義務は9-156に述べた）。

9-184　　◆集合住宅における延焼と失火責任法──賃貸人に対する責任
　　⑴　不法行為責任による解決
　　賃貸アパートの一室を借りている者が失火をしてその者の賃借部分を超えて建物の他の部分に延焼した場合、失火責任法との関係はどう考えるべきであろうか。他の賃借人が受けた損害については、不法行為責任しか成立の余地はなく、したがって、失火免責が受けられる。問題は賃貸人に対する責任である。まず、賃貸人が返還義務と使用に伴う善管注意義務を負うのは、自分の賃借している部分についてのみであり、建物全体については、不法行為法上の注意義務しか負わないという処理も可能である。この考えによると、延焼部分については不法行為責任しか成立せず、失火責任法が適用される（横浜地判昭56・3・26判時1026号114頁など）。

第3章　賃貸借　第3編　財産の利用を目的とした契約（契約各論②）

9-185 **(2)　債務不履行責任を認める解決**

　これに対して、隣接の家屋とは状況が異なり、集合住宅の1室から火が出れば、必然的に建物の他の部分に損害が生じるのであるから、賃借人は自分の賃借部分についての返還義務・善管注意義務とは別に、建物全体に対し信義則上の保護義務を負うということも考えられる。これによれば、賃借人は自分の賃借部分のみならず延焼部分についても債務不履行責任を負い、失火責任法の適用はないことになる（東京高判昭40・12・14判タ188号159頁、沢井裕『失火責任の法理と判例』283〜284頁）。保護義務というかは措くが、その違反につき債務不履行と同様に失火免責を否定することには賛成したい。

$$§V$$
敷金および権利金など

1　敷金

9-186 **(1)　敷金の意義**

　(a)　敷金および敷金契約の意義　　**敷金**につき、民法は622条の2第1項に括弧書で、「いかなる名目によるかを問わず、賃料債務その他の賃貸借に基づいて生ずる賃借人の賃貸人に対する金銭の給付を目的とする債務を担保する目的で、賃借人が賃貸人に交付する金銭をいう」と定義している。敷金を交付する合意を**敷金契約**といい、賃貸借契約とは別の契約であるが、その従たる担保契約である[68]。

9-187 　**(b)　賃貸人のための担保**　　不動産賃貸借については、賃貸人に先取特権が認められているが（312条以下）——借地権設定者につき借地借家法12条——、債務名義は不要とはいえ競売手続をとらなければならない。かといって、約定担保として設定する適切な担保はなく、保証人をとることと共に——近時は保証会社の保証を利用し、敷金をとらない事例が増えている[69]——行われているのが、敷金の授受である。担保契約であり、622条の2

---

68)　＊**敷金契約は要物契約か**　担保たる敷金は、質権同様に敷金の交付により成立する（その意味で要物契約）。しかし、敷金を交付するという合意も、予約というまでもなく有効であり（潮見・新各論Ⅰ493頁）、賃借人が合意をした敷金を交付しない場合には、賃貸人に解除権が認められる（我妻・中一473頁など通説）。622条の2は、「受け取っている場合」というだけで、契約の性質については沈黙しており、敷金設定契約により賃借人は敷金交付義務を負うことは、当事者の合理的な意思表示解釈に合致する。

§V　敷金および権利金など

の定義では債務者に限定されているが、第三者が敷金を提供することも可能である。賃貸人は特約がない限りその金銭を自己の財産と分別管理する必要はなく、同額を返還すればよいので利用（消費）も可能である[70]。

9-188　◆敷金契約の法的性質

（1）　停止条件・返還特約付きの金銭所有権の移転（通説・判例）

　　民法は敷金の定義をしているが（☞9-186）、敷金契約の法的性質は解釈に任されている。この点、通説・判例は、停止条件付返還債務を伴う金銭の所有権移転と解しており、敷金はその交付によって賃貸人所有になり——金銭は占有あるところに所有がある——、交付と同時に返還請求権が成立するのではなく、明渡し後に清算をして差額があればその返還義務が成立することになる（停止条件付き）。物の譲渡担保における清算金の支払義務と同様になる。

9-189　（2）　その他の学説

　　❶　債権質説　他方、贈与したわけではないので、敷金の返還請求権が交付により直ちに成立するが、ⓐこれに賃貸人の債権のために債権質を設定するものと理解する学説（債権質説）、また、ⓑ賃貸借の終了時に、賃貸人の債権額を相殺した残額を返還するという相殺予約の合意があると考える学説もある（三宅・下836 ～ 837頁）。

9-190　　❷　金銭の譲渡担保説　さらには、端的に金銭の譲渡担保と構成する学説（森田・債権法解説155頁、新注民⑬Ⅰ 594頁［森田］）もある[71]。金銭の譲渡担保説が最も構成として適切である。譲渡担保説では賃借人の返還請求権は直ちには成立せず、賃貸人が金銭について譲渡担保権を実行して債権を回収し、残額があればそれを清算して返還することになる。したがって、敷金の返還請求権は、正確には

69)　中島拓『よくわかる！家賃債務保証の知識』（日本経済新聞出版社・2016）参照。さらには、近時新たな契約として、賃借人が孤独死したり何らかの事情で3カ月以上賃料の支払がない場合の残置物の処理、契約の解除を代行して行うことを引き受ける契約も行われている。そのようなサービスを受けられる地位に対して、保証料のように料金が支払われる。保証会社による賃料の保証契約とセットで利用され、これにより敬遠される高齢者との契約を賃貸人が回避しないことが期待される。

70)　＊敷引特約　敷金は、未払賃料などを差し引いてなお残額があればそれを返還すべきであるが、敷金のうち当然に一定額を返還しないことが約束される場合があり、これを敷引という。敷引の性質については、①賃貸借契約成立の謝礼、②賃貸目的物の自然損耗の修繕費用、③賃貸借契約更新時の更新料の免除の対価、④賃貸借契約終了後の空室賃料、⑤賃料を低額にすることの代償などと説明されており、「敷引金の性質について当事者の明確な意思が存する場合はともかく、そのような明確な意思が存しない場合には……上記①ないし⑤などのさまざまな要素を有するものが渾然一体となったもの」と考えられている（神戸地判平17・7・14判時1901号87頁）。消費者契約法10条との関係を判断した、最判平23・3・24については9-271を参照。なお、最判平10・9・3民集52巻6号1467頁は、「災害により賃貸家屋が滅失し、賃貸借契約が終了したときは、特段の事情がない限り、敷引特約を適用することはできず、賃貸人は賃借人に対し敷引金を返還すべき」ものとしている。

71)　敷金については、清水恵介「担保化された金銭の担保法的考察」日本法学80巻3号（2015）315頁以下、とりわけドイツ法につき太田昌志『敷金契約の法理』（成文堂・2021）参照。太田360頁は、譲渡担保として考察するか、もしくは信託行為と素直に認めることを提案する。

第3章　賃貸借　第3編　財産の利用を目的とした契約（契約各論②）

担保権実行後の清算金の支払請求権である。

9-191 **(2)　敷金の効力**

(a)　敷金により担保される債務の種類

(ア)　被担保債権　敷金により担保される債務は、賃料債務のほか、用法違反による損害賠償義務、原状回復のための費用償還義務など賃貸借契約をめぐって賃借人が負うことが考えられる一切の債務である[72]。債務の総額が敷金額よりも大きい場合には、法定充当の規定（488条4項・489条）により充当される（大判昭7・11・15民集11巻2105頁）。

9-192 **(イ)　充当できる時期**　敷金は契約終了時に債務に充当されるが（＝担保権の実行）、それ以前であっても賃借人に金銭債務の支払不履行があれば、賃貸人は賃借人に対する意思表示によってそれに充当することができる（622条の2第2項前段）。賃借人から、充当を求めることはできない（同項後段）。減った分については、敷金契約の効力として、賃貸人は賃借人に対して補充を求めることができる。債権回収に使用したわけであるが、賃料がその後も発生するのであり、担保維持義務の一種である。

9-193 **(b)　敷金によりいつの債権までが担保されるのか**
　　　──敷金返還請求権の発生時期

(ア)　判例は明渡し時説　敷金は、賃貸借とは別個の敷金契約によって設定され、賃貸借の終了が当然に敷金契約の終了をもたらすわけではない。敷金は、賃貸借契約終了後の返還までの使用利益の不当利得返還請求権や返還までの間に賃借物を毀損した損害賠償請求権も担保するからである。この点、学説には、賃貸借契約の終了と同時に敷金契約も終了し、目的不動産の明渡しと敷金の返還との同時履行の抗弁権を認める提案もあった（**契約終了時説**）。判例は、これを採用せず、**明渡し時説**を採用し、同時履行の抗弁権を否定する点について詳論した（☞9-195）。

---

[72]　**＊賃料債権の物上代位との関係**　最判平14・3・28民集56巻3号689頁は「敷金の充当による未払賃料等の消滅は、敷金契約から発生する効果であって、相殺のように当事者の意思表示を必要とするものではないから、民法511条によって上記当然消滅の効果が妨げられない」、「また、抵当権者は、物上代位権を行使して賃料債権を差し押さえる前は、原則として抵当不動産の用益関係に介入できないのであるから、抵当不動産の所有者等は、賃貸借契約に付随する契約として敷金契約を締結するか否かを自由に決定することができる。したがって、敷金契約が締結された場合は、賃料債権は敷金の充当を予定した債権になり、このことを抵当権者に主張することができる」と判示している。

393

§V　敷金および権利金など

9-194　　**(イ)　2017 年改正による明渡し時説の明文化**　現行法は、判例を明文化
し、「賃貸人は、敷金……を受け取っている場合において、次に掲げるとき
は、賃借人に対し、その受け取った敷金の額から賃貸借に基づいて生じた賃
借人の賃貸人に対する金銭の給付を目的とする債務の額を控除した残額を返
還しなければならない」とし（622条の2第1項）、①「賃貸借が終了し、か
つ、賃貸物の返還を受けたとき」（同項1号）、および、②「賃借人が適法に賃
借権を譲り渡したとき」（同項2号）を、敷金返還請求の要件として規定した
（2号☞9-205）。

9-195　　●**最判昭 49・9・2 民集 28 巻 6 号 1152 頁**　[事案・判旨①（明渡し時説の
宣言——明渡しまで債権が発生し続ける）]　賃借人の賃貸家屋の明渡しと敷金
の返還との同時履行との関係を否定する理由として、最高裁は以下のように述
べている。
　　「賃貸借における敷金は、賃貸借の終了後家屋明渡義務の履行までに生ずる
賃料相当額の損害金債権その他賃貸借契約により賃貸人が賃借人に対して取得
することのある一切の債権を担保するものであり、賃貸人は、賃貸借の終了後
家屋の明渡がされた時においてそれまでに生じた右被担保債権を控除してなお
残額がある場合に、その残額につき返還義務を負担する」（最判昭48・2・2民集
27巻1号80頁☞9-203）。

9-196　　　[判旨②（契約終了時説の否定——同時履行の抗弁権・留置権の否定）（直接
適用の否定）]　「敷金契約は、このようにして賃貸人が賃借人に対して取得す
ることのある債権を担保するために締結されるものであって、賃貸借契約に附随
するものではあるが、賃貸借契約そのものではないから、賃貸借の終了に伴う
賃借人の家屋明渡債務と賃貸人の敷金返還債務とは、一個の双務契約によって
生じた対価的債務の関係にあるものとすることはでき」ない。

9-197　　　[判旨③（類推適用も否定）]　ⓐ「両債務の間には著しい価値の差が存しうる
ことからしても、両債務を相対立させてその間に同時履行の関係を認めること
は、必ずしも公平の原則に合致するものとはいいがたい」。ⓑ「一般に家屋の
賃貸借関係において、賃借人の保護が要請されるのは本来その利用関係につい
てであるが、当面の問題は賃貸借終了後の敷金関係に関することであるから、
賃借人保護の要請を強調することは相当でな」い。ⓒ「両債務間に同時履行の
関係を肯定することは、右のように家屋の明渡までに賃貸人が取得することの
ある一切の債権を担保することを目的とする敷金の性質にも適合するとはいえ
ない」。

第 3 章　賃貸借　第 3 編　財産の利用を目的とした契約（契約各論②）

9-198 **(3)　敷金と当事者の変更**

(a)　賃貸人の変更

(ア)　賃貸中の変更

(i)　敷金関係が承継される　例えば、A から B に賃貸中の不動産が、A によって C に譲渡された場合、C は賃貸人たる地位と共に、敷金契約も承継する。確かに、敷金契約は賃貸借契約とは別の契約であるが、賃貸借関係の債権についての担保契約であり、担保は債権に随伴して移転するから、債権者たる賃貸人たる地位が移転したならば、担保も随伴して移転すべきだからである。我妻博士は、この結論を賃貸借関係を所有権と結合する 1 つの包括的関係と理解する**状態債務説**の立場から、敷金関係を含めて一体的に移転することを説明する（我妻栄「敷金の付従性」『民法研究Ⅵ債権各論』［有斐閣・1969］164 頁以下）。しかし、担保契約であり従たる契約と理解すれば足りる[73]。

9-199 **(ii)　敷金の交付は承継の要件ではない**　担保としての敷金が成立するためには敷金の交付が必要であるとしても、敷金契約の承継には、旧賃貸人から新賃貸人に実際に敷金が交付されることは必要ではない[74]。譲受人は譲渡人から敷金の交付を受けていないことを、敷金の返還義務を免れるために主張することはできない。譲受人は敷金がないが敷金による原状回復費用の回収ができ、譲渡人に敷金の交付請求権を有し、清算額について賃借人は債権者代位権によって、譲渡人に対して自己への支払を求めることができる[75]。

---

73)　なお、譲渡時に賃借人 B の債務が遅滞にあるときには、その額を差し引いた額の敷金が A から C に承継される。譲渡人 A の遅滞中の債権が無担保のまま残されるのは適切ではないからである。C は敷金契約を承継し、その効果としての担保価値維持義務の履行として差額の交付を求めることができる。

74)　＊**賃貸人につき共同相続があった場合**　A・B 共有の建物を X が賃借し、A を B・Y 等が共同相続し、建物は B が A の持分を取得し単独の所有者になった。その後、契約が終了し、X は敷金返還債務は、賃貸人 A の死亡により法定相続分に応じて相続人らが分割承継した旨主張し、Y に対して相続割合に応じた支払を求めた。大阪高判令元・12・26 判時 2460 号 71 頁は、「敷金に関する法律関係は賃貸借契約と密接に関係し、賃貸借契約に随伴すべき」であり、「賃貸人たる地位に承継があった場合には、敷金に関する法律関係は新賃貸人に当然に承継される」として、X の Y に対する請求を退けている。賃料取得また費用負担は遺産分割により覆されないが、敷金関係は相続により取得した権利関係である。

75)　＊**賃貸人たる地位が留保された場合**　表記の事例で建物に抵当権が設定してある場合、抵当権の物上代位の対象になる賃料債権は、譲受人 C の譲渡人 A に対する賃料債権であり、A の B に対する賃料債権は転賃料債権なので、建物の物上代位の対象にはならなくなる。AC 間の契約の性質は準問屋と考えるべきであり（☞ 9-134）、A は賃料を受け取って C に引き渡す義務（646 条 1 項）または賃料債権の移転義務（同条 2 項）を負うことになる。こうして、C に帰属すべき賃料債権であることを考えれば、A の B に対する賃料債権は依然として建物の抵当権の物上代位の対象になると考えるべきである。

§V 敷金および権利金など

9-200 **（イ）賃貸借終了後・明渡し前の所有権者の変更**

（i）承継はされないのが原則 敷金返還請求権の発生時期について、明渡し時説によると、賃貸借契約が終了しても、依然として不当利得返還請求権、損害賠償請求権を担保するために敷金契約は存続していることになる。では、AがBとの賃貸借契約を解除した後、明渡しを受ける前にその不動産をCに譲渡した場合、敷金契約はAからCに承継され、譲渡までの賃料等を差し引いて、譲渡後のCのBに対する不当利得返還請求権等を担保することになるのであろうか。この点、判例は、賃貸借終了後の目的物の譲渡の場合には、敷金関係は承継されないと考えている（☞ 9-203）。

9-201 **（ii）例外的に承継される場合** 9-203判決は、「家屋の所有権を取得し、賃貸借契約を承継しない第三者が、とくに敷金に関する契約上の地位の譲渡を受け、自己の取得すべき賃借人に対する不法占有に基づく損害賠償などの債権に敷金を充当することを主張しうるためには、賃貸人であった前所有者との間にその旨の合意をし、かつ、賃借人に譲渡の事実を通知するだけでは足りず、賃借人の承諾を得ることを必要とする」と述べる。①譲渡の当事者の合意だけでなく、②賃借人の同意が必要である。敷金の譲受人への交付が不要なことは、ここでも同様である。

9-202 **（iii）承継の要件を満たさない場合の敷金の効力** AからCへの不動産の譲渡に上記承継の要件が満たされていない場合、AB間に敷金契約は存続し、不動産がAまたはCに明け渡されていない以上は終了していないことになる。622条の2第1項1号は、敷金契約は、賃貸借契約の終了だけでは終了せず、返還を受けて初めて終了するものと規定しているからである。C→A、A→Bと明渡遅滞による損害賠償請求権が成立し、敷金により担保されるのはA→B債権だけになる。

9-203 ●**最判昭48・2・2民集27巻1号80頁** ［判旨①（原則として承継しない）］「敷金に関する法律関係は、賃貸借契約に付随従属するのであ」る。「賃貸借継続中に賃貸家屋の所有権が譲渡され、新所有者が賃貸人の地位を承継する場合には、賃貸借の従たる法律関係である敷金に関する権利義務も、これに伴い当然に新賃貸人に承継されるが、賃貸借終了後に家屋所有権が移転し、し<u>たがって、賃貸借契約自体が新所有者に承継されたものでない場合には、敷金</u>に関する権利義務の関係のみが新所有者に当然に承継されるものではなく、ま

第3章 賃貸借　第3編 財産の利用を目的とした契約（契約各論②）

た、旧所有者と新所有者との間の特別の合意によっても、これのみを譲渡することはできない」。

9-204　　[判旨②（例外的に承継するための要件［傍論］）]「このような場合に、家屋の所有権を取得し、賃貸借契約を承継しない第三者が、とくに敷金に関する契約上の地位の譲渡を受け、自己の取得すべき賃借人に対する不法占有に基づく損害賠償などの債権に敷金を充当することを主張しうるためには、賃貸人であった前所有者との間にその旨の合意をし、かつ、賃借人に譲渡の事実を通知するだけでは足りず、賃借人の承諾を得ることを必要とする」。

9-205　　**(b)　賃借人の変更**

　　(ア)　原則として承継しない　賃借人Bが、賃貸人Aの同意を得て、ないし譲渡を認める特約に基づいて賃借権をCに譲渡した場合、AB間の賃貸借がAC間に承継されるが、敷金契約は承継されないと考えられている。最判昭53・12・22民集32巻9号1768頁は、賃借権が賃貸人の承諾を得て譲渡された場合につき、敷金契約は、賃貸借に従たる契約ではあるが、賃貸借とは別個の契約であるため、「敷金をもって将来新賃借人が新たに負担することとなる債務についてまでこれを担保しなければならないものと解することは、敷金交付者にその予期に反して不利益を被らせる結果となって相当でな」いことを理由とする。現行法は、賃借権の適法な譲渡の場合には、敷金契約は終了するものと判例を明文化した（622条の2第1項2号）[76]。

9-206　　**(イ)　例外として承継される場合**　上記判決は、傍論的に、①「敷金交付者が、賃貸人との間で敷金をもって新賃借人の債務不履行の担保とすることを約し」た場合、または、②敷金交付者が、「新賃借人に対して敷金返還請求権を譲渡」した場合には、敷金の承継を認めている。622条の2第1項2号は任意規定であり、現行法でも有効である。A・B・Cで、敷金契約がA・BからA・Cに承継され、BC間でBがAに交付した敷金分をCがBに支払うことになり、特に不都合はない。Bは自分の敷金がCの債務のために担保に供されるが、BC間でその金額は清算されることになる。

---

76)　賃借権の譲渡が賃貸人の承諾なしになされたものの、信頼関係を破壊しない場合には賃借権が有効に移転することになるが、622条の2第1項2号は「適法に」という制限があり、反対解釈としてこの場合には敷金は承継されるのであろうか。賃貸人の同意を得ずに自己の危険で譲渡した以上、賃借人は不利益を甘受すべきである——承継する——という学説もある（石田穣236頁）。

397

§V　敷金および権利金など

2　権利金など

9-207 (1)　何の対価か明確ではない

　賃貸借契約の際に、敷金とは異なる金銭が賃借人から賃貸人に交付されることがあり、礼金、権利金、建設協力金などと呼ばれている。契約自由の原則があるので、何の対価か明確に合意して支払われる金銭であれば、その対価の内容が公序良俗に違反しない限り有効である。しかし、更新料同様に内容が明らかでないために、その効力を認めることには問題がある。少なくとも消費者契約については、消費者契約法10条により、その金額が相当な金額を超える場合には超える部分を無効と考えるべきである[77]。

9-208 (2)　多様な権利金

　権利金も多様である。①例えば、賃貸借を2年としておきながら、先払いによる運用利益を賃貸人が得るために、賃料の一部を2年分一括の前払いとし、その分の賃料を減額する合意は有効である。この場合には、賃料の一部前払いなので、賃貸借が途中で終了する場合には、前払分を返還しなければならない[78]。②また、本来譲渡性のない賃借権の譲渡を自由に認めることへの謝礼として、金銭が支払われることもある。この場合には、賃貸借契約が中途で合意解除されても、権利金の返還をする必要はない。③建設協力金と呼ばれる金銭については、賃料から差し引いて返還されることになり、法的には貸金であると考えられる（☞9-209）。

9-209　◆建築協力金等償還金と賃料との相殺合意の新賃貸人への対抗

　不動産賃貸借契約において、賃借人の賃貸人に対する建築協力金——敷金とは異なり貸金——との各期の賃料の一部との相殺合意がなされている場合に、目的

---

77)　有料老人ホーム入居契約については、「家賃、敷金及び介護等その他の日常生活上必要な便宜の供与の対価として受領する費用を除くほか、権利金その他の金品を受領してはならない」ことになっている（老人福祉法29条8項）。サ高住については、高齢者の居住の安定確保に関する法律7条1項6号ハ参照。

78)　「場所的利益の対価」としての権利金というものもあるといわれている。最判昭43・6・27民集22巻6号1427頁は、「本件の権利金名義の金員は、Xが賃借した建物部分の公衆市場内における店舗として有する特殊の場所的利益の対価として支払われたものであるが、賃料の一時払としての性質を包含するものでなく、かつ、本件賃貸借契約には期間の定めがなかったというのであり、賃貸借契約の締結またはその終了にさいし右金員の返還について特段の合意がされた事実は原審で主張も認定もされていないところであるから、このような場合には、X主張のように賃貸借契約がその成立後約2年9ケ月で合意解除され、賃借建物部分がYに返還されたとしても、Xは、それだけの理由で、Yに対し右金員の全部または一部の返還を請求することができるものではない」としている。しかし、「場所的利用の対価」とは内容が明確ではない。

398

第3章　賃貸借　第3編　財産の利用を目的とした契約（契約各論②）

不動産が譲渡されても、この相殺合意を新賃貸人に対抗することができるかが問題とされている。この点、仙台高判平25・2・13判タ1391号211頁は、「本件相殺契約は、改めて相殺の意思表示を要することなく、各月の賃料債務の発生と支払期日の到来を条件として、本件賃料と本件償還金額とを対当額で順次相殺……する停止条件付きの相殺契約と解される。しかるところ、建物の賃貸借契約が当該建物について権利を取得した者に対抗できる場合において、その者に効力を及ぼすべき賃貸借契約の内容は、従前の賃貸借契約のすべてにわたるものである」。「本件相殺契約は……本件賃貸借と一体となってその内容になっている」として承継を肯定する。

§Ⅵ
賃借権の譲渡・転貸

1　賃借権の譲渡

9-210　**(1)　612条が規定する内容**

(a)　賃借権の譲渡の意義および要件

(ア)　賃借権の譲渡の意義　賃借権とは賃貸借契約上の賃借人たる地位であり、1つの権利ないし財産権としてみて賃借権と呼ばれる。賃借権は、地上権等の物権にも近い特殊な権利として、取得時効の対象にもなる（最判昭43・10・8民集22巻10号2145頁など）。賃借権の譲渡は、賃借人たる地位を譲渡人から譲受人に移転させる合意であり、賃貸物の譲渡と不可分一体の関係にある（対抗要件などにつき☞5-13）。他方、敷金関係は移転せず、滞納中の賃料債務も承継されることはない。

9-211　**(イ)　原則としての禁止**

(i)　賃貸人の承諾が必要　民法は、「賃借人は、賃貸人の承諾を得なければ、その賃借権を譲り渡し、又は賃貸物を転貸することができない」と規定した（612条1項）[79]。賃借権の譲渡とは契約上の地位の譲渡であり（539条の

---

79)　建物と共に借地権を売却する場合、借地権価格の10％の相場で承諾料が土地所有者たる賃貸人に支払われるのが普通である（そのため裁判所の許可に金銭の支払が命じられる☞9-215）。借地権は、その種類によるが、正当事由制度により保護されている借地権であれば、土地の更地価格の60～70％の価格の歴とした財産権になる。逆に、土地所有者の土地価格は、更地価格の30～40％程度になる。自分では使用できないが、安定的に地代が入ってくる収益物件である。

399

§VI　賃借権の譲渡・転貸

2)、賃料支払義務や善管注意義務の履行につき、賃貸人はその賃借人を「信頼」して賃貸したのであり、賃貸人の承諾[80]を必要としたのである（DCFR IV.B.-7:102条も同様）。したがって、債権契約として賃借権の譲渡契約は有効であるが、準物権行為（処分行為）としては、539条の2と同様に、賃貸人の承諾が移転の有効要件となる（9-212の②説）。一度与えた承諾は、譲渡前であっても撤回はできない（最判昭30・5・13民集9巻6号698頁）。

9-212　**(ii)　賃貸人の承諾の位置づけ**　賃貸人の承諾の位置づけとしては、①一方で、譲渡の当事者間では賃借権は移転するが、賃貸人の承諾がないと、賃借権の移転を賃貸人には対抗しえないという考えがある（大判明43・12・9民録16輯918頁、最判昭40・5・4民集19巻4号811頁、我妻・中一455頁、星野211頁、松坂165頁）。②他方で、賃貸人の承諾は本来賃借権に欠けている譲渡性を付与する意思表示であり、これを賃借権の移転の効力が生じるための要件と位置づける考えもある（鳩山・下477頁、末川・下123頁、石田［文］141頁）。②のように考え、譲渡当事者間でも移転の効力を認めるべきではない。

9-213　**(b)　無断譲渡をして使用収益をさせた場合──即時解除可能**　「賃借人が前項の規定に違反して第三者に賃借物の使用又は収益をさせたときは、賃貸人は、契約の解除をすることができる」（612条2項）。賃貸人の解除権は、「第三者に賃借物の使用又は収益をさせた」ことが要件となっているため、譲渡契約だけでは足りず、実際に引渡しがされ、譲受人が使用を開始したことが必要となる。この場合、賃借人（譲渡人）との賃貸借契約のままであり、賃貸人は賃借人に対して即時解除ができる[81]。無断譲渡は信頼関係を破壊する行為だからである。

9-214　**◆小規模で閉鎖的な会社が賃借人である場合の経営権の譲渡**
　　　Aが株式を全部保有し、経営を全部行っている甲会社が賃借人である場合に、Aが株式を全部Bに譲渡し、Bが甲会社の経営権を取得した場合、賃借人が甲会

---

80)　賃貸人の承諾は黙示でもよく、また、譲渡人、譲受人のいずれに対してしてもよい（最判昭31・10・5民集10巻10号1239頁）。実際には、借地価格の1割程度が承諾料として支払われる。9-215の判決での「財産上の給付」はこの承諾料に匹敵する。

81)　なお、賃貸人の承諾がない限り賃借権の移転は生ぜず、「解除をしなくても賃貸人は譲受人に対し賃貸借の目的物の明渡を求めうる」、また、「賃貸人たる地主が借地人に対し賃料請求権を有するとしても、それだけではその間賃貸人たる地主に賃料相当の損害を生じないとはいい難く、借地人から右賃料の支払を受けた場合は格別、そうでないかぎり賃貸人たる地主は賃借権の無断譲受人たる土地占有者に対し賃料相当の損害金を請求できる」（最判昭41・10・21民集20巻8号1640頁）。

第3章　賃貸借　第3編　財産の利用を目的とした契約（契約各論②）

社ということは変更がないが、実質的には賃借人の変更に等しい。この場合に、612条を類推適用すべきかが問題になる。最判平8・10・14民集50巻9号2431頁は、「小規模で閉鎖的な有限会社において、持分の譲渡及び役員の交代により実質的な経営者が交代しても、同条にいう賃借権の譲渡には当たらない」とする。「賃借人に有限会社としての活動の実体がなく、その法人格が全く形骸化しているような場合はともかくとして、そのような事情が認められないのに右のような経営者の交代の事実をとらえて賃借権の譲渡に当たるとすることは、賃借人の法人格を無視する」ことになるというのが理由である。法人格が形骸化している場合には、例外を認める可能性は留保している（下線部）。

9-215　**◆特別法による修正**

(1)　承諾に代わる判決

　借地については、借地上の建物を借地権付きで売却するという切実な必要性があるため、立法的手当てがなされている。まず、「借地権者が賃借権の目的である土地の上の建物を第三者に譲渡しようとする場合において、その第三者が賃借権を取得し、又は転借をしても借地権設定者に不利となるおそれがないにもかかわらず、借地権設定者がその賃借権の譲渡又は転貸を承諾しないときは、裁判所は、借地権者の申立てにより、借地権設定者の承諾に代わる許可を与えることができる。この場合において、当事者間の利益の衡平を図るため必要があるときは、賃借権の譲渡若しくは転貸を条件とする借地条件の変更を命じ、又はその許可を財産上の給付に係らしめることができる」（借地借家19条1項）。また、借地上の建物が借地権と共に競売された場合も同様である（同法20条1項）。

9-216　**(2)　建物買取請求権**

　(1)は下線からわかるように譲渡する前の事前の手続である。譲渡後には、譲受人のみならず、譲渡人も(1)の権利は認められない。そうすると、賃貸人の承諾がなくても、建物の譲渡は有効であり、借人は譲渡人のまま、建物所有者は譲受人になり、譲受人は建物収去を義務づけられることになる。そのため、借地借家法14条は、譲受人が賃貸人に対して建物の買取請求をできるものとした。譲受人は、借地権価格も代金として支払っているため、この部分は、建物の代金では填補されず、譲渡人に責任追及するしかない。

　なお、借家については、借家権を譲渡や転貸する切実な必要性もないので、借地借家法は特別の規定を置いていない。

9-217　**(2)　612条の解釈による制限（信頼関係破壊の法理）**

　(a)　信頼関係破壊の法理による解除権の制限（612条2項の制限）

　(ア)　信頼関係破壊が解除の根拠　最判昭28・9・25民集7巻9号979頁は、「元来民法612条は、賃貸借が当事者の個人的信頼を基礎とする継続的

401

法律関係であることにかんがみ、賃借人は賃貸人の承諾がなければ第三者に賃借権を譲渡し又は転貸することを得ないものとすると同時に、賃借人がもし賃貸人の承諾なくして第三者をして賃借物の使用収益を為さしめたときは、賃貸借関係を継続するに堪えない背信的所為があったものとして、賃貸人において一方的に賃貸借関係を終止せしめ得ることを規定したものと解すべきである」と、612条1項・2項の趣旨を説明している。

9-218 **(イ) 612条の制限法理としての信頼関係破壊の法理** 9-217判決は、続けて、「賃借人が賃貸人の承諾なく第三者をして賃借物の使用収益を為さしめた場合においても、賃借人の当該行為が賃貸人に対する背信的行為と認めるに足りない特段の事情がある場合においては、同条の解除権は発生しない」と宣言する（なお、事例は転貸借）。これを**信頼関係破壊の法理**という。解除権の濫用で対処する判例があったが[82]、上記判決はこの法理を初めて認め、612条自体の適用を否定し、解除権の成立を否定したのである。例外則であり特段の事情の存在は賃借人の側で主張・立証する必要がある（最判昭41・1・27民集20巻1号136頁）。信頼関係については、支払能力や管理能力に関わるものに限定するかどうかは争いがある（注9-87参照）。

9-219 **◆非常に制限されている信頼関係破壊の法理**

(1) 主体に実質的に変更がない場合

賃借権の譲渡において、信頼関係の破壊がないとして解除が否定される事例は、転貸借とは異なってかなり限定されていると評され、2つの類型がその代表例である。まず、主体に実質的に変更がない場合があり、共同組合が2つの有限会社になったことに伴い賃借権が譲渡された事例（最判昭30・9・22民集9巻10号1294頁）[83]、僧侶が宗教法人を設立してこれに賃借権を譲渡した事例（最判昭38・

---

82) 譲受人に対する建物収去土地明渡請求に対して、権利濫用による制限も容易には認められない。例えば、権利濫用によった原審判決に対して、最判昭31・12・20民集10巻12号1581頁は、「もし権利の行使が社会生活上到底認容し得ないような不当な結果を惹起するとか、或は他人に損害を加える目的のみでなされる等公序良俗に反し道義上許すべからざるものと認められるに至れば、ここにはじめてこれを権利の濫用として禁止するのである」、原判決が判示事実関係を認定しただけで権利の濫用ありとしたのは、民法1条の適用を誤った違法があるとして、これを破棄している。

83) 本判決は以下のように判示する。612条2項が「賃貸人に解除権を認めたのは、そもそも賃貸借は信頼関係を基礎とするものであるところ、賃貸人にその信頼を裏切るような行為があったということを理由とするものである。それ故、たとえ賃借人において賃貸人の承諾を得ないで上記の行為をした場合であっても、賃借人の右行為を賃貸人に対する背信行為と認めるに足りない特段の事情のあるときは、賃貸人は同条同項による解除権を行使し得ない」。本件においては、上記賃貸人に対する背信行為と認めるに足りない特段の事情と認めうるという。

第3章　賃貸借　第3編　財産の利用を目的とした契約（契約各論②）

10・15民集17巻9号1202頁）、個人企業を株式会社にしてこれに賃借権を譲渡した事例（最判昭39・11・19民集18巻9号1900頁）、借地人の内縁の妻が相続人から借地上の家屋を取得して寿司屋を承継した事例（最判昭39・6・30民集18巻5号991頁）などがある。

9-220

(2)　近親者間の事例

また、近親者間における賃借権の譲渡の場合があり、敷地上の建物を子2人と共有することにして、その持分を譲渡した事例（最判昭39・1・16民集18巻1号11頁）、借地人である妻が罹災後に借地上に夫と子に建物を建てさせて借地権を譲渡した事例（最判昭40・6・18民集19巻4号976頁）、将来面倒をみてもらうことになると思って借地上の建物を孫に贈与し、借地権も譲渡した事例（最判昭40・9・21民集19巻6号1550頁）、夫が借地権を有し妻が建物を所有していたが、離婚に際して、夫が借地権を妻に譲渡したという事例（最判昭44・4・24民集23巻4号855頁）[84]などがある。

9-221

(b)　612条2項の解除の制限と賃借権の譲渡の有効性　賃借権の譲渡に信頼関係を破壊しない特段の事情が認められる場合には、賃貸人は譲渡人との賃貸借契約を解除できないだけで、賃貸人の承諾がないので賃借権の移転はなく、譲受人の占有は不法占有なのであろうか。しかし、判例によりこの法理の適用を制限的に運用する限り、信頼関係を破壊しない特段の事情がある場合には、612条2項の制限ではなく、同条1項の適用を制限し、それゆえに2項が適用されないと考えるべきである。判例・通説はこの立場であるといえる（前掲最判昭39・11・19。転貸借については、最判昭36・4・28民集15巻4号1211頁）。敷金契約は承継されないことになる（622条の2第1項2号）。

2　転貸借

9-222

(1)　612条の規定

(a)　転貸借の意義と要件

(ア)　賃貸人の承諾が必要　転貸借とは、賃借人が賃借物を第三者に賃貸する契約である。他人物の賃貸借の一種であるが、賃貸人（転貸人）が無権限者ではなく賃借権を有している点に特殊性がある。転貸借においては、賃借

---

84)　離婚した夫Y_1が出て行ったほかは、「本件土地の使用状況の外形には何ら変るところがないというのであるし、その他原判決確定の諸事情を考えれば、右賃借権の譲渡は、賃貸人に対する背信行為と認めるに足りない特段の事情がある場合にあたり、Xは、Y_1に対し民法612条2項によって本件賃貸借契約を解除することはできず、Y_2は、賃貸人たるXの承諾がなくても賃借権の譲受けをもってXに対抗できる」と判示する。

403

§Ⅵ　賃借権の譲渡・転貸

権の譲渡と異なって、賃借人がそのまま残るので債務者の変更はない。しかし、目的物を使用する者が転借人に代わることになるため、賃貸人は適切な使用についての利害関係を有する。そのため、612条1項は転貸についても賃貸人の承諾を必要とした（DCFR Ⅳ.B.-7:103条も同様）。

9-223　　（イ）　**無断転貸**　賃借人に許された「使用及び収益」の内容には、他人に賃貸するということは原則として含まれず、自己使用に限られる。これに違反し、転借人に使用および収益をさせた場合には、賃貸人は賃借人との契約を解除できる（612条2項）[85]。

　　賃貸人の承諾のない転貸借も、他人物賃貸借であるが債権行為としては有効である。しかし、転借人の占有は不法占有であり、賃貸人の同意は、賃借人が転借人に使用させるという形での使用を容認するものであり、転借人の占有を適法化するための要件である。

9-224　　**◆借地人が借地上の建物を賃貸することが借地の転貸になるか**

　　（1）　**土地の転貸ではない**

　　　A所有の土地の借地人Bが借地上にアパートを建てて各戸を賃貸する場合、土地を転貸しているのではないことは明らかである。では、借地人Bが借地上に一戸建ての建物を建て、これを庭付きでCに賃貸する場合には、土地の転貸になるであろうか。確かに、この場合、建物賃借人は「建物使用に必要な範囲で」借地を使用できる。しかし、あくまでも土地の使用権限を有するのは、Bであって Cではなく、借地上に建物を有して賃貸するという形で借地を使用しているのはBである（間接占有者はA）。Cへの建物の賃貸は借地の転貸とはならない（大判昭8・12・11裁判例7巻民277頁）[86]。

9-225　　（2）　**借地契約が終了したら**

　　　なお、借地契約が終了したり建物所有者が無権限の場合には、土地所有者は建物賃借人に対して、「建物は、その敷地を離れて存在し得ないのであるから、建物を占有使用する者は、おのづからこれを通じてその敷地をも占有するものと解すべきである」として、建物の撤去だけでなく敷地の明渡しも請求できる（最判昭34・4・15集民36号61頁）。ただし、借地契約の合意解除については、転貸に準じて建物賃借人には対抗できないとされている（☞9-248）。

---

85)　共同相続により共同相続人が共同賃借人になり、その1人が無断転貸しその共同賃借人がそのことを知らなくても、賃貸人は賃借人全員に対して解除をすることができる（最判昭43・4・12集民90号963頁）。

86)　借地人が借金に追われ、建物を債権者に賃貸したまま逃亡——地代は建物を借りた債権者が支払っている——8年間行方不明になっている事例で、信頼関係を破壊する行為であるとして、賃貸人による解除が認められている（最判平3・9・17判時1402号47頁）。しかし、転貸が解除を認める理由ではない。

第3章　賃貸借　第3編　財産の利用を目的とした契約（契約各論②）

9-226　**(b)　無断転貸借をして転借人に使用・収益させた場合――即時解除可能**

(ア)　即時解除権　無断転貸がなされた場合、賃貸人は、賃借権の無断譲渡と同様に、信頼関係破壊の法理による制限が認められない限り、612条2項による即時解除ができる。解除ができるためには、転貸借契約の締結だけでは足りず、転借人に引渡しをして転借人に使用収益をさせていることが必要なことは、賃借権の譲渡の場合と同様である。無断転借人は不法占有者であり、賃貸人は、契約を解除するか否かを問わず、所有権に基づき、無断転借人に対して明渡しを請求できる（☞ 9-228）。

9-227　**(イ)　無断転借人の行為についての賃借人の責任**　無断転借人は適法転借人ではないので、転借人は賃借人の善管注意義務についての履行補助者にはならない。しかし、無断転貸自体が債務不履行であり、予見可能な損害であれば、転借人が目的物を滅失・損傷した場合にも、賃借人は責任を免れない。無断転借人がマンションで自殺をした事例において、賃貸人の賃料収入の減少につき賃借人に賠償義務が認められている（東京地判平 22・9・2 判時 2093 号 87頁）。賃借人は賃借物につき瑕疵を生じさせない善管注意義務があるが、その瑕疵には物理的瑕疵だけでなく、心理的瑕疵も含まれるからである。

9-228　**◆賃貸人が解除をしない場合の転借人に対する明渡請求の内容**

(1)　明渡請求には解除が必要

　　無断転貸借は、賃貸人に対抗できず不法占有となるが、もし賃貸人が賃借人との契約を解除しない場合、賃貸人が不法占有者である転借人に対してする明渡請求の内容は、賃貸人自身への返還か、それとも賃借人への返還であろうか。無断譲渡の場合にも、同様の問題は生じる。なお、賃貸人は解除をしない限り、転借人（譲受人）に対して所有権に基づく明渡しを請求しえないという考えもある（鈴木禄弥「借地権の無断譲渡と転貸」『総合判例研究叢書 11』［有斐閣・1988］37 頁）。しかし、承諾がない限り不法占有になるのであって、解除して初めて不法占有になるわけではない。

9-229　**(2)　学説・判例**

　　①賃貸人は、賃貸借を解除しない限り賃借人に使用収益させる義務を負うので、自己への引渡しを請求することはできず、賃借人に対して明け渡すよう請求するしかない、という考えもある（四宮和夫・判民昭和 15 年度 22 事件）。②判例は理由を述べずに、賃貸人への明渡請求を認めている（大判昭 15・2・23 民集 19 巻 433頁、最判昭 26・4・27 民集 5 巻 5 号 325 頁など）。この点、所有権に基づく明渡請求は自己への明渡請求が認められてよい。ただし、解除をしない限り、自分が明渡しを受けたとしても賃借人に引き渡さなければならないため、中間省略的に賃借人

405

への明渡請求も認められる（新版注民(15) 283 頁 ［広中］）。

9-230 **(2) 解釈による 612 条 2 項の制限**

　賃借権の譲渡について述べたのと同様に、信頼関係を破壊するとはいえない特段の事情があれば、無断転貸されたとしても 612 条 2 項による解除は認められない（信頼関係破壊の法理）[87]。その場合、解除ができないだけでなく、①転貸を賃貸人に対抗でき適法占有になると考えるか、あるいは、②解除ができないだけで転借人の占有は不法占有であり、賃貸人は転借人に明渡しを請求しうると考えるのか、やはり問題がある。信頼関係破壊の法理を厳格に運用した上で、612 条 1 項の適用を排除し、転借人の占有が適法になると考えてよい（613 条も適用される）。

9-231 **(3) 賃貸人に対抗できる場合の転貸借の効果**

　(a) 占有の適法化　A が甲地を B に賃貸し、B が A の承諾を得て甲地を C に賃貸（転貸）した場合、AB・BC のそれぞれの間に契約関係があるが、AC 間には契約関係は認められない。それなのに C が A 所有の甲地を占有できるのは、以下の事実があるからである。

---

① 転貸人 B の賃借権（AB 間の賃貸借）
② BC 間の転貸借契約
③ 賃貸人 A の承諾（信頼関係破壊の法理が適用になる場合は不要）

　そのため、賃借人（転貸人）の賃借権が消滅すると、転借人の占有は不法占有となり、土地所有者たる賃貸人は所有権に基づいて転借人に対して明渡しを請求できることになる。

9-232 　**(b) 転借人と賃貸人との法律関係**

　(ア) 613 条の直接訴権

　(i) 613 条の規定の確認　転貸借を賃貸人に対抗することができる場合

---

87)　転貸借の事例としては、一部転貸について、その使用させている部分がごく一部分であり、まんじゅう製造機械は移動式のものであって家屋の構造に影響がなく、その取除きも容易であり、本来店舗用の建物であって転貸に際して格別改造等はしていないといった事情を認定して、背信的行為と認めるに足らない特段の事情が肯定されている（最判昭 36・4・28 民集 15 巻 4 号 1211 頁）。なお、信頼関係については、高級住宅地の一戸建ての賃貸借で、2 階をアメリカ軍将校とその愛人に間貸しをした事例で、解除が認められており（最判昭 33・1・14 民集 12 巻 1 号 41 頁）、判例は広く捉えているといえる。

406

第3章　賃貸借　第3編　財産の利用を目的とした契約（契約各論②）

には、転借人の占有は賃貸人に対して適法となるが、賃貸人と転借人との間に契約関係がないことには変わりがない。この点、民法は、「賃借人が適法に賃借物を転貸したときは、転借人は、賃貸人と賃借人との間の賃貸借に基づく賃借人の債務の範囲を限度として、<u>賃貸人に対して転貸借に基づく債務を直接履行する義務を負う</u>。この場合においては、賃料の前払をもって賃貸人に対抗することができない」と規定した（613条1項）[88]。賃借人が賃料支払義務を免れるいわれはないので、賃貸人が賃借人に対して賃料を請求することができるのは当然である（同条2項）[89]。

9-233　**(ii)　賃料支払義務**　賃貸人は転借人に対して賃料の支払を請求できるが（これを**直接訴権**という）、二重の制限を受ける。①まず、「賃貸人と賃借人との間の賃貸借に基づく賃借人の債務の範囲を限度」とし、また、②「転貸借に基づく債務」を賃貸人に対して履行する義務なので、転貸借契約の債務を限度とすることになる。例えば、9-231で、A → B 賃料債権が 20 万円、B → C 転貸料債権が 25 万円だとすると、A → C 直接訴権は 20 万円になる。また、A → B 賃料債権が 20 万円、B → C 転貸料債権が 15 万円だとすると、A → C 直接訴権は 15 万円になる。

9-234　**◆直接訴権の規定**

(1)　2回の支払を省略した便宜規定という理解

613 条は、旧民法の直接訴権を認める規定を承継したものであるが、起草者は必ずしもこの趣旨を明確に理解していたわけではない。学説・判例も同様であり、Cから B、B から A への二段の支払を省略し、賃貸人 A の転借人 C に対する直接の賃料債権を認めて、直接 A から C への支払請求を認めたといった程度の理解である（便宜規定説）[90]。「直接履行する義務を負う」という文言を重視

---

88)　例えば、A が建物を B につき 20 万円で賃貸した後に、B が A の承諾を得て、同建物を C に賃貸（転貸）し、月の賃料 22 万円とし、1 年分を契約時にまとめて支払ったとする。C の B に対する賃料債務はすでに 1 年分は支払済みである。ところが、これを A に対抗できず、A は C に対して 613 条 1 項により毎月 20 万円を限度として支払請求ができることになる。B の C に対する権利がなくても、A の C に対する権利が認められるので独立権利説に馴染みやすいが、A に支払を対抗できず、A との関係では B の C に対する債権が存続していると考えることもでき、代位権説でも説明ができないではない。

89)　転借人は賃料の「前払」を賃貸人に対抗することができず、例えば、転借人が 4 月分の賃料を支払期日前に支払ったとしても、賃貸人の直接訴権の行使に対して既払いを主張しえない。もちろん、期日後の支払は賃貸人に対抗できる。

90)　直接の権利を認める趣旨につき、賃貸人が無資力の場合に、転借人が目的物を使用収益しているにもかかわらず、賃貸人が転借人に何ら請求ができないというのは「公平を害する」と説明する東京高判平 18・3・8 金判 1256 号 38 頁がある（このことから、リース料支払義務と目的物の使用収益が対価関係に立たないことを理由として、リースへの 613 条の類推適用を否定している）。

407

§Ⅵ　賃借権の譲渡・転貸

し、A→B、B→Cとは別にA→Cの債権を認めることになる。Cに対するAとBの債権は連帯債権の関係に立ち、Cはいずれに支払ってもよいことになる。

9-235　**(2)　フランス法の直接訴権に由来する制度**

　しかし、沿革からいえば、この規定はフランスの直接訴権を認めた規定である（直接訴権説）[91]。直接訴権をどう構成するかは、直接訴権の理解にかかっており、①A→Cの債権を認める考え、②AにB→C債権の取得を認める考え、および、③AにB→C債権の優先行使の権限を認める考えに分かれる（☞民法総則7-48）。目的不動産の所有者Aに、Cの支払う賃料からの優先的回収を認める制度である。転貸料債権への先取特権（314条）に等しい担保制度である[92]。直接訴権が認められる場合、Cは、Bに対抗しうる事由だけでなく、BがAに対抗しうる事由をAに対抗でき、439条2項も類推適用すべきである。

9-236　**(イ)　善管注意義務**

　(ⅰ)　転借人による損傷　9-231を建物の事例に変更して、Cが建物を損傷したり、失火により焼失させたとする。①まず、賃借人Bは転借人Cの行為について責任を負う（利用補助者論）。したがって、AはBに対して債務不履行責任を追及できる。②問題は、転借人に対する損害賠償請求である。AC間には契約関係がないので、不法行為に基づいて損害賠償を請求するしかないとすると、失火免責が認められることになる。ただし、AはBに対して、また、BはCに対して——Aに対して損害賠償義務を負わされたことがBの損害——、それぞれ債務不履行による損害賠償を請求できる。

9-237　**(ⅱ)　613条による解決**　613条1項の「転貸借に基づく債務」を、上記B→Cの損害賠償請求権とすれば、A→B損害賠償請求権があるため、A→Cの直接訴権が認められる。これで、Cの失火免責を避けられるが、613条1項を善管注意義務に拡大することも考えられる。これを肯定すれ

---

91)　直接訴権については、加賀山茂「民法613条の直接訴権（action directe）について(1)(2・完)」阪法102号65頁、103号87頁（1977）参照。フランスの直接訴権については、工藤祐巖「フランス法における直接訴権（action directe）の根拠について(1)(2)」南山20巻2号（1996）23頁、3＝4号（1997）277頁参照。

92)　実質的には担保なので、AによるB→C債権の行使によってBによる同債権の行使は制限され、Aによる権利行使が優先される。Bの債権者（差押債権者や代位債権者）はB以上の権利行使はできないため、Aの権利行使と競合する場合にはAが優先することになる。自賠法15条は——いわゆる完全直接訴権——、被害者Aに対して賠償義務を負う保険者Bは保険会社Cに対して保険金請求権を取得するがその行使が被害者への賠償まで制限されているものと考えるべきであり、Aのみが直接訴権により排他的に行使ができることになる。

408

第 3 章　賃貸借　第 3 編　財産の利用を目的とした契約（契約各論②）

ば、A に対する C の善管注意義務を認めて、AC 間に債務不履行責任が成立する。しかし、613 条は金銭債権を念頭に置いた直接訴権の規定であり、損害賠償請求権に 613 条 1 項を適用すれば十分である。

9-238　**(ウ)　賃貸借が終了した場合**

(i)　債務不履行解除の場合　転貸借は他人物賃貸借であり、①転貸人の使用権限（賃借権）のほか、②賃貸人（所有者）の承諾があって初めて適法占有になる。賃貸借が終了すれば、①の要件を欠くことになり、賃借人は転借人に使用させることができなくなる結果、転貸借は履行不能となる。この点、債務不履行解除の場合については、545 条 1 項ただし書により転借人に解除を対抗できないのではという疑問を生じる。しかし、転借人は 545 条 1 項ただし書の第三者として保護される独立した利益を有する者ではない。9-239 の判決も、転貸借が履行不能によって終了することを認める。

9-239　●最判昭 36・12・21 民集 15 巻 12 号 3243 頁　［判旨］「原判決が『およそ賃借人がその債務の不履行により賃貸人から賃貸借契約を解除されたときは、賃貸借契約の終了と同時に転貸借契約も、その履行不能により当然終了するものと解するを相当とする』と判示して所論昭和 10 年 11 月 18 日言渡の大審院判決を引用したことは正当である」。「同判決は、転貸借の終了するに先だち賃貸借が終了したときは爾後転貸借は当然にその効力を失うことはないが、これをもって賃貸人に対抗し得ないこととなるものであって、賃貸人より転貸人に対し返還請求があれば転借人はこれを拒否すべき理由なく、これに応じなければならないのであるから、その結果転貸人は、転貸人としての義務を履行することが不能となり、その結果として転貸借は終了に帰するものである旨を判示していることは、同判例の判文上明らかである」。

9-240　**◆転貸借の履行不能による終了時点**

(1)　賃貸人の転借人に対する返還請求により履行不能になる

9-239 は「転貸借契約も、その履行不能により当然終了する」と、当然の履行不能による終了を認めていた。ところが、最判平 9・2・25 民集 51 巻 2 号 398 頁は、「賃貸借契約が転貸人の債務不履行を理由とする解除により終了した場合……、賃貸人が転借人に直接目的物の返還を請求するに至った以上、転貸人が賃貸人との間で再び賃貸借契約を締結するなどして、転借人が賃貸人に転借権を対抗し得る状態を回復することは、もはや期待し得ないものというほかはなく、転貸人の転借人に対する債務は、社会通念及び取引観念に照らして履行不能というべきである。したがって、賃貸借契約が転貸人の債務不履行を理由とする解除に

409

§Ⅵ　賃借権の譲渡・転貸

より終了した場合、賃貸人の承諾のある転貸借は、原則として、賃貸人が転借人に対して目的物の返還を請求した時に、転貸人の転借人に対する債務の履行不能により終了する」とした。

9-241　**(2) 現行法**

現行法は、616条の2に「使用及び収益をすることができなくなった場合」に賃貸借契約が終了することを明記した。他人物賃貸も債権契約として有効とされることとの関係が疑問となる。物理的不能は契約が成立し直ちに終了すると考えてよいが、他人物の場合、①初めから他人物賃貸借、②目的物譲渡がされ賃借権が対抗できない場合、③上記(1)の場合が問題になる。取引通念からは特段の事情がない限り不能でよいはずである。理由は不明であるが、判例は所有者の明渡請求を不能のための要件とした。社会通念上の不能を問題にするものといえる。これを、①②にも適用すれば、所有者が賃借人に対して明渡請求をして初めて不能に確定することになり、616条の2により契約が終了することになる[93]。

9-242　**◆転借人に代位弁済の機会を保障すべきか**

転借人Cは賃貸人＝転貸人Bの賃料債務について代位弁済の利益があるが、そもそも賃借人の賃料の支払遅滞の事実を知らなければ、転借人は代位弁済ができない。では、賃貸人Aは転借人Cに賃借人Bの賃料の支払遅滞を知らせる義務があり、それを尽くさないと、解除を転借人Cに対抗できないと考えるべきであろうか。

9-243　**(1) 判例は不要説**

判例は、AはBに催告すれば十分であると考えている（最判昭37・3・29民集16巻3号662頁、最判平6・7・18判時1540号38頁）[94]。最判平6・7・18は、「土地の賃貸借契約において、適法な転貸借関係が存在する場合に、賃貸人が賃料の不払を理由に契約を解除するには、特段の事情のない限り、転借人に通知等をして賃料の代払の機会を与えなければならないものではない」と、特段の事情がある場合は例外としているが、その例外は否定されている（否定説として、野澤236頁）。613条1項によってAがCに賃料の支払請求をするかどうかは自由である。

---

93)　その後も転借人が使用を続ける場合、賃貸人（所有者）は、転借人に対して不法行為、不当利得による損害賠償、不当利得返還請求ができる。問題は賃借人に対する請求である。賃借人はいまだ返還義務を満たしていないので、返還義務遅滞による損害賠償義務を免れない。

94)　本判決には、木崎良平裁判官の反対意見があり、「本件のように建物所有を目的とする土地の賃貸借において、賃貸人が転貸を承諾した適法な転貸借関係が存在している場合に、賃貸人が地代の支払を遅滞したことを理由として賃貸借契約を解除するには、賃貸人は、賃借人に対して地代の支払を催告するだけではなく、転借人にも地代の延滞の事実を通知するなどして右地代の代払の機会を与えることが信義則上必要であり、転借人に右通知等をしないで賃貸借契約を解除しても、その効力を転借人に対抗することができない」と主張する。

第3章　賃貸借　第3編　財産の利用を目的とした契約（契約各論②）

9-244 **(2)　必要説もある**

　他方、信義則上ＡはＣに通知をすべきであり、これをしない限り、Ａは解除できるものの、Ｃにこれを対抗することはできないという考えもある（星野 215 頁、鈴木 415 頁、石田穣 241 頁、中田 436 頁）。しかし、賃貸人が自分の都合によって転貸するのであるから、賃貸人にそこまでの手間をとらせる必要はない。学説には、信義則上、転借人の利益に配慮すべき「特段の事情」が認められる場合に限り通知義務を認める主張もある（新注民⒀Ⅰ 436 頁〔森田〕）。そもそも、Ｃに対する通知を認める法的説明が困難である。転借人は、賃貸人と賃借人に滞納がある場合に通知することの約束を取り付けておくべきである（合意は有効）。

9-245 **(ii)　合意解除の場合**

❶　転借人への対抗の可否　賃貸人Ａ・賃借人Ｂ間で賃貸借が合意解除された場合には、転貸借はどうなるであろうか。判例は、398 条は確認規定であって、この場合に限定されないことを宣言した大判大 11・11・24 民集 1 巻 738 頁[95]）を引用して、承諾を得た転貸借の場合には、転借人Ｃの権利は「AB 間の合意を以てするも之を消滅せしめ得べき理由なきもの」として、「ＡとＢとが右の賃貸借解除の合意を為すも其の合意は BC 間の転貸借に影響してＣの権利を消滅せしむべき理由なき」ものと判示している（大判昭 9・3・7 民集 13 巻 278 頁）。その後、信頼関係を破壊しない無断転貸にも同じ法理が適用されている（最判昭 62・3・24 判時 1258 号 61 頁）。

9-246 **❷　合意解除を対抗できる場合**　①ただし、合意解除の形を取っているが、賃借人に債務不履行があってそれが原因で合意解除がされた場合には、債務不履行解除に準じて、解除をもって転借人に対抗しうるものとされている（最判昭 41・5・19 民集 20 巻 5 号 989 頁）。②また、AB 間でＢの退去が予定されていて、それまでの間に限り転借を承諾し、転借人Ｃもそれを了解していた場合にも、Ａの家屋明渡請求は「民法 1 条に違反するものとは認められない」とされている（最判昭 31・4・5 民集 10 巻 4 号 330 頁）。

95）　本判決は、「権利が其の性質上抛棄するを得ざるものに非ざる限り権利者に於て之を抛棄することは原則として自由なりと雖、今若し此の権利を基本として始めて存立し得られ若くは其の相当価額を保有するを得る権利を第三者が有する場合に於ても亦、抛棄は絶対に有効なりとせむが第三者の権利は其の基本を失ふ結果或は全く存立するを得ざるに至り、若くは著しく其の価額を減じ為に不測の損害を第三者に蒙らしむるに至るべきを以て、斯る場合には権利者の為したる抛棄は何人も之を以て右の第三者に対抗するを得ざるものと云はざるべからず。夫の民法第 398 条の如きは畢竟是原則の一適用に外ならず」と述べている。398 条の趣旨を根拠にすることで、債務不履行解除における転借人保護の結論との差も説明できるので、妥当な解釈である。

411

§Ⅵ　賃借権の譲渡・転貸

9-247　❸　**現行法による明文化**　民法は、613条3項を新設して、以上の判例を明文化した。「賃借人が適法に賃借物を転貸した場合には、賃貸人は、賃借人との間の賃貸借を合意により解除したことをもって転借人に対抗することができない。ただし、その解除の当時、賃貸人が賃借人の債務不履行による解除権を有していたときは、この限りでない」と規定する。9-246②は明文化されていないが、その先例価値を否定するものではない。

9-248　◆**借地上の建物の賃借人**
(1)　**建物賃借人に対抗できない**
　　一時使用のための土地の賃貸借であり地上の家屋を賃貸するについて土地所有者の承諾を得ていない事例で、「契約の合意解除の場合には民法545条の適用はない」ので、建物賃借人について同条第1項ただし書の適用を否定した原判決の判断は正当とされた（最判昭31・2・10民集10巻2号48頁）。最判昭38・2・21民集17巻1号219頁は[96]、「借地契約を合意解除し、これを消滅せしめても、特段の事情がない限りは、X［土地所有者］は、右合意解除の効果を、Y［建物賃借人］に対抗し得ない」と判示する[97]。現行法では、613条3項の類推適用になる。借地人が借地上にアパートを建築し、これを賃貸した場合には妥当しない。

9-249　(2)　**対抗できない理由**
　　(a)　**敷地も使用できる**　前掲最判昭38・2・21はその理由として、「XとYとの間には直接に契約上の法律関係がないにもせよ、建物所有を目的とする土地の賃貸借においては、土地賃貸人は、土地賃借人が、その借地上に建物を建築所有して自らこれに居住することばかりでなく、反対の特約がないかぎりは、他にこれを賃貸し、建物賃借人をしてその敷地を占有使用せしめることをも当然に予想し、かつ認容しているものとみるべきであるから、<u>建物賃借人は、当該建物の使用に必要な範囲において、その敷地の使用収益をなす権利を有する</u>とともに、この権利を土地賃貸人に対し主張し得る」ことを挙げる。

9-250　　(b)　**借地人は建物賃借人の敷地についての権利を消滅させられない**　また、同判決は、「<u>右権利は土地賃借人がその有する借地権を抛棄することによって勝手に消滅せしめ得ない</u>ものと解するのを相当とするところ、土地賃貸人とその賃借人との合意をもって賃貸借契約を解除した本件のような場合には賃借人において自らその借地権を抛棄したことになるのであるから、これをもって第三者たるY

96)　なお、転借人が賃貸人の設立した個人会社にすぎない事例で、合意解除をもって転借人に対抗できる特別事情があるとされた事例もある（最判昭49・4・26民集28巻3号527頁）。
97)　合意解除ではないが、転借人を追い出すため、賃貸人会社（賃貸人はその代表者）が自己破産を申し立てて破産宣告を得て、転貸借を終了させる行為は、「転借人に対し著しく信義則に違反する行為であり、かかる場合、賃貸人が、右解除により賃貸借契約を終了させても、転借人との関係ではその効力を生ぜず、転借権は消滅しない」とした判例がある（最判昭48・10・12民集27巻9号1192頁）。

412

第 3 章　賃貸借　第 3 編　財産の利用を目的とした契約（契約各論②）

に対抗し得ないものと解すべきであり、このことは民法 398 条、538 条の法理
からも推論することができるし、信義誠実の原則に照しても当然のことだからで
ある」という。放棄と同視して扱うのである。

9-251　◆**転借人に対抗できない法的根拠**

　債務不履行解除と合意解除とで扱いを異にすることをどう説明すべきであろう
か。①「第三者」ということを理由とするのは、適切ではない。545 条 1 項ただ
し書では第三者ではないのに、合意解除では第三者とするのは論理的一貫性を欠
く。② 398 条も「放棄」を対抗不能としているのであり、地代不払による地
上権消滅請求がされた場合には（266 条 1 項・276 条）、抵当権者に対抗できる。債
務不履行解除と合意解除とで扱いを異にするための法的根拠づけとしては、398
条の類推適用に根拠を求めるしかなかった。この点、現行法では条文根拠が与え
られたことになる（☞ 9-248）。

9-252　◆**転借人に対抗することができない場合のその後の法律関係**
　(1)　A との関係では BC の転貸借が存続するという学説

　AB 間の合意解除を転借人 C に対抗しえない場合に、その後の法律関係はどう
なるであろうか。この点、現行法は手当てをせず、解釈に任せている。まず、対
抗不能として、C との関係では AB 間の賃貸借が存続し、それにより C の占有が
依然として適法占有になると考えることができる。我妻・中一 464 頁は、C の
賃借権の基礎を失わせない範囲で AB 間の関係が存続するという。しかし、それ
では、B がいつまでも拘束され、また、613 条 1 項により A は C に賃料の支払
請求ができるとしても、C が賃料を支払わない場合、A は BC 間の契約を解除す
ることができない。

9-253　**(2)　BC 間が AC 間になる**

　そのため、理論的には難点があるが、最も簡単な解決として、BC 間の賃貸借
における B の地位を A が承継するという構成が考えられる（石田穣 239 頁）。下級
審判決にもこのような解決をしたものがある（東京高判昭 38・4・19 下民集 14 巻 4 号
755 頁、東京地判平 31・2・21 判時 2464 号 31 頁）。敷金については、B から A への承
継を認め（賃貸人の交替のように）C は A から敷金の返還を受けると考えるこ
とができる。AB 間の賃貸借契約の解除は有効としつつ、C を適法占有として保
護する必要があり、C の賃貸借を適法占有にするために、B の地位を所有者 A が
承継すると考えるべきである（法定の契約上の地位の引受け）。

9-254　**(iii)　期間満了または解約申入れの場合**　建物賃貸借が、契約期間の満了ま
たは解約申入れにより終了する場合、転貸借も履行不能となり消滅するはず
であるが、転借人を保護するために、「建物の転貸借がされている場合におい
て、建物の賃貸借が期間の満了又は解約の申入れによって終了するとき

413

は、建物の賃貸人は、建物の転借人にその旨の通知をしなければ、その終了を建物の転借人に対抗することができない」と規定されている（借地借家34条1項）。更新拒絶や解約申入れによる場合、賃借人に対抗することができることを前提とし、通知から6カ月しなければ、賃貸借の終了を転借人には対抗できないとしただけである（同条2項）[98]。

9-255

◆サブリースにおける賃貸借の更新拒絶は転借人に対抗できない

(1) サブリースの権利関係の確認

最判平14・3・28民集56巻3号662頁は、サブリースの事例で、まず事案を以下のように確認する。「本件賃貸借は、A会社がXの承諾を得て本件ビルの各室を第三者に店舗又は事務所として転貸することを当初から予定して締結されたものであり、Xによる転貸の承諾は、……自らは使用することを予定していないA会社にその知識、経験等を活用して本件ビルを第三者に転貸し収益を上げさせるとともに、Xも、各室を個別に賃貸することに伴う煩わしさを免れ、かつ、A会社から安定的に賃料収入を得るためにされたもの」である。Yも、「上記のような趣旨、目的の下に本件賃貸借が締結され、Xによる転貸の承諾並びにX及びA会社による再転貸の承諾がされることを前提として本件再転貸借を締結したもの」である。

9-256

(2) 更新拒絶を対抗できない

「このような事実関係の下においては、本件再転貸借は、本件賃貸借の存在を前提とするものであるが、本件賃貸借に際し予定され、前記のような趣旨、目的を達成するために行われたものであって、Xは、本件再転貸借を承諾したにとどまらず、本件再転貸借の締結に加功し、Yによる本件転貸部分二の占有の原因を作出したものというべきであるから、A会社が更新拒絶の通知をして本件賃貸借が期間満了により終了しても、Xは、信義則上、本件賃貸借の終了をもってYに対抗することはでき」ないものとした[99]。その後の権利関係がどうなるかは不明である。

---

98) 転貸ではないが、借地上の借地権者の建物の賃借人について、次のような保護がされている。すなわち、「借地権の目的である土地の上の建物につき賃貸借がされている場合において、借地権の存続期間の満了によって建物の賃借人が土地を明け渡すべきときは、建物の賃借人が借地権の存続期間が満了することをその1年前までに知らなかった場合に限り、裁判所は、建物の賃借人の請求により、建物の賃借人がこれを知った日から1年を超えない範囲内において、土地の明渡しにつき相当の期限を許与することができる」（借地借家35条1項）。そして、裁判所が期限の許与をしたときは、建物の賃貸借は、その期限が到来することによって終了する（同条2項）。

99) X・Aのサブリース契約は、賃貸借ではなく準委任である委任契約であると考える本書の立場では、X・Aの委任契約が終了しても、賃貸借契約には影響を及ぼさず、Aの地位はXに承継されると考えるべきであり、結論としてYの利用継続が認められるべき結論に賛成である。

第 3 章　賃貸借　第 3 編　財産の利用を目的とした契約（契約各論②）

§ Ⅶ
# 賃貸借契約の終了

1　賃貸借契約の終了原因と返還の当事者

9-257　**(1)　終了原因**

　賃貸借契約の終了原因については、すでに各所で説明したが、①賃貸期間の満了（借地借家法の正当事由制度による制限あり☞ 9-101、9-107）、②期間の定めのない場合の解約（617 条。①と同じ制約あり☞ 9-112）、③期間の定めのある場合の特約により留保された解約権による解約（618 条）、④合意解除、⑤債務不履行解除（信頼関係破壊の法理による制限あり☞9-71）、⑥無断譲渡、無断転貸による解除（⑤と同様の制約あり☞ 9-217、9-230）、⑦賃貸物が譲渡された場合の、賃借権の譲受人への対抗不能（☞9-16）、⑧賃貸目的物の滅失等による使用収益不能（616 条の 2 ☞ 9-68）[100]がある。破産手続開始[101]、また当事者の死亡は契約の終了原因ではない。

9-258　**(2)　返還の当事者**

　返還（明渡し）またそれに伴う原状回復は、終了した契約当事者間に問題になるのが普通であるが（①〜⑤）、⑥の無断転貸では、賃貸人の転借人に対する明渡請求は物権的請求権により、原状回復請求までは認められない。他方、賃借人は間接占有を有しており、賃貸人に対する明渡義務また原状回復義務を免れない。これは⑥の賃借権の無断譲渡も同様である。⑦の賃借権

---

100)　**＊全部滅失等による終了**　建物の滅失だけでなく朽廃により効用を失った場合も滅失に準じて、賃貸借契約は当然に終了する（西島良尚「賃借物の全部滅失等による賃貸借契約の当然終了（改正民法 616 条の 2）の法理の再検討に関する『覚書』」流経法學 21 巻 2 号［2022］1 頁以下参照）。修繕不可能ではないが、建替えに匹敵する費用をかけなければならない場合には、412 条の 2 第 1 項の不能を認め、契約の当然の終了を認めるべきである。最判昭 32・12・3 民集 11 巻 13 号 2018 頁は、「本件土蔵は 2 棟とも建築後年数を経た上戦災にあった関係から朽廃甚だしく、いつなんどき崩壊するか判らない位の危険状態にある事実を認定して建物としてはもはやその効用を失ったものと判断しているのであって、その判断は正当と認められ」るとし、「賃貸借の目的たる建物が朽廃しその効用を失った場合は、目的物滅失の場合と同様に賃貸借の趣旨は達成されなくなるから、これによって賃貸借契約は当然に終了する」と認める。

101)　賃借人が破産手続開始の決定を受けた場合、破産管財人は、契約を解除するか履行を選択することができる（破産 53 条 1 項）。賃貸人が破産手続開始の決定を受けた場合、対抗要件を備えた賃借権は何ら影響を受けないが、対抗要件を備えない賃借権の場合には、破産管財人は、契約を解除するか履行を選択できる（同条 1 項）。

415

§Ⅶ　賃貸借契約の終了

の対抗不能の場合には、契約関係が承継されず、譲受人は、賃借人に対して物権的請求権を取得するのみであり、原状回復請求権は認められない。

2　返還義務、収去義務および原状回復義務

9-259 **(1) 賃借物返還義務（明渡義務）**

　賃借人は契約が終了すれば、占有権限を失うので目的物を賃貸人に返還しなければならない（601条）[102]。賃借人が賃借物を滅失させた場合、契約は終了し（616条の2）、賃借人の返還義務は412条の2第1項により返還不能の抗弁が成立する[103]——賃貸人の使用収益させる義務は契約が終了するので消滅する——。

9-260 **◆残置物処理等に関するモデル契約条項**

　　賃借人が契約を終了しても出て行かない、部屋に荷物を置いたまま出て行った、ないし、賃借人が死亡して荷物がそのままになっているといった場合、賃貸人としては早く明渡しを受けて新たな賃借人に賃貸して賃料収入を得たいところである。この場合、賃貸人による自力救済また自力救済条項が問題になるが、この点は民法総則に譲る。賃借不動産の原状回復義務の内容として、残置物引取義務がある（622条・599条1項）。この点、第三者が残置物の引取義務を引き受けることができ、国交省はこの点のモデル契約書を2021年6月に作成公表している（「残置物処理等に関するモデル契約条項」）。なお、令和6年（2024年）6月に、政府は、高齢者等に対して身元保証や死後事務、日常生活支援等のサービスを行う事業（「高齢者等終身サポート事業」）について、「高齢者等終身サポート事業者ガイドライン」を公表している。

102）　**＊明渡遅滞による賃料倍額違約金条項**　建物賃貸借では、賃借人の明渡しが遅れた場合に、賃料の倍額を明渡しがされるまで支払うことを定める違約金条項が置かれている。消費者契約法10条について、信義則に反して不当な不利益を賃借人に与えるものではないと考えられている（東京高判平25・3・28判時2188号57頁、大阪高判平25・10・17消費者法ニュース98号283頁）。賃借人が明渡しを見込んで新賃借人と契約をしていた場合に、新賃借人に対して履行遅滞を理由に宿泊費等について損害賠償を義務づけられること、賃貸人は債務名義を取得するために弁護士費用を含めて相当の費用と時間をかけて訴訟手続をとる必要があり、その後の強制執行手続においても一定の執行費用を要すること、賃借人が賃料と同じ経済的負担で賃借物件の使用を継続できるのでは、賃借人に返還義務の履行を促すことができないこと、他方、賃貸人は明渡義務を履行すれば倍額の支払義務を免れることが理由である。ただし、賃料の3倍や4倍を約束する違約金の場合には、消費者契約法10条により、相当額を超える部分を無効にする余地がある。

103）　実益のない議論であるが、①契約の終了により返還義務が発生するのか、それとも、②返還義務は受領時に発生しており契約の終了により履行期が到来するのかは議論がある。賃貸借も契約が終了したら返還することを約束する契約であり、②と考えるべきである。

第3章　賃貸借　第3編　財産の利用を目的とした契約（契約各論②）

9-261　**(2)　原状回復義務**

　原状回復義務の要件は、下記のようにまとめることができる。なお、債務不履行解除であっても、賃貸借契約の解除には遡及効はなく（620条）、545条1項の巻戻し型の原状回復義務は問題にならない。以下に説明する義務は、慣例上「原状回復義務」と呼ばれているが、契約が終了し、使用権限がなくなり賃借物に加えた適法な変更を維持できなくなったため、元通りに戻す義務である。教室を借りて、机の配置を変更した場合でいえば、終了時に机を元の配置に戻すべき義務である。ところが、残念ながら、民法は損傷（適法な変更ではなく違法）による損害賠償義務と混乱している。

【賃貸人の主張・立証すべき事実】
　① 賃借物受領後の損傷であること
　② 賃貸借契約が終了したこと

【賃借人の抗弁事由（免責事由）】
　① 通常の使用および収益によって生じた賃借物の損耗ならびに賃借物の経年変化であること
　② 賃借人の責めに帰することができない事由による損傷であること

9-262　**(a)　原状回復義務規定の導入**　賃借人は、目的物をただ現状で返還すればよいのではなく、「賃借人は、賃借物を受け取った後にこれに生じた損傷（通常の使用及び収益によって生じた賃借物の損耗並びに賃借物の経年変化を除く。以下この条において同じ。）がある場合において、賃貸借が終了したときは、その損傷を原状に復する義務を負う[104]。ただし、その損傷が賃借人の責めに帰することができない事由によるものであるときは、この限りでない」（621条）[105]。この規定では、物の「損傷」を「原状に復する義務」

---

104)　DCFRには、原状回復義務の規定はない。関連規定としては、返還義務（IV.B.-5：109条）また賃料が物品の減価償却費の負担を考慮して算定されている場合には通常の損耗は許され、それ以外は、期間の開始時の状態で物品を維持する義務（IV.B.-5：104条(2)）が規定されているだけである。この維持義務に違反しても、債務不履行による損害賠償が問題になるだけである。なお、新注民(13) I 555頁［森田］は、賃借物の返還義務の内容として、どのような状況で返還すべきか返還義務の内容を定めるのが「広義の原状回復義務」であるとし、「損耗」が生じた場合の狭義の原状回復義務と、賃借物に「附属させた物」の収去義務をこれに含めている。

417

が**原状回復義務**ということになる。以下が例外である。

> ① 通常損耗・経年変化　　　＊賃料で考慮されているため
> ② 賃借人の帰責事由によらない損傷　＊責任を負わないため

9-263　**(b)　原状回復義務の位置づけへの疑問**

(ア)　金銭賠償主義への例外か　賃借物に損傷を生じさせるのは賃借人の善管注意義務違反であり、債務不履行の効果は金銭賠償であるが（417条）、民法の規定する原状回復義務はその例外になる。しかし、損害賠償請求を契約終了後に限る理由はない。契約中では賃借人の帰責事由による損傷でも賃貸人の修繕義務が認められ、賃借人の損害賠償まで修繕義務の履行を拒めるだけである（☞9-156）——自己の負担による修繕義務が免責されるだけ——。損傷に対する責任を問う制度は、本来の原状回復制度とは異なる。

9-264　**(イ)　収去義務・損害賠償義務との混乱**　賃借人は、目的物の使用権限があり、賃貸人の承諾を得て例えば倉庫を設置したり、土地を駐車場として舗装したりでき、これらは適法行為である。しかし、賃貸借契約が終了するとこれらを正当化する権限が消滅するため、元あった状態に戻す必要がある（622条・599条1項）。このように、契約期間中適法であったが、契約終了により適法性を失うために義務づけられるのが本来の原状回復義務である。損傷は、契約期間中でも当然に違法であり、論外である。損傷のみを原状回復の対象とするのは適切ではないが、9-266のガイドラインがこのような原状回復を採用しており、現行民法はこれに倣ったのである。

9-265　**(ウ)　原状回復は賃借人の権利**　原状回復（収去）は賃借人の権利でもあり（622条・599条）、賃借人には収去権が認められる。収去権は、付合が生じても認められる。ただし、付合した物を取り外すと賃借物の価値が著しく減少するような場合には、収去権は認められず有益費償還請求をするしかない（石田穣226頁）。借家人には、取り付けた造作についての賃貸人に対する買取

---

105)　「損傷」は賃貸物の価値を下げる一切の状況を含むものと考えるべきであり、また、賃借人の帰責事由には転借人の故意過失が含まれる。土地の賃借人が土地を無断転貸し、転借人が土地上に産業廃棄物を不法に投棄した事例で、賃借人は原状回復義務として、産業廃棄物を撤去すべき義務を免れない（最判平17・3・10判時1895号60頁）。事案は、賃借人の保証人への原状回復義務の不履行による損害賠償請求であり、請求が認容されている。

第3章　賃貸借　第3編　財産の利用を目的とした契約（契約各論②）

請求権が認められている（借地借家 33 条）。

9-266

◆国交省原状回復ガイドライン

(1)　損耗等を 3 つに分類する

　2011 年（平成 23 年）8 月に、国土交通省住宅局が公表した『原状回復をめぐるトラブルとガイドライン（再改訂版）』（1998 年作成・2004 年改訂版の再改訂版）は、建物賃貸借における原状回復についての基本方針を示している。本ガイドラインでは、損耗等を次の 3 つに区分している。①－A・B の原状回復費用は賃料に減価償却費として算入されているが、②の原状回復費用は予めどの程度の費用がかかるか計算できず、賃料には算入されていない。

【建物価値の減少の考え方】

①－A　建物・設備等の自然的な劣化・損耗等（経年変化）

①－B　賃借人の通常の使用により生ずる損耗等（通常損耗）

②　　　賃借人の故意・過失、善管注意義務違反、その他通常の使用を超えるような使用による損耗等

9-267

(2)　経年変化・通常損耗は賃借人の負担ではない

　ガイドラインは、原状回復を「原状回復とは、賃借人の居住、使用により発生した建物価値の減少のうち、賃借人の故意・過失、善管注意義務違反、その他通常の使用を超えるような使用による損耗・毀損を復旧すること」と定義する。そして、次のように説明する。

　「損耗等を補修・修繕する場合の費用については」、9-266 ②の「賃借人の故意・過失、善管注意義務違反、その他通常の使用を超えるような使用による損耗等について（……）、賃借人が負担すべき費用と考え、他方、例えば次の入居者を確保する目的で行う設備の交換、化粧直しなどのリフォームについては」、①－A、①－B の「経年変化及び通常使用による損耗等の修繕であり、賃貸人が負担すべきと考えた」。「このほかにも、震災等の不可抗力による損耗、上階の居住者など該当賃借人と無関係な第三者がもたらした損耗等が考えられるが、これらについては、賃借人が負担すべきものでない」。

9-268

◆通常損耗につき賃借人に原状回復義務を認める特約

(1)　通常損耗が原状回復の対象にならない理由

　現行法は上記ガイドラインに倣い、賃借人に、受け取った後に賃借物に生じた「損傷を原状に復する義務を負う」が、9-262 にみたように、通常損耗・経年変化は除くことにした（621 条括弧書）。通常損耗等は減価償却費として賃料に算入

419

§Ⅶ　賃貸借契約の終了

されて回収されており、賃料において考慮しながら、賃借人に原状回復義務を負わせることは、賃借人に二重の負担をさせることになるからである。この点は強行規定ではないが、特約は無条件ではなく、その分賃料を安くしていることが二重負担回避のために求められることになる。賃料に含めるか、賃料に含めずに通常損耗の修繕費を賃借人の負担とするかは、賃貸人が選択できる。賃料が通常損耗を考慮せず安くされていることは、賃貸人が証明責任を負う。

(2)　関連判例

9-269

(a)　明確な合意が必要　消費者契約法施行前の事例には、「建物の賃借人にその賃貸借において生ずる通常損耗についての原状回復義務を負わせるのは、賃借人に予期しない特別の負担を課すことになるから、賃借人に同義務が認められるためには、少なくとも、賃借人が補修費用を負担することになる通常損耗の範囲が賃貸借契約書の条項自体に具体的に明記されているか、仮に賃貸借契約書では明らかでない場合には、賃貸人が口頭により説明し、賃借人がその旨を明確に認識し、それを合意の内容としたものと認められるなど、その旨の特約（以下「通常損耗補修特約」という。）が明確に合意されていることが必要である」として、その旨の特約の明確性を要求した（最判平17・12・16判時1921号61頁）。約款における「作成者に不利に」の原則である。

9-270

(b)　消費者契約法10条との関係　消費者契約法施行後の事例については、特約を消費者契約法10条により無効とした下級審判決もあったが、敷引特約については、その分各期の賃料で調整して減額されることになり、不相当に高額でない限り同法10条により無効にはならないという判例が出される（☞9-271）。事業者間賃貸借には妥当せず、たとえ賃料が安くなっていなくても、暴利行為でない以上は有効となる。

9-271

●最判平23・3・24民集65巻2号903頁　[判旨①（賃料には含めず敷引で回収[二重負担ではない]）]「賃借人に通常損耗等の補修費用を負担させる趣旨を含む本件特約は、任意規定の適用による場合に比し、消費者である賃借人の義務を加重するものというべきである」。「通常損耗等の補修費用は、賃料にこれを含ませてその回収が図られているのが通常だとしても、これに充てるべき金員を敷引金として授受する旨の合意が成立している場合には、その反面において、上記補修費用が含まれないものとして賃料の額が合意されているとみるのが相当であって、敷引特約によって賃借人が上記補修費用を二重に負担するということはできない」。

9-272

[判旨②（原状回復費用を超えた不相当な額を負担させると無効）]「消費者契約である居住用建物の賃貸借契約に付された敷引特約は、当該建物に生ずる通常損耗等の補修費用として通常想定される額、賃料の額、礼金等他の一時金の授受の有無及びその額等に照らし、敷引金の額が高額に過

第 3 章　賃貸借　第 3 編　財産の利用を目的とした契約（契約各論②）

ぎると評価すべきものである場合には、当該賃料が近傍同種の建物の賃料
相場に比して大幅に低額であるなど特段の事情のない限り、信義則に反し
て消費者である賃借人の利益を一方的に害するものであって、消費者契約
法 10 条により無効となる」（本件事例ではその要件を満たさず有効）。

9-273
◆付合と収去義務・収去権
(1)　付合しても収去義務・収去権を認めることは可能
　権原に基づくため、賃借人が設置した動産は付合しないが、いわゆる強い付合
の場合には付合が認められる。その場合でも、「収去と付合は、別の制度なの
で、それぞれの要件を一応、分けて考えることは可能である」といわれる（中田
404 頁）。物権法に対して契約法の特則を認めることは可能であり、付合の有無に
かかわらず、賃借人に収去義務また収去権を認めることができる。「付合によっ
て賃貸人の所有に属することとなっていても、収去義務を負うことを前提にして
いる」と説明されている（一問一答 326 頁注 4）。

9-274
(2)　民法規定の解釈
　この点、民法は、賃借人による「収去」を義務として規定しつつ、「分離する
ことができない物」、および、「分離するのに過分の費用を要する物」について、
収去義務を否定している（622 条による 599 条の賃貸借への準用）[106]。599 条 1 項ただ
し書の事例は、242 条ただし書にもかかわらず付合が認められる事例であり、付
合するため収去義務が否定されていると考えることができる（三枝健治「賃貸人の賃
借物返還義務・原状回復義務・収去義務」森田宏樹監修『ケースで考える債権法改正』〔有斐閣・
2022〕324 頁）。この場合でも、賃借人の収去義務は否定されるが、収去権は認め
られると考えられており（三枝・前掲）、その限度で、付合と収去権とは一致する
ものではないことになる。

9-275
◆原状回復の内容および方法
　原状回復は、実際には、賃借人が収去権に基づいて必要な物を収去した上で明
渡しをして、その後に賃貸人が必要な原状回復作業を行うことになる。しかし、
それぞれが勝手に行うのでは争いの元になる。そのため、国交省の「賃貸住宅標
準契約書」は、賃借人は「明渡しをするときには、明渡し日を事前に」賃貸人に
通知しなければならないものと規定し（同 14 条 2 項）、また、「通常の使用に伴い
生じた本物件の損耗及び本物件の経年変化を除き、本物件を原状回復しなければ
ならない。ただし、乙の責めに帰することができない事由により生じたものにつ

---

106)　599 条 1 項ただし書が適用され収去義務が否定される場合に、賃貸人の償金支払義務が導かれるとは
限らず、それが目的物の価値を下げるものであれば、賃借人に帰責事由が認められる限り、賃借人の損害賠
償義務が認められる（一問一答 308 頁注 3）。

421

いては、原状回復を要しない」と、民法の確認規定を置く（同15条1項）。そして、賃貸人・賃借人は、「本物件の明渡し時において、契約時に特約を定めた場合は当該特約を含め」、別表の規定に基づき、賃借人が行う「原状回復の内容及び方法について協議するものとする」と規定する（同条2項）。したがって、賃貸人と賃借人は、勝手に収去・原状回復をするのではなく、予め協議してどう収去するか、原状回復の内容をどうするか協議することが必要になる。しかし、これに違反をしても適法な収去・原状回復であれば問題はなく、実効性の乏しい努力義務にすぎない。

第 4 編
役務の取得を目的とした契約（契約各論③）

第1章
雇用

§I 雇用の意義・法的性質および特別立法

§I
雇用の意義・法的性質および特別立法

1 雇用の意義および法的性質

10-1 　雇用は、「当事者の一方［労働者］が相手方［使用者］に対して労働に従事することを約し、相手方がこれに対してその報酬を与えることを約することによって、その効力を生ずる」契約である（623条）。すなわち、使用者の「報酬」支払義務、労働者の「労働に従事する」義務とを対価関係に立つ債務とした双務・有償・諾成かつ不要式の契約である。また、継続的契約関係である。労働法では労働契約と呼ばれる（労基13条、労契6条等）。

10-2 　◆役務提供契約の総論規定導入の挫折
　　2017年の民法改正論議では、役務提供契約の総論規定を置くことも検討されたが実現されなかった[1]。裁量権が認められる信認関係である委任と、指揮従属下で労働を提供する雇用、仕事の完成を目的とする請負など、役務を対象とする契約も多様である。また、実際にも多様な取引が登場している。それぞれの契約類型について各論規定のほかに、役務提供契約の総論規定を置けば、どの各論規定で拾えるか明確ではない契約も、総論規定によって最低限の規律が可能になる。ところが、日本民法には「準委任」という、役務提供契約を受け止める広範な受け皿規定がある。準委任規定が補完的な総論規定に匹敵した規律をしているため、総論規定が何が何でも必要とはされなかったのである[2]。

---

1) 吉永一行「役務提供契約法改正の挫折」産法48巻3＝4号（2015）419頁以下、都筑満雄「役務提供契約共通法の序論的考察」法論93巻6号（2021）151頁、長谷川貞之『委任の任意解除権』（成文堂・2023）111頁以下参照。DCFRでは第IV編C部「役務提供契約」とされ、第2章に「役務提供契約一般に適用される規定」が置かれている。その上で、第3章「建築請負契約」などの各論的な規定が続いている（保管契約も含まれている）。そして、同編D部「委任契約」、E部「フランチャイズ及びディストリビューター」と続く構成になっている。総論規定があることにより、日本の準委任類型の契約の規定が欠缺しないようになっている。

2) 日本民法の役務提供契約の類別構成上の特色として、①雇用と請負が典型契約として区分されていること、②委任が法律行為の委託に限定され、また、有償委任が認められていること、③役務提供契約の一般規定を持たないことが指摘されている（新注民(14) 8頁［山本豊］）。諸外国の役務提供契約の類別構成は多様であり、また、委任・雇用等の訳語が与えられる用語もその意味や射程が日本とは同じではないことが多々ある（同7頁［山本］）。現在の日本では、従属性の有無により雇用と委任・請負を、労働の成果達成を目的とするか否かで、請負と雇用・委任とが対比・区別されている（同9頁［山本］）。

424

第1章　雇用　第4編　役務の取得を目的とした契約（契約各論③）

10-3 **◆役務提供契約の類型**

(1)　委任と雇用の区別——法律行為の委任に限定

　　623条の当初規定の「労務に服する」（現代語化で「労働に従事する」に変更）とは、高等労務者である「医師、弁護士および学術教師」を雇用人から除外していた旧民法を改め、すべての労務を対象とすることとし、ただ仕事の結果を目的とする請負を除外して、雇用については労務そのものに対する報酬が支払われるものと規定したのである。ところが、歴史上、委任に含まれるとされていた「高等労務」（医師、弁護士など）を雇用に含めたことにより、有償委任と雇用との区別が不明確になった。そのため、雇用と委任とを区別しようとして、委任の目的を法律行為に限定したのである（643条）——フランス民法に倣う——。

10-4 **(2)　準委任と雇用の区別——学理的な区別**

　　ところが、いわゆる準委任にも委任規定を準用する規定を追加した結果（656条）——フランスでは準委任概念はない——、雇用と委任（準委任）との区分が再度不明確になった。そこで、民法施行後に学理的な整理がされ、一方で、雇用を指揮従属関係とし（従属労働制）[3]、他方で、委任においては当事者間の信頼関係を本質とした受任者の独立した労務提供性を認めるという区別の基準が設定されたのである（芦野訓和「裁判例における役務提供型契約と《雇用類似概念》」東洋61巻3号［2018］119頁参照）。信頼関係ということは、独立性と共に委任を雇用と区別するためのメルクマールになった[4]。しかし、実際上委任か雇用かの区別が微妙な契約は溢れている[5]。

10-5 **(3)　雇用と請負——仕事完成の要否**

　　まず、請負は一定の仕事の完成を契約の内容とし、その完成がなければ報酬を得られないのに対し、雇用では労務を提供することが債務であり、結果達成まで

3)　アイドルと芸能プロダクションとの間のマネージメント契約は、雇用契約類似の契約であると評され、やむをえない事由があれば、アイドルは直ちに契約を解除できるものと解されている（東京地判平28・1・18判時2316号63頁）。

4)　医師や弁護士も雇用主に雇われて仕事に従事していれば、使用者との間の契約は雇用契約である。高等労務者も、雇われていれば、雇用契約により規律されることになる。他方で、患者との契約については、病院（医療法人）または個人の医師と患者との間の契約は委任（準委任）になる。

5)　＊雇用か否かが争われる事例　キャバレーの専属楽団員が、キャバレーの経営会社の指揮監督の下に演奏業務に従事する場合につき、請負ではなく雇用であるとされ（大阪高判昭55・8・26判時986号119頁）、芸能プロダクションと歌手志願者との間の芸能出演契約は、労基法の適用がある雇用契約とされている（東京地判平6・9・8判時1536号61頁）。他方、証券会社の外務員が有価証券の売買の勧誘を行い、会社を通じて売買を成立させ、成約数に応じて報酬を受けるのは、雇用ではなく委任または委任類似の契約とされている（最判昭36・5・25民集15巻5号1322頁）。非典型契約や混合契約の存在を否定する必要はなく、無理にいずれかの契約に性質決定して演繹的に適用規範を考える必要はなく、いずれとも決定し難い契約も柔軟に認めてよい。いずれの契約の要素が含まれているかを見極めた上で、例えば、請負的要素がある部分については請負の規定を適用（類推適用）し、他の契約の要素があればその部分についてはその規定を適用（類推適用）すればよい。類推適用を柔軟に認める日本の解釈を前提にすれば、非典型契約や混合契約の認定を活用してよく、あえて契約の性質決定をする必要はない。

425

§Ⅰ　雇用の意義・法的性質および特別立法

が債務内容とされていない。つまり、結果債務とはされていない。そのため、使用者が期待した結果が達成されていなくても、労働者は対価である報酬の支払を受けられる。また、請負では、請負人は注文者から独立して仕事の完成のための作業にあたるが、雇用では、労働者は使用者の指揮命令に服することになる。請負人は法人・個人を問わず（委任も同様）、労働者は自然人しか考えられない（法人は労働者の派遣ができるのみ）。

2　雇用をめぐる特別立法

10-6 **(1)　資本家による雇用契約の利用（搾取）**

　　かつては民法上の雇用の規定しか存在せず、また、契約自由の原則に基づき当事者の自由な取決めに任されていた。収穫の手伝いや職人としての就労といった中世的就労が考えられていた。ところが、産業革命後、資本家が労働者を大量に雇い入れ、都市に流入した農民等が生活のために労働者として就労するに及び、契約自由は、力の強い使用者が好きに契約内容を決めることができる自由になり、労働者は生活のためにやむなくこれに応じるしかなかった。低賃金、過酷な労働、長時間労働といった問題が引き起こされたことは、歴史から、容易に知れるところである。

10-7 **(2)　労働法の独立**

　　そのため、雇用契約を契約自由に任せるのではなく、労働者を保護する社会立法が必要となった。日本においても、戦後間もなくして、労働基準法、労働組合法、労働関係調整法（いわゆる労働三法）が制定され、2007 年には労働契約法も制定されている。また、労使関係は労働協約あるいは就業規則によって集団的にも規律されている。現在、一方で、規制が緩められる傾向にもあり、派遣労働者が認められたり、働き方改革が進められ、2023 年にはいわゆるフリーランス新法が成立している。

10-8 **(3)　民法の雇用規定の意義**

　　労働私法も含めて、一切を特別法によって規律することも考えられるが（新注民⑭ 24 頁［山本］）、労働関係が、民法の想定する一般的な取引関係とは異なる特質を持つことはなお否定し難く、民法に労務提供契約の基本規定を置く意味は否定されない（新注民⑭ 23 頁［山本］）。さらに、雇用契約の中には、労働契約によってはカバーされない事例も僅かながら存在するので[6]――労基法 9 条は労働者を「事業又は事務所（以下「事業」という。）に使用される

第1章　雇用　第4編　役務の取得を目的とした契約（契約各論③）

者で、賃金を支払われる者」と定義しており、お手伝いは除外される——、依然として民法の雇用規定は残されている。以下には、労働法については、必要に応じて言及するにとどめておく。

§Ⅱ
雇用の締結および成立

1　労働条件の明示など

10-9　雇用は諾成・不要式の契約であるが[7]、使用者は、雇用契約の締結に際し、労働者に対して賃金、労働時間、その他の労働条件を明示しなければならない（労基15条1項）[8]。明示された労働条件が事実に反する場合、労働者は即時に労働契約を解除することができる（同条2項）。労働者が解除をする場合、就業のために住居を変更していたならば、解除の日から14日以内に労働者が帰郷するときには、その旅費を負担しなければならない（同条3項）。雇用契約は、労基法、就業規則、労働協約に違反してはならず、違反するとその違反部分は無効となるが（労基13条・93条、労契12条、労組16条）、契約自体は有効であり、無効になった部分は労基法、就業規則、労働協約によって補充される。

2　未成年者との契約

10-10　**(a)　児童労働の原則禁止**　①原則として、使用者は満15歳に達してから3月31日になるまでの児童を労働者として使用してはならない（労基56条1

---

6)　家事労働者については、両角道代「家事と労働法」法研97巻3号（2024）61頁以下参照。労基法116条2項は、「この法律は、同居の親族のみを使用する事業及び家事使用人については、適用しない」と規定する（労働契約法21条2項も同様）。

7)　いわゆる「内定」も労働契約であるが「解除権が留保」されたものである。内定に際して誓約書所定の内容取消事由が判明した場合に、採用企業は解約できる権利を留保している。内定者からの内定辞退は、退職の意思表示であり特に辞退ができる旨の合意をしていなくても可能である。

8)　労働契約法7条は、労働契約を締結する場合に、使用者が、①合理的な労働条件が定められている就業規則を、②労働者に周知させていた場合には、労働契約の内容は、その就業規則で定める労働条件によるものとする。ただし、労働契約において就業規則の内容よりも有利な労働条件を合意していた場合には、その合意によるものとされる。

§II　雇用の締結および成立

項）。②ただし、例外として、一定の軽微な労働については、ⓐ行政官庁の許可を受けて満13歳以上の児童を修学時間以外に使用することができ、また、ⓑ満13歳に満たない児童でも、映画や演劇については──いわゆる子役──同様とされる（同条2項）。これに違反した契約の効力については問題になる。使用者がその履行を求めることができないという意味では無効だが、すでに履行してしまった部分については事後的に有効になり、使用者が無効を主張することはできないと考えるべきである。

10-11　　**(b)　親権者による代理締結の禁止**　15歳以上の労働者、また15歳未満でも上記例外の場合には、労働契約が可能であるが、親権者または後見人は、未成年者に代わって労働契約を締結することはできない（労基58条1項）。未成年者を、親が食い物にするのを予防するためである。したがって、未成年者は、法定代理人の同意を得て自ら契約を締結しなければならない。赤ちゃんを映画などに出演させる場合、本人が契約を締結するのは無理であるから、親権者が親権に基づいて契約するしかなく、意思能力のない幼児もまた同様である（上記の例外）。また、「親権者若しくは後見人又は行政官庁は、労働契約が未成年者に不利であると認める場合においては、将来に向つてこれを解除することができる」（同条2項）。

3　女性労働者の差別禁止

10-12　　雇用の分野における男女の均等な機会及び待遇の確保等に関する法律（男女雇用機会均等法［1972年］）により、「事業主は、労働者の募集及び採用について、その性別にかかわりなく均等な機会を与えなければならない」（同法5条）。これに違反した不合理な差別は不法行為になるが、契約締結義務ではなく「差別禁止」を義務づけているため、雇用契約の成立を主張することは認められない。また、事業主は、次に掲げる事項について、労働者の性別を理由として、差別的取扱いをしてはならない（同法6条）。これに違反した処遇は不法行為となるだけでなく、解雇等の行為は無効とされる。

> ① 労働者の配置（業務の配分および権限の付与を含む）、昇進、降格および教育訓練（1号）
>
> ② 住宅資金の貸付けその他これに準ずる福利厚生の措置であって厚生

労働省令で定めるもの（2号）

③ 労働者の職種および雇用形態の変更（3号）

④ 退職の勧奨、定年および解雇ならびに労働契約の更新（4号）

§Ⅲ 雇用の効力

1　労働者の義務

10-13 **(1)　労務提供義務（就労義務）**

(a)　**使用者の指揮命令に従って就労する義務**　労働者は使用者に対して、労務を提供する義務を負う[9]。これが労働者の給付義務であるが、この義務と使用者の賃金支払義務との同時履行の抗弁権は成立しない。また、前の月の賃金が未払いでも、その支払まで就労を拒否することはできない。

労働者は使用者の指示命令に従って就労する義務を負うのであるが、使用者の指示が、①公序良俗に反したり、②労働者を保護する諸立法の規定に反する場合、さらには、③労働者の生命、健康に対して配慮がされていない条件の下での就労の指示の場合——例えば、命綱なしでの窓拭き作業（労働安全衛生法にも違反する）——、就労拒絶権を認めるべきである。この場合、536条2項に基づき、労働者は賃金債権を失わない。

10-14 (b)　**自己就労義務・使用者の権利譲渡禁止など**

㋐　**自己就労義務**　「労働者は、使用者の承諾を得なければ、自己に代わって第三者を労働に従事させることができない」（625条2項）。「労働者が前項の規定に違反して第三者を労働に従事させたときは、使用者は、契約の解除をすることができる」（同条3項）。使用者は、労働者を選んで雇用しているのであり、労務の提供者が誰であるのかについて、重大な利害関係があるからである。ただし、同条1項を反対解釈すると、使用者の承諾があれば、

---

9)　就労は「誠実に」なされる必要がある。具体的には、①使用者の指示に従うこと、②使用者の利益に配慮すること、③職務に関連する事項について報告をすることを義務づけられる。

429

§Ⅲ　雇用の効力

労働者は第三者に労務を代行させることができることになる。

10-15　**(イ)　使用者による権利譲渡禁止など**　他方で、労働者は使用者への労務提供を義務づけられるので、使用者による他での労働の指示、さらには使用者たる地位の譲渡は、労働者の同意なしにはできないはずである。民法は、使用者が勝手に労働者に対する権利を他に譲渡することも禁止している（625条1項）。事業譲渡の場合、雇用契約が譲受会社に承継されるためには、労働者の承諾が必要であり（☞ 10-18）、会社分割では労働者は異議を申し出ることができる（☞ 10-17）。

10-16　**◆出向**

出向とは、労働者が、元来雇用された使用者（出向元）の人事異動の一環として、別の使用者（出向先）の元で労務を供給することであり、出向元との雇用関係が終了する類型（転籍出向ないし移籍出向）と、出向元との雇用契約が出向中も存続し続ける類型（在籍出向）とがある（新注民⑭72頁［山本］）。在籍出向の場合には、出向労働者は、出向元と出向先の双方との労働契約関係に立つという理解が一般である。この場合、労働契約上の権利が全部移転しないとはいえ、出向労働者は出向先の指揮命令に従って労務を供給することになるため、転籍出向だけでなく在籍出向にも625条1項が適用され、出向には労働者の承諾が必要と考えられている（新注民⑭73頁［山本］）。

10-17　**◆労働者派遣**

労働者派遣事業の適正な運営の確保及び派遣労働者の保護等に関する法律（労働者派遣法）2条1号によると、労働者派遣とは、「自己の雇用する労働者を、当該雇用関係の下に、かつ、他人の指揮命令を受けて、当該他人のために労働に従事させること」と定義されており、「当該他人に対し当該労働者を当該他人に雇用させることを約してするものを含まない」ものとされる。雇用契約はそのままで「指揮命令権」が譲渡されているとすると、625条1項の適用が問題になる。しかし、派遣労働者は、あくまでも派遣元事業者に対して、派遣先の指揮命令の下で労働する義務を負い（派遣先も安全配慮義務を負う）、派遣元と派遣労働者との派遣労働契約により、派遣労働者に対する指揮命令権を派遣先に付与するという第三者のためにする契約がされている。この契約の中に労働者の同意が含まれているため、重ねての625条1項の承諾は不要である。

10-18　**◆事業譲渡・会社分割**

(1)　事業譲渡

使用者が、労働者が労務を供給している事業を全部譲渡する場合、譲渡企業と

譲受企業との合意で雇用関係が承継される労働者を自由に決められるのが原則であるが、組合員だけ排除するといった不合理な差別は許されない（新注民⑭75頁［山本］）。625条1項の適用については、労働者の同意を不要とし、労働者に譲受人に対する即時解約を認める学説もある（我妻・中二568頁）。しかし、使用者が交替することによる労務の供給内容の変化や賃金面等での不安定性はなお存続するため、同項を適用すべきであると考えられている（新注民⑭75頁［山本］）。

10-19　**(2)　会社分割**

　　会社分割は、会社の事業の一部を、新たな会社を設立してそれを承継させる場合（新設分割）と、他の会社に承継させる場合（吸収分割）とがある。その事業にかかる権利義務が包括的に承継される（部分的包括承継）。会社分割に伴う労働契約の承継等に関する法律（労働契約承継法）3条は、「労働者が分割会社との間で締結している労働契約であって、分割契約等に承継会社等が承継する旨の定めがあるものは、当該分割契約等に係る分割の効力が生じた日に、当該承継会社等に承継される」ものと規定する。625条1項の承諾を個別に取得する必要はない。逆に、「その者が分割会社との間で締結している労働契約を承継会社等が承継する旨の定めがない」場合には、その労働者は、一定期間内に異議を申し出ることにより、承継の効果を生じさせることができる（同法4条）。

10-20　**(c)　職務専念義務・職場秩序維持義務**　日本電信電話公社（当時）の職員が、作業衣左胸に「ベトナム侵略反対、米軍立川基地拡張阻止」と書いたプラスチック製のプレートを着用して勤務し、○○局の局長および次長が取り外すよう求めたが従わなかった事例がある。このような行為は、「職員がその勤務時間及び勤務上の注意力のすべてをその職務遂行のために用い職務にのみ従事しなければならない」、「職務上の注意力のすべてを職務遂行のために用い職務にのみ従事すべき義務に違反し、職務に専念すべき局所内の規律秩序を乱す」行為と認められている（最判昭52・12・13民集31巻7号974頁）。

10-21　**(2)　その他の義務**

　　(a)　労務提供についての善管注意義務　労働者は、労務を提供するに際して、善管注意をもって誠実に使用者の利益を図るように努めなければならない[10]。営利会社であれば、会社に有利な取引となるように努める、営利会社

---

10)　従業員が大量の誤発注をして会社に損害を与えるといった事例はよく聞く話である。使用者の事業活動によるリスクはそれにより利益を得ている使用者が負うべきである等の危険責任、報償責任の発想に鑑み、労働者が責任を負うための帰責事由の要件を加重したり――バイトがSNSでコンビニや飲食店、食品工場での悪戯動画を公開して企業の信用を害する事例など悪質な事例に限定するなど――、賠償額に制限をかける必要がある（新注民⑭45頁［山本］）。

§Ⅲ 雇用の効力

か否かを問わず、使用者の信用を失わせるような行為をしない、などの注意義務を負う。労働者の副業については、2018年1月に厚労省が「副業・兼業の促進に関するガイドライン」を作成し、「モデル就業規則」から副業を禁止する規定が削除されている。ただし、就労の妨げとなる副業に限って禁止することは可能である。

10-22　**(b)　使用者の財産の保護義務など**　さらには、労働者は就労中に、使用者の財産を侵害しないようにしなければならない。また、就労中に他人——同僚を含む——に損害を与え、使用者に賠償責任（715条1項）を負わせてその財産を減少させてはならない義務も負う。これに違反して、労働者が使用者に対して損害を与えた場合、使用者は415条（または709条）により労働者に対して損害賠償を請求できる[11]。ただし、報償責任の発想は、使用者・労働者間の内部関係にも妥当し、使用者から被用者への求償また損害賠償請求は、信義則上相当の範囲に制限される（最判昭51・7・8民集30巻7号689頁。これを援用して、損害賠償請求を半分に限り認めた東京地判平6・9・7判時1541号104頁がある）。

10-23　**(c)　守秘義務・競業避止義務**　また、労働者には守秘義務がある。労働者は職務執行上知りえた使用者の秘密を外部に漏らしたり、虚偽の事実を流して使用者の信用を害するような行為もしてはならない。この義務は、雇用契約が終了した後にも存続する（☞10-44）。労働者は退職後、合理的な範囲に限って、使用者との間の競業禁止の合意の効力が認められている（最判昭44・10・7判時575号35頁参照☞10-44）。退職した労働者は、使用者の事業と競合する事業を起こしたり、競業する企業に雇用されることは、当然には禁止されない。

2　使用者の義務

10-24　**(1)　報酬（賃金）支払義務**

　　(a)　民法の規定

　　(ア)　就労の報酬としての賃金支払請求権　使用者は労働者に報酬——労働

---

11)　労働者が本文の義務に違反して使用者に損害を与えた場合につき、労基法は、雇用契約で違約金や損害賠償額の予定を定めることを禁止する（労基16条）。また、就業規則において減給処分の制裁を定める場合でも、その減給は、1回の額が平均賃金の1日分の半額を超えることも、その総額が一賃金支払期における賃金の総額の10分の1を超えることも許されないものとしている（労基91条）。

法では賃金と呼ばれる――を支払わなければならない。民法は、報酬（賃金）の支払時期について規定したにとどまり、当事者間の自由な決定に委ねている。民法の規定によると、①「労働者は、その約した労働を終わった後でなければ、報酬を請求することができない」（624条1項）、②「期間によって定めた報酬は、その期間を経過した後に、請求することができる」（同条2項）ことになっている。また、賃金債権を保護するために、労働者には先取特権が認められている（306条2号・308条・311条7号・8号・323条・324条）。

10-25 　（イ）　**ノーワーク・ノーペイの原則**　賃貸借が継続的契約関係であって、使用収益した分の対価支払義務が認められるにすぎないのと同様に、雇用においても、使用者の帰責事由による就労不能は別として（536条2項）、就労した分の報酬を取得できるにすぎない[12]。改正により新設された624条の2は、①「使用者の責めに帰することができない事由によって労働に従事することができなくなったとき」（同条1号）、②「雇用が履行の中途で終了したとき」（同条2号）、労働者に「既にした履行の割合に応じ」た報酬請求権の成立を認めることを明記した。

10-26 　（b）　**労基法による修正**

　（ア）　**出来高払いの場合**　労基法では賃金につき種々の規制をしている。詳しくは、労働法の講義に譲る。まず、賃金の支払の態様には、時間払いのほかに出来高払いもあるが、出来高払いの場合には、労働者のリスクも大きくなるので、労基法は労働時間に応じて一定額の賃金を保証しなければならないこととした（労基27条）。また、最低賃金の額は、最低賃金法により事業の種類等に応じて法定されている。賃金支払時期についても、毎月1回以上、一定の期日を定め、原則として、労働者に直接支払わなければならない（労基24条）。なお、賃金の4分の3は差押えが禁止されている（民執152条）。

10-27 　（イ）　**危険負担の特則**　賃金は労務供給の対価であるから、本来は、労働者が労務を供給しない限り支払う必要はないはずである。ただし、使用者の帰責事由によって就労不能となった場合には、民法でも例外が認められる（536条2項）。この点、労基法26条は、特別規定を置き、「使用者の責に帰す

---

12)　最判昭63・3・15民集42巻3号170頁は、「実体法上の賃金請求権は、労務の給付と対価的関係に立ち、一般には、労働者において現実に就労することによって初めて発生する後払的性格を有する」と判示する。

§Ⅲ　雇用の効力

べき事由による休業の場合においては、使用者は、休業期間中当該労働者に、その平均賃金の100分の60以上の手当を支払わなければならない」ものとした。民法536条2項では全額の支払請求ができるので、この規定が中間的な処理をしている趣旨を考えれば、この規定は、民法536条2項よりも広く解すべきである。最判昭62・7・17民集41巻5号1283頁は、「民法536条2項の『債権者ノ責ニ帰スヘキ事由』よりも広く、使用者側に起因する経営、管理上の障害を含む」という（☞3-23）。

10-28 ◆**解雇が無効の場合**

使用者による解雇が無効であった場合、労働者が就労できなかった期間の賃金を、使用者は536条2項により支払わなければならなくなるが、その期間に他に就労して得ていた収入を同項後段により償金請求ができるのか、また、差額のみを支払うことができるのかが問題とされたことがある。最判昭37・7・20民集16巻8号1656頁は、「労働者は、労働日の全労働時間を通じ使用者に対する勤務に服すべき義務を負うものであるから、使用者の責に帰すべき事由によって解雇された労働者が解雇期間内に他の職について利益を得たときは、右の利益が副業的なものであって解雇がなくても当然取得しうる等特段の事情がない限り、民法536条2項但書に基づき、これを使用者に償還すべき」ものとする。「〔労働〕基準法26条の規定は、労働者が民法536条2項にいう『使用者ノ責ニ帰スヘキ事由』によって解雇された場合にもその適用がある」とし、「右の決済手続を簡便ならしめるため償還利益の額を予め賃金額から控除しうることを前提として、その控除の限度を、特約なき限り平均賃金の<u>4割まではなしうるが、それ以上は許さない</u>」ものとする（最判昭62・4・2判時1244号126頁も同様）。

10-29 **(2)　付随義務──安全配慮義務**

(a)　安全配慮義務の明文化　判例は、「特別な社会的接触の関係」を要件として成立する「信義則上負う義務」として安全配慮義務を、労働関係に限定せずに広く認めている（最判昭50・2・25民集29巻2号143頁）。しかし、労働関係の安全配慮義務と、それ以外の保護義務は区別するべきである。前者は使用従属関係に基づき（後者は不要）、労働者の労務提供に対する義務であり、ただし、雇用契約の存在は必須でない（下請人の労働者など）。労働契約法5条は、「使用者は、労働契約に伴い、労働者がその生命、身体等の安全を確保しつつ労働することができるよう、必要な配慮をするものとする」と、労働関係の安全配慮義務に特化した規定を置く[13]。安全配慮義務に違反した場合には、不法行為または債務不履行による損害賠償義務を負う[14]。

第1章　雇用　第4編　役務の取得を目的とした契約（契約各論③）

10-30　**(b)　就労拒絶権**　労働者は、安全配慮義務が尽くされない場合には、その義務違反の程度によっては就労を拒否することができ、この場合には、536条2項が適用される。また、生命、身体、健康といった人格権侵害の危険があるため、人格権に基づく不法行為上の作為義務の履行請求として——一種の差止請求——労働者には、安全配慮義務の履行請求権が認められるべきである。さらには、労働者が催告しても使用者が改善をしない場合には、信頼関係を破壊するものである限り、労働者は直ちに雇用契約を解除できると解される。

§Ⅳ
雇用の終了

1　期間の定めのある場合

10-31　**(1)　期間満了による終了**

　(a)　雇用期間　民法は雇用期間についての規定を置いていないので、最長・最短共に自由に定めることができる。これに対し、労基法は、3年——事業によっては5年——を超える労働契約の締結を禁止している（労基14条1項）。最短期については、労基法上も制限はない。有期労働者は期間の定めのない労働契約を締結している労働者（正社員）と労働条件が異なるが、短時間労働者及び有期雇用労働者の雇用管理の改善等に関する法律（パートタイム労働法）9条により、「通常の労働者と同視すべき短時間・有期雇用労働者」については、短時間労働者であることを理由として、賃金の決定、教育訓練の実施、福利厚生施設の利用その他の待遇について差別的取扱いが禁止されている。

---

13)　労働安全衛生法（1972年制定）が、「労働災害の防止のための危害防止基準の確立、責任体制の明確化及び自主的活動の促進の措置を講ずる等その防止に関する総合的計画的な対策を推進することにより職場における労働者の安全と健康を確保するとともに、快適な職場環境の形成を促進することを目的」（同法1条）とし、諸規制をしている。健康診断を受けさせたり、高所作業での安全措置など多様な規制をする。

14)　私法上の損害賠償義務とは別に、労働基準法上の災害補償制度、また、労働者災害補償保険法による業務災害の保険給付制度があり、安全配慮義務違反による損害賠償とは二重補償にならないように調整がされている（労基84条、労災保険法64条）。

435

§Ⅳ　雇用の終了

10-32　(b)　**黙示の更新**　定められた雇用期間が満了すれば、雇用契約は終了する。ただし、「雇用の期間が満了した後労働者が引き続きその労働に従事する場合において、使用者がこれを知りながら異議を述べないときは、従前の雇用と同一の条件で更に雇用をしたものと推定する。この場合において、各当事者は、第627条の規定により解約の申入れをすることができる」ものとした（629条1項）。

10-33　(c)　**雇止め問題**　例えば、1年の雇用期間で雇用契約を締結し、これを繰り返す場合、実質的に期限の定めのない雇用契約に等しい。期限の定めのない場合には解雇が制限されるのに、期間満了による更新拒絶については制限がない。これを悪用するため上記のような雇用を行うことも考えられる。そのため、労働契約法は、「同一の使用者との間で締結された二以上の有期労働契約……の契約期間を通算した期間……が5年を超える労働者が、当該使用者に対し、現に締結している有期労働契約の契約期間が満了する日までの間に、当該満了する日の翌日から労務が提供される期間の定めのない労働契約の締結の申込みをしたときは、使用者は当該申込みを承諾したものとみなす」と規定した（同法18条）。

10-34　**(2)　期間満了前の解除**

(a)　**予告期間を置いた解除**

㋐　**民法の規定**　「雇用の期間が5年を超え、又はその終期が不確定であるときは、当事者の一方は、5年を経過した後、いつでも契約の解除をすることができる」（626条1項）。この場合の解除は、使用者からは3カ月前、労働者からは2週間前までに、その「予告」をすることが必要である（同条2項）。これはあまりにも長く当事者（とりわけ労働者）を拘束することを避けようとするものである。労基法では、10-31でみたように、3年または5年を超える期間を定めることができないので、労基法の適用のない事例に限られることになる。

10-35　㋑　**労基法20条による使用者からの解雇の制限**　他方で、労基法20条では、「使用者は、労働者を解雇しようとする場合においては、少くとも30日前にその予告をしなければならない。30日前に予告をしない使用者は、30日分以上の平均賃金を支払わなければならない。但し、天災地変その他やむを得ない事由のために事業の継続が不可能となった場合又は労働者の責

436

第 1 章　雇用　第 4 編　役務の取得を目的とした契約（契約各論③）

に帰すべき事由に基いて解雇する場合においては、この限りでない」（同条 1項）、「前項の予告の日数は、1 日について平均賃金を支払った場合においては、その日数を短縮することができる」（同条 2 項）、と規定している。

10-36　**(b)　民法におけるやむをえない事由による即時解除**　また、「当事者が雇用の期間を定めた場合であっても、やむを得ない事由があるときは、各当事者は、直ちに契約の解除をすることができる。この場合において、その事由が当事者の一方の過失によって生じたものであるときは、相手方に対して損害賠償の責任を負う」（628 条）[15]。労働者の病気や怪我等の場合のほか、使用者の工場の火災等の事情も考えられる[16]。

　　やむをえない事情が使用者の責めに帰すべき事由による場合については、労基法では、20 条 1 項ただし書の反対解釈により、1 項本文の通り、30 日分の平均賃金を保証するか、30 日前までに予告することが必要になる。民法にはこのような制限はない。

10-37　**(c)　解雇権の濫用**　「解雇は、客観的に合理的な理由を欠き、社会通念上相当であると認められない場合は、その権利を濫用したものとして、無効と」される（労契 16 条）。したがって、使用者からの解雇は、10-35 の手続を踏めば自由にできるものではなく、相当性が認められなければ無効となる。民法では、612 条 2 項が当初、権利濫用によっていたところ、解除権自体を否定するように変更されたが、労働法はいまだに権利濫用が用いられている（労働法では権利濫用論が多用されている）。懲戒権、解雇権を認めた上で権利濫用とするよりも、そもそも相当でない場合には、懲戒権、解雇権が認められないという解決が適切である。

2　期間の定めのない場合

10-38　**(1)　民法による解約**

　　民法では、①「当事者が雇用の期間を定めなかったときは、各当事者は、

---

15)　労働者また使用者から、541 条また 542 条の債務不履行解除も認められるべきであり、いずれも選択できる（新注民(14) 102 頁［山本］）。

16)　使用者は、予め就業規則で懲戒事由および懲戒処分の中に懲戒解雇を定めておけば、適法に懲戒解雇できる。予告手当も退職金もなく、即日解雇され、離職票（離職証明書・退職証明書）にも懲戒解雇を意味する「重責解雇」と記載されることになる。なお、諭旨退職（諭旨解雇）は、一定期間内に労働者に退職願いの提出を促して、提出があれば退職扱いとし、提出がない場合には懲戒解雇とする処分である。

437

いつでも解約の申入れをすることができる。この場合において、雇用は、解約の申入れの日から2週間を経過することによって終了する」(627条1項)、②「期間によって報酬を定めた場合には、使用者からの解約の申入れは、次期以後についてすることができる。ただし、その解約の申入れは、当期の前半にしなければならない」(同条2項)、と規定されている。ただし、「6箇月以上の期間によって報酬を定めた場合には、前項の解約の申入れは、3箇月前にしなければならない」(同条3項)とされ、②の要件は緩和されている(年払いであれば、半年前ではなく3カ月前であればよい)。なお、628条のやむをえない事由による即時解除は、雇用期間のない場合にも適用される。

10-39　**(2)　労基法における使用者による解雇の制限**

他方、労基法では「使用者は、労働者を解雇しようとする場合においては、少なくとも30日前にその予告をしなければならない。30日前に予告をしない使用者は、30日分以上の平均賃金を支払わなければならない」(同法20条1項本文)、と規定している。ただし、例外的に即時解除ができる(同項ただし書)。ここでは、「使用者は」とあるように、使用者からの解雇を制限しただけであり、労働者からの解除については依然として民法の原則が適用になる。雇用契約の解除は、620条の準用により(630条)、遡及効は認められない。

ただし、「解雇権の行使も、それが客観的に合理的な理由を欠き社会通念上相当として是認することができない場合には、権利の濫用として無効になる」とされている(最判昭50・4・25民集29巻4号456頁)。労働契約法16条は、先にみたように、これを明文化したものである。

10-40　**◆定年制——高齢者の雇用の確保**

(1)　高年齢者雇用確保措置

日本では、雇用期間を定めて延長をする「任期制」ではなく、期間の定めのない雇用形態とし、一定の年齢に達した場合に(ないしはその年度末に)当然に労働契約を終了させる「定年制」が採用されている。高年齢者等の雇用の安定等に関する法律(高年齢者雇用安定法)において、定年は60歳を下回ることができないものと規定し、ただし、「高年齢者が従事することが困難であると認められる業務として厚生労働省令で定める業務」に従事している労働者については、この限りでないものとされている(同法8条)。また、65歳未満の定年の定めをして

第1章　雇用　第4編　役務の取得を目的とした契約（契約各論③）

いる事業主は、「その雇用する高年齢者の65歳までの安定した雇用を確保するため」、以下の「高年齢者雇用確保措置」のいずれかを講じなければならないことになっている（同法9条1項）。

---

① 当該定年の引上げ（1号）
② 継続雇用制度（現に雇用している高年齢者が希望するときは、当該高年齢者をその定年後も引き続いて雇用する制度）の導入（2号）
③ 当該定年の定めの廃止（3号）

（2）　高年齢者就業確保措置

10-41

　さらに、2021年4月1日より施行された高年齢者雇用安定法の改正により、65歳以上70歳未満を定年と定めている事業主または継続雇用制度（高年齢者を70歳以上まで引き続いて雇用する制度を除く）を導入している事業主は、その雇用する高年齢者について、次に掲げる措置を講ずることにより、65歳から70歳までの安定した雇用を確保するよう努めなければならないものとされた（同法10条の2第1項）。事業主としていずれかの措置を制度化する努力義務を設けるものであり、70歳までの定年年齢の引上げを義務づけるものではない。

---

① 当該定年の引上げ（1号）
② 65歳以上継続雇用制度（その雇用する高年齢者が希望するときは、当該高年齢者をその定年後等も引き続いて雇用する制度）の導入（2号）
③ 当該定年の定めの廃止（3号）

3　その他の終了原因

10-42　**（1）　使用者についての破産手続開始**

　「使用者が破産手続開始の決定を受けた場合には、雇用に期間の定めがあるときであっても、労働者又は破産管財人は、第627条の規定により解約の申入れをすることができる。この場合において、各当事者は、相手方に対し、解約によって生じた損害の賠償を請求することができない」（631条）。

439

§Ⅳ　雇用の終了

10-43　**(2)　労働者の給付の一身専属性**

　①まず、労働者が使用者の承諾なしに第三者を代わりに労務に服せしめた場合には、使用者は雇用契約を解除できる（625条3項）。②民法は、労働者の死亡を終了原因として規定しないが、労働者は自分に代えて他人を就労させることはできず、労働者の義務は一身専属的債務の性質を有する。したがって、労働者の雇用契約上の地位は相続の対象とはならず、労働者の死亡により雇用契約は終了する。逆に、個人使用者たる使用者が死亡した場合、権利譲渡が禁止されているために疑問がないわけではないが、使用者たる地位の相続性を認めてよい。

10-44　**◆退職後の競業避止義務・秘密保持義務**

　雇用契約において、退職後に競業避止義務を負わせることは、従業員の職業選択の自由に重大な制約を加える。そのため、競業避止の必要性・合理性が認められ、制限も必要最小限度でなければならない。例えば、「2年間横芝町横芝東町町内においてXと同一業種のパチンコ店を営業しないことを約した」事例では、「このように、期間および区域を限定しかつ営業の種類を特定して競業を禁止する契約は、特段の事情の認められない本件においては、Yの営業の自由を不当に制限するものではなく、公序良俗に違反するものではない」とされている（前掲最判昭44・10・7）。競業他社への就職禁止については、期間が6カ月と限定されていても公序良俗に違反し無効とされるが（大阪地判平12・6・19労判791号8頁）、競合関係にある事業を開業しない旨の合意は3年間でも有効とされている（東京地判平22・10・27判時2105号136頁）。

　また、労働者は、就労中はもちろん（☞10-23）、退職後も使用者の営業秘密を違法に取得、提供、利用する行為も禁止される。

第4編
役務の取得を目的とした契約（契約各論③）

第2章
請負

§I　請負の意義と法的性質

1　請負の意義

11-1 **(1)　請負契約の意義**

　請負は、「当事者の一方がある仕事を完成することを約し、相手方がその仕事の結果に対してその報酬を支払うことを約することによって、その効力を生ずる」契約である（632条）。双務・有償・諾成・不要式の契約である。無償で仕事の完成を約束する契約は、無名契約になる。日本法では、請負は「仕事の完成」を内容とする契約に限定されている。フランス民法は、「作業の貸借」（CC1708条）を、対価を得て相手方のために何かを行う契約と定義する（CC1710条）[1]。この点、ドイツ民法は、請負を仕事の完成を約束する有償契約としており（BGB631条）、日本民法と同じである。

11-2 **(2)　仕事の完成の意義**

　「仕事の完成」には、種々の事例が考えられる。①絵画や彫刻の作成、建物の建築、船舶の建造のように、作成した財産を引き渡すもの（有体物製作型）、②歌の作曲、脚本の作成、コンピュータのプログラムの作成のように無体的な仕事の作成を目的とするもの（無体物製作型）、③機械の修理、塗装、自動車の改造、衣料品のクリーニングのように、他人の財産に手を加えるもの（物加工型）、④散髪、毛染め、ネイル、入れ墨など人間に対して手を入れるもの（人加工型）、⑤運送等の、いわば労務そのものを目的とするもの（純粋労務型）、⑥演奏、演技、講演などに分類できる。

11-3 **(3)　事例類型に応じた研究の必要性**

　一口に請負といっても、内容は多様であり（☞ 11-2）、それぞれの特質に応じた法的扱いが必要になる。民法は、請負という共通項で括って最低限必要な任意規定を置いているにすぎず、民法と異なる約定も有効である。実

---

1)　フランス法は、物の賃貸とは別に、仕事の賃貸といったローマ法に由来する分類がある（森田修「ローマ法における『賃約』（location conductio）とその現代的意義」『中田裕康先生古稀記念論文集』［有斐閣・2021］591頁、桃山尚子「フランス民法典における仕事の賃約に関する一考察」龍谷法学56巻4号［2024］409頁、新注民(14)3頁以下［山本豊］参照）。委任が法律行為を対象とするものに限定され、準委任概念がなく、請負が準委任を含む事務処理委託契約となっている（新注民(14)6頁［山本］参照）。

第2章　請負　第4編　役務の取得を目的とした契約（契約各論③）

際、それぞれの取引に応じて、各種の約款により契約内容が規律されている[2]。また、商法には仲立、運送営業につき特別規定が置かれており、特別法も数多く制定されている。例えば、建築請負[3]には注文者保護のために建設業法[4]、下請人保護のために下請代金支払遅延等防止法などがある。

2　請負の法的性質・成立

11-4 （1）　有償契約である

　請負は、請負人が仕事を完成する義務を負い、注文者がこれに対して報酬を支払うことを約する契約である。ただし、例外的に継続的契約関係を生じる請負契約もあり、継続的供給契約、雇用、有償契約などに準じた扱いをしなければならない場合があると考えられている（新版注民⑯115頁［広中俊雄]）[5]。報酬については、その額が定められていなくても、報酬を支払う約束さえあれば、請負の成立を認めて差支えない（東京地判昭48・7・16判時726号63頁、高松高判昭48・8・8判時722号72頁参照）。

11-5 （2）　無償の場合（無名契約）

　請負は有償契約であるため、無償で仕事の完成を約束するのは請負契約ではなく、無名契約になる。この場合、請負の規定よりも、贈与や無償委任の規定を類推適用すべきである。①物の製作・引渡しが問題になる場合には、

---

2)　特に建物建築請負については、古くから業界によるモデル約款が作成されており（荒井八四郎『建築請負契約論』、岩崎脩『建設工事請負契約の研究』参照）、現在では、契約書中に細目については「民間（旧四会）連合協定　工事請負契約約款」による、という形で利用されている（民間［旧四会］連合協定工事請負契約約款委員会編『民間［旧四会］連合協定　工事請負契約約款の解説』参照）。これに対しては、日弁連が中立的な立場から「住宅建築工事請負契約約款（日弁連）」を公表している。その他の業界でもモデル約款が作成されており、例えば、財団法人全国生活衛生営業指導センターによって「クリーニング業に関する標準営業約款」が作られている。

3)　建設工事契約が、原則的には請負契約と評価することができるとしても、「同時に他の契約類型にみられる性質を併せ持つ場合があることも否定できない」と評されている（笠井・建設工事6頁）。

4)　民法上は書面の作成が要求されていないが、建設業法19条、下請代金支払遅延等防止法3条では、契約関係を明らかにするために一定の内容を記した書面による契約の締結が要求されている。ただし、要式契約ではなく、契約書が作成されなかったとしても、契約の効力に影響はない。

5)　建物建築請負は継続的契約関係とは考えないのが通説・判例であるが（我妻・中巻二661頁、新版注民⑯115頁［広中］等）、継続的契約関係と理解する学説がある。すなわち、内山尚三『現代建設請負契約法（再増補）』（一粒社・1999）10頁以下、155頁は、①建設請負契約は、雇用的要素が強く、また、②委任同様の相互の信頼関係が基礎になることから、「建設請負は民法の規定する純粋な請負とは異なり雇用や委任の色彩を含んだ継続的債権関係と考えるべきであろう」という。これにより、建物建築が途中で終了した場合でも、その途中までの報酬債権を認めようとしている。

443

§ I 　請負の意義と法的性質

書面がなければ任意解除を認め（550 条類推適用）、担保責任について 551 条を類推適用すべきである。②なす債務のみが問題となる場合には（無償での庭木の剪定）、委任の任意解除の規定を類推適用すべきである（651 条類推適用）。他人の財産に関わるので、無償委任同様に善管注意義務が要求される。

11-6 ◆請負なのかが問題となる契約①──医療契約

医療契約も一様ではなく、類型化される。まず、盲腸の摘出など、結果の実現が約束されている場合が考えられる。これに対して、治癒するか否かが種々の要因にかかっており確実に治るとはいえない場合には、治すという結果債務までは約束されておらず、治すためにできる限りの努力を尽くす手段債務が約束されているにすぎない。医療契約で引き受けられた債務・行為義務を事例に応じて明らかにすることが必要であり、説明義務、顛末報告義務等、また、入院を伴う場合には、安全配慮義務が認められることになる[6]。

11-7 ◆請負なのかが問題となる契約②──コンピュータ・システム開発契約

(1) 　請負と準委任の複合した多段階契約

大規模なシステムの開発をソフト開発の専門業者（ベンダ）に依頼する場合（依頼者をユーザという）、これを請負契約とするのは、試行錯誤を繰り返して依頼者の目的に最適なソフトを開発するという性質からして適切ではない。まさに「開発」することが契約内容とされているのであり、確定した内容のソフトないしシステムの製作を依頼するのではないのである。ユーザの要望に沿ったシステム開発の指針を設定する基本的合意をした上で、要件・定義を行う作業にとりかかり、必要な作業ごとに個別の契約を締結し、次いで個別の設計（準委任ないし請負）また作製（請負）についての契約を締結するという、いわゆる**多段階契約方式**と呼ばれる契約形態が採用されている（経産省が推奨しているモデル）。

11-8 (2) 　包括的なプロジェクト・マネジメント義務

このように、システム「開発」契約においては、具体的契約は 1 つではなく、分解されたいくつもの契約を、段階的に締結していくことになる。とはいえ、その作業全体を貫く義務が当事者に認められる必要があり、一方で、ベンダはソフトの専門家であるが、作成依頼を受けた業務内容については素人であり、他方で、ユーザはその逆である。両者の共同作業によってシステム作成が行われるものの、やはりその中心はベンダである。そのため、ベンダにはシステム開発を適

---

6) 　医療契約に医師の患者への信認義務を認めるべき提案がされている（樋口範雄「医師・患者関係の性格」法教 308 号［2006］110 頁以下参照）。アメリカ法の議論につき、手嶋豊「アメリカにおける医師の患者に対する信認義務に関する議論の一端」同『医師患者関係と法規範』（信山社・2020）35 頁以下参照。医師による論考であるが、川﨑富夫『錯覚の医事法学』（信山社・2021）111 頁以下は、医師と患者の関係を「契約」ではなく信認関係と考える。医療契約については、村山淳子『医療契約論』（日本評論社・2015）、米村滋人『医事法講義（第 2 版）』（日本評論社・2023）99 頁以下参照。

444

切に行う包括的な**プロジェクト・マネジメント義務**が認められ、他方でユーザには、必要となる情報を提出したり、必要な指示・選択を行う等の**協力義務**が認められる（東京高判平25・9・26金判1428号16頁）。

◆請負なのかが問題となる契約③——製作物供給契約

(1) 事例の整理

(a) 問題にならない事例 ①釣ってきた魚を、スーパーで刺身にしてもらうのは、<u>刺身への加工という労務だけ</u>を注文する請負である。②エアコンを家電販売店で購入し設置してもらうのは、設置という部分だけが請負であり、本体は売買である（混合契約）。③また、売買契約を締結しただけで製作までは約束していない場合、売主は調達義務を負うが、調達方法は同意がない限り自由であり、売主が製作して引き渡したとしても、売買契約の履行であることに変わりはない。

(b) 問題となる事例——製作物供給契約 これに対して、①弁当屋で、カタログで注文をして弁当を作ってもらうのは、注文を受けて製作するので、量産品ではあるが請負であろうか（不特定物）。常識的には、弁当を「買う」という意識である。注文生産のスポーツカーも「購入」であり、納車が生産待ちといった意識である。②これに対して、特注で、世界に１台の特別のバイクを設計して製作してもらうのは（特定物）[7]、設計作業という売買にはない作業が含まれており、請負である。請負か売買か問題になるのは、(b)①の事例である。これを**製作物供給契約**と呼び、その規律が議論されている[8]。

(c) 議論の実益 改正前は、担保責任の規定が大きく異なっていたため、いずれの担保責任によるのかは実益のある議論であった。しかし、現行法では、売買の担保責任規定が請負に準用され、微妙な差があるだけである。大きな差は641条である。請負では「作る」ことが債務の内容であるため、できた物が履行として意味がない場合には、<u>「作り直し」</u>を請求できる。<u>「作る」</u>約束、<u>「作る」</u>義務を負担していれば請負と単純に考えるべきである。641条が適用されるがやむをえない。634条も適用される。

(2) 学説

❶ 売買か請負かに振り分ける学説 まず、売買と請負のいずれかに振り分け、その基準を議論する学説がある。①当事者の意思を基準とし、仕事の完成を契約の目的とする場合には請負、目的物の所有権の移転を目的とする場合には売買とする考え（梅703頁、横田572頁、末弘692頁、石田［文］133頁）、②目的物が代

---

7) 鍵とか表札の製作は、材料は共通で仕上がりが個別に異なる製品になる。機械や自動車などを注文生産する場合、生産番号が刻印され、誰が注文した自動車の生産なのかは特定できる。弁当をカタログで注文して作ってもらうのとは異なる点がある。

8) この問題については、芦野訓和「売買法と請負法の交錯領域としての制作物供給契約(1)〜(3・完)」駿河台18巻1号［2004］1頁、20巻2号［2007］3頁、21巻2号［2008］5頁参照。

§ I　請負の意義と法的性質

替物であれば売買、不代替物であれば請負とする考え（我妻・中二 606 頁以下[9]）、田山 215 頁）、③代替物・不代替物いずれの場合も請負契約とした上で、573 条や574 条の売買規定については、559 条の有償契約への準用により適用すればよいという考え（石田穣 323 ～ 324 頁）、④「供給者が請負にとっての決定的要素といえる役務提供義務、すなわち、『製作義務』（労務を提供して仕事を完成させる義務）を相手方に対して負担するかどうかで、請負契約の規律を妥当させるか否かを決する」考えもある（潮見・新各論 II 208 頁）。11-11 の私見は、④になる。

11-13　　❷　混合契約説　これに対して、目的物の製作という点では請負の要素、目的物の財産権の移転という点では売買の要素を含む混合契約と構成する考えもある（広中 263 頁、末川・下 176 ～ 177 頁、松坂 195 頁、三宅・下 868 頁以下）[10]。混合契約といっても、売買と請負の規定の適用をどう使い分けるのか問題が残される。仕事の完成という製作という要素は必須であり、引渡しは請負からも導けるので、売買の要素とする必要はない。あえてその他に売買の要素を取り込むことができるのか、また、その必要があるのかは疑問といわざるをえない。

11-14　　◆**注文者の名義貸し——つけ売買的請負**

　　建設工事など事業者間の大型の取引で、注文者の支払能力に不安がある場合に、保証や債務引受といった担保制度を利用するのではなく、例えば、A が注文者で、C を請負人とする A の土地上に設備を 5000 万円で設置する請負契約を締結しようとする場合に、B にマージンを支払って注文者になってもらうことが考えられる（笠井 43 頁以下参照）。A から B に 5200 万円で請負契約をし、B と C とで 5000 万円で請負契約をし、B が 200 万円のマージンを取得することになる。売買でいえば「つけ売買」（☞ 9-5）のような関係である。ファイナンス・リースのように（☞ 9-5）、B は実質融資者であり、建物に不適合があっても責任を負わず、AB 間の免責合意、B の C に対する権利の譲渡は必至である。

---

9)　我妻・中二 606 頁は、「取引の性質によって当事者の意思を類型化し、これによって、売買か請負かの一方に区別し、個々の場合に当事者がこれと異なる特約をしたときはこれに従うとすることが適当である」という。

10)　ドイツ民法 651 条は「完成されるべき又は製造されるべき動産の提供を対象とする契約には、売買に関する規定を適用する。かかる契約の場合に、第 442 条第 1 項第 1 文の規定は、瑕疵が注文者によって提供された材料に起因するときにおいても適用する。完成されるべき又は製造されるべき動産の場合に、それが代替可能なものでないときは、第 642 条、第 643 条、第 645 条、第 649 条及び前条の規定を、第 446 条及び第 447 条の規定により基準となる時点が引取りに代わることを基準として、適用する」と規定する。

第2章　請負　第4編　役務の取得を目的とした契約（契約各論③）

§Ⅱ
請負の効力

1　請負人の義務

11-15 **(1)　仕事完成義務**

(a)　仕事の完成は協議をしながら仕上げていく　請負人は約束をした「仕事を完成」する義務を負う（632条）。「仕事」の内容は、契約締結により確定されている事例もあるが、大まかに内容を決めて、履行する中で注文者の希望を聞きながら細部を詰めていくことも考えられる[11]。請負人は、散髪、入れ墨、剪定等では、作業中に注文者に確認をしつつ、意向を聞きながら完成させることになる。設計図書（設計図と仕様書）により工事内容が確定されている建物の建築請負とて同じであり、請負人は、設計内容、工事の進捗状況等について説明し、注文者の意向に沿った建物を建築するという付随的義務がある（名古屋地判平18・9・15判タ1243号145頁）[12]。

11-16 **(b)　いつ履行遅滞になるか──仕事着手義務**

(ア)　着手時期の合意がある場合　請負人は約束の期日までに仕事を完成させ、引渡しが必要な場合には完成物の引渡しをする義務を負う[13]。履行遅滞になるのは、この期日を経過した時点である。ただ、建築、造船など完成までに時間がかかる場合には、着手時期を約束することがある。この場合、約束の着手時期に遅れて着手されたが、結局完成は期日に間に合えば問題ない。完成が遅れたら完成義務の履行遅滞を問題にすればよい。問題になるの

---

11)　注文者の意向を確認しながら完成させるべき仕事内容を確定させていく場合には、履行過程において注文者側にも協力義務が認められる（一種の受領義務）。注文者と請負人の協力によって、仕事が完成されることになる。

12)　また、請負人は仕事完成義務の履行に際して、注文者の法益を侵害しないように積極的に配慮する義務を負う。例えば、旅客運送契約であれば、運送中に事故を起こし乗客に負傷を負わせない、散髪の髭剃りの際に客に怪我をさせない、建物の屋根の張替えに際して建物を損傷しないなどの義務を負う。これに違反すると、不法行為責任を免れないが、債務不履行責任も生じると考えられている。この義務の位置づけについて、運送契約を例にすると、①「安全に運送する」といったように「運送」という債務（給付義務）の内容に組み入れる構成、および、②「運送」という債務の付随義務とする構成が可能である。

13)　期日が「努力目標」にすぎない「時についての手段債務」も考えられる。この場合、永遠に履行遅滞が考えられないのではなく、取引通念上、手段債務としての努力義務を尽くせば完成していたであろう時期を過ぎれば、履行遅滞になると考えられる。

447

§Ⅱ　請負の効力

は、催告しても着手しない場合に、注文者は履行遅滞を理由に（541条）解除ができるのかである。

11-17　　**(イ)　着手時期の合意がない場合**　完成・引渡期日を定めたが、着手の時期を定めていない事例で工事に着手しない場合、また、途中で工事を停止してしまった場合、履行遅滞を理由に注文者は解除ができるのか、やはり問題になる。合意がない以上、着手義務が認められないと考えるべきではないとしても、解釈上、着手義務を認めても期限の定めのない債務として催告によって遅滞に陥るというのも適切ではない。請負人は引渡期日までに完成して引渡しをすればよいので、納期までに完成が可能ならば、解除権は発生しないといわれる（我妻・中二614頁、松坂195頁、新注民⒁128頁［笠井］）。

11-18　　**(c)　解除のための要件**　いずれの場合も、期日までの完成が無理なことが確実になった場合には、解除が可能と考えられている。それまでは(b)(ア)でも解除はできない。例えば、「履行期限の到来前に於て既に業に債務者の責に帰すべき事由に因り履行期に於て履行を為すこと能はざることが明確となりたるに拘らず、債権者は履行期限到来したる後にあらざれば契約を解除することを得ずと為すか如きは、債権者を遇するに酷に失し到底採用すべきものにあらざ」るとして、旧543条（履行不能解除）による解除を認めた判例がある（大判大15・11・25民集5巻763頁がある）。現行法の下では、期限前解除（542条1項5号）の事例として扱うべきである（新注民⒁128頁［笠井］）。

11-19　　**◆下請負（下請け）**

　　(1)　下請けの許容

　　　請け負った仕事の完成の全部または一部を、請負人が他の者にさらに請け負わせることを**下請け**という。民法上、下請けは禁止されておらず（625条2項・644条の2第1項のような規定はない）、請負人が自己のリスクで、下請人を用いることは自由である。ただし、美術品の作成のように一身専属的給付の場合は、補助者の利用は可能であるが、履行代行者を用いることはできない。なお、建築請負の全部を下請けに出す**一括下請**[14]については、建設業法22条が、注文者の信頼を裏切ることになること等から、その発注（同条1項）、引受け（同条2項）のいずれも禁止している（違反してされた一括下請契約も有効）。

---

14)　請負契約ではないが、本来の履行のための前提的義務——例えば、賃貸借契約で、入居前に修繕をして使用可能な状態にして引き渡す義務につき、業者に依頼をして修繕をしてもらう（契約後の損傷は修繕義務そのもの）——につき、自ら行わず第三者に下請けさせる場合も、履行補助者と考えられる。物権的請求権に対応する返還義務につき、債務ではないが、業者に運搬してもらうことも考えられる。

448

第2章　請負　第4編　役務の取得を目的とした契約（契約各論③）

11-20 **(2)　下請けの法的構成**

　(a)　第三者のためにする契約でも、第三者弁済でもない　下請けは、元請人と下請人との請負契約であり、注文者に下請人に対する権利を付与する第三者のためにする契約ではなく、下請人は注文者に対して仕事完成義務を負っているわけではない。注文者は、元請人に対する権利しかなく、元請人にしか履行を請求することができない。また、下請人の履行は、元請人の債務を代わりに履行する第三者弁済ではなく、下請人の元請人に対する求償権が成立するわけではない。下請人は、元請人との下請契約上の報酬債権を有するだけである[15]。下請人は元請人の仕事完成義務の履行補助者にすぎない。

11-21 　**(b)　下請人は独立した第三者ではない**　下請人の行っている作業は二重の履行構造になる。すなわち、下請人の元請人に対する義務の履行であると同時に、元請人が下請人を用いて自己の注文者に対する義務を履行しているのである。下請人は元請人の注文者に対する義務の履行を引き受けているのである。そのため、元請契約の規律に服することを下請人は引き受けていると考えられる（☞11-42）。また、注文者が代金を支払っていて元請人に留置権が認められない場合、元請人が下請人に代金を支払っていなくても、下請人は注文者に留置権を行使できない（大阪地判令5・1・19判タ1512号173頁）。履行補助者なので、下請人に不適合の原因がある場合でも、注文者は元請人に対して損害賠償請求を含めて責任追及ができる[16]。

11-22 **(2)　完成物引渡義務──仕事完成義務との関係**

　請負人の債務は「ある仕事を完成すること」であるが（632条）、請負人の義務はこれに尽きない。庭木の剪定であれば剪定ゴミの片付け、建物塗装では塗装のために組んだ足場の撤去、運送であれば運送物の引渡し、物の製作、改良、修理などであれば目的物の引渡しを義務づけられる。仕事完成と引渡しとが問題となる場合には、仕事完成は先履行義務であり、引渡しが報酬と同時履行の関係になる（633条）。引渡し以外の、足場の撤去なども先履行と考えるべきである。可分な一部の工事の完了・引渡しがされたならば、その部分に相当する請負代金の支払請求ができる（新注民⑭130頁［笠井］）。

---

15)　旧民法財産取得編285条2項では、下請人の注文者に対する直接訴権が認められていた。現行法では、起草者は弊害が大きいと考え同様の規定を置かなかった。しかし、下請人に注文者に対する報酬債権についての直接訴権を認めるべきである。直接訴権を排他的な代位行使と考える私見からは（☞民法総則7-50）、423条1項の転用として解釈により直接訴権を認めることが考えられる。

16)　下請人に対しては不法行為の要件を満たす場合にのみ、損害賠償請求ができるが（☞債権各論Ⅱ3-26以下）、追完請求については、無資力要件を不要として──他の債権者が代位行使することはありえない──注文者は下請人に対して追完請求ができると考えられる。

449

§Ⅱ　請負の効力

11-23　**◆仕事完成義務と引渡義務**

⑴　引渡義務を仕事完成義務に含める学説

　請負の目的たる仕事が物の製作である場合には、請負人は目的物の製作後に注文者への目的物の引渡義務を負う。この場合、632条の仕事完成義務のうちに完成した目的物の引渡義務を含める学説がある（我妻・中二615頁、鈴木438頁、広中265頁、中田505頁）。確かに大判大3・12・26民録20輯1208頁は、建物の建築請負における所有権の帰属の判断についての説明の中で、「請負契約の性質上特約なき限りは、請負人は其建物を注文者に引渡すに非ざれば債務完了せず、之を引渡すに因りて始めて債務完了し注文者に対する報酬支払の請求権発生すべく、尚ほ建物を引渡すまでは之に関する危険は請負人の負担に属」すると述べている。

11-24　**⑵　仕事完成義務と引渡義務は区別すべき──判例の理解は疑問**

　上記判例は、引渡しが仕事完成義務に含まれるとはいっていない。仕事が完成しても、請負人の義務はそれに尽きず、引渡しが必要な場合には、引渡しまでしないと債務を履行したことにはならないという、至極当然のことを確認しただけである。債務が完了するまで報酬請求権が「発生しない」というのは無視するしかない。危険の移転が、仕事完成ではなく引渡しを基準とするというのは、567条1項に合致する。やはり、仕事完成義務と引渡義務──またそのための保管義務──とを区別すべきである（石田穣327頁、新注民⑭129頁［笠井］）。

11-25　**⑶　仕事完成と引渡しを区別する意義**

　仕事完成とその後の引渡しを区別するのは市民感覚に合致する。法制度上も2つは区別されている。①633条は引渡しが問題となる類型について、仕事完成義務を先履行の関係とし、仕事の目的物の引渡しと報酬の支払とが同時履行の関係に立つことを規定している。②641条は注文者の任意解除権を、仕事完成までと限定して認めており、完成すれば引渡し前でも解除ができなくなる。③さらには、567条1項により、仕事の完成により危険が移転するのではなく、引渡しにより危険が移転する。

11-26　**◆575条の類推適用**

　売買についての575条が、請負契約に準用される（559条）。賃貸用アパートの建築請負において、注文者が請負代金の支払を全くしておらず、請負人が完成したアパートを第三者に賃貸すると共に、その管理の必要上1室を自ら占有していた事例で、注文者の登記名義で所有権保存登記がされているが（引渡しはないが所有権は移転）、実質的には請負人の所有に属するものであり、「目的物の賃貸は請負契約の債務不履行には該当せず、請負契約についても売買契約についての定めである民法575条の規定を準用して、目的物の果実である賃貸料を請負人が収得することができる」とされている（東京高判平9・3・13判時1603号72頁）。

第2章 請負 第4編 役務の取得を目的とした契約（契約各論③）

11-27 **(3) 仕事の目的物の所有権の帰属（建物建築請負）**

(a) 物権法と債権法の交錯

(ア) 加工の場合 他人の石材を彫刻して作り出した弥勒菩薩像の価格が元の石材の価格を著しく超える場合には、加工の規定により加工者（製作者）の所有となる（246条1項ただし書）。しかし、石材の所有者の依頼によって報酬を受けて弥勒菩薩像の彫刻を製作するのは、契約の履行であり注文者の弥勒菩薩像の製作である。この場合、加工規定は強行規定ではなく、当事者間の特約によって排除することができるので、規範的解釈として注文者に帰属すべき物の製作が債務内容と考えるべきである。請負人（製作者）の代金債権の保護は、請負の報酬代金また留置権・先取特権で足りる。

11-28 **(イ) 建物建築請負の場合** 上記のように契約の履行としてなされている場合には、契約の規律が優先して、物権法の添付規定の適用が排除されることは、建物、例えば、注文者が輸入したログハウスの材料を請負人が依頼を受けて建物に組み立てる場合にも当てはまる。加工の規定の適用は排除され、請負人の報酬債権の保護は、同時履行の抗弁権（633条）、留置権（295条1項）、また、先取特権（327条）により図られれば十分である。ところが、請負人が自己所有の材料を用いて建物を建築する場合には、完成した建物の所有権の帰属については議論があるので、この点に限定して解説をしたい。

11-29 **(b) 建物の建築請負についての判例理論──請負人帰属説**

(ア) 注文者が全部または主たる材料を提供した場合 11-28のログハウスの事例では、物権法の論理では、動産が組み立てられて建物（不動産）になり、動産の加工が問題になる。小麦を小麦粉にする等の場合、請負の性質上、加工の規定の適用は排除される（我妻・中二616頁、松坂196頁）。注文者が全部または主たる材料を提供した場合には、判例も傍論として完成建物は注文者所有とする。加工を問題にすることはない。

11-30 **(イ) 請負人が全部または主たる材料を提供した場合**

(i) 原則──引渡しにより所有権が移転 判例は、「請負契約に基き請負人が建築材料の主要部分を供して建物を築造したときは特約なき限り其の建物の所有権は請負人に在りて引渡に依りて始めて註文者に帰する」と、物権法理によって解決している（大判昭7・5・9民集11巻824頁。その他、大判明37・6・22民録10輯861頁、前掲大判大3・12・26など）。請負人所有の動産が組み立て

451

られて建物になるという、単純な物権法の論理が基本にある。

11-31 **（ii）例外**　しかし、判例も例外を認めている。①まず、特約により引渡し前に目的物の所有権を注文者に帰属させることは可能である（大判大5・12・13民録22輯2417頁）。②黙示の特約によったものとして、ⓐ注文者が完成前に請負代金を全額支払った場合には、建物は完成と同時に注文者に帰属する旨の特約が推認され（大判昭18・7・20民集22巻660頁）、ⓑ代金未払いであっても、手形を交付するなどの事情から、建物の完成と同時に注文者に所有権を帰属させる旨の合意が認められている（最判昭46・3・5判時628号48頁）。③全工事代金の半額以上を棟上げの時までに支払い、また、工事の進行に応じて残代金の支払をしてきた場合に、特段の事情がない限り、建物の完成と同時に所有権は注文者に帰属するとされている（最判昭44・9・12判時572号25頁）。

11-32 **（c）判例理論への疑問と学説**

（ア）判例の問題点

（i）問題点　①まず、契約の履行であることを無視してよいのかという疑問がある。②また、売買では契約と同時に所有権が買主に移転するのであり（176条）、なぜここでは完成と同時に注文者に移転せず、引渡しによって移転するとするのか、論理が一貫していない。③さらに、ここで請負人の所有権を認めても担保以上の意味はない。請負人は自己の建物として使用することはできない。請負人に土地利用権はないから、建物の占有は所有権があって適法だとしても、土地の占有は不法占有になり、土地が第三者に譲渡されると対処できない。引渡しまでであれば、留置権は認められる。

11-33 **（ii）担保目的の所有権**　結局、請負人の所有権を認めても、先取特権に代わる担保としての所有権を認めているのに等しい。しかし、土地利用権はないので譲渡担保権のように私的実行を認めるわけにはいかない。留置権では「反射的効果」として土地まで留置できるが（大判昭18・2・18民集22巻91頁）、請負人帰属説では担保のための所有権であり[17]、敷地も反射的に留置できるのであろうか。なお、「工事の着工からその完成と注文主への引渡までの間の請負人による土地の使用」については、「請負人が請負契約に基づき建築

---

17)　先取特権制度のないドイツ民法でも、648条に建築請負人の保全抵当権が規定されている。請負人は、注文者に建物敷地に対する保全抵当権の認容を請求することができるとされていて、先取特権のように当然に成立するものではない。形式主義であるため、登記が抵当権の成立要件になるからである。

452

工事をして完成した建物を注文主に引き渡す義務の履行のために、注文主の占有補助者として土地を使用しているにすぎない」と考えられている（東京高決平10・12・11判時1666号141頁）。

11-34 **（イ）学説**

❶ 請負人帰属説（材料提供者帰属説）

（i）請負人帰属説の根拠 判例を支持する学説がかつては通説であり（我妻・中二616～617頁、末川・下180～181頁）、現在も有力説である（近江246頁以下、米倉明『担保法の研究』［新青出版・1997］229頁以下、235頁以下、半田417頁、平田厚『建築請負契約の法理』［成文堂・2013］63頁以下）。その理由として、①物権法理に矛盾しないこと、②当事者の意思にも適合すること、③請負人の報酬請求権を確保し、不動産先取特権の不備を補う作用を有することが挙げられる（我妻・中二617頁）。要するに、不動産先取特権の不備を補完する法定の所有権型の担保を認めるに等しい。

11-35 **（ii）問題点** 請負人帰属説は、目的物の引渡しまで担保のための所有権を認めるにすぎず、引渡し後も存続させるためには所有権留保特約が必要になる。建物所有権があっても敷地の利用権がないので、敷地の占有は留置権によらざるをえないし、引渡しまでの拒絶であれば、留置権で足りる。さらに、担保としての所有権を実行しようにも、敷地利用権なく実行して建物の完全な所有権を取得すると、完全に土地の不法占有になってしまう。

11-36 **❷ 注文者帰属説**

（i）現在の多数説 これに対して、現在の多数説は、請負人が材料を出した場合であっても、完成した建物は注文者に原始的に帰属すると考えている（内山・前掲書16頁、後藤勇『請負に関する実務上の諸問題』［判例タイムズ社・1995］171頁以下、星野261頁、来栖467～468頁、水本312頁以下、石田穣328頁など）。それが当事者の意思に合致することが理由の1つである。ただし、所有権留保特約はもちろん可能である。

11-37 **（ii）本書も注文者帰属説** 本書も、注文者帰属説を採用する。繰り返し述べたように、請負人の債務内容は建物の場合に限らず「注文者の物を製作する」ことである。請負人には留置権が認められればそれで足りる――土地も反射的に留置できる――。また、判例は引渡しまでしか担保としての所有権を認めないので、その保護領域は留置権と同じである。動産の製作について

453

§Ⅱ　請負の効力

は、製作段階では請負人に帰属し、一旦請負人に帰属していた未完成物の所有権が完成と同時に注文者に移転すると考えてよい。これに対し、他人の土地で建築する建物は、完成前から注文者の所有と考えるべきである。なお、注文者帰属説の下では、以下に説明する2つの問題は起きない。

11-38　**◆請負人が途中まで建築した建前が契約解除後に別の請負人により完成された場合**
(1)　請負人帰属説のみの問題
　　例えば、AがBに建物の建築を注文し、Bが建築を途中で中断したため、AがBとの請負契約を解除し、Cに残工事を注文して建物を完成させた場合、この完成した建物は誰に帰属するのであろうか。Bが600万円、Cが400万円の材料を提供し、完成した建物の価値が1500万円であるとする。注文者帰属説では、Aの所有であり、B・Cが共に先取特権を取得し、Cは留置権の主張ができる。そのため、この問題は請負人帰属説において問題になるにすぎない。

11-39　**(2)　添付のどの問題か**
　　(a)　加工の対象は動産　Bが途中まで作った建前は不動産のはずである。これを加工して建物を完成させても、加工（246条）は「動産」の規定なので、建前がA所有であれば完成した建物はA所有になる。しかし、判例のように材料の所有者を問題とするならば、主たる材料を提供したBの所有になりそうである。

11-40　　**(b)　判例は加工規定を適用**　ところが、判例は、「建物の建築工事請負人が建築途上において未だ独立の不動産に至らない建前を築造したままの状態で放置していたのに、第三者がこれに材料を供して工事を施し、独立の不動産である建物に仕上げた場合においての右建物の所有権が何びとに帰属するかは、民法243条の規定によるのではなく、むしろ、同法246条2項の規定に基づいて決定すべきものと解する」として、加工の法理により問題を解決した（最判昭54・1・25民集33巻1号26頁）。Bの動産（「未だ独立の不動産に至らない建前」という）への加工として、完成前の建前に加工規定を適用（類推適用）したのである。Bの所有権に基づく、建物を占有するCに対する明渡請求を棄却する。

11-41　　**(c)　判例は加工者Cに帰属させた**　判例によれば、Bの600万円の動産に、Cが400万円の材料を加えて加工したことになり、Cの加工による500万円が価値増加分になる。「動産に動産を単純に附合させ」たとして243条によるべきではなく、「仕上げられた建物の価格が原材料のそれよりも相当程度増加する」ことから加工規定を適用する。その結果、B：600万円 vs C：900万円ということで、246条2項により加工物たる完成建物はCの所有としているが、Bの労力が無視されている。

11-42　**◆下請人に一括下請させた場合と目的物の帰属**
　　例えば、AがBに建物の建築を注文したが、BがCに一括下請し、Cが材料

第2章　請負　第4編　役務の取得を目的とした契約（契約各論③）

を出して建物を完成させたとして、AB 間では完成した建物の所有権は A に帰属するという特約があるが、BC 間には特約がないものとする。完成した建物の所有者は誰になるであろうか。判例の事案は、B が C に下請代金を支払わないので C が工事を中断したため、A が B との契約を解除し、他の業者に残工事をさせ完成した建物の引渡しを受けたが、C が所有権に基づいて A に対して明渡しを請求した事例である。判例は AB 間の特約の C への対抗を認めており、下線部分は代金完済事例にも妥当する。注文者帰属説では問題自体が生じない。

11-43

> ●**最判平5・10・19民集47巻8号5061頁**　［判旨①（一般論）］「建物建築工事請負契約において、注文者と元請負人との間に、契約が中途で解除された際の出来形部分の所有権は注文者に帰属する旨の約定がある場合に、当該契約が中途で解除されたときは、元請負人から一括して当該工事を請け負った下請負人が自ら材料を提供して出来形部分を築造したとしても、注文者と下請負人との間に格別の合意があるなど特段の事情のない限り、当該出来形部分の所有権は注文者に帰属する」。「建物建築工事を元請負人から一括下請負の形で請け負う下請契約は、その性質上元請契約の存在及び内容を前提とし、元請負人の債務を履行することを目的とするものであるから、下請負人は、注文者との関係では、<u>元請負人のいわば履行補助者的立場に立つものにすぎず、注文者のためにする建物建築工事に関して、元請負人と異なる権利関係を主張し得る立場にはないからである</u>」。
>
> 11-44
>
> 　［判旨②（事案への当てはめ）］「注文者である A と元請負人である B との間においては、契約が中途で解除された場合には出来高部分の所有権は A に帰属する旨の約定があるところ、B 倒産後、本件元請契約は A によって解除されたものであり、他方、C は、B から一括下請負の形で本件建物の建築工事を請け負ったものであるが、右の一括下請負には A の承諾がないばかりでなく、A は、B が倒産するまで本件下請契約の存在さえ知らなかったものであり、しかも本件において A は、契約解除前に本件元請代金のうち出来形部分である本件建前価格の 2 倍以上に相当する金員を B に支払っているというのであるから、A への所有権の帰属を肯定すべき事情こそあれ、これを否定する特段の事情を窺う余地」はない。

11-45 **(4)　目的物の滅失・損傷についての損失負担（危険負担を含む）**

(a)　仕事完成前の目的物の滅失・損傷

(ア)　仕事完成が不能となる場合（本来危険負担）　例えば、A が工場内の機械の改良工事を B に注文し、B が途中まで作業をしたが完成前に、当該機械が滅失したとする。滅失の原因は、次の 3 つに分けられる。

455

§Ⅱ 請負の効力

① 請負人 B の帰責事由による場合
② 不可抗力による場合
③ 注文者 A の帰責事由による場合

　いずれの場合にも、請負人の仕事完成は履行不能になる。完成をしていないが、すでに行った仕事完成義務の履行に対応する報酬、さらに報酬全額を請負人は受けることができるのであろうか。

11-46　（ⅰ）**請負人の帰責事由による場合（①）**　先の例では、請負人 B が過失により修理中の機械を焼失させた場合、注文者 A が利益を受けていないので、すでに履行した修理作業について報酬を請求できない（634条）。逆に、請負人は、機械の所有権侵害による不法行為上の損害賠償義務、また債務不履行による損害賠償義務を負う。この場合、途中までの修理で価値が上昇していても、修理前の価格での損害賠償になる。

11-47　（ⅱ）**不可抗力による場合（②）**　B は滅失について賠償責任を負わないが（415条1項ただし書）、536条1項により報酬を請求できない。また、A は542条1項1号により解除ができる。この場合も、A は利益を受けていないので、B は既履行分の修理代を請求することもできない（634条）。ただし、11-51 の危険領域説では、請負人に報酬請求権が認められる。

11-48　（ⅲ）**注文者の帰責事由による場合（③）**　例えば、A の従業員の過失により工場で火災が発生し、修理中の A の機械が焼失した場合には、A に利益がないので、634条1号によっては B は既履行分の修理代を請求することはできない。しかし、536条2項によって、B は報酬全額——既履行分に限らず——を請求することができる（我妻・中二 623頁、鈴木 440頁、田山 220頁）。判例も同様である[18]。ただ、注文者は、請負人が残修理をしないで済んだ利

18）　最判昭 52・2・22 民集 31 巻 1 号 79 頁は、「請負契約において、仕事が完成しない間に、注文者の責に帰すべき事由によりその完成が不能となった場合には、請負人は、自己の残債務を免れるが、民法 536 条 2 項によって、注文者に請負代金全額を請求することができ、ただ、自己の債務を免れたことによる利益を注文者に償還すべき義務を負うにすぎないものというべきである」と述べている（大判大元・12・20 民録 18 輯 1066 頁が、すでに同旨を述べている）。A の建物の改築工事を B が請け負い施工していた途中、A の家族 C（A の 79 歳の母親）の重過失による火災によって建物が焼失してしまい、B が 536 条 2 項に基づいて出来高相当分を A に支払請求した事例で、C の行為を A の行為と同視して、536 条 2 項に基づいて認容した判決がある（東京地判昭 58・1・27 判時 1089 号 68 頁）。

456

第2章　請負　第4編　役務の取得を目的とした契約（契約各論③）

益について、請負人に償金請求ができ（536条2項後段）、注文者がその証明責任を負う。

11-49　　**(イ)　仕事の完成が可能な場合（請負の危険負担）**　例えば、Aが建物の建築をBに注文し、途中まで建築した建物が滅失または損傷した場合、11-45と同様に、滅失等の原因によって3つの場合に分けることができるが、11-45とは異なり、再度仕事をやり直すことができるので履行不能ではな・い・。しかし、滅失・損傷によって費用増加の不利益を、誰が負担するのかという問題が生じるため、**請負の危険負担**と呼んで、議論されている。

11-50　　**(i)　請負人の帰責事由による場合（①）**　Bは仕事完成義務を免れず、完成が遅滞すれば履行遅滞責任を負う。再工事による費用の増加は請負人の負担となる（485条）。建物が完成に近かったとしても、請負人は再度の建物建築を免れない。他方、完成後引渡し前に請負人の帰責事由で滅失した場合には、請負人は再度の建築義務を免れるが（☞11-57）、それとのバランスから完成に準ずる状態になっていた場合には、請負人に拒絶権または解除権を認めるべきである。

11-51　　**(ii)　不可抗力による場合（②）**　例えば、途中まで建築中の建物が地震で倒壊しても再度の建築は可能であり、やはりBは仕事完成義務を免れない。では、余計にかかった費用は誰が負担すべきであろうか。ⓐ通説は、旧536条1項を適用して（鈴木439頁。石田穣331頁は、その趣旨による）報酬の増額請求を否定する。判例も同様に解する（大判明35・12・18民録8輯11巻100頁）[19]。ⓑ他方で、いずれの危険領域で生じた事故かによって決める**危険領域説**という考えがある。請負人が自身の工場で注文を受けた製品を製作する場合は請負人負担だが、注文者の土地で請負人が建物を建築する場合には、注文者負担と考えることになる。条文根拠としては536条2項の類推適用による（笠井修『建設請負契約のリスクと帰責』［日本評論社・2009］101頁、同・建設工事

---

19)　本判決は、注文者Xからの請負人Yへの請負代金の返還請求がされた事例であるが、次のように判示されている。「YがXの為め請負いたる建築物は竣工前即ちXの所有と為らざる前に於て天災に罹り破壊し……之に因り右建築物に付き生じたる損害は、当時の所有者たるYの負担に帰すべきことは危険の負担に関する法則上誠に明白なりと云うべし」。「特別の事情なき限りはXに対し其賠償を求むること能わざる筋合なりとす。然るに原院が契約履行の為Yの支出したる費用は天災に因り其負担となるべきものと雖も、常にXをして賠償せしむることを得るもゝ如く判示したるは危険負担の法則を不当に適用したる不法ありと謂わざるを得ず」（破棄差戻し）。

457

§Ⅱ　請負の効力

298頁、平田・前掲書182頁）。この説に賛成したい。

11-52　（ⅲ）**注文者の帰責事由による場合（③）**　この場合でも、Bは仕事完成義務を免れない。しかし、それが原因で仕事の完成が遅延したとしても、この責任をBは負わず、他方で、Aに対して増加費用を損害として賠償請求できる（鈴木440頁、田山220頁）。注文者の帰責事由が重大で背信的な場合には、請負人による解除を認める学説がある（石田穣331頁）。

11-53　**（b）仕事完成後の目的物の滅失・損傷**

（ア）**再度の仕事完成が不能の場合**　例えば、頼まれた自動車の修理が終了したが、引渡し前に当該自動車が滅失した場合には、仕事完成義務は履行により消滅しており、請負人の当該自動車の返還義務が履行不能になる。この場合もその原因によって、11-45の3つの事例に分けることができる。

11-54　（ⅰ）**請負人の帰責事由による場合（①）**　仕事完成後なので634条は適用されない。仕事完成はあるが、返還は不能なので、注文者は契約を解除でき（542条1項1号）、代金支払義務を免れうる。請負人は滅失について責任を負い、目的物の所有権侵害による損害賠償義務を免れない。例えば、修理前の価格が100万円、修理代50万円で修理済みの自動車の価格が150万円であるとする。①注文者は解除しないと、50万円の修理代債務を負った上で150万円の賠償請求権を取得する。②注文者が解除をすれば、修理代金債務を免れ修理前の100万円の価格での損害賠償請求権を取得する。

11-55　（ⅱ）**不可抗力による場合（②）**　567条1項の準用（599条）により、引渡し前は請負人Bが危険を負担し──提供があれば危険は移転（567条2項）──、注文者Aは契約を解除して請負代金の支払を免れることができる（542条1項1号）。他方、Aの工場で修理をする場合には、危険領域説でなくても、Aの工場での修理が完了すれば引渡しは不要なので、Aは完成時から危険を負担しており、代金の支払を免れない。

11-56　（ⅲ）**注文者の帰責事由による場合（③）**　仕事完成義務は履行によって消滅しており、引渡義務が履行不能になるが、注文者Aは536条2項によって修理代金債務を免れない。また、543条により、Aは契約を解除することができない。なお、567条2項の準用により、提供があった後の不可抗力による滅失は、注文者は解除ができず報酬を支払わなければならない（(ⅱ)と同じ扱いになる）。

第2章　請負　第4編　役務の取得を目的とした契約（契約各論③）

11-57　**（イ）　再度の仕事完成が可能な場合**　例えば、注文された建物が完成したが、注文者Aの検収を受けて引渡しをする前に建物が大地震により倒壊した場合は、再度の建築は可能である。しかし、建築完成により仕事完成義務は履行済みで消滅している[20]。やはり、引渡義務のみが残され、この義務が履行不能となったのである。たとえ滅失が請負人の過失による場合であっても、再度の仕事完成義務は負わない。これも、11-45の3つの場合に分けられる。

11-58　**（ⅰ）　請負人の帰責事由による場合（①）**　仕事完成義務は履行済みであるが引渡義務が履行不能であり、注文者Aは契約を解除して請負代金の支払義務を免れることができる（542条1項1号）。Aは、解除するか否かを問わず、填補賠償を請求できる（415条2項3号・545条4項）。また、再度建物を他の業者に建築してもらい、本来の仕事完成予定日よりも使用が遅れたことによる損害の賠償請求も可能である。

11-59　**（ⅱ）　不可抗力による場合（②）**　請負人Bは滅失については責任がなく、損害賠償義務を負わない（415条1項ただし書）。注文者Aは、542条1項1号により解除をして、代金支払義務を免れうるかのようである。ただし、Aの危険領域での事故であることを考えれば、そこでの不可抗力は完成前後を問わず注文者が負担すべきである（危険領域説［536条2項の類推適用］）。

11-60　**（ⅲ）　注文者の帰責事由による場合（③）**　請負人Bは滅失につき責任を負わず、また、536条2項により注文者は報酬支払義務を免れないことになる。注文者は不能解除も認められない（543条）。請負人による提供があった後の不可抗力による滅失には、567条2項が準用され、注文者は報酬支払を免れない。

---

20)　＊**給付危険**　いまだ引渡しまでは対価危険（567条1項）の問題は残されるが、いわゆる給付危険から請負人は解放され、再度の建築が可能であっても、仕事完成前に履行不能が生じた場合と同一の処理がされる（笠井・建設工事310頁）。完成後の不可抗力による損傷は問題である。引渡し後は担保責任が成立するが、引渡し前でも損傷を修補して引き渡す義務が認められるべきである（同一性説をここにも適用できる）。ここでの問題は、不可抗力により反対給付を受けられなくなった場合に、相手方が対価の支払義務を免れるかどうかという「対価危険」の問題ではなく、不可抗力により、給付に障害を生じたり、履行費用が不相当に高騰しても、当初の対価による履行を義務づけられたままなのかという「給付危険」の問題である（野澤171頁はこの区別に批判的）。給付危険は、履行「不能」の解釈、事情変更の原則などにおいて問題となる。

459

§ II 請負の効力

11-61 **(5) 請負人の担保責任——債務不履行責任**

(a) 総説

(ア) 売買規定の準用

(i) 売買の担保責任の準用が原則 改正前は、請負契約の瑕疵担保責任についての詳細な規定が置かれていた。その法的性質は、売買の瑕疵担保責任とは異なり、仕事完成義務の不完全履行であるところの債務不履行と考えられていた——完成によってその物の引渡しに特定されるとして、特定物ドグマを適用する反対説もあった——。現行法は、売買の瑕疵担保責任を債務不履行責任として再構成したので、売買の担保責任の規定の準用に任せ（559条）、請負には特別規定を 2 つだけ置いた（636条・637条）[21]。

11-62 **(ii) 瑕疵から不適合へ——改正前判例の先例価値** 改正前の「瑕疵」の概念は、目的物が契約の内容に合致しないことと解されていた（最判平 15・10・10 判時 1840 号 18 頁）[22]。品質に問題がなくても、契約の内容通りでなければ不適合と認められていたのである。現行法は、「種類、品質又は数量」の「不適合」を問題とし（562条の準用）、不適合かどうかは、どのような仕事の内容が合意されていたか、という契約解釈により、上記判例は現行法でも先例価値が認められることになる。なお、品確法 94 条以下は、民法改正後も「瑕疵」という用語を維持している。

11-63 **◆不適合責任の適用の基準時**

(1) 完成を基準時とする旧学説

改正前の請負人の担保責任については、完成時か引渡し時（受領時）か、瑕疵の基準時をめぐって議論があった。改正前の旧 634 条は「仕事の目的物に瑕疵があるときは」となっているだけで、瑕疵担保責任が成立する基準時を明確にし

---

21) 建築請負についてであるが、改正規定を体系的に考察した論考として、松本克美『民法〈債権法〉改正後の建築瑕疵責任論』（民事法研究会・2023）がある。

22) Ｙは、学生向けのマンションを新築する工事を Ｘ に請け負わせたが、阪神・淡路大震災の直後であっただけに、Ｙ は特に南棟の主柱については、耐震性を高めるために当初の設計内容を変更し、その断面の寸法を 300mm × 300mm として、より太い鉄骨を使用することを求め、Ｘ もこれを承諾した。ところが、Ｘは、Ｙ の了解を得ないで、構造計算上安全であることを理由に、同 250mm × 250mm の鉄骨を南棟の主柱に使用して施工し、外構工事等を残して完成したので、本件建物を Ｙ に引き渡した。最高裁は、「本件請負契約においては、Ｙ 及び Ｘ 間で、本件建物の耐震性を高め、耐震性の面でより安全性の高い建物にするため、南棟の主柱につき断面の寸法 300mm × 300mm の鉄骨を使用することが、特に約定され、これが契約の重要な内容になっていたものというべきである。そうすると、この約定に違反して、同 250mm × 250mm の鉄骨を使用して施工された南棟の主柱の工事には、瑕疵があるものというべきである」とした（前掲最判平 15・10・10）。

第 2 章　請負　第 4 編　役務の取得を目的とした契約（契約各論③）

ていなかった。完成によって目的物は特定され、その引渡ししか考えられないとして、法定責任を適用する学説もあり（我妻・中二 633 頁）、その学説においては、完成がターニングポイントとされていた。しかし、現行法では、目的物の不適合に対する救済手段にとって、「仕事の完成」は、理論のレベル、要件事実のレベルでも意味をなさないと評される（潮見・新各論Ⅱ 262 頁注 113）。

11-64 **(2)　請負も引渡し時が基準時**

(a)　売買の規定が準用される　現行法では、売買の担保責任規定により規律され、562 条以下の準用により引渡しが基準時になるが──562 条は「引き渡された目的物」と規定──、請負の場合には引渡しが不要な場合もあり、その場合には 636 条括弧書により「仕事が終了した時」が基準時になる。しかし、引渡しが不要な場合には履行を確認する意思表示（ないし検収）を基準時と考えるべきである（散髪で客がこれで OK と表示）。とはいえ、担保責任の特則があるわけではなく議論の意義はない。「完成」は、641 条で問題にすれば足りるだけの概念になった。

11-65 **(b)　引渡し前の注文者の権利**

(ア)　担保責任の規定は適用されない　引渡しが担保責任の成立要件なので（559 条の準用による 562 条・567 条 1 項の適用）、引渡し前には、注文者には担保責任の追及は認められない[23]。しかし、注文者は、仕事完成義務の履行、契約内容通りに完成した適合物の引渡しを求める権利があるので、完成していないあるいは適合した仕事がされていない目的物の提供がされても、受領を拒絶し、契約通りに改めて完成させるよう求めることができる。また、提供前でも、不適合な建物が建築されつつある場合の、注文者の権利が問題になるので、次に検討しよう。

11-66 **(イ)　適合物完成・引渡義務の不履行**　不適切な施工がされている場合、注文者はやり直しを請求できる[24]。この場合、担保責任ではなく、適合物完成・引渡義務の不履行を理由として、注文者は 415 条 1 項（564 条を介さない）により損害賠償請求ができる。契約解除も同様であり、541 条・542 条により解除ができる。軽微な不適合の場合には注文者は受領を拒絶できず、契約解除もできず、提供によって危険が注文者に移転する。建物建築の施工途上の場合、注文者が施工過程に介入することが許されるといわれる（笠井・建築工事 290 頁以下）。

---

23)　永岩慧子「請負における契約不適合責任規定の位置づけ」私法 84 号（2023）102 頁以下は、請負人に不利益が生じない場合には、注文者による契約不適合責任に基づく救済手段の主張、具体的には報酬減額請求を認めることが妨げられないという。一部未完成であれば、催告の上、または、拒絶している場合であることを要件として、請負人の追完権に匹敵する権利保障を考慮した上で、一部解除を認めてよい。

24)　重大な不適合をもたらすであろう不適切な施工を発見した場合、注文者が是正を求めてもこれに応じない場合、社会通念上の不能と判断できれば、竣工を待たず、本旨不履行を理由に損害賠償請求また契約解除ができると解する余地があるという主張がある（笠井・建設工事 300 頁）。大判大 15・11・25 民集 5 巻 763 頁は、村から請け負った橋の両岸の石垣積立工事が設計に符合せず不完全なため、積直しが必要なのに、請負人がこれに応じないため、約定の竣工期限までには到底工事を完成させる見込みがないため、村（注文者）が解除して他の業者に工事をさせた事例で、解除を有効と認めている。

461

§Ⅱ　請負の効力

11-67　　(c)　**引渡し前後での区別の要否**　売買の場合には、引渡し前は適合物引渡義務の履行請求になり（特定物では483条）、請負では仕事完成義務（632条）、完成物引渡義務（633条参照）の履行請求になる。請負では、売買とは異なり仕事完成義務があるので、引渡し前でも完成させるよう請求できるため、追完請求権に関するルールを引渡し前後で区別して考える理由がないという主張がある（潮見・新各論Ⅱ218頁）。売買では引渡し前は適合物の引渡義務しかなく、引渡し後の担保責任の効果として追完義務が成立するという理解である。確かに売主には仕事完成義務はないが、適合物引渡義務の履行のために適合物に修補する等の義務が認められ、買主は、引渡し前でも修補をして引き渡すよう請求できる。引渡し前後で権利の本質に変わりはない（同質説☞6-134）。

11-68　◆**担保責任の適用の基準時**
　(1)　引渡し後に工事が適法になった場合
　引渡し時には工事が法令違反ではなかったが、法令が改正されて厳しくなったことで不適法になっても、遡及して不適合にはならない。では、その逆に、引渡し時には違法な工法であったのに、引渡し後に適法になった場合にはどうなるであろうか。建築基準法施行令38条4項の国土交通大臣の認定（大臣認定）を受けていない建築基準法に違反する免震システムを用いた建物建築請負契約を、Yの従業員が問題なく同システムを使用できるなどとXに説明して締結させた事例で、第一審判決はXのYに対する詐欺取消し、不法行為による損害賠償請求、建物収去土地明渡請求を認容した（水戸地土浦支判平30・4・18判例集未登載）。

11-69　**(2)　追完があったに等しい**
　ところが、同事件は控訴中に同システムが大臣認定を受けて適法になり、和解によって訴訟が取り下げられた。この場合、大臣認定により適法な建物に是正され、追完がされたのに準じて担保責任は消滅すると考えられる。詐欺もなかったに等しい状態になり、詐欺取消権も消滅すると考えるべきである。しかし、それまでは詐欺であったこと、担保責任が成立していたことはなくならず、大臣認定があっても失われない損害の賠償請求権は消滅しない。なお、大臣認定前に取消しや解除がされていれば、もはやこれを覆すことはできない。

11-70　**(イ)　不適合の原因と過失の要否**
　(ⅰ)　不適合の原因──請負人の過失不要　請負の目的物に「種類、品質又は数量」に関する契約不適合が生じる原因は、①請負人による、ⓐ設計に問題があった場合[25]、ⓑ施工に問題があった場合、②用いた材料に問題があった場合──その材料を選択することが請負人のミスである場合は①ⓐ──、③不可抗力による場合、④注文者の出した注文や指図に問題があった場合などが考えられる。③の請負人に帰責事由がない場合も、請負人は担保責任を

第2章　請負　第4編　役務の取得を目的とした契約（契約各論③）

免れない[26]。④の注文者の帰責事由による場合には、543条・562条2項・563条3項が適用になり、担保責任が認められない。

11-71　**(ii)　注文者と請負人の過失による場合**　請負人が注文者の注文や指図が適切ではないことを知りえた場合、注文者と請負人の両者に過失が認められる。この場合にも、注文者に過失があるので543条・562条2項・563条3項が適用になるのであろうか。636条（種類と品質に限定☞ 11-88）は、注文者の提供した材料、指図が不適合の原因である場合には責任を否定し、その場合でも、請負人が不適当であることを知りつつ告げなかった場合を別とする。請負人の責任が認められて、損害賠償請求では過失相殺されることになる。ところが、追完請求、代金減額請求、契約解除を認めると請負人が全面的に不利益を負担することになる。この場合には、636条の損害賠償請求のみを認め、過失相殺により調整がされるべきである。

11-72　**◆請負人の付随義務**
　例えば、物品運送では、運送の目的物、旅客運送では旅客に対して、事故などによる滅失や損傷、死亡や負傷を避けるべき付随的注意義務が、請負人たる運送人には認められる。また、建物の塗装や屋根の張替えなどの際に、足場を組むなどの際に注文者の財産を損傷させないよう事前に説明し、設置の際に配慮するなどの注意義務が、請負人には負わされる。この違反で注文者の所有物（例えば、運送物）を損傷させても、担保責任は適用にならず、金銭賠償が請求できるだけである。ほかにも、財産や身体への加害を避けるために必要な説明義務や警告義務を請負人が負わされることもある。例えば、クリーニング店は、梅雨時期にはドライクリーニングによって揮発油で洗った洗濯物が完全には乾き切らずに衣類に残留していることがあること、その対策としてビニールカバーを外して乾燥に努めることを、客に説明・警告する必要がある。機械の製作請負であれば、請負

25)　例えば、建物建築請負で、非常階段の設計ミスがあって十分な安全性が備わっていない場合には、請負人には追完義務が認められ、補強工事をするないし全面的に付け替えることを義務づけられる。注文者が他の業者に頼んで付け替えた場合には、その費用を請負人に損害賠償請求することができる。これに対して、非常階段の設置が法によって義務づけられているのに、非常階段のない建物を設計して――したがって非常階段の費用は代金に含まれていない――建築した場合には、その建物は法的に不適合であるが、契約で合意した建物の建築義務違反ではない。したがって、追完義務として非常階段の設置義務はない。その費用の損害賠償請求もできない。ただし、設計義務の不履行を問題にできる（損害が何かは措く）。

26)　例えば、3階建てのマンションの建築に、原発事故によって汚染されていた石を採石業者がコンクリート用に砕石し、請負人がこれを用いたため、1階部分で最大毎時1.24マイクロシーベルトの放射線量が検出された場合、請負人に過失がなければ、損害賠償責任は問題にならない。1階部分が使用できないだけなので解除はできず、また、建て替えずに改善はできないので修補請求はできず、代金減額しか請求できないのであろうか。ただ、心理的瑕疵のように、1階以外も不安で居住者がみつからないというのであれば、全部解除の余地がある。

463

§Ⅱ　請負の効力

人は注文者に対して操作方法の説明や危険性の警告などの義務を負う。

11-73　**(b)　担保責任の内容（担保責任の効果）**

(ア)　追完請求権

(i)　仕事完成義務が残る　民法は、請負人の担保責任の内容について特に規定せず、売買の規定の準用、および、債務不履行の一般規定の適用に任せ、これが制限される2つの場合を規定するにとどめた（636条・637条）。注文者は、まず、562条の準用により、請負人に対して不適合の追完を請求することができる[27]。追完請求権については、筆者は請負についても同一説による（☞11-67）。受領によって仕事完成義務は消滅し、担保責任の効果として法定の権利としての追完請求権が成立する（異質説）とは考えない。

11-74　**(ii)　経済的不能——追完請求権の限界づけ**　改正前は、旧634条1項ただし書が、瑕疵が重要ではなく、かつ、その修補に過分の費用を要する場合には、修補請求ができないと規定していた。562条に同様の規定はなく、不適合が重大な場合も含めて、412条の2第1項の履行不能の解釈によって解決されることになる。建築技術の進歩等によって、高額の費用をかければ修補が可能な場面も想定されるようになっている。旧634条1項ただし書の反対解釈では、瑕疵が重要であればどんなに高額の費用がかかっても修補義務を免れなくなるため、同規定を削除したという趣旨もあり（一問一答340頁）、この点も考慮して「不能」の判断がされるべきである[28]。

11-75　**(イ)　代金減額請求権**　また、563条の準用により、代金の減額を請求できる[29]。要件も変わらず、追完不能、追完拒絶の場合は即時に代金減額請求が

---

27)　不適合が重大な場合に、注文者は新しく作り直すように請求することができる。適合物引渡義務にとどまる売主と異なり、適合物製作義務を負う請負人については、「代替物の引渡し」は仕事のやり直しの請求権と読み替えられることになる。改正前の議論であるが、旧634条1項の「修補」の解釈としてやり直しの請求が認められていた（原田剛『請負における瑕疵担保責任［補訂版］』成文堂・2009）3頁以下、50頁以下）。建物はとりあえず措くとして、特注のからくり時計を製作してもらったが、不適合が重大で機能を果たさないとき、注文者は、種類物売買において瑕疵が重大な場合に解除と代物請求との選択が認められるように、解除も、また全面的に作り直すよう請求するか選択ができる。

28)　追完請求権を、契約不適合に対して債権者に与えられる救済手段として捉える異質説（☞6-131）の立場から、追完請求権の限界に関するルールは民法に規定がなく、412条の2第1項の法意から、追完請求権の特殊性を考慮に入れて修正し、追完請求権の限界を考える学説もある（潮見・新各論Ⅰ219頁）。

29)　注文者は相殺と代金減額とを選択でき、代金減額で認められる請負人の追完権の保障を相殺にも保障すべきである。請負人からの相殺は、現行法でも認められる。同時履行の抗弁権があるため残代金債務について相殺まで履行遅滞にならないことを認める判例は、注文者による代金減額による残債務についても当てはまる（笠井・建築工事213頁）。

第 2 章　請負　第 4 編　役務の取得を目的とした契約（契約各論③）

認められるが、そうでない限り、相当期間を定めて追完を催告して、追完が
されなかった場合でないと代金減額請求はできない（追完優位の原則）。解
除ができない軽微な不適合でも、注文者は代金減額請求が可能である。

11-76　　**(ウ)　契約解除権**　注文者は、さらに、541 条・542 条により、不適合が重
大であって、契約した目的を達することができない場合には、修補を請求し
た上で、相当期間内に修補がされなければ、解除することができる——拒絶
されれば即時解除が可能（542 条 1 項 2 号）——。改正前は、旧 635 条ただし
書が「建物その他の土地の工作物」について、解除を否定していたが、その
ような制限も廃止された。もっとも、軽微な瑕疵については、注文者は解除
ができないと考えられており（内山・前掲書 45 頁、我妻・中二 635 頁）、これは改正
後も当てはまる（541 条ただし書）。

11-77　　**(エ)　損害賠償請求権**　注文者は、不適合な仕事によって損害を受ければ、
415 条に基づき、416 条の賠償範囲に限って損害賠償を請求することができ
る。①修補が遅れたことによる遅延損害の賠償請求、②注文者が別の業者に
修補させた場合にはその費用[30]の賠償請求、③注文者が不適合である物を履
行として認容して、適合物との差額を損害として賠償請求することもでき
る。②と③は、実質的には代金減額請求権と変わらない[31]（563 条を類推適
用すべきである☞ 11-79）。なお、欠陥住宅について、不法行為を理由とし
た損害賠償をめぐる議論は、不法行為に譲る（☞債権各論Ⅱ 3-26）。

---

30)　旧 634 条 1 項ただし書の議論であるが、曳船の振動発生原因を船の初期の性能を劣化させることなく解
消するには、船体を機関室中央付近で横切断してその後部船体を取り除き、これに代えて別に後部船体を新
造し、これと旧前部船体とを溶接結合する方法が考えられるが、2440 万円余の費用と約 70 日間の工期と
を要する場合に、原審判決は、注文者の 2440 万円余の改造工事費用および 70 日間工事中の滞船損害の請
求を棄却した。最高裁は、「本件曳船の原判示瑕疵は比較的軽微であるのに対して、右瑕疵の修補には著し
く多額の費用を要するものということができるから、民法 634 条 1 項但書の法意に照らし、X は本件曳船
の右瑕疵の修補に代えて所論改造工事費及び滞船料に相当する金員を損害賠償として請求することはできな
い」と判示した（最判昭 58・1・20 判時 1076 号 56 頁）。

31)　**＊修補に代わる損害賠償請求権**　②③は修補に代わる損害賠償請求権であり、その条文根拠について
は、415 条 1 項によるか同条 2 項によるかは、売買同様に議論がある（笠井・建築請負 206 頁以下）。筆者
は、415 条 1 項による。そのため、解除ができるほど重大な不適合に限定しない。また、改正前の判例
は、引渡しによって直ちに修補に代わる損害賠償請求権の成立を認めており、直ちに修補請求との選択が可
能であった。しかし、現行法では、代金減額とのバランスからして、563 条の趣旨を類推して、請負人の追
完権を保障すべきである。なお、修補に代わる損害賠償は「修補にかかる費用」からのみ算定され、それ以
上の損害は含まれない（道垣内弘人「不動産取引と民法改正：請負の損害賠償をめぐる議論について」
RETIO121 号［2021］8 頁以下参照）。

465

§Ⅱ　請負の効力

11-78
◆請負人の修補権（追完権）の保障——追完優位の原則
(1)　改正前——修補に代わる損害賠償請求権が直ちに成立
　　改正前の議論であるが、通説は、修補請求か修補に代わる損害賠償請求をするのかは、注文者が自由に選択できるものと考えていた（鳩山 588 頁、末弘 712 頁等、古くからの通説）。損害賠償の基準時につき、注文者が直ちに修補に代わる損害賠償を請求したときにその請求時を基準時とするという判例があり（最判昭 54・2・2 判時 924 号 54 頁）、修補の機会を請負人に与えることは不要ということが当然の前提になっている。ただし、選択関係であることを認めつつも、「修補が容易なものであり、これによって注文者に全く損害が残らなくなるような場合には、まず修補を請求することが、信義則の要求するところだというべきものと思う」という主張がされていた（我妻・中二 638 頁）。

11-79
(2)　現行法——請負人の修補権の保障
　　しかし、請負人に対して、自ら修補をして全額報酬請求しうる機会を与えるべきであり——請負人の**修補権**といわれる——、注文者は、まず修補の催告をして請負人に修補の機会を与えるべきである。そして、その期間を過ぎた上でなければ、代金減額また修補に代わる損害賠償を注文者は選択できないと考えるべきである（改正前にも、下森定「不完全履行論の新たな展開」司法研修所論集 1993-Ⅱ 15 頁）。現行法は 563 条 1 項において、修補の催告＋相当期間の経過を要件として明記したが、修補に代わる損害賠償についても同様に考えるべきである。そうでなければ、563 条 1 項の趣旨は、損害賠償を選択することにより潜脱されてしまう[32]。代金減額または修補に代わる損害賠償請求権を選択することにより修補請求権が消滅するが、同時履行の抗弁権が認められることは、11-81 に説明する。

11-80
◆修補請求権と報酬支払拒絶権——先履行の抗弁権
　　修補請求権は、請負契約上の先履行義務たる仕事完成義務が不完全な履行により残存している義務である（同一説）。そのため、修補請求権が存続している以上、633 条を根拠に、注文者は修補がされるまでは報酬を支払わないことを主張できると考えるべきである。改正前の議論であるが、同時履行の抗弁権を認めるのが通説であった（我妻・中二 626 頁、松坂 198 頁、三宅・下 907 頁）。しかし、正確には先履行の抗弁権というべきである（広中 270 頁参照）。ただし、不適合が軽微である場合には、信義則上先履行の抗弁権が否定されることもありうる（内山・前掲

---

32)　**＊修補に代わる損害賠償請求権の成立時期**　改正前は、修補に代わる損害賠償請求権の発生時期について、注文者には修補との選択が認められるので、引渡しと同時に成立すると考えるのが通説であった。しかし本文のように、請負人に修補権を認めると、代金減額請求権との平仄を合わせる必要がある。売買におけると同様に、563 条 2 項の要件を満たすことにより代金減額請求権は成立し、修補に代わる損害賠償請求権も同様に考えるべきである。その上で、注文者による履行認容・代金減額請求により修補請求権が消滅するように、注文者の修補に代わる損害賠償請求の選択により、修補請求権が損害賠償請求権に同一性を保って変更されると考える（引渡しと同時には成立していない）。

第 2 章　請負　第 4 編　役務の取得を目的とした契約（契約各論③）

書 45 頁は、極めて軽微な瑕疵については否定する）。なお、修補した後の物の引渡しについては、633 条により同時履行が認められる。

◆損害賠償請求権と報酬支払拒絶権──同時履行の抗弁権

（1）　同時履行の抗弁権を認める趣旨

改正前の旧 634 条 2 項は、修補に代わる損害賠償請求または修補と共にする損害賠償請求に 533 条を準用し、注文者の報酬支払との関係につき、同時履行の抗弁権を認めていた。修補請求とは異なり、損害賠償請求では相殺が認められる。では、なぜあえて同時履行の抗弁権を認めたのだろうか。相殺には遡及効が認められるので、損害賠償を請求できる額について履行遅滞はなかったことになる。ところが、もし同時履行の抗弁権がなく、相殺が可能なだけであるとすると、残額についての相殺適状時＝引渡し時から履行遅滞までは免れることができない。この点、修補の費用がどのくらいかかるかは、すぐにはわからないのである。にもかかわらず、その間の差額分についての履行遅滞を免れないのは適切ではない。そのため、旧 634 条 2 項は同時履行の抗弁権の成立を認めて、請負代金全額について履行遅滞を否定したのである（☞ 11-86）。

（2）　合理的な制限がされるべき

このような趣旨の規定であるので、抗弁権があるといっても、請負人からの相殺は認められるべきであり[33]、また、軽微な瑕疵の場合には、信義則上、同時履行の抗弁権は制限されるものと考えられていた（☞ 11-84）。ところが現行法は、旧 634 条 2 項を削除している。これは、同様の保護を否定する趣旨ではなく、旧 571 条にも同様の規定があって請負に限られる問題ではないため、533条に括弧書を追加することで、一般規定化したためである。

（3）　改正による代金減額請求権の趣旨拡大

代金減額請求権については、563 条 1 項により、修補の催告＋相当期間の経過によって初めて成立する。修補に代わる損害賠償請求権を選択するには代金減額

---

33)　最判昭 53・9・21 判時 907 号 54 頁は、「相互に現実の履行をさせなければならない特別の利益があるものとは認められず、両債権のあいだで相殺を認めても、相手方に対し抗弁権の喪失による不利益を与えることにはならない」として、相殺が可能であることを認めている（松本克美「請負人の瑕疵担保責任に基づく注文者の損害賠償請求権と相殺」『山田卓生先生古稀記念論文集』［日本評論社・2008］489 頁は請負人からの相殺を認めない）。そうでないと、注文者は自ら相殺をしない限り、永遠に同時履行の抗弁権を行使して代金を支払わなくてよいことになって不合理である。問題になるのは、注文者が損害賠償を選択したが、いまだ他の業者に修理させずに損害額が明確になっていない段階で、請負人が額未定の注文者の損害賠償請求権に対して相殺を有効に行うことができるのかである。注文者は、相殺の時から同時履行の抗弁権を失い残額について遅滞に陥るので、額が確定せずいくらを残額として支払えばよいのか不明の段階であるにもかかわらず、遅滞に陥ることになる。これでは注文者に酷ではあるものの、注文者が修理をしないで放置した場合に、請負人がいつまでも相殺できないのも、請負人に酷である。妥協的解決として、①請負人が催告をしても注文者が修理を実行しない場合には、額が未確定であっても相殺を認める、または、②額が確定するまでは相殺できないが、注文者の同時履行の抗弁権を否定することが考えられる（②によるべきか）。

§Ⅱ 請負の効力

請求権と同じ要件（同条2項）が必要になり、その選択により、修補請求権が修補に代わる損害賠償請求権へと同一性を保ちつつ変容する。それまでは修補権による先履行の抗弁権、これ以後は533条括弧書による同時履行の抗弁権が認められる。相殺がされた場合、残額につき相殺時から遅滞に陥ることになる。

11-84

●**最判平9・2・14民集51巻2号337頁** ［事案］YはXに建物の建築を依頼したが、Xが建築した建物には瑕疵があった。XがYに対して、残代金と建物引渡日以後の約定利率による遅延損害金の支払を求めて訴えを提起したが、第一審は、損害賠償との引換給付を命じ、遅延損害金については同時履行の抗弁権を理由として認めず、控訴審もこれを支持した。Xが上告したが、最高裁も次のように述べて上告を棄却した。

11-85

［判旨］「契約当事者のいずれからも右損害賠償債権と報酬債権とを相殺する旨の意思表示が行われなかった場合又はその意思表示の効果が生じないとされた場合には、民法634条2項により右両債権は同時履行の関係に立ち、契約当事者の一方は、相手方から債務の履行を受けるまでは、自己の債務の履行を拒むことができ、履行遅滞による責任も負わない」。「しかしながら、瑕疵の程度や各契約当事者の交渉態度等に鑑み、右瑕疵の修補に代わる損害賠償債権をもって報酬残債権全額の支払を拒むことが信義則に反すると認められるときは、この限りではない」[34]。

11-86

●**最判平9・7・15民集51巻6号2581頁** ［事案］Yは、Xにホテルの建築を依頼したが、建築されたホテルには瑕疵があった。そのため、Xの請負代金の請求に対し、Yは訴訟上、相殺の主張をした。相殺以後は、残代金についての同時履行の抗弁権はなくなり、Yが遅延利息を支払うことになるが、その遅延利息の発生時期がいつになるのかが争われた。原審判決は、残額についての遅延損害金の起算を相殺適状の時としたが、最高裁はこれを破棄し、以下のように判示する。

11-87

［判旨］「請負人の報酬債権に対し注文者がこれと同時履行の関係にある目的物の瑕疵修補に代わる損害賠償債権を自働債権とする相殺の意思表示をした場合、注文者は、請負人に対する相殺後の報酬残債務について、相殺の意思表示をした日の翌日から履行遅滞による責任を負う」。「けだし、

---

34) 括弧書で、「なお、契約が幾つかの目的の異なる仕事を含み、瑕疵がそのうちの一部の仕事の目的物についてのみ存在する場合には、信義則上、同時履行関係は、瑕疵の存在する仕事部分に相当する報酬額についてのみ認められ、その瑕疵の内容の重要性等につき、当該仕事部分に関して、同様の検討が必要となる」とも付け加えている。したがって、同時履行の抗弁権が例外的に否定されるのは、①信義則に反する場合、および、②仕事が可分な場合の2つとなる。

468

第2章　請負　第4編　役務の取得を目的とした契約（契約各論③）

瑕疵修補に代わる損害賠償債権と報酬債権とは、民法634条2項により同時履行の関係に立つから、注文者は、請負人から瑕疵修補に代わる損害賠償債務の履行又はその提供を受けるまで、自己の報酬債務の全額について履行遅滞による責任を負わない」。「注文者が瑕疵修補に代わる損害賠償債権を自働債権として請負人に対する報酬債務と相殺する旨の意思表示をしたことにより、注文者の損害賠償債権が相殺適状時にさかのぼって消滅したとしても、相殺の意思表示をするまで注文者がこれと同時履行の関係にある報酬債務の全額について履行遅滞による責任を負わなかったという効果に影響はない」からである（前掲最判平15・10・10も同旨）。

11-88　**(c)　担保責任の制限**[35]

(ア)　不適合が注文者のした指図または提供した材料に起因する場合　種類または品質不適合の事例につき[36]、①「注文者は、注文者の供した材料の性質又は注文者の与えた指図によって生じた不適合を理由として、履行の追完の請求、報酬の減額の請求、損害賠償の請求及び契約の解除をすることができない」（636条本文）。②「ただし、請負人がその材料又は指図が不適当であることを知りながら告げなかったときは、この限りでない」（同条ただし書）。請負人に過失があった場合には、責任の成立を認めて、過失相殺がされるべきである（☞11-71、11-93）。

11-89　**(i)　指図とは**　この注文者のした指図が原因で仕事に不適合が生じた場合の「指図」には、積極的に誤った指図をした場合のみならず、なすべき指図をしなかった不作為の場合も含まれる。そして、注文者の指図があったといえるためには、単に注文者の希望を容れたというだけでは足りない。ただし、注文者が希望を出して契約内容を決めたとしても指図ではないが、この場合には類推適用してよい。

---

35)　**＊免責特約など**　改正前の規定には、売買と同様に、免責特約が有効なことを前提として、請負人が悪意の場合には免責が認められないとする規定が置かれていた（旧640条）。クリーニング、運送等の仕事の請負では、責任を制限する条項が挿入されることが少なくない。消費者契約法8条1項1号により、事業者たる請負人の消費者に対する責任を全面的に否定する条項は無効とされ、責任を制限する条項は、請負人に故意または重過失がある限り無効とされる（同項2号）。品確法94条2項では、同法に反する特約は、責任制限条項も含めて一切無効とされる。

36)　**＊数量不足**　636条は、数量不足をあえて除外している。これは意図的に排除したようである（一問一答344頁注2）。例えば魚5匹を刺身にすることを依頼して渡した場合に、刺身ではなく焼き魚にしたら「種類」、刺身の出来が悪ければ「品質」の問題になる。渡された魚に問題があって4匹分しか刺身にできなかった場合、「数量」の不足であるが、636条1項本文の免責を反対解釈によって否定すべきではなく、類推適用して1匹分は免責されると考えるべきである。

§Ⅱ　請負の効力

11-90　　(ⅱ)　**付随義務違反が問題とされた事例**　途中で設計変更された建築基準法等に違反する 3 階建て建物の建築は、製作上瑕疵はなく、請負人 Y は設計を行っていないことから、設計上の瑕疵について責任を負うと解することはできないとされる。その上で、注文者 X の設計変更の指示が不適当である場合には、これを X に警告して建築基準法等の基準に適合するように設計変更の希望を翻意させる義務があり、その違反による損害賠償義務が認められている（神戸地判平 15・2・25 裁判所ウェブサイト［5 割過失相殺］）。

11-91　　(ⅲ)　**注文者の過失は要件ではない**　指図または材料の不適合について、注文者に過失があることは必要ではない。例えば、建物の外壁に注文者がある商品を使用することを求め、請負人がこれに応じてその商品を用いて建物を建築したが、その商品には設計上の欠陥があることが判明した場合——たまたま仕入れた商品の一部に欠陥があった場合には請負人の負担——、注文者がその欠陥を知りえなかったとしても、636 条本文が適用される。

11-92　　(ⅳ)　**再抗弁事由**

❶　**免責の否定**　636 条ただし書が適用されれば、免責が否定される。注文者の供した材料または注文者のした指図が適切なものか否かについて、請負人は専門の業者として自らチェックすべきであり、注文者の言うことを鵜呑みにすることは許されない。請負人は、それが適切か否か自ら調査し、また助言をする義務を負うというべきである。したがって、636 条は請負人が悪意の場合のみを規定しているが、請負人に過失がある場合にも、請負人の責任を認めるべきである。ただし、過失相殺は可能である（☞ 11-93）。

11-93　　❷　**過失相殺の可否**　請負人に過失があったにすぎない場合、損害賠償請求については過失相殺が可能である（☞ 11-92）。問題は損害賠償請求以外である。代金減額は過失相殺を類推適用する余地があるが、追完請求や解除は割合的に否定することができない。11-71 に述べたように、債権者（注文者）の帰責事由によるものとして、543 条・562 条 2 項・563 条 3 項により損害賠償以外は否定されるべきである。結局、この場合には、過失相殺がされる損害賠償請求によってのみ解決がされるべきである。

11-94　　◆**注文者による受領（引取り）**

(1)　**ドイツ民法の規定**

(a)　**受領義務と危険の移転**　物の製作、物の修理、塗装等の請負契約において

470

は、請負人が仕事を完成しても、注文者への目的物の引渡しが残っており、ま　た、引渡しが担保責任の成立の基準時になる。この点、ドイツ民法は、製作物の請負契約についての注文者の受領をめぐる規定を置いている（BGB640条）。

BGB640条1項1文は、性質上受領が不要な場合は別として、「注文者は、契約に従って製造された目的物を受領する義務を負う」と受領義務を認める。瑕疵があっても、「本質的でない瑕疵のため受領を拒絶することはできない」（同項2文）。さらに、「注文者が、受領義務を負うにもかかわらず、請負人が注文者に対して定めた相当の期間内に目的物を受領しないときは、受領されたものとみなす」と規定する（同項3文）[37]。提供だけで直ちに危険は移転せず、相当期間が経過して受領とみなされ、危険が移転することになる。

11-95　　　**(b) 注文者が瑕疵について悪意の場合**　BGB640条2項は、「注文者が、前項第1文の規定により、瑕疵のある仕事の目的物を受領した場合において」、注文者が瑕疵の存在を知っていたときには、注文者が受領の際に瑕疵による自己の権利を留保したときに限って同法634条1号から3号の権利（追完請求権、自ら追完した費用の請求権、代金減額請求権）が認められるものと規定する。4号の損害賠償請求権については、悪意で権利を留保しなくても認められる。

11-96　　**(2) 日本法の解釈**

日本ではどう考えるべきであろうか。まず、規定がなくても、注文者の受領義務を認めるべきである。不適合や未完成部分がある場合には、不適合部分の修補また未完成ならば完成させてから引き渡すよう請求でき、それまで受領を拒絶することができてよい。ただし、軽微で事後に注文者の下で遅滞なく修補や完成ができる場合には、受領した上で追完を求めるべきである。危険の移転については、567条2項の準用によって（559条）、提供だけでよく（極めて軽微な不適合があってもよい）、相当期間が経過することは必要ではない。注文者が悪意で留保せずに目的物を受領しても、当然には担保責任は否定されない。

11-97　**(ｲ)　担保責任の特殊な除斥期間**

(ⅰ)　改正前の売買規定との不調和　改正前は、目的物の種類によって異なる期間（除斥期間）を設定していた。すなわち、原則1年（旧637条1項）、建物その他土地の工作物については5年を原則とし、石造りなど強固なも

---

37)　売買と請負とで差が認められているのは、両者における受領の意義が異なると理解されているからである。売買では、引渡しに対応する行為として受領というのに対して、請負では、物理的な受領と、主たる部分において適合したものとして給付を承認したことを含むと考えられている（永岩・前掲論文100頁）。日本でも、改築などの工事では、注文者に点検してもらって間違いないという「検収書」に署名押印をすることになるが、契約不適合があったならば、担保責任はこれがために排除されることはない。明確に、その後に不適合が見つかったとしても責任は負わないと合意しない限り（商法526条の検査通知義務違反を確認するような合意）、担保責任は否定されない。

471

§Ⅱ 請負の効力

のは 10 年とし（旧 638 条 1 項）、これらの期間を、売買とは異なって瑕疵を知った時からではなく、引渡しまたは仕事の終了から起算し、建物その他土地の工作物の場合には、滅失または損傷から 1 年という制限を併存させていた（同条 2 項）。なお、商事売買には、特則が規定されている（商 526 条）。

11-98 **(ⅱ) 売買規定とのほぼ共通化**

❶ **知ってから 1 年の除斥期間（抗弁事由）** 現行法は、売買契約と同様に権利行使期間（除斥期間）を設定している。すなわち、「前条本文に規定する場合において、注文者がその不適合を知った時から 1 年以内にその旨を請負人に通知しないときは、注文者は、その不適合を理由として、履行の追完の請求、報酬の減額の請求、損害賠償の請求及び契約の解除をすることができない」と規定した（637 条 1 項）。過失で知らない場合には適用されないが、重過失で知らない場合には拡大適用をすべきである（笠井・建築工事 222 頁）。請負人が証明責任を負うが、注文者が不適合を知ったことそれ自体の証明が困難な場合が多いことを考えると、妥当な解決といえる。

11-99 ❷ **再抗弁事由** 知ってから 1 年の経過が証明されても、注文者は、① 1 年以内に通知をした[38]、または、②「仕事の目的物を注文者に引き渡した時（その引渡しを要しない場合にあっては、仕事が終了した時）において、請負人が同項の不適合を知り、又は重大な過失によって知らなかった」（637 条 2 項）ことを証明して、除斥期間の適用を排除することができる。637 条 2 項が適用される場合また 1 年以内に不適合の通知がされた場合には、原則に戻って 166 条 1 項が適用され、不適合を知ってから 5 年（1 号）、引渡しまたは引渡しを要しない場合には仕事の終了から 10 年（2 号）の消滅時効が適用される。

11-100 **◆契約による修正**

　637 条 1 項の 1 年については、それを短縮して直ちに通知を必要としたり、1 年を 6 カ月に短縮したりする合意は無効と考えられる（消費者契約法 10 条）。期間を伸長する点については、改正前は、担保責任の期間は、「167 条の規定による消滅時効の期間内に限り、契約で伸長することができる」ものとされていた（旧

38）「通知」は売買におけると同様に、不適合の内容を把握することが可能な程度に、不適合の種類・範囲を伝えることが必要と考えられている（一問一答 346 頁注 1）、売買におけると同様に（☞ 8-223）、請負人の信義則上の確認義務を介すれば確認の努力をすれば不適合が把握できる程度の通知で足りると考えるべきである。

第2章　請負　第4編　役務の取得を目的とした契約（契約各論③）

639条）──反対解釈により短縮はできない──。637条は売主保護という私的利益の規定であると解すれば、特約で期間を延長また排除することも可能である──167条1項は修正できず適用されるので、10年が限度となる──。なお、品確法97条により、新築住宅についての品確法の担保責任を負うべき期間は、「注文者又は買主に引き渡した時から20年以内とすることができる」と規定する。30年と定めた場合には、20年を超える部分のみ無効となる。

2　注文者の義務

11-101 **(1)　報酬支払義務**

(a)　報酬の額

(ア)　**定額と概算**　建築請負においては、いわゆる**定額請負**と**概算請負**とがあり、前者は報酬額が確定されている場合である。散髪、クリーニング、エアコンの清掃、網戸の張替等、サービス内容が確定していて比較的少額の請負は、報酬代金が定額である。後者は、予め概算だけが算定され、追加工事の報酬が発生したり、インフレスライド条項が入っていたり、総額としての支払金額が契約時には確定していない場合である。概算請負は、工期が長期にわたる場合、材料費や賃金の値上がり、工期の延長といった事情の変化が生じることが見込まれる場合に用いられる。

11-102 (イ)　**役務給付の報酬**　役務給付の報酬も2つに分類できる。①は、賃貸借で利用できた分だけの対価（賃料）に匹敵する。請負は②であり、中途終了の場合に①のように作業割合に応じて報酬を算定できない特殊性がある。

> ①　**役務単価報酬型**　役務それ自体に対して時間単価で報酬が支払われる**役務単価報酬型**の契約類型では（**従属労働型**の雇用、**独立労働型**の有償委任および有償寄託とに分かれる）、なされた役務の分について報酬が支払われる（**履行割合型**）（624条の2・648条3項・665条）。
>
> ②　**完成報酬型**　請負契約では、「仕事の結果」（632条）に対して報酬が支払われる**完成報酬型**の契約の本質から、なされた役務の割合に応じた報酬ではなく、注文者が受ける「利益」の限度で完成に準じて（完成を擬制）報酬請求権が認められる（**利益対応型**）（634条・648条の2第2項）。

473

§Ⅱ　請負の効力

11-103 | **◆報酬請求権の成立時期**

(1)　仕事の完成は不要だがノーワークノーペイの賃金債権

　継続的契約関係である賃貸借では、使用収益した日ごとに1日1日の賃料債権が成立していく。特約で前払いにすることで、利用前の分の賃料債権を成立させることは可能であるが（暫定的な債権）、実際には使用できなければ、1日1日使用できなかった分の債権は成立していなかったものと扱われる。雇用でも、就労した1日1日の賃金債権が成立していくのであり、やはり先払いの特約が可能である——就労しないと当然にその分が消滅する——にすぎない（11-102①の有償委任の報酬も同様）。したがって、数カ月分の賃料債権や賃金債権を譲渡したり、差し押さえるのは、将来債権の譲渡や差押えということになる。

11-104 | **(2)　完成が必要な請負報酬債権**

(a)　契約と同時に債権は成立　これに対し、請負は継続的契約ではなく、契約と同時に報酬債権が成立する（新注民⑭140頁［笠井］）。古くから通説の認めるところである（末弘705頁、鳩山・下巻594頁、我妻・中二647頁、田山225頁、三宅・下917頁等。加藤392頁は反対）。契約時に**抽象的な報酬債権**が成立し、完成・引渡しによって初めて請求が可能な**具体的報酬債権**になるという説明もされている[39]。この考えでは、現行法は、請求可能な債権になるためには完成を要するという理解に依拠して、完成前に仕事が中途で終了した場合、完成を擬制して注文者が利益を受ける限度での具体的報酬債権の成立を認める[40]。契約と同時に報酬請求権は成立しているため、請負人の債権者はこれを差し押さえて転付命令を受けることができ（大判明44・2・21民録17輯62頁、大判昭5・10・28民集9巻1055頁）、将来債権としてではなく、既発生の債権として譲渡が可能である[41]。

11-105 | **(b)　確定した債権になるためには完成が必要——「完成」の意義**

(ア)　数量的請負は数量的完成を観念できる　契約と同時に報酬債権が成立するが、完成しなければ請求できず確定的に取得した債権ではない。売買契約であれば、リンゴ10個の売買で9個しか持ってこなくても代金債権はそのままで——1個分の代金については同時履行の抗弁権を主張可能——、買主が1個分解除す

---

39)　この問題については、白石大「債権の発生時期に関する一考察(2)」早法88巻2号（2013）193頁以下、坂口甲「請負契約における請負人の報酬債権の履行期(1)(2・完)」法学雑誌65巻1＝2号272頁、3＝4号710頁（2019）参照。

40)　役務提供型契約においては、「抽象的な基本債権としての報酬債権」は契約の成立と同時に発生するが、「給付保持力の認められる報酬請求権」は、役務を提供することによって初めて発生するという観念が、現行法の根底には存在している（森田・債権法改正72頁）。ただし、学説には、転付命令についてはその効力を認めるべきではなく（将来債権譲渡は認める）、報酬債権の発生は、仕事の完成を停止条件とするという仕事完成時説（ないし引渡し時発生時説）の方が、契約時発生説よりも自然であるという主張もある（加藤392〜393頁）。

41)　工事中の建物に瑕疵がある場合には、瑕疵の程度や請負人の交渉態度等に鑑み、信義則に反すると認められるときを除いて、注文者は履行期の到来した代金の支払を拒むことができてよい（名古屋地判平19・9・21判タ1273号230頁）。

第2章 請負 第4編 役務の取得を目的とした契約（契約各論③）

ると9個分の代金債権になる。請負でも、10個の製品の生産で9個しか作らなければ、注文者は1個だけ完成していないので1個分解除できる。

11-106 **(イ) 完成を擬制** 633条によれば、仕事の完成は請負人の先履行義務であり、仕事を完成して初めて報酬を請求でき、引渡しがさらに必要な場合には、引渡しとの同時履行の関係に立つ。雇用においては働いた分の賃金を受けられるが（624条）、請負では完成が請負代金の請求が可能になるための要件になる。債務不履行による中途解除では完成がないので報酬債権はすべて消滅し、注文者が既施工部分を利用したら不当利得になるはずである。これを、①受けた分の利益に応じた報酬債権を残すと共に、②完成を擬制してその請求を可能にしたのが次の制度である。

11-107 **◆中途終了と報酬支払義務**
(1) 利益を受ける部分を完成とみなす
現行法は下記の通り、仕事の完成前に契約が終了した場合の規定を新設した。

---

① 「注文者の責めに帰することができない事由によって仕事を完成することができなくなったとき」(634条1号)[42]
② 「請負が仕事の完成前に解除されたとき」(同条2号)

　この2つの場合には、「請負人が既にした仕事の結果のうち<u>可分な部分の給付</u>によって注文者が利益を受けるときは、その部分を仕事の完成とみな」して、「請負人は、注文者が受ける利益の割合に応じて報酬を請求することができる」(634条)。本来、報酬請求のためには完成することが必要であるため、仕事途中であってもその「可分な部分」につき[43]「完成」とみなして、その割合に応じた報酬請求権の成立を認めたのである[44]。その要件は、ⓐすでにした仕事の結果が可分であること、および、ⓑそれによって注文者が利益を受けることである[45]。

---

42) 注文者の帰責事由による履行不能は本規定ではなく、536条2項により規律される（一問一答338頁注1）。注文者が受ける利益に応じた報酬だけ支払えばよいというものではない。
43) 「可分」とはいうが、製品を10個、100kgというような数量的な可分ではなく、一部分の履行でも、注文者に利益があるかどうかを判断できるという程度の意味である。分割債権になるか不可分債権になるかの基準たる427条の「債権の目的が性質上」可分か不可分というのとは異なる（道垣内弘人＝中井康之編『債権法改正と実務上の課題』[有斐閣・2019] 336頁 [道垣内]）。
44) 当初の契約における支払時期の約束がどうあれ、一部解除によって、請負人の既履行部分の引渡義務と、注文者がそれによって受ける利益に対応する報酬支払義務については、同時履行の関係に立つ（札幌高判昭52・3・30下民集28巻1～4号342頁）。
45) 本規定については、佐々木良行「民法634条の意義と仕事が未完成の場合（建築請負工事の中途終了の場合）における報酬請求の可否」日本大学法科大学院法務研究20号（2023）51頁以下参照。

475

§II　請負の効力

(2)　解除がされた場合

11-108

　(a)　債務不履行解除　11-107②の請負契約の解除は、注文者が約束の代金を支払わないために請負人が解除した場合だけでなく、請負人が工事を中途で止めたために注文者が解除した場合にも適用される[46]。学説には、全部解除を認めて、「解除による原状回復の方法として、出来高の割合に相当する約定報酬額の償還を請求できる」とする考えもあったが（三宅・下918頁）、判例は一部解除に限定し（☞ 11-109）、現行法はこれを採用したものである。なお、11-109判決は、大判昭7・4・30（☞ 11-135）の641条の解除についての判決の一般論を採用したものである。判例には全部解除を認めた事例もある（☞ 11-111）。

11-109

●**最判昭56・2・17判時996号61頁　[事案・一般論]**　AのYに対する工事代金債権を、Xが仮差押えしたが、Yが解除をしたとして支払を拒絶した事例で、全部解除ができるのかが問題となった。原審判決は全部解除を認め、Xの請求を棄却する。最高裁は次のように述べ、破棄差戻しを命じた。「建物その他土地の工作物の工事請負契約につき、工事全体が未完成の間に注文者が請負人の債務不履行を理由に右契約を解除する場合において、工事内容が可分であり、しかも当事者が既施工部分の給付に関し利益を有するときは、特段の事情のない限り、既施工部分については契約を解除することができず、ただ未施工部分について契約の一部解除をすることができるにすぎない」（11-135の大判昭7・4・30を参照する）。

11-110

　[判旨]「Yは、本件建築請負契約の解除時……のA工務店による工事出来高が工事全体の49・4パーセント、金額にして691万590円と主張しているばかりでなく、右既施工部分を引取って工事を続行し、これを完成させたとの事情も窺えるのであるから、かりにそのとおりであるとすれば、本件建築工事は、その内容において可分であり、Yは既施工部分の給付について利益を有していたというべきである」。原判決が、本件建築請負契約の全部が解除されたとの前提の下に、既存の工事代金債権の消滅を認めたのは、契約解除に関する法令の解釈適用を誤ったものである。

11-111

●**最判昭52・12・23判時879号73頁　[事案]**　Yは、Aから自動車学校の用地の整地、練習用コース周囲の明渠の設置および排水の工事を請け負い、XはAの代金債務について債務引受をすると共に支払に代えてX

---

46)　ただし、建物の建築で、残工事を他の業者に行わせると通常よりも費用がかかるならば、その余計に生じた費用は損害として請負人に賠償請求することができる。判例も、「注文者が残工事の施工に要した費用については、請負代金中未施工部分の報酬に相当する金額を超えるときに限り、その超過額の賠償を請求することができるにすぎない」という（最判昭60・5・17判時1168号58頁）。

476

第2章　請負　第4編　役務の取得を目的とした契約（契約各論③）

所有の本件土地をYに譲渡した。Yが工事全工程の約10分の2程度の段階で工事を中止したので、AはYに対して本件工事残部の打切りを申し入れたため、Xが譲渡した本件土地の返還を要求した。これに対し、Yは、既施工部分の出来高代金として100万円を支払わなければ本件土地の返還要求には応じられないと主張した。

11-112　　[原審判決（一部解除に限定）]　XのYに対する本件土地の返還請求について、原審判決は、Aの本件解除は契約の一部解除であって、XからYへの本件土地の譲渡は既施工部分の工事出来高代金債務に対する前払いとしてなお有効であり、Yに対する本件土地所有権移転の効果が解除によって消滅する理由はないとして、Xの請求を退けた。最高裁はXの上告を受け入れ、次のように契約の全部解除を認め原判決を破棄差し戻している。

11-113　　[最高裁判旨（全部解除を認める）]「Yは本件工事全工程の約10分の2程度の工事をしたにすぎず、また、本件工事はその性質上不可分であるとはいえないが、Yのした右既施工部分によってはAが契約の目的を達することはできないことが明らかであるところ、A代表者は、本件工事残部の打切りを申入れるとともに本件土地全部の返還を要求しているのであるから、他に特別の事情がない以上、右本件工事残部の打切りの申入れをすることにより、Aは契約全部を解除する旨の意思表示をしたものと解」される。

11-114　　(b)　**641条の解除**　634条は、「請負が仕事の完成前に解除されたとき」とあることから、債務不履行解除に限定していないので、641条による解除にも適用になると考えられている（新注民(14)197頁、230頁［笠井］）。しかし、634条は、注文者が得た利益を限度として報酬の支払請求を認めるにすぎないのに対して、641条は、契約によって請負人が得られた利益を損害賠償という形で保障する規定である（641条の選択を認めるべき）。注文者が利益を受けるか否かにかかわらず、①既施工部分についてはそれに対応する報酬額、②未施工部分については工事を免れるので収益に対応する額（536条2項と同じ）を損害として賠償請求できる。それ以外に損害があればそれも賠償請求できる（☞11-138）[47]。

11-115　　**(3)　利益を受けるかどうかの判断**

途中までの工事に不適合があって続行工事ができず、全部やり直さなければならない場合には、注文者の利益が否定される。不適合が明確に認定されなくても、その疑いがあって、他の業者が残工事を引き受けてくれず、やむをえず工事を初めから全部やり直さねばならなくなった場合にも、注文者の利益を否定してよい。これに対して、注文者が解除後に残工事をせずに放置したために老朽化し

47)　報酬債権部分にしか先取特権は認められないが、保証債務については、契約解釈によって、641条による損害賠償請求権の部分にも及ぶと解する余地がある（この問題については、直井義典「注文者による請負契約の任意解除」民法学Ⅲ 267頁以下参照）。

477

§Ⅱ　請負の効力

11-116
(4)　完成したが解除された場合
　例えば、倉庫の建築請負で、完成引渡しがされた倉庫が設計とは異なり、契約で約束した倉庫の機能がなく、契約をした目的が達成できないため、注文者が契約を解除したとする。しかし、基礎工事はそのまま利用でき、注文者が他の業者に倉庫の取壊しと基礎工事の上に新たな倉庫の建築をさせたとする。634条は完成前の契約終了の事例のみを規律しているため、①未完成とする、②類推適用をする、または、③契約の全面的な解除を認め、注文者が基礎工事によって受けた利益分については、不当利得で解決するしかない（242条・248条）。

11-117
(b)　報酬支払時期
　(ア)　民法上の原則　①「報酬は、仕事の目的物の引渡しと同時に、支払わなければならない」（633条本文）。②「ただし、物の引渡しを要しないときは、第624条第1項の規定を準用する」（同条ただし書）。②では（例えば、散髪や壁紙の張替えなどの請負）、624条1項の準用によって仕事の終了後に報酬が請求できるが、仕事（散髪など）の終了を請負人が一方的に宣言するだけでは足りず、注文者による仕事終了の確認（検収）が必要である（石田穣338頁）。請負人が注文者に確認を求めても、正当な理由なく承認をしない場合には、承認があったものとみなして報酬支払請求を認めるべきである[48]。なお、完成引渡期日を定めた場合には、559条による573条の準用により、代金についても同じ支払期日を定めたものと推定される。

11-118
　(イ)　合意により自由に決められる　633条は任意規定であるから、これと異なる特約が可能である。着手金として契約時に報酬の一定額を支払う合意、建築請負では、仕事の進行に応じて報酬を分割して支払う旨の合意がされることが多く、この場合には、請負人は弁済期に達した報酬の支払と以後の仕事の遂行——前払いならば仕事の着手——との同時履行の抗弁権を主張できる（大判明44・1・25民録17輯5頁。石田穣338頁）。これは同時履行の抗弁権というよりも、特殊な抗弁権というべきである。

---

48)　工事についてであるが、東京地判昭34・9・23判時203号19頁は参考になる。「信義則に従わねばならないから、残代金に比し極めて些少の未完成部分があるに過ぎない場合は残代金の支払期日の未到来を主張することは許されないと解すべきであるが、左様な場合でも残代金を支払うことが信義則上期待できないような特段の事情のある場合は注文者は残代金の支払を拒否しうる」という。結論としては、僅少だが杜撰な工事であるため代金の請求はできないとした。

478

第 2 章　請負　第 4 編　役務の取得を目的とした契約（契約各論③）

11-119　**◆原則は仕事完成義務が先履行**

　　給付の性質上、報酬の支払と仕事の終了とを同時には行えず、いずれかが先履行にならざるをえない。例えば、クリーニングでは客が後日引取りに来ないリスクがあって先払いとされ、散髪、カラーリングなどは本人がその場にいるので、仕事が先履行で後払いとされるのが普通である。建築請負では、建築資金の獲得が必要であるため、契約時、着手時、棟上時、完成・引渡し時等、何段階かに分割して支払われることが多い。そうすると、先に一部前払いしておいて仕事が完成せずに請負人が倒産する危険もあり、注文者が支払った前払金の返還を確保する必要性がある[49]。公共工事の事例であるが、請負人がその工事のための独立した預金口座を開設してそこに前払金を入金した場合、信託契約の成立を認め信託財産と認定されている（最判平 14・1・17 民集 56 巻 1 号 20 頁）。

11-120　**(c)　その他の問題点**

　(ア)　請負代金債権と下請代金債権の保護　報酬請求権について、請負人には目的物の引渡し前であれば留置権が認められ（295 条）、また、引渡し後であっても仕事の内容に応じて、目的物に対する先取特権が認められている（318 条・320 条・326 条・327 条等）[50]。下請人については、旧民法は、下請人の注文者に対する直接訴権を認めていた（財産取得編 284 条 2 項）。2017 年の改正作業では、下請人の直接訴権についても議論されたものの、導入は断念された（森田修「請負関連規定に関する民法改正経緯」法協 136 巻 10 号［2019］2365 頁参照）。下請人については、423 条を直接訴権に転用することを認めるべきである。

11-121　**(イ)　完成物の引渡しとは同時履行**　注文者は、代金の支払につき仕事の目的物の引渡しとの同時履行の抗弁権を主張できる（633 条）。請負人は仕事の

---

49)　建設業法 21 条 1 項は、「建設工事の請負契約において請負代金の全部又は一部の前金払をする定がなされたときは、注文者は、建設業者に対して前金払をする前に、保証人を立てることを請求することができる」と規定する。建設業者は、①金銭保証人（「建設業者の債務不履行の場合の遅延利息、違約金その他の損害金の支払の保証人」）または工事完成保証人（「建設業者に代って自らその工事を完成することを保証する他の建設業者」）のいずれかを立てなければならない（同条 2 項）。建設業者が、上記のように保証人を立てることを請求されたのにこれを立てないときは、注文者は「前金払をしないことができる」（同条 3 項）。

50)　報酬支払義務の遅滞に対しては、419 条の原則により法定利率による遅延利息の支払義務が生じる。下請代金支払遅延等防止法 4 条の 2 は、「親事業者は、下請代金の支払期日までに下請代金を支払わなかったときは、下請事業者に対し、下請事業者の給付を受領した日（役務提供委託の場合は、下請事業者がその委託を受けた役務の提供をした日）から起算して 60 日を経過した日から支払をする日までの期間について、その日数に応じ、当該未払金額に公正取引委員会規則で定める率を乗じて得た金額を遅延利息として支払わなければならない」と規定する。その威嚇的効果により、下請代金の支払に心理的プレッシャーをかけようとするものである。

479

目的物を提供して注文者による同時履行の抗弁権の行使を阻止できる。軽微な不適合の場合には提供の効果が認められ、注文者が「些細な契約不適合」を理由に受領を拒んでも、同時履行の抗弁権は否定される（北居功「請負契約における仕事の引渡し」『池田眞朗先生古稀記念論文集』［慶應義塾大学出版会・2020］381頁）。また、担保責任が認められる場合には、注文者は修補されるまで支払を拒絶できる（☞11-29）。前払特約がある場合には、契約した後に請負人の信用不安が生じて仕事の完成が危ぶまれるようになれば、注文者に不安の抗弁権が認められる（☞4-26）。

11-122 （2）　注文者の付随的注意義務（信義則上の注意義務）

（a）　協力義務

（ア）　**協力義務の意義・根拠**　注文者は、請負人の仕事完成に協力することを義務づけられる。例えば、注文者が材料を提供する場合ならば材料を提供し、仕立てを頼むならば寸法をとるのに協力し、また、仕事完成に必要な指示をする等のことを義務づけられる[51]。建築請負では、履行行為の着手・履行継続・仕事完成・引渡しのそれぞれに際して、注文者側の一定の協力行為が必要とされる[52]（笠井・建築工事145頁以下、新注民(14) 145頁以下［笠井］）。いわゆる「受領義務」に限られない[53]。これは、信義則上の義務であり、契約関係にない下請人に対しても認められる。

11-123 （イ）　**違反の効果**

（i）　**免責**　注文者の協力義務違反の効果として、請負人の労務の提供（492条）がある場合には、約束の期日での完成・引渡しが遅れても、請負人

51）　例えば、住宅のキッチンのリフォームを請け負った請負人が、ガス、水道、壁紙等の種々の作業をそれぞれの専門業者に下請けに出す場合、請負人が下請人との関係では注文者になるが、元請人として仕事全体の工程の予定を組み、それぞれの業者との工事の日程を調整するといった義務を負う。工程管理義務の関係では、各下請人は履行補助者の関係になり、ある下請人のミスで作業が遅れ、他の下請人に損害が発生すれば、その下請人に対しても注文者たる元請人が責任を負う。

52）　建設業法19条1項11号は、建設工事の請負契約の当事者が契約の締結に際して書面に記載しておくべき事項の1つに、「注文者が工事の全部又は一部の完成を確認するための検査の時期及び方法並びに引渡しの時期」を挙げている。受領だけでなく、注文者には受領の前提として中間検査・完成検査といった検査義務が認められる（笠井・建設工事157頁以下参照）。ドイツ民法642条1項は、「仕事の完成に際して、注文者の行為が必要である場合において、注文者がその行為を行わないことにより、受領遅滞となったときは、請負人は、適切な損害賠償を請求することができる」と明記する（同法643条は解除も認める）。

53）　注文者は、クリーニング等の目的物を受領する義務を負う。クリーニングなどで客が取りに来ないことはままあるところであり、一定の期間が経過したものについては、遺失物同様に処分することを認める立法が検討されるべきである。

第2章　請負　第4編　役務の取得を目的とした契約（契約各論③）

は債務不履行（履行遅滞）の責任を負わない。元請人の注文者に対する責任が免責され、派生的に下請人の元請人に対する責任も免責される。履行不能の場合には、536条2項が適用される。また、建築請負の場合には、請負人の中止権が認められる[54]。

11-124　**(ii)　契約解除**　受領義務に限らず、注文者の協力がないため仕事に着手できなければ全面的に、また途中から仕事の続行ができなくなれば未施工部分に限り、請負人は契約を解除できる[55]。下請けの場合には、元請人に注文者との契約を解除してもらうほかない――下請けも当然に終了する――。下請人は履行補助者なので、その提供は元請人の提供と同視できる。

11-125　**(iii)　損害賠償**　①注文者が協力をしないため、作業の開始・続行が遅れ、これによって余計な費用がかかった場合には、請負人は賠償請求ができる。下請けの場合には、下請人に注文者に対する損害賠償請求が認められる。②契約が解除された場合には、費用など免れた分を差し引いて、履行利益の賠償請求ができる（545条4項）。下請けの場合、下請人と元請人とでは履行利益が異なるので、元請人と下請人にそれぞれ損害賠償請求権が成立し、連帯債権の関係になる。

11-126　**(b)　注文者の保護義務**　①また、注文者は、信義則上仕事完成のための作業中に、請負人が法益侵害を受けないように配慮する積極的な義務を負う（保護義務）。例えば、建物の修理に際して、注文者は自分の知りえた危険を請負人に警告するなどして、請負人が事故にあわないよう配慮しなければならない[56]。②また、建築作業などの下請けの場合には、元請人と下請人の労働者との間に使用従属関係があれば、信義則上の安全配慮義務が認められる（最判平3・4・11判時1391号3頁）。ただし、労働安全衛生法は、使用従属関係を問うことなく、元方事業者の種々の義務を規定している（同法29条以下）。

---

54)　発注者が前払・中途払代金を支払わない場合、注文者の工事用地等の不提供などの事例で、建築請負人には工事を停止する権利が認められる（笠井・建築工事238頁以下）。

55)　裁判例として、鉄道設備工事の請負で、注文者たる鉄道会社が、工事材料を一部提供し、また社屋の敷地を借り入れる義務を負っていたにもかかわらず、この義務を果たさなかった事例で、請負人が催告の上解除したのを認めたものがある（東京控判昭9・7・20新聞376号12頁）。

56)　例えば、岐阜地判昭56・8・31判時1036号98頁は、「注文者の支配領域にある事情が直接的に危険の発生を招くおそれのある場合、例えば、注文の内容自体に危険が隠れているとか、注文者が特殊な原材料を提供する場合でその性状、取扱方法がいまだ広く知られるに至っていないときなどは、あらかじめ注文者の側においてこれらの点を請負人に告知し請負人をして適切な措置をとらしめる義務がある」と判示する。

481

§Ⅲ 請負の終了

§Ⅲ
請負の終了

1 債務不履行による解除

11-127 **(1) 請負人による解除**

(a) 仕事完成前の解除 特約によって報酬の前払いまたは一部前払いが注文者に義務づけられている場合、注文者がその支払をしなければ、請負人は541条によって催告の上、請負契約を解除することができる。仕事途中に注文者が報酬の一部を支払う特約がある場合には、以後の仕事の遂行を拒絶できるが、さらに541条による解除を請負人に認めてもよい。634条2号はこのような解除ができることを前提としている――注文者による解除に限定していない――。したがって、請負人は、すでにした分の報酬債権を保持しながら、将来に向かってのみ解除することができる。

11-128 **(b) 仕事完成後の解除** 仕事完成後に注文者が報酬を支払わない場合には、ⓐ散髪、修理など仕事それ自体が目的の場合には、もはやこの段階で解除を認めても意味がない。ⓑ仕事の目的物がある場合でも、建物建築のような場合には、解除によって材料を取り戻すことはできず、やはり解除を認める必要はない。留置権、先取特権等の法定の債権担保を考えるしかない。ⓒこれに対して、注文者の依頼に応じて動産たる商品を製作した場合で、他に販売可能な製品であれば、請負人は他に売却することができるので、仕事完成後であっても、541条・542条1項2号による契約解除を認めてよい。

11-129 **(2) 注文者による解除**

(a) 仕事完成前の解除 ①請負人が仕事に着手しない場合、注文者は、引渡期日が過ぎるまで催告による解除ができないわけではなく、着手をしないと期日に不履行になることが明らかである場合にも、仕事着手・続行義務の不履行によって541条に基づく解除が認められる（☞11-18）。②請負人が途中から仕事を続行しなくなった場合にも、同様に541条による解除が認められてよい。この場合には、すでに行われた仕事が注文者に利益になるものであれば、全部解除はできず、残部解除しかできない（☞11-107）。

11-130 **(b) 仕事完成後の解除** ①目的物の完成後、請負人がその引渡しをしない

第2章　請負　第4編　役務の取得を目的とした契約（契約各論③）

場合に、建物の建築請負では、解除しても意味がなく、履行の強制によるしかない。修理なども同様であるが、これに対して、製作物供給契約の場合には、解除が認められるべきである。仕事完成義務は、確かに既履行であるが、引渡しがされない限り契約をした目的を達成できないからである。②目的物の引渡し後も解除が可能である（559条・564条・541条・542条）。追完——場合によっては全面的なやり直し——を請求しても履行されない場合には、契約をした目的を達することができないほどに重大な不適合の事例では、注文者は解除でき、建物建築請負の場合も例外ではない（☞ 11-76）。

2　特別規定による解除

11-131 **(1)　注文者の任意解除権**

(a)　任意解除を認める趣旨

(ア)　自己決定権の尊重　民法は、「請負人が仕事を完成しない間は、注文者は、いつでも損害を賠償して契約の解除をすることができる」と規定する（641条）[57]。①注文者にとって仕事が不要になったら、止める自由（自己決定権）が保障されるべきである——例えば、入れ墨を彫る契約をしたが止めることにした——。②また、無条件の解除ではなく、請負人としても損害を填補してもらうのであれば契約に固執する必要もない。そこで、両者の利害を調整した結果、損害賠償を義務づけて任意解除権が認められているのである[58]。しかし、このような立法を疑問視する学説もある[59]。

11-132 **(イ)　無条件の解除ではない**　改築の例でいうと、すでに改築の設計等にかかった費用その他の損害を請負人に対して賠償しなければならない。したがって、損害賠償を義務づける点で契約の拘束力を前提にした規定である[60]。

---

57)　541条の解除が無効な場合に、641条の解除として有効になるかが問題とされている。判例は、これを否定し（前掲大判明44・1・25）、学説も、転用を肯定してしまうと解除の無効を信じて仕事を続けた請負人に酷であるという理由に基づいて賛成する（我妻・中二651頁、広中275頁など）。

58)　注文者からの解除に限定されているのはそのためである。請負人については、契約拘束力の原則がそのまま妥当することになる。ただし、学説の中には、両当事者の高度の信頼関係を基礎とする場合には、委任の651条を類推適用して、請負人からの任意解除を認める提案がされている（星野270頁）。

59)　津曲蔵之丞「建設請負契約と解除」法学18巻3号（1954）302頁以下、305頁は、契約後に気が変わるのは請負の注文者に限らない、また、損害賠償がされるというが、損害賠償は解除の要件ではなく請負人に不利である——前払いにして清算することが考えられる——ため、立法として疑問視し、注文者に無理由解除を認めるのではなく、やむをえない事由があることを必要とする（制限解釈）。

483

アメリカ法の契約を破る自由といっても損害賠償を義務づけられるのと同様である。ドイツ民法649条は、注文者に仕事の完了までの解約告知権を認める点は同じであるが、請負人に約定の報酬請求権を認め、支出の節約等を差し引くだけであり、未提供の仕事の部分に相当する約定報酬の5%という推定までしている。日本民法の536条2項と同じ規律である。

11-133　**(b)　任意解除の要件および効果**

(ア)　任意解除の要件　請負人が「仕事を完成しない間」に解除することが必要である。例えば、建物の塗装を依頼し、塗装業者が足場を組んだが、やはり塗装は不要と考えて注文者は解除することができる。手付とは異なり、仕事に着手するまでではなく、仕事の完成までであるから、仕事の着手後でもよく、一部だけの解除も認められる。例えば、火災警報器付きの建物の建築請負で、火災警報器を知人から無償で譲り受けた場合、火災警報器の設置工事の部分だけ解除することも可能である。

11-134　**(イ)　損害賠償は解除の要件ではない**　641条の解除の効果は、契約の解消と注文者の損害賠償義務の発生である。634条とは異なり、注文者の受ける利益割合に応じた報酬の支払義務と限られない。また、手付の倍返しとは異なり、損害賠償金を提供して解除する必要はなく、損害賠償は解除の効果であって要件ではない。判例も、「641条の規定は先づ請負人に対し損害の賠償を為すに非ざれば請負契約の解除を為すこと能はずとの法意に非ざる」と認めている（大判明37・10・1民録10輯1201頁）。通説も同様であるが、注文者は損害金を提供しなければ解除できないと考える少数説もある（石田穣341頁）。予定していた役務提供行為が完了すれば、引渡しは完成の要件ではないため、引渡し前であってももはや解除はできない（新注民(14)227頁［笠井］）。

11-135　◆**建物の建築請負の場合に未履行部分の解除に限られるか**

(1)　複数の目的物がある場合

　1つの契約よって複数の給付がされる場合、完成した部分については641条による解除は否定される。すなわち、「ここに仕事の完成とは必ずしも全部工事完成に限らず凡そ其の給付が可分にして当事者が其の給付に付き利益を有するときは、既に完成したる部分に付ては解除し得べからず、只未完成の部分に付き所謂

---

60)　ただし、損害賠償が解除の要件ではなく、支払の確実性に不安があり請負人保護は十分ではない。そのため、641条を解釈によって制限して、やむをえない事由を要件とする提案もあった。建築工事についての議論であるが、641条の解除権行使に信義則上の制限を認める学説がある（笠井・建築工事274頁）。

第2章　請負　第4編　役務の取得を目的とした契約（契約各論③）

契約の一部解除を為し得るに止まるものと解すべきなり」と判示されている（大判昭7・4・30民集11巻780頁）。この事例は2つの建物の建築請負において、1つの建物が完成していた事例であって、完成した部分を解除できないのは当然である。ところが、1つの建物の建築途中における解除にも妥当するかのような一般論を述べているため、その射程に疑問が残された。

⑵　1つの建物でも一部解除に制限される

641条をみてみると、民法は既履行分を含めて全部解除を認め、損害賠償で調整する立場かのようである。しかし、上記判例の一般論は、既履行部分の解除を否定し、学説もこれを支持している。641条はフランス民法1794条を継受しており、同条のrésiliationは解約告知と理解されており、641条に対応するドイツ民法649条はkündigen（告知）と規定されていることから、日本民法641条の解除も解約告知と考えられている（内山・前掲書5～6頁）。そうすると、注文者は、将来に向かってのみ解除ができるにすぎず既履行分を解除することはできないので、既履行分については報酬債権が存続し──不適合があれば担保責任が認められる──、未履行分が損害賠償により調整されることになる。

11-137　（c）　**損害賠償の内容**　641条による解除の場合にも、634条2号が適用されると考えられているが（☞11-114）、641条による方が請負人に有利である。①既履行分は、634条では注文者の利益の限度での報酬が問題になるにすぎないが、注文者が利益を受けるかどうかに関係なく履行分の報酬額を全額損害賠償請求できる。②未履行部分については、536条2項と同じ処理を認めるべきであり[61]、報酬から免れた費用を差し引いた残額を損害賠償請求できる。要するに、収益部分を損害として賠償請求できる──ただし、請負人に証明責任がある──。履行利益以外に損害があれば、例えば無駄になった費用など信頼利益の賠償も認められる[62]。

---

[61]　ドイツ民法649条は、「注文者は、仕事の完了までは、いつでも契約の解約告知を行うことができる。注文者が解約告知を行ったときは、請負人は、約定の報酬を請求することができるが、自己が契約の廃棄の結果、支出を節約し、又は自己の労働力の別途の使用により取得し若しくは悪意で取得することをしなかったものを差し引かれることを受忍しなければならない。これにより、請負人には、未提供の仕事の部分に相当する約定報酬の5％が帰属するものと推定する」。536条2項のような解決であり、解約されても報酬債権が残る（完成擬制を介さない）。他方、旧民法財産取得編282条は、「……注文者は常に自己の意思のみを以て契約を解除することを得れとも注文者は請負人の既成の仕事の賃銀及ひ準備の材料に受けたる損失其他の損害を賠償し且其契約に因りて得へき正当なる利益の全部を弁済する義務を負担す」と規定する。報酬債権は消滅し、その額を損害賠償で請求することになる。

[62]　この点の近時の文献として、丸山絵美子「請負契約における注文者の任意解除に伴う損害賠償」『加藤雅信先生古稀記念論文集(下)』（信山社・2018）41頁参照。

§Ⅲ　請負の終了

11-138 **(2)　注文者が破産手続開始決定を受けた場合の解除**[63]

(a)　両当事者に任意解除権を認める　①「注文者が破産手続開始の決定を受けたときは、請負人又は破産管財人は、契約の解除をすることができる」（642条1項本文）。注文者が破産した以上、代金の回収は期待できないので、仕事を完成させても請負人は損失を被るだけであり、また、破産した注文者は清算手続に入ってしまうので、完成させる必要もないからである。②「ただし、請負人による契約の解除については、仕事を完成した後は、この限りでない」（同項ただし書）。この規定の反対解釈により、完成しても注文者の破産管財人からは解除ができることになる。

11-139 **(b)　注文者の破産管財人による解除の特例**　「第1項の場合には、契約の解除によって生じた損害の賠償は、<u>破産管財人が契約の解除をした場合における請負人に限り</u>、請求することができる。この場合において、請負人は、その損害賠償について、破産財団の配当に加入する」と規定されている（642条3項）。中途での解除は、完成前は未履行部分の解除に限られることを前提として、「前項に規定する場合において、請負人は、既にした仕事の報酬及びその中に含まれていない費用について、破産財団の配当に加入することができる」と規定されている（同条2項）。

11-140 **◆請負人についての破産手続の開始**（破産53条）
(1)　請負人の破産管財人の解除権
　民法上、請負人について破産手続が開始された場合については規定されていない。この場合には、破産法の双務契約の規律によることになる。破産法53条1項によると、「双務契約について破産者及びその相手方が破産手続開始の時において共に<u>まだその履行を完了していないとき</u>は、破産管財人は、契約の解除をし、又は破産者の債務を履行して相手方の債務の履行を請求することができる」。

11-141 **(2)　注文者の解除権**
　注文者には解除権は認められていない（641条の解除は可能）。ただし、「前項の場合には、相手方は、破産管財人に対し、相当の期間を定め、その期間内に契約の解除をするか、又は債務の履行を請求するかを確答すべき旨を催告することができる。この場合において、破産管財人がその期間内に確答をしないときは、契約の解除をしたものとみな」される（同条2項）。また、破産管財人が履行を選択したのに履行がなければ、注文者は541条による解除ができる。

---

63)　この問題につき、大塚智見「倒産手続開始と役務提供契約の終了」中島弘雅ほか編集代表『民法と倒産法の交錯』（商事法務・2023）664頁以下参照。

第4編
役務の取得を目的とした契約（契約各論③）

第3章
委任（準委任）

§I 委任の意義と法的性質

1 委任の意義

12-1 **(1) 委任の意義**

(a) 法律行為を委託することが必要 委任は、「当事者の一方 [**委任者**] が法律行為をすることを相手方 [**受任者**] に委託し、相手方がこれを承諾することによって、その効力を生ずる」契約である (643条)。無償契約であるが、諾成・不要式の契約である。報酬の特約は可能である (648条1項)。委任と認められるためには、「法律行為をすること」を委託の内容とする必要がある。「法律行為をする」のも、代理形式によるものと代理形式によらないもの (間接代理ないし問屋) とに分かれる。

12-2 **(b) 準委任への準用** 民法は、フランス民法に倣い「法律行為をする」類型だけを委任契約としつつも [1] ——ドイツ民法662条は、広く他人の事務を無償で処理することを対象とする——、「この節 [委任の節] の規定は、法律行為でない事務の委託について準用する」と規定し (656条) ——これを**準委任**という [2] ——、結論としては、委任の規定は他人の事務処理を委託するすべての契約に適用される [3][4] (☞ 12-3 以下)。ただし、準委任の一種である寄託は、委任とは別の典型契約とされている (☞ 13-1)。委任の本質は、他

---

1) ローマ法の委任 (mandatum) は法律行為 (ただし代理は認めていない)・事実行為を含む高等労務の提供を目的とする契約であり、雇用と請負を包括する賃約 (locatio connductio) と区別されていた。注 12-3 の DCFR は、「委任契約」を法律行為に限定している。

2) 準委任が認められた事例として、弁護士への訴訟の委託 (大判大7・6・15民録24輯1126頁)、弁護士への債務整理の委託 (最判平25・4・16民集67巻4号1049頁)、私立学校の校長への就任委託 (大判昭14・4・12民集18巻397頁)、司法書士への登記手続の委託 (最判昭53・7・10民集32巻5号868頁)、税理士の顧問契約 (最判昭58・9・20判時1100号55頁)、別荘地の管理契約 (最判昭56・2・5判時996号63頁)、不動産売買の仲介契約 (最判昭43・9・3集民92号169頁)、コンビニのフランチャイズ契約 (最判平20・7・4判時2028号32頁) などがある。

3) DCFR 第Ⅳ編 C 部「役務提供契約」とされ、第2章に「役務提供契約一般に適用される規定」が置かれている。その上で、第3章「建築請負契約」などの各論的な規定が続き (保管契約も含まれている)、同編 D 部「委任契約」、E 部「フランチャイズ及びディストリビューター」が続く。総論規定があることにより、日本における準委任類型の契約の規定が欠缺しないようになっている。

4) 医師や弁護士も、雇用主に雇われて仕事に従事していれば、使用者との間の契約は雇用契約である。高等労務者も雇われていれば、雇用契約により規律されることになる。他方で、医師の患者との契約は、法人または個人の医師と患者との委任 (準委任) になる。

第 3 章　委任（準委任）　第 4 編　役務の取得を目的とした契約（契約各論③）

人のために事務を処理することにある。したがって、委任とは、委任と準委任の両者を含めて広く「事務の処理を委託する契約」といえ（我妻・中二655頁）、以下では委任とは準委任を含めた意味で用いることにする。

12-3 (2)　委任と事務管理——無償に限定するか

(a)　ローマ法では委任（無償）と事務管理はパラレルな制度　ローマ法以来、無償委任と事務管理とはパラレルな制度である（四宮和夫「委任と事務管理」『谷口知平教授還暦記念(2)』［有斐閣・1971］299頁参照）。例えば、逃げ出したペットを探してもらう場合、頼まれて探すのは委任、頼まれないで探すのは事務管理である。いずれも、有償取引とは異なる社会生活における相互の助け合いの精神に基づく行為である。対価をもらうから行う、という取引関係とは異なる。したがって、報酬が支払われる有償委任は、請負と同じ取引関係であって、無償委任とは一線が画されるべきである（☞ 1-11、1-14）。

12-4 (b)　委任の無償性を堅持する立法　無償の委任契約は、委任者と受任者との情義的関係——ヨーロッパでは「信頼関係」といわれ、保証人と主債務者との関係も「信頼関係」といわれる——に基づく、道徳と法の中間的な関係である。ドイツ民法は、ローマ法以来の伝統に従い委任を無償の場合に限定し（BGB662条）、有償の事務処理契約は委任契約とは別の典型契約として、委任の規定を準用する（BGB675条）[5]。なお、DCFR IV.D.-1:101条(3)項のように、委任の規定を報酬が支払われる場合に適用するものとし、報酬が支払われない場合には、適切な補正をした上でこれを適用するものとして、有償の場合を原則として規定している例もある。

12-5 (c)　報酬の特約を認める立法　フランス民法は、委任に報酬特約を認め（CC1986条）、異質な契約を取り込んでいる——使用貸借の規定に賃料の特約を認めるようなもの——。請負は有償契約で、贈与と売買、使用貸借と賃貸借とは異なる典型契約であり、有償・無償の区別は重要である。日本民法は、フランス民法に倣って報酬を支払う特約を可能としている（648条1項）。

　本来、委任の規定は無償契約を念頭に置いた規定であった。有償委任とは

---

[5]　ドイツにおける無償委任への限定は、委任を請負や雇用と区別するために採用されたにすぎず、委任規定の有償の事務処理契約への準用を認めることにより、実質的意義を失ったと評される（新注民⒁288頁［一木孝之］。一木孝之『委任契約の研究』［成文堂・2021］7頁以下参照）。ただし、賃料や修繕義務にかかわらない限度で使用貸借規定を賃貸借に準用するのは不合理ではない。贈与と売買・交換、使用貸借と賃貸借を別の典型契約として認めるかどうかは、大きな意義があると思われる。

489

異質であって、委任の規定を有償委任に適用するにあたっては、①無償という本質から導かれる規定は適用を制限し、②委任という本質から有償・無償を問わずに適用されるべき規定のみを適用すべきである。

◆無償委任を委任の基本とする立法の適否

(1) 現代では有償委任が社会の中心

譲渡型の契約には贈与と売買、物の貸与型の契約には使用貸借と賃貸借、仕事の完成型の契約には有償の請負と無償の無名契約、事務処理には無償委任と有償委任がある。①現代社会では、いずれも<u>有償契約（取引）が普通であり、この類型の規律が最重要である</u>。②しかし、無償と有償の契約を同じ規律とすべきではない。歴史的経緯に基づき、委任は無償を原則とし、特約で有償とできるという規定の仕方については、①の観点から、現代社会では有償委任が主役であって、これを中心として規定されるのが適切であり（DCFR ☞ 12-4）、無償を原則とした現在の立法は疑問視されている（新注民⑭ 289 頁以下［一木］参照）。

(2) 無償と有償とは区別すべき

問題は、有償委任を念頭に置いた適切な規定の仕方である。譲渡型で対価のない場合を規定して特約によって代金の合意ができる、貸与型では対価のない場合を規定して特約によって賃料の合意ができるというのでは杜撰過ぎる。委任も同じである。無償委任と有償委任で規定を分け、それぞれに適用される規定を明確に区別することが好ましい。ただし、すべて別々に規定するのは煩雑であり、共通規定をいずれかに規定して、他方で準用すればよいが、その選別は議論になる。また、寄託契約にも議論は及ぶことになる。立法は容易ではなく、有償・無償を意識した「解釈」論に務めるしかない。

2 委任の法的性質

(1) 継続的契約関係である

643 条の定義規定によれば、請負とは異なり、報酬の支払は委任の要素ではない。したがって、委任契約は原則として片務、無償、諾成、不要式の契約である。しかし、特約によって報酬の約束は可能である（648条1項）。また、委任は継続的な事務を目的とするものが通常であるため——商店の経営の委任、マンションの管理等——、継続的契約関係と考えられている（新版注民⑯ 209 頁［明石三郎］）。解除の効果は遡及せず（652条）、委任が中途で終了した場合には、受任者はすでに履行した割合による報酬を請求できる（648条3項）。しかし、すべての委任が継続的契約関係であるという必要はなく（例えば、タバコ1箱を買ってきてもらう場合）、一時的委任も認められ、その解除に遡及

効を認めてもよい（新版注民(16) 290頁［明石］）[6]。

12-9 (2) 委任事務処理の独立性——雇用との違い

委任は、「労働に従事する」雇用と異なって、独立して事務を処理し、授権された範囲内であれば事務処理をどのように行うかは受任者の自由裁量に任される。また、仕事の完成を目的とする請負とは異なり、委任は特定の結果の実現まで約束するものではなく、善管注意義務をもって事務を処理することを義務づけられるにすぎない。しかし、実際には委任かどうか区別が微妙な場合が少なくない。例えば、私立学校の校長職の委託が雇用なのか委任なのかが争われ、判例は委任と評価した（前掲大判昭14・4・12）。

12-10 (3) 結果債務ではない——請負との違い

(a) 結果債務ではない 結果債務を負担する請負のように、結果が実現されなければ報酬が得られないというものではない。建築士と「建築設計委託契約」が締結されたが、報酬額についての合意はなく、しかも、その額を定める方法についての合意もなかった事例において、準委任とした上で、設計図作成に要する日数に1日当たりの人件費を乗じて算出された金額を相当の報酬とした判決もある（京都地判平5・9・27判タ865号220頁）。

12-11 **(b) 成果に対して報酬が支払われる委任契約** 民法は、成果に対して報酬が支払われる委任という類型を認めている（648条の2）。不動産仲介のように、善管注意をもって委任事務処理を行うだけでは報酬が得られず、仲介によって成約することが必要な委任もある[7]。しかし、結果債務のように、結果を実現できなければ債務不履行となって責任を生じるものではない。結果

---

6) しかし、最判昭57・3・4判時1042号87頁は、「委任契約の解除の効力が遡及しない旨を定めた民法652条の規定は、特定の株式の買付けのような継続性をもたない事務の処理を目的とする委任契約を委任者の債務不履行を理由にして解除する場合にも適用される」という。株式の買付という第三者に関わる行為の部分は（特に代理の場合）解除の効力が及ばないというだけで、タバコ1箱を買ってきてもらう場合、代金を支払わないため解除したら、受任者から委任者への所有権移転が否定されてよい（上記事例は、株券の引渡しがされている）。たばこを引き渡していても、解除をすればその返還請求が認められる。

7) 有料老人ホームの紹介会社が多く存在しており、紹介会社は有料老人ホームと提携契約をしてその紹介にかかる入居者との契約が成立した場合に、ホームから紹介料を受けられることになっている——入居者は紹介会社に手数料は支払わない——。例えば、AがB有料老人ホームに入居したが、C紹介会社に相談してBを紹介された後、AがD紹介会社にも相談し、やはりBを紹介され、AはDの紹介によってBへの入居を決意したというように、いくつかの紹介会社が競合している場合がある。この場合に、どの紹介会社が紹介料をもらえるのかが問題になる。現状では、ホーム側は<u>最初に紹介したC</u>に支払をしているが、紹介業者の業界ではルール作りが必要と考えられている。

§I　委任の意義と法的性質

実現のための最善の努力を義務づけられ、それを尽くしていれば成約が得られなくても債務不履行にはならず、その本質は手段債務である。

12-12
◆委任の規定の準用
(1)　契約によらない財産管理関係
　委任の規定は、他人のために事務管理を行うという本質ゆえに、不在者の財産管理人（25条以下）、未成年者の親権者（831条）、未成年者または成年被後見人の後見人（869条・874条）などのように、本人との契約に基づかない法定の管理関係に準用されている。事務管理も、本人との契約がなくして他人の事務を管理することから、委任の規定を事務管理の趣旨に反しない範囲で準用している（701条）。

12-13
(2)　団体の業務執行の委託
　団体の業務執行の委託を受ける契約関係は、委任に親和的である。①組合の業務執行組合員と組合との関係については、644条以下の委任の規定を準用している（671条）。②建物の区分所有組合の管理者についても、区分所有法のほか、民法の委任の規定が準用されている（区分所有28条）。③「株式会社と役員及び会計監査人との関係は、委任に関する規定に従う」ものとされる（会社330条）。

12-14
(3)　商法の特則
　また、仲立営業（商543条以下）、問屋営業（商552条2項）、運送取扱営業（商559条2項）のように、取引の媒介や取次を行うことを業とする場合につき（有償委任）、商法に特別規定があるほか、民法上の委任の規定が補充的に適用される。

12-15
◆委任の要素を持つ混合契約・無名契約
(1)　旅行契約
　旅行契約も3つに分けられる。①募集型企画旅行は、パッケージツアーのように旅行業者が旅行計画を作成し、旅行者を募集して実施する旅行であり、旅行計画に基づいて運送および宿泊の手配を請け負い、旅程を管理する義務を負う。②受注型企画旅行は、旅行者からの依頼により、旅行業者が旅行計画を作成・提案し、実施する旅行である（修学旅行や社員旅行）。旅行業者の法的義務は①と異ならない。③手配旅行は、旅行業者が旅行者の委託により運送および宿泊等の旅行サービスが受けられるよう手配を請け負う契約である。①②の企画旅行とは異なり、手配のみが義務となり、旅行業者には旅程管理、旅程保証、特別保障の三大責任が課されておらず、旅行中のトラブルは旅行者の自己責任となる。

12-16
(2)　宿泊契約
　旅館やホテルの宿泊契約は「宿泊」というサービス（役務）を提供する契約であり、委任（準委任）の一種である。業法としては旅館業法が制定されており、宿泊約款が完備されている。ホテル・旅館側の中心的義務は「宿泊」サービスの提供であり、それに付随して盗難等の被害から宿泊者を保護し、さらには、宿泊

第 3 章　委任（準委任）　第 4 編　役務の取得を目的とした契約（契約各論③）

者自身の安全を確保することが義務づけられる（商 596 条以下に、場屋営業者の責任が規定）。なお、在学契約については、1-22 に説明したように無名契約とされるが、委任事務処理的な給付部分については、委任規定の適用が認められてよい。

§Ⅱ
委任の効力

1　受任者の義務

12-17　**(1)　委任事務処理義務**

(a)　善管注意をもって委任事務を処理する義務

(ア)　受任者の善管注意義務　「受任者は、委任の本旨に従い、善良な管理者の注意をもって、委任事務を処理する義務を負う」（644 条）。「善良な管理者の注意」という言葉は、400 条にも使われているが、「自己の財産に対するのと同一の注意」（659 条）、「自己のためにするのと同一の注意」（827 条）に対する概念である[8]。「委任の本旨に従い」善管注意の内容は決められる。

12-18　**(イ)　事例により善管注意義務の内容も異なる**

(ⅰ)　無償委任の場合　他人の事務を処理するので、無償であっても、自己の事務を行うのと同程度までに注意義務を軽減するわけにはいかない。「委任の本旨に従い」とは、無償か有償かを考慮する趣旨であり（潮見・新各論Ⅱ 297 頁）、善良な管理者の注意といっても、無償委任の場合には、有償の場合と同様の高度な注意義務は要求されない[9]。無償の場合には、受任者は自己の事務の処理と同程度の注意をもってあたることを当事者が黙示的に了解していると解する学説がある（我妻・中二 672 頁、水本 331 頁、鈴木 454 〜 455 頁）[10]。

12-19　**(ⅱ)　有償委任の場合**　有償で事務処理を行う場合には、いわばプロとして

---

8)　第三者に対して注意義務が拡大される事例もある。司法書士による登記代理において、「登記申請の委任を受けた司法書士は、委任者以外の第三者が当該登記に係る権利の得喪又は移転について重要かつ客観的な利害を有し、このことが当該司法書士に認識可能な場合において、当該第三者が当該司法書士から一定の注意喚起等を受けられるという正当な期待を有しているときは、当該第三者に対しても、上記のような注意喚起を始めとする適切な措置をとるべき義務を負い、これを果たさなければ不法行為法上の責任を問われることがある」とされる（最判令 2・3・6 民集 74 巻 3 号 149 頁）。

9)　フランス民法 1992 条 1 項は、受任者は故意だけでなく過失についても責任を負うと規定しつつ、同条 2 項は、過失についての責任は、無償の場合には有償の場合よりも緩やかに運用されることを規定している。

493

の注意義務が要求される。客はプロの能力を利用するために委任しているのであり、受任者はプロとしての注意義務を負う[11]。特に身体・生命に関わる高度な技術・能力が要求される場合（医師の場合など）には、注意義務が高度化される（最判昭36・2・16民集15巻2号244頁［東大輸血梅毒事件]）。ただし、同じ医師ではあっても、最先端の機器を備えた大学病院の医師と単なる町医者とでは、要求される注意義務の程度は異なる（不法行為法に譲る）。

12-20　(b)　**委任者の指図また利益に従って委任事務を処理する義務**

(ア)　**委任者の意思に従う義務**　DCFR IV.D.-3:101 条は、受任者は、委任関係の全般について、「委任に従って行為しなければならない」と規定する。法律行為をする際に、全面的に内容決定を一任されていれば、受任者の決定で行うことが許されるが、そうでなく、本人が必要な指図をして決定する場合には、委任者と密接に連絡をとって、委任者の指示を仰ぎつつ相手方と交渉する必要がある（事務管理では697条2項に明記）。本人に確認をしなかった場合には、有権代理にはなるが、債務不履行となる可能性がある。

12-21　(イ)　**委任者の利益に適合するよう事務処理をすべき義務**　また、DCFR IV.D.-3:102 条は、本人の利益について受任者が知っているまたは知っていると合理的に期待される場合、受任者は本人の利益において行為しなければならず（同条(1)項）、また、本人の利益を認識していない場合には、受任者は本人の利益を確認することを義務づけられている（同条(2)項）。本人の利益に最も適合した形で、受任者が委任事務処理を行うべきこと、また委任者に確認をすべきことは、日本民法には規定がないが、解釈として認められ（事務管理では697条1項に明記）、忠実義務と称されている（☞12-29）。

12-22　**(2)　自己事務処理義務**

(a)　**復委任の原則禁止**

(ア)　**代理に限らず禁止**　受任者は、①委任者の許諾を得たとき[12]、または、②やむをえない事由があるときでなければ、復受任者を選任することが

---

10)　これらは契約解釈、合意がない事項であるので表示の規範的解釈ではなく、合意がない部分を補充する補充的解釈であると思われる。他方で、659条を委任に類推適用する学説もある（石田穣『損害賠償法の再構成』［東京大学出版会・1977] 127頁）。
11)　弁護士、医師等職種ごとの検討は省略する。この点の概説として、新注民(14)255頁以下［一木］参照。
12)　復受任者が、復々受任者を選任する場合には、委任者の許諾を得る必要があり、受任者の許諾も得ることが好ましいが、必ずしも必要ではない。

第3章　委任（準委任）　第4編　役務の取得を目的とした契約（契約各論③）

できない（644条の2第1項）。受任者が委託された事務を自分で処理せずに別の者に行わせることを**復委任**というが——受任者は復委任者、委託を受ける者は復受任者という——、復委任は原則として禁止される。委任においては、委任者は受任者の個人的能力や誠実さなどに着目して、自己の事務をその者に任せたためである（任意代理についての104条と同趣旨）。

12-23　　(イ)　**例外**　ただし、委任者の許諾を得た場合、または、やむをえない事由がある場合に限り、復委任が許される[13]——受任者が法人の場合には、その従業員は履行補助者であって復受任者ではない（雇用関係の労働者）——。ある法律行為を委任したといった単純な事例であり、委任事務が多様な事務処理に関わる場合、税務処理等を専門の業者に委託するなど復委任の必要性が高い[14]。その場合、取引通念上是認しうる復委任は、黙示の許諾を認めるべきである。

12-24　　(b)　**有効に復委任がされた場合**

　　(ア)　**間接代理と直接訴権**

　　(i)　**旧代理規定の間接代理への類推適用**　判例は、旧107条2項（現106条2項）は代理についての規定であり、「民法107条2項は、その本質が単なる委任であって代理権を伴わない問屋の性質に照らし再委託の場合にはこれを準用すべきでない」としていた（最判昭31・10・12民集10巻10号1260頁）。この規定が直接訴権を認める規定であることを理解しないがため、代理以外への適用を否定したのである。民法自身が代理権を伴わない寄託にも、直接訴権を認めていることを見落としている（658条3項）。

12-25　　(ii)　**現行法**　委任規定には直接訴権規定がなかったが、現行法は、「代理権を付与する委任において、受任者が代理権を有する復受任者を選任したときは、復受任者は、委任者に対して、その権限の範囲内において、受任者と同一の権利を有し、義務を負う」と（644条の2第2項）、106条2項（☞民法

---

13)　DCFRでは、IV.D.-3:302条(1)は、受任者は、本人の同意なしに、債務の全部または一部の履行について復委任によることを認め、(2)項は復受任者は十分な能力を有することを必要とし、また(3)項は、受任者は復委任がされても履行についての責任を負うことを確認する。

14)　信託法28条2号は、委任者の許諾がある場合とやむをえない場合以外に、「信託事務の処理を第三者に委託することが信託の目的に照らして相当であると認められるとき」にも信託事務の処理の第三者への委託を認めている。多様な事務の処理を含む場合には、補充的解釈として、委任事務の処理の第三者への委託について黙示の許諾を認めるべきである。

495

§Ⅱ　委任の効力

総則 7-45 以下）と同趣旨の規定を設けた。本規定は、上記判決同様に代理の場合にのみ適用を限定し、判例を追認したものと説明されている（一問一答349 頁注 1)。しかし、本規定は直接訴権の規定であり、644 条の 2 第 2 項は間接代理、さらには、656 条を通じて復準委任にも適用すべきである。

12-26　**(イ)　復受任者の行為についての受任者の責任**　改正前には、任意代理の場合の復代理人が有効に選任された場合に、代理人（受任者）はその選任・監督について責任を負う旨が規定されていた（旧 105 条 1 項)。改正により削除されたが――委任規定に移されたのではない――、法定代理における復代理人の行為についての代理人の責任規定は残された（105 条)。これは、415 条1 項についての「新しい契約責任論」に依拠したためである。責任を負うべき事由は、他人の行為についての責任を含めて契約で自由に合意され、契約解釈によって事例ごとに決められるのである。復代理人の選任の許諾が、当然に選任・監督のみの責任への限定に結びつくものではない[15]。

12-27　**(3)　信認義務（忠実義務）**

(a)　アメリカ代理法　アメリカ法は、代理を契約関係ではなく信認関係として理解する（樋口範雄『アメリカ代理法（第 2 版)』[弘文堂・2017] 28 頁以下)[16]。この関係は一種の支配関係であって、代理の核心には本人による代理人の支配（コントロール）があると考えられ、これがなければ代理ではないといわれる。また、信認関係ということから、本人に対する代理人の**信認義務**も導かれる。具体的には、①忠実義務、②代理権の範囲内で行為する義務、③本人の指図に従う義務、④善管注意義務、⑤情報提供義務が導かれる。

12-28　**(b)　取締役の忠実義務**　会社法では取締役の忠実義務が規定されており（会社 355 条)、アメリカ法に倣って導入された。取締役の忠実義務は、「法令及び定款並びに株主総会の決議を遵守し、株式会社のため忠実にその職務を行」う義務であり、善管注意義務とは異なる義務である[17]。一般法人法 83

---

15)　旧 105 条 1 項を推定規定（任意規定）として残すことも可能であった。筆者は、415 条 1 項ただし書は無過失免責の合意の推定規定と考える。推定規定なしに裁判官が事例ごとに契約解釈で認定しろというのは負担過剰である――契約解釈万能主義の立場に依拠している印象である――。この問題については、山本敬三「受託者の自己執行義務と責任の範囲」同『契約法の現代化Ⅱ』（商事法務・2018 [初出 2003]) 395頁以下参照。

16)　長谷川貞之『委任の任意解除権』（成文堂・2023) 100 頁は、信認型契約を上位概念として、その下で、委任や信託などの信認に由来する各種の契約を規律し、信認関係の最も重要な構成要素である忠実義務に関する規定を置くことは十分理由があると評する。

第3章　委任（準委任）　第4編　役務の取得を目的とした契約（契約各論③）

条・197条も、理事の忠実義務を規定している。

12-29　**(c)　民法上の忠実義務**

(ｱ)　民法上も解釈によって認められる　善管注意義務（644条）と区別される忠実義務は、取締役に限らず民法上の委任に広く当てはまり、自己または自己の知合いなど第三者のために行為をしてはならない義務といわれている（柳勝司『受任者の忠実義務』［嵯峨野書院・2021］2頁）[18]。また、他人の利益を図る職務内容の契約類型に広く妥当するものであり、委任だけでなく雇用契約にも妥当し、労働者にも解釈によって忠実義務を認めることができる。

12-30　**(ｲ)　忠実義務は結果債務**　善管注意義務は、委任者に損害を与えないように取引上要求される注意を尽くすことが債務内容であるのに対して（手段債務）、忠実義務は、委任者の利益を害して自己の利益を獲得しないことが債務内容である（結果債務）。受任者が利益を獲得して委任者に損害を与えたならば、注意を尽くしたか否かを問うことなく債務不履行になり、法定または約定の免責事由がない限り責任を免れない。

12-31　**(4)　その他の義務**

(a)　委任者の指図に従う義務　受任者が、委任者から個別に授権を受けて代理行為や問屋行為また事実行為を行う事例では、委任者による権限付与が必要であり、交渉状況などを説明して権限の付与を受ける必要がある。他方、受任者が広い権限（代理権等）を付与されている場合でも、権限の範囲内であるからといって委任者の意向を聞かずに、代理行為等の事務処理を自由にしてよいのではなく、委任者の最善の利益を図るべき義務がある。取締役の**経営判断の原則**のように、どのような経営をするか自由に決められる場合は別として、委任事務処理に際しては、必要に応じて個別に委任者に打診し、その判断を仰ぐことが努力義務として求められる。これを怠って委任者に損害を与えれば、受任者の責任が認められることもある[19]。

---

17)　最大判昭45・6・24民集24巻6号625頁は、当時の商法254条の3の忠実義務につき、「民法644条に定める善管義務を敷衍し、かつ一層明確にしたにとどまるのであって、所論のように、通常の委任関係に伴う善管義務とは別個の、高度な義務を規定したものと解することができない」と述べている（変更する判例は出されていない）。

18)　信託法30条は、「受託者は、受益者のため忠実に信託事務の処理その他の行為をしなければならない」ものと規定する。

19)　詳しくは、大塚智見「委任者の指図と受任者の権限(1)～(3・完)」法協134巻10号1851頁、11号2115頁、12号2367頁（以上、2017）参照。

§Ⅱ　委任の効力

12-32 ◆**商品先物取引の受任に際する説明義務**
⑴　差玉向かいを行っている商品先物取引の受託に際する説明義務
　受任者の受任後に専門的知識・理解が必要な事項について説明をする義務は、契約を受ける際にも、委任者が契約をするか、どのような契約をするかの意思決定（自己決定）に必要な情報を提供したり説明をする義務として認められる（契約締結に際する情報提供義務・説明義務）。差玉向かいを行って商品先物取引を受託する商品取引員は、「委託契約上、……受託する前に、委託者に対し、その取引については差玉向かいを行っていること及び差玉向かいは商品取引員と委託者との間に利益相反関係が生ずる可能性の高いものであることを十分に説明すべき義務を負」う（最判平21・7・16民集63巻6号1280頁）。

12-33 **⑵　受託後の説明義務**
　さらに、同判決は、この場合、「委託者が上記の説明を受けた上で上記取引を委託したときにも、委託者において、どの程度の頻度で、自らの委託玉が商品取引員の自己玉と対当する結果となっているのかを確認することができるように、自己玉を建てる都度、その自己玉に対当する委託玉を建てた委託者に対し、その委託玉が商品取引員の自己玉と対当する結果となったことを通知する義務を負う」という。差玉向かいを行っていることを説明していなかったため、「委託契約に基づく説明義務に違反するものとして、債務不履行責任を負う」という。

12-34 **(b)　報告義務**

(ア)　委任事務処理状況の報告義務

(i)　請求に応じて報告する義務　受任者は、「委任者の請求があるときは、いつでも委任事務の処理の状況を報告し」なければならない（645条）。「これは、委任者にとって、委任事務等の処理状況を正確に把握するとともに、受任者の事務処理の適切さについて判断するためには、受任者から適宜上記報告を受けることが必要不可欠であるため」と解されている（最判平21・1・22民集63巻1号228頁）。預金契約上の金融機関の処理すべき事務には、委任事務ないし準委任事務の性質を有するものも多く含まれているため、金融機関は預金者に対し、取引履歴の開示義務を負う（前掲最判平21・1・22）。

12-35 **(ii)　密接に連絡を取り合う義務**　メジャーリーグへの移籍交渉など、代理人に契約交渉を委ねる場合、本人の意思に従う義務があるので、受任者は請求がなくても交渉状況などを逐一説明して、委任者の指図を仰ぐべきである[20]。DCFR Ⅳ.D.-3:401条は、契約締結、契約交渉の状況につき逐一情報提供を義務づけているが、日本でも事例によっては同様に解すべきである。

12-36 **(イ)　委任事務終了に際する報告義務（会計報告）**　また民法は、「委任が終

了した後は、遅滞なくその経過及び結果を報告しなければならない」ものと規定する（645条）[21]。DCFR IV.D.-3:402条は、受任者は、不当に遅滞することなく、委任事務の完了を通知し、債務の履行方法、会計関係の報告を義務づけている。会計報告はその中で最も重要な義務である。

◆医師の顛末報告義務

(1) 医師の患者死亡の場合の遺族に対する顛末報告義務

645条を根拠に、医師は患者に対して、診察契約内容の報告・説明をする義務を負うことになるが、患者が死亡した場合には、担当医師は、患者に対して行った診察の内容、死亡の原因、死亡に至る経緯について、説明を求める遺族に対して誠実に説明する義務があると考えられている。この義務に違反した場合には、悪しき結果が生じるに至った経緯や原因の説明を医療機関に求めることは、本人または家族の「心情ないし要求」は「法的な保護に値する利益である」と認め、不法行為の成立を認める判決がある（大阪高判平25・12・11判時2213号43頁）。

(2) 法的根拠

問題は、契約関係にない遺族に対する顛末報告義務の法的根拠である[22]。①委任者の死亡により委任契約が終了した場合には、顛末報告義務は相続人に対して行う、という第三者のためにする契約とする構成（東京高判平16・9・30判時1880号72頁）、②信義則上の義務という構成（宇津木伸「判批」医事法学14号［1999］149頁）、③患者の死亡による遺族の顛末報告を求める権利の相続による構成（伊澤純「医療過誤訴訟における医師の説明義務違反(3)」成城65号［2001］184頁）などが考えられている。相続を根拠とすると内縁の配偶者を問題にできず、また、契約上の報告義務であり、委任者（患者）の意思に従った事務処理として、報告の相手と推察

---

20) 弁護士の債務整理の依頼者に対する説明義務として、「委任事務の法的専門性を踏まえると、弁護士は、自由かつ独立の立場を保持して職務を行うことができるよう合理的な裁量を与えられるべきであるものの、他方で、弁護士は、委任の趣旨に関する依頼者の意思を尊重してその自己決定権を十分に保障するために、適切な説明をする必要がある」ため、「委任の趣旨から依頼者の意思決定に当たって重要となる事項について、一般的に期待される弁護士として著しく不適切な説明しかしなかったと認められる場合には、弁護士は、委任契約の付随義務として、信義則上、説明義務に違反する」ものとされる（鹿児島地名瀬支判平21・10・30判時2059号86頁）。また、債務整理の事件を弁護士が辞任する場合、「辞任通知を債権者に送付するに当たっては、事前に、事件処理の状況及びその結果はもとより、辞任による不利益を依頼者に十分に説明する必要がある」という。

21) 旧民法財産取得編240条は、「代理人は代理の終了したるときは証拠書類を添へて其計算を為す責に任す其終了前と雖も委任者の之を求めたるときは亦同じ」と、会計報告のみを規定していた。これが、金銭勘定だけでなく、事務処理の現状や顛末の報告へと拡大されたのである。フランス民法1993条は計算のみを規定するが、ドイツ民法666条は、受任者は、委任者に対して必要な報告を行い、委任者の請求により事務の現状について情報を提供し、委任の遂行後には、会計報告を行わなければならないものとして、委任事務処理のための事務処理状況の報告、終了後の会計報告を規定する。

22) この問題については、林誠司「遺族に対する死因説明及び診療記録開示に関する研究序説」『松久三四彦先生古稀記念論文集』（信山社・2022）361頁以下参照。

§Ⅱ　委任の効力

される者への報告が依頼されていると考えられる（筆者は①による）。

12-39　**(c)　受領した物の引渡義務および取得した権利の移転義務**

(ア)　受領した物の引渡義務

(i)　金銭　「受任者は、委任事務を処理するに当たって受け取った金銭その他の物を委任者に引き渡さなければならない。その収取した果実についても、同様とする」（646条1項）[23]。①委任者に引き渡すべき金額、および、②委任者の利益のために用いるべき金額を「自己のために消費」したならば、受任者は消費後の利息を支払い、それでも委任者に損害があれば、それを賠償しなければならない（647条）[24]。419条に対する特則であり、悪意の不当利得者の責任（704条）と同じ内容である。

12-40　**(ii)　419条の例外か**

❶　金銭債務ではない場合　12-39②には、委任者から受け取った物——例えば、タバコを買ってくるよう頼まれて渡された金銭——も含まれる[25]（大判昭11・5・27民集15巻922頁）。委任者の利益のために用いるべき義務の違反であり、例えば、商品買付けのために委任者から代金支払用に受け取っていた金銭を消費した場合がこれに該当する。金銭被害の損害について、消費後の利息の支払請求ができる——412条3項の遅延損害金とは別に——。

12-41　**❷　金銭債務の場合**　委任者に渡すべき金銭の消費は、金銭債務の不履行になる。この場合、金銭債務なので419条が適用されるが、647条は、なお損害があるときは、その賠償請求を可能としている。例えば、商品の販売を委託し、その代金で委任者が設備投資をする予定であったのにそれができなくなった、代金で借金を返済するつもりであったのにそれができず、担保権を実行されたといった損害（実損害）を賠償請求できる。

23)　後述の財産について、委任者は寄託と同様の関係になって自己の財産とは別に管理すべきであるが、金銭についても、信託法34条同様の分担管理を義務づけられる（潮見・新各論Ⅱ313頁）。

24)　学説には、単なる金銭債務とは異なり、受任者が委任者に対して反対債権を有していても相殺を否定する主張がある（柳勝司「民法646条1項の金銭引渡義務と通常の金銭との相殺の可否」法政理論88号［1981］172頁以下［同『委任による代理』（成文堂・2012）所収］）。代理受領のように、取立てのほか、取立金を受任者の債権回収に充てる合意がなく、委任者のために行っていることが理由である。傾聴に値する主張であり、相殺禁止を黙示の特約または646条を法定の禁止規定と解する必要がある。

25)　不動産の所有者がその売却と代金による債権者への弁済を依頼した事例において、売却して代金を取得しただけでは委任事務は終了しておらず、代金での支払が済み委任事務が終了することで委任者への残余金の引渡義務が成立するため、債権者への支払が済んで委任事務が終了した時に残余金についての引渡請求権の消滅時効が起算されている（大判昭3・5・28裁判例2巻民35頁）。

第3章　委任（準委任）　第4編　役務の取得を目的とした契約（契約各論③）

12-42　**(iii)　直接訴権が成立する場合**　復委任の場合、例えばAが甲画の売却をBに依頼し、BがAの承諾を得てCに販売を再委託し、Cが販売し代金を受け取ったとする。A→B、B→Cの引渡請求権とは別にA→Cの引渡請求権が成立する（644条の2第2項）。この場合、復受任者Cは受任者＝復委任者Bに引き渡せば、委任者Aに対する引渡義務（Aの直接訴権）も消滅する（最判昭51・4・9民集30巻3号208頁）。判例はないが、Cが代金を直接Aに引き渡せば、A→B、B→Cの引渡請求権も消滅する。

12-43　**(イ)　自己の名で取得した権利の移転義務**
　(i)　問題となる権利　「受任者は、委任者のために自己の名で取得した権利を委任者に移転しなければならない」（646条2項）。受任者が契約当事者として契約した場合の規定であり、間接代理ないし問屋に関わる規定である。販売委託の場合には代金債権、買付委託の場合には目的物の所有権が問題になり[26]、間接代理人（商法上の問屋）が破産した場合に、委託者の法的保護がこの規定によって図られることになる[27]。

12-44　**(ii)　特別の権利移転行為は不要**　民法は、物権変動について意思主義を採用しているため（176条）、買付委託により自己の名で取得した取得物につき、当然に委託者の物とする合意があると解され（補充的解釈）、受任者が目的物の所有権を取得すれば、直ちに委任者に所有権が移転する[28]。他方、

---

[26]　この場合、受任者は代理人として受領した場合も含めて、委任者のために取得した目的物を、引渡しまで善管注意を持って保管すべきである。これは特定物債権の効果というよりも（400条）、引渡しまでの保管も委任事務処理の内容であり、644条の適用による。委任が無償であれば、644条が適用されるため659条は適用すべきではないと考えられている（潮見・新各論Ⅱ 313〜314頁）。ただし、有償事業者と同じ善管注意義務まで要求されないことは、先に述べた通りである（☞ 12-18）。

[27]　破産法の代償的取戻権（破産64条）と同じ目的を持った制度であり、代償的取戻権は委任契約がある必要はない。例えば、他人の動産を無断で売却し即時取得させた場合の代金債権についても、代償的取戻権は認められる。道垣内弘人『信託法理と私法体系』（有斐閣・1996）は、イギリスの擬制信託法理を参考とした民法法理を認めようとしており、646条2項についても「物権的救済」を認める条文と解する。

[28]　大判明38・5・16刑録11輯497頁は、「委任者と受任者との間に於て初めより委任者の為めに権利を取得する約なるときは、受任者が自己の名を以て権利を取得したる場合と雖も、受任者に於て其権利を取得すると同時に其権利は当然委任者の所有に帰し、之れが為め特別の意思表示を為すの必要なし」という。その理由は意思主義であり、「受任者が委任者の為めに権利を取得し、委任者に対して之を移転する義務が完成すると同時に、当事者間に於て当然其権利を移転するの効果を生ずべき」だからである。予め取得した権利を移転する合意がある。そのような合意がない場合には、大判大3・4・24刑録20輯615頁は、横領になるかどうかが問題とされた刑事事件の事例で、また、委任か事務管理かいずれなのかが原判文から確認し難いとされており、いずれに該当しようと「反物十三反中の贈呈残高九反は被告人AがBの事務の処理上自己の名義を以て第三者より買取りたる物に外ならざるを以て、其所有権は民法第646条又は第701条の規定に依り之をBに移す意思表示なき限りは仍は被告人Aに存する」として横領を否定した。

501

販売委託で受任者が代金債権を取得した場合には、委任者は代金債権を譲渡するよう請求できるにすぎない。

12-45 **(iii) 権利移転の第三者への対抗**　差押債権者を対抗関係の第三者として認める判例・通説では、動産では引渡し（178条）、債権では467条2項の譲渡通知または承諾がない限り、受任者の債権者がこれらの権利を差し押さえた場合に対抗できないことになる。この点、大判大7・4・29民録24輯785頁は、木材の間接代理による買付につき、予め本人に効果を帰属させる意思表示そして占有改定を認め、第三者への対抗要件具備を認める。学説には、このような合意を認めるためには、代金を先に支払っていることを必要とする主張が多い（我妻・中二680頁、石田穣351頁、鈴木456～457頁）。

12-46 **◆問屋の商法上の規定**
　商法上の問屋について、商法学者は、商法552条2項によってこの問題を解決しようとする。すなわち、問屋は自己を契約当事者とするので、第三者との契約上の権利義務は問屋に帰属するが（同条1項）、同条2項に基づき、問屋・委託者間では、代理規定の準用により委託者に権利の帰属を認めている。

12-47 **(1) 買付委託の場合**
　買付委託では、買主は受託者（問屋）であるが、買い付けた商品は委託者の所有とされる。委託者は、問屋の債権者が商品を差し押えたとしても、第三者異議を主張することができ、また問屋に破産手続が開始したとしても、取戻権が認められる。判例は株式取引の事例で、何ら条文根拠を示すことなく、「問屋の債権者は問屋が委託の実行としてした売買により取得した権利についてまでも自己の債権の一般的担保として期待すべきではない」。「問屋が前記権利を取得した後これを委託者に移転しない間に破産した場合においては、委託者は右権利につき取戻権を行使しうる」と判示している（最判昭43・7・11民集22巻7号1462頁）。

12-48 **(2) 販売委託の場合**
　販売委託では、①商法552条2項によって委託者の代金債権であることを、問屋の債権者に主張できるという考えのほかに、②問屋の占有にある間は、委託者は目的物についての取戻権が認められるため、その売却による問屋の代金債権について、破産法64条の代償的取戻権が認められるという学説がある（判例はない）。②を支持したい。

12-49 **(d) 安全確保義務・説明義務など**
　(ア) 主催旅行契約　主催旅行（パック旅行）契約につき（☞12-15）、「準委任契約類似の無名契約」と位置づけた上で、主催旅行業者に、旅行者に対する付随義務としての「安全確保義務」を認めた判決がある（東京地判昭63・

12・27 判時 1341 号 37 頁)。岐阜地判平 21・9・16 裁判所ウェブサイトは、海外でのバスツアーの途中で、現地搭乗員が点呼・確認を怠ったために、ツアー客が置き去りにされた事例につき、ツアー主催者の不法行為責任を認めている。

12-50　　**(イ)　不動産仲介契約**　高額のマンション売買において、防火戸の電源スイッチがわかりにくい場所に設置され、しかもオフになった状態で、買主が引渡しを受け居住を開始したため、火災時に防火戸が作動しなかった事例がある。最高裁は、売主に「売買契約上の付随義務として、上記電源スイッチの位置、操作方法等について説明すべき義務があった」とした上で、仲介業者にも信義則上、売主の上記義務と同様の義務があったとして、「不法行為による損害賠償義務」を認めている（最判平 17・9・16 判時 1912 号 8 頁）。

12-51　**(5)　受任者の義務違反の効果**

　(a)　契約の解除

　(ア)　541 条 (542 条) による解除　一時的委任契約について、遡及効を制限する 652 条を適用せず、541 条以下による解除を認め、545 条の適用を認める主張がある（水本 346 頁）。委任契約は継続的契約関係であるので 541 条ではなく、651 条による解除による主張もある（広中 292 ～ 293 頁）。この点、541 条・542 条は、継続的契約関係である賃貸借にも適用されるので、委任契約に適用することは不合理ではない。

12-52　　**(イ)　債務不履行解除の 651 条による補完**　なお、541 条の債務不履行解除が主張されたが認められなかった場合に、判例は 651 条の解除として有効と認めており（大判大 3・6・4 民録 20 輯 551 頁──一種の無効行為の転換──）、通説もこれを支持する（鳩山・下 630 頁は反対）。請負の 641 条による解除については転用が認められていないが（☞注 11-57）、641 条の解除では損害賠償を義務づけられ、541 条の解除とは大きな差があるためである。

12-53　　**(b)　損害賠償責任**　受任者の善管注意義務違反によって委任者が損害を受ければ、416 条の範囲で賠償請求ができる。例えば、誤った鉱山の調査報告に基づき依頼者がその土地を買い取ったが、調査結果ほどの鉱物が存在しなかった場合、依頼者は、正しい報告がされていれば当該土地を買い取ってこれを開発することはなかったといえるから、これらに要した費用を損害として賠償請求することができる。また、保護義務や説明義務に違反して委任者

§Ⅱ 委任の効力

の生命や身体を侵害すれば、委任者（死亡の場合は、その相続人）は、これ
により生じた損害の賠償を請求できる。

2 委任者の義務

12-54 **(1) 有償委任における報酬支払義務**

(a) 報酬の支払時期など

(ア) 報酬の請求が可能な場合 民法上「受任者は、特約がなければ、委任
者に対して報酬を請求することができない」(648条1項) と規定されてお
り、委任は無償が原則とされている (643条)。受任者が商人の場合には、「そ
の営業の範囲内において他人のために行為をしたときは、相当な報酬を請求
することができる」(商512条)。

12-55 **(イ) 結果実現は不要** 委任では、事務処理行為に対して報酬が支払われる
のであって、請負のように、結果実現に対して報酬が支払われるのではな
い。そのため、訴訟を受任した弁護士が敗訴したり、治療契約をした医師が
治療に成功しなくても、受任者が善管注意義務を尽くして委任事務処理をし
た以上は、債務不履行はなく、受任者には報酬請求権が認められる。判例
上、受任者の報酬請求権が問題となっているのは、ほとんどが弁護士と宅地
建物取引業者の事例である。現在は、弁護士への訴訟委任における成功報酬
の特約も可能である（弁護士費用の自由化）。

12-56 **(ウ) 報酬支払時期・方法** 報酬支払の時期・方法については、後払いの原
則があり、「受任者は、報酬を受けるべき場合には、委任事務を履行した後
でなければ、これを請求することができない」(648条2項本文)。「期間によっ
て報酬を定めたときは」（アパートの管理委託など）、624条2項が準用さ
れ (648条2項)、その期間を経過した後に、請求することができる。仲介業
者の仲介により売買契約が成立して報酬請求権が生じた以上は、その後に売
買契約が当事者間で解除されても、仲介業者の報酬請求権には影響はない
(大阪高判昭56・10・30判時1043号123頁など)。

12-57 **(b) 中途終了の場合**

(ア) 委任事務処理に応じた報酬が支払われる場合 労務提供型の契約の中
途終了事例においては、役務給付の割合に応じて報償支払義務を認めるの
が、現行法の基本的立場である（☞10-25、11-103）。委任においても、

504

第3章　委任（準委任）　第4編　役務の取得を目的とした契約（契約各論③）

「受任者は、次に掲げる場合には、既にした履行の割合に応じて報酬を請求することができる」と規定されている（648条3項）[29]。

> ①　「委任者の責めに帰することができない事由によって委任事務の履行をすることができなくなったとき」（1号）
> ②　「委任が履行の中途で終了したとき」（2号）

　例えば、訪問介護サービスの利用者が、①入院したのでその期間介護サービスを受けられなかった（1号）、または、②月の途中で死亡した場合（2号）、介護事業者は、日割り計算してすでになした介護サービス分の報酬を請求できる。

12-58 　**（イ）　成果等に対して報酬が支払われる場合**

　（ⅰ）　成果等に対して報酬が支払われる委任　改正により「成果等に対する報酬」と題して、648条の2の規定が新設された。「委任事務の履行により得られる成果に対して報酬を支払うことを約した場合において、その成果が引渡しを要するときは、報酬は、その成果の引渡しと同時に、支払わなければならない」（同条1項）。例えば夫の浮気を疑う妻が、探偵事務所に浮気調査を依頼した場合、特約がない限り、その調査報告書を作成しこれを引き渡して初めて報酬を受けられることになる（同条1項）。また、不動産売買の仲介契約もこの類型である（☞12-11）。

12-59 　**（ⅱ）　634条が準用される**　この類型の委任については、請負についての634条が準用されている（648条の2第2項）。したがって、委任者が利益を受ける場合には、受任者はその利益に応じて報酬を請求できる。改正前の判例は、仲介の相手方と売主が直接に交渉をして、仲介業者を排して当事者で売買契約を締結した事例において、130条を適用し、仲介業者に全額の報酬請求を認めていた（最判昭45・10・22民集24巻11号1599頁）。現行法は判例を改めたことになる。

---

29)　この問題につき、大塚智見「委任の中途終了時における受任者の報酬」上智法学論集64巻3＝4号（2021）245頁以下参照。

§Ⅱ　委任の効力

12-60　**(2)　委任者のその他の義務**

(a)　費用前払義務

(ア)　費用前払請求権の意義　「委任事務を処理するについて費用を要するときは、委任者は、受任者の請求により、その前払をしなければならない」（649条）。前払いを請求できるのは、委任事務を処理するために要する費用である。商品の購入を依頼する場合の購入に必要な代金（大判大7・2・13民録24輯254頁）、遠方での調査の場合の旅費、調査のためにかかる通信費のほか、例えば、手形の不渡り防止のため、銀行に異議申立手続を委託する場合、手形債務者が銀行に預託すべき金員も、前払費用と認められている（最判昭45・6・18民集24巻6号527頁）[30]。

12-61　**(イ)　前払いまでの履行拒絶権**　特約がない限り、受任者は立替払いを義務づけられない。前払いを受けた金銭を使って委任事務処理をするのであるから、費用の前払いが先履行であり、「委任者が受任者の請求に応じないときは、受任者は、委任事務の履行を拒むこともできる」（最判昭47・12・22民集26巻10号1991頁［☞12-69］の傍論）。前払請求権は、委任事務処理の履行拒絶権を導く点に意義があり、請求しても支払わないと履行遅滞になって遅延損害金が発生するとまで考えるべきではない——541条の解除は可能——。費用が確定していない場合には、概算で請求して後に清算することになる。委任者からの費用前払請求権を受働債権とする相殺は可能である。

12-62　**(b)　費用償還義務および代弁済義務**

(ア)　費用償還義務

(i)　委任事務処理費用　「受任者は、委任事務を処理するのに必要と認められる費用を支出したときは、委任者に対し、その費用及び支出の日以後におけるその利息の償還を請求することができる」（650条1項）。受任者は委任者の事務の処理を行うのであり、弁済費用（485条）として受任者が負担する

---

30)　**＊受領した前払費用の返還義務**　受任者が費用の前払いを受けている場合、委任事務処理が終了したならば前払金を清算した残額を返還すべきである。では、いまだ事務処理中に、委任者の債権者が、前払金の返還請求権を差し押さえたら、その後の事務処理費用を前払金から差し引くことができなくなるのであろうか。最決平18・4・14民集60巻4号1535頁は、前払費用の返還請求権は、「当該委任事務の終了時に初めてその債権額が確定する」ものであり、「同請求権が委任者の債権者によって差し押さえられた場合であっても、受任者は、当該委任事務が終了しない限り、委任事務の遂行を何ら妨げられるものではなく、委任事務の処理のために費用を支出したときは、委任者から交付を受けた前払費用をこれに充当することができる」ものとした。停止条件付き債権であり、適切な判断である。

ものではない。「委任事務を処理するのに必要と認められる費用」とは、「受任者が各場合の事情に省み相当の注意の下に必要と認めたる費用と云ふの意味にして、客観的の標準を執て以て必要の存否を律するの趣旨に非ず」とされている（大判昭2・1・26 裁判例2巻民100頁）。

12-63　(ii)　**受任者の保護**　無償委任が基本になっており、650条1項は受任者の保護に配慮した規定である。費用償還請求権は期限の定めのない債権であり、本来であれば請求によって遅滞に陥るが（412条3項）、直ちに利息の償還請求ができる。解除の原状回復義務のように、受任者に不利益を負担させない趣旨である（665条により寄託に準用されている。442条2項・459条2項も同趣旨）。

12-64　(iii)　**有償委任**　有償契約である請負には、請負人に費用償還請求権は認められていない。650条1項は、無償委任には全面的に当てはまるが、有償委任では、必要な費用は報酬に算入して料金（報酬）が算出されていることが多く、報酬に含まれている費用を報酬とは別に請求することはできない。例えば、宅建業者が仲介のために費やした費用は原則として報酬に含まれており、報酬とは別に費用償還請求することはできない（大阪地判昭44・8・6判時591号91頁）。有償委任については、費用は別途清算という特約がない限り、受任者は委任者に費用償還請求はできないと解すべきである。

12-65　**(イ)　代弁済義務および担保提供義務**

　(i)　**免責請求権**　「受任者は、委任事務を処理するのに必要と認められる債務を負担したときは、委任者に対し、自己に代わってその弁済をすることを請求することができる。この場合において、その債務が弁済期にないときは、委任者に対し、相当の担保を供させることができる」（650条2項）。例えば、AがBにCからの甲画の買付けを依頼し、Bが自己の名でCから甲画を100万円で購入する契約をしたとする。Bは、Aに対してCに代金を支払って自分の債務を消滅させるよう請求できる（いわゆる**免責請求権**）。受任者Bには、以下の3つの段階ごとに権利が認められることになる。

---

① 履行前　費用前払請求権（649条）
② 履行後
　　ⓐ 債務未払い　代弁済請求権（650条2項）

§ II 委任の効力

> ⓑ 債務支払い後 費用償還請求権 (同条 1 項)

12-66 **(ii) 本規定の趣旨** この規定の制度趣旨をどのように理解するかは、学説の理解が一致していない。その理解の違いにより、委任者 A が受任者 B に対して金銭債権を有する場合に、受任者の代弁済請求権を受働債権として相殺をすることができるか──また、B から代弁済請求権を自働債権とする相殺ができるか──、結論が異なる。

12-67 **❶ 便宜的規定説──両者からの相殺肯定** まず、受任者が自分に支払ってもらった上で自ら相手方に支払う手間を省いただけの便宜的規定と考えるのが通説である (便宜的規定説)。「代弁済請求権はもっぱらこの便宜のために認められるもので、それ以上ではない」といわれる (民法コンメ⑭4 頁 [稲本洋之助])。この理解では、受任者の委任者に対する相殺も、委任者から受任者への相殺も、いずれも認めて差支えないことになる (我妻・中二 684 頁)。受任者は 649 条の前払請求権も有しているとすると、これとの相殺はできるので、650 条 2 項のみ禁止しても意味がない。

12-68 **❷ 免責請求権説──委任者からの相殺はできない** 大判大 14・9・8 民集 4 巻 458 頁は、委任者からの相殺を否定し、最判昭 47・12・22 (☞ 12-69) はこれを引用して、12-71 のように委任者からの相殺を否定する (川井 309 頁は賛成)。その理由は、委任者の受任者に「損失を被らせることのないようにはかる義務」であり、単なる金銭債権ではなく自己の債務を消滅させる免責請求権であって、相殺適状は認められないこと、もし委任者による相殺が認められてしまうと、免責を受けていないのに──B は C に対する代金債務を負担したまま──免責請求権を失うことになって不合理であることなどである。受任者からの相殺は許されることになる (判例には、受任者からの相殺について判断をしたものはない)。

12-69 > **●最判昭 47・12・22 民集 26 巻 10 号 1991 頁 [判旨① (代位弁済請求権は通常の金銭債権ではない)]**「委任契約は、通常、委任者のために締結されるものであるから、委任者は受任者に対しなんらの経済的負担をかけず、また損失を被らせることのないようにはかる義務を負うものであるところ」、650 条 2 項により「受任者の有するこの代弁済請求権は、通常の金銭債権とは異なる目的を有するものであって、委任者が受任者に対して有する金銭債権と<u>同種の</u>

第3章 委任（準委任）　第4編　役務の取得を目的とした契約（契約各論③）

目的を有する権利ということはできない。したがって、委任者が受任者に対する既存の債権をもって受任者の代弁済請求権と相殺することは、同法505条1項の相殺の要件を欠くものとして許されない」。

12-70　　[判旨②（債務免脱の目的を達していない）] 委任者からの「相殺が許されるものとすれば、受任者は、第三者に対する債務の弁済のための資金の調達を要することとなり、かかる相殺によっては、受任者の債務免脱の目的はなんら果されないわけである。また、受任者が第三者に対し、自己の資金をもって債務を支払ったときは、それは委任者との関係では委任者のため費用を立替えて支払ったことにな……るが、受任者は、特約のないかぎり、委任者との関係では自己資金をもって委任事務処理に要する費用をみずから立替払をする義務を負うものではない」。

12-71　　[判旨③（結論――委任者からの相殺禁止）]「しかるに、前述のような相殺を許すとすれば、受任者に自己資金をもってする費用の立替払を強要する結果となり、右各法条を設けた趣旨が完うされ」ず、「それは、既存債権を自働債権とし、未だ発生しない将来の費用償還請求権を受働債権とする相殺を許すのと同一の結果を認めることになり、相殺が双方の債務の対立とその弁済期の到来を要件とする趣旨に反する」。「要するに、同条2項前段の代弁済請求権は、通常の金銭債権とはその目的を異にしている」。

12-72　**◆判例への疑問**

　　相殺適状そのものが否定されるのであれば、受任者からの相殺もできないはずである。それとも相殺適状を相対的に考えるのであろうか。また、649条の費用前払請求権は依然として存続しているはずであり、これとは相殺適状が認められ委任者からの相殺もできるはずである。費用前払請求権が相殺で消滅したのに、代弁済請求権は存続するというのは不合理である。650条2項の受任者の利益保護を貫徹するのであれば、同項の代弁済請求権の成立により649条の前払請求権は消滅すると考える必要がある。

12-73　**◆第三者（債権者）保護説――両者の相殺ができない**
　　(1) 直接訴権に代わる制度

　　❶❷に対して、異説がある。三宅教授は、650条2項を第三者たる債権者Cを保護する規定であると考えている。「相手方が受任者に通知した上で委任者に対し裁判上または裁判外で直接の請求をすれば、その後に受任者が代弁済請求権を放棄し、または委任者から弁済資金を受領するなどにより、代弁済請求権が消滅してもこれを相手方に対抗することができない」、「受任者の債務は、相手方が委任者に直接請求をしても、委任者が相手方に弁済するまでは消滅せず、相手方は同時に受任者及び委任者に対し弁済を請求できる」と述べる（三宅・各論下巻

509

992 ～ 993 頁）。本書もこれに賛成する（B にとっては免責請求権でもある）。

12-74

(2) 代理形式とのバランス

代理の場合には、C は A に対して代金債権を取得し、B が無資力でも C は不利益を受けない。しかし、間接代理の場合には、C は B に対して代金債権を取得し、B の A に対する前払費用請求権しかないとすると、これは B が倒産したら B の債権者の責任財産になってしまう。費用前払請求権につき C に直接訴権を認めることも考えられるが、これに代えて代弁済請求権により C の債権を保護したのである。C への弁済しか請求できないので、B の債権者が差し押さえたり代位行使をしても無意味である。必ず C に代金が支払われる仕組みにされているのである。

12-75

(3) いずれからの相殺も禁止

この考えでは、委任者 A からの相殺も、受任者 B からの相殺も、C が A から回収できなくなるので 650 条 2 項の趣旨に反し、認められない。相殺適状が否定されるべきであり、また 650 条 2 項の代弁済請求権が成立すれば、649 条の前払請求権は消滅すると考えるべきである。この結果、B は 650 条 2 項と 649 条の 2 つの権利を選択できるのではなく、C に弁済して 650 条 1 項の費用償還請求権を取得しない限りは、A に対して C への支払しか請求できない。

12-76

(c) 受任者が委任事務処理のために受けた損害の賠償義務

(ア) **好意に基づく無償の受任者保護規定**　「受任者は、委任事務を処理するため自己に過失なく損害を受けたときは、委任者に対し、その賠償を請求することができる」（650 条 3 項）[31]。649 条・650 条 1 項・2 項とパラレルな、受任者に経済的負担をかけさせまいとする趣旨の規定と考えられている（我妻・中二 684 頁、川井 310 頁）。受任者は費用のみならず損失も負担すべきではなく、委任の利益を受ける委任者に負担させるのが公平である[32]。

12-77

(イ) **適用要件①──無過失**　例えば、知合いの子供 A を預かった B が、散歩中に、野良犬が A に襲いかかってきたので A を守って自分が噛み付かれた場合、受任者 B は委任者に治療費の支払を求めることができる。650

---

31) 650 条 3 項をめぐって詳しくは、一木孝之「受任者の経済的不利益等に対する委任者の填補責任(1)(2)」國學院法学 45 巻 2 号（2007）1 頁以下、46 巻 1 号（2008）1 頁以下参照。

32) 起草者が 650 条 3 項の損害として挙げている例には、自己の商業の資本である金銭を用いたために利益を減じた場合や、委任事務処理のために自己の仕事を休んだといったように、得べかりし利益の喪失である。また、この規定の根拠については何も説明がされていない（梅 748 頁）。損害は、必ずしも委任者が予見しまたは予見しうべきものであることを要しないといわれている（磯谷・下 683 頁、鳩山・下 624 頁、沼・下 143 頁、石田文 180 頁）。

第3章　委任（準委任）　第4編　役務の取得を目的とした契約（契約各論③）

条3項が適用されるためには、「委任事務を処理するため自己に過失なく損害を受けた」ことが必要である[33]。上記の例でBがAへの襲撃を防ぐことができず、Aが噛み付かれても適用がある（新版注民⑯277頁［明石］）。

12-78　◆有償委任に適用されるか

①通説は、650条3項の有償委任への適用を認めている（我妻・中二681頁以下、三宅・各論下995頁、広中284頁、新注民⑭315頁［一木］）。ただし、有償委任では報酬に危険の代償が含まれているので、報酬額を考慮して賠償額が決められるべきことが提案されている（新版注民⑯277頁［明石］）。②他方、有償委任への適用を否定する学説もあり（来栖527～529頁、石田穣357頁、半田453頁）、本書は否定説に賛成する。なお、いらぬお節介から本人を保護する必要があり、事務管理には本規定は準用されていない。ただし、法的に契約と認められない合意に基づく好意的行為についても、本条を類推すべきである（☞債権各論Ⅱ1-43）。

12-79　**(ウ)　適用要件②——委任事務を処理するため**

❶　広く理解する学説　650条3項の「委任事務を処理するため」に受けた損害には、どのようなものが含まれるのかは議論がある。①まず、「委任事務を引き受けなかったならば生じなかったであろうと考えられる全ての損害」を含むと考える学説がある（我妻・中二685頁）。この立場によれば、委任事務処理のため電車で移動中に、電車内で暴漢に切りつけられたり、強盗にあった損害も含まれる（同旨として、末川・下211頁）。

12-80　**❷　適度な範囲に限定する学説**　これに対して、通説は、この委任事務処理の「ため」とは、「際し」よりも狭く、委任事務処理のために必要な、上記の移動中の怪我や、盗難による損害は含まれないと考えている（石田穣357頁等）[34]。有償委任にも適用されるので、広く解すべきではないという説明もされている（新版注民⑯277頁［明石］）。本書は、無償委任に限定するが、受任

33）　受任者の過失としては、子供を預かった例でいうと、①委任事務処理に過失がある場合として、公園で野良犬がうろついているのを確認しておきながら、襲ってはこないだろうと公園で子供を遊ばせた、②損害の発生自体に過失がある場合として、犬が襲ってきたので、子供の手を引き、慌てて逃げようとしたところでドブに落ちた、また、③損害の拡大に過失がある場合として、犬に噛み付かれたが大したことはないと思い、すぐに病院に行かなかったため、治療が長引いたなどの事例が考えられる。650条3項の責任が否定される過失は「委任事務を処理するため」についての過失に限られ、①②は含まれるが、③の損害の拡大についての過失は含まれず、責任は認めた上で過失相殺がされるべきである。

34）　新注民⑭314頁［一木］は、650条3項の原案が「委任事務を処理するに当り」とされていたのを、広汎にすぎることから、「委任事務を処理するため」と変更され、その際の法典調査会での議論から、「委任を原因として被った損害＝直接損害」の賠償は請求できるが、「委任の際に（偶然）被った損害＝間接損害」に関しては、救済を与えられないという。

511

者も好意で引き受けた以上、ある程度のリスクは引き受けるべきであり、制限的な解釈に賛成したい。

12-81 **(エ) 損害賠償の内容** 650条3項では、賠償されるべき受任者が受けた損害の範囲について、特に制限はない。身体侵害に限らず、財産侵害も含む。12-77の犬に嚙み付かれた例でいうと、治療費のみならず、休業逸出利益や後遺障害逸出利益も賠償されるべきである。慰謝料については、制裁的な性質を持つ賠償金であるので650条3項の損害に含めるべきではない。なお、金額が巨額になる場合には、公平の観点からの減額を考える余地がある（実質、公平責任としての運用）。

12-82 **(d) 協力義務** DCFR IV.D.-2:101条は、委任者は、受任者から情報の提供を求められたならば、受任者が委任契約上の債務の履行のためにその情報が必要な限り、その情報を提供することを義務づけられること（同条(a)項）、また、委任契約上の債務の履行に関する指図が受任者により求められた場合、D.-4:102条により求められている指図である場合には、必要な指図を与えることを義務づけられるものと規定する（(b)項）。日本の民法には規定がないが、受任者の履行に対する協力義務として認めることができる。

§Ⅲ
委任の終了

1 任意解除（告知）

12-83 **(1) 任意解除権の立法趣旨——有償委任にも適用されるか**

(a) 民法の任意解除権の規定

(ア) 民法の規定の確認 委任契約は、「各当事者がいつでもその解除をすることができる」が（651条1項）、この規定に基づいて委任の解除をした者は、①「相手方に不利な時期に委任を解除した」（1号）または、②「委任者が受任者の利益（専ら報酬を得ることによるものを除く。）をも目的とする委任を解除した」（2号）場合には、「相手方の損害を賠償しなければならない」（同条2項本文）。ただし、「やむを得ない事由があったときは、この限りでない」ものとされている（同項ただし書）[35]。実際には、例えば結婚式場との間

第3章　委任（準委任）　第4編　役務の取得を目的とした契約（契約各論③）

の式場利用契約では、契約でキャンセル料が定められている。

12-84　**◆特定継続的役務提供契約**

　　いわゆる特定商取引法（特商法）は、施行令により指定された7つの役務（エステティック、美容医療、語学教室、家庭教師、学習塾、パソコン教室、結婚相手紹介サービス）について、政令で定める期間と金額を超える内容の「特定継続的役務提供契約」については、8日間のクーリングオフの権利とは別に、8日を経過した後においては、「将来に向かってその特定継続的役務提供契約の解除を行うことができる」と規定している（同法49条1項）。また、中途解約の場合の損害賠償額の予定または違約金の定めについて、①特定継続的役務の提供開始後の解除の場合に、既提供役務の対価に相当する額と通常生ずる損害の額、②特定継続的役務の提供開始前の場合に、契約の締結および履行のために通常要する費用の額として政令で定められる額に対する法定利率による遅延損害金の額を加算した金額を超える額の支払請求を禁止している（同条2項）。

12-85　**(イ)　委任で解除が認められるべき事例**　まず、委任において解除が許されるべき事例を整理してみよう。本来、無償を前提とした651条は、下記1①②に対応し、2①は541条・542条により規律され、2②③については法の欠缺がある。

> 1　無償委任──委任者への好意による事例
> 　①　委任者による任意解除　委任者が委任事務処理をしてもらう必要がなくなったら、いつでも自由に解除ができる（651条1項）。
> 　②　受任者による任意解除　受任者に解除して契約から解放されることを認める必要がある（651条1項）[36]。受任者は損害賠償責任を負わないが、特に不利な時期の解除は例外（同条2項）。
> 2　有償委任──委任者のためであるが、受任者も報酬を得られる事例
> 　①　債務不履行解除　委任者からも受任者からも債務不履行を理由に委任契約が解除できる（541条・542条）[37]。

35）　旧民法財産取得編252条は、「委任者のみの利益の為めに委任せし代理の廃罷は謝金を諾約したるときと雖も委任者は何時にても随意に之を為すことを得」と規定していた。委任者の利益のためだけの委任に限られ、反対解釈すると受任者の利益も目的としている場合には、委任者は任意解除ができず、また有償委任であってもよいことになる。

36）　DCFR IV.D.-6:104条(2)項は、無償委任の場合に、受任者は相当の期間を定めて通知をすることによって委任関係を解消することができると規定する。DCFR IV.D.-6:101条(6)項は、正当な事由によらない解消も有効でるが、相手の損害を賠償すべきものとしており、先の規定による解消では、損害賠償を免れることになる。

513

§Ⅲ　委任の終了

> ② **委任者による任意解除**　委任者の自己決定権を尊重し、委任者による解除は有償契約についても認められるべきである[38]。ただし、請負の641条に対応する賠償規定がない[39]。
>
> ③ **受任者による任意解除**　受任者については、契約の拘束力は原則通りでよい。やむをえない事由があれば解除と認めてよいが[40]、これを実現する規定はない。

12-86　　**(ウ)　問題点の整理**　2②③の場合の法の欠缺をどう埋めるのかが問題である。ⓐ 641条を類推適用し、有償委任者にのみ任意解除を認め——有償受任者には認めない（628条の類推適用は可能）——、受任者が報酬を失うことによる損害の賠償を認めることが最も適切である。ⓑしかし、判例・通説は、651条を有償委任にも適用している。有償の受任者も任意解除ができ（2③関係）、他方で、報酬を失った有償受任者は損害の填補を受けられない

37)　DCFR IV.D.-6:103条(1)項は、本人は特別かつ重大な理由がある場合には、告知期間を置かずに委任関係を解消できるものと規定し、また同6:105条(1)は、受任者は、特別かつ重大な理由がある場合には、告知期間を置かずに委任関係を解消できるものと規定する——(2)項(b)は、本人の死亡または無能力等を特別かつ重大な理由とする——。債務不履行に限らない。

38)　DCFR IV.D.-1:104条(1)項は、有償委任を前提としつつ、委任者（本人）は、受任者に対する通知により——予告期間は必要とされていない——、いつでも委任を撤回することができると規定する（それとは別に、同6:101条(1)項は、委任はいつでも両当事者から解消できることが規定されている）。ただし、同105条（☞注12-37）の場合を除き、また同条(3)項は、同規定の要件を満たさない場合には、本人の不利に撤回を排除したり、効果を制限また変更したりすることはできないと規定する。したがって、受任者のための委任といった事情もないのに、撤回権を排除・制限することはできず、強行規定ということになる。

39)　スイス債務法404条1項は、委任者による任意の撤回、受任者による任意の解約権を認めており、判例によって本規定は強行規定性が認められている。しかし、本規定については、有償委任についても同様に理解することは適当ではなく、受任者の報酬利益、継続性の利益が考慮されていないと批判がされている（蓮田哲也「スイス債務法における信頼関係と契約上の利益からみる委任の終了と継続」日法88巻4号［2023］558頁以下）。同条2項は、不利な時期に任意の撤回・解約がされた場合に、それによって生じた損害の賠償義務を規定しているが、有償委任の報酬はこの損害には含まれないと考えられている（同554頁以下）。

40)　医師のように法律上契約締結義務がある場合には、正当理由がない限り解除は認められない。また、在学契約は、学生からの解約（退学）は自由であるが、大学などからの解約（退学措置）は正当理由がなければ認められない。なお、入院を伴う医療契約において、入院の必要性がなくなり通院による治療が適切な状態になったにもかかわらず、患者が退院をしない事例について、病院からの退院請求につき、「入院を伴う診療契約は、病院の入院患者用施設を利用して、患者の病状が、通院可能な程度にまで回復するように、治療に努めることを目的とした私法上の契約であり、医師が、患者の病状が、通院可能な程度にまで治癒したと診断した場合に、同診断に基づき病院から患者に対し退院すべき旨の意思表示があったときは、医師の上記診断が医療的裁量を逸脱した不合理なものであるなどの特段の事由が認められない限り、入院を伴う診療契約は終了し、患者は速やかに入院患者用施設である病室から退去する義務を負う」（岐阜地判平20・4・10裁判所ウェブサイト）。

第3章　委任（準委任）　第4編　役務の取得を目的とした契約（契約各論③）

ことになる（2②関係）。651条による立場では、この問題をどう克服する
かが課題になる（新注民(14) 320頁以下［一木］参照）。

　なお、委任契約も継続的な契約関係であるから、解除は将来に向かって発生
する（652条）。

12-87　**(b)　学説の状況**

❶　**651条無償委任限定説——641条の類推適用**

　(ア)　無償受任者を解放する制度　学説には、651条の任意解除権は無償委
任ということから、受任者のために契約の拘束力を弱めたものであり——委
任者からの解除にも適用してよく、無償なので受任者にとって不都合はない
（免除に等しい）——、無償委任にのみ適用されるという考えもあるが少数
説である（広中284頁以下、292頁）。この説では、ⓐ請負型には641条、ⓑ雇
用型には627条・628条が適用され、ⓒ賃貸借的要素を含むものについて
は賃貸借の解除に関する準則が用いられる。本書もこれによる。期間を定め
ても、使用貸借とは異なり受任者は自由に解除ができる。

12-88　**(イ)　有償委任の処遇**　12-85の2③のように、有償委任であっても請負
同様に委任者が受任者の損害を賠償して、いつでも解除ができるべきであ
る。不要になった仕事や委任事務処理を押し付ける必要はない。無償委任を
念頭に置いた651条は、不利な時期の解除にのみ例外的に損害賠償を義務
づけているにすぎず、641条の代用とはならないので、有償委任には641
条を類推適用すべきである。したがって、委任者からの解除のみが認めら
れ、有償受任者からの解除は認められない（628条は類推適用可）[41]。

12-89　❷　**651条有償委任適用説——信頼関係説（通説・判例）**

　(ア)　信頼関係に解除を根拠づける　通説は、委任が当事者の信頼関係を基
礎とすることに651条を基礎づけ、有償委任にも適用する（末川・下219頁、

---

41)　DCFR IV.D.-6:101条(1)項は、委任は、当事者のいずれからも、いつでも解消することができることを
規定し、同条(5)項は解消が正当である場合には（同条(7)項に正当な場合を列挙）損害賠償義務を負わないこ
とを確認し、同条(6)項は、解消が正当ではない場合でも、解消は有効であるが、相手方は損害賠償を請求す
る権利を有するものと規定する。
　告知期間については、不特定期間の委任または特定の事務を目的とする委任の場合には、合理的な期間を
定めて通知をすることが必要であるが（同6:102条(1)項）、本人は、特別かつ重大な理由がある場合には、
通知期間を置くことなく委任を解消できる（同6:103条(1)(2)項）。受任者の死亡また無能力は、重大な理由に
なる（同条(3)項）。また、本人また受任者の相続人は、特別重大な理由があれば委任を解消することがで
きる（同7:102条(2)項）。

515

§Ⅲ　委任の終了

内田 294 頁）。判例も、651 条の根拠につき、「委任は当事者双方の対人的信用
関係を基礎とする契約なるを以て、自己の信任せざる者をして其事務を処理
せしむること能はざると同時に、自己の信任せざる人の事務を処理するは受
任者の人情として堪へ難き所なりとす」と説明する（大判大 9・4・24 民録 26 輯
562 頁。最判昭 58・9・20 判時 1100 号 55 頁も同様）。これは起草者の説明（梅 752 頁）
を援用しただけである（651 条の根拠づけにつき、新注民⑭ 318 頁以下［一木］参照）。

12-90　（イ）　問題点と検討

（ⅰ）　情義的信頼関係　❶説も委任が信頼関係であることを否定するもので
はない。これを 651 条の解除の根拠にすることを否定するにすぎない[42]。
ローマ法以来、無償委任の信頼関係というのは、日本でいう情義的関係の趣
旨である。情義的関係から、助け合いの精神で無償にて他人のために事務処
理を約束した場合、有償取引のように拘束させるべきではなく、委任者に特
に不利な時期でなければ受任者が義務を免れることを認めたものである。

12-91　（ⅱ）　有償委任者の解除は保障されてよい　請負同様、不要な契約を強制せ
ずに損害賠償で解決することを認めることの合理性があり、それゆえに損害
賠償を要件とする解除が認められるのである。信頼関係を理由とすると、不
信行為があった場合に解除を認めることは説明できるが、651 条が何も解除
原因を制限しておらず、単にいらなくなった、気が変わったという無理由解
除を認めていることの理由を十分説明できない[43]。

12-92　（ⅲ）　結論の問題点　651 条適用説によれば、①同条は有償委任にも適用さ
れるが、有償委任でも特に不利な時期の解除でなければ損害賠償義務は認め
られず、また、②有償受任者からも自由な解除ができることになる。この
点、後者は特に制限解釈の提案はないが、前者については、有償委任ではい
つ解除しても報酬を失うことになるので、常に不利な時期での解除として運
用する提案があった（鈴木 458 頁。新版注民⑯ 279 ～ 280 頁［明石］もほぼ同旨）。しか
し、現行法はあえて 651 条 2 項 2 号の括弧書で有償委任というだけでは賠

42）　判例も、最判昭 56・1・19（☞ 12-102）が、「委任者の意思に反して事務処理を継続させることは、委
　　任者の利益を阻害し委任契約の本旨に反することになる」ことを解除の根拠としており、信頼関係といった
　　説明によっていない点は注目される。
43）　この点につき通説を批判し、「効率性」を問題にするものとして、丸山絵美子「契約における信頼要素
　　と契約解消の自由(1)～(7・完)」専法 82 号 73 頁、86 号 55 頁、89 号 1 頁、91 号 67 頁、92 号 89 頁、95
　　号 75 頁、96 号 51 頁（2001 ～ 2006）がある。

516

第3章　委任（準委任）　第4編　役務の取得を目的とした契約（契約各論③）

償が認められないと明記したため、同項による可能性は閉ざされた。

12-93　**(2)　651条2項の損害賠償**

　(a)　無償委任の場合　651条1項による解除者は、次の場合には相手方に対して損害賠償義務を負う（同条2項）。②については、12-106に述べる。

---

① 「相手方に不利な時期に委任を解除したとき」（1号）
② 「委任者が受任者の利益（専ら報酬を得ることによるものを除く。）をも目的とする委任を解除したとき」（2号）

　無償委任の場合、委任者の解除は債務免除に等しく、受任者の損害賠償を考える必要はない。他方で、受任者の解除では、委任者が損害を被ることが考えられる。例えば、Aが海外に1年滞在している間、Aが所有する一軒家の管理をBに依頼していたところ、超大型台風によって建物が被害を被ったが、Bが面倒なので解除したとする（自分勝手な解除）。Aが代わりに管理してもらう者を探す前に、雨漏りによって建物や内部の家具などが傷んだ場合、Bは1号に基づきその被害の損害賠償義務を免れない。

12-94　**(b)　有償委任の場合**

　❶　無償委任限定説　651条の適用を無償委任に限定する考え（☞12-87）では、問題の解決は簡単である。①まず、有償受任者には任意解除権は認められず——期間が定まっていない場合に相当の予告期間を置いた解除は可能——、やむをえない事情がある場合にのみ即時解除を認めてよい（628条類推適用）。例えば、受任者が契約後に事故にあって負傷して履行ができなくなったといった場合である。②他方で、有償委任者には、641条同様にその自己決定権を保障すべきである。ただし、継続的役務給付の事例では予告期間を置くことが必要である[44]。この点、式場のキャンセル料のように、事業者側が約款により一定額の支払義務を定めることが多く、消費者契約法9条1号が問題になる。

12-95　**❷　有償委任適用説**　通説・判例（☞12-89）では、有償受任者にも契約期間が定まっていようと、即時の任意解除が認められる。委任者に損害が発生しても特に不利な時期での解除でない限り、損害賠償義務はないことになる（我妻・中二690頁）。現行法も、この点は変更していない[45]。また、有償委

517

§Ⅲ　委任の終了

任者も、やはり契約期間が定まっていようと任意解除ができ、特に不利な時期でない限り損害賠償を義務づけられないことになる。そうすると、式場のキャンセル料や、受講契約の中途解約の解約金を規定する条項は、民法にない義務を定めたことになり、消費者契約法 10 条の適用が問題になる。

12-96 ### (3)　651 条の解除が制限される場合──受任者の利益のためにする委任

(a)　解除権を放棄する特約も有効　651 条の解除をしないという特約は有効である[46]。ただし、やむをえない事由がある場合にまで解除をしないという約束の効力を認めるべきではない（末川・下 217 頁）。私立学校の校長の委託契約を委任契約と認めた上で、不解除特約があったにもかかわらず、やむをえない事由があるとして解除を認めた判例がある（大判昭 14・4・12 民集 18 巻 397 頁）。特約に反して当事者が解除した場合の解除の効力については議論がある。①解除を無効と解することも可能であるが、②解除は有効であって、解除をした者は特約違反による損害賠償義務を負うという考えもある（来栖 551 ～ 552 頁、石田穰 361 頁）。①か②かは特約の解釈によるべきである。

---

44)　**＊相当の予告期間が必要**　X が韓国法人 Y から日本国内における会社設立などを委任され、Y の日本進出計画を成功させるための活動をしてきたにもかかわらず、Y が一方的に委任契約を解除したため多大な損害を被った旨主張し、主位的には不法行為による損害賠償請求、予備的には債務不履行責任または 651 条2 項の委任契約解除に基づく損害賠償請求を求めた事案で、東京高判平 18・10・24 判タ 1243 号 131 頁は、次のように旧 651 条 2 項の類推適用を認める。
　「本件契約は、日本において Y の事業目的を営業する子会社である本件会社の設立を目的とし、その事務内容は複雑で専門性があり、X は、その準備のために事業計画を詳細に検討し、A ら従業員を雇用し、委任事務に専従してきたと認められるから、このような場合には、Y が本件契約を解除するには相当の予告期間をおく必要があり、相当の予告期間をおかずに解除すれば、民法 651 条 2 項本文を類推して、Y は、X に対し、相当の予告期間中の報酬を損害として賠償する責任がある」（少なくとも 1 月の予告期間を置く義務があったという）。
　税理士顧問契約の依頼者側の解除について、最判昭 58・9・20 判時 1100 号 55 頁は、相当の予告期間を置くことも、相当期間の報酬を賠償させることも認めない。雇用でも 627 条の予告期間、賃貸借でも 617 条 1 項の予告期間が必要であり、予告期間を置かない場合には、予告期間分の報酬については 536 条 2 項を適用すべきである。寄託については、注 13-18 参照。
45)　改正後も報酬は賠償されるべき損害ではないと考えられているが（松尾博憲＝山野目章夫『新債権法が重要判例に与える影響』［金融財政事情研究会・2018］178 頁［松尾］）、受任者の報酬を保証する特約またはこれを認めるべき特別の事情がある場合は別と考えられている（中田 542 頁）。任期途中で解任された取締役が、会社法 339 条 2 項に基づいて残任期間中の報酬全額の請求ができるとする解釈論との関係については、特則であると考えられている（松尾＝山野目・前掲書 178 頁［松尾］）。
46)　ただし、無償委任については、不解除特約の効力は認められないという主張があり（来栖 518 頁）、賛成しておきたい。また、有償委任ないしこれに準ずる契約でも、消費者契約については、消費者からの解除を否定する条項は、無効である。

518

第3章　委任（準委任）　第4編　役務の取得を目的とした契約（契約各論③）

12-97　　**(b)　受任者の利益のための委任**

(ｱ)　意義　「受任者の利益（……）をも目的とする委任」[47]では、651条1項の解除につき特別の考慮が必要である。例えば、Aに対して100万円の債権を有するBが、AのCに対する100万円の債権につきAから取立委任を受けて、Cから100万円を回収し、相殺によって<u>Aに対する債権を回収する場合</u>である（債権担保取引である☞担保物権法4-81）。受任者が委任事務処理自体により自己の利益を図ることが必要であり、有償委任というのでは足りない。前掲最判昭58・9・20は、有償の税理士顧問契約につき受任者の利益のための委任であることを否定していた[48]。

12-98　　**(ｲ)　651条が適用されるか**　判例は、当初は受任者の利益のための委任については、当然に651条の適用を排除していた。しかし、受任者の利益のための委任の事例も多様であり、少しでも受任者の利益を目的としていると、委任者の任意解除権が排除されることは疑問である。受任者の利益のための委任にも、651条が適用される事例と適用されない事例とを分けるべきであり、その基準と共に、法的説明をどうするかが問題になった。次に、判例の変遷を概観したい。

12-99　　**(c)　判例の変遷**

(ｱ)　受任者の利益が中心の場合──債権回収事例

(i)　651条の適用を否定──債権者への債権取立委任　19-97の債権者

---

47)　DCFR IV.-1;105条は「撤回できない委任」という概念を認め、本人は、いつでも委任を撤回できるという1:104条の規定に対して──受任者からはできない──、①受任者が報酬以外に、委任が受任者の正当な利益を保護するものである場合（(a)号）、および、②委任が、他の法律関係の当事者にとっても利益になっている場合（(b)号）を例外として、委任者が撤回できないものと規定する（(1)項）。ただし、(a)号の場合、①受任者の正当な利益の基礎となる契約関係が、受任者の不履行を理由に解消された場合、②委任契約上の債務につき、受任者の重大な不履行がある場合、③本人が解消することについて、特別の重大な理由を有する場合を挙げている（(2)項）。また、(b)号については、①他の法律関係の当事者が、委任の撤回に同意するとき、②基礎となる他の当事者との法律関係が解消されたとき、③受任者に委任契約上の債務の重大な不履行があり、本人と他の当事者との条項により、不当に遅滞することなく、別の受任者と交替するとき、④本人に委任関係を解消することができる特別かつ重大な理由があり、本人と他の当事者との条項により、不当に遅滞することなく、別の受任者と交替するときには、本人は撤回ができるものとされる（(3)項）。フランス法につき、力丸祥子「フランスにおける『共同の利益を有する委任契約』とその展開(1)(2・完)」新報101巻7号87頁、8号（1995）107頁参照。

48)　東京高判昭63・5・31判時1279号19頁は、「委任契約における受任者の利益とは、委任事務処理と直接関係のある利益であること、すなわち、委任事務の遂行によって受任者に生じる利益であって、受任者がその利益を享受することにつき、委任者がこれを承認しなければならない何らかの関係の存在するものであることを必要とす」と詳しく論じていた。

§Ⅲ 委任の終了

に債権回収を委任した事例において、651条1項は「受任者が委任者の利益の為めにのみ事務を処理する場合に適用あるものにして、其事務の処理が委任者の為めにのみならず受任者の利益をも目的とするときは委任者は同条により委任を解除することを得ざる」。「蓋し後の場合に於て委任者が右法条により何時にても委任を解除し得べきものとせむが、受任者の利益は著しく害せらるるに至るべけばなり」と、651条の適用が当然に否定された（前掲大判大9・4・24）。651条1項を、制限解釈するのである[49]。

12-100 **(ii) やむをえない事由があれば適用——債権者への会社の経営委任** また、債権回収のための債務者たる会社の経営委任の事例——会社を再建して債権回収を図る——で、委任事務の処理が委任者のみならず「受任者の利益でもある場合」といえども、「受任者が著しく不誠実な行動に出た等やむをえない事由があるときは、委任者は民法651条に則り委任契約を解除することができる」と認められた（最判昭43・9・20判時536号51頁。最判昭40・12・17集民81号561頁も同様）[50]。しかし、債務不履行解除で十分である。

12-101 **(ｲ) 解除権放棄特約による——委任者の利益が中心の場合** 以上の651条の制限解釈により解除権が否定されたのは、債権回収の事例である。受任者の利益が目的とされていても、その比重が高くない場合には、解除権を否定するのは適切ではない。12-102判例は、受任者の利益を目的としていても651条1項の適用を認め、同項の解除の否定を「委任者が委任契約の解除権自体を放棄した」と、解除権の放棄（651条は任意規定）を根拠とする説明に変更した。ただし、説明を変更しただけで、当てはめとしては(ｱ)の事例は放棄を認めるものと思われ、結論まで変更するものではない。

12-102 ●最判昭56・1・19民集35巻1号1頁 ［事案］AはBに対して建物を一括して賃貸すると共に、Yに対してこの建物の管理委託契約を締結し、Yは賃貸に関する事務を一切引き受ける代わりに、BがAに差し入れた保証金を自由

---

49) その他、債権回収のために、債務者からその所有不動産の売却の依頼を受け、その売却代金を債権の支払に充てるという場合も、受任者の利益のための委任であり、任意解除が否定されている（東京高判昭31・9・12東高民時報7巻9号194頁）。

50) Xがその所有建物をYに無償で使用占有させ、旅館営業行為をすることをYに委託した事例で、Yは旅館営業の収支報告をせず、かつその利益を独占しているのであって、XY間の信頼関係は、Yの契約上の義務違反すなわち不信行為によって裏切られ、契約上の法律関係の継続は著しく困難にされたとして、条文根拠を示すことなしにXの即時解除が認められている（大阪高判昭36・11・30判時306号12頁）。

第 3 章　委任（準委任）　第 4 編　役務の取得を目的とした契約（契約各論③）

に運用できる——ただし、月 1 分の利息を支払う——ことにされた（それ以外に報酬は支払われない）。その後、A は Y に対して管理委託契約の解除を申し入れ、Y に保管させていた保証金の返還請求権を X に譲渡した。X の Y に対する保証金の返還請求に対して、Y が解除の効力を争う。原判決は、受任者の利益をも目的とする委任であることから、A の解除を否定し、X の請求を棄却した。最高裁は X の上告を受け入れ、次のように判示する。

12-103　[判旨①（やむをえない事由がある場合）]「本件管理契約の如く単に委任者の利益のみならず受任者の利益のためにも委任がなされた場合であっても、委任契約が当事者間の信頼関係を基礎とする契約であることに徴すれば、受任者が著しく不誠実な行動に出る等やむをえない事由があるときは、委任者において委任契約を解除することができる」。

12-104　[判旨②（やむをえない事由がない場合）]「かかるやむをえない事由がない場合であっても、委任者が委任契約の解除権自体を放棄したものとは解されない事情があるときは、該委任契約が受任者の利益のためにもなされていることを理由として、委任者の意思に反して事務処理を継続させることは、委任者の利益を阻害し委任契約の本旨に反することになるから、委任者は、民法 651 条に則り委任契約を解除することができ、ただ、受任者がこれによって不利益を受けるときは、<u>委任者から損害の賠償を受ける</u>ことによって、その不利益を填補されれば足りる」。

12-105　(d)　**現行法**

(ア)　**判例の変更は形式的**　上記判旨①は判旨②の制限になり、やむをえない事由がある場合まで解除権は放棄していないと考えるべきである。なお、判旨②の下線部の損害賠償をどこから導くのかは不明である。証明責任に注意して判例を分析すると、次のようになる。

---

① 委任者は 651 条 1 項を援用して解除を主張する。

② 解除を争う受任者は、受任者の利益を目的としていることを主張する。

③ 解除を主張する委任者は、

　ⓐ やむをえない事由の存在を、または、

　ⓑ 「委任者が委任契約の解除権自体を放棄したものとは解されない事情」の存在を主張する。

12-106　(イ)　**損害賠償義務を認めた**　現行法は、651 条 2 項 2 号に、「委任者が受

521

任者の利益（専ら報酬を得ることによるものを除く。）をも目的とする委任を解除したとき」には、やむをえない事由がない限り、委任者は損害賠償義務を負うと規定した。651条1項については、従前の判例がそのまま妥当することになる。12-104下線部の損害賠償の法的根拠は不明であったが、改正前の651条2項の損害賠償ではなく、履行利益の賠償を認める641条のそれと同じであると評価されていた（広中292頁、岡孝「民法651条」民法典の百年Ⅲ460頁）。現行法は、受任者の利益のための委任の損害賠償について法的根拠を与えたが、損害賠償の内容は解釈に任されている。

2　当事者の死亡等の事由の発生

① 「委任者又は受任者の死亡」（653条1号）、
② 「委任者又は受任者が破産手続開始の決定を受けたこと」（同条2号）
③ 「受任者が後見開始の審判を受けたこと」（同条3号）

12-107 **(1)　委任者または受任者の死亡**

(a)　原則として契約終了

㋐　委任者の死亡

（i）　**無償委任の場合**　委任は、無償であれば委任者・受任者間の個人的信頼関係ないし情義的関係を基礎としており、受任者は委任者だから引き受けたのであり、その相続人のために委任事務処理をする義理はない。そのため、行為基礎が失われるので、当然に終了することとした。

12-108 （ii）　**有償委任の場合**　有償委任を念頭に置くDCFRでは（☞ 12-4）、IV.D.-7:102条(1)は、委任契約は本人の死亡により終了しないものと宣言し、同条(2)項は、受任者また相続人は、特別かつ重大な理由による解消の規定（同6:103条また105条）により、委任契約を解消することができるとする。日本においても、有償委任では委任者の死亡は原則として委任関係の終了をもたらさないという主張がある（広中294〜295頁、民コメ⑭1207頁［稲本］）。筆者もこの制限解釈に賛成である。例えば、Aが所有するアパートの管理をB社に委託していたが、Aが死亡してCが相続しても契約は終了しない。

12-109 **㋑　受任者の死亡**　民法は、受任者の死亡も委任契約の終了原因としてい

る。①無償委任であれば、受任者は委任者との個人的関係から委任事務処理を引き受けたのであるから、受任者の相続人がこれに拘束される義理はない。②また、有償委任についても、受任者の個人的な経験・能力などの信用に依拠していることから（医療契約など）、その能力を有しない相続人が受任者になるというのはナンセンスである。DCFR IV.D.-7:103条(1)も、受任者の死亡は委任契約の終了原因としている。

12-110　**(b)　委任者の死亡の例外**

　(ア)　相続性が認められる場合──法令がある場合　委任者の死亡については、明文規定がある場合、性質上認められる場合、特約がある場合に、例外的に契約が終了せずに相続人に承継される。まず、明文規定がある場合として、「商行為の委任による代理権は、本人の死亡によっては、消滅しない」（商506条）。有償委任については、ほぼこの規定で解決可能である。弁護士への訴訟委任における委任者の死亡（民訴58条1項）、また、登記申請代理における委任者の死亡も例外規定がある（不登17条1号）。

12-111　**(イ)　特約がある場合**　653条は強行規定ではないので、委任者の死亡が契約の効力に影響を与えないことを合意することができる（☞12-113）。111条についての判例であるが、本人死亡後も代理権を消滅させない合意が有効とされている（大判昭5・5・15新聞3127号13頁、最判昭28・4・23民集7巻4号396頁、最判昭31・6・1民集10巻6号612頁）。また特約を認定することなく、契約の性質から、委任者の死亡によって委任契約は終了しないとされる事例がある。①債権者への取立委任など受任者のための委任、②相続性のある契約の一部として一定の事務処理が委任される場合[51]などである（我妻・中二695頁）。

12-112　◆**賃借人の死亡による賃貸借契約終了後の残置物**

　　賃借人が死亡した後の残置物の処理について（死亡以外☞9-330）、賃貸人（有料老人ホーム等）と身元引受人との契約で、身元引受人が残置物の処理をすることを義務づける例がみられる（全国有料老人ホーム協会によるホーム標準入居契約書32条、国交省による終身建物賃貸借標準契約書18条）。これは、賃貸人と引受人との契約である。これとは別に、国交省は、「残置物の処理等に関するモデル契約条

---

51)　AがBに対する債権の回収のためにBが所有する貸家の家賃の取立てをAに委託し、かつ、その貸家の所有名義をA名義に移して管理も委託した事例で、Aの死亡により契約は終了しないとした判決がある（最判昭23・5・1判タ5号16頁）。また、税金の口座振替の委任契約も、特約がない限り委任者死亡後も継続する（東京地判平10・6・12金判1056号26頁）。

項」（2021 年 6 月）を公表し、賃借人と引受人との契約により、賃借人の死後の事務処理として残置物の引取処分を委託しておくことを認めている。この場合、相続人が委任者たる地位を承継することになる。財産は相続人に帰属するので、管理権限を越えて処分などはできない。また、委任者たる地位を承継した相続人が、委任契約を解除して自分が引き取ることも考えられる。相続人が複数いる場合には、全員による解除が必要になる（544 条）。

◆死後の事務の委任[52]**──相続人の解除権の制限**

⑴ 653 条に対する特約

　自分が死亡した後の委任事務を生前に依頼しておくことが考えられる。この場合、自分の死後の事務を委任するので、必然的に委任者の地位が相続人に承継され、委任者の死亡を契約の終了原因としない特約を含む。ただし、委任者の地位を承継した相続人が自由に 651 条により委任を終了させることができたのでは、被相続人の意思が無視されてしまう。これは、被相続人の意思はどこまで相続人を拘束できるのかという問題である。

●最判平 4・9・22 金法 1358 号 55 頁　［事案］ A 女は異父弟妹 X らと交流はなく、死期が近いことを悟り、Y に生活全般の面倒をみてもらっていた。A は死亡する前に Y に対して、入院中の諸費用の病院への支払、死後の葬式を含む法要の施行とその費用の支払、家政婦 B および友人 C 対する謝礼金の支払を依頼し、現金、通帳、印章を交付した。A 死亡後、A の相続人には異父妹弟が 6 人いるが、遺体は Y が引き取り、葬儀も Y の采配で処理された。37 日忌の際に、X は Y に対して、以後法要は遺族で行うので、A から預けられた金員を交付するよう求めたが、Y は A が X を嫌がっていたことなどを指摘してこれを拒絶し、49 日忌も Y が執り行った。その後、相続人間で X が単独相続をする協議が成立し、X が Y に対して、通帳、印章および金員の返還を求めて提訴した。Y は A の依頼に沿って、病院関連費 62 万円、葬式関連費 45 万円、法要関連費 25 万円、BC への謝礼金各 20 万円（合計 172 万円）を支払っている。

　［原審判決］ 原審判決は、A が Y に対して金員などの交付をしたのは、前記各費用などの支払を委任したものであり、そうすると委任者である A の死亡によって委任契約は終了した（653 条）として、Y は、A から受け取っていた預貯金通帳および印章のほか、Y が支払った前記各費用などを控

52）　身寄りのない高齢者のための民間の有償の死後事務処理の受任契約が利用されるようになっている。消費者庁によると、消費生活センターに寄せられた相談件数は 2013 ～ 2021 年度で年平均 100 件を超す。「年金を預かると言われて渡した通帳と印鑑を返してもらえない」「解約したいが返金額に納得できない」といった声が寄せられている。

第3章　委任（準委任）　第4編　役務の取得を目的とした契約（契約各論③）

除した残金を、Ａの相続財産をすべて相続したＸに返還すべきであるとし、また、前記各費用などのうちＹのＢに対する謝礼金の支出は、Ｘの承諾を得ることなくＹが独自の判断でしたものであるから不法行為となり、ＹはＸに対し同額の損害賠償責任を負うとした。

12-116　　[**最高裁判旨**] 最高裁は次のように述べて原判決を破棄差し戻している。「自己の死後の事務を含めた法律行為等の委任契約がＡとＹとの間に成立したとの原審の認定は、当然に、委任者Ａの死亡によっても右契約を終了させない旨の合意を包含する趣旨のものというべく、民法653条の法意がかかる合意の効力を否定するものでない」。「当事者間に成立した契約が、前記説示のような同条の法意の下において委任者の死亡によって当然には終了することのない委任契約であるか、あるいは所論の負担付贈与契約であるかなどを含め、改めて、その法的性質につき更に審理を尽くさせるため、本件を原審に差し戻す」[53]。

12-117　**(2)　相続人による解除の制限**

　(a)　原則として制限有効　民法は、遺言によって相続人を拘束できる行為を限定しており、遺言により一定の事務を相続人や第三者に依頼することを認めていない。そのため、解除禁止の効力を認めることは、相続・遺言秩序との抵触が問題になる（岡孝「判批」判タ831号［1994］42頁）。未成年の子の養育を依頼した事例では、黙示の信託による解決が採用され（黒田美亜紀「死後の事務における故人の意思の尊重と相続法秩序」明治学院大学法学研究93号［2012］84頁）、また、その特殊性からして、相続人は委任者の意思を尊重すべきであり、解除権不行使の特約の拘束を受けるという提案もされている（黒田美亜紀「死後事務委任契約とその限界に関する考察」『宮本健蔵先生古稀記念論文集』［信山社・2022］347頁）。

12-118　**(b)　死後の財産処分の委任**　死後の事務委任が、○○に財産を贈与するといった財産処分の委任である場合には、相続人の保護との調整も考えなければならない。死後の財産処分は遺言によらなければならないのに、これを死後の事務の委任形式で潜脱することになるという批判が考えられる（岡・前掲判批41頁）。しかし、遺言形式でなければ許されないと考えるべきではなく、相続人との調整は遺留分の保護を考えればよく、相続人の遺留分を実質的に侵害する、あるいはそのおそれがない限り、被相続人（委任者）の明確な意思に基づく財産処分の自由が

---

53)　12-116判決の差戻控訴審判決である東京高判平21・12・21判時2073号32頁は、「委任者の死亡後における事務処理を依頼する旨の委任契約においては、委任者は、自己の死後に契約に従って事務が履行がされることを想定して契約を締結しているのであるから、その契約内容が不明確又は実現困難であったり、委任者の地位を承継した者にとって履行負担が加重であるなど契約を履行させることが不合理と認められる特段の事情がない限り、委任者の地位の承継者が委任契約を解除して終了させることを許さない合意をも包含する趣旨」と解している（規範的解釈か補充的解釈かは微妙）。

525

認められてよいという評価もある（黒田・前掲宮本古稀352頁以下）。

12-119 **(2) 当事者の破産または受任者の後見開始**

(a) 委任者または受任者についての破産開始決定[54] 当事者の死亡のほか、委任者または受任者が破産開始の決定を受けたことも、委任の終了原因である（653条2号）。①委任者が破産開始の決定を受けた場合には、その財産の管理・処分は破産管財人に専属し、従来の委任関係の存続を認めることはできないので、委任契約は終了する。②また、受任者に破産開始の決定があった場合には、自らの財産の管理さえできなくなるので、委任契約は終了する。契約の当然の終了原因であり、解除は必要ではない。

12-120 **(b) 受任者についての後見開始の審判** 受任者が後見開始の審判を受けた場合、受任者には財産管理についての十分な判断能力が失われ、委任者の信頼が通常は失われるので、委任者による解除の意思表示を待つまでもなく、委任契約は終了する（653条3号）。反対解釈として、委任者が後見開始の審判を受けた場合には、委任の終了原因にはならない[55]。後見人が財産管理の一環として、委任契約の管理また場合によっては解除をすることができるので、後見人の財産管理に任されることになる。

3 委任終了の効果と終了の際の措置

12-121 **(1) 委任終了の効果**

652条は620条を準用しており、委任契約の解除は、「将来に向かってのみその効力を生ずる」——代理権も消滅するが（111条2項）、効力は遡及せず、すでにされた代理行為は無権代理になることはない——。648条3項はこれを前提とした規定である。

米の売買委託を受けた受任者が債務不履行により解除された場合につき、

---

54) この問題につき、大塚智見「倒産手続開始と役務提供契約の終了」中島弘雅ほか編集代表『民法と倒産法の交錯』（商事法務・2023）674頁以下参照。

55) 平成11年の民法改正と同時に制定された任意後見に関する法律（任意後見法）により導入された任意後見制度は、本人が事理弁識能力を失う前に自分の信頼する者または機関に、生活、療養看護、財産の管理についての事務の全部または一部を委託しておくことを可能とする制度である。したがって、本人の意思を尊重して、法定の後見制度ではなく、任意後見制度によって身上監護財産管理は委ねられる。その代わりに、必ず任意後見監督人が選任されなければならないことになっている（同法4条）。ただし、本人の利益のために特に必要があると認められる場合には、家庭裁判所は後見開始の審判をすることができ（同法10条1項）、その場合には、任意後見契約は終了することになる（同条3項）。

解除によって将来に向かってのみ委任の効力が失われるにすぎず、受任者が受け取っていた証拠金の返還について、545条2項によって受領の時から利息を付けるのではなく、解除の時から利息を付けることになる（大判大3・5・21民録20輯398頁）。特定の株式の買付の委託についても、652条によって解除の遡及効が否定されている（最判昭57・3・4☞注12-6）。

12-122 **(2)　受任者の善処義務**

「委任が終了した場合において、<u>急迫の事情があるときは</u>[56]、受任者又はその相続人若しくは法定代理人は、委任者又はその相続人若しくは法定代理人が委任事務を処理することができるに至るまで、必要な処分をしなければならない」（654条）。この善処義務は、契約終了後の義務であるため、①かつては事務管理説ないし事務管理類似の制度と考える説もあったが、現在では、②契約の効力が契約の終了後も存続する例外的事例として、委任契約延長説が通説となっている（新注民⑭344頁［一木]）。したがって、通説は、この義務違反は、委任契約上の責任を生じさせることになる。

12-123 **(3)　委任終了の相手方への対抗**[57]

(a)　**委任者の死亡**　「委任の終了事由は、これを相手方に通知したとき、又は相手方がこれを知っていたときでなければ、これをもってその相手方に対抗することができない」（655条）。

まず、委任者の死亡による終了によって、委任契約が当然に終了するとすれば、受任者がそれを知らずに事務処理を行っても、その委任契約上の諸効果は、委任者の相続人には生じないことになる。代理行為をした場合には無権代理人になる。しかし、受任者が終了事由を知らない限り、契約の終了を受任者に対抗できないとして受任者を保護したのである[58]。

---

56)　急迫の事情が必要である。預金契約で税金の支払に関する自動振替の委任につき、委任者の死亡後に行われた自動振替につき、「委任者と銀行との間の自動振替の委任契約に基づく裁量の余地のない実行行為であるから、委任者の死亡後は引落としをしない旨の特約があるなどの特別の事情のない限り、委任者の死亡後にも事務管理として行い得る行為」とされている（前掲東京地判平10・6・12)。655条によるのではなく、銀行は委任者の死亡を知った後も、自動振替を停止することが求められない限り、そのまま自動振替を継続してもよいことになる。

57)　655条は、委任契約の当事者間の法律関係を規律するものであり、契約の終了を知らずに受任者が委任事務処理を行った場合に、その委任事務処理を有効とする規定である。委任契約が終了し、受任者の代理権がなくなった後の第三者、すなわち受任者（代理人）の代理取引の相手方となった者の保護は112条によって、第三者については——655条は善意だけを要しているのに対して——善意無過失が要求されている。

§Ⅲ　委任の終了

12-124 **(b) 受任者の死亡**　受任者が死亡した場合も、委任者がそれを知らなけれ
ば、その契約は受任者の相続人との間に存続する。受任者の相続人は、委任
者に死亡を知らせるまでに管理をしなければならない。多くは、応急処理義
務に吸収されるであろうが（654条）、受任者の相続人に受任者死亡の事実を
委任者に通知することを義務づけ、委任者が適切な処置をとれるまで相続人
は管理を義務づけられることになる。

58）　代理権の消滅については、旧112条で、代理権の消滅を善意無過失の第三者に対抗できないと規定して
いたが、現行法は109条・110条と表見代理として表現を統一した。受任者が本人の死亡を知らずに代理
行為をした場合、655条で代理権が認められるので、相手方は悪意でも有効な代理取引となるのであろう
か。

528

第 4 編
役務の取得を目的とした契約（契約各論③）

第4章
寄託

§I 寄託の意義と法的性質

§I
寄託の意義と法的性質

1 寄託の意義

13-1 **(1) 「保管」を委託する契約**

(a) 物の保管という他人の事務の委託——準委任の特則 寄託は、「当事者の一方［**寄託者**］がある物を保管することを相手方［**受寄者**］に委託し、相手方がこれを承諾することによって、その効力を生ずる」契約である（657条）。「ある物［の］保管」という他人の事務処理の委託であり、性質的には準委任の一種であるが、沿革的に独立の典型契約とされている。

13-2 **(b) 無償を基本とする契約** 「ある物」[1]の「保管」を委託する契約であり、委任・準委任と同様に、寄託も無償を原則とするが、有償寄託も可能である。657条は、寄託を知人間で一時的に荷物やペットを預かってもらう無償の好意的行為として、無償契約と規定している（フ民1917条は、寄託を無償契約に限定する）。諾成・不要式の契約である（☞ 13-5）。

13-3 **(c) 商法・約款による規律** 現在では、倉庫業者などが営業として有償で物の保管を引き受けたり、また、ホテル・結婚式場などの事業者が、その事業に付随して顧客の物を無償で預かることがみられる。商法には、商人の行う寄託（商事寄託）についての特別規定（商595条以下）、倉庫営業についての詳細な規定が置かれている（商599条以下）。また、倉庫約款などの約款によって規律されている。こうしてみると、民法の寄託規定は、上記の特則また約款により適用が排除されていない限りで適用されるにすぎないことになる。

13-4 **(2) 寄託の目的物——不動産は寄託の目的物になるか**

寄託の目的物は「ある物」とされており、動産に限定されてはいない。民法は不動産を寄託の対象に含める趣旨で制定され、肯定説が通説であるが、反対説もある（新注民⑭365頁［吉永一行］）。保管は、建物など受寄者の支配管理

---

1) 寄託の対象は「物」でなければならず、ペットは寄託の対象となるが、乳児、幼児、認知症の高齢者であっても人はその保護・管理を委託する契約は、準委任になる。死者や冷凍凍結卵などは人ではないが、単純に物ともいえず、処分などには法令による制限もあるものの、その保管は寄託に分類される。したがって、葬儀社による遺体の保管は寄託である。ビットコインは、有体物ではなく寄託の客体にはならない（東京地判令2・3・2判時2509号50頁）。

530

している場所に、動産を置いて管理するという行為であり、常識的な語感からは、動産を対象とする概念である。不動産については、寄託ではなく、準委任としての管理を委託するものとして規律すべきである（フ民1918条は動産に限定）。なお、混合寄託（☞13-52）また消費寄託（☞13-57）の特則がある。

2 寄託の法的性質

13-5 **(1) 要物契約から諾成契約への変更**

(a) 無償の要物契約であった　改正前の旧657条は、寄託を無償かつ要物契約として規定していた。情義的関係に基づく無償契約の拘束力を否定し、預かる合意が成立してもいまだ契約は成立しておらず、受寄者は、受け取るかどうかが自由（任意）とされていた。好意は強制できないのである。しかし、取引たる有償寄託契約まで要物契約とするのは余計であり、解釈によって有償の諾成寄託契約が認められていた。

13-6 **(b) 現行法は贈与の規制方式を無償契約に一般化**

(ｱ) 諾成契約化　現行法は、消費貸借以外は、無償契約について一律に諾成契約とした上で、書面がない場合には履行されるまで自由に解除ができるという構成を採用した。贈与における無償給付者の保護方式を無償契約に一般化したのである。寄託も諾成契約とされた[2]。657条を、「ある物を受け取ることによって、その効力を生ずる」要物契約としていたのを、「相手方がこれを承諾することによって、その効力を生ずる」諾成契約に改めた。

13-7 **(ｲ) 交付前の解除（任意解除）**

(ⅰ) 無償受寄者の任意解除権　そして、無償寄託の受寄者に、「寄託物を受け取るまで、契約の解除をすること」を認めた（657条の2第2項本文）。ただし、「書面による寄託」についてはこの解除は認められない（同項ただし書）[3]。

---

2) 黙示の意思表示による寄託も可能であるが、暴力団の組員XがYのガソリンスタンドに駐車してそのまま立ち去り、従業員がそれを黙認していたが、その後、何者かが自動車を持ち去ったものとの通謀を疑わせる事例において、寄託の成立を理由として損害賠償請求がされたが、「自己の支配域内へ他人が物を置くことを許容しただけでは寄託を受けたことにはならず、積極的に債務の負担の合意を必要とする」、「単に、Yが好意で、一時的にXの自動車の駐車場所を提供していたにすぎない」とみることができるとして、その請求は退けられている（東京地判昭59・7・31判時1150号201頁）。

3) 贈与契約、使用貸借契約同様に、ここでの「書面」について電子的記録を書面と「擬制」する規定がないため、電子的記録によることは認められない（一問一答358頁注4）。

§I 寄託の意義と法的性質

したがって、有償受寄者は一切任意解除ができず、無償受寄者は任意解除ができるが——651条2項の類推適用の余地あり——、書面による場合には任意解除が認められない。書面があったとしても、また有償受寄者でも、やむをえない事由があれば解除を認める余地はある（628条の類推適用）。

13-8　**(ii)　受寄物不交付による受寄者による解除**　有償受寄者または書面による無償受寄者には、任意解除は認められない。しかし、これらの者も「寄託物を受け取るべき時期を経過したにもかかわらず、寄託者が寄託物を引き渡さない場合において、相当の期間を定めてその引渡しの催告をし、その期間内に引渡しがないときは、契約の解除をすることができる」（657条の2第3項）。

13-9　**(iii)　交付までの寄託者の任意解除**　他方で、「寄託者は、受寄者が寄託物を受け取るまで、契約の解除をすることができる」（657条の2第1項前段）。これには、有償・無償を問わない。641条・651条のように、不要な事務はしてもらわない自由を認め、これは交付後でも認められる（662条1項）。受寄者は、この寄託者による「解除によって損害を受けたときは、寄託者に対し、その賠償を請求することができる」（657条の2第1項後段）。

13-10　**(2)　物の保管を目的とする契約**

(a)　物の保管という準委任

(ア)　「ある物」の保管　寄託は「ある物」——寄託者の所有物でなくてもよい——を「保管すること」を目的とする契約である。したがって、保管という他人の事務を引き受ける準委任の一種である。そのため、寄託には、委任の規定が多く準用されている（665条）。目的物は「ある物」と特定されている必要があり、この点は消費寄託との違いである。

13-11　**(イ)　「保管」とは**　「保管」とは物の現状を維持する行為であり、保管以外の事務を委託する場合については、寄託と委任（準委任）の混合契約になる。例えば、ペットをペット専用ホテルに預ける契約は、餌を与え、散歩させる等の事務も委託されているが、付随的なサービスの付いた寄託といえる。一方、ペットを躾・訓練のために専門業者に預ける場合には、現状の維持ではなく改良が主たる目的であり、準委任契約に位置づけられる[4]。鶏を

---

4) 保管という要素はあるが、それが主ではない事例としては、修理を委託して車を修理業者に預ける、運送を委託して商品を運送人に預けるといった場合がある。

532

預けて飼育、そして卵を収取し販売してもらうのも寄託ではない。

13-12　**(b)　継続的契約関係**　寄託は、物を保管するという継続的給付を目的とする継続的契約関係である。継続的契約関係とされる結果、寄託の解除には遡及効はない。665条は652条（遡及効を否定する620条を準用）を準用していないが、620条の類推適用を認めるべきである。

13-13　**◆寄託か賃貸借（使用貸借）かが争われる場合**
(1)　区別の基準
　有価証券、宝石等の貴重品を保管するための銀行との貸金庫契約、駅などのコインロッカーの利用契約、コインパーキング契約、トランクルーム契約は、物を預ける寄託契約なのか、場所を借りて使用する賃貸借なのか、疑問が生じる。
　①寄託では物を受寄者に預け、受寄者が占有して管理するのに対して、②賃貸借では、その場所の占有は賃借人に移転し保管のために使用することになる。したがって、いずれになるかの決め手は、占有の移転の有無にある（新版注民(16) 306頁 [明石三郎]）。この基準によると、貸金庫やコインロッカーの利用契約は賃貸借であり、駐車場契約は賃貸借（青空駐車場）、寄託（守衛付きのパーキング）に分かれる。飲食店の傘立ては、場所の共同利用である。

13-14　**(2)　寄託が否定された事例**
　ゴルフ場クラブハウス内の貴重品ボックスに、利用客が物品を保管し、その鍵を終始保管し、自由にボックス内の物品の出し入れができる場合につき、「単に保管場所の無償貸与契約が成立したというにすぎ」ないとされている（東京高判昭62・8・31判時1253号60頁）。また、保養センターの駐車場に宿泊客が駐車した事例では──車内の物の盗難の事例──、「本件自動車に対する支配がXからYに移ったと解することは到底困難」とされている（高知地判昭51・4・12判時831号96頁）。時間利用の駐車場（コインパーキング）も、「保管場所の提供にとどまり、これをこえて更に自動車の滅失・毀損等を防止するための積極的保護の供与までは含まない」とされている（鳥取地判昭48・12・21判時738号98頁）。

13-15　**(3)　寄託と認められた事例**
　他方で、旅館の宿泊客が旅館前に駐車して、車の鍵を旅館に預けた場合につき（丘陵が崩れ自動車が土砂に埋もれた事例）、寄託の成立が認められている（東京地判平8・9・27判時1601号149頁）。また、事業者の経営するモータープールに駐車・格納する契約につき、モータープールが、周囲三方をブロック塀、一方をブロック塀の上に金網を施した塀で囲まれている上に、敷地全面が屋根で覆われており、出入口は1カ所で鉄製の門扉があり、管理を委託されていた者とその妻が居宅兼店舗から、昼間は店番等をしながら本件モータープールへの車の出入りを監視していたことなどから、寄託と認められ、自動車の盗難についてモータープール経営者の責任が認められている（大阪地判昭53・11・17判タ378号122頁）。

533

§ II 寄託の効力

1 受寄者の義務

13-16 **(1) 保管義務**

(a) 保管についての注意義務 「保管」とは、目的物の滅失・損傷を防止して現状の維持を図ることである（☞ 13-11）。保管の方法・場所等は契約によって定められる。善管注意義務に違反していなくても、合意した場所・方法と異なる保管に対して、寄託者は合意通りの履行を求めることができる。受寄者の保管についての注意義務は、保管義務の内容についての契約解釈の問題である[5]。なお、受寄者は、寄託者の承諾を得なければ、寄託物を使用することができない（658条1項）。

13-17 **(ア) 無償寄託における注意義務の軽減**

(i) 自己の財産と同じ注意義務 「無報酬の受寄者は、自己の財産に対するのと同一の注意をもって、寄託物を保管する義務を負う」（659条）。その趣旨は、無償、すなわち好意で他人の物を預かる場合、社会生活上の相互の助合いに基づく行為といえ、受寄者の責任を軽減しようというものである[6]。寄託者も無償であるのだから善管注意までは期待していないといえる。

13-18 **(ii) 善管注意義務を負う場合** 659条は強行規定ではないので、無償でも特約によって善管注意義務を引き受けることはできる。なお、「商人がその営業の範囲内において寄託を受けた場合には、報酬を受けないときであっても、善良な管理者の注意をもって、寄託物を保管しなければならない」（商595条）。市民間の助合いという趣旨が当てはまらないためである。無償であるが合意のない事務管理では、注意義務は軽減されず、善管注意義務が求め

---

5) 市民間の助合いを促進するために事務管理を容認するだけでなく、無償の慈善行為を促進するために、無償給付者・無償役務提供者の責任を軽減すべきである。これは、商人が客の誘引のために行う無償契約には当てはまらない。無償受寄者についても、責任を容易に認めないことにより、安心して市民間で好意的な寄託という助合い行為を促進し、社会的連帯を高めることが好ましい。

6) 請求権競合を認めて不法行為責任を追及する場合に、抽象的過失なので、受寄者の注意義務の軽減が認められないかのようであるが、この規定による受寄者の注意義務の軽減は不法行為法上の注意義務にも適用されると考えるべきである。所有者以外の者が寄託した場合にも（他人物寄託）、所有者による不法行為責任の追及について同様に考えるべきである。

られる。いらぬお節介から守る必要があるためである。

13-19　**（イ）　原則としての善管注意義務**　659 条の反対解釈として、有償寄託者については善管注意義務が認められる[7]。保管の内容は、善管注意の水準を満たしていれば受寄者の自由に任されるが、具体的な保管方法を契約で合意していれば、その内容に従わなければならない[8]。寄託期間が過ぎ、受寄者が引取りを求めても寄託者が引き取りに来ない場合には、受領遅滞になり、受寄者の注意義務は軽減される（福岡高判昭 29・8・2 下民集 5 巻 8 号 1226 頁）。現行法では 413 条 1 項が適用される。また、有償寄託であっても特約によって注意義務を軽減することは可能である[9]。

13-20　**（ウ）　商法の特則**

（ i ）　レセプトゥム責任　商法には、場屋営業者について、いわゆる**レセプトゥム責任**が認められている（商 596 条）[10]。「旅館、飲食店、浴場その他の客の来集を目的とする場屋における取引をすることを業とする者（……）は、客から委託を受けた物品の滅失又は損傷については、<u>不可抗力によるものであったことを証明しなければ、損害賠償の責任を免れることができない</u>」と

---

7) ゴルフクラブハウス内に利用客用の貴重品ロッカーがフロントの目の届く場所に設置されていた事例で、何者かがロッカー付近に設置した盗撮用カメラによってロッカーの暗証番号を入手し、ロッカーを開錠の上、中にあった財布からカードを盗み出したが、ロッカーの暗証番号とカードの暗証番号が同じであったために、ゴルフ客が被害を受けた事例で、客がロッカーに預けることによって商事寄託契約が成立し、ゴルフ場経営会社の損害賠償責任が肯定されている（東京地判平 16・5・24 金判 1204 号 56 頁）。カードの暗証番号と同じ番号がロッカーにも使われることが多いので、銀行から引き出された金銭についての相当因果関係も肯定されている。

8) ワインの収集家が、ワインセラーを所有する倉庫会社に寄託料を支払って、ワインセラー内の温度を 14 度前後、湿度を 75% 前後に保ち、光量はワイン保管に適したものに設定し、不要な振動・臭いの防止も図るという条件で自己の収集したワインの保管を依頼した事例について、その違反があったものと認定された事例がある（札幌地判平 24・6・7 判タ 1382 号 200 頁）。

9) 自宅の建替工事の間、庭の大量の錦鯉を、所有者 X が購入先 Y に依頼して有償にて保管をしてもらった事例がある（東京地判平 13・1・25 金判 1129 号 55 頁）。X がなるべく保管に要する費用を安く抑えようとしていたこと、予定外に錦鯉の数が多いため、搬出について難色を示され、引越しを間近に控えているなどとして頼み込み、過密飼育の危険性について指摘され、また、中型魚を多数匹袋詰めした過密搬送も併せて了知した上で、責任を持てないと念押しされていること等から、Y の「本件寄託契約における注意義務の程度は、……せいぜい自己の物に対するのと同一の注意義務で足りる」とする。そして、保管に供した水や設備に全く問題がなかったことなどからすると、過密保管や過密搬送（これに起因する酸欠状態）が原因となったとしか考えられないとして、錦鯉の斃死について Y の不法行為責任また寄託契約上の責任が否定されている。

10) レセプトゥム責任については、廣瀬久和「レセプトゥム（receptum）責任の現代的展開を求めて(1)～(4)」上智法学論集 21 巻 1 号 75 頁、2 = 3 号 23 頁、23 巻 3 号 17 頁、26 巻 1 号 83 頁（1977 ～ 1983）参照。

§Ⅱ　寄託の効力

規定されている（同条1項）。滅失・損傷が予見不能であった＝過失がないというのでは足りず、積極的に不可抗力（地震、竜巻、飛行機の墜落等）が寄託物の滅失・損傷の原因となっていることを証明しなければ免責は認められない。

13-21　(ii)　**高価品特則など**　商法596条の場屋営業者の責任については、寄託者が高価品であることを明告せずに寄託した場合には、その滅失または損傷によって生じた損害について、場屋営業者の賠償責任が否定されている（商597条）。運送人にも同様の特則が規定されているが（商577条）、倉庫営業者の責任（商610条）については、高価品特則は規定されていない。なお、運送人については不法行為責任との請求権競合問題を解決する規定（商587条）、またそれを従業員の不法行為責任にも拡大する規定が置かれているが（商588条）、場屋営業者や倉庫営業者について同様の規定は置かれていない。

13-22　(b)　**自己保管義務──再寄託の問題**　「受寄者は、寄託者の承諾を得たとき、又はやむを得ない事由があるときでなければ、寄託物を第三者に保管させることができない」（658条2項）。受寄者は有償・無償を問わず、自己保管を義務づけられ、委任と同様（644条の2第1項）、再寄託は原則として禁止される。①寄託者──所有者でなくてもよい──の承諾を得るか、または、②やむをえない事由がある場合には、再寄託が認められる。

13-23　(ア)　**違反する再寄託**　自己保管義務に違反してされた再寄託契約も、当事者間では債権契約として有効である。しかし、寄託契約の債務不履行であり、寄託者は受寄者に自己保管を求めることができる。再寄託の事実だけでは損害がないので損害賠償請求はできないが、受寄者は再受寄者の行為について選任・監督の過失の有無を問わず責任を負う。また、再受寄者の下で不可抗力で寄託物が滅失・損傷したとしても、再寄託がなければ生じなかった滅失・損傷なので、受寄者はその責任を負うべきである。

13-24　(イ)　**適法な再寄託──元受寄者の責任**　適法な再寄託においては、再受寄者による寄託物の滅失・損傷について、改正前は旧658条2項により復代理の105条が準用されていた。ところが、改正により105条は削除され、準用規定も削除された。これは現行法が、契約責任について、当事者がどのような合意をしたかの契約解釈に任せる「新しい契約責任論」に依拠するためである。誰のどのような行為について責任を負うと合意がされたのか、

第4章　寄託　第4編　役務の取得を目的とした契約（契約各論③）

個々の契約の解釈によって裁判官が認定することになる。旧105条には補充規定としての意味があったので、削除は疑問である。

13-25　**(ウ)　寄託者の直接訴権**　「再受寄者は、寄託者に対して、その権限の範囲内において、受寄者と同一の権利を有し、義務を負う」（658条3項）。この規定は、106条2項・613条・644条の2第2項同様に、直接訴権を認める規定である。改正前は、<u>適法な再寄託</u>に限定されていたが（旧658条2項）、現行法はそのような制限を削除しており、違法な再寄託にも適用される。再受寄者は寄託者に対して保管義務を負い——再寄託で合意された義務に制限される——、その違反により債務不履行責任を負う。

13-26　**(c)　保管に付随する義務**

(ア)　第三者による訴訟提起の通知義務　受寄者は、「寄託物について権利を主張する第三者が受寄者に対して訴えを提起し、又は差押え、仮差押え若しくは仮処分をしたときは、受寄者は、遅滞なくその事実を寄託者に通知しなければならない」（660条1項本文）。「ただし、寄託者が既にこれを知っているときは、この限りでない」（同項ただし書）。これは、寄託者に防御の機会を与えるためであるから、訴えの提起があったことを通知するだけでよい。受寄者は一度仮処分があったことを寄託者に通知し、もしくは、寄託者が仮処分があったことを了知した後、その後の経過（点検、保管換え等）までを逐一報告する義務はない（最判昭40・10・19民集19巻7号1876頁）。

13-27　**(イ)　果実引渡義務等**　665条は、委任の規定を寄託に準用している。①受寄者は、寄託にあたって受け取った金銭その他の物、取得した果実を寄託者に引き渡し、また、自己の名で取得した権利を寄託者に移転する義務を負う（646条の準用）。②受寄者は寄託者に引き渡すべき金銭、寄託者の利益のために用いるべき金銭を自己のために消費した場合、消費以後の利息を支払い、さらに損害があればそれを賠償する義務を負う（647条の準用）。

13-28　**(2)　寄託物返還義務**

(a)　返還請求権の法的根拠

(ア)　返還義務の法的根拠　受寄者は、寄託契約が終了すれば、目的物を寄託者に返還することを要する。657条には明記されていないが当然である。これは寄託契約上の義務であるため、寄託者が所有者でなくても認められる。寄託者が所有者であれば、所有権に基づく物権的返還請求権も認めら

れ、寄託者は2つの返還請求権を持つことになる。したがって、債権たる寄託契約上の返還請求権が時効にかかっても、所有権に基づく返還請求は可能である（大判大11・8・21民集1巻493頁）。受寄者は、報酬請求権および費用償還請求権について、寄託物に対して留置権を行使することができ（295条1項）、所有権に基づく返還請求——第三者であっても——にも対抗できる。

13-29　**(イ)　返還場所**　「寄託物の返還は、その保管をすべき場所でしなければならない。ただし、受寄者が正当な事由によってその物を保管する場所を変更したときは、その現在の場所で返還をすることができる」（664条）。したがって、寄託物の返還義務は取立債務であり、484条1項の特則になる。ただし、これは任意規定であり特約で変更できる。やむをえない事由がないのに保管場所を変更した場合には、当初約束した保管場所での引渡しを義務づけられる。やむをえない事由があった場合でも、寄託者が取りに行く費用が増えたならば、受寄者にその増加分を償還請求できる。

13-30　**(b)　返還の相手方**

　(ア)　寄託者への返還義務　受寄者の寄託契約上の返還義務は、寄託者に対して負担するものであり、所有関係にかかわらず、寄託者またはその代理人、破産管財人など受領権が認められる者に返還しなければ、有効な弁済（返還）とはならない。ただし、478条の要件を満たせば、物権的返還請求権も含めて免責される。荷物の一時預かりでは、寄託者に番号札を渡してその番号札と引換えに寄託物を返還する方式を採用し、札の持参者に引き渡せば免責されるものと定められるのが普通である。

13-31　**(イ)　他人物が寄託された場合**

　(i)　原則は寄託者への返還　問題は、他人物寄託の場合に、寄託者ではない所有者が所有権に基づいて寄託物の引渡しを請求してきた場合である。所有者に返還しても寄託者への返還義務の履行にはならず、板挟みになる受寄者の保護が必要になる。現行法は次のように問題を解決した[11]。

　「第三者が寄託物について権利を主張する場合であっても、受寄者は、寄託者の指図がない限り、寄託者に対しその寄託物を返還しなければならない」（660条2項本文）。この場合、受寄者は、「寄託者にその寄託物を引き渡したことによって第三者に損害が生じたときであっても、<u>その賠償の責任を負わない</u>」（同条3項）。寄託者に返還し第三者に損害が発生しても、受寄者には

第4章　寄託　第4編　役務の取得を目的とした契約（契約各論③）

責任がないものとして、受寄者の不安定な立場を解放したのである[12]。

13-32　**(ii)　第三者への引渡しが許される場合**　第三者への寄託物の引渡しが許されるのは、以下の2つの場合である。

---

① **寄託者により第三者に引渡しをすべき指図があった場合**
（660条2項本文の反対解釈）

② **訴訟提起があったことの寄託者への通知（寄託者が知っていれば不要）**
＋第三者に寄託物を引き渡すよう命じる確定判決があった場合
（同条2項ただし書）

---

①受寄者が660条1項の通知をした場合または同項ただし書の規定によりその通知を要しない場合において[13]、②「その寄託物をその第三者に引き渡すべき旨を命ずる確定判決（確定判決と同一の効力を有するものを含む。）があったとき」で[14]、③「その第三者にその寄託物を引き渡したときは、この限りでない」とされている（660条2項ただし書）。「この限りでない」とは、寄託者に対する返還義務も消滅するということである。寄託者が第三者への引渡しを指図した場合にも、第三者への引渡しにより受寄者の返還義務が消滅する。

13-33　**(iii)　確定判決等があった場合と寄託者への返還**　660条3項は、第三者

---

11)　いわゆる動産債権譲渡特例法3条2項には、この問題の関連規定が置かれている。代理人（占有代理人）によって占有されている動産が譲渡された場合に、①その譲渡について動産譲渡登記がされており、②その登記に譲受人とされている者が占有代理人に対して当該動産の引渡しを請求したときには、③占有代理人（受寄者）が本人（寄託者）に対して「当該請求につき異議があれば相当の期間内にこれを述べるべき旨を遅滞なく催告し、本人がその期間内に異議を述べなかったときは」、占有代理人は、譲受人として登記されている者に当該動産を引き渡せば、「それによって本人に損害が生じたときであっても、その賠償の責任を負わない」ことになっている。譲渡人の指図があれば問題ないが、譲渡登記をしながら指図をしていない場合（譲渡担保など）が対象になる。

12)　判例は、178条の「第三者」に受寄者を含めていないが（大判昭13・7・9民集17巻1409頁、最判昭29・8・31民集8巻8号1567頁）、660条2項・3項に受寄者の保護を図る規定が置かれたので、178条による保護を図ろうとする議論の実益は乏しくなったと評されている（新注民(14)397頁［吉永］）。

13)　これが要件とされているのは、受寄者が提起された裁判などの手続に、寄託者が参加する機会を保障するためである（新注民(14)395頁［吉永］）。

14)　「確定判決」は、確認判決では足りず、引渡しを命じるものであることを要する（中田・契約法552頁）。括弧書の「確定判決と同一の効力を有するもの」には、受寄者と第三者の裁判上の和解が含まれる。受寄者が第三者との和解により寄託物を第三者に引き渡して責任を免れることができるようにするためである（中田552頁）。寄託者の利益は通知義務または既知を要件とすることで図っている。

539

§Ⅱ 寄託の効力

への引渡しを命じる判決が確定した場合にも適用されるのであろうか。同条
2項ただし書は、受寄者が所有者に引渡しができるようにして、所有者が判
決まで得たことを無駄にしない趣旨である。とすれば、この場合には660
条3項は適用されず、受寄者は所有者に引き渡すことを要し、寄託者に返
還すれば損害賠償義務は免れないと解される。

2 寄託者の義務

13-34 **(1) 報酬支払義務**

寄託は、特約がない限り無償であるが（665条による648条1項の準用）、報酬
を約束した場合には、寄託者は受寄者に対して約束された報酬を支払わなけ
ればならない。報酬の支払は後払いであるが、期間を定めて報酬の支払を約
束する場合、例えば1カ月いくらと決めてある場合、その期間が経過する
度に報酬の支払を請求することができる（665条による648条2項の準用）。寄託
が受寄者の責めに帰することができない事由によって中途にて終了した場
合、または、寄託が履行の途中で終了した場合には、すでにした履行の割合
に応じて報酬を請求することができる（665条による648条3項の準用）。

13-35 **(2) 費用償還義務など**

(a) 委任規定の準用 665条による委任規定の準用により、①受寄者は保
管に要する費用（ペットの餌代等）の前払いを請求でき（649条の準用）、②受
寄者は保管に要する費用を支出した場合には、支出以降の利息を付けて償還
請求できる（650条1項の準用）。③受寄者が保管に必要な債務を負担した場合
には、寄託者に代弁済を請求できる（同条2項の準用）。665条は650条3項を
準用せず、661条に特則が規定されている（☞13-36）。

13-36 **(b) 有償寄託** 以上については、無償寄託についてはそのまま妥当する
が、有償寄託の場合には、餌代等の保管費用を含めて報酬が算出されている
はずである。実費清算がされることが合意されていない限りは、報酬とは別
個に請求できないと考えられる。例えば、ペットホテルの預かり料には餌代
も含まれていると考えられる。証明責任は、有償受寄者側にある。

13-37 **(3) 寄託物による損害の賠償義務**

(a) 650条3項の準用なし

(ア) 無過失免責が認められる 寄託は準委任の一種であり、665条により

540

委任規定が準用されているが、650条3項はその準用規定から外されており、特別規定が置かれている。すなわち、「寄託者は、寄託物の性質又は瑕疵によって生じた損害を受寄者に賠償しなければならない。ただし、寄託者が過失なくその性質若しくは瑕疵を知らなかったとき、又は受寄者がこれを知っていたときは、この限りでない」(661条)と規定した[15]。

13-38　**(イ)　650条3項の類推適用**　もっとも661条は、650条3項をカバーするものではない。例えば、犬を無償で預かって散歩をしていて、野良犬に襲われたので預かった犬を守ろうとして受寄者が野良犬に噛み付かれたとする。幼児を預かった場合には650条3項により損害賠償を請求できる。犬を預かった事例についても、650条3項の類推適用を認めるべきである (類推適用肯定説として、来栖600頁、石田穣373頁以下)。

13-39　**(b)　661条の要件・効果**　661条による寄託者の損害賠償責任の要件は、①「寄託物の性質又は瑕疵によって」受寄者が損害を受けたことであり、②免責事由は、ⓐ「寄託者が過失なくその性質若しくは瑕疵を知らなかった」こと、および、ⓑ「受寄者がこれ［寄託物の性質又は瑕疵］を知っていた」こと[16]である (寄託者に証明責任あり)。本条は、有償寄託についても適用される。寄託者の説明義務の問題であり、受寄者は説明を聞いた上で預かるかどうかを判断できる。猫が、金魚や鳥を殺してしまうのは説明を要せず、異例なほど狂暴であることは説明を要する。

13-40　**◆除斥期間および時効の特則**

(1)　改正の趣旨

改正前は、①寄託物の一部滅失ないし損傷による寄託者の損害賠償請求権また②受寄者の費用償還請求権については、特別の期間制限はなかった。しかし、一部滅失や損傷また費用支出が、保管中に生じたものか否か争いが生じる可能性があり——全部滅失は返還されないので除外されている——、そのような争いによる法律関係の不安定な状態を早期に確定する必要があるため (一問一答364頁)、使用貸借の600条のように、除斥期間や時効期間について664条の2の特則を

---

15)　寄託では、650条3項が準用されない合理的な理由があるのか疑問がある。少なくとも、立法論としては650条3項も準用してよいし、準用を例示的なものとみて類推適用することも不可能ではない。

16)　受寄者が知った時期については、明記されていない。契約時、受取り時に知っていることが必要なのか、受取り後に知った場合でもよいのであろうか。損害発生時までに知ればよいという主張がある (鳩山・下654頁)。しかし、受寄者が受取り後に寄託物の危険な性格を知り、663条1項に基づいて寄託者への返還 (引取り) を求めたならば、661条ただし書後段は適用されないと考えられる。

541

§Ⅲ 寄託の終了（任意解除）

置いた――比較法的にも例をみないといわれる（新注民⑭415頁以下［吉永］参照）
――。661条の損害賠償については同条の適用はない。

13-41　**(2) 664条の2**

(a) 寄託物の一部滅失または損傷による損害賠償請求権・費用償還請求権　①
寄託者の受寄者に対する寄託物の一部滅失または損傷によって生じた損害の賠償
請求権、または、②受寄者が支出した費用の償還請求権は、「寄託者が返還を受
けた時から1年以内に請求しなければならない」（664条の2第1項）。この期間は
除斥期間であり、起算点は返還時、期間は1年である[17]。「請求」が1年以内に
されれば除斥期間の制約はなくなり、166条1項1号の5年――損害の認識
時、費用支出時から――の時効に服する。

13-42　**(b) 寄託物の一部滅失または損傷による損害賠償請求権の時効完成猶予**　寄託
者の受寄者に対する寄託物の一部滅失または損傷によって生じた損害の賠償請求
権は、「寄託者が返還を受けた時から1年を経過するまでの間は、時効は、完成
しない」（664条の2第2項）。例えば、損傷から10年が過ぎると166条1項2号
により時効が完成するがこれを阻止し、返還から（損傷を知った時からではな
い）1年間時効の完成を猶予したのである。166条1項2号だけの特則とされて
いないので、寄託者が損傷を知ってから5年経過した場合にも同様になる。

---

§Ⅲ
寄託の終了（任意解除）

1　寄託者による任意解除――いつでも、期間を定めても可能

13-43　**(a) 寄託者はいつでも返還請求できる**　寄託が期間の満了、目的物の滅失
などの一般的原因によって終了することは疑いないが、民法は寄託者の任意
解除について、特に規定を設けた。

民法は、無償・有償を区別せず、「当事者が寄託物の返還の時期を定めた
ときであっても、寄託者は、いつでもその返還を請求することができる」と

---

17)　**＊受寄者の善意の要否**　566条ただし書・637条2項のように、受寄者が悪意または重過失の場合を適
用除外とされていない。商法には、①寄託物の損傷または一部滅失についての、寄託者による受取りおよび
保管料等の支払による免責（商616条1項）――直ちに発見できない場合の引渡しから2週間以内の発見
＋倉庫業者への通知により例外が認められる（同項ただし書）――、②寄託物の出庫から1年の時効が規
定されている（商617条1項）――滅失の場合には倉庫業者らからのその旨の通知から1年（同条2項）
――。ただし、倉庫業者が悪意の場合には――滅失は問わない――適用が除外される（商616条2項・
617条3項）。商法598条も同様である。566条ただし書・637条2項を類推適用して、民法でも善意無過
失の事例を適用除外と解すべきである。

第4章　寄託　第4編　役務の取得を目的とした契約（契約各論③）

規定する（662条1項）。寄託者が寄託を必要としなくなったのに、約束の期間預けておく義務を認めるべきではないからである。

13-44　　**(b)　有償寄託**　上記解除は、即時解除である。有償寄託の場合には、中途解除により収益を失うという損害を受寄者は受けるが、改正前は何ら保護規定はなかった。現行法はこの点を修正し、「前項に規定する場合において、受寄者は、寄託者がその時期の前に返還を請求したことによって損害を受けたときは、寄託者に対し、その賠償を請求することができる」と規定した（662条2項）[18]。寄託業者が中途解約に解約金の定めをしている場合には、消費者契約法9条1号が問題になる。

13-45　　**(c)　任意解除の規定である**

❶　任意解除説　条文上は「返還を請求」すると規定されているが、継続的契約関係たる寄託契約を解除（告知）して終了させなければならないから、662条は任意解除権の規定である。寄託者の返還請求には、当然に解除の意思表示を含むと扱ってよい（大判昭13・5・20新聞4289号7頁）。したがって、寄託者の返還請求——また、受寄者の返還の申出——により寄託契約が終了し、返還義務の履行を求めることができることになる。

13-46　　**❷　返還請求説**　これに対して、寄託者の返還請求により、契約は存続しつつ返還義務が発生し、返還によって契約が終了するという考えもある（潮見・新各論Ⅱ359頁、中田555頁）[19]。この考えでは、662条1項の寄託者による返還請求がされても寄託契約は終了せず、返還を受けるまでは寄託契約の履行たる保管になる。しかし、契約は終了し、寄託契約上の返還義務の履行まで保管義務が認められると解すれば足りる。受寄者は返還までの保管を義務づけられるが、そのことは契約終了前後の保管を区別することを否定するものではない。

---

18)　**＊有償受寄者の損害賠償請求権**　ここでの損害賠償は継続的委任同様に問題になり、改正前から議論があった（新注民⒁405頁［吉永］参照）。651条2項1号とパラレルに理解する学説があり、期日前に返還をしなければならないことにより特別に生じた損害のみが賠償されるにすぎないと考え（中田・契約法547頁）、賠償される損害には、受寄者の得べかりし報酬は原則として含まないと考えられている（中田・契約法552頁）。寄託の報酬は、現実に保管することの対価であることと、寄託が中途で終了した場合に、その時までの割合的報酬のみが支払われるという規律との整合的な解釈の必要性が、その理由である。立法担当者も、基本的に「広く生じうる損害一般を想定するのではなく、寄託者に対する償還請求が可能であった費用……に係る損害に限られる」と説明する（一問一答358頁注3）。この点、有償寄託では、相当期間の猶予を置いた解除でない限り、相当期間分の報酬の賠償が認められるべきである。

§Ⅲ　寄託の終了（任意解除）

2　受寄者による任意解除

13-47 **(1)　期間の定めがない場合**

　「当事者が寄託物の返還の時期を定めなかったときは、受寄者は、いつで
もその返還をすることができる」（663条1項）。無償の場合に限られない。期
間の定めがない場合、寄託者が解除しない限り永遠に保管を続けなければな
らないのは、受寄者に酷だからである。受寄者は、即時の引取りを求めるこ
とができる。特約で、予告期間を置くことを義務づけることはできる。

13-48 　◆寄託者が引取りに来ない場合

　　受寄者が引取りを求めたにもかかわらず、寄託者が寄託物を引き取らなければ
受領遅滞となり、受寄者は損害賠償を請求できる。口頭での提供後、供託もでき
る（494条1項）。商法では、倉庫営業者について、寄託者が寄託物を受領しない
ときには、倉庫営業者は寄託物を供託できるだけでなく、相当の期間を定めて催
告した上で競売をすることができる（商615条・524条1項）。

13-49 **(2)　期間の定めがある場合**

　「返還の時期の定めがあるときは、受寄者は、やむを得ない事由がなけれ
ば、その期限前に返還をすることができない」（663条2項）。やはり有償・無
償の区別はされていない。委任では、契約期間の定めがあっても任意解除が
認められるが（651条）、寄託については、期間が定まっている場合には、受
寄者からはやむをえない事由がない限り、中途解除は認められないことにな
る。例えば、1年の海外転勤の期間中に家具を知人の倉庫に預かってもらっ
た場合に、たとえ無償であっても受寄者は解除ができない。

13-50 　◆寄託契約の当事者の死亡

　　ところで、委任契約とは異なり寄託者、受寄者の死亡は契約の終了原因とはさ
れていない（665条には、653条は準用されていない）。受寄者が死亡しても、

---

19)　662条については、寄託者の任意解除権を定めた規定ではないと理解することになる。保管義務も返還
　義務も寄託契約の本質的債務であり、返還義務を寄託契約終了の効果とはせず、返還義務の履行によって寄
　託契約が終了すると構成する。改正に際しては、受寄者の返還義務を寄託の本質的債務であることを示すた
　め、657条に受寄者の返還義務（587条・593条・601条のように）を規定することも議論された。しか
　し、保管を約するという文言には、保管後返還するという趣旨が含意されているため、規定を要しないこと
　から断念された。確かに、賃貸借や使用貸借は継続的契約関係であり、賃借人らの利用権を解除によって消
　滅させることが必要である。寄託では、受寄者の権利を消滅させる必要はない。しかし、任意解除によって
　寄託者の保管をしてもらう権利を終了させ、契約が終了して返還までの保管関係へと法律関係が変更される
　と考えるべきである。

544

第4章　寄託　第4編　役務の取得を目的とした契約（契約各論③）

当然に寄託契約が終了することはなく、受寄者たる地位が相続人に承継される。期限が定まっていなければいつでも返還ができるが、期限が定まっていても、相続人の状況によってはやむをえない状況が認められ、返還をすることが可能になる。寄託者が死亡しても、相続人に寄託者たる地位は承継される。しかし、相続人はいつでも返還請求ができるので特に不都合はない。返還請求の前提には契約解除があるので、共同相続であっても持分に基づいて単独で返還請求ができるのではなく、全員による解除が必要である。

13-51　◆当事者の破産手続開始・後見開始

653条が準用されていないので、寄託では、当事者の破産手続開始、後見開始も契約の終了原因ではなく、契約は存続する。受寄者に破産手続開始決定があっても、寄託者はいつでも返還請求できるし、所有者であれば取戻権（破産62条）が認められる。寄託者に破産手続開始決定があった場合、破産管財人はいつでも返還を請求できるが、当然には契約は終了しないので、受寄者は返還をすることはできない。有償寄託の場合には、破産手続開始決定後の保管料は財団債権になる（破産148条1項2号）。

§Ⅳ
特殊な寄託

1　混合寄託

13-52　**(1)　混合寄託の意義と要件**

(a)　**混合寄託の意義**　現行法は、混合寄託についての規定を新設した。「複数の者が寄託した物の種類及び品質が同一である場合には、受寄者は、各寄託者の承諾を得たときに限り、これらを混合して保管することができ」（665条の2第1項）、この寄託を「**混合寄託**」という。個別保管の原則に対する例外である。国交省の「標準倉庫寄託約款」では「**混合保管**」と呼ばれている。混合寄託の要件は、以下の2つである。

① 「複数の者が寄託した物の種類及び品質が同一である」こと
② 「これらを混合して保管する」こと（混合保管）につき、「各寄託者の承諾を得た」こと

545

§Ⅳ　特殊な寄託

13-53　　**(b)　混和の特則**　複数の物が混和すれば、主従が決められる場合には主たる物の所有者の単独所有になり（245条・243条）、主従が決められない場合には、価格割合に応じた共有になる（245条・244条）[20]。しかし、混合寄託の場合には、混和の規定の適用は排除され、主従の区別ができる場合でも全寄託者の共有となる。共有関係は、寄託契約の特則によって規律される。共有物分割請求は認められず（持分譲渡は可能）、受寄者に対して自己の持分に対応する量の返還請求が認められるにすぎない（☞ 13-54）。

13-54　**(2)　寄託者の返還請求権**

　　(a)　寄託した数量の返還請求権　混合寄託がされた場合、各寄託者は、寄託契約に基づいて、各自が「その寄託した物と同じ数量の物の返還を請求することができる」（665条の2第2項）。共有ならば、共有物全部の引渡請求ができ、また、引渡しを受けた物も共有物であるが、寄託規定が優先適用され、引渡しを受けた物は受領した寄託者の所有になると考えられる。

13-55　　**(b)　寄託物の一部が滅失した場合**　「寄託物の一部が滅失したときは、寄託者は、混合して保管されている総寄託物に対するその寄託した物の割合に応じた数量の物の返還を請求することができる。この場合においては、損害賠償の請求を妨げない」（665条の2第3項）。例えば、A・Bがそれぞれジャガイモ100kgをCの倉庫に混合寄託をした後に（合計200kg）、盗難にあって残りが100kgになったとする。残った100kgのジャガイモの共有と、100kg分のCに対する損害賠償請求権が分割帰属する。そのため、A・B各自が残った共有のジャガイモの持分に応じた50kgの返還請求権とCに対する50kg分の損害賠償請求権を有することになる。

13-56　　**◆残部を一部の寄託者に全部引き渡した場合**

　　本文の事例で、もしCがAに100kgのジャガイモを全部渡してしまった場合にはどうなるのであろうか。Aには50kg分のジャガイモの返還請求権しかないし、半分の持分しかないのに、100kg全部の引渡しを受けたのであれば、50kgの債権また共有持分権を超えた50kgについては、債権また共有持分を超えた受領になる。この場合、Aは50kgのみが自己所有になるにすぎないが、どの部分か特定されていないため、受領後もA・B共有のままであり、BにAに対する50kgの分配請求権が認められるべきである。CがBに100kg分の損害賠償をした場

---

20)　混合寄託については、「混合」＝「混和」と理解して、混合寄託であるためには、「物が混和して識別することができなくなった」ことを要すると考える必要はないという主張がある（潮見・新各論Ⅱ 394頁）。

546

第 4 章　寄託　第 4 編　役務の取得を目的とした契約（契約各論③）

合には、BのCに対する損害賠償請求権は消滅するだけでなく、Bの共有持分は消滅し、Aが100kg全部を取得する。

2　消費寄託（預貯金契約等）

13-57 **(1)　消費寄託の意義**

　(a)　消費寄託の意義および規律　「受寄者が契約により寄託物を消費することができる場合」の寄託を**消費寄託**といい、「受寄者は、寄託された物と種類、品質及び数量の同じ物をもって返還」する義務を負う（666条1項）。消費物であれば、米、醤油、ガソリンなどでも消費寄託は可能であるが、実際上行われている消費寄託は、金銭の消費寄託である。例えば、100万円を預かった場合、寄託者としては預けた金銭そのものを返還してもらう必要はなく、受寄者は100万円を返還すればよいので、預かった100万円を自由に使用できる。そのため、消費寄託は、消費貸借に類似するため、民法は消費貸借の規定をいくつか準用している[21]。

13-58 　**(b)　消費貸借規定の準用**　まず、590条および592条が適用され（666条2項）、無利息の場合には、その消費物の引渡しを約束したにすぎないと推定され、消費受寄者は受け取った消費物に瑕疵があった場合は、その価額を返還すれば足りる（590条2項の準用）。消費受寄者が、同じ種類、品質および数量の物をもって返還することができなくなった場合には、その物の価額を償還することを義務づけられる（592条の準用）。また、金銭消費貸借については、591条2項・3項が準用され（666条3項）、消費受寄者たる金融機関は、返還時期の定めがあっても、いつでも返還することができる（591条2項の準用）。ただし、返還時期を定めた場合には、消費寄託者たる預金者は、期限前に返還を受けたことによる損害の賠償を請求できる（同条3項の準用）。

13-59 　**(c)　基本的には寄託の規定による**　以上の消費貸借の規定の準用を除い

---

21)　改正前は、消費寄託は、寄託の規定によらずに消費貸借の規定の準用によることを原則としていたが（旧666条1項）、現行法はこれを削除した。寄託契約の規定によることを原則とし、消費貸借の規定を個別に準用するにとどめた（666条2項・3項）。消費寄託もあくまでも金銭を預けているのであり、消費貸借とは構造が異なるためである（一問一答367頁）。なお、預けた金銭を銀行は預金、郵便局は貯金と称し、これは郵貯銀行になっても受け継がれており、2つを総称する場合を預貯金という。銀行法による業法的規制があり、また、銀行取引約定書により規律される。預貯金契約は「消費寄託の性質を有する」と認められている（最判平21・1・22民集63巻1号228頁）。

547

て、消費寄託にも寄託の規定が適用される。消費貸借とは異なり、返還の時期が定められていても、消費寄託者（預金者）はいつでも返還請求でき（662条1項）、その場合、消費受寄者（金融機関）が損害を受ければその賠償を請求することができる（同条2項の準用）。

13-60

◆預貯金契約の法的性質

(1) 準委任的要素も含む混合契約かつ枠契約

預貯金契約の法的性質については、①金銭を預ける消費寄託だという考え（鳩山・下659頁、我妻・中二729頁）のほかに、②預貯金契約は両者の利益のための契約であるから、消費寄託と消費貸借の両方の要素を持つ無名契約であるという考えもある（石田［文］174頁、勝本145頁、末川・下351頁）。例えば、普通預金契約は、単に預金を預けるにとどまらず、振込金の受入れ、各種料金などの自動振替などのサービスが付随しており、預金がゼロになっても契約は終了しない。特定の預金債権が成立するだけの定期預金とは異なり、普通預金契約を「枠契約」と位置づける提案がある（中田裕康「銀行による普通預金の取引停止・口座解約」金法1746号［2005］16頁以下）。②が適切であり、必要に応じて利用できるサービスのメニューが合意されている枠契約である。

13-61

(2) 判例

判例は預貯金契約を消費寄託と認めつつ、混合契約的な説明をしている。すなわち、最判平21・1・22民集63巻1号228頁は、「預金契約は、預金者が金融機関に金銭の保管を委託し、金融機関は預金者に同種、同額の金銭を返還する義務を負うことを内容とするものであるから、消費寄託の性質を有するものである。しかし、預金契約に基づいて金融機関の処理すべき事務には、預金の返還だけでなく、振込入金の受入れ、各種料金の自動支払、利息の入金、定期預金の自動継続処理等、委任事務ないし準委任事務（以下「委任事務等」という。）の性質を有するものも多く含まれている」（後者の委任の要素から、各預金者の単独での取引履歴開示請求権を肯定）[22]。

13-62

(2) 消費寄託の成立

消費貸借も寄託も、改正前は要物契約であったが、いずれも改正によって大きな修正を受けたことはすでに述べた。消費貸借は要物契約ではあるが、書面によると要物性は不要、他方で、寄託は諾成契約であるが、書面によらない無償寄託は解除可能となった。消費寄託は、587条・587条の2を準用せず（666条参照）、寄託の規定によることとされた。したがって、消費寄託は諾成契約であって、書面の有無を問わず、寄託物を受け取るまで消費寄託者は自由に解除ができる（657条の2第1項）。また、無報酬の消費受寄者は書面がない限り受け取るまで解除ができる（同条2項）。

第4章　寄託　第4編　役務の取得を目的とした契約（契約各論③）

13-63 | ◆現金の入金による預金の成立

　　契約成立に要物性は不要になったとしても、預金債権が成立するのは[23]、実際に預金がされた時点であることは、消費貸借における貸金債権と同様である。以下のように、預金がされたかどうかが争われた事例があり、改正後も預金債権の成立についての判断として先例価値が認められる。

　　預金者が預金のために銀行の窓口に金銭を差し出して預金の申出をしたところ、それを認識した銀行の係員が、別の事務を継続していた隙に、第三者がその現金を盗んだ事例で、預金が成立しているかどうかが争われた。判例は、いまだ消費寄託は成立していないものとした（大判大 12・11・20 新聞 2226 号 4 頁）。大審院は、寄託が成立したといえるためには、「当事者間に寄託物の引渡即占有の移転ありたることを要」し、本件事例では、「未だ占有の移転ありたりとは謂ふべからず」と述べる。ただし、銀行が店舗の警備の不十分なことにつき、損害賠償義務を負う可能性がある（我妻・中二 734 頁）。

13-64 | **(3)　預金者の認定**

　(a)　問題点——誰の責任財産になるのか

　(ア)　預金は名義人に帰属すると考えると　例えば、A が B に B の名での

---

22)　*預金の共同相続　共有物侵害による損害賠償請求権は分割債権とされ（最判昭 29・4・8 民集 8 巻 4 号 819 頁）、共有物売却の代金債権は分割債権とされ（最判昭 54・2・22 判時 923 号 77 頁）、「預金」の「共同相続」についても、最判平 16・4・20 判時 1859 号 61 頁は、預金の分割債権となることを前提として、全額の払戻しを受けた共同相続人に対する他の相続人による不当利得返還請求を認めている。しかし、相続後の払戻請求につき、金融実務は相続人全員の同意を要求し、分割債権となって分割請求を認めることとは抵触する運用をしてきた。

　その後、定額郵便貯金について、法律を根拠に共同相続による分割を否定する判決が出される（最判平 22・10・8 民集 64 巻 7 号 1719 頁）。最大決平 28・12・19 民集 70 巻 8 号 2121 頁も、普通預金も定期預金も、それぞれ異なる理由によって分割債権にはならないことを認める（最判平 29・4・6 判時 2337 号 34 頁も同旨）。①「普通預金債権及び通常貯金債権は、いずれも、1 個の債権として同一性を保持しながら、常にその残高が変動し得るものである。……預金者が死亡することにより、普通預金債権及び通常貯金債権は共同相続人全員に帰属するに至る……、預貯金契約上の地位を準共有する共同相続人が全員で預貯金契約を解約しない限り、同一性を保持しながら常にその残高が変動し得るものとして存在し、各共同相続人に確定額の債権として分割されることはない」、また、②「定期貯金債権が相続により分割されると解すると、それに応じた利子を含めた債権額の計算が必要になる事態を生じかねず、定期貯金に係る事務の定型化、簡素化を図るという趣旨に反する」として分割債権ではないとされる。

23)　*普通預金債権　普通預金では、払戻しまた新たな振込が繰り返されて預金額は変動するが、預金債権としては振込ごとに新たな債権が成立するのではなく、「預入された金額は常に既存の残高と合計された 1 個の債権として取り扱われる」のであり、そのような内容の「1 個の包括的な契約」が締結されていると評されている（我妻・中二 742 頁）。このような流動的な内容の債権であることが、共同相続されても分割帰属が否定される理由である（☞注 13-22）。ただし、なぜ「口座」に組み入れられると 1 つの残高債権になるのか、その法的メカニズムは説明されることはなかった。この点、森田宏樹「流動性預金『口座』契約とは何か」金判 1290 号（2008）1 頁は、既存の債権を消滅させ、個別債権を組み入れた新たな原因を持つ 1 個の残高債権を成立させる合意、一種の「更改契約」がされていると説明している。

549

預金を依頼し、BがC銀行でAから預かった1000万円を用いてB名義で預金契約を締結したとする。契約はBC間に成立し、預金債権1000万円はBに帰属する。AB間は委任契約であり、BはAの請求により、払戻しを受けて1000万円を引き渡すか（646条1項）、預金債権を移転すべき義務を負う（同条2項）。また、AB間の契約が信託契約と認められれば、B名義の預金は信託財産になる。問題になるのは、Bが無資力になった場合における、Bの債権者（銀行が相殺する場合も含む）に対するAの保護である。

13-65　**(イ)　出捐者の保護**　もし、Aが甲画をBに、B名義でCと寄託契約を締結することを依頼したのであれば、CはA所有の甲画を保管していることになる。ところが金銭は<u>占有に所有が伴う</u>ため、A所有の金銭をCが保管していることにはならない。金銭について、出捐者保護をどこまで及ぼすべきかは大きな問題である。Aの金銭をBが横領したり盗んで、これをC銀行に預金した場合には、預金債権の取得は不当利得であり、不当利得の返還として預金債権の返還（移転）請求、委任による場合には、646条2項の移転請求が考えられる。ところが、以下にみるように、預金債権の帰属の問題として焦点が当てられてきた。

13-66　**(b)　判例・学説の状況**[24]

(ア)　無記名定期預金についての判例

❶　出捐者説（客観説）

(ⅰ)　出捐者の預金債権　判例は、13-68の判決によって、出捐者Aを預金者としている。この結論は、無記名定期預金——現在は、いわゆる本人確認法により禁止されている——につき、最判昭32・12・19民集11巻13号2278頁、最判昭35・3・8集民40号177頁で認められていた。これを**出捐者説**または**客観説**という。記名がないとはいえ、預金契約をした者が契約当事者のはずであるが、金銭の出捐者に預金債権の帰属が認められる。預金契約者（預金者）が誰なのかは、明確には認定されていない。

13-67　**(ⅱ)　出捐者保護のための解決**　①出捐者の保護が出発点である。Cに預けられているのはAの金銭であり、Aが取り戻せるようにする必要性があ

---

24)　この問題については、田中夏樹「預金制度の変化と預金契約の当事者確定」日法83巻2号（2017）337頁以下参照。

550

第 4 章　寄託　第 4 編　役務の取得を目的とした契約（契約各論③）

る。②そして、それを支える許容性として、ⓐ預入行為者には不利益はないこと、ⓑ銀行は預入行為者が預金者と信じて支払ったり相殺予約貸付を行っても、478 条の適用ないし類推適用により保護されるので、銀行としても不利益はないこと、を指摘できる。Ａの保護という意図は正当であるものの、契約法理を無視することには違和感を拭えない。そのため、学説の多くは判例に批判的であるが、客観説を支持する学説もみられる（石田穣 377 頁）。

13-68

> ●**最判昭 48・3・27 民集 27 巻 2 号 376 頁**　［判旨］「無記名定期預金契約において、当該預金の出捐者が、自ら預入行為をした場合はもとより、他の者に金銭を交付し無記名定期預金をすることを依頼し、この者が預入行為をした場合であっても、預入行為者が右金銭を横領し自己の預金とする意図で無記名定期預金をしたなどの特段の事情の認められないかぎり、出捐者をもって無記名定期預金の預金者と解すべきである」。「けだし、無記名定期預金契約が締結されたにすぎない段階においては、銀行は預金者が何人であるかにつき格別利害関係を有するものではないから、<u>出捐者の利益保護の観点から</u>、右のような特段の事情のないかぎり、<u>出捐者を預金者と認めるのが相当であり</u>」、預金担保貸付がされても 478 条類推適用または免責規定により銀行は保護されるからである。

13-69
❷　契約説（主観説）

（i）**契約法理を適用**　契約法理に忠実に解釈し、使者や代理と認められない限り、契約締結者本人が自らを預金者とする契約を締結しているのであって、預金行為者を預金者と考えるのが多くの学説である（**契約説**または**主観説**）。学説には、無記名定期預金では、預金者が誰なのか銀行と合意をしていない以上、銀行と不明者との間に預金契約が成立していると考え、この段階では預金債権の帰属は確定せず、満期後は、証書と届出印を提出する者に支払えばよいという考えがある（新版注民⑯ 427 頁［中馬義直］）。

13-70
（ii）**出捐者保護は別に図る**　契約の際に自分の氏名を示す必要はなく──コンビニのレジで氏名を名乗らない──、氏名を明示しなくても、契約をしている者が契約当事者となる。無記名定期預金も同様である。出捐者Ａの保護は別の法理によって実現されるべきである。AB 間には委任契約があるので、646 条 2 項によって預金債権の移転を受けることができるし、信託と認定することも可能である。さらには、ＡのＢに対する返還請求権、Ｂ

§Ⅳ 特殊な寄託

のCに対する預金債権の牽連性から658条の類推適用によって直接訴権を認める余地もある。以上は、記名式についても同様である。

13-71 **(イ) 記名式定期預金の場合**

❶ 出捐者説（客観説）

(ⅰ) 行員と通謀している場合 Aが、Y信用組合の管理部職員であるB名義による記名式定期預金をした事例で、「本件記名式定期預金は、預入行為者であるB名義のものであっても、出捐者であるA、ひいてはその相続人であるXをその預金者と認めるのが相当であ」ると判示されている[25]（最判昭52・8・9民集31巻4号742頁）。虚偽表示としてBとの契約は無効だが、隠匿行為としてAとの預金契約を有効と認めるべきである。

13-72 **(ⅱ) 架空名義の場合** その後、最判昭57・3・30金法992号38頁は、Aから委託を受けたBが架空のD名義で預け入れた事例で、「無記名定期預金契約において、当該預金の出捐者が、他の者に金銭を交付し無記名定期預金をすることを依頼し、この者が預入行為をした場合、預入行為者が右金銭を横領し自己の預金とする意思で無記名定期預金をしたなどの特段の事情の認められない限り、出捐者をもって無記名定期預金の預金者と解すべきであることは、当裁判所の確定した判例……であるところ、この理は、記名式定期預金においても異なるものではない」とした（最判昭53・5・1判時893号31頁参照とする）[26]。これに賛成する学説もある（石田穣377頁）[27]。

13-73 **❷ 名義人説（預入行為者説・主観説）**

(ⅰ) 契約法理による下級審判例 客観説が登場する前は、契約法理で解決

---

25) 事案は詳しくは、以下のようである。Aが、Y信用組合の管理部職員として貸付・回収事務を担当するBの勧めに応じて、自己の預金とするために600万円を出捐し、B名義による記名式定期預金の預入手続をBに一任し、Bが、Aの代理人または使者としてYとの間で元本600万円のB名義による記名式定期預金契約を締結した上、Yから交付を受けた預金証書をAに交付した。

26) Aが自己の出捐した金をBにB名義で預金することを依頼して、BがB名義で預金した場合にも、Aを預金者と認めた下級審判決もある（大阪高判昭56・5・29判時1015号66頁）。

27) 道垣内教授は、信託法理との関係において、預金者認定における客観説（出捐者説）を、「預金されている金銭について、委任者の利益を保護するためには、委任者が預金債権者であると認めることと、預金債権を信託財産であると認めることとは二者択一的なものであり、預金者認定における出捐者説は、他の債権者との競合の場面における解決の合理性が積極的に評価されるべきである」と、再評価している（道垣内弘人「最新信託法判例批評（9・完）」金法1600号［2001］84頁）。預金名義人を契約当事者として預金契約の成立を認めつつ、依頼者（出捐者）へ預金債権が譲渡されているという構成も提案されている（柴崎暁「判批」早稲田法学75巻1号［1999］311頁）。

552

第4章　寄託　第4編　役務の取得を目的とした契約（契約各論③）

する判決がみられた。例えば、寺の元住職が自己名義で銀行に寺の金を預金したが、その預金が元住職の債権者によって差し押さえられたので寺が第三者異議を提起した事例で、100条本文によって住職個人の預金になるとして、寺の主張が排除されている（浦和地判大 12・2・17 法律評論 12 巻民法 274 頁）。大阪地判昭 35・5・28 判時 235 号 26 頁は、商事代理（商 504 条）を問題として、「他人名義或は架空名義であればこれらを使用した本人は相手方に対しては当時不詳の者であっても、後日相当な証拠を挙げてその権利を証明することができ……本人との間に預金契約が成立する」と、契約法理（商事代理）で解決を図る。

13-74　　(ⅱ)　**契約法理による学説**　記名式定期預金では名義人が示されているので、契約法理に基づき名義人を預金者とする考えもある（新版注民⑯ 31 頁［打田＝中馬］、升田純「預金の帰属をめぐる裁判例の変遷」金法 1555 号［1999］21 頁以下など）。本書も、契約法理に忠実に解釈し、A が B に B 名義で預金することを依頼した場合には、B を預金者として、A の保護は預金者認定とは別の法理で実現すべきと考える（☞ 13-70）。判例も、信託法理による解決を認めるものがあり（☞ 13-76）、また、定期預金以外の事例もみれば、出捐者説ないし客観説が確立しているとはいえない状況にある（☞ 13-81 以下）。

13-75　　**◆信託による解決**

(1)　出捐者説を採用する判例より前の判例

　　出捐者説が採用される前に、13-76 の信託法理によって解決した判例があり、出捐者説による判決が出てからも、13-78 が出されている。そのほか、下級審判決としては、A 会社が Y に対して預金していたものを、A が倒産に瀬して債権者委員会が組織され、その委員 B 会社の専務取締役 X の名義の預金とするために、この預金を X 名義に預け替えた事例で、「単なる管理の委託ではなく、信託的譲渡と解すべきであ」るとされている（大阪高判昭 38・7・18 金法 350 号 6 頁）。

13-76　　●**最判昭 29・11・16 判時 41 号 11 頁**　原判決は、「本件預金は、元来 A が訴外 B から、同人の詐欺による被害者と目される者等を受益者として、同人の騙取金の疑ある 11 万 1359 銭の保管を信託され、保管の方法として自己名義を以てこれを Y 銀行沖縄支店に預け入れたものであり、この預金債権は A 個人の財産ではないとの趣旨を認定したものであって、原審挙示の証拠によれば右認定は是認される」。「Y 銀行は右の預金を適法

553

有効に那覇供託局に供託したものと認められるから、右の預金債権についての真実の権利者は供託物の交付を請求する権利を取得する訳であるが、右の預金債権は上述のようにいわゆる信託財産であってA個人の財産には属しないのであるから、供託所に対する供託物還付請求権もまたA個人の財産に属しない」。「A個人に対する債権に基いて右供託物還付請求権につきなされた転付命令は債権移転の効力を生じない」。

13-77

(2) 出捐者説を採用する判例後の判例

　4人の女友達が定期的に海外旅行をしており、その1人のBがA会（すみれの会）代表者B名義で口座を作り、BCDE4人の海外旅行のための資金を積み立てていた事例で、Bの債権者がこの口座を差し押さえたのに対して、CDEを委託者兼受益者・Bを受託者とする信託契約が締結されており、CDEの預金部分は信託財産であると認められている（東京地判平24・6・15判時2166号73頁）。
13-78判決は、区分所有者の修繕積立金などの振込先とされているマンション管理業者名義の預金──現在ではこのような管理方式は禁止──を、管理会社ではなく管理組合の預金と認めている（東京高判平11・8・31判時1684号39頁など）。

13-78

> ●**最判平14・1・17民集56巻1号20頁**　**[事案]** A県は、請負人Bに発注した土木建築工事について、保証事業会社により前払金保証を受けて、前払金をBの本件工事の専用口座に振り込んだが、Bが工事をすることなく倒産したため、振り込まれた前払金の帰属が問題とされた。
>
> 13-79
>
> 　**[判旨]** 本件保証約款には、「前払金の保管、払出しの方法、Y保証会社による前払金の使途についての監査、使途が適正でないときの払出し中止の措置等が規定されている」。「B建設はもちろんA県も、本件保証約款の定めるところを合意内容とした上で本件前払金の授受をしたものというべきである。このような合意内容に照らせば、本件前払金が本件預金口座に振り込まれた時点で、A県とB建設との間で、A県を委託者、B建設を受託者、本件前払金を信託財産とし、これを当該工事の必要経費の支払に充てることを目的とした信託契約が成立したと解するのが相当であり、したがって、本件前払金が本件預金口座に振り込まれただけでは請負代金の支払があったとはいえず、本件預金口座からB建設に払い出されることによって、当該金員は請負代金の支払としてB建設の固有財産に帰属することになる」。

13-80

(3) 総合判断説

　東京高判令元・9・18金判1582号40頁は、種々の事情を「総合的に考察」して、預金債権者を判断しており（総合判断説）、名義人X（会社）ではなく甲

第4章　寄託　第4編　役務の取得を目的とした契約（契約各論③）

大学への寄付金を振込送金したZを預金者と判断している。口座の開設にあたって、Xが1000円を預け入れているが、「普通預金については、口座開設の主体や経緯、預金通帳や届出印の管理の状況等を総合的に考慮して預金者を認定すべきであるところ、本件普通預金口座については、上記の1000円は、その後に振込送金された7500万円と比較すれば極めて少額であり、口座開設の目的等に照らせば、上記の預入れに係る1000円を含めて本件普通預金口座の預金の預金者はZであると認めることができる」という。また、「本件のように普通預金口座の開設、管理等について、当該普通預金口座に振込入金をした者と口座名義人との間に一定の法律関係がある場合」は、誤振込とは事例が異なるという。

13-81

◆自己に帰属すべき金銭と他人の預金口座への振込み

Aが出捐して、BにC銀行にB名義で預金をしてもらったのではなく、Aに支払われるべき金銭が、AB間の合意に基づいてB名義のC銀行の専用の口座に振り込まれた場合には、口座名義人の預金と認められている[28]。建設共同体の事例で、「民法上の組合において、業務執行者たる組合員が自己の名において取得した財産は、組合の計算においてなされた場合であっても、格別の合意がない限り、先ずその者に帰属し、組合への移転行為によって初めて組合財産となるものと解される（民法671条、646条）」とした原審判決（大阪高判平9・12・3金法1554号78頁）が支持されている（最判平11・4・16金法1554号77頁）。その後、損害保険代理店の保険料専用口座にある預金を代理店の預金と認める最判平15・2・21（☞13-82）が出され、弁護士預かり金についても同様の解決が採用されている（最判平15・6・12民集57巻6号563頁）[29]。

13-82

●**最判平15・2・21民集57巻2号95頁　［判旨①（事実認定）］**「金融機関であるYとの間で普通預金契約を締結して本件預金口座を開設したのは、Aである。また、本件預金口座の名義である『X保険(株)代理店A』

[28]　東京高判平27・9・9金判1492号38頁は、「普通預金は、流動性のある口座内の預金全部が常に1個の預金債権を構成するものであるところ、このような普通預金の性質上、本件口座への預入金は、その名義人であるXの預金債権である」、「こう解さなければ、金融機関であるYは、普通預金の個々の預入行為につき、これらが預金契約者の意思に基づくか否かに注意を払うことを要し、日常業務に支障を来すなど、かえってYに不利益な結果を招きかねない」と判示する（XはYに預けたままにして、その間、自ら本件口座に入出金をすることはなく、本件口座の残高を確認したこともないのであるから、AはXに対し、本件口座を利用して適宜の入出金を行うことを容認していたとして、Xの払戻しを有効とする）。

[29]　依頼者Y_1のために弁護士Y_2が自己名義の口座——専用口座ではない——に振り込まれた金銭につき、Y_1の滞納処分として国が差し押さえた事例で、差押えが排斥されている。「本件口座は、Y_2が自己に帰属する財産をもって自己の名義で開設し、その後も自ら管理していたものであるから、銀行との間で本件口座に係る預金契約を締結したのは、Y_2であり、本件口座に係る預金債権は、その後に入金されたものを含めて、Y_2の銀行に対する債権である」。「したがって、Y_1の滞納税の徴収のためには、Y_1のY_2に対する債権を差し押さえることはできても、Y_2の銀行に対する本件預金債権を差し押さえることはできない」という。

555

§Ⅳ　特殊な寄託

が預金者として A ではなく X を表示しているものとは認められないし、X が A に Y との間での普通預金契約締結の代理権を授与していた事情は、記録上全くうかがわれない」。また、「本件預金口座の管理者は、名実ともに A である」。

13-83　　[判旨②（当てはめ）]「X の代理人である A が保険契約者から収受した保険料の所有権はいったん A に帰属し、A は、同額の金銭を X に送金する義務を負担することになるのであって、X は、A が Y から払戻しを受けた金銭の送金を受けることによって、初めて保険料に相当する金銭の所有権を取得するに至るというべきである。したがって、本件預金の原資は、A が所有していた金銭にほかならない」。以上から「本件預金債権は、X にではなく、A に帰属するというべきである。A が本件預金債権を A の他の財産と明確に区分して管理していたり、あるいは、本件預金の目的や使途について A と X との間の契約によって制限が設けられ、本件預金口座が X に交付されるべき金銭を一時入金しておくための専用口座であるという事情があるからといって、これらが金融機関である Y に対する関係で本件預金債権の帰属者の認定を左右する事情になるわけではない」。

13-84　　**◆振り込め詐欺の被害者の保護**

　　A が B によって組織されている振り込め詐欺の被害に遭い、C 名義の D 銀行の普通預金口座に 100 万円を振り込んだとする。被害者は A 以外にも多く存在し（例えば、総計 10 人、合計 1000 万円だとする）、すでにほとんどの預金が他の口座に振り返られたり払戻しを受けているために 100 万円しか残っていないとする。この場合、C 名義の口座の 100 万円は、C の預金債権と考えるしかないが、C は被害者等から受け取る権限がないので、不当利得になる。口座の入金が A の振込金であることがわかれば、100 万円の預金については、B・C の債権者に対して優先を認めるべきである（この問題につき、中田裕康「銀行による普通預金の取引停止・口座解約」同『継続的契約の規範』[有斐閣・2022] 259 頁以下参照）。その構成としては、直接訴権のほか、金銭所有権に基づく物権的な価値返還請求権を認めることが考えられる。この場合、同時期の被害者については、残されている 100 万円の預金について被害金額に応じて平等の扱いがされるべきである。

13-85　**（4）　誤振込と預金債権の成否**

　（a）　預金契約の成否

　（ア）　原因関係の要否　　例えば、A が債権者 B に対する弁済のつもりで、誤って何ら法律関係のない C の D 銀行の預金口座に振込をした場合、その法律関係はどうなるのであろうか[30]。① C には受領を正当化する法律上の

第4章　寄託　第4編　役務の取得を目的とした契約（契約各論③）

原因がないので、振込は無効であり預金は成立しないのであろうか。原因関係の存在を預金の成立の要件とする考えは**原因関係必要説**と呼ばれ、現在はこれを支持する学説はない。②判例は、13-86 のように、振込の原因関係がなくても、預金は有効に成立すると考える**原因関係不要説**を採用しており、学説もこれに賛成する[31]。

13-86　◉**最判平 8・4・26 民集 50 巻 5 号 1267 頁**　[事案] Ａは、Ｂに合計 558 万 3030 円を支払うため、Ｄ銀行甲支店に振込依頼をしたが、誤って振込先をＤ銀行乙支店のＣの普通預金口座と指定してしまったため、同口座に 558 万 3030 円が入金記帳された。Ｃの債権者Ｅは、Ｃに対する執行力のある正本に基づいて、ＣがＤ銀行に対して有する普通預金債権を差し押さえた。そこで、Ａは、Ｅによる強制執行のうち本件振込による預金債権に対する部分について、第三者異議の訴えによりその排除を求めた。最高裁は次のように判示して、Ａの主張を退けた。

13-87　　[判旨]「振込依頼人から受取人の銀行の普通預金口座に振込みがあったときは、振込依頼人と受取人との間に振込みの原因となる法律関係が存在するか否かにかかわらず、受取人と銀行との間に振込金額相当の普通預金契約が成立し、受取人が銀行に対して右金額相当の普通預金債権を取得する」。けだし、①「前記普通預金規定には、振込みがあった場合にはこれを預金口座に受け入れるという趣旨の定めがあるだけで、受取人と銀行との間の普通預金契約の成否を振込依頼人と受取人との間の振込みの原因となる法律関係の有無に懸からせていることをうかがわせる定めは置かれていない」、②「振込みは、銀行間及び銀行店舗間の送金手続を通して安全、安価、迅速に資金を移動する手段であって、多数かつ多額の資金移動を円滑に処理するため、その仲介に当たる銀行が各資金移動の原因となる法律関係の存否、内容等を関知することなくこれを遂行する仕組みが採られているからである」。

13-88　**(イ)　問題の生じる原因**

(i)　銀行による払戻しの保護の必要性

❶　預金者への払戻しの問題点　なぜこのような議論が生じるのかという

---

30)　＊**過剰振込**　債権者への振込であっても、例えば 5 万円の債務として 5 万円を振り込むつもりが、誤って 50 万円を送金してしまった場合（過剰振込）にも同様に問題になる。後述の判例を適用すれば、45 万円分は原因がないが、有効に預金債権は成立し、振込人は預金者に対して 45 万円の不当利得返還請求権を取得することになる。

31)　この問題については、森田宏樹「振込取引の法的構造」中田裕康＝道垣内弘人編『金融取引と民法法理』（有斐閣・2000）123 頁以下参照。

557

§IV　特殊な寄託

と、銀行による誤振込後の預金者への払戻しを有効として保護するために、ほかに方法が考えられないからである。振込が無効で預金が成立しないとしても、D銀行が有効な振込がされたと信じてCに支払った場合に、それを有効として保護する手立てがあれば、それでよい。預金者の認定では、出捐者説によったとしても、預金者と信じていた預入行為者への弁済や預金担保貸付に478条の適用また類推適用が可能であり、銀行に不利益を与えることはなかった。出捐者保護と銀行の保護とを両立させることができた。

13-89　❷　**不当利得返還義務に478条は適用できない**　ところが、振込を無効とすると、誤振込人AのD銀行に対する不当利得返還請求権が成立し、478条によって、D銀行のCへの預金の払戻しをAのD銀行に対する不当利得返還請求権への弁済として有効にすることはできない。払戻しを有効な弁済としてD銀行を保護するためには、どうしてもCの預金債権の成立を認める必要がある。銀行としては振込に原因関係があるかどうかはわからず、他方、Aは誤って振込をしたのであって、過失のあるAよりもD銀行の保護が優先されるべきである。

13-90　(ii)　**預金者の財産・責任財産とまでする必要はない**　保護が必要なのは、善意のD銀行のCへの弁済だけである。Cの預金債権の成立は、いわば478条による保護の代用である。①Cに預金の成立を認めるといっても、Cに払戻しを受けた金銭を自由に使用する権利を認める必要はない。②また、Cの債権者についても、Cの責任財産ではないAの出捐からの債権回収を認める必要もない。これはD銀行との関係でも同様であり、善意のD銀行の弁済を有効とするための預金債権であり[32]、D銀行も、Cに対する債権で相殺をすることを認めるべきではない。

13-91　(b)　**誤振込人の保護**

(ア)　**預金者に対する保護**

(i)　**刑事上の権利行使の規制**　判例は、預金者が誤振込を受けたことを知りつつした払戻請求に詐欺罪の成立を認める（最決平15・3・12刑集57巻3号322頁）。受取人は、「誤った振込金額相当分を最終的に自己のものとすべき実質

---

[32]　岩原紳作「預金の帰属」『江頭憲治郎先生還暦記念㊦』（商事法務・2007）421頁は、金融機関との関係、第三者との関係に応じて、預金の帰属を相対的に、いわば玉虫色に分けて処理することを提案している。

的な権利はないので」、「自己の口座に誤った振込みがあることを知った場合
には、銀行に上記の措置を講じさせるため、誤った振込みがあった旨を銀行
に告知すべき信義則上の義務がある」。「そうすると、誤った振込みがあるこ
とを知った受取人が、その情を秘して預金の払戻しを請求することは、詐欺
罪の欺罔行為に当たり、また、誤った振込みの有無に関する錯誤は同罪の錯
誤に当たるというべきであるから、錯誤に陥った銀行窓口係員から受取人が
預金の払戻しを受けた場合には、詐欺罪が成立する」という[33]。

13-92 **(ii) 民事上の権利行使の規制**　次に民事規制であるが、犯罪行為は、民事
上も保護しないことが、法全体の統一的な規律として要求される。傍論であ
るが、最判平 20・10・10 民集 62 巻 9 号 2361 頁は、夫と妻の 2 つの預金
通帳を盗んだ者が、夫の預金を解約し、妻の預金に送金振込をしたが、払い
戻される前に被害者夫婦が盗難届を出して払戻しを阻止し、妻が無断で振り
込まれた夫の預金分を銀行に払戻請求した事例において、原則としては権利
濫用として許されないと判示している[34]。ただ、本件事案への当てはめとし
ては権利濫用には該当しないと判断する。

13-93 **(イ) 預金者の債権者に対する保護**

(i) Ｃの責任財産ではない　Ｃの預金債権の成立は、Ｄ銀行の善意によ
る弁済を保護するためのものであるから、Ｃの債権者に誤振込金から債権回
収ができるという、棚ぼた的利益を認める必要はない[35]。では、預金者の債
権者が振り込まれた預金を差し押さえた場合に、誤振込人は「その強制執行
の不許を求める」第三者異議の訴え（民執38条）を提起できるであろうか。
第三者異議の訴えを提起できるためには、「強制執行の目的物について所有

---

33) 誤振込をめぐる刑事責任については、松宮孝明『誤振り込みと財産犯』（成文堂・2023）参照。

34) 「受取人の普通預金口座への振込みを依頼した振込依頼人と受取人との間に振込みの原因となる法律関
　係が存在しない場合において、受取人が当該振込みに係る預金の払戻しを請求することについては、払戻し
　を受けることが当該振込みに係る金員を不正に取得するための行為であって、詐欺罪等の犯行の一環を成す
　場合であるなど、これを認めることが著しく正義に反するような特段の事情があるときは、権利の濫用に当
　たるとしても、受取人が振込依頼人に対して不当利得返還義務を負担しているというだけでは、権利の濫用
　に当たるということはできない」と述べる。

35) なお、Ｃの債権者が悪意で預金から債権を回収した場合には——騙取金による弁済事例とのバランスか
　ら悪意を要件とすべき——、無価値であった債権を回収できたことが「利得」といえ、他方で、誤振込人Ａ
　は預金者Ｃに対して振込と同額の金銭債権を取得するとはいえ、預金者が無資力の場合には回収は不能で
　あり振込金がなくなれば「損失」があるといえることから、その社会通念上の因果関係を認め、払戻しを受
　けたＣの債権者に対するＡの不当利得返還請求も認めるべきである。

権その他目的物の譲渡又は引渡しを妨げる権利を有する」ことが必要となるが、誤振込はこれに該当するであろうか。

13-94　(ii)　**誤振込人保護の方法**

❶　**物権的権利を付与する方法**　まず、金銭所有権に基づく物権的価値返還請求権を認めて、他の債権者を排して優先的に預金からの回収を図ることが考えられる。「振込金の『価値的所有権』は依頼者に留まっている」という主張はこのような処理を認めるものである（花本広志「判批」法セミ502号[1996] 89頁）。誤振込人は「物権的返還請求権の実質を有する不当利得返還請求権を行使できる」とし、預金者の債権者が預金を差し押さえても、「これに対抗できる権利を有し、第三者異議が認められる」という主張もある（中舎寛樹「預金取引における物権と債権の交錯」『新美育文先生還暦記念論文集』[信山社・2009] 276頁）。

13-95　❷　**先取特権を認める方法等**　また、「信用を与えることなく他人の財産を物権的な意味で増加させたXの不当利得返還請求権に一種の無名の先取特権による優遇を与える」という主張もある（松岡久和「誤振込事例における刑法と民法の交錯」刑法雑誌43巻1号[2003] 100頁）。物権法定主義（175条）があるので、厳しい説明である。筆者としては、直接訴権による保護（423条1項の転用）、また、預金債権の取得を不当利得として、AにCに対する不当利得返還請求として、預金債権の移転の請求を認めることを考えている。

13-96　**(ウ)　銀行による相殺に対する保護**

(i)　**債権者としての債権回収は否定されるべき**　D銀行が、Cに弁済をするのではなく、Cに対する債権で相殺をしたらそれは有効であろうか。D銀行による善意の弁済は保護されるべきであるが、相殺は誤振込金からD銀行が預金者に対する債権を回収する行為であり、D銀行が善意で相殺の意思表示をしても、Cの債権者が誤振込金から債権を回収しようとする(イ)の問題とパラレルに扱うべきである。この点、D銀行の相殺に対するAの保護については、2つの異なる下級審判決がある。

13-97　(ii)　**相殺を否定する判決**　まず、銀行が誤振込金であることを認識できた場合に——誤振込人が組戻手続をとっている場合——、誤振込された預金について銀行が受取人に対する貸金債権でもって相殺することは、正義・公平の観念に照らして無効とした判決がある（名古屋地判平16・4・21金判1192号11

頁［銀行への不当利得返還請求も認める[36]。控訴審判決により変更される☞13-100]）。誤振込金の預金債権の認定は、善意の弁済を有効とするためであり、責任財産にはできず、相殺という形でD銀行がAの誤振込金からCに対する債権回収を認めるべきではなく、相殺を無効とする解決に賛成である。

13-98　**(iii)　相殺を有効とした上での保護**　他方で、銀行による相殺を有効とした上で、誤振込人の銀行に対する不当利得返還請求を認める判決もある。東京地判平17・9・26判時1934号61頁は、「Yは、本件誤振込相当額を、Xの損失のもとで、いわば『棚からぼた餅』的に利得したものといえる」、「銀行が、振込依頼人から受取人の所在が不明であって組戻しの承諾を得ることができない事情について相当の説明を受けていながら、誤振込みの事実の有無を確認することのないまま、受取人に対する債権をもって当該振込みに係る預金債権を相殺して、自らの債権回収を敢行したような場合には、この債権回収は、<u>振込依頼人に対する関係においては、法律上の原因を欠き、不当利得となる</u>ものと解するのが公平の理念に沿う」という[37]。

13-99　**◆組戻手続後の銀行への不当利得返還請求権**
最判平8・4・26（☞13-86）は、誤振込人Aは、口座名義人Cに対し、誤振込金と「同額の不当利得返還請求権を取得し得るにとどま」るとしたが、Aが組戻手続をとったらどうなるであろうか。組戻手続をとっても、預金者Cが組戻しに同意しない限り、D銀行は組み戻すことができない。この場合に、下記名古屋高判平17・3・17（13-97の名古屋地判平16・4・21の控訴審判決）は、当座預金の事例について、13-100のように銀行に対する不当利得返還請求権の成立を認めている——事例は銀行への不当利得返還請求事件——。D銀行が悪意になった以上、D銀行のCへの善意での払戻しを保護する余地はなくなる。かといってD銀行が悪意になると一度成立した預金債権が消滅し、AのD銀行に対する不当利得返還請求権が成立するというのも、説明が難しい。筆者は13-95

---

36)　相殺を無効としながらも、「被告の前記相殺による本件振込金相当額の利得は法律上の原因を欠くことになる。そして、原告が本件振込金相当額の損失を生じていることは明らかであり、被告の利得と原告の損失との間の因果関係の存在も肯認することができる」として不当利得の成立を認めており、理由の説明がないに等しい。そのため、控訴審である名古屋高判平17・3・17（☞13-100）がこの点についての検討を詳細に加えたのである。なお、無資力になっている受取人に対する不当利得返還請求権に基づいて、預金債権についての代位行使ができるとも述べている。

37)　騙取金による弁済についての判例（最判昭49・9・26民集28巻6号1243頁）と同様に、悪意であれば法律上の原因を否定するものである。債務者の弁済を有効とした解決とは異なり、ここではD銀行の相殺を無効とするのが直截であり——無効原因が考えられないというのであろう——、そもそも相殺はできない＝無効とするのが適切である。

§Ⅳ　特殊な寄託

のように、直接訴権によりＡの保護を図ることを考えている。

13-100
●名古屋高判平17・3・17金判1214号19頁　[判旨①（銀行の保護は不要になる）]「振込依頼人が、誤振込みを理由に、仕向銀行に組戻しを依頼し、受取人も、振込依頼人の誤振込みによる入金であることを認めて、被仕向銀行による返還を承諾している場合には、受取人において、振込依頼人の誤振込みによる入金を拒否……する意思表示をするものと解することができ、他方で、被仕向銀行においても、受取人が当該振込金額相当の預金債権を権利行使することは考えられず……、このままの状態では振込金の返還先が存在しないことになり、同銀行に利得が生じたのと同様の結果になること、さらに、被仕向銀行が、誤振込みであることを知っている場合には、銀行間及び銀行店舗間の多数かつ多額の資金移動の円滑な処理の面からの保護を考慮することは必ずしも必要で……はない」。

13-101
[判旨②（実質に従い不当利得返還請求権を認める）]「以上のような場合にあっては、上記のとおり、受取人と被仕向銀行との間に振込金額相当の（当座）預金契約が成立したとしても、正義、公平の観念に照らし、その法的処理において、実質はこれが成立していないのと同様に構成し、振込依頼人が誤振込みを理由とする振込金相当額の返還を求める不当利得返還請求においては、振込依頼人の損失によって被仕向銀行に当該振込金相当額の利得が生じたものとして、組戻しの方法をとるまでもなく、振込依頼人への直接の返還義務を認めるのが相当である」。「けだし、受取人が、振込金について預金債権を有しないことを認めており、被仕向銀行には組戻しを拒む正当な理由がないのに、誤振込みをした振込依頼人は、受取人に対する不当利得返還請求権……の行使しかできないとすると、受取人としては、常に被仕向銀行に対する預金債権を行使せざるを得なくなり……、いたずらに紛争の解決を迂遠なものとし、実質的に保護すべき関係にないものを保護する結果となり、無用な混乱を招く」からである。

13-102 **(5)　消費寄託の効力**

(a)　受寄者の義務など　消費受寄者は、目的物たる消費物の所有権を取得し、同種・同等・同量の物を返還すればよい。消費「寄託」とはいっても、寄託契約に特有の保管義務というものはなく、単に金銭債務、金銭以外では種類債務を負うだけである。委任的要素を含む混合契約的な預金契約においては、金融機関は付随義務として、預金者に対する預金口座の取引経過についての開示義務を負うものと考えられている（最判平21・1・22 ☞ 13-61）。

562

第 4 章　寄託　第 4 編　役務の取得を目的とした契約（契約各論③）

13-103　**(b)　共同相続など**　消費寄託者が報酬を支払うことはなく、逆に、消費受寄者が使用の対価として利息を支払うのが通常である。この点で、経済的構造としては、寄託ではなく消費貸借である。預金者が死亡して共同相続があった場合、預金債権は共同行使が必要であり、契約当事者たる地位は不可分であり、全員に 1 つの契約上の地位が帰属する（☞注 13-22）。判例も、預金の共同相続人のうちの 1 人による取引履歴の開示請求を認めるに際して、「共同相続人全員に帰属する預金契約上の地位に基づき」取引履歴の開示請求権を「単独で行使することができる（民法 264 条、252 条ただし書）」という（最判平 21・1・22 ☞ 13-61）。

13-104　**(6)　消費寄託の終了**

　(a)　預金者からの解約　預貯金契約において、銀行からの解約については、寄託の規定ではなく、消費貸借の 591 条 2 項・3 項が適用されるが（666 条 3 項）、預金者からの解約については、特別規定はなく、寄託についての 662 条が適用される[38]。

　まず、預金者からの解約・払戻請求については、期間の定めの有無を問わず、いつでも返還請求ができる（662 条 1 項）。消費貸借では、期間があれば貸主から解約・返還請求はできず、また、期間の定めがない場合でも、相当の猶予期間を置かなければ解約ができないが、預金では、預金者は直ちに返還請求ができる。ただし、銀行に損害があればそれを賠償しなければならない（同条 2 項）。預金を原資として事業者に貸し付けて転貸差益の獲得を狙っているため、残期間のその差益が問題になる。

13-105　**(b)　銀行からの解約**　銀行からの解約については、消費貸借の規定に従い、いつでも解約して払戻しをすることができるが（666 条 3 項による 591 条 2 項の準用）、預金期間が定まっていて満期前に銀行が解約した場合には、預金者はこれにより受けた損害——満期までの利息——を賠償請求できる（同条 3 項の準用）。銀行は、損害を賠償して期限の利益を放棄することができるという判例があったが（☞民法総則 8-25）、これを変更したものである。

---

38)　**＊休眠預金**　2016 年 12 月に発効した「民間公益活動を促進するための休眠預金等に係る資金の活用に関する法律」では、最終異動日等から 10 年を経過した預金を休眠預金とし、金融機関は預金者に公告後 2 カ月を経過したならば、休眠預金を預金保険機構に移管することになっている。これにより預金債権は消滅し、預金者はこれ以降は預金保護機構から預金および利息の払戻しを受けることになる。この移管された休眠預金を民間公益活動の財源として使用することになっている。

563

§ IV　特殊な寄託

13-106　(c)　**定期預金の満期**　賃貸借では賃貸期間の満了により契約は終了し、賃貸人は貸す義務を免れ、寄託契約では期間満了で契約上の保管義務を免れ、余後的な引取りまでの保管義務になる。一方、定期預金の満期は、定期預金契約の特約部分の効力がなくなるだけで、預金契約は預金者の解約まで存続することになる。412条1項が適用され、返還期日が到来したので当然に履行遅滞になるということはない。これは満期で終了する自動解約定期預金についてであり、同じ期間の定期預金に自動的に更新される自動継続定期預金については、解約手続がとられない限り自動的に更新され、金利は当初のものではなく継続日のものが適用になる。

第5編
その他の契約（契約各論④）

第1章
和解

§I
和解の意義——紛争解決契約

14-1 **(1) 紛争解決契約である**

 和解とは、「当事者が互いに譲歩をしてその間に存する争いをやめること を約することによって、その効力を生ずる」契約である（695条）[1]。訴訟、 仲裁などと同様の紛争解決方法であるが、当事者の交渉・合意による自治的 な解決方法である。書面作成は成立要件ではないが（遠藤・和解論180頁以下は書 面を要求することに反対）、立法によっては書面が要求される（CC2044条2項は書面 必要。BGB780条は債務約束、同法781条は債務の承認につき書面 [電子書面不可] 必要）。

 和解はこれまでみてきた財産やサービスを有償・無償で受ける契約とは異 質の契約である。そのため、和解を典型契約として規定することには疑問も 提起されている（平井46頁）。

14-2 **(2) 和解の有用性——訴訟の回避**

 例えば、AがBから100万円を借り入れ、何回かに分けて返済をしてい たが、返済をめぐって主張が異なり、Aは合計80万円を返済しており残金 は20万円であると主張し、Bは合計60万円しか返済を受けておらず残金 は40万円であると主張しているとする。当事者がこのまま自己の主張を堅 持する限り、平行線を辿って紛争の解決は訴訟によらざるをえなくなる。し かし、訴訟には費用・時間・手間がかかる。そのため、A・Bが互譲して 30万円の支払を約束する和解の方が得策だと考えることになる。

14-3 **(3) 法律関係の確定＋紛争を蒸し返さない合意**

 こうして和解においては、上記の例であれば、AB間で30万円の貸金が 残っていること、またはその支払を約束し、それ以外に債務はないことを確 認して「争いをやめる」ことが合意され、もはや争わない＝紛争を蒸し返さ ないことが合意される[2]。交通事故の事例では、示談という用語が慣用され ているが、示談は、当事者の主張が対立し互譲をするという和解の要件を満

---

1) 日本の和解規定の起草過程、当時のフランス法、和解をめぐる解釈論についての本格的な研究として、 遠藤歩『和解論』（九州大学出版会・2019 [以下、遠藤・和解論で引用]）がある。旧民法には財産取得編 110条～114条の5カ条の規定があったが、現行法では2カ条に削減された。

第1章　和解　第5編　その他の契約（契約各論④）

たす場合に限られない。一方的互譲であっても、その金額で紛争の蒸返しを
禁止する合意といえるから、和解に準じて確定効を認めてよい（☞ 14-10）。

14-4　◆裁判上の和解、調停および仲裁

（1）　裁判上の和解

　　裁判上の和解とは、裁判官の面前で、裁判官の関与の下に行われる和解であ
り、起訴前の和解[3]（民訴 275 条）と訴訟上の和解（民訴 89 条）とに分かれる。裁判
所の関与によって行われる、という点が特殊なだけであって、その契約の性質は
和解である。合意の過程で裁判所が後見的に関わっている点、また、それゆえに
その効果として執行力が認められる点に特殊性がある[4]。裁判上の和解は、確定
判決と同一の効力を有すると規定されているが（民訴 267 条）、既判力は認められ
ず、和解の確定効によって規律される[5]。

14-5　（2）　調停（調停手続による和解）

　　調停は裁判ではなく、裁判所における調停委員の面前でなされる和解であり
（「互譲」を要件とする）、それが調書に記載されると、確定判決と同一の効力が
認められる（民調 16 条）。調停の申立てによって開始され、調停委員（委員会）の
提案した調停案に当事者が合意して和解が成立することになる。裁判とは異な
り、当事者が調停案に不服であれば、合意することは義務ではなく、通常訴訟に
移ることができる。

2)　＊和解は双務契約か　和解を双務契約と解するか議論がある（遠藤・和解論 183 頁以下）。相互に「譲歩
　して合意したことを実現する債務を負担するので双務契約」と考える学説もあるが（我妻・中二 873 頁
　等）、反対する学説もある（三宅・下 1231 頁以下）。梅 846 頁は、和解も双務契約であり、即時に履行さ
　れるので義務発生がないとみえるが、一旦義務が発生しているというべきであると説明する（加藤説☞注
　14-13）。双方が現実に債務を負担する場合（A が占有中の絵画の所有につき AB 間に争いが生じ、B の所有
　と認めて引き渡す代わりに、B が A に 100 万円を支払う合意がされる場合）であれば、同時履行の抗弁権
　や危険負担の規定が適用される（遠藤・和解論 185 頁）——400 条により善管注意義務を認めてよいが、
　全面的な対価関係に立つわけではなく担保責任は微妙である——。そうではなく、損害賠償額についての合
　意の場合には、双務契約と認める実益はない。
3)　ただし、「元来区裁判所に於て訴訟防止の為めに為さるる裁判上の和解に於ては、実体上の請求権に付当
　事者双方の互譲あることを必要とせず。従て和解条項として当事者の一方が相手方の主張する実体上の請求
　権を全部容認して之が履行を為すことのみを定むる場合に於ても有効に和解が成立する」と、互譲は不要と
　されている（大判昭 15・6・8 民集 19 巻 975 頁）。
4)　書記官により和解調書が作成されるが、和解の条項は裁判外の和解と変わらない。和解条項は、(1)効力
　条項として、①確認条項、②形成条項、③給付条項、④付款条項（詳細省略）、⑤特約条項、⑥清算条項、
　⑦関連条項の処理条項、⑧訴訟費用の負担条項、(2)任意条項として、①任意条項、②道義条項、(3)現認確認
　条項（和解の席上で金銭の授受があった場合に、そのことを記載した条項）からなる（園部厚『示談・調
　停・和解の手続と条項作成の実務［改訂版］』［青林書院・2022］159 頁以下）。
5)　最判昭 31・3・30 民集 10 巻 3 号 242 頁は、「裁判上の和解は、その効力こそ確定判決と同視されるけれ
　ども、その実体は、当事者の私法上の契約であって契約に存する瑕疵のため当然無効の場合もある」と述べ
　る。また、最判昭 38・2・12 民集 17 巻 1 号 171 頁も、訴訟上の和解が錯誤によって無効（当時）になる
　ことを前提として認めている。ADR 法に基づく和解、例えば国民生活センターや東京都消費者被害救済委
　員会による ADR 手続による和解は、確定判決と同様の効力、特に執行力は認められない。

567

14-6

(3) 仲裁（仲裁契約）

　仲裁は、当事者が仲裁人の判断に委ねるという合意に基づき、裁判所ではなく仲裁人の裁定に当事者が拘束されるものである。調停とは異なり、裁定を受け入れるかは自由ではないが、訴訟とは異なり、仲裁手続によるかどうかは自由であって、調停のように一方的に申し立てることはできない。仲裁判断は当事者間においては、確定判決と同一の効力を有する（仲裁47条1項）。そして、「仲裁判断に基づいて民事執行をしようとする当事者は、債務者を被申立人として、裁判所に対し、執行決定（仲裁判断に基づく民事執行を許す旨の決定をいう。以下同じ。）を求める申立てをすることができる」（同法48条1項）。

§ Ⅱ
# 和解の成立

　和解の成立要件は、以下の3つである（695条）。

---

① 当事者間に争いが存在すること[6]
② 当事者が互譲をすること
③ 争いを止める合意をすること

1　当事者間に争いが存在すること

14-7　和解の内容は多様である。損害賠償の有無や額が争われていれば、いくら賠償する、との合意がされる（債権確認型）。契約解除や取消しが有効かが争われている場合、有効と認める代わりにいくらかの補償金を支払う（債権

6）　BGB779条1項は「法律関係に関する当事者の紛争又は不明な点を双方の譲歩により除去する契約」と定義する。フランス民法2044条は、存在している争いを終了させるまたは将来生ずべき紛争を予防する合意とし、将来の紛争予防も含む。債務不履行の損害賠償額の予定の不法行為版で、近隣騒音につき1日当たりいくら賠償するという合意も和解になる。「将来生じる可能性のある争いも含まれる」という主張もある（潮見・新各論Ⅱ474頁）。和解ではないが類推適用を認めるべきである。

　日本民法はドイツのように不明な場合を対象としていないが、「争い」は「『不確実』も両当事者の理解に多少ともくい違いのあるときには、争と同視してよい」と考えられている（我妻・中二870頁）。和解の具体案を検討している際の駆け引きにおいて、いきなり内容が決まることは通常考えられず、何らかの主張の食い違いがあると考えられる。

第1章　和解　第5編　その他の契約（契約各論④）

以外の権利確認型・債務負担型[7]）、売買の目的物の不適合が争われている場合に、売主が修補を約束し、他方で買主が修理費用の半額を支払う等の合意が考えられる。

2　当事者が互譲をすること

14-8 (1)　相互の主張の譲歩

　和解は「争いをやめることを約する」契約であるから、①当事者間に争いがあること、そして、②「当事者が互いに譲歩」することが必要である[8]。ⓐ当事者間の主張に積極的な食い違いがある場合——例えば、一方が契約の有効を、他方が無効を主張したり、一方が弁済済みと他方が未払いを主張したりする場合——が、これに該当する。ⓑこれに対して、例えば、債権者の支払請求に対して、債務者が金がないので支払えないと主張し、当事者間の協議によって、1カ月以内に支払えば利息は支払わなくてよいと合意した場合には、互譲がないから和解とはいえない（大判昭8・7・11新聞3725号15頁参照）[9]。和解ではないので、和解の確定効はなく、その後に過払金が生じていたことが判明すれば、支払を拒絶して過払金の返還を請求できる[10]。

---

7)　和解で新たに負担した債務について、違約金を合意することも可能である（この問題につき、遠藤・和解論328頁以下参照）。

8)　上野達也「和解契約における契約目的」産大法学50巻3＝4号（2017）117頁以下参照。同135頁は、「和解契約の目的を『両当事者が納得した上で（紛争を解決するとの）合意に至ること』」と捉え、「当事者は、自らの『納得』だけではなく、相手方の『納得』も得られるよう誠実に行動しなければならない」と理解し、「和解契約における互譲の要件は、このように、『相手方も納得した上で合意に至るよう誠実に行動すること』と把握されることになる」と述べる。

9)　債務者は負担した債務を承認し、その代わりに債権者が弁済延期を認めた場合につき、互譲はなく和解ではないとされている（大判明39・6・8民録12輯937頁）。債務負担は認めた上で、金がないので支払えないと主張し分割払いにしてもらうのは、確かに貸主が分割払いを認めて折れているが和解ではない。単に分割払いの合意がされただけである。後日金額が異なっていたことまたは過払金が判明したら、その主張ができてしかるべきであり、確定効は認められない。

10)　東京高判平27・10・15判時2281号105頁は、借主Xはカード利用明細書に残金が5万5310円である旨表示されていたため、次回に全額返済しようと考えてYにその旨問い合わせたところ、担当者からあと2万8000円を返済してもらえれば完済にするのでその旨和解契約をすることを打診され、Xがこれに応じた事例（過払いの事例）で、「本件和解において、XとYとの間で約定借入金債務の残額が5万5310円であったことにつき何ら争いはなかったのであり、Xが過払金等が発生したことについて全く認識していなかった以上、……当事者間に過払金返還請求権の発生の有無（みなし弁済の成否）をめぐって争いがあったという余地はなく、もとよりこれらの点や過払金の額について本件和解においてXが何らかの譲歩をした事実は認められず、当事者双方が本件和解をして過払金返還請求権の発生原因事実及び過払金の額について争いをやめたという余地はない」として、過払金の返還請求を認めている。

569

§ II 和解の成立

14-9 **(2) 互譲なのかが微妙な場合**

ⓒ問題は、当事者間で積極的に食い違う主張がされていないが、当事者間で法律関係が不明確な場合である。例えば、交通事故において具体的な主張が食い違っているために互譲したのではなく、損害や損害額が不明であるために、一定額の支払を約束して早期に紛争を終了させる合意がされた場合である――協議過程では提案された金額に対して多い・少ないといった意見は出されるであろうから、互譲を認めることは不可能ではない――。相互が公平にリスクを負担し、争いを止める合意をしているといえるので、和解と同様の確定効を認めるべきである。「もはや争いをしない」＝蒸返しを禁止しそれが真実の権利関係と異なっていても異議を述べないという合意が認められ、合意通りの効果を認めてよい[11]。

14-10 **◆一方のみの譲歩**

(1) 互譲がない

例えば、A は弁済を受けていないと主張して B に債務の履行を求め、他方で、B はすでに弁済をしたと主張して争いになったが、A が B の弁済を認めて債務がないことを確認し、以後争わない合意をしたとする。この場合、A が一方的に譲歩したのであり互譲はなく、和解の要件は満たしていない。この場合に、和解の確定効はないとして、A がその後、弁済の有無を争うことができるのだろうか。2017 年改正の論点整理段階では、互譲の要否について改正をするかどうかが検討されたが、不要と明記する改正は見送られた。

14-11 **(2) 学説は分かれる**

①この点、696 条が適用されるのは相互が公平にリスクを負担する「互譲」の場合に限られ、一方的に譲歩する場合には、同条を適用すべきではないという学説もある[12]。②しかし通説は、互譲要件を疑問視し（高梨・注 14-11 論文 214 頁以

---

11) これを和解ではなく一種の無名契約というのが多数説であるが（末弘 879 頁、末川・下 461 頁、石田穣 418 頁）、不明瞭な法律関係を確定する契約に和解の本質が見出され、"争いの存在"はせいぜい当事者間に確定の必要性があるという意味程度に解すればよいとして、これを和解として肯定する学説もある（高梨公之「和解」『契約法大系 V 特殊の契約 (1)』209 頁以下）。争いの存在を不要として不明であればよく（批判として、遠藤・和解論 166 頁）、互譲も不要として和解概念を解釈によって拡大するものである。このような紛争解決契約を認めてもよいが、これを和解とする意義は 696 条の適用を認めることにある。類推適用も考えられ、また、696 条は当事者の合意内容を確認するものであり規定がなくてもその効力は認められるので、無名の紛争解決契約と考えれば足りると考える。将来の紛争予防契約も同様である。

12) 遠藤・和解論 168 頁以下は、互譲により和解か否かを区別する理由を、和解能力や和解権限の点で差が生じることに求めていた梅の理解に注目し、互譲を和解の要素とする。私見では、和解とは異なる紛争解決契約として認め、その合意による確定効を認める。例えば被保佐人については、一方的譲歩をする側の場合には保佐人の同意を要するし（13 条 1 項 5 号）、一方的譲歩を受ける側の場合には保佐人の同意は不要と考える。

570

第1章　和解　第5編　その他の契約（契約各論④）

下、来栖710頁以下、平井49頁）、一方が譲るのも互譲に含まれると言い切る学説もある（川井347頁）。

14-12 **(3)　無名の紛争解決契約**

　問題は、和解と認めるか否かではなく、争いを止めて紛争を蒸し返さず、合意された権利関係が真実の権利関係と異なっていても、その権利内容通りの権利の創設・消滅の効果が当事者の間で合意されているかどうか、また、そのような一方の当事者のみが負担をして紛争を解決する合意の効力を認めるべきか、である（非典型契約）。相手の窮乏につけ込んで合意させたような場合には、暴利行為として公序良俗違反とされる可能性があるが、紛争解決の合意＝確定効の合意が互譲の場合に限定されなければならない理由はない。したがって和解とはいえないが、契約自由の原則に基づいて、確定効を約束する合意である限り696条を類推適用すべきである。

3　争いを止める合意をすること

14-13 　和解は、争いの当事者が「争いをやめることを約する」契約である。その合意通りの権利関係を認めて、もはや争わない＝合意した権利関係と異なる主張をして紛争を蒸し返さない合意をする契約である。その権利関係を真の権利関係と認めてもはや「争わない」＝蒸返しを禁止する合意であるが、蒸し返す主張をしない不作為債務を負担するだけではなく[13]、合意通りの権利関係を認める確定効を認める（☞ 14-18）ものである。争いを解決して紛争の余地を残さないようにするために、和解を要式契約とする立法が多いが、日本では諾成契約とされている。もっとも、実際上は書面が作成されるのが通常である。

14-14 **◆和解によって争いを止めた範囲**

(1)　和解の対象たる法律関係の和解契約の解釈による確定

　和解によって、合意通りの法律関係が認められ、それと矛盾する主張が封じられるが、どのような争いについてそのような確定効を合意したのかは、和解契約の解釈によって明らかにされる。和解の対象とされたが、後述のように錯誤の主張を認められるかという問題（☞ 14-34以下）とは異なり、和解の対象にされていないのであれば、和解の確定効は及ばないというだけである（予見することのできない後遺症☞ 14-45）。売買の代金額に争いがあり、ある金額を支払う和

---

13)　加藤501頁は、相互に「『不争義務』ともいうべき不作為義務を負担させるもの」であり双務契約であるという（これに対する批判につき、遠藤・和解論185頁）。本書は14-18のようにこのような不作為義務を認めることは否定しない。

571

§Ⅱ　和解の成立

解が成立したが、その売買が売主の詐欺によるものであったことが明らかになれ
ば、買主は詐欺を理由に売買契約を取り消すことは妨げられない（潮見・新各論Ⅱ
481頁）。

(2)　判例

(a)　賃貸借で敷金は対象外とされた事例　家主Ｙと借家人Ｘの間で家屋の明
渡しについての訴訟上の和解が成立し、Ｘは家屋を明け渡すことを約束し、Ｙは
Ｘの明渡しまでの家賃および損害金債権を放棄した場合に、家屋明渡しをめぐる
一切の紛争を根絶する趣旨で和解をしたのであるから、敷金の返還請求権も認め
られなくなるのかが争われた。原判決はＸの敷金返還請求の放棄を認めたが、
大審院は賃貸借家屋明渡請求訴訟においてなされた和解の条項の解釈として、敷
金返還請求権の放棄を包含するとは解しえないと判示した（大判大14・4・15新聞
2413号18頁）。

(b)　元利金は残っていないことの確認は過払いの否定を含むか

(ア)　貸主が取引履歴を示さず正確な計算ができなかった　借入と返済を繰り返
している借主の申立てによって特定調停法による調停が成立したが、貸金業者が
取引履歴を開示しないので正確な残元利金の計算ができないから、既払分も含め
て利息制限法の制限利息に基づいて計算をして残元利金の支払が約束され、それ
以外の債務の存在がないことの確認がされた（清算条項）。ところが、実際には
元利金は残っておらず、逆に過払金返還請求権を取得していた。この場合に、借
主の①合意した元利金の支払義務、②過払金の返還請求権が争われた。

(イ)　貸主の債務は確定していない　最高裁は、①元利金の約束は、公序良俗に
反せず有効としたが、②確かに元利金が残っている、ということは論理必然的に
過払金がないことを意味するが、当時の特定調停は、残元利金が正確に計算でき
ない状態で、債務者の更生を図るために債務者の債務についてはそれ以上の債務
がないことを確認しつつ、過払金については、なお訴訟で争う余地を残すのが実
務であったため、この実態を斟酌して解釈すれば、清算条項は債務者（借主）の
債務のみを確認するだけで、債務者の過払金返還請求権については確定効の合意
の対象とされていないとした（最判平27・9・15判時2281号98頁）。調停までに生
じていた過払金の返還請求権が認められている。

第1章　和解　第5編　その他の契約（契約各論④）

§Ⅲ
和解の効力

1　和解の確定効[14]

14-18 **(1)　和解通りの法律関係への変更**

　(a)　紛争解決・蒸返し禁止　和解には、以下のような効力が認められる[15]。

> ① 争いを止め、紛争の蒸返しが禁止される（**紛争終止効・不可争効**）
> 　──債権的効力
> ② たとえ真実とは異なっていても、その合意通りの権利関係を認める効力
> 　（**権利確定効**）
> ③ 真実と異なっていても、合意通りの権利・義務に変更される（**権利創設・消滅効**）→②の理論的根拠づけ

　①②は和解の定義規定（695条）の「その効力」として認められる効力である（ただし、不可争効は696条で議論される傾向があるといわれる［新注民⑭654頁［西内］］）。①から当事者は紛争を蒸し返さない不作為義務を負い、蒸し返す主張をすれば債務不履行となり損害賠償を義務づけられる。また、②から錯誤規定の適用が排除される。

14-19 　**(b)　辻褄合わせの権利創設・消滅効**　そして、判決とは異なって私人の合意なので、判決のようにそれが権利関係とされるためには、上記②の効果を私法上辻褄合わせをすることが必要になる[16]。そのため、民法は、③を、「当事者の一方が和解によって争いの目的である権利を有するものと認められ、又は相手方がこれを有しないものと認められた場合において、その当事者の一方が従来その権利を有していなかった旨の確証又は相手方がこれを有

---

14)　696条の成立過程から施行後の判例・学説につき詳しくは、遠藤・和解論336頁以下参照。同347頁は、696条は不可争効を規定するものではないと理解しており、私見も同旨である。この問題につき、神田英明「和解契約の拘束力」法律論叢66巻1＝2号（1993）81頁、また近時の論考として、永井洋士「和解の確定効に関する一試論」青山法務研究論集14号（2017）25頁がある。

15)　中田664頁は、権利確定効の内容を、①紛争終止効、②権利変動効、③不可争効に分類する。これに対し、紛争終止効を権利確定効の内容とすることはふさわしくないと評されている（遠藤・和解論335頁）。

573

§Ⅲ　和解の効力

していた旨の確証が得られたときは、その権利は、和解によってその当事者の一方に移転し、又は消滅したものとする」と規定した（696条）[17]。

14-20　**(2)　和解の効力としての権利（義務）発生・消滅**

（a）**判決同様の効果を合意する**　判決であれば、既判力によって紛争の蒸返しが禁止され、また、判決の権利創造・消滅効により、14-2の例で、たとえ実際には80万円が弁済されていて20万円の債務しか残っていなかったとしても、訴訟において60万円までの弁済の証明しかできなければ、残債務40万円の支払が命じられることになる。その場合、判決後に80万円の弁済の証拠が出てきたとしても、確定した判決を覆すことはできない。これと同じ効果を、私人の合意で生じさせるのが和解である[18]。

14-21　（b）**権利確定効**　14-2の例では、弁済額が80万円（残額20万円）か60万円（残額40万円）か争いになり、30万円を支払うことで合意ができている。真実の権利関係は別にして、30万円の支払を約束したのである。これを和解の効力として構成したのが696条である。もし債務が20万円であれば、和解の効力で10万円が成立、40万円であれば10万円が消滅したと構成される。前者の場合、成立した債権は貸金債権となる。契約解除が争われていて、解除を認める代わりに解決金として20万円を支払う約束の場合、20万円の債権は和解契約上の債権と考えるしかない。

---

16)　その効力は和解の当事者間に限られたため、例えば、AとBの車両が衝突し、歩行者Cが事故に巻き込まれ負傷したとする。AC間で100万円を賠償する示談が成立しても、その効力はBには及ばない。BC間では訴訟になり、200万円の賠償が認められる、あるいは50万円の賠償にとどまることが考えられる。AB間での求償訴訟で、責任額が200万円または50万円となることが考えられ、A・Bの負担割合が50%であれば、BがCに200万円支払ってAに100万円の求償、または、50万円支払って25万円の求償がされることになる。

17)　和解は当事者間においてのみ効力を有するが（CC2051条はこのことを確認）、公害の補償協定において、希望する被害者にも適用されることを規定することがある。例えば、水俣病補償協定において、「本協定内容は、協定締結以降認定された患者についても希望する者には適用する。」という規定があるが、これを537条1項の第三者のためにする契約と認めた上で、「第三者として本件協定の適用を受けられる者は、『協定締結以降に認定された患者』（本文3項）をすべて含むのではなく、被告に対する水俣病による損害賠償請求権について認定前に確定判決を受けた者は、解釈上当然に除かれる」と判示されている（大阪地判平22・9・30判タ1347号166頁）。

18)　旧民法財産取得編114条は、「当事者間に在ては確定判決の権利と均しき認定の効力を生ず」ることを認めていた。これはフランス民法の当初規定2052条1項（和解に確定した判決と同じ効力を認める）に由来する。フランスではその効力について議論があり、2016年改正に際して、和解と同一の対象について、訴訟を提起・遂行することの障害になるとのみ規定するにとどめている。

第1章　和解　第5編　その他の契約（契約各論④）

14-22　**◆和解契約の債務不履行解除**

(1)　本来の債務を確定した場合

　　和解で、例えば売買契約の成立を認めて代金の支払を合意した場合、その代金を支払わないのは、和解契約の不履行ではなく、売買契約上の代金債務の不履行であり、買主は売買契約を解除できる。また、不法行為による損害賠償義務について和解がされた場合、損害賠償義務が履行されないとしても、和解契約の債務不履行解除を認めるべきではない。不法行為法上の損害賠償義務であり、そもそも契約解除とは無縁の義務だからである。また、和解自体は処分行為にすぎず、約束した金額を支払わないからといって、和解契約の債務不履行とは観念できないからである。

14-23　**(2)　付加的な履行が約束された場合**

　　(a)　和解の解除の余地あり　では、新たな別の債務を成立させる和解契約の場合、例えば、債務額について争いがあり、これを解決するための和解として、ある物による代物弁済が合意されたが、それが履行されない場合、ないし、引き渡された物の不適合につき争いになり、解除を認める代わりに買主が解決金10万円を支払う約束がされたが、その支払がされないとする。相手方は和解を解除して、元の争いが解決されていない状態に戻すことができるのであろうか。このように履行を観念する余地を残す債権契約と認められる場合には、和解契約の解除を認めるべきである（中田601頁）。

14-24　　　**(b)　解除を認めた判例**[19]　判例は、土地による代物弁済を合意したが、これが履行されなかったとして、債権者が和解契約解除に基づき元の連帯債務関係になったとする主張を認めている（大判昭13・12・7民集17巻2285頁）。「金銭債務臨時調停法に基く調停は裁判上の和解と同様確定判決と同一の効力を生ずる」が、「其の内容を成す契約関係は則民法の規定に依り不履行を理由として之を解除し得るもの」とされている。和解契約において解除権を留保し、それに基づき解除をすることも可能である（大判大10・6・13民録27輯1155頁）[20]。

---

19)　訴訟上の和解が解除された場合に、和解によって終了した訴訟手続が復活するのかが問題になる。判例は、「訴訟が訴訟上の和解によって終了した場合においては、その後その和解の内容たる私法上の契約が債務不履行のため解除されるに至ったとしても、そのことによっては、単にその契約に基づく私法上の権利関係が消滅するのみであって、和解によって一旦終了した訴訟が復活するものではない」と、復活を認めない（最判昭43・2・15民集22巻2号184頁）。

20)　不動産について虚偽表示による無効が問題とされ、Xは土地引渡しならびに所有権登記名義書換請求を放棄し、本件土地に関するY先代およびYの所有権を確認し、<u>Y先代およびYは共同してXに生涯生活の必要品を供給する義務を負い</u>、もしこの義務の履行を怠ったときはXは和解契約を解除することができるという和解がされ、YがXに対し生活の必要品を供給しなかったため、Xは本件約旨に基づいて和解契約を解除した事例である。大審院は、「其解除の効力に付ても一般契約の解除に関する法則に従うべきものと謂わざるべからず。故に和解契約が解除せられたるときは、契約の当時に遡りて和解なかりし状態に復し、和解に依りて確認せられたる権利は初より確認せられざることなり、抛棄したる請求権は抛棄せざりしこととなるものとす」とした。

575

§Ⅲ 和解の効力

14-25 **◆公序良俗違反のため存在していない債務についての和解**
(1) 公序良俗に違反する無効な契約の和解は有効か
　契約の有効性が争われて、両者が互譲した内容で債務を認める和解が成立した場合、契約が無効であったとしても和解の確定効によって債務が成立することになる。では、和解された債務が公序良俗に違反する無効な契約によるものである場合には、どう考えるべきであろうか。公序良俗に違反する契約上の債務についても、有効に和解をすることができるのであろうか。

14-26 **(2) 公序良俗違反かどうかが争われている場合は有効とするか**
　(a) **有効説**　まず、①公序良俗に違反することを知りながら、別の点（例えば、債権額）が争われ和解がされた場合には和解は無効であるが、②公序良俗に違反するか否かが争われている事例では、当事者が妥協して和解をした場合には、たとえ後日契約が公序良俗に反して無効であったことが判明しても、和解の効力には影響はないと考える制限的な有効説がある（三宅・下 1227 頁以下）。この考えでも、賭博債務が履行されたかどうかが争われ、一定金額を支払うことが合意されたとしても、その合意は無効である。

14-27 　(b) **無効説**　しかし、公序良俗に違反して無効な場合については、常にその和解を無効と考える学説が通説である（有泉亨「判批」『判例民事法昭和 13 年度』458 頁、平井 49 頁、遠藤・和解論 306 頁）。無効かどうかが当事者間で争われていても、客観的には公序良俗違反が認められて契約が無効であれば、私人がたとえ和解名目であろうとその債務を創設することは許されない。ただし、当事者間で争われているだけでなく、法解釈としても公序良俗に反するかは議論がある場合、例えば、投機的取引でリスクについて適切な説明をせずに勧誘したとして無効かどうかが争われるような場合に、一定の金額の支払を約束する和解は有効と考える余地はある。

14-28 　(c) **判例は賭博債権についての和解を無効とする**　①貸付債権か賭博債権かが争われ、一定額を減じて貸付債権として支払う旨の和解が成立後、賭博債権であることが判明した事例で、判例は、権利確定効を理由に和解は無効とはならないものとした（大判昭 13・10・6 民集 17 巻 1969 頁）。②その後、賭博債権のために和解契約によって振り出された小切手の支払を求めることは、公序良俗に反して許されず、また、「和解上の金銭支払の約束も、実質上、その金額の限度で上告人をして賭博による金銭給付を得させることを目的とするものであることが明らかであるから、同じく、公序良俗違反の故をもって、無効とされなければならない」とされている（最判昭 46・4・9 民集 25 巻 3 号 264 頁）。事例は異なるが、傍論的に①の大判昭 13・10・6 を「当裁判所の採りえないところ」であると宣言する。

第 1 章　和解　第 5 編　その他の契約（契約各論④）

2　和解契約上の債権と当初の債権との同一性

14-29 **(1)　和解の内容により一様ではない**

　　更改契約であれば、新旧債権は別の債権であり同一性はない。準消費貸借についても、本来は同様であるが、債権の同一性を保ったまま消費貸借の規律に服せしめる合意も可能であることはすでに述べた（☞ 9-52 以下）。和解においては、従来の債権との同一性の有無によって、担保、抗弁権、債権の時効期間、詐害行為取消権の認否——詐害行為前の債権か——について、大きな差が生じる。この点、事例に応じて解決されるべきである。

14-30 　**(a)　新たな債務を成立させる場合**　まず、AB 間で、土地の帰属が争われ、A の所有と認める代わりに、A から B への「解決金」名目での 100 万円の支払が合意された場合、この解決金 100 万円の支払義務は、和解契約により新たに発生した義務である。その不履行による和解契約の解除も可能である（☞ 14-23）。

14-31 　**(b)　当初の債務についての合意の場合**

　(ア)　契約上の債務　次に、AB 間で 100 万円の代金支払がされたかどうかが争いになり、代金債務を認めた上で 50 万円に減額する合意がされたが、もし実際には弁済済みであったならば、和解によって新たに発生した債権である。では、和解契約上の債権であって代金債権ではないと考えるべきであろうか。この点、和解の効力として代金債権を成立させているのであるから、代金債権として目的物に対する先取特権が認められ、その支払がされなければ売買契約の解除も可能である。

14-32 　**(イ)　不法行為法上の損害賠償義務**　不法行為による損害額が争われ、50 万円の支払で合意が成立した場合に、もし損害額が 30 万円であるならば、20 万円は和解によって成立したことになる。としても、やはり不法行為による損害賠償債権についての合意であり、時効期間は 724 条・724 条の 2 によって規律される。悪意による不法行為債権であれば、破産免責は認められず（破産 253 条 1 項 2 号）、相殺もできない（509 条 1 号）。

14-33 **(2)　認定的か創設的か**

　　学説は、和解を認定的か創設的かで区別しようとしており、ⓐ和解の内容が真実の法律関係と異なる場合には創設的、ⓑこれと一致する場合には認定

577

§Ⅲ　和解の効力

的といわれたりする（来栖716頁、石田穣420頁）。判例も、和解が認定的か創設的かは和解の内容によるとし（大判昭2・10・27新聞2775号14頁）、和解が創設的効力を有しうることを当然視している（大判大5・5・13民録22輯948頁など）。(1)(a)は創設的、(1)(b)(ア)(イ)は認定的ということになる。もっとも、後者でも、真の権利関係と異なれば契約や不法行為上の債権が和解の効力によって創設されたのであり（696条）、ⓐⓑは和解契約の単なる類型化にすぎない。

3　和解の確定効と錯誤の関係[21]

14-34 **(1)　和解契約の解釈の問題**

(a)　錯誤も含めて蒸返しの禁止が合意される　和解の確定効（696条）は、紛争の蒸返しを禁じ、既判力同様の効果を生じさせるものであり（14-18の①の合意の効力）、蒸返しを禁止する内容は自由に合意できることは先に述べた。そして、真実の権利関係が合意内容と異なっていても、そのリスクを引き受ける一種の射倖契約であり[22]、和解契約は「争いをやめる」という合意によって、これと抵触する錯誤（95条）の主張を排斥することも合意されている。錯誤の主張を排除する合意も、公序良俗に違反せず有効である。

14-35 **(b)　蒸返し禁止の対象は合意で決められる**　争うことが排除されていない錯誤については、総則の錯誤の一般法理が適用されるのであって、和解契約であるということから特別の要件が設定されるわけではない[23]。したがって、ここでの問題の核心は、どのような事由が和解契約において錯誤の主張が排除されたのかという契約解釈である。また、詐欺・強迫による取消しを

---

21)　和解の拘束力については、田村耀郎「和解の『確定効』」島大35巻4号（1992）35頁、神田英明「和解契約の拘束力」法論66巻1＝2号（1993）81頁、同「和解無効の実質的ファクターに対する考察」法論67巻1号（1994）23頁、同「和解と錯誤の関係をめぐる条文改正に関する一考察」法論81巻6号（2009）181頁、同「和解の拘束力（不可勢力）」円谷峻編『社会の変容と民法典』（成文堂・2010）参照。

22)　この点につき、西原慎治「和解と射倖契約論」久留米68号（2013）1頁参照。なお、旧民法財産取得編111条は、「和解は法律の錯誤の為め之を鎮除することを得す但其錯誤か相手方の詐欺に起因するときは此限に在らす」と、非常に制限的な規定を置いていた。

23)　我妻博士は、①当事者が争いの対象となし、互譲によって決定した事項自体の錯誤、②争いの対象となった事項ではなく、その前提ないし基礎として両当事者が予定し、和解の互譲の内容とされていない事項についての錯誤、③上記①②以外の錯誤とに分け、②③は錯誤の主張（錯誤の要件を満たす限り）を認める（我妻栄「和解と錯誤との関係について」法協56巻4号［1938］730頁以下）。判例は②だけを認めるが、③を否定することを積極的に論じたものはない。私見は、錯誤規定が排除されるのはその旨の合意の効力によると考えるので（☞17-34以下）、①だけが排除され、②③は95条の要件を満たす限り、和解だからといって特別の考慮を要することなく錯誤による保護が認められる。

第1章　和解　第5編　その他の契約（契約各論④）

排除する合意までは含まれてはいない。では、どのような事由が、和解における確定効ないし錯誤規定の適用排除の合意の対象内とされ、どのような事由がその対象外とされるのであろうか。

14-36 **(2)　類型に応じた分析**

(a)　錯誤規定の適用が排除される事由

㋐　錯誤さえない場合　例えば、不法行為による損害につき、被害者が100万円の損害を受けたが、被告側が過失、過失相殺、損害額などを争い、総合的に考慮の上、譲歩して50万円の支払で和解が成立した場合、被害者は損害が50万円だと思って和解をしたのではない。被害者は100万円の損害賠償ができると考えているが、50万円の合意で訴訟を回避する利益を優先したのである。この場合にはそもそも錯誤さえない。

14-37 **㋑　蒸返し禁止の合意の対象とされた事由**　これに対して、被害者が損害は100万円だが賠償請求できる金額について争いになり、50万円しか賠償請求しえないと思い、50万円で和解をしたが、残りの50万円も相当因果関係の範囲内にあるので賠償請求ができることが明らかになった場合、被害者（債権者）には錯誤がある。しかし、賠償範囲の損害か否かが争われ、その争いを蒸し返さない合意をしたのであるから、この点の錯誤は、事後争わないという合意の対象になっていると考えるべきである[24]。

14-38 **(b)　錯誤規定の適用が排除されない事由**

㋐　蒸返し禁止の合意の対象とされていない事由　例えば、不法行為を理由とする損害賠償につき、損害額だけが争われ、Yの従業員の職務中の事故であったこと、被害者Xに過失がなかったことを確認しそのことを前提として、和解がされたとする。この場合には、明示的にこれらの点は錯誤規定の適用が排除されておらず、後日、この点が前提と異なることが明らかになったならば、この点につき錯誤取消しを争うことが認められる。従業員の職務中の事故ではないことが判明すれば錯誤取消しができる、被害者に過失があったことが明らかになった場合には、損害額については和解の効力を否定

---

24)　大判昭5・3・13新聞3153号11頁は、「凡そ和解契約の意思表示に錯誤あるも、其の錯誤が当事者の和解に依りて止むることを約したる争の目的たりし事項に存する場合は、民法696条の適用あるべく、従て其の和解契約は有効にして、民法第95条に依り之を無効と為すべきものに非ず」と判示する。争いを止めることを約束した事項については、錯誤規定が排除されることになる。また、不可争効を696条に根拠づけている。

§Ⅲ　和解の効力

できず、その金額を基準として過失相殺が認められるべきである。

14-39　　**(イ)　和解の契約解釈の問題である**　明示的な合意は必要ではなく、両当事者が当然の前提として考えてそれを基本として和解がされた事由が真実とは異なっていた場合には、その事由は蒸返しを禁止することが合意された事由ではなく、錯誤取消しの主張をすることが認められてよい。判例も、ある事実の存在または不存在を前提にして和解をしたが、その事実の不存在または存在が後日明らかになれば、錯誤の要件を満たす限り錯誤無効（当時）の主張を認めている[25]。

14-40　**●大判大 6・9・18 民録 23 輯 1342 頁**　[事案]　債権者 X が債務者 A の Y に対する債権につき転付命令を得た後、XY 間で訴訟上の和解がされたが、後日、差押命令および転付命令が無効であり、X は A の Y に対する債権を取得していなかったことが判明した。もし和解の効力を認めると A と X とがいずれも債権者になってしまう。そのため、Y が和解の効力を争い、大審院は次のように判示して錯誤無効の主張を認める。

14-41　　[判旨]「民法第 696 条の規定は当事者が和解に依りて止むことを約したる争の目的たる権利に付き錯誤ありたる場合に限り適用あるに止まり、<u>斯る争の目的と為らざりし事項にして和解の要素を為すものに付き錯誤ありたる場合</u><u>に適用なきこと明文上疑なく</u>、従て此場合には総則たる民法第 95 条の規定の適用ある筋合なるを以て、若し Y が本件の差押命令及び転付命令の無効なるを有効なりと誤信し之を争の目的と為すことなくして本件の和解を為したるものなるときは、此和解の効力の有無は民法第 95 条の規定に則りて之を断せざるべからず」。

14-42　**●大判昭 10・9・3 民集 14 巻 1886 頁**　[事案]　当事者間に立替金の求償権があることを前提として裁判上の和解が締結されたが、この求償権が存在していなかった。

14-43　　[判旨]「斯く斯くの事柄有り若くは無しとのことを前提（或は条件）と定め

---

25)　このような区別をして判例に大きな影響を与えたのが、我妻栄「和解と錯誤の関係について」同『民法研究Ⅳ』（有斐閣・1967［初出は 1938 ☞ 14-23）である。我妻・中二 879 頁は、この問題は「和解の確定力の範囲の問題であ」り、「争いかつ互譲によつて確定された事項だけが和解として当事者を拘束する効力をもち、その前提として諒解されただけの事項については当事者を拘束しない、という理論によって解決すべきもの」であるという。筆者もこれに賛成である。和解契約の解釈による解決に懐疑的なものとして、神田英明「和解無効の実質的ファクターに対する考察」法論 67 巻 1 号（1994）23 頁以下（判例を詳細に分析する）。

第 1 章　和解　第 5 編　その他の契約（契約各論④）

て一の契約を締結したる場合に、此の事柄が所定に反し無く若くは有りたるときは、其の依って立つところの基礎を失ひたる契約は当然無効に帰せざるを得ず。這は法規の明文を俟つまでも無き一般論理上の通則に外ならず。……而して上叙の論理は独り民法所謂和解に限り其の適用を見ざるの筈無きが故に、同法第 696 条は斯かる場合をも支配する規定に非ず。規定の趣旨は恰も互譲に依りて以て協定せられたる事項自体にのみ関するものたるは『争の目的（対象）たる権利』と云ふ同条の文字に観るも亦之を領するに余あらむなり」。

14-44　●**最判昭 33・6・14 民集 12 巻 9 号 1492 頁　[判旨]** 本件和解は、62 万9777 円 50 銭の支払義務があるか否かが XY 間で争われている中で、互いに譲歩の上、争いを止めるために仮差押えにかかる本件ジャムを、市場で一般に通用している特選金菊印苺ジャムであることを前提として、これを 1 箱当たり3000 円と見込んで、Y から X に代物弁済として引き渡すことが約されたものである。ところが、「本件ジャムは、原判示のごとき粗悪品であったから、本件和解に関与した X の訴訟代理人の意思表示にはその重要な部分に錯誤があった」といえ、錯誤無効を認めた原判決には法令の解釈に誤りはない。

14-45　**◆示談と後遺症**
(1)　和解の効力の全面的な否定
　　交通事故で加害者と被害者が事故後それほど経過しないうちに示談をし、その額以上は請求しないことを被害者が約束した。しかし、後日、被害者に予想もしていなかった後遺症が生じた場合、どう処理されるべきであろうか。もし錯誤によって処理すると、後遺症以外の損害についても、示談の効力が否定され、訴訟で実損害を争うことができてしまう。示談当時予想しうる治療費等については、額を争うことは禁止したはずであり、問題は当時予想できなかった後遺症に限定されるべきである。

14-46　**(2)　後遺症部分についての効力だけの否定──契約解釈によるべき**
　　この点、判例は、示談の対象たる損害を解釈によって制限することで解決している。示談の対象とされたのは、その当時予想された損害だけであり、その後に生じた予見しえなかった後遺症については、示談の対象とはされていなかったという処理である[26]。やはりここでも、当事者が和解によってどこまで真偽不明の

---

26)　後遺症の損害賠償請求権についての消滅時効をめぐる判決も参考になる。「受傷時から相当期間経過後に……後遺症が現われ、そのため受傷時においては医学的にも通常予想しえなかったような治療方法が必要とされ、右治療のため費用を支出することを余儀なくされ」た場合、「後日その治療を受けるようになるまでは、右治療に要した費用すなわち損害については」、3 年の時効は進行しないとされている（最判昭 42・7・18 民集 21 巻 6 号 1559 頁）ことが参考になるであろう。

581

§Ⅲ　和解の効力

危険を引き受けたか、という契約解釈の問題として考えるべきである。

14-47　　(a)　**危険を引き受けた後遺症の場合**　もし明示的に、将来いかなる後遺症が生じてもそれ以上の賠償は請求しないと約束して、それなりに高額の賠償を受けたのであれば、そのような合意が公序良俗に反するかは別として、被害者は後遺症が発生するか否かの危険を引き受けたのであり、和解に拘束される。

14-48　　(b)　**危険を引き受けていない後遺症の場合**　これに対して、後遺症が生じるか否かについて当事者が問題とせずに、現在予想される損害を前提として示談がなされた場合には、その予想される損害を対象とした示談がされたにすぎないと考え、将来後遺症が発生するか否かの危険を被害者が引き受けてはいないというべきである。このような処理による場合には、後遺症については示談の効力は及ばないが[27]、和解の対象となった損害については示談の効力が及ぶことになり、全面的な実損害の賠償は請求できないことになる（下記判例）[28]。

14-49
> ●**最判昭 43・3・15 民集 22 巻 3 号 587 頁**　[判旨①（不法行為による損害賠償の示談の原則）]「一般に、不法行為による損害賠償の示談において、被害者が一定額の支払をうけることで満足し、その余の賠償請求権を放棄したときは、被害者は、示談当時にそれ以上の損害が存在したとしても、あるいは、それ以上の損害が事後に生じたとしても、示談額を上廻る損害については、事後に請求しえない趣旨と解するのが相当である」。
>
14-50
> 　[判旨②（事故後早急になされた少額の示談）]　しかし、「全損害を正確に把握し難い状況のもとにおいて、早急に小額の賠償金をもって満足する旨の示談がされた場合においては、示談によって被害者が放棄した損害賠償請求権は、示談当時予想していた損害についてのもののみと解すべきであって、その当時予想できなかった不測の再手術や後遺症がその後発生した場合その損害についてまで、賠償請求権を放棄した趣旨と解するのは、当事者の合理的意思に合致するものとはいえない」。

27)　訴訟上の和解が成立した後に後遺症が発生した場合に、後遺症による損害賠償請求権については旧 174条の 2（現 169 条）の効力は及ばないものとされている（東京地判平 7・9・20 判時 1567 号 116 頁）。その理由は、「被告らが容認した損害の中には、後遺障害に関連した損害は含まれておらず、その存在が訴訟手続の中で確認されたものではないので、右和解の成立をもって、後遺障害に関連した損害についてまで、時効期間が民法 174 条の 2 第 1 項によって、10 年に伸長されたと認めることはできない」ことである。

28)　判決の場合でも、「本件訴訟における X の請求は、前記の口頭弁論期日後にその主張のような経緯で再手術を受けることを余儀なくされるにいたったと主張し、右治療に要した費用を損害としてその賠償を請求するものである」ため、「所論の前訴と本件訴訟とはそれぞれ訴訟物を異にするから、前訴の確定判決の既判力は本件訴訟に及ばない」ものとされている（14-49 判決）。そのため、訴訟上の和解では、清算条項において、「後発的後遺症損害が考えられるときは、それを除外する旨記載するのが相当」といわれている（園部・前掲書 182 頁）。

第5編
その他の契約（契約各論④）

第2章
組合・終身定期金

第1節　組合 ｜ §Ⅰ　組合の意義

第1節　組合

> # §Ⅰ
> # 組合の意義

15-1 **(1)　団体法としての組合**

　　契約各論の第 12 節「組合」は、他の契約各論の規定と同様に組合「契約」であるが、①それは「組合」という<u>団体の設立契約</u>である。②しかし、組合のほとんどの規定は、組合契約により設立後の<u>団体としての組合の組織・運用</u>についての規定である。社団法人の規律を彷彿させる規定であり、契約法の中では異質な規定によって占められている。その意味で、典型契約の 1 つであるが、「団体法」の 1 つであり、法人や社団と関連づけて理解する必要がある[1]。条文における「組合」という用語も、「組合契約」の場合、組合契約によって設立された「団体」たる組合の場合とが、規定によって使い分けられている。

15-2 **(2)　法主体としての組合**

　　(a)　法人法定主義——法人格のない団体　法人概念がない時代に制定された——ローマ法には法人はなかった——フランス民法には、法人の規定はなく「組合」規定しかなかったため（2016 年改正によって法人規定が導入された）、19 世紀の判例は、解釈によって組合の権利能力を肯定した。これに対して、日本民法は、すでに法人概念が認められるようになった時代に制定されており、組合とは別に社団「法人」の規定を設け（ドイツ民法草案に倣う）、かつ、法人法定主義を導入し（33条1項）、解釈によって権利能力を認める余地を排斥した。法人化の手続がとられた団体を法人とし、その手続がとられていない団体を組合として規定したのである[2]。

---

1)　団体としての組合につき、後藤元伸「民法改正後の民法上の組合と権利能力なき社団——ドイツにおける権利能力なき社団論の現代的展開とともに」ノモス 47 号（2020）1 頁参照。
2)　「組合」と称されていても、特別法により「法人」とされている農業共同組合、消費生活共同組合等があり、これらと区別するために「**民法上の組合**」といわれることがある。なお、商法上の匿名組合（商 535 条以下）は、匿名組合員の出資が営業者の財産となり、共有財産となるものではなく（商 536 条 1 項）、民法の組合ではない。

584

第2章　組合・終身定期金　第5編　その他の契約（契約各論④）

15-3 **(b)　法人格のない団体の二分論──組合と社団**　起草者の理解では、組合と法人の違いは、法人化の手続がとられているか否かだけで、団体として区別する意図はなかった。ところが、民法施行後、ドイツ法における団体を組合・社団に分ける議論が学説によって導入され、法人化されていない団体はさらに組合と社団に区別されるようになる。この結果、組合と区別された「権利能力なき社団」という概念が生み出されることになった（山田誠一「団体、共同所有、および、共同債権関係」星野英一編集代表『民法講座別巻1』［有斐閣・1990］285頁参照）。権利能力なき社団については総則に譲り（☞民法総則4-21以下）[3]、本書では必要な限度で言及するにとどめる。

15-4 **◆ドイツにおける組合の権利能力の承認**

ドイツ民法は、法人規定を設けて、法人と法人ではない組合とを区別したが（また、権利能力なき社団は組合規定による）、2001年の連邦通常裁判所判決により組合に権利能力が認められた。その後、2008年には組合に土地登記能力を認める判決が出され、2009年には土地登記法の改正により、組合名義での登記が可能になった。そして、人的組合法の現代化のための法律（2022年6月可決、2024年1月1日施行）により民法が改正され、705条に、組合は権利能力ある組合とするか、債権関係たる組合（権利能力のない組合）にするかを選択することができることを規定した[4]。旧民法財産取得編118条1項は、民事会社（組合）は当事者の意思によって法人とすることができるとされていたことを彷彿とさせる規定である。

---

3)　＊**組合に権利能力を認める日本の学説**　近時は、日本でも、社団への財産の帰属を認めたり（柳勝司「『権利能力なき』社団の財産の帰属といわゆる総有理論について」名城法学64巻4号［2015］104頁）、組合に権利能力を認める主張もされている（高橋英治「ドイツにおける民法上の組合の規制の現状と課題」同『会社法の継受と収斂』［有斐閣・2016］330頁、古積・注15-4文献147頁）。古積・注15-4文献147頁は、「人の集団が個々人とは異なる権利主体を設定する意思決定の自由を制限すべきではない。むしろ、従前の実務で採られてきた結論は、権利能力の容認によってより明快に説明することができる」という。また、「社団と組合の限界付けが困難である場合があるとしても、両名の区別を完全に否定して、全てを具体的事実の利益衡量、あるいは組合の準則に委ねることも適切ではない」として、社団と組合の区別を維持する。筆者も、社団や組合に権利能力を認めることを肯定したい。ただし、本文の説明は、権利能力付与と同様の結論を「合有」論で苦労して実現してきた判例の理解で説明をする。

4)　後藤元伸『権利能力なき社団と民法上の組合』（関西大学出版部・2021）191頁以下、古積健三郎『法人格のない団体の権利主体性』（弘文堂・2023）、金炅妹「ドイツにおける組合法の改正動向」広島法学45巻3号（2022）135頁、同「2021年ドイツ組合法の改正」ジュリスト1581号（2023）76頁、高橋英治「ドイツにおける民法上の組合と人的会社に関する法律の大改正と日本法」大阪公立大学法学雑誌69巻1号（2022）1頁以下参照。

第 1 節　組合　│　§ I　組合の意義

1　組合契約（組合設立行為）の意義

15-5 **(1)　組合契約の要件**

　組合（組合契約）は、「各当事者が出資をして共同の事業を営むことを約することによって、その効力を生ずる」諾成、不要式の契約である（667 条 1 項)[5]。「出資」は「労務」でもよい（同条 2 項）。組合契約の要件は、以下の 3 つである。この要件を満たす組合が「民法上の組合」である[6]。当事者は法人でもよい。共同の事業は営利事業であることも、継続性があることも必要ではなく、祝賀パーティー実行委員会のような 1 回限りの作業でもよい。

---

　① 　2 人以上の当事者がいること
　② 　各当事者が出資（労務でもよい）をすること
　③ 　共同の事業を営むことを約すること

15-6 **(2)　団体としての組織は不要**

　組合契約には、団体としての定款を定めたり、代表者を決め、社員総会についての取決めをするなど、社団において要求される要件は必要ではない。書面での合意は必要ではなく、組合契約の成立は黙示でも認められる。よって、日本の組合規定の要件は相当緩いといえる。鉱業法 43 条は、鉱業権を共有する者（共同鉱業権者）は、そのうちの 1 人を代表者と定め、これを

---

5)　フランス民法では、書面による定款の作成が義務づけられている（CC1835 条）。団体の定款を作り、団体を設立する行為が組合契約であるが、組合は営利目的でなければならず、2 人以上の者によって設立される（CC1832 条）。2 人で共同経営する場合も組合になる。なお、フランスでは、法人化するまでもなく、商人については、個人財産と営業財産とが別財産とされている（2022 年 2 月 14 日の法律による EIRL 制度）。

6)　＊**特殊な組合**　商法には、「**匿名組合契約**」の規定があり、「当事者の一方が相手方の営業のために出資をし、その営業から生ずる利益を分配することを約することによって、その効力を生ずる」契約と規定する（商 535 条）。共同で事業をなすものではなく、民法上の組合とは異なる。なお、規定はないが、共同事業の合意をして出資もするが、組合財産を 1 人に帰属させ、その者の名で業務執行をさせるという、信託のような組合を隠匿するような「内的組合」という概念が認められている。また、2005 年の「有限責任事業組合契約に関する法律」により「有限責任事業組合」（LLP）制度が創設されている。これは、創業を促し、企業間のジョイントベンチャーや専門的な能力を持つ人材の共同事業を振興するために創設された制度である。①出資者全員の有限責任、②経営の柔軟性、③構成員課税の適用が特徴とされる、法人格を有しない組合である。有限責任事業組合契約は、「個人又は法人が出資して、それぞれの出資の価額を責任の限度として共同で営利を目的とする事業を営むことを約し、各当事者がそれぞれの出資に係る払込み又は給付の全部を履行することによって、その効力を生ずる」契約とされている（同法 3 条 1 項）。

経済産業大臣に届け出なければならず（同条1項）、「共同鉱業権者は、組合契約をしたものとみなす」（同条5項）として、組合を擬制している。

◆共有関係と組合──単なる共有団体は組合ではない

(1)　「共同の事業」の合意の必要性

　共有者が共有物の管理について合意し、その合意に基づいて共有物の管理がされているとしても、それは共有関係にすぎない。組合契約が認められるためには、「共同の事業を営む」という、共有物の管理を超えた合意の存在が必要になる。なお、区分所有法3条は、区分所有者は建物、敷地および附属施設の管理のために「団体を構成」するものとし、同法47条はこの団体を法人（管理組合法人）にすることを認める。

(2)　問題となった事例

　4人の友人が定期的に海外旅行に行っており、その1人Bが「A会　代表者B」名義で口座を作り、BCDE4人の海外旅行のための資金を積み立てていた事例で──Bの債権者がこの口座を差し押さえた──、「個人の活動を超えた組合としての『共同の事業』の実体があるとは言い難い」として、組合の成立が否定されている（東京地判平24・6・15判時2166号73頁［すみれの会事件]）。B名義の預金が組合財産とは認められなかったが、信託財産と認められている（☞13-77）。

(3)　共有関係にすぎないとされた事例

　共有物分割請求を受けた共有者が、「本件共有は大網漁業権者が共有物を網干場等として共同的に使用する目的をもって成立したものであって組合的共有であり、従って共有者はその持分を組合関係の基礎たる大網漁業権者たる地位と切り離して第三者に譲渡し得ず、又共有物の分割を請求し得ない」と主張した事例がある。最高裁は、江戸時代に本件土地を網干場等に使用するために共同でもらい受けたにすぎない、「共有土地を共同的に使用することは共有土地利用の方法であって、共同目的、共同事業というを得ない」と認め、組合の成立を否定し分割請求を認めている（最判昭26・4・19民集5巻5号256頁）[7]。

(4)　組合と認められた事例

　(a)　営利組合　組合と認められた事例として、株式会社設立のための発起人組合（大判大7・7・10民録24輯1480頁）、定置網漁業および付帯業務を営むための組合（最判昭38・5・31民集17巻4号600頁［15-52判決]）、共同で営業するために土地を購入して店舗を建築した露店業者の団体（最判昭43・6・27判時525号52頁）、建築共同体いわゆるジョイントベンチャー（最大判昭45・11・11民集24巻12号1854

---

7)　15名の大網所有者が共有者として地券の交付を受けたが、現在はX・Yの2名の共有のようである。Xからの共有物分割請求に対して、原審は組合の存在を否定し、売却して代金を分割することを命じたため、Yが上告したのが本件事例である。本判決は、本文のように述べた後、「原判決の認定では本件共有者が共有土地を出資して共同事業を営むことを約した形跡は片鱗だに存しないのであるから、所論のような組合的共有と認むべき何等の根拠はない」と明言している。

頁）などがある。下級審判決としては、弁護士による共同事務所の経営（東京高判平 15・11・26 判時 1864 号 101 頁）、共同での病院経営事例において、民法上の組合契約と認められている（横浜地判昭 59・6・20 判時 1150 号 210 頁）。

(b) 非営利組合　航空機を 6 名で共同購入し、食事会という自由な形式で毎月 1、2 回程度集まり、航空機全般あるいは飛行に関する情報交換を行うと共に、本件航空機の費用に関する問題などを話し合っていた事例で、「単に本件航空機の共有者であるにとどまらず、本件航空機の購入・維持を目的とした範囲で共同の事業を営むために各自が出資して、COC という民法上の組合を結成していた」と認めた判決がある（東京地判昭 62・6・26 判時 1269 号 98 頁）[8]。最判平 11・2・23 民集 53 巻 2 号 193 頁も、5 名が一口 100 万円の出資をして、共同でヨットを購入し、出資者が会員となり、ヨットを利用して航海を楽しむことなどを目的とするヨットクラブを結成する旨の合意を組合契約を認めた原審判決を容認している。

◆家族的事業の運営と組合契約

　組合契約は書面を必要とせず、黙示の意思表示によることも可能である。東京高判昭 51・5・27 判時 827 号 58 頁は、親の家業を子ども夫婦が手伝っていた事例につき、「実際にはもっぱら子夫婦の経営努力によって営業が維持され、その利益によってその建物所有権及び敷地の借地権等を取得し、建物を増築し店の商品等の在庫量が増大するなどその商品に造成された財産は、その一部の所有名義が被相続人になっていても、実質的に被相続人及び子夫婦がその商店を営むことを目的として一種の組合契約をし子夫婦が組合の事業執行として店舗の経営をした結果得られた財産とみられるから、被相続人が死亡し他に共同相続人がいる場合には、組合の解散に準じ、その出資の割合に応じて残余財産を清算し、その清算の結果子夫婦の各取得する分はその財産形成の寄与分として遺産から除外し、被相続人の取得分のみを遺産として取扱うべき」であるとした。現在では、相続人については寄与分制度が導入され（904 条の 2）、相続人ではない被相続人について特別寄与者制度が導入されているので（1050 条）、本判決は内縁の妻などの救済のため、先例としての意味が残されるにすぎない。

---

8)　セスナ機の墜落事故によって負傷した X が、本件事故は、事故の際に操縦していた亡 A が COC（団体の名称）の組合員として、その業務の執行として本件航空機を操縦中の過失によって発生したものであるから、COC の組合員である Y らは、本件事故による X の損害につき、「共同使用者として民法 715 条により、連帯してその全額を賠償する責任を負う」として損害賠償を請求した事例である。本判決は本文に述べたように「組合」とは認めたが、結局は、「COC の会員は、専ら個人として本件航空機をそれぞれの目的と計画に従って利用していたものにすぎない」として業務の執行性を否定し、Y らへの 715 条 1 項に基づく損害賠償請求が退けられている。

第2章　組合・終身定期金　第5編　その他の契約（契約各論④）

15-13
◆組合契約（組合設立契約）の法的性質
(1)　問題点および議論の実益
　　組合契約の法的性質については議論がある。この議論の実益は、契約についての同時履行の抗弁権、危険負担、契約解除の規定が適用されるか、また、有償契約総論たる売買の規定が準用されるか（559条）という点にある（☞15-22）。もっとも、双務契約説においても特別の扱いをするため、とりたてて実益のある議論ではない。特に、これらの点について規定を置いた現行法ではなおさらである。学説は、以下の2つに分かれる[9]。判例は、この点判断したものはない。

15-14
(2)　学説の状況
　　❶　**双務契約説**　まず、各組合員が対価的意味を有する出資をする義務を負う双務・有償の契約と考える学説がある。かつての通説であり（鳩山・下660頁、末弘817頁、末川・下238頁）、近時もこれを支持するものがある（加藤464頁）。なお、定義の問題ではあるが、合同行為も広い意味での契約と位置づけて、「給付交換型契約」とは異なる「団体設立契約」と整理する学説もある（新版注民(17)27頁［福地俊雄］）。ただし、契約とはいえ、相互に交換的に給付をするものではないため、双務契約の規律を適用してよいかは疑問視される（末川・下237頁以下）。

15-15
　　❷　**合同行為説**　相互に利害の対立する当事者間における相互的・交換的給付を目的とするものではなく、利害の共通する当事者の同一方向の意思表示が合致するものであり、「合意」に基づく行為ではあるが、契約とはいえず、合同行為と捉えるのが近時の通説である（我妻・中二758頁、近江276頁）。当事者間の交換的給付を規律する契約総論の規定は、組合契約には適用されないと考えられている（我妻・中二758頁）。組合契約は、共同事業を営む契約というよりも、共同事業を営む組合を設立する合意であり、設立後は団体としての規律に服する。組合設立行為と組合の運営・管理、加入・脱退といった団体の事業活動は区別すべきである。「合意」ではあるが、契約と区別して合同行為と考えるべきである。

2　団体としての組合

15-16
(1)　社団と組合の区別

　(a)　法人化していない社団　冒頭に述べたように、現在の通説・判例は、

---

9)　岡本裕樹「典型契約としての組合契約の意義」法政論集254号（2014）723頁参照。フランスでも、契約各論に組合が規定されており、当初は双務契約と理解されていた。その後、不完全な双務契約としてその特殊性が承認され、ドイツ法の影響で合同行為という理解もあったが、「組織型契約」としてその特徴が語られるようになった。また、「同盟型契約」といった理解もみられる（吉井啓子「フランスにおける組合契約の法的性質論」日法88巻4号［2023］493頁以下参照）。日本のように契約か合同行為かという種別ではなく、契約を上位概念として設定し、団体的ないし組織的行為の特質を認めつつ契約に位置づけることになる。双務契約、片務契約、合同行為という区分けではなく、双務契約、片務契約、団体契約といった契約の分類を取り込むことになり、「契約」の理解に関わる問題である。

法人化していない団体を、社団と組合とに整理する。判例は、「社団」の要件として、「団体としての組織をそなえ、そこには多数決の原則が行われ、構成員の変更にもかかわらず団体そのものが存続し、しかしてその組織によって代表の方法、総会の運営、財産の管理その他団体としての主要な点が確定しているものでなければならない」と判示している（最判昭39・10・15民集18巻8号1671頁）。団体の「目的」が定まっている必要がある。

15-17　　**(b) 組合は契約関係か**　他方、組合は、「その団体組織は構成員（組合員）相互の権利義務として構成されているので、ある意味で契約的色彩をもち、社団と対立」し、「構成分子たる個人がなお独立の存在を有し、ただ共同目的を達成するために必要な限度で統制され、そこに団体性を取得するに過ぎない」といわれる（我妻・中二754頁）。組合設立後も、組合契約により当事者の関係が規律される「契約関係」であるという理解である。しかし、組合契約による団体の運用に係る取決め部分は「緩やかな定款」とみて、団体設立後は、組合も団体的法律関係と考えるべきである[10]。代表者や総会などがある「本格的な団体」かどうかは、程度の差にすぎない[11]。

15-18　**(2) 財産関係**

判例は、財産の帰属につき、権利能力なき社団は「総有」、組合は「合有」と区別する。いずれも、団体の独立した財産を認めるための法的構成である。総有では、団体性が強く構成員には持分がなく、組合では個人的関係・契約関係性が強く、組合員に潜在的持分があると、2つを分けるかのようである（平野秀文「組合財産の構造における財産分割の意義」私法81号［2019］129頁参照）。しかし「本格的な団体」かどうかという程度の差にすぎず、いずれも合有と構成してよいと考える。

---

10)　組合契約そのものだとすれば当然、組合契約により設立された団体の定款だとしても、その変更は組合員全員の同意によらなければ変更はできない。

11)　社団には一般法人法の社団法人の規定、組合には組合の規定が適用ないし類推適用されるが、その中間の灰色の団体もあり、適用は柔軟に運用されるべきである（新版注民(17)5頁以下［福地］参照）。14名の養鶏家が出資して甲養鶏組合を設立し、その後組合員は多いときには約80名に達していた事例で、「団体財産の独立性こそが基準となるべきものであって、それが構成員の財産から区別されて独立に管理されているか否か、特にそれが外部から見てかなりに明らかであるか否かをもって判断されるべきものである」と一般論を述べた上で、「右組合がその構成員の財産から区別されて独立に管理されている、組合自体の相当な財産を有していたことを認めるにたりる証拠はない」として、社団ではなく組合であると認定した判決がある（熊本地八代支判昭47・2・24判夕277号338頁）。しかし、組合でも個人の財産から団体財産の独立性が認められるべきことは、たとえ2人の組合でも変わることはない。

第 2 章　組合・終身定期金　第 5 編　その他の契約（契約各論④）

§ II

組合の設立

15-19　**(1)**　**共同事業を営むこと──営利事業である必要はない**

　　組合契約は、組合という団体の設立行為である。組合員の数については制限がないため、2 人以上の者が存在すれば足りる。組合員の資格については、民法上特に制限がないので、法人であってもよく、ジョイントベンチャーがその代表例である。また、権利能力なき社団であってもよい。

　　組合員が共同して「事業」を行うことが合意される必要がある。事業は営利を目的とするものである必要も、また、継続的なものである必要もない。したがって、営利的な組合、公益的な組合、中間的な組合のいずれも認められることになる。「共同」で事業を行わなければならないため、ある者が行う事業に、別の者が出資をするだけで事業には関与しない場合──商法上の匿名組合──は、民法上の組合にはならない。共同で事業を行うのであれば、一部の組合員が損失を負担しない場合も組合と認めてよい。

15-20　**(2)**　**各自が出資をすること**

　　(a)　**出資は労務でもよい**　　組合契約の要件として、各組合員が出資をすることが要求されている。出資は金銭でするのが通常であろうが、財産（土地など）を提供したり、さらには財産的価値のある何かを提供するのでもよい（水本 369 頁以下）。出資は「労務」の提供でもよく（667 条 2 項）、例えば、○○先生退職記念パーティー実行委員会を設立し、労務を提供するのでもよいが、名前だけの者の参加部分は無効となる──93 条 2 項の適用は可能──。匿名組合では、匿名組合員は表に出ないので、「金銭その他の財産のみ」に出資が限定されている（商 536 条 2 項）。

15-21　　**(b)**　**出資義務の履行**　　出資が金銭の場合には、出資義務の不履行は金銭債務の不履行になるが、419 条の特則が置かれ、組合は実損害の賠償を請求できる（669 条）。出資の履行請求も組合の業務執行なので、670 条以下により行われる。業務執行者が決められていなければ、各組合員が請求でき、業務執行者が決まっている場合には、業務執行者だけが履行請求できる。出資義務の不履行に対しては、除名手続を採ることができる（☞ 15-25）。

591

第1節　組合　│　§Ⅱ　組合の設立

15-22

◆出資義務と契約総論の規定の適用

(1)　同時履行の抗弁権および危険負担

　民法は、「第533条及び第536条の規定は、組合契約については、適用しない」と規定した（667条の2第1項）。先にみたように、組合の設立行為の法的性質は、双務契約説と合同行為説とが対立しているが（☞15-13）、この点、法はいずれとも明記せず依然として解釈に任せ、具体的問題を解決しようとしたのである（上谷均「債務法改正における組合契約」修道法学39巻2号［2017］309頁参照）。

15-23

(2)　双務契約規定の適用排除

　(a)　同時履行の抗弁権（533条）　A・B・Cの3人の組合員がいる場合には、出資をしたAからの請求に対しては、BはCがいまだ出資をしていないことを理由に自己の出資を拒絶することはできず、Cからの請求に対しても同時履行の抗弁権を主張できない。A・Bしか組合員がいない場合でも、Aはいまだ出資をしていないBからの請求であっても同時履行の抗弁権を主張できないことになる。これは、個人としての請求ではなく団体の組合としての請求だからであり、出資の履行請求ができるのは事業の執行権限を持つ者に限られる。

15-24

　(b)　危険負担（536条・567条）　危険負担についての536条も適用されない。例えば、AB間でAが50万円、Bがその所有の屋台を出資して、共同で屋台のラーメン屋の経営をする約束をしたが、Bが屋台を提供する前に不可抗力によってその屋台が滅失した場合、Bは出資義務を免れるが、Aは50万円の出資義務を免れることはない。Aに解散請求を認める余地がある（683条）。

15-25

(3)　契約の解除

　A・B・Cで組合契約をしたが、Aが出資義務を履行しない場合、B・Cは組合契約を解除できるであろうか。この問題は、双務契約説、合同行為説いずれからも否定されており、判例も、「一組合員の債務不履行に因り組合契約全部が解除せらるるの結果を生じ、組合の団体性に反するのみならず、民法が脱退除名解散請求等を認めたる法意を没却する」ことを理由に、解除を否定している（大判昭14・6・20民集18巻666頁）。現行法も、「組合員は、他の組合員が組合契約に基づく債務の履行をしないことを理由として、組合契約を解除することができない」と明記した（667条の2第2項）。除名や解散請求によるしかない。

15-26

◆組合契約の無効または取消し

(1)　一部無効・一部取消しの原則

　例えば、A・B・Cが共同でラーメン屋を経営することを約束し、それぞれ出資をして営業を開始したが、Aについてのみ公序良俗違反、錯誤、強迫または詐欺といった無効や取消原因があったとする。この点、判例はないが、現行法は、「組合員の1人について意思表示の無効又は取消しの原因があっても、他の組合員の間においては、組合契約は、その効力を妨げられない」という規定を導入し

第2章　組合・終身定期金　第5編　その他の契約（契約各論④）

た（667条の3）。A・B2人の組合の場合に、AがBを強迫して契約させてBが組合契約の意思表示を取り消せば、組合は解散すると解される。

15-27　**(2)　組合債権者の保護**

この結果、Aは自分の意思表示部分だけの無効および取消しの主張ができるにすぎず、契約の全部が無効になったり、取り消されることはない。すでに組合としてA・B・Cの活動が開始され、組合として第三者との取引がある場合に、学説には、組合と取引をした第三者に不測の損害を与えるとして、無効・取消しの主張を排し、Aは脱退できるだけであるという主張があった（我妻・中二765頁）。この考えでは、Aも脱退時の債権者に対する責任を免れることはできないことになる。現行法では、96条3項のような第三者保護規定がある場合に、取消しを対抗できないという処理をするしかないように思われる。

15-28　**(3)　組合契約自体が無効な場合**

なお、組合契約自体が、法令（漁業法）に違反し無効である場合に、組合のした売買契約の効力が問題とされた事例がある。「組合員の全員に当るX両名において本件売買契約を締結したのであれば、X両名が右売買による代金債権を取得し、ただこれが民法668条にいう共有に属しないだけであるし、また、X両名のうちの誰か1人が組合名義で右契約を締結したのであれば、少なくとも当人は右売買代金債権を取得する」。組合名義でなされた「契約は同時に他の組合員の代理人名義ででも締結されたことになり、組合契約が無効であれば代理権欠缺の理由で他の組合員が右売買契約による代金債権を取得しない」とされる（最判昭41・11・25民集20巻9号1946頁）。

§Ⅲ
組合の業務執行

1　内部的意思決定および業務執行

15-29　**(1)　組合契約で業務執行者を定めていない場合──全員業務参加型**

(a)　意思決定と実行の峻別　組合の業務執行については、①まず、いかなる業務執行をするかの意思決定につきその決め方が問題となり、②次に、決められた業務の執行ないし常務の実行につき──ⓐリンゴ園の枝の剪定・消毒のような事実行為の実行と、ⓑ契約をしたり、契約の解除・取消しし、履行の催告をしたりと、第三者との法律関係（対外的法律関係）における実行とが考えられ──、誰がその権限を持つかが問題になる。この点、民法は業務

第1節 組合 §Ⅲ 組合の業務執行

執行者を決めているか否かで分けて規定している。まず、業務執行者が決められていない事例を説明していこう。

15-30 **(b) 組合の常務** まず、「組合の常務」[12]は、「各組合員……が単独で行うことができる」(670条5項本文)。ただし、「その完了前に他の組合員又は業務執行者が異議を述べたときは、この限りでない」(同項ただし書)。ラーメン屋の共同経営であれば、毎日の食材の買付け、店の掃除、テーブルの設置などが「常務」である。常務まで、いちいち全員で協議して決めなければならないとすると不合理なので、各組合員が実行してよいことにしている。ただし、他の組合員が異議を述べた場合には、次のように原則に戻って多数決によることになる。

15-31 **(c) 常務以外の組合の業務**

(ア) 内部的意思決定 常務以外の「組合の業務」は、「組合員の過半数をもって決定し、各組合員がこれを執行する」(670条1項)。組合の業務をどのように行うかは、組合員全員に関わる問題であるが、全員一致を要求したのでは業務執行に滞りが生じる。そのため、組合員の過半数、すなわち出資割合ではなく[13]、出資の多寡にかかわらず組合員の頭数の過半数によって決定するものとした。組合財産の処分であっても、共有とは異なり、全員一致は必要ではない。業務執行をめぐって意見が対立する者には、脱退を認めることで保護を図っている。

15-32 **(イ) 決定事項の実行** 意思決定に際して、誰が実行権限を有するのか決定されていればそれに従うが、決めなければ、各組合員が実行できる。法律行為の場合には、組合の代表権が問題になり、組合員の過半数による代理権の付与が必要になる(670条の2第1項)。組合には法人格がないため、組合員全員の「顕名」が必要になるが、組合の名称を示せば全組合員を顕名したことになる(☞ 15-46)。

---

12) 共有では各共有者が単独でできる行為は「保存行為」であるが(252条5項)、組合の業務執行についての「常務」(日常業務)は全く別の観点からの規定である。「日常の軽微な事務」と、日常的であるだけでなく「軽微」性を要求する理解がある(我妻・中二778頁)。しかし、組合契約の解釈として各組合員が単独でできるものと同意されている行為かどうかを基準とすべきであり、「軽微」性は必要でない。例えば、A・Bでレストランを共同経営している場合、冷蔵庫の購入は常務ではないが、電話で貸切パーティーの予約を受ける、料理に異物が入っていた場合に陳謝して賠償金を支払うなどは、常務と考えられる。

13) 当事者が、出資額を基本として過半数を決する特約を否定する趣旨ではない(梅790頁)。

594

第2章　組合・終身定期金　第5編　その他の契約（契約各論④）

15-33 **(2)　組合契約で業務執行者を定めている場合──業務執行委託型**

(a)　業務執行者を決められる　組合員全員で、「常務」以外のすべてを常に決定しなければならないとするのは、組合員数が多い場合には煩雑である。民法は、「組合の業務の決定及び執行は、組合契約の定めるところにより、1人又は数人の組合員又は第三者に委任することができる」と規定した (670条2項)[14]。社団において代表者を決めるのと同様に、組合においても代表者を定めて業務執行を委ねることもできる。

15-34 **(b)　業務執行者を決めた場合の業務執行**

(ア)　業務執行者が決定・実行する　組合契約により業務執行者を選任した場合には、業務執行者は、「組合の業務を決定し、これを執行する。この場合において、業務執行者が数人あるときは、組合の業務は、業務執行者の過半数をもって決定し、各業務執行者がこれを執行する」(670条3項)。

15-35 **(イ)　その他の組合員の権限**

(i)　総組合員の同意があれば決定・執行可能　業務執行者が定められた場合に、それ以外の組合員は組合業務について何も権限を持たないのではない。まず、「前項の規定にかかわらず、組合の業務については、総組合員の同意によって決定し、又は総組合員が執行することを妨げない」(670条4項)。業務執行者を選任していても、組合員全員の合意があれば、組合員が自ら業務の意思決定をして実行ができる。

15-36 **(ii)　常務は各組合員が行える**　また、組合の「常務」については、「各組合員又は各業務執行者」が単独で行うことができる (670条5項)。各業務執行者だけでなく各組合員が、常務を単独で行うことができるのである。ただし、その完了前に他の組合員または業務執行者が異議を述べた場合には、原則に戻って業務執行者の過半数で決定し執行することになる。

15-37 **◆組合財産の侵害と共有法理**

(1)　妨害排除請求も組合の業務執行

　組合財産が第三者によって侵害された場合には、組合の業務執行として、「常務」であれば、各組合員が組合を代表して妨害排除を請求できる。「常務」でな

---

14)　組合と業務執行者との契約関係については、委任の規定が準用され (671条)、特別規定として、業務執行者を組合員から選任した場合について、その組合員は、「正当な事由がなければ、辞任することができ」ず (672条1項)、また、逆に、「正当な事由がある場合に限り、他の組合員の一致によって解任することができる」にすぎない (同条2項)。

595

いとすれば、組合員の過半数をもって妨害排除についての意思決定をすることができ、かつ執行ができる（近江281頁）。業務執行であるので、組合の名で権利行使する必要がある。常務でない限り、保存行為でも同様である。共有の法理を適用すべきではない。ただ、組合のための事務管理をすることは考えられる。

15-38　**(2)　判例は共有法理による**

　ところが、判例は、共有理論によって解決し、組合の業務執行ということを考慮していない。すなわち、最判昭33・7・22民集12巻12号1805頁は、「組合財産が理論上合有であるとしても、民法の法条そのものはこれを共有とする建前で規定されており、組合所有の不動産の如きも共有の登記をするほかはない。従って解釈論としては、民法の組合財産の合有は、共有持分について民法の定めるような制限を伴うものであり、持分についてかような制限のあることがすなわち民法の組合財産合有の内容だと見るべきである。そうだとすれば、<u>組合財産については、民法667条以下において特別の規定のなされていない限り、民法249条以下の共有の規定が適用される</u>」という一般論を展開している[15]。

15-39　**◆全員で協議して議決する必要があるか**

　(1)　判例の立場

　(a)　法廷意見　組合員の過半数の者（7人中4人）が、組合の名で買主として売買契約を締結した事例で、「対外的には組合員の過半数において組合を代理する権限を有する」として、有効とされている（最判昭35・12・9民集14巻13号2994頁）。7人で協議して議決する必要はなく、過半数の者で決定した上で組合を代理して行うことができることになり、社団のような総会手続といった手続的要件はない。

15-40　**(b)　河村反対意見**　これに対して、同判決において、河村判事は、「同条の『組合員の過半数を以て決す』とは総組合員に決議に参与する機会を与え、その過半数の同意によって業務執行の方法を決定することを要する趣旨と解すべきであって、各組合員に対し賛否の意見を表する機会を与えることなく単に組合員の過半数の者において、業務執行を為し得ることを決めたものではない。この理は代理の場合においても同様であって、多数者が少数者に意見を述べる機会を与えることなくして、総組合員を代理する権限を有するに由ない」と主張する。

15-41　**(2)　検討**

　問題になっているのは、業務執行組合員が選定されていない事例である。総会や理事会のような決定機関では、内規で定足数が決められており全員の出席は必

---

15)　そして、「ある不動産の共有権者の1人が、その持分に基き、当該不動産につき登記簿上所有名義者たるものに対して、その登記の抹消を求めることは、妨害排除の請求に外ならず、いわゆる保存行為に属するものというべきであるから、民法における組合財産の性質を前記の如く解するにおいては、その持分権者の一人は単独で右不動産に対する所有権移転登記の全部の抹消を求めることができる」と判示する。

要ではないが、開催通知は全員にされる必要がある。そのような「会議」で決めることが合意されていれば、全員に意見表明の機会を与えることが必要になるからである。そうでない限り、過半数の決定で決められた実行者に実行させることができる。ただし、少人数の組合において、「会議」はないが重要事項は全員で協議することが前提になっている場合には、全員での協議を経ることが好ましい。意図的に除外されても、決定は無効にはならないが、不利益を受ける場合には組合に対する損害賠償請求が認められる。脱退権も認められる。

(3) 組合の業務と不法行為

(a) 使用した従業員の不法行為 例えば、A・B・Cで甲リンゴ園を共同経営していて、バイトDを雇って荷物の配達を行わせていたところ、DがEの車と衝突してEの車を損傷したとする。A・B・C（甲リンゴ園）が使用者として損害賠償義務を負うが（715条1項）、組合債務として合有債務となる。したがって、A・B・CはEに対して不真正連帯債務を負担するのではなく、675条2項の責任を負うにすぎない。もちろん、組合財産は全額につき責任財産になる（同条1項）。

(b) 組合員が業務執行としてした不法行為

(ア) 事例も分けるべき 上の例で、ⓐ特に業務執行者を決めておらず、Aが業務執行として荷物を配達していて、Eの車に衝突してこれを損傷した場合、ⓑ代表者をAと決めて、Aが代表者としてEと契約交渉をしていて、詐欺を働いてEに損害を与えた場合は、どう考えるべきであろうか。①まず、ⓐの事例を念頭に置いて、組合員は相互に使用関係があるに等しいことから、B・C（というか甲リンゴ園）の使用者責任を認めることが考えられる（我妻・中二809頁）。他方、ⓑの事例を念頭に置いて、一般法人法78条を類推適用することが考えられる（後藤元伸「権利能力なき社団の法理と民法上の組合」法時85巻9号［2013］30頁以下）。

(イ) 団体により分けるべきか 権利能力なき社団の要件を満たすものについては一般法人法78条の類推適用、これに至らない組合については、使用者責任によるとして、団体の種類で分ける提案もある（潮見・新各論Ⅱ448頁）。筆者も、代表者の定めがある組合で、代表者が第三者に損害を与えたら、一般法人法78条の類推適用を認める。その意味で団体による違いを認める。他方、代表者や業務執行者の定めの有無を問わず、組合員が業務執行をしていて第三者に損害を与えた場合には、組合の使用者責任が認められ、全組合員が675条2項の責任を負う。そして、不法行為をした組合員自身も、709条により損害賠償義務を負い[16]、組合が損害賠償をしたならば相当額の求償ができると考えるべきである。

---

16) 業務執行について、組合員全員に「組織過失」が認められる場合には、組合員全員に対して共同不法行為を追及することもできる（潮見・新各論Ⅱ448頁注152）。

第1節　組合　│　§Ⅲ　組合の業務執行

2　対外的業務執行——組合代理

15-45 **(1)　組合代理の形式**

　(a)　組合員全員の顕名が必要

　(ア)　当事者は組合員全員　例えば、隣接した土地所有者である親族 A・B・C が、それぞれ土地を提供してリンゴ園の共同経営をする合意をして、甲リンゴ園の名称でリンゴ園の経営を開始したとしよう。農協 D からリンゴの苗を購入する場合に、組合には法人格はないから A・B・C 全員が契約当事者となるため、A・B・C 全員の名で D と契約をしなければならない。A が代表して契約をするのであれば、A・B・C を顕名しなければならない。

15-46 　**(イ)　顕名の方法**　この場合の顕名の方法として、甲リンゴ園を買主として表示することが許される。これは、社団においても同様である。甲リンゴ園の表示は組合員全員の表示と認められる。相手方が、組合員が誰であるかを知らなくてもよい。判例は、漁業組合の代表者が漁業組合の組合長名義で手形を振り出した事例で、全組合員が共同振出人として合同して責任を負うものとし（最判昭 36・7・31 民集 15 巻 7 号 1982 頁）、また、手形の受取人として組合の名義だけが表示されていた事例でも、実質上の権利者である総組合員が表示されたものと認めている（大判大 14・5・12 民集 4 巻 256 頁）。

15-47 　**(b)　相手方の誤認に対する保護**　①相手方 D が、甲リンゴ園は A・B・C の共同経営であることを知っていた場合、A・B・C との間に契約が成立する。②では、相手方 D が甲リンゴ園は法人であると考えたり、A の個人経営だと考えた場合には、どう処理されるべきであろうか。甲リンゴ園と表示することで、客観的に A・B・C の顕名になると考えれば、A・B・C との売買契約が成立した上で、D には当事者について錯誤が認められる。また、組合には組合であることの説明義務があり、相手方が誤解しているのを知りえたのに組合であることを示さなかった場合には、行為者 A の責任を問題にすることができる。なお、商事代理では顕名が不要なため（商 504条）、顕名を問題にする必要もないが、504 条ただし書の問題は残される。

15-48 **(2)　組合代理権**

　(a)　業務執行者が定まっていない場合　改正前は、「常務」については「行うことができる」と実行権限まで認められることが規定されていたが、

598

第 2 章　組合・終身定期金　第 5 編　その他の契約（契約各論④）

それ以外については、業務執行の意思決定がなされた後、それを実現する権限、法律行為について誰が代理権を持つのかについては、明確ではなかった。この点、現行法は、670 条の 2 を新設し問題を解決した。

まず、「各組合員は、組合の業務を執行する場合において、組合員の過半数の同意を得たときは、他の組合員を代理することができる」と規定する（同条 1 項）。これは、業務執行者が定められていない場合についてである[17]。

15-49　**(b)　業務執行者が定まっている場合**　「業務執行者があるときは、業務執行者のみが組合員を代理することができる。この場合において、業務執行者が数人あるときは、各業務執行者は、業務執行者の過半数の同意を得たときに限り、組合員を代理することができる」（670 条の 2 第 2 項）。1 人の業務執行者が定まっている場合には、この者のみが組合の代表権を持つ。業務執行者が数人いる場合には、業務執行者の過半数によって誰に代理権（代表権）を与えるかを決めることができる。

15-50　**(c)　常務**　以上とは別に、組合の「常務」については、「各組合員又は各業務執行者は、組合の常務を行うときは、単独で組合員を代理することができる」（670 条の 2 第 3 項）。また、業務執行者が定められていても、「常務」については、各組合員にも組合代理権が認められる。

15-51　**◆業務執行者の権限に制限がある場合**

組合契約によって業務執行者（代表者）を決めた場合に、その権限に一定の制限をしていたが、業務執行者＝代表者がその制限を越えた行為をした場合（無権代理行為になる）、その効力はどうなるのであろうか。権利能力なき社団であれば、一般法人法 77 条 5 項（民法の旧 54 条）の類推適用の余地がある（☞民法総則 4-92）。学説には、①旧 54 条を類推適用する学説（松坂 167 頁、戒能 343 頁など）と、② 110 条による学説（我妻・中二 791 頁、793 頁など）とに分かれている。判例は、次に述べるように第三者を保護したが、その条文根拠は明確ではない。無過失を要求しており、110 条によったものと解せる（妥当である）。

---

17)　改正前の判例には、旧 670 条 1 項を組合代理にも適用し、発起人組合がその本来の目的に属さない石炭売買取引を行ったが、それが組合員 7 人中 4 人が共同して行われた場合に、売主が各組合員らに対し商法 511 条 1 項に基づき売買代金の連帯支払を求めた事例で、原判決は「右売買の法律上の効果は本件組合員たる上告人ら 7 名全員について生じたものと判断した趣旨と解すべきであり、右判断は正当である。何故ならば、組合契約その他により業務執行組合員が定められている場合は格別、そうでないかぎりは、対外的には組合員の過半数において組合を代理する権限を有するものと解するのが相当であるからである」と判示している（前掲最判昭 35・12・9）。現行法では、この 4 人で誰が代理権を持つかを決めてその者に代理させればよく、4 人で代理行為をする必要はない。

599

第 1 節 組合 | §Ⅳ 組合の財産関係

15-52

●**最判昭 38・5・31 民集 17 巻 4 号 600 頁** [事案] Y らおよび訴外 C ら合計 23 名が、三陸沿岸で定置漁業を経営する目的で A 組合を設立した。組合長 B は、総会の議決が必要とされているのにこれを経ずに、A 組合の代表者として、X との間で、同年 1 月 22 日から同年 9 月 24 日までの間に、本件漁業用資材を購入した。X は、B が組合規約に違背して上記取引を行ったことを知らなかったこと、およびこのことについて X には過失がなかったことが認定されている。最高裁は、次のように判示して X の Y らへの代金請求を認容している。

15-53

[判旨]「組合において特に業務執行者を定め、これに業務執行の権限を授与したときは、特段の事情がないかぎり、その執行者は組合の内部において共同事業の経営に必要な事務を処理することができることはもちろんのこと、いやしくも、組合の業務に関し組合の事業の範囲を超越しないかぎり、第三者に対して組合員全員を代表する権限を有し、組合規約等で内部的にこの権限を制限しても、その制限は善意無過失の第三者に対抗できない」(2017 年改正に関連規定はなく、先例価値は残される)。

§Ⅳ
組合の財産関係

1 　所有権などの財産権

15-54 **(1) 　668 条にいう「共有」**

(a) 　組合共有の特殊性

(ア) **民法は「共有」とした** 　組合は社会経済的に 1 つの活動主体であるが、法人格は認められていない。法人化していなくても、団体に法主体性を認めることが理想であるが(立法として地方自治法 260 条の 2 第 1 項の認可地縁団体制度)、判例による採用は期待できない。組合財産を組合自体に帰属させることはできず、帰属主体を総組合員に求めざるをえない。そのため、民法は「各組合員の出資その他の組合財産は、総組合員の共有に属する」ものと規定した(668 条)[18]。しかし、分割までの一時的共有関係とは異なり(解消型共有)、組合の共有関係は組合財産を基礎とした組合活動を行うものであり、組合関係が続く限り継続する共有関係である(存続型共有)。

第 2 章　組合・終身定期金　第 5 編　その他の契約（契約各論④）

15-55　**(イ)　実質組合所有の実現の必要性**

(i)　個人主義的共有法理の修正の必要性　①分割までの一時的な個人主義的共有関係と同じ規律を適用することは適切ではなく、②組合財産は、各組合員の個人財産とは独立した 1 つの財産関係として保障される必要がある。法人や信託などとパラレルな独立財産を作り出す必要があるが、法人のように組合自体に財産を帰属させることはできず、財産の独立性をどのように実質的に実現するかが問題となる。

15-56　**(ii)　2 つの障害の除去**　まず、次の個人主義的共有関係における 2 つの権利ないし自由は制限されるべきである。

ⓐ **持分譲渡の自由**
　　共有者は、共有持分を譲渡して、共有関係から離脱することができる。

ⓑ **分割請求権**
　　共有者は、共有物を分割して共有関係を解消することができる。

　民法も「共有」としながらも、「組合員は、組合財産についてその持分を処分したときは、その処分をもって組合及び組合と取引をした第三者に対抗することができない」（676 条 1 項）、また、「組合員は、清算前に組合財産の分割を求めることができない」（同条 3 項）と規定し、組合財産の独立性を確保している（債権については、677 条がある）。

15-57　**(b)　組合員に個々の財産の持分を認めるか──合有の意義**　しかし 15-56 は消極的な障害の除去にすぎず、問題の核心は、組合財産の独立性の実現、組合の実質的な権利帰属主体性の実現である。組合では、社団とは異なって契約的色彩が強く、個人がなお独立の存在を有し、ただ共同目的を達成するために必要な限度で統制されているにすぎないと評されている（我妻・各論中

---

18)　＊**「組合財産」「遺産」**については、遺産を構成する個々の財産の帰属と並び、総体としての遺産という概念が認められる（潮見佳男「遺産の帰属面から見た遺産共有の二元的構造」法学論叢 182 巻 1 ～ 3 号 [2007] 1 頁以下）。それと同様に、組合財産も、「総体的な財産」を指す意味で用いられることもあれば、個々の構成財産を指す意味で用いられることもある（潮見・新各論Ⅱ 437 頁）。総体としての組合財産には、総組合員の合有（団体所有）であることから潜在的持分（債務については責任）が認められ、脱退により清算されるが、個々の財産は総組合員の合有（団体所有）というだけである。法人化すれば不要となる便宜的概念であり、社員たる地位の譲渡は潜在的な持分や責任の移転を伴う。

601

第1節　組合　│　§Ⅳ　組合の財産関係

二754頁)。起草者も、「共有に関する一般規定を適用し難きが如し」と評している (梅786頁)。この点、組合「共有」は合有と解すべきである[19]。次に、この点を検討する[20]。

15-58　**❶　特殊な共有説**　まず、組合契約による債権的な拘束を受けるだけであって、合有という概念は明確なものではなく、また、民法自身が共有としていることから、共有と理解してよいという学説がある (末弘827頁以下、末川・下264頁［特殊な共有説］)。特別の規制がある共有という主張 (石田穣393頁)、不明瞭な「合有」概念を用いるより、「共有」についての具体的規律を明確にすることを目指すべきであるという主張 (中田575頁) も、同趣旨である[21]。

15-59　**❷　合有説**　これに対して、単なる組合「契約」による債権的拘束を受けた共有関係ではなく、組合員の個人財産から独立した組合財産を作り出す必要があり、これを合有として、共有とは異質の権利帰属関係と考えるのが通説・判例であるといえ、本書もこの立場である。合有説は古くから主張されており (横田秀雄「共有ニ就テ」法学新報32巻1号［1922］1頁以下)、その後も多くの学説によって支持されている (我妻・中二800頁、北川100頁、広中310頁、加藤475頁以下)。ただし、合有の理解は必ずしも確立しているとはいえない。

15-60　**◆組合財産への包括的な持分**

相続の場合に、個々の相続財産の共有持分だけでなく、相続財産全体に相続分が観念されるように (☞注15-18)、組合財産全体に合有関係が認められる。「個々的な存在を有すると同時に統一した一体としての存在を有し、各組合員

---

19)　共有であれば、共有者1人が勝手に共有物を占有していても、他の共有者は明渡しや返還を請求することができず (☞物権法21-23)、分割を求めるしかない。これに対して、合有の場合には、組合は勝手に占有している組合員に対して明渡しまた返還請求ができる。また、他の共有者は占有をしている各自の持分に応じた不当利得返還または損害賠償請求ができるにすぎないが、組合では、占有している組合員の持分の分を差し引くことなく、全額の不当利得返還または損害賠償を請求できる。

20)　この問題については、品川孝次「組合財産『共有』の特殊性」『民法学と比較法学の諸相Ⅲ』(信山社・1988) 95頁以下、中田英幸「組合財産の責任関係に関する一考察」駒澤大学法学部研究紀要74号 (2016) 37頁以下、同「組合財産の法的構造に関する史的考察(1)」駒澤法学16巻2号 (2017) 65頁、伊藤栄寿「組合財産の共有」法政論集270号 (2017) 208頁、金薔姝「組合財産の帰属に関する共有主義の再検討」広島法学42巻4号 (2019) 154頁参照。

21)　学説には、合有・共有に固執することなく、「具体的事案に応じて、当該組合の目的や存続に適合するように処理する態度をとることが望ましい」(水本380頁)、「民法上の『共有』とは異なる点が多い独自の関係と解すればよく、どの点が異なるかをはっきりさせることが重要である」という、いわば性質決定不要説もある (星野304頁)。「組合財産が合有だといっても、それは純粋の共有とはなんらかの意味で違った点があることを意味するにすぎず、ある組合の組合財産についての各組合員の権利の内容が、それによって具体的に明かにされるわけではない」と主張されている (鈴木禄弥『民法総則講義［改訂版］』［創文社・1990] 60頁)。

第2章　組合・終身定期金　第5編　その他の契約（契約各論④）

は、組合財産に属する個々の物を合有すると同時に、包括的な財産の上に持分をもつ」として、目的財産としての組合財産を認める（我妻・中二814頁）[22]。組合財産の独立性を認めるべきであり、これを合有と称して区別するのは学理的に適切である。所有権に限らず、すべての権利・義務が1つの権利・義務として組合員全員に帰属することになる（個々の財産の持分は潜在的）。

15-61　**❸　組合に帰属し包括的持分のみを認める合有説**　合有説をさらに推し進めて、「組合においては、実質的には、組合財産の所有は組合に帰属しており、各組合員は……組合財産を構成する個々の客体については、なんらの共有持分をもたぬような共同所有」という主張もある（山中康雄『共同所有論』［日本評論社・1953］72頁以下）。また、個々の組合財産に各組合員の持分を認めることを否定し、団体としての「組合に帰属する」として（三宅・契約各論下1141頁）、組合財産を構成する個々の物や権利につき組合員の個別的持分はありえず、増減変動する組合財産全体の上に包括的持分（組合持分）が、財産権の一種として組合員に帰属するという主張もある（三宅・契約各論下1142頁、1147頁）。この立場では、社団・組合を区別せず、団体を組合という概念で一元的に把握し、組合への実質的な権利の帰属を認めることになる[23]。

15-62　**◆判例による所有権の「合有」概念と組合員の持分の肯定**
　　⑴　合有という概念の容認
　　　判例は、組合財産の性質についても「普通の共有と異にし其の共同の目的を達せんが為結合したる一種の団体財産たる特質を帯有」することを認め（大判昭7・12・10民集11巻2313頁）、また、40数名の露店業者が、昭和31年9月頃、各自出資して、共同で土地190坪を購入し、出資者を会員とし、その親睦、福利増進を図り、これと共に事業を行うことを目的として、朝市協和会なるものを設立した事例で、「右朝市協和会は、各組合員が出資し、共同の事業を営むことを約して成立した民法上の組合に外ならず、本件土地の使用権およびその地上の共同

22)　**＊組合「持分」の意義**　学理上、組合「持分」は多様な意味で理解されている（例えば、我妻・中二816頁以下）。この点、財産の帰属をめぐる個々の財産についての「個別的持分」と組合財産全体についての「包括的持分」とを区別し、社員権に相当する概念としては混乱を避けるため「組合員たる地位」（業務執行権・損益分担などを含む）と呼ぶ――この譲渡や相続が問題になる――ことが提案されており（新注民⑭495〜496頁［西内康人］）、賛成したい。
23)　合有理論はドイツに発する議論であり、①合有の原始的形態は各構成員の持分が否定され、②これが次第に緩和され、潜在的な持分としては認めて、解散までは顕在化しないと理解されるようになり、③さらに、現代においては、構成員各自は現実的持分を有しているが、共同目的による制約を受けていると、市民法の法構造に適合するように再構成されたといわれている（玉田弘毅「共同所有形態論序説」法律論叢30巻4号［1957］135頁）。

603

第 1 節　組合　│　§IV　組合の財産関係

店舗は、組合財産として、組合員に合有的に帰属した」としている（最判昭 43・6・27 判時 525 号 52 頁）。判例は、組合財産は合有財産であって、一種の「目的財産」としての独立性を認めている（大判昭 11・2・25 民集 15 巻 281 頁☞ 15-65）。

15-63　**(2)　組合員の持分また持分に基づく権利の容認**

しかし判例は、15-38 にみたように「民法の組合財産の合有は、共有持分について民法の定めるような制限を伴う」が、「民法 667 条以下において特別の規定のなされていない限り、民法 249 条以下の共有の規定が適用される」、保存行為として「持分権者の 1 人は単独で右不動産に対する所有権移転登記の全部の抹消を求めることができる」という（前掲最判昭 33・7・22）。各組合員の個々の組合財産についての持分またその行使は認められず、団体の業務執行の問題として規律されるべきであり、この判例は疑問である。

15-64　**(c)　組合財産の独立性**

(ア)　組合員の個人債権者の責任財産にならない　通常の共有において共有者は、共有物につき持分を有し、それは個人の財産を構成する。しかし、組合財産は、組合員の潜在的持分を認めるとしても、個人財産ではない。そのため、民法は「組合員の債権者は、組合財産についてその権利を行使することができない」と規定した（677条）[24]。改正前は、組合債務者が、組合員に対する個人的債権で相殺ができないものと規定し（旧 677 条）、この趣旨を暗に示していたが、上記一般規定が置かれたので削除された。組合には法人格はないが、組合財産が 1 つの独立した財産と認められることになる。

15-65　**(イ)　判例も組合財産の独立性を認める**　判例も、「組合財産は特定の目的（組合の事業経営）の為めに、<u>各組合員個人の他の財産（私有財産）と離れ別に一団を為して存する特別財産（目的財産）</u>にして、其の結果此の目的の範囲に於ては或程度の独立性を有し、組合員の私有財産と混同せらるることなし（民法第 676 条同第 677 条等皆此の趣旨に出でたるに外ならず）。されば組合財産より生ずる果実若は組合の業務執行により取得さるる財産の如

---

24)　＊**組合財産への持分の差押えの可否**　持分会社の社員の債権者については、「社員の持分を差し押さえた債権者は、事業年度の終了時において当該社員を退社させることができ」（会社 609 条 1 項）、「社員の持分の差押えは、出資の払戻しを請求する権利に対しても、その効力を有する」（同法 624 条 3 項）。規定はないが、民法上の組合についても、組合員の債権者が、債務者たる組合員の組合財産の持分を差し押さえ、脱退の意思表示をした上で、払戻請求権に執行することを認める学説がある（我妻・中二 816 頁、来栖 642 頁）。しかし、明文規定がないのにこのような権利を認めるのは無理である（広中 312 頁、潮見・新各論 450 頁）。債務者たる組合員に任意に脱退させ、払戻請求権を差し押さえるしかない。

604

きは総て組合財産中に帰属し、直接組合員の分割所有となることなし」として、組合財産の独立性を認めている（前掲大判昭11・2・25）。

15-66 (2)　個人主義的共有に対する特則

(a)　**独立した団体財産**　個人主義的共有関係としては、15-56 @⑥の2つの権利ないし自由が認められるが、これらは共同の事業を営む合意と抵触する行為であるため、制限される必要がある。これは組合「契約」の債権的効力——不作為債務の負担——にすぎないと考えるべきではなく、共同事業を行うための団体の財産であるという組合財産の本質から導かれる物権的な効力と考えるべきである。

15-67 (b)　**個人主義的共有における権利の否定**

(ア)　**持分処分不可**　まず、「組合員は、組合財産についてその持分を処分したときは、その処分をもって組合及び組合と取引をした第三者に対抗することができない」（676条1項）、と規定する。持分譲渡は、「明かに組合契約の目的に反する」からである（梅804頁）。この「持分」については、①個々の財産の共有持分と、②組合財産全体に対する持分とが問題となるが、②は、組合員たる地位の譲渡を考えればよく（☞注15-22）、①の意味で理解される（水本381頁）。譲渡等の処分は無効と考えるべきである。

15-68 (イ)　**分割請求不可**　また、「組合員は、清算前に組合財産の分割を求めることができない」と規定する（676条3項）。組合財産の分割は、「全く組合の目的に反する結果を生ず」るからである（梅804頁）。何ら拘束する必要のない個人主義的共有関係では、解消を求めることは憲法上の権利として保障されるべきであるが（最大判昭62・4・22民集41巻3号408頁［森林法違憲判決］）、組合においては共同事業の遂行という組合の目的に反することになる。ただし、古くなった食器などを組合員に分配することは可能である。

15-69 (c)　**組合財産は組合の財産管理に服する**　共有においては、共有物の処分には共有者の全員一致が必要であり（変更は251条1項に規定あり）、管理も持分の過半数で決する（252条1項）。しかし、組合財産の管理・処分は、15-29以下に説明したように、いずれも業務執行として組合員——持分ではない——の過半数で決定され（670条1項）、また、業務執行者を決めた場合には、その過半数で決められる（同条3項）。常務は各組合員が行える。

2　組合の債権（組合債権）

15-70 **(1)　組合債権も組合財産として独立**

(a)　債権も 668 条の「共有」　例えば、組合を形成する A・B が C に対して商品を販売し代金債権を取得した場合、民法の分割主義の原則によれば、A・B が半分ずつ、2 つの分割債権を有する (427 条)。しかし、668 条の「共有」を合有と解するため、A・B に 1 つの債権として組合員全員に合有的に帰属すると考えるべきである[25]。民法は「組合員は、組合財産である債権について、その持分についての権利を単独で行使することができない」(676 条 2 項) とのみ規定し、詳細は解釈に委ねている。

15-71 **(b)　判例は債権の「共有」とする**　学説も、債権が「合有」的に帰属することを認める (我妻・各論中二 808 頁)。判例は、「民法上の組合財産は同法第 668 条に所謂総組合員の共有に属するが故に、第三者が不法に組合の所有物を侵害したるときは、之に因りて生ずる損害賠償の債権も亦組合財産として同じく共有に属すべきは当然にして、其の債権は持分の割合に応じて組合員に分割せらるるものに非ず」という (大判昭 13・2・12 民集 17 巻 132 頁、大判昭 13・2・15 新聞 4246 号 11 頁も同様)。また、最判昭 41・11・25 民集 20 巻 9 号 1946 頁は、「売主として右第三者に対し代金債権を取得するのは組合員全員である」。「当該債権は、組合債権であるから、民法 668 条にいう総組合員の共有に属し、総組合員によらなければこれを請求しえない」とする[26]。

15-72 **(2)　組合債権の行使**

(a)　組合財産である　組合債権は組合財産に属し、組合員の個人財産から

---

25)　なお、「共同債権」と位置づける主張もある (中田 584 頁、中田裕康「共同型の債権債務について」『星野英一先生追悼』[有斐閣・2015] 393 頁 [同『継続的契約の規範』(有斐閣・2022) 所収])。

26)　前掲大判昭 7・12・10 も、「民法が契約関係たる組合に一種の団体性を認め、組合員の共有に属する組合財産の性質に付ても、普通の共有と異にし、其の共同の目的を達せんが為、結合したる一種の団体財産たる特質を帯有」するものであり、「組合財産たる債権に就ても、民法第 264 条及同第 427 条以下の規定は、組合財産に関する民法所定の特別規定に対し優先して之が適用を見るべきものに非ず」。「組合財産たる債権にして仮に可分債権なりとするも、民法第 427 条の規定に従ひ当然各組合員に平等に分割せらるべきものに非ざる」。「縦令組合員中脱退したる者ある場合に於ても、該組合員と他の残存組合員との間に於て持分の計算を遂げ其の財産関係の整理を為し得べきこと勿論なるも、右脱退に因り当然組合財産に属する債権の減少を来すべき理由なく、右債権は爾後残存組合員のみの共有に帰すべき」であり、合意をしようと「其の残存組合員に於て右脱退者より債権の譲渡若は移転を受くるの結果を招来すべき筋合のものに非ず、従て此の場合債権譲渡に関する民法第 467 条の適用を受くべきものに非ざる」と述べている。

は区別されるべきであり、債務者が組合員であったとしても、その持分部分につき混同で消滅することはない（大判大5・4・1民録22輯755頁参照）。例えば、A・B共同経営の甲レストランで、Aが貸切パーティーを行い、甲レストランに対して飲食代金債務20万円を負担した場合に、Aはその債務の半分（10万円）について、混同による消滅を主張することはできない。

15-73　　(b)　**組合の業務執行として行使される**　組合債権の行使も「業務の執行」であり、その行使・処分は「業務の執行」として行われることになる。670条の要件に従って、債権譲渡、期限の猶予、準消費貸借、免除等が決められ、組合代理権を持つ者によって組合を代表して——組合員全員を代理して——その法律行為が実行される。受領は「常務」として各組合員に認められてよいが、取立てについては、常務と考えてよいかは事例による。

3　組合の債務（組合債務）

15-74 (1)　**組合債務も組合の財産——分割主義の不適用**

　　(a)　**分割債務ではないが合有債務かは議論あり**　例えば、A・Bが甲レストランを共同経営しており、テーブル等をCから合計100万円で購入したとする。Cに対する代金債務は、多数当事者の債権関係についての原則規定（427条）によれば、A・Bそれぞれ50万円ずつの2つの分割債務になる。しかし、債務についても、組合財産として組合に合有的に帰属し、1つの100万円の債務としてA・Bに帰属すると考えられる。学説も、合有債務であることを認めるが（我妻・中二800頁、809頁など）、不可分債務と理解するものもある（北川101頁）。いずれにしても、組合員の分割債務にはならないことに異論はない（新版注民(17)81頁以下［品川孝次］、石田穣396頁）。

15-75　　(b)　**独立債務性と組合員の個人責任**　組合が組合員に対して債務を負担した（＝組合員が組合に対して債権を取得した）としても、その組合員の負担部分が混同で消滅することはない（前掲大判昭11・2・25）。この点、組合員の個人財産と組合財産とは区別されるので、組合債務については組合財産だけが責任財産になるかのようである。しかし、法人化した合名会社においても、社員に補充的な個人責任を認めており[27]、当然に、組合員の個人責任を否定するわけにはいかない。次にこの点について説明をしたい。

第1節 組合 §Ⅳ 組合の財産関係

15-76 **(2) 各組合員の責任**

(a) 組合財産が責任財産 「組合の債権者は、組合財産についてその権利を行使することができる」（675条1項）。この規定は、改正によって追加された規定であるが、当然の規定である。組合財産として、組合債務が合有的に組合に——正確には組合員全員に——帰属し、組合財産であるその所有物や組合債権が責任財産になる。もちろん組合が、組合債権者に対して債権（組合債権）を有すれば、いずれからも相殺をすることが可能である。

15-77 **(b) 組合員の個人責任**

(ア) 個人責任あり 組合の財産関係と組合員の個人的財産関係とは別だとすれば、組合債務について組合員が個人的に責任を負うことはないはずである。しかし、組合では全員で経営し経営責任を負担すべき地位にあるため、民法は「組合の債権者は、その選択に従い、各組合員に対して<u>損失分担の割合又は等しい割合でその権利を行使することができる</u>。ただし、組合の債権者がその債権の発生の時に各組合員の損失分担の割合を知っていたときは、その割合による」と規定した（675条2項☞15-85）。

15-78 **(イ) 補充性はないが分割無限責任** この規定の結果、15-74の例のCは、代金100万円を組合財産から回収することもできるし、A・Bそれぞれの個人財産から50万円[28]を回収することもできる。組合員の責任は補充的責任ではなく、組合財産から回収できなかった部分を組合員の個人財産から回収するものではない。①少数説として、組合員の責任を補充的責任と位置づける学説（三宅・各論下1157頁、1161頁）、旧商法80条（会社580条1項）を類推適用する学説（水本384頁）もあるが、②補充性を認めないのが通説である（内田291頁など）。無限責任だが分割責任なので、分割無限責任と呼ばれる。

15-79 **◆組合員の個人責任の法的構成[29]**

(1) 一債務二責任説

組合員の個人責任の法的説明には2つの考えがある。まず、A・Bによる甲組合の場合、甲組合の100万円の合有債務があるだけで、ⓐ甲組合の合有財産が

---

27) 会社法には、「持分会社」として、同名会社、合資会社または合名会社があり（会社575条1項）、社員には無限責任社員と有限責任社員とが認められるが、合名会社社員全員が無限責任社員でなければならない（同法576条2項）。無限責任社員は連帯して会社の債務について「責任を負う」が、会社財産に対して、単純保証人同様の補充性が認められている（同法580条1項）。

28) 組合財産から50万円が支払われて50万円になれば、B・C25万円ずつになり、Bが50万円支払えばCの50万円の責任だけが残り、Bが40万円を支払えば、B10万円、C50万円の責任になる。

608

第2章　組合・終身定期金　第5編　その他の契約（契約各論④）

100万円すべての責任財産である一方、ⓑA・Bのそれぞれ個人財産も1/2（50万円）を限度として責任財産になっているという理解がある（**一債務二責任説**［我妻・中二809頁以下］）。債権者Cに対して、Aが個人的債権50万円を有しているならば、A・Cいずれからも相殺ができるが（☞注15-28）、AC間の相殺適状の説明が難しい。また、Aの責任についてだけ、Dが保証人になる、抵当権を設定するということが説明しにくい。

15-80　**(2)　二債務説（通説）**

他方で通説は、上記の例でいうと、A・B（甲組合）の合有債務とは別に、A・Bそれぞれの個人的債務があり、この債務のためにA・Bそれぞれの個人的財産が責任財産になっていると考えている（**二債務説**［新版注民⑰130頁［品川］など］）。Aが50万円を支払った場合、Aの責任が消滅することを説明しやすいし、上記のAC間の相殺適状を説明できる。また、Aの債務についてだけ保証や抵当権を付けることも説明が容易である。判例はないが、この構成が適切である。債務が別なので、A・Bそれぞれ個人財産への強制執行には、A・Bのそれぞれの債務について債務名義が必要になる。ただし、組合を被告とした判決の反射効を認めることが議論されている（新注民⑭565頁［西内］参照）。

15-81　**(ウ)　連帯特約は可能**　補充性はないものの、「組合員個人の責任は、分割債務である」といわれる（我妻・各論中二812頁）。連帯特約をすることは可能であり——個人として保証債務を負担することも可能——、さらに、商法511条1項も適用され、建設共同体について、「共同企業体の各構成員は、共同企業体がその事業のために第三者に対して負担した債務につき、商法511条1項により連帯債務を負う」ものとされている（最判平10・4・14民集52巻3号813頁）[30]。この場合には、組合に対して求償できるだけでなく、他の組合員にも負担割合に応じた求償が可能である（442条1項）。

4　検査権および損益分配

15-82　**(1)　組合員の検査権**

「各組合員は、組合の業務の決定及び執行をする権利を有しないときであっても、その業務及び組合財産の状況を検査することができる」（673条）。

---

29)　どの法的構成によっても、組合債権者に対して、組合員が個人的債権を有していれば（旧677条の事例とは異なる）、その責任割合につき、組合債権者・組合員のいずれからも相殺が認められてよい。

30)　15-80の二債務説だと、甲組合とABがそれぞれ100万円の連帯債務を負うことになるので、Aが100万円を支払った場合、AはBに対して50万円の求償が可能になる（442条1項）。15-79の一債務二責任説では、A・Bの連帯債務を説明することが難しい。

609

業務執行者が定められている場合が念頭に置かれた規定である。組合の経営を委任した組合員の権利であり、自己の責任（675条2項）に関わるためである。委任規定により、委任者は受任者に報告を求めることができるが、組合員が自ら検査することを認めたのが本規定である。業務執行者が検査を妨げたならば、解任事由になる（672条2項）。

15-83 (2) 損益分担割合

(a) 損益の分担割合　組合の事業遂行上生じる利益の分配および損失の負担については、当事者が定めることができるが、民法は、その合意を証明できない場合のための推定規定を置いている。①「当事者が損益分配の割合を定めなかったときは、その割合は、各組合員の出資の価額に応じて定める」（674条1項）が、②「利益又は損失についてのみ分配の割合を定めたときは、その割合は、利益及び損失に共通であるものと推定」される（同条2項）。

15-84 **(b) 分配・分担の時期**　①営利組合の場合の利益分配の時期は合意によって、月ごとか年ごとか決められる。月ごとの場合、損益を計算し収益が出れば上記割合に応じて配当し、債務超過であれば同割合に応じて出捐をすることになる。②損失分担については、解散・清算時が原則である。組合存続中に、損失補償を各組合員に請求するには、組合員の全員一致が必要である（我妻・中二825頁、新版注民(17)128頁［品川］、新注民(14)555頁［西内］）。

15-85 **(c) 債権者への対抗**　損失分担が問題になるのは、債権者に対する個人責任においてである。組合員の内部においては、合意された損失分担割合によることになるが、それを債権者にも対抗できるのであろうか。旧675条は、「組合の債権者は、その債権の発生の時に組合員の損失分担の割合を知らなかったときは、各組合員に対して等しい割合でその権利を行使することができる」と規定していた。しかし、債権者が知らなかったものの、その損失分担割合通りでよいと考えている場合にまで、平等の負担を押し付けるのは適切ではない。そのため、現行法は、債権者が取引当時に損失分担割合を知っていた場合にはそれによるが、知らなかった場合には、「損失分担の割合又は等しい割合」のいずれによるかの選択を認めたのである（675条2項）。選択も1つの意思表示であり、1度した選択は変更できない。

第2章　組合・終身定期金　第5編　その他の契約（契約各論④）

1　組合員の脱退および除名

15-86 **(1)　脱退および除名の要件**

(a)　**脱退（任意的脱退）**　組合の脱退は、組合員たる地位を辞する一方的意思表示（単独行為）である。契約拘束力の原則は適用されず、脱退の自由が原則として保障されるべきである。①組合の存続期間を定めた場合には、原則として脱退は許されないが、「やむを得ない事由があるとき」は脱退が可能である（678条2項）。②他方、「組合の存続期間を定めなかったとき、又はある組合員の終身の間組合が存続すべきことを定めたときは、各組合員は、いつでも脱退することができる」（同条1項本文）。しかし、「組合に不利な時期に脱退すること」はできず、「やむを得ない事由」がある場合に限って脱退できる（同項ただし書）。やむをえない事由が要求される場合のほかでは、脱退の理由がありそれを示すことは不要である。

15-87 **◆脱退を制限する組合規約の効力**

(1)　脱退の自由の保障との調整

契約自由の原則は組合にも当てはまり、脱退を許さない合意も有効であると考えるべきであろうか[31]。学説には、①脱退を禁止ないし制限する特約を全部無効とする考え（末川博「判批」民商19巻4号［1944］339頁、三宅・下巻1174頁）と、②原則として制限は有効であるが、やむをえない事由がある場合にまで脱退を否定するような制限は無効とする一部無効説（矢澤惇「判批」判民昭和18年度166頁、我妻・中二829頁、新版注民(17)164頁［菅原菊志］など通説）とがある。後者では、678条のやむをえない事由がある場合に脱退ができるという部分に限り強行規定と位置づけ、やむをえない事由なしに脱退できる場合でも、やむをえない事由がなければ脱退できないものと制限する限度での効力は認められることになる[32]。

---

31)　後藤元伸「組合型団体における任意脱退の意義と機能」関西大学法学論集52巻4＝5号（2003）1164頁以下、西内康人「組合における脱退制限とその根拠の検討」法学論叢180巻5＝6号（2017）501頁以下参照。

32)　脱退を禁止するだけでなく、脱退に他の組合員の全員または過半数の同意を要件とするのも同様に規制すべきである。組合に対する債務を弁済しなければ脱退を認めないという制限も、やむをえない事由がある場合にまで制限することはできないと考えるべきである。

611

第1節 組合 §V 組合員の変動

15-88 **(2) 判例の立場**

　この問題について、判例は次のように、(1)②の立場を採用することを明らかにした（最判平 11・2・23 民集 53 巻 2 号 193 頁）。6 名でヨットを共同購入してヨットクラブを設立したが、2 名（X ら）が脱退して残り 4 名（Y ら）に対して、出資金相当の持分払戻金 200 万円の返還などを求めたが、脱退を認めない規約があったことを根拠に、Y らが脱退の無効を主張した事例である。「民法 678 条は、組合員は、やむを得ない事由がある場合には、組合の存続期間の定めの有無にかかわらず、常に組合から任意に脱退することができる旨を規定しているものと解されるところ、同条のうち右の旨を規定する部分は、強行法規であり、これに反する組合契約における約定は効力を有しないものと解するのが相当である。けだし、やむを得ない事由があっても任意の脱退を許さない旨の組合契約は、組合員の自由を著しく制限するものであり、公の秩序に反するものというべきだからである」とした（やむをえない事由の存否につき審理を尽くさせるため、破棄差戻し）。

15-89 **(b) 除名など（非任意的脱退）**

(ア) 除名

(i) 正当事由が必要　組合の意思表示によって組合員を強制的に脱退させることを**除名**といい、脱退事由である（679 条 4 号）。組合員の除名は、①正当な事由がある場合に限り[33]、②他の組合員の一致によってすることができる（680 条本文）。組合の収益を横領したり、必要な負担金の支払をしないなど、共同の事業を営む上で支障になる行動をしていたり、共同の事業を営む上で支障になる事由の存在が必要になる。正当の事由がなくても、他の組合員の全員一致があれば除名できるものではない。原則として、除名には条件は付けられない[34]。

15-90 **◆特約の効力**

　680 条については、①正当事由を緩和すること——不要にはできない——、②手続要件を緩和すること——他の組合員の多数決にする——は、有効と考えられている（潮見・新各論 II 462 頁）。しかし、その意思に反して脱退させるための要件についての規定は、強行規定と考えるべきである。正当事由と認められない事由

---

33) Y の株主を会員とする株主会員制のゴルフクラブ（スポーツを通じて会員相互の親睦を図ることを特質とする団体）A につき、X が脱税事犯で実刑判決の言渡しを受けた事例で、「X が脱税事犯により実刑の確定判決を受け、刑の執行を免れるために逃亡したことは、いまだ、XY 間のゴルフ場施設利用契約上の信頼関係を破壊するものとは認め難いというべきであるから」、A の理事会の行った X に対する除名決議は、「その理由を欠くもので、無効である」とされている（東京高判平 2・10・17 判時 1367 号 29 頁）。

34) 不合理なものでなければ条件を付けることも許される。例えば、1 年以上会費を滞納している会員に対して、1 カ月以内に会費の支払がないと除名という決議は可能である。

612

第2章　組合・終身定期金　第5編　その他の契約（契約各論④）

を、除名事由とすることは許されない。手続も、業務執行とは異なり、他の組合員の全員一致を必須の要件と考えるべきである。ただ要件を加重し、列挙した事由以外に除名を認めない合意は有効と考えられる。

15-91　(ii) **組合による除名の意思表示が必要**　他の行為と同様に、除名もその決定とその実行とを分けることができ、(i)は除名を決定する要件である。組合の決議で除名を決めても、当然には除名の効力は発生せず、「除名した組合員にその旨を通知しなければ、これをもってその組合員に対抗することができない」(680条ただし書)。むしろ直截に、除名も相手方ある意思表示であり、相手方への意思表示の到達が必要であるといえば足りる。

15-92　(イ) **当然の脱退事由**　民法は、除名以外に、当然の脱退事由として、以下の3つを規定している (679条)。

---

① 死亡 (1号)
② 破産手続開始の決定を受けたこと (2号)
③ 後見開始の審判を受けたこと (3号)

　これは制限列挙であり、これ以外に当然の脱退事由を規定することは許されない。除名事由に該当する事由を脱退事由と規定することも、除名手続を不要とすることになるので許されない。

15-93　(i) **死亡**　信頼し合った当事者で共同事業を行う団体なので、組合員たる地位は一身専属権であり、相続人に相続されることはない。相続人は、死亡した組合員の持分払戻請求権を相続し、また、相続前の死亡組合員の組合債務についての責任 (680条の2第1項) を相続する。679条1号については、承継を希望する相続人1人について相続を認める合意などの特約が可能であり、任意規定と考えられている[35](潮見・新各論Ⅱ460頁)。

15-94　(ii) **破産手続開始の決定を受けたこと**　破産手続の開始決定を受けると、

---

35)　AB兄弟による映画興行に関する共同事業につき、「とくに、右共同事業は兄弟2人だけの事業であって、各自の出資額、営業財産の管理処分、業務執行の方法、第三者に対する関係等についての詳細な取極めがなされておらず、共同事業としての団体的性格が非常に稀薄であったこと、右共同事業の内容は映画興行であって、その事業経営者の地位が一身専属的なものと解しなければならないほど個人的性格の強いものであったとは考えられないこと等の事実関係に照らし」、相続を認めた原判決を容認している (最判昭44・10・21家月22巻3号59頁)。

613

第1節　組合　│　§Ⅴ　組合員の変動

法人ではその後に解散して法人格を失うので、個人の場合には、財産管理能力が制限され、また、その持分を清算して債務の弁済に充てられることになるため、当然の脱退事由とされている。本来は強行規定と考えられていたが（我妻・中二833頁）、持分会社についての会社法607条2項が、社員の破産手続開始決定を退社事由とすることを任意規定としていることから、組合についても679条2号を任意規定と解する主張がある（新注民⑭591頁［西内］）。

15-95　　(iii)　**後見開始の審判を受けたこと**　A・B・C3人で甲リンゴ園の共同経営を長年してきたが、Cが高齢になって重度の認知症で特養に入居し、甲リンゴ園の共同経営に参加できなくなったとする。A・Bがそのままの経営の維持を欲することもある。Cに後見開始の審判があって当然に脱退になると、A・BはCの持分を払い戻さなければならず、経営に支障を来すため、組合員でいてほしいと考えることが想定される。そのため、679条3号は任意規定と考えるべきであり（潮見・新各論Ⅱ461頁）、特約がなくても後見人との間で組合にとどまる合意をすることも有効である。

15-96　(2)　**脱退および除名の効果──持分の払戻し**

　　(a)　**「総組合員」ではなくなる──持分の喪失による払戻し**　組合財産は「総組合員」の共有とされ（668条）、組合員であることが組合共有（合有）者の資格要件である。脱退により組合員たる地位と共に組合財産上の持分を失い、残りの組合員の共有になる。持分を失った分、金銭での払戻しを受けられる。例えば、A・B・Cで100万円ずつ出資して営業を開始し、Aが脱退するときに組合財産が900万円になっていれば、Aは300万円の払戻しを受けられる（900万円の財産はB・Cの2分の1ずつの共有になる）。「脱退した組合員の持分は、その出資の種類を問わず、金銭で払い戻すことができる」ものとされる（681条2項）。

15-97　　(b)　**債務との清算**　668条の組合財産には「債務」も含まれるのであり、組合員でなくなると組合債務の合有債務者でもなくなる。この点は、債権者との関係では免責が認められないが（☞15-99）、組合との関係では債務から解放する代わりに、持分の払戻しから解放される債務額を差し引くことになる。債務が超過する場合には、超過債務額を組合に支払わなければならない。この点、「脱退した組合員と他の組合員との間の計算は、脱退の時における組合財産の状況に従ってしなければならない」（681条1項）、「脱退

の時にまだ完了していない事項については、その完了後に計算をすることができる」と規定する（同条3項）。

15-98
◆**組合債務──組合債権者との関係**

(1) 債務も清算される

　例えば、A・B・Cで航空機の同好会を結成し、セスナ機1台を共同購入した後、Aが脱退したとする。この場合に、脱退前に組合財産であるセスナ機の修理をして、修理代金60万円の支払を受けていない修理業者Dがいるとして、AとDの関係はどう考えるべきであろうか。Aの脱退前であれば、損失分担割合が平等であるとして、DはAに対して個人として20万円の支払を求めることができた。例えば、セスナ機が600万円相当でそれ以外に組合財産はない場合、Aは200万円の払戻しを受けられるところを、組合債務が60万円あるために──それ以外に債務はないとする──20万円を差し引いて、180万円の払戻しを受ける。20万円は組合に払ったも同然になる。

15-99
(2) 債務は存続する

　668条の「組合財産」には債務も含まれ、組合員でなくなると共有者でなくなり、債務者でなくなるはずである。そうすると、脱退組合員は組合債権者に対して、合有債務者ではないことを主張できそうである。この点、現行法は、「脱退した組合員は、その脱退前に生じた組合の債務について、従前の責任の範囲内でこれを弁済する責任を負う」と、特別規定を置いた（680条の2第1項前段）。脱退による合有債務者からの除外は、債権者としては自己の関わり知らない事由により債務者また責任財産を減少させることになるので、組合債権者には対抗できないとしたのである。

　脱退した組合員は、①「組合の債務を弁済したときは、組合に対して求償権」を取得し（680条の2第2項）、②「債権者が全部の弁済を受けない間は」、「組合に担保を供させ、又は組合に対して自己に免責を得させることを請求することができる」（同条1項後段）ことで保護される。

2　組合員の加入・組合員たる地位の譲渡

15-100
(1) 組合員の加入

(a) 加入の要件　「組合員は、その全員の同意によって、又は組合契約の定めるところにより、新たに組合員を加入させることができる」（677条の2第1項）。加入は、組合契約（組合設立契約）の当事者の変更ではなく、組合契約により設立された団体たる「組合」への加入の申込みに対して、組合がこれを承諾する行為である。組合の承諾のための要件は、「組合契約の定めるところによ」ることになる。特に定めがなければ、組合員全員の承諾が必

615

第1節　組合　│　§Ⅵ　組合の消滅

要になる。もちろん、組合契約（組合規約）で多数決にすることも可能である。反対した組合員は脱退ができる。

15-101　**(b) 加入の効果**　例えば、A・B・C による組合に D が加入したとする。「組合財産は、総組合員の共有」なので、組合財産は A・B・C の合有であったのが、D の出資が追加された上で A・B・C・D の合有になる。積極財産 90 万円、負債 20 万円、D が新たに 30 万円出資したら、積極財産合計 120 万円が A・B・C・D の合有になるが、D はその出資した 30 万円分しか持分は有しない。その反面、30 万円の債務については「加入前に生じた組合の債務については、これを弁済する責任を負わない」ものとされる（677 条の 2 第 2 項）。

15-102　**(2) 組合員たる地位の譲渡**

規定はないが、539 条の 2 の契約上の地位の譲渡ではなく、団体の構成員の地位を 1 つの財産権として、譲渡をすることが可能と考えられている（我妻・中二 841 頁）。一身専属的な権利ではない。ただし、組合員の資格が限定されている場合には、その資格を満たさない者への譲渡は無効である。他の組合員全員の同意が必要であるが、異なる合意があればそれによる。脱退と異なり、同一性を持って組合員たる地位が移転するので、譲渡前の債務についても譲受人は責任を負うことになる。

§Ⅵ
組合の消滅

15-103　**(1) 組合の解散事由・解散請求**

(a) 解散事由　組合契約を継続的契約間系と考えればその終了原因、あるいは組合契約を組合の設立契約と考えれば、設立された団体たる組合の消滅原因となるが、民法は組合の「解散」事由と規定しており、後者のような理解である。民法の規定する組合の解散原因は、以下の 4 つである（682 条）。

> ① 組合の目的である事業の成功・不能

616

第 2 章　組合・終身定期金　第 5 編　その他の契約（契約各論④）

② 組合契約で定めた存続期間満了

③ 組合契約で定めた解散事由の発生

④ 総組合員の同意

　①は、例えば、甲先生最終講義実行委員会は最終講義とそれに付随するパーティー等の事業の終了、または甲先生が最終講義前に死亡してしまうと解散になる。議論があり規定は置かれなかったが、組合員が 1 人になってしまったことも、解釈上解散原因と考えられる[36]。

15-104　(b)　**解散請求**　「やむを得ない事由があるときは、各組合員は、組合の解散を請求することができる」(683 条)。請求に基づいて、④の合意がされれば④の解散事由が認められるが、それと別に規定していることから、裁判所に請求して解散を命じてもらえるのであろうか。しかし、嫌なら脱退ができるので、そこまでの強い権利を付与するものではないと考えられる。

15-105　**(2)　組合財産の清算**

　「組合が解散したときは、清算は、総組合員が共同して、又はその選任した清算人がこれをする」(685 条 1 項)。「清算人の選任は、組合員の過半数で決する」(同条 2 項)。清算人の業務については、686 条で 670 条 3 項から 5 項、670 条の 2 第 2 項・3 項が準用されている。組合員である清算人の辞任および解任については、672 条が準用される (687 条)。

　清算人の職務は以下の 3 つであり (688 条 1 項)、清算人は職務を行うために必要な一切の行為を行える (同条 2 項)。残余財産は、各組合員の出資額に応じて分割することになる (同条 3 項)。

① 現務の結了

② 債権の取立ておよび債務の弁済

③ 残余財産の引渡し

---

36)　新注民⑭ 608 頁［西内］。A・B のジョイントベンチャーで、B が脱退し A のみになった場合につき、解散事由と認めた下級審判決がある（大阪地判昭 40・2・27 判タ 173 号 208 頁）。B の脱退により、組合債権は A の「単独所有に帰し」、A が「その請求について単独で原告適格を有する」とした。しかし、ジョイントベンチャーの協定書では、構成員が 1 人になっても工事を完成させるものと規定されており、この点の特則を規定するものとして有効と解すべきである。

617

第2節 終身定期金 §Ⅰ 終身定期金の意義

第2節　終身定期金

§Ⅰ
終身定期金の意義

15-106 **(1)　終身定期金契約の意義**[37]

　　終身定期金契約は、「当事者の一方が、自己、相手方又は第三者の死亡に至るまで、定期に金銭その他の物を相手方又は第三者に給付することを約することによって、その効力を生ずる」契約である（689条）。無償も可能である。有償契約の場合には、射倖契約になる。例えば、掛け金を支払って、70歳から死ぬまで毎月一定額の支払を受けられるような契約であり、71歳で死亡すれば元をとれず、100歳まで生きれば優に元をとれる[38]。売買の代金を終身定期金とすることもでき、自分が所有・居住している土地建物を売却し、いくらか契約時に支払い、死亡までの居住を認め、定期金権利者が死亡するまで月一定額を支払うことを約束することができる。なお、同様の給付は契約ではなく遺贈によっても行うことができ、その場合には、終身定期金の規定が準用される（694条）。

15-107 **(2)　有償契約として行われる**

　　(a)　有償の射倖契約　条文だけをみると、終身定期金契約は、贈与のように単に一方的に終身定期的な給付をするという制度のようである。確かに、そのような無償の定期金契約も可能であるが、ヨーロッパで実際に行われているのは、有償の定期金契約である。契約法的には、①射倖契約的側面があ

---

37)　日本では使われることの少ない制度であり、詳論は控える。終身定期金については、新注民(14) 623頁以下［西原慎治］参照。

38)　**＊個人年金保険**　このような取引として「個人年金保険」がある。国民年金や厚生年金等の公的年金——ほかに企業が行う企業年金もある——を補う目的で個人が任意で加入する私的年金の一種であり、「保険契約」の立付けで運用されるものである。生命保険では死亡が保険事故になるが、個人年金保険の場合には、60歳や65歳等、所定の年齢まで保険料を払い込み、所定の年齢を過ぎて「生存」していることを保険事故として、死亡まで終身にわたって年金を受け取ることになる。ただし、年金支払の保証期間を付けることにより、被保険者が亡くなっても、保証期間内であれば年金が支払われるタイプの個人年金保険もある。個人年金保険の保険料は生命保険料控除の対象となるため、税負担を軽減できるというメリットがあり、年末調整や確定申告の際に申告すると、払い込んだ保険料に応じて所得控除が適用され、所得税や住民税の負担が軽減される。

618

第2章　組合・終身定期金　第5編　その他の契約（契約各論④）

り、また、②それゆえに、定期金義務者は定期金権利者が早く死亡すること
を願うことになり、条理的には問題がある。給付は「金銭その他の物」に限
られている。

15-108　**(b)　有償の射倖的終身給付契約**　終身の金銭その他の物以外の給付をする
契約も考えられる。例えば、一時金払いの老人ホーム入居契約は、高額の一
時金を支払えば終身居住できる。ただし、想定居住期間分については、その
期間全部の賃料の一括前払いであり、問題になるのはその期間を超えた部分
である。元をとる前に死亡することも、元をとって死亡することもありうる
射倖契約である（☞ 9-175）。また、1-43 に述べたように、一定額の支払に
よる終身の利用契約も、金銭ではなくサービス給付を目的とした終身的射倖
契約である。

$$§ \text{II}$$
終身定期金の主要な規律

15-109　**(1)　終身定期金の元本を受領している場合**
　「終身定期金債務者が終身定期金の元本を受領した場合において、その終
身定期金の給付を怠り、又はその他の義務を履行しないときは、相手方は、
元本の返還を請求することができる。この場合において、相手方は、既に受
け取った終身定期金の中からその元本の利息を控除した残額を終身定期金債
務者に返還しなければならない」（691条1項）。「前項の規定は、損害賠償の
請求を妨げない」（同条2項）。

15-110　**(2)　債務者の帰責事由による権利者の死亡**
　終身定期金債務者の責めに帰すべき事由によって定期金受給者が死亡した
ときは、「裁判所は、終身定期金債権者又はその相続人の請求により、終身
定期金債権が相当の期間存続することを宣告することができる」（693条1
項）。これは、条件を不法な方法で実現させた場合に類似し、債権者側が条
件成就していないものとみなす（130条2項）のと趣旨は同じである。どのく
らい生存したのかはわからないため、相続人に承継させ、相当期間を裁判所

619

の認定に任せたのである。この場合、上記の 691 条の権利の行使は妨げられない（693 条 2 項）。

事項索引

*頁数ではなく、通し番号または注による。

[あ]
安全確保義務（主催旅行）　12-49
安全配慮義務（委任）　12-49
安全配慮義務（雇用）　10-29

[い]
遺産分割と契約解除　4-48
意思実現　2-104
異質説（追完請求権）　6-131
医師の顛末報告義務　12-37
意思表示の合致
　——（客観的合致）　2-55
　——（主観的合致）　2-56
一債務二責任説
　（組合員の責任）　15-79
一時使用目的
　——の借地権　9-87
　——の建物賃貸借　9-96
一時的契約　1-59
一部解除　4-41, 4-74
一括下請　11-19
一体説（契約譲渡）　3-76
一般定期借地権　9-84
移転登記義務（売主）　6-65
委任
　——と事務管理　12-3
　死後の事務の——　12-113
　成果に対して報酬が
　　支払われる——　12-58
委任契約　12-1～
　——の終了　12-83
　——の任意解除権　12-83
委任者
　——の代弁済義務　12-65
　——の死亡　12-107

——の費用償還義務　12-62
——の報酬支払義務　12-54
中途終了の場合と——
　　　　　　　　　　12-57
——の前払支払義務　12-60
違約手付　6-26
医療契約　11-6

[う]
請負
　——の危険負担　11-45
　——の担保責任　11-61
請負契約　11-1～
　——における付随義務
　　　　　　　　　　11-72
　——の終了　11-127～
請負人
　——の仕事完成義務　11-15
　——の追完権　11-79
　——の付随義務　11-72
売主の義務　6-57～
　——（引渡義務・移転登記
　　義務）　6-65～
　——（余後義務）　6-64
売主の担保責任　6-73～

[え]
役務提供契約
　——の総論規定　10-2
　——の類型　10-3

[お]
送りつけ商法　注 2-16
お布施　注 5-4

[か]
解除　4-1～
　——と第三者　4-156
　——の機能・根拠　4-37
　——の効果　4-120～
　——の要件　4-41～
　——としての催告　4-54

——としての債務者の
　帰責事由　4-60
遺産分割と——　4-48
一部——　4-74
一部遅滞と——　4-75
継続的契約関係と——
　　　　　　　　　　4-44
催告による——　4-42
事情変更の原則による——
　　　　　　　　　　4-8
受領遅滞にある者から
　の——　4-53
定期行為と——　4-91
不完全履行と——　4-88
付随的義務の不履行と——
　　　　　　　　　　4-67
不能——　4-86
法定——　4-2
約定——　4-162
履行拒絶と——　4-89
履行不能による——　4-86
解除契約　4-6
解除権
　——者　4-100
　——の行使　4-101
　——の消滅　4-112～
　——の消滅時効　4-117
解除権不可分の原則　4-103
共有物の管理と——　4-108
買付証明書　注 2-1
買戻し　6-268～
　——の効果　6-281
　——の行使　6-277
　——期間　6-279
　——の要件　6-277
買戻権の譲渡　6-288
解約手付　6-27
　——契約の要物性　6-37

621

——との推定　　　6-28
——による解除の要件
　　　　　　　　6-41
価額償還義務　　　4-132
拡大損害　　　6-59, 6-229
隔地者　　　　　　2-79
瑕疵
　——概念　　　　6-111
　環境——　　　　6-120
　心理的——　　　6-119
　法律的——　　　6-118
貸金業法　　　　　7-48
貸金交付義務　　　7-19
果実（売買契約）　6-68
貸主の担保責任（消費貸借）
　　　　　　　　7-34
貸主の付随的義務
　（消費貸借）　　7-30
過大・過小催告　　4-58
仮予約（結婚式場）注1-19
完結条項　　　　　2-61
完成物引渡義務　　11-22
間接効果説（解除）4-122
元本返還義務　　　7-36
　　　　【き】
義援金　　　　　　5-5
期間の定めのない賃貸借
　　　　　　　　9-67
危険負担　　　　3-42〜
　請負契約と——　11-45
　雇用契約と——　3-49
　債権者の帰責事由による
　　履行不能と——　3-47
　売買契約と——
　　　　　3-44, 6-247
危険領域説（雇用）3-49
寄託
　——契約　　　　13-1
　——の終了　　　13-43
　——の目的物　　13-4
寄託物返還義務　　13-28
　——の相手方　　13-30
寄付　　　　　　　5-6
給付危険　　　　注11-20
休眠預金　　　　注13-38

共益費　　　　　　9-115
　——と賃貸借規定の適用
　　　　　　　　9-118
　——と物上代位　9-119
業務執行委託型組合 15-33
共有団体と組合　　15-7
　　　　【く】
組合　　　　　　15-1〜
　——の解散事由　15-103
　——の業務執行　15-29〜
　——の財産関係　15-54
　——の消滅　　15-103〜
　——の設立　　　15-19
　——の不法行為責任 15-42
　共有と——　　　15-7
　団体としての——　15-16
組合員
　——の加入　　　15-100
　——の除名　　　15-89
　——の脱退　　　15-86
　　——禁止条項　15-87
組合共有　　　　　15-54
組合契約　　　15-1, 15-5
　——と双務契約規定 15-23
　——の法的性質　15-13
　——の無効・取消し 15-26
組合債権　　　　　15-70
　——の行使　　　15-72
組合債務　　　　　15-74
　——と組合員の責任 15-76
組合代理　　　　　15-45
グレーゾーン金利　7-47
　　　　【け】
継続的供給契約　1-62〜
継続的契約　　　　1-59
　——と解除　　　4-44
競売と担保責任　　6-197
軽微な債務不履行　4-61
契約　　　　　　　1-1
　——と合意　　　1-3〜
　——の解除→解除
　——の改訂権　　4-33
　——の競争締結　2-100
　——の交渉過程　2-1
　　——における合意 2-1

　　——における合意・表示
　　と契約内容　　2-68
　　——における守秘義務
　　　　　　　　2-46
　——の交渉破棄　2-10
　——と下請人に対する
　　責任　　　　　2-25
　——と損害賠償の範囲
　　　　　　　　2-22
　——の責任の法的性質
　　　　　　　　2-16
　——の要件　　　2-12
　——の拘束力　　2-52
　——の効力　2-52, 3-1〜
　——の個数　　1-12〜
　——の成立　　　2-1〜
　　——時期の合意 注1-16
　申込みと承諾によら
　　ない——　　　2-65
　——の相対効　2-53, 3-51
　——の費用　　　6-55
　——の分類　　1-16〜
　——の申込み→申込み
　——法理の変容　1-8〜
　自動販売機による——
　　　　　　　　2-75
　主たる——　　　1-66
　従たる——　　　1-66
契約解釈　　　　注1-5
契約自由の原則　　2-48
契約書　　　　　　1-17
　——の作成と弁護士 1-17
契約上の地位の譲渡
　（契約譲渡）　3-76〜
　——の効果　　　3-82
契約締結上の加害　2-47
契約締結上の過失　2-6〜
契約締結に際する説明義務
　　　　　　　　2-27〜
　——違反による責任 2-33
契約内容決定の自由 2-50
契約不適合責任　6-73〜
　——と買主の不適合通知
　　義務　　　　　6-205
　——と契約解除　6-186

事項索引

——と損害賠償義務 6-180
権利の不適合と—— 6-191
数量の—— 6-95
種類および品質の——
6-104
契約方式の自由 2-51
ケース貸し 9-47
原因関係 3-58
検査権（組合） 15-82
原状回復義務 4-127～
——（果実・使用利益）
4-142
他人物売買における——
4-144
金銭の場合の—— 4-141
使用貸借の—— 8-52
賃借人の—— 9-261
目的物の減価と—— 4-131
目的物の返還不能と——
4-134
——（種類物） 4-139
懸賞広告 2-125～
——の効力 2-132
——の法的性質 2-127
普通—— 2-125, 2-129
優等—— 2-126, 2-134
建築協力金 9-209
現地検分主義 9-26
権利金 9-207
牽連関係 3-1

[こ]

合意解除 4-6, 4-163
行為基礎理論 4-12
好意的行為者
——の責任 1-47, 12-78
——の損害 12-76
交換 6-294～
交叉申込み 2-102
——における契約の成立
時期 2-103
更新
——（継続的契約） 1-61
——（賃貸借） 9-65
黙示の—— 9-64
——料 9-65

公正証書 1-40
合同行為説（組合） 15-15
合有（組合） 15-57
告知 4-1, 4-4, 4-44
互譲（和解） 14-8
一方のみの—— 14-10
誤振込 13-85
雇用 10-1～
——かどうか争われる事例
注 10-5
——の終了 10-31～
コロナ禍 4-30
混合寄託 13-52
混合契約
1-15, 1-26, 1-28, 注 1-13
コンソーシアム方式 1-76
混蔵寄託→混合寄託
コンピュータ・システム
開発契約 11-7

[さ]

在学契約 1-22
再寄託 13-22
債権契約 1-2
債権者主義 3-47
債権の売主の担保責任 6-234
再交渉義務 4-22
催告
——が相当でない・期間
の定めがない場合 4-56
——によらない解除 4-86
——による解除 4-42～
解除の要件としての——
4-54
過大・過小—— 4-58
財産権移転義務 6-57
再売買の予約 6-291～
裁判上の和解 14-4
債務者主義 3-45
錯誤
——と担保責任 6-231
和解の確定効と—— 14-34
サブコン方式 1-76
サブリース 9-133
残置物処理 9-260, 12-112

[し]

死因贈与 5-91
——と遺言の形式 5-97
——と遺贈の撤回 5-100
——と受贈者の死亡 5-95
——と負担の履行 5-104
敷金 9-186
——と賃借人の変更 9-205
——と賃貸人の変更 9-198
——の効力 9-191
——の法的性質 9-188
——返還請求権の発生時期
9-193
敷引 注 9-71
事業者間契約 1-58
事業用借地権 9-85
自己事務処理義務 12-22
仕事完成義務 11-15
——と引渡義務 11-23
仕事の目的物の所有権 11-27
——（請負人帰属説）
11-29, 11-34
——（注文者帰属説）11-36
一括下請と—— 11-42
自己保管義務 13-22
事情変更の原則 4-8～
——の効果 4-22
——の要件 4-18
地震売買 9-12
下請け 11-19
一括—— 11-19
示談 14-3
——と後遺症 14-45
試味売買 注 6-3
社会生活上の合意 1-5
借地 9-22～
——権の対抗力 9-21
——法 9-13
借地借家法 9-15
借家 9-46
——権の対抗 9-45
——法 9-13
射倖契約 1-43
社交的合意 1-5, 注 1-2

623

収去義務（使用貸借）	8-50	
収去義務（賃貸借）	9-264	
収去権（使用貸借）	8-51	
収去権（賃貸借）	9-265	
終身建物賃貸借	注 9-9	
終身定期金	15-106〜	
修繕義務	9-149	
——の不履行と賃料支払		
義務	9-157	
住宅セーフティネット法		
	注 9-8	
修補義務		
請負人の——	11-73	
売主の——	6-126	
修補権（請負人）	11-78	
受益者	3-58	
——と第三者保護規定		
	3-71	
受益の意思表示	3-67	
——を不要とする特約		
	3-69	
主催旅行契約	12-49	
出向	10-16	
出資義務	15-20	
——と契約総論規定	15-22	
受任者		
——の義務	12-17	
——の死亡	12-109	
——の利益のための委任		
	12-96	
守秘義務（契約交渉）	2-46	
受領義務	6-246	
準委任	12-2	
準消費貸借	7-49	
使用貸主の義務	8-17	
使用借主の義務	8-19	
使用収益権（賃借人）	9-173	
使用貸借	8-1〜	
——の終了	8-47	
——の成立	8-6	
承諾	2-94〜	
——期間	2-77	
——後に到達した承諾		
	2-97	
——適格	2-70	

——の効力発生時期	2-98	
黙示による——	2-95	
譲渡承諾書	注 2-1	
消費寄託	13-57	
消費者契約	1-55	
消費貸借	7-1〜	
——の隠匿	7-5	
——の貸金債権の成立		
時期	7-26	
——の継続的契約性	7-15	
——の合意の不当破棄		
	7-22	
——の要物性	7-23	
商品の陳列	注 2-19	
情報提供義務	2-32	
マンション売買と——		
	2-42	
証約手付	6-25	
将来の賃料債権の譲渡	9-122	
職務専念義務	10-20	
除名	15-89	
所有者危険の移転	6-247	
信頼関係破壊の法理		
	4-45, 9-71	
[す]		
数量指示売買	6-95	
数量超過	6-99	
数量の不適合	6-95	
スライド条項	9-132	
[せ]		
製作物供給契約	11-9	
正当事由制度	9-101	
折衷説（解除）	4-124	
説明義務	2-32	
競り売り	2-100	
全員業務参加型組合	15-29	
善管注意義務	12-17	
受寄者の——	13-18	
受任者の——	12-17	
使用借主の——	8-19	
賃借人の——	9-181	
先履行義務者	3-26	
[そ]		
造作買取請求権	9-99	
相対効の原則	2-53, 3-51	

相当期間（解除の催告）	4-55	
双務契約	1-52	
贈与	5-1〜	
——と財産分与	5-11	
——と非行	5-40	
——の成立	5-7	
——の履行	5-30	
書面によらない——	5-10	
負担付——	5-1, 5-4, 5-85	
贈与者の担保責任	5-66〜	
贈与者の注意義務	5-63	
損益分担	15-83	
損害賠償義務（解除）	4-152	
損害賠償請求権（担保責任）		
	6-180	
[た]		
代金減額請求権	6-151	
代金支払義務	6-244	
代金支払拒絶権	6-94, 6-245	
対抗要件を具備させる義務		
	6-65	
第三者のためにする契約		
	3-51〜	
——と受益者の法的地位		
	3-67	
——と受益の意思表示		
	3-67	
——の効果	3-67	
——の要件	3-60〜	
未成年者と——	3-59	
第三者のためにする債務免除		
	3-62	
代弁済義務	12-65	
対話者	2-84	
諾成契約	1-32	
諾約者	3-58	
多数当事者	1-74	
多段階契約方式	11-7	
立退料	9-103	
脱退	15-86	
——を制限する組合規約		
	15-87	
建物譲渡特約付借地権	9-86	
建物保護法	9-12	
他人物賃貸借	9-139	

事項索引

他人物売買	6-84～	
──と相続	6-92	
一部──	6-88	
全部──	6-84	
担保責任		
──という用語	6-77	
──と法令上の制限		
	注6-77	
──の内容	6-124	
──の免責特約	6-239	
請負の──	11-61	
売主の──	6-73～	
競売と──	6-197～	

[ち]

仲裁	14-6
忠実義務	12-27
注文者	
──の協力義務	11-122
──の任意解除権	11-131
──の付随義務	11-122
──の報酬支払義務	
	11-101
──の履行時期	11-117
中途終了の場合の──	
	11-107
──の保護義務	11-126
──の名義貸し	11-14
調停	14-5
直接効果説（解除）	4-120
直接訴権	
委任者の──	12-24, 12-42
寄託者の──	13-25
賃貸人の──	9-232
賃金支払義務	10-24
賃借権	9-1, 9-210
──の譲渡	9-210
──と信頼関係破壊の	
法理	9-217
──の承諾に代わる判決	
	9-215
──の対抗	3-90, 9-55
農地──の対抗	9-44
賃借人	
──たる地位の譲渡の	
対抗要件	3-90

──の原状回復義務	9-261
──の善管注意義務	9-181
賃借物の変更	9-183
賃貸借	9-1～
──の解除	9-71～, 9-238
──の解約申入れ	9-67
──の更新	9-64
──の終了	9-257
──の存続期間	9-62
取壊し予定建物の──	
	9-95
賃貸人	
──たる地位の譲渡	9-53
──と賃料債権の譲渡	
	3-84
──と賃料前払の対抗	
	3-83
──たる地位の留保	9-58
──の義務	9-137
賃貸保証	9-109
賃料	
──債権	9-114
──の成立時期	9-120
──の本質	9-121
──支払義務	9-174
──増減請求権	9-126
サブリースと──	9-133
──の当然の減額	9-177
──倍額違約金条項	
	注9-102

[つ]

追完権	
──（請負人）	11-78
──（売主）	6-126
──の保障	6-125, 6-170
追完請求権	6-126, 11-73
追完に代わる填補賠償請求権	
	6-143
追完方法の売主の提案権	
	6-142
追完優位の原則	6-125, 6-169
通常損耗	9-266
使用貸借の──	8-54
津隣人訴訟	1-48

[て]

定期行為（解除）	4-91
定期借地権	9-83
定期借家権	9-92
定期贈与	5-83
定型取引	2-110
定型約款	2-106～
──の効力の根拠	2-110
──の事後的変更	2-120
定年制	10-40
適合物引渡義務	6-76, 6-79
手付	6-19～
──損賠返し	6-50
違約──	6-26
解約──	6-27
証約──	6-25
典型契約	1-16
──論	1-20
電子書面	1-41
電磁的記録	1-41
電磁的方法による契約締結	
	2-62
転貸借	9-222
──と解除	9-238, 9-245
──と信頼関係破壊の	
法理	9-230
転用物訴権	9-165

[と]

同質説（追完請求権）	6-134
同時履行の抗弁権	3-1～
──の拡大	3-3
──の機能	3-2
──の効果	3-40～
──の成立要件	3-10～
──の類推適用	3-4
相手方が履行を拒絶して	
いる場合の──	3-38
一度提供があった場合の	
──	3-30
一部履行・提供と──	
	3-13
給付を取り戻した場合と	
──	3-32
組合契約と──	15-22

625

継続的契約関係と―― 3-17

先行行義務者の履行遅滞と―― 3-23

逐次的供給契約と―― 3-16

取消しと―― 3-6

複数の債務がある場合と 3-19

特定継続的役務提供契約 12-84

特定物ドグマ 6-73

特定物と代物請求 6-138

【に】

二債務説（組合員の責任） 15-80

日照・眺望の説明義務 2-42

入学金 6-22

専門学校の―― 注6-13

入学契約 1-22

入居一時金 9-175

入札 2-101

任意解除

委任契約と―― 12-83

寄託契約と―― 13-7

贈与と―― 5-10

【の】

農地法 9-14

ノーワーク・ノーペイの原則 10-25

【は】

パートナリング 1-75

売買 6-1～

――契約の費用 6-55

――の対象 6-2

――は賃貸借を破る 9-16

売買の一方の予約 6-6

【ひ】

引渡義務（売主） 6-65

引渡主義 6-251

必要費償還義務 9-162

非典型契約 1-21

費用償還義務

寄託者の―― 13-35

賃貸人の―― 9-162

費用償還請求権（委任）12-62

費用償還請求権（解除）4-149

費用前払義務 12-60

品質不適合

――と瑕疵 6-108

――と危険負担 6-261

――の基準時 6-78

【ふ】

ファイナンス・リース 1-24, 9-5

不安の抗弁権 3-26

不完全履行と解除 4-88

復委任 12-22

複合契約 1-67～

複数の契約 1-64～

付合契約 2-107

付随義務（解除の要件）4-67

賃貸人の―― 9-170

負担 5-4

――付贈与 5-1, 5-4, 5-85

物権契約 1-2

不動産賃借権の物権化 9-19

不当条項 2-123

不能解除 4-86

不要式契約 1-32, 1-36

不要物の引取り 5-65

振込指図 3-64

【へ】

返報性の原理 注5-3

片務契約 1-52

【ほ】

忘恩行為 5-43

報告義務（受任者）12-36

報酬支払義務

委任者の―― 12-54

寄託者の―― 13-34

注文者の―― 11-101

報酬支払請求権の成立時期（請負）11-103

法人格のない団体 15-3

法定解除 4-2

保管義務（寄託）13-16

募金 5-5

保護義務

注文者の―― 11-126

賃貸人の―― 9-170

補償関係 3-58

本契約 1-53

【み】

未成年者が対象の契約 3-59

【む】

無償契約 1-44

――の特殊性 1-45

無名契約 1-21

――の規律 1-29

【め】

免責請求権 12-65

免責特約（担保責任）6-239

【も】

申込み 2-69～

――者の死亡 2-87

――の相手方の死亡 2-93

――の拘束力 2-76

――（対話者）2-84

――の誘引 2-71

黙示の更新（賃貸借）9-64

目的不到達の法理 4-16, 5-55

目的物返還義務

受寄者の―― 13-28

賃借人の―― 9-259

持分の払戻し 15-96

【や】

約定解除 4-162

約款→定型約款

ヤマギシズム事件 5-59

【ゆ】

結納 5-56, 注5-18

有益費償還義務（賃貸借）9-168

融資約束の不当破棄 7-22

有償契約 1-42

優等懸賞広告 2-126, 2-134

有名契約 1-16

有料老人ホーム 9-175

【よ】

要式契約 1-36

要物契約 1-33

――の根拠 1-34

用法遵守義務 9-180

――（使用貸借）8-19

626

事項索引

要約者 3-58
——の解除権 3-73
——の損害賠償請求権
3-73
預金者の認定 13-64
——（契約説） 13-69
——（出捐者説） 13-66
余後義務（売主） 6-64
預貯金契約 1-27, 13-57
——と共同相続 注 13-22
——の法的性質 13-60
予約 1-53
予約完結権 6-9
——行使期間 6-10
——の譲渡 6-11

【り】

リース
→ファイナンス・リース
履行
——期前の履行拒絶 4-90
——期前の着手 6-46
——の着手 6-43
——不能な契約の締結 2-8
利息支払義務 6-266, 7-44
利息制限法 7-46

【れ】

レセプトゥム責任 13-20

【ろ】

労働者派遣 10-17
労務提供義務 10-13

【わ】

和解契約 14-1
——上の債務 14-29
——と双務契約 注 14-2
——の債務不履行 14-22
公序良俗違反と—— 14-25
裁判上の—— 14-4
和解の確定効 14-18
——と錯誤 14-34
枠契約 13-60, 注 1-21

627

判例索引

＊頁数ではなく、通し番号または注による。●が付いているものは、枠内で詳しく説明している箇所である。

　　　　　［明治時代］
　　　──明治30年代──
大判明34・5・8民録7-5-52 ……………注6-9
大判明35・4・23民録8-4-83 ……………6-278
大判明35・12・18民録8-11-100 ………11-51
大判明37・2・17民録10-153 ……………4-139
大判明37・6・22民録10-861 ……………11-30
大判明37・10・1民録10-1201 …………11-134
大判明38・5・16刑録11-497 …………注12-28
大判明38・12・6民録11-1653 …………7-28
大判明39・6・8民録12-937 ……………注14-9
大判明39・7・4民録12-1066 ……………6-287
大判明39・11・17民録12-1479 …………4-79
　　　──明治40年代──
大判明41・4・27刑録14-453 ……………3-6
大判明43・12・9民録16-918 ……………9-212
大判明44・1・25民録17-5
　　　……………………………11-118,注11-57
大判明44・2・21民録17-62 ……………11-104
大判明44・10・10民録17-563 …………注4-50
大判明44・11・9民録17-648 ……………7-24
大判明44・12・11民録17-772 …………注3-10

　　　　　［大正時代］
大判大元・12・20民録18-1066 ……注11-18
大判大3・3・18民録20-191 ……………7-41
大判大3・4・11刑録20-525 ……………3-7
大判大3・4・22民録20-313 ……………3-72
大判大3・4・24刑録20-615 …………注12-28
大判大3・5・21民録20-398 ……………12-121
大判大3・6・4民録20-551 ……………12-52
大判大3・12・1民録20-999 ……………3-39
大判大3・12・25民録20-1178 ……5-20, 5-21
大判大3・12・26民録20-1208
　　　…………………………………11-23, 11-30

大判大4・12・11民録21-2058
　　　……………………9-121, 9-158, 9-160
大判大5・4・1民録22-755 ……………15-72
大判大5・5・13民録22-948 ……………14-33
大判大5・5・22民録22-1011 …………9-159
大判大5・5・30民録22-1074 ……7-57, 7-60
大判大5・6・26民録22-1268 …………3-63
大判大5・7・5民録22-1336 ……………3-69
大判大5・7・15民録22-1549 …………9-109
大判大5・9・22民録22-1732 …………5-19
大判大5・10・27民録22-1991 …………4-155
大判大5・12・13民録22-2417 …………11-31
大判大6・2・28民録23-292 ……………5-56
大判大6・6・27民録23-1153 ……4-51, 4-55
大判大6・7・10民録23-1128 ……4-56, 4-115
大判大6・9・18民録23-1342 …………●14-40
大判大6・11・10民録23-1960 ………注3-10
大判大6・12・27民録23-2262 …………4-121
大判大7・2・13民録24-254 ……………12-60
大判大7・3・25民録24-531 ……………7-58
大判大7・4・29民録24-785 ……………12-45
大決大7・4・30民録24-570 ……………6-285
大阪区判大7・5・15新聞1426-18 ……注4-30
大判大7・6・15民録24-1126 …………注12-2
大判大7・7・10民録24-1480 …………15-10
大判大7・7・16民録24-1488 …………5-58
大判大7・8・14民録24-1650 …………3-19
大判大7・11・1民録24-2103 …………6-56
大判大7・11・11民録24-2164 ………注6-106
大判大7・11・18民録24-2216
　　　……………………………5-18, 注5-9
大判大8・7・8民録25-1270 ……………4-79
大判大8・9・15民録25-1633
　　　…………………………………4-129, 4-163
大判大8・11・27民録25-2133 …………4-116

628

判例索引

大判大 9・4・12 民録 26-487 …………… 4-53
大判大 9・4・24 民録 26-562 ……… 12-89, 12-99
大判大 9・6・17 民録 26-911 ……… 5-33, 5-34
大判大 9・9・24 民録 26-1343 ………… 6-293

——大正 10 年代——

大判大 10・2・19 民録 27-340 ………… 6-54
大判大 10・4・30 民録 27-832 ……… 注 6-106
大判大 10・5・17 民録 27-929 ………… 4-160
大判大 10・5・27 民録 27-963 ………… 4-60
大判大 10・6・13 民録 27-1155 ……… 14-24
大判大 10・6・21 民録 27-1173 ……… 6-28
大判大 10・9・22 民録 27-1590 ……… 注 6-105
大判大 10・9・26 民録 27-1627 ……… 9-160
東京控判大 10・10・11 評論 11- 民 911
　　　　　　　　　　　　　………… 注 4-30
大判大 10・12・15 民録 27-2160 ……… 6-232
大判大 11・4・1 民集 1-155 ………… 6-220
大判大 11・8・21 民集 1-493 ………… 13-28
大判大 11・10・25 民集 1-621 ……… 7-24
大判大 11・11・24 民集 1-738 ……… 9-245
浦和地判大 12・2・17 法律評論 12- 民法 274
　　　　　　　　　　　　　………… 13-73
大判大 12・5・28 民集 2-413 ………… 3-14
大判大 12・6・1 民集 2-417 ………… 注 4-38
大判大 12・8・2 民集 2-582 ……… 注 6-108
大判大 12・11・20 新聞 2226-4 ……… 13-63
大判大 13・2・29 民集 3-80 ……… 6-12, 6-15
大判大 13・4・21 民集 3-191 ……… 注 6-110
大判大 13・5・27 民集 3-240 ………… 4-52
大判大 13・7・15 民集 3-362 ……… 4-54, 4-55
大判大 13・7・23 新聞 2297-15 ……… 7-25
大連判大 13・9・24 民集 3-440
　　　　　　　　　　　　 6-71, 注 6-22
大判大 14・2・19 民集 4-64 ………… 4-81
大判大 14・4・15 新聞 2413-18 ……… 14-15
大判大 14・5・12 民集 4-256 ……… 15-46
大判大 14・9・8 民集 4-458 ………… 12-68
大判大 14・9・24 民集 4-470 …… 7-24, 注 7-10
大判大 14・10・5 評論全集 15- 民法 452
　　　　　　　　　　　　　………… 注 9-52
大判大 14・10・29 民集 4-522 ……… 3-11
大判大 15・4・7 民集 5-251 ………… 5-21
大判大 15・4・21 民集 5-271 ……… 7-56
東京控判大 15・5・27 新聞 2605-14
　　　　　　　　　　　　　………… 注 4-30

大決大 15・10・19 民集 5-738 ………… 6-276
東京控判大 15・11・15 民録 26-1779
　　　　　　　　　　　　　………… 注 4-30
大判大 15・11・25 民集 5-763
　　　　　　　　　 ……………… 11-18, 注 11-24

［昭和時代］

大判昭 2・1・26 裁判例 2- 民 100 ……… 12-62
大判昭 2・2・2 民集 6-133 ………… 4-57
大判昭 2・10・27 新聞 2775-14 ……… 14-33
大判昭 3・5・28 裁判例 2- 民 35 …… 注 12-25
大判昭 3・5・31 民集 7-393 ………… 3-31
大判昭 3・7・11 民集 7-559 ……… 注 9-41
大判昭 4・5・4 新聞 3004-12 ……… 7-59
大判昭 5・1・29 民集 9-97 ………… 7-43
大判昭 5・3・13 新聞 3153-11 …… 注 14-24
大判昭 5・5・15 新聞 3127-13 ……… 12-111
大判昭 5・6・4 民集 9-595 ………… 7-41
大判昭 5・7・26 民集 9-704 ……… 9-148
大判昭 5・10・28 民集 9-1055 ……… 11-104
大判昭 6・1・17 民集 10-6 ………… 9-100
大判昭 6・5・7 評論全集 20- 民法 683 …… 5-34
大判昭 7・1・26 法学 1- 上 648
　　　　　　　　　 ………… 4-160, 注 4-52
大判昭 7・3・3 民集 11-274 ……… 注 6-22
大判昭 7・4・30 民集 11-780
　　　　　　 …… 11-108, 11-109, 11-135
大判昭 7・5・9 民集 11-824 ……… 11-30
大判昭 7・7・7 民集 11-1510 ……… 4-59
大判昭 7・9・30 民集 11-1859 ……… 9-100
大判昭 7・11・15 民集 11-2105 ……… 9-191
大判昭 7・12・10 民集 11-2313
　　　　　　　　 …… 15-62, 15-26
大判昭 8・2・24 民集 12-265 ……… 7-59, 7-60
大判昭 8・2・25 新聞 3531-7 ……… 5-95
大判昭 8・4・8 民集 12-561 ……… 4-43
大判昭 8・4・12 民集 12-1461 ……… 2-95
大判昭 8・6・13 民集 12-1484 ……… 7-63
大判昭 8・7・5 裁判例 7- 民 166 ……… 6-49
大判昭 8・7・11 新聞 3725-15 ……… 14-8
大判昭 8・9・15 民集 12-2347 ……… 7-25
大判昭 8・12・11 裁判例 7- 民 277 …… 9-224
大判昭 9・2・19 民集 13-150 ………… 注 4-12
大判昭 9・3・7 民集 13-278 ……… 9-245
大判昭 9・6・27 民集 13-1745 ………… 9-141

629

東京控判昭 9・7・20 新聞 376-12 …… 注 11-55
大判昭 9・10・30 裁判例 8- 民 252 …… 9-141
——昭和 10 年代——
大判昭 10・3・28 裁判例 9- 民 84 …… 注 8-1
大判昭 10・4・5 民集 14-499 ……… 6-287
大判昭 10・9・3 民集 14-1886 …… ●14-42
大判昭 11・2・25 民集 15-281
……… 15-62, 15-65, 15-75
大判昭 11・5・27 民集 15-922 …… 12-40
大判昭 11・6・16 民集 15-1125 …… 7-28
大判昭 12・11・16 民集 16-1615 …… 注 9-52
大判昭 13・2・12 民集 17-132 …… 15-71
大判昭 13・2・15 新聞 4246-11 …… 15-71
大判昭 13・3・1 民集 17-318 ……… 9-100
大判昭 13・4・22 民集 17-770 …… 6-18, 6-293
大判昭 13・5・20 新聞 4289-7 …… 13-45
大判昭 13・7・9 民集 17-1409 …… 注 13-12
大判昭 13・8・17 民集 17-1627 …… 9-145
大判昭 13・9・30 民集 17-1775 …… 4-67
大判昭 13・10・6 民集 17-1969 …… 14-28
大判昭 13・12・7 民集 17-2285 …… 14-24
大判昭 13・12・8 民集 17-2299 …… 注 5-12
大判昭 14・4・12 民集 18-397
……… 12-9, 12-96, 注 12-2
大判昭 14・6・20 民集 18-666 …… 15-25
東京控判昭 14・6・24 評論 29- 民 57 …… 4-68
大判昭 14・12・13 判決全集 7-109 …… 注 4-27
大判昭 15・2・23 民集 19-433 …… 9-229
大判昭 15・6・8 民集 19-975 ……… 注 14-3
大判昭 15・9・3 評論 30- 民 52 …… 4-54
大判昭 15・11・27 民集 19-2110 …… 9-25
大判昭 15・12・16 民集 19-2337 …… 3-66
大判昭 16・9・20 判決全集 8-30-12 …… 5-19
大判昭 16・11・15 法学 11-616 …… 5-101
大判昭 16・11・29 法学 11-711 …… 7-24
大判昭 17・9・30 民集 21-911 …… 4-126
大判昭 17・11・19 民集 21-1075 …… 7-41
大判昭 18・2・18 民集 22-91 …… 11-33
大判昭 18・7・6 新聞 4862-8 ……… 注 9-52
大判昭 18・7・20 民集 22-660 …… 11-31
大判昭 18・12・22 新聞 4890-3 …… 4-140
大判昭 19・6・28 民集 23-387 …… ●2-58
大判昭 19・12・6 民集 23-613 …… ●4-17
——昭和 20 年代——
最判昭 23・5・1 判タ 5-16 …… 注 12-51

最判昭 24・10・4 民集 3-10-437 …… ●6-34
最判昭 26・2・6 民集 5-3-36 …… 4-21
最判昭 26・4・19 民集 5-5-256 …… 15-9
最判昭 26・4・27 民集 5-5-325 …… 9-229
東京地判昭 27・2・27 下民集 3-2-230
注 4-25
最判昭 27・4・25 民集 6-4-451 …… ●9-74
最判昭 27・5・6 民集 6-5-506 …… 5-11
最判昭 28・4・23 民集 7-4-396 …… 12-111
最判昭 28・6・16 民集 7-6-629 …… 3-4
最判昭 28・9・18 民集 7-9-954 …… 注 4-52
最判昭 28・9・25 民集 7-9-979 …… 9-217
最判昭 28・12・18 民集 7-12-1446 …… 4-152
最判昭 29・1・28 民集 8-1-234 …… 4-25
最判昭 29・2・12 民集 8-2-448
……… 4-26, 4-28, 注 4-5
最判昭 29・4・8 民集 8-4-819 …… 注 13-22
最判昭 29・6・11 民集 8-6-1055 …… 9-88
最判昭 29・6・25 民集 8-6-1224 …… 注 9-47
福岡高判昭 29・8・2 下民集 5-8-1226
……… 13-19
最判昭 29・8・31 民集 8-8-1567 …… 注 13-12
最判昭 29・11・16 判時 41-11 …… ●13-76
——昭和 30 年代——
最判昭 30・2・18 民集 9-2-179 …… 注 9-15
盛岡地判昭 30・3・8 下民集 6-3-432
注 4-31
最判昭 30・5・13 民集 9-6-698 …… 9-211
東京高判昭 30・8・26 判タ 55-41 …… 注 4-4
最判昭 30・9・22 民集 9-10-1294 …… 9-219
最判昭 30・10・7 民集 9-11-1616 …… 1-73
熊本地八代支判昭 30・10・15
下民集 6-10-2145 …… 注 4-4
最判昭 31・1・27 民集 10-1-1 …… 5-34
最判昭 31・2・10 民集 10-2-48 …… 9-248
最判昭 31・3・30 民集 10-3-242 …… 注 14-5
最判昭 31・4・5 民集 10-4-330 …… 9-246
最判昭 31・4・6 民集 10-4-342 …… 4-35
最判昭 31・4・6 民集 10-4-356 …… 9-100
最判昭 31・5・15 民集 10-5-496 …… 1-28
最判昭 31・5・25 民集 10-5-566 …… 注 4-4
最判昭 31・6・1 民集 10-6-612 …… 12-111
東京高判昭 31・9・12 東高民時報 7-9-194
注 12-49
最判昭 31・10・5 民集 10-10-1239 …… 注 9-80

最判昭 31・10・12 民集 10-10-1260 ····· 12-24
最判昭 31・12・20 民集 10-12-1581
　　　　　　　　　　　　　　　····· 注 9-82
最判昭 32・5・21 民集 11-5-732 ········· 5-98
最判昭 32・8・30 集民 27-651 ········· 8-37
最判昭 32・12・3 民集 11-13-2018
　　　　　　　　　　　　　　　····· 注 9-100
最判昭 32・12・19 民集 11-13-2278 ····· 13-66
最判昭 32・12・24 民集 11-14-2322 ····· 4-163
最判昭 33・1・14 民集 12-1-41 ····· 注 9-87
最判昭 33・6・3 民集 12-9-1287 ·········· 3-4
最判昭 33・6・5 民集 12-9-1359 ········· 6-48
最判昭 33・6・14 民集 12-9-1449 ····· 4-165
最判昭 33・6・14 民集 12-9-1492
　　　　　　　　　　　　6-232, ●14-44
最判昭 33・7・22 民集 12-12-1805
　　　　　　　　　　　　　　15-38, 15-63
東京地判昭 33・8・14 判時 164-27 ···· 注 4-48
最判昭 34・2・26 民集 13-2-394 ·········· 1-5
最判昭 34・4・15 集民 36-61 ········· 9-225
最判昭 34・5・14 民集 13-5-609
　　　　　　　　　　　　●3-33, 注 3-10
最判昭 34・6・25 判時 192-16 ········· 3-19
最判昭 34・8・18 集民 37-643 ········· 8-36
札幌地判昭 34・8・24 下民集 10-8-1768
　　　　　　　　　　　　　　　　　 5-47
最判昭 34・9・22 民集 13-11-1451 ····· 4-58
東京地判昭 34・9・23 判時 203-19
　　　　　　　　　　　　　　　····· 注 11-48
最判昭 35・2・9 民集 14-1-108 ········· 9-88
最判昭 35・3・8 集民 40-177 ········· 13-66
最判昭 35・4・12 民集 14-5-817 ········· 8-7
最判昭 35・5・24 民集 14-7-1154 ······· 2-101
大阪地判昭 35・5・28 判時 235-26 ····· 13-73
最判昭 35・10・27 民集 14-12-2733 ····· 4-53
最判昭 35・11・10 民集 14-13-2813
　　　　　　　　　　　　　　　····· 注 8-14
最判昭 35・11・24 民集 14-13-2853 ····· 6-16
最判昭 35・12・9 民集 14-13-2994
　　　　　　　　　　　　15-39, 注 15-17
最判昭 36・1・27 集民 48-179 ········· 8-22
最判昭 36・2・16 民集 15-2-244 ········· 12-19
最判昭 36・4・28 民集 15-4-1211
　　　　　　　　　　　　9-221, 注 9-87
最判昭 36・5・25 民集 15-5-1322 ····· 注 10-5

最判昭 36・5・30 民集 15-5-1459 ········ 6-287
最判昭 36・7・31 民集 15-7-1982 ········ 15-46
最判昭 36・10・10 民集 15-9-2294 ····· 9-98
最判昭 36・11・21 民集 15-10-2507
　　　　　　　　　　　　　　　····· 注 4-25
大阪高判昭 36・11・30 判時 306-12
　　　　　　　　　　　　　　　····· 注 12-50
最判昭 36・12・12 民集 15-11-2778
　　　　　　　　　　　　　　　····· 注 5-15
最判昭 36・12・21 民集 15-12-3243
　　　　　　　　　　　　　　　●9-239
最判昭 37・3・29 民集 16-3-662 ········· 9-243
最判昭 37・4・26 民集 16-4-1002 ······· 5-22
最判昭 37・7・20 民集 16-8-1656 ······· 10-28
最判昭 38・1・18 民集 17-1-12
　　　　　　　　　3-83, 9-57, 9-123
最判昭 38・2・12 民集 17-1-171 ····· 注 14-5
最判昭 38・2・21 民集 17-1-219
　　　　　　　　　　　　9-248, 9-249
東京高判昭 38・4・19 下民集 14-4-755
　　　　　　　　　　　　　　　　 9-253
最判昭 38・4・23 民集 17-3-536 ········· 9-90
最判昭 38・5・24 民集 17-5-639 ········· 9-36
最判昭 38・5・31 民集 17-4-600
　　　　　　　　　　　　15-10, ●15-52
大阪高判昭 38・7・18 金法 350-6 ······· 13-75
最判昭 38・10・15 民集 17-9-1202 ····· 9-219
最判昭 38・11・28 民集 17-11-1477 ····· 9-159
最判昭 38・12・27 民集 17-12-1854 ····· 6-92
最判昭 39・1・16 民集 18-1-11 ········· 9-220
最判昭 39・2・25 民集 18-2-329 ········· 4-109
最判昭 39・3・26 民集 18-4-667 ········· 5-34
最判昭 39・6・19 民集 18-5-806 ····· 注 1-8
最判昭 39・6・26 集民 74-297 ····· 注 9-47
最判昭 39・6・26 民集 18-5-968 ········· 4-58
最判昭 39・6・30 民集 18-5-991 ········· 9-219
最判昭 39・7・28 民集 18-6-1220 ········· 9-77
最判昭 39・10・15 民集 18-8-1671 ····· 15-16
最判昭 39・11・19 民集 18-9-1900
　　　　　　　　　　　　9-219, 9-221

──昭和 40 年代──
大阪地判昭 40・2・27 判タ 173-208
　　　　　　　　　　　　　　　····· 注 15-36
最大判昭 40・3・17 民集 19-2-453 ····· 9-28
最判昭 40・3・26 民集 19-2-526 ········· 5-35

631

最判昭 40・5・4 民集 19-4-811 ……… 9-212
最判昭 40・6・18 民集 19-4-976 ……… 9-220
大阪地判昭 40・6・30 判タ 179-128
　　　　　　　　　　　　　　　…… 注 2-17
最判昭 40・8・2 民集 19-6-1368 …… 9-80
最判昭 40・8・24 民集 19-6-1435 ……… 3-4
最判昭 40・9・21 民集 19-6-1550 …… 9-220
最判昭 40・10・19 民集 19-7-1876 …… 13-26
最大判昭 40・11・24 民集 19-8-2019
　　　　　　　　　　　　…… 6-43, 6-45
東京高判昭 40・12・14 判タ 188-159
　　　　　　　　　　　　　　　…… 9-185
最判昭 40・12・17 集民 81-561 …… 12-100
最判昭 41・1・21 民集 20-1-65 …… 6-47
最判昭 41・1・27 民集 20-1-136 …… 9-218
最判昭 41・3・22 民集 20-3-468 …… 3-39
最判昭 41・4・21 民集 20-4-720 … 注 9-24
最大判昭 41・4・27 民集 20-4-870
　　　　　　　　　　… 9-30, ●9-32
最判昭 41・5・19 民集 20-5-989 …… 9-246
東京地判昭 41・6・18 判タ 194-153
　　　　　　　　　　　　　　　… 注 9-13
最判昭 41・10・7 民集 20-8-1597 …… 5-35
最判昭 41・10・21 民集 20-8-1640 … 注 9-81
最判昭 41・10・27 民集 20-8-1649 ……… 8-7
最判昭 41・11・25 民集 20-9-1946
　　　　　　　　　　… 15-28, 15-71
最判昭 42・4・6 民集 21-3-533 ……… 4-69
最判昭 42・7・18 民集 21-6-1559 … 注 14-26
大阪地判昭 42・7・31 判時 510-57 …… 5-57
最判昭 42・11・24 民集 21-9-2460 …… ●8-40
最判昭 42・12・5 民集 21-10-2545 …… 9-25
最判昭 43・1・25 判時 513-33 …… 注 9-47
最判昭 43・2・15 民集 22-2-184 …… 注 14-19
最判昭 43・2・23 民集 22-2-281 …… ●4-63
最判昭 43・3・15 民集 22-3-587 …… ●14-49
最判昭 43・4・12 集民 90-963 …… 注 9-85
最判昭 43・6・6 判時 524-50 …… 5-94
最判昭 43・6・21 民集 22-6-1311 … 注 6-16
最判昭 43・6・27 判時 525-52
　　　　　　　　　… 15-10, 15-62
最判昭 43・6・27 民集 22-6-1427 …… 注 9-78
最判昭 43・7・11 民集 22-7-1462 …… 12-47
最判昭 43・8・20 民集 22-8-1692
　　　　　　　　　… 6-95, 注 6-37

最判昭 43・9・3 集民 92-169 ………… 注 12-2
最判昭 43・9・20 判時 536-51 ……… 12-100
最判昭 43・10・8 民集 22-10-2145 …… 9-210
最判昭 43・11・21 民集 22-12-2741
　　　　　　　　　… 9-159, 注 4-13
最判昭 43・11・28 民集 22-12-2833 … 9-137
最判昭 44・1・31 判時 548-67 ……… 9-78
最判昭 44・4・15 判時 560-49 ……… 4-57
最判昭 44・4・24 民集 23-4-855 ……… 9-220
大阪地判昭 44・8・6 判時 591-91 … 12-64
最判昭 44・9・12 判時 572-25 ……… 11-31
大阪高判昭 44・9・12 判時 582-76 …… ●4-24
最判昭 44・10・7 判時 575-35
　　　　　　　　　… 10-23, 10-44
最判昭 44・10・21 家月 22-3-59 … 注 15-35
最判昭 44・10・28 民集 23-10-1854 …… 9-38
神戸地伊丹支判昭 45・2・5 判時 592-41
　　　　　　　　　… 1-6, 注 1-3
最判昭 45・3・26 判時 591-57
　　　　　　　　　… 4-160, 注 4-52
最判昭 45・3・26 判時 591-64 ……… 9-28
大阪地判昭 45・5・9 判時 620-70 …… 5-44
東京高判昭 45・5・27 判時 606-35 …… 注 9-13
最判昭 45・6・18 民集 24-6-527 ……… 12-60
最大判昭 45・6・24 民集 24-6-625
　　　　　　　　　　　　　　… 注 12-17
東京地判昭 45・9・8 判時 618-73 …… 注 8-6
最判昭 45・10・22 民集 24-11-1599 … 12-59
最大判昭 45・11・11 民集 24-12-1854
　　　　　　　　　　　　　　… 15-10
旭川地判昭 45・11・25 判時 623-52
　　　　　　　　　　　　　　… 注 3-24
最判昭 46・3・5 判時 628-48 ………… 11-31
最判昭 46・3・25 民集 25-2-208 ……… 3-4
名古屋高判昭 46・3・29 判時 634-50 … 1-63
最判昭 46・4・9 民集 25-3-264 ……… 14-28
最判昭 46・4・23 民集 25-3-388
　　　　　　　　　… 3-80, 9-53
新潟地判昭 46・11・12 判時 664-70 …… 5-44
最判昭 46・11・25 民集 25-8-1343
　　　　　　　　　… 9-104, 注 9-28
熊本地八代支判昭 47・2・24 判タ 277-338
　　　　　　　　　　　　　　… 注 15-11
最判昭 47・5・25 民集 26-4-805 ……… 5-101
最判昭 47・6・22 民集 26-5-1051 ……… 9-30

判例索引

東京地判昭 47・7・25 判時 685-107
　　　　　　　　　　　　　　　　　　注 9-13
最判昭 47・9・7 民集 26-7-1327 ……… 3-4, 3-8
最判昭 47・12・22 民集 26-10-1991
　　　　　　　　　　　12-61, 12-68, ●12-69
最判昭 48・2・2 民集 27-1-80
　　　　　　　　　　　　　　　9-195, ●9-203
最判昭 48・3・27 民集 27-2-376 ……… ●13-68
東京地判昭 48・7・16 判時 726-63 ……… 11-4
最判昭 48・7・17 民集 27-7-798 …… 注 9-54
高松高判昭 48・8・8 判時 722-72 ……… 11-4
最判昭 48・10・12 民集 27-9-1192
　　　　　　　　　　　　　　　　　　注 9-97
東京地判昭 48・10・30 判時 733-70
　　　　　　　　　　　　　　　　　　注 9-6
最判昭 48・11・16 民集 27-10-1374
　　　　　　　　　　　　　　　　　　注 6-33
鳥取地判昭 48・12・21 判時 738-98 …… 13-14
広島地判昭 49・2・20 判時 752-70 …… 5-105
最判昭 49・3・14 集民 111-303 ……… 注 9-53
最判昭 49・4・26 民集 28-3-527 …… 注 9-96
最判昭 49・9・2 民集 28-6-1152 …… ●9-195
最大判昭 49・9・4 民集 28-6-1169 …… 6-92
最判昭 49・9・26 民集 28-6-1213 …… 注 4-54
最判昭 49・9・26 民集 28-6-1243
　　　　　　　　　　　　　　　　　　注 13-37
東京高判昭 49・12・18 判時 771-43 …… 6-49
　　　　　　　　——昭和 50 年代——
最判昭 50・2・13 民集 29-2-83 …… 9-36
最判昭 50・2・20 民集 29-2-99 …… 9-81
最判昭 50・2・25 民集 29-2-143 …… 10-29
最判昭 50・4・25 民集 29-4-456 …… 10-39
最判昭 50・4・25 民集 29-4-556 …… 9-140
福岡高判昭 50・7・9 判時 807-41 …… 注 6-16
最判昭 50・7・17 判時 792-31 ……… ●3-36
最判昭 50・10・2 判時 797-103 …… 9-25
最判昭 50・11・28 判時 803-63 ……… 9-30
東京高判昭 50・12・18 判時 806-35 …… 3-18
東京地判昭 50・12・25 判時 819-54 …… 5-45
最判昭 51・2・13 民集 30-1-1 …… 4-145
最判昭 51・3・4 民集 30-2-25 ……… 9-57
最判昭 51・4・9 民集 30-3-208 …… 12-42
高知地判昭 51・4・12 判時 831-96 …… 13-14
東京高判昭 51・5・27 判時 827-58 …… 15-12
最判昭 51・7・8 民集 30-7-689 …… 10-22

最判昭 51・12・20 判時 843-46 ………… 6-48
最判昭 52・2・22 民集 31-1-79
　　　　　　　　　　　　注 3-17, 注 11-18
札幌高判昭 52・3・30 下民集 28-1〜4-342
　　　　　　　　　　　　　　　　　　注 11-44
最判昭 52・4・4 金判 535-44 ………… 注 6-16
東京高判昭 52・7・13 判時 869-53 ……… 5-50
最判昭 52・8・9 民集 31-4-742 ………… 13-71
徳島地判昭 52・10・7 判時 864-38 …… 注 9-7
最判昭 52・12・13 民集 31-7-974 …… 10-20
最判昭 52・12・23 判時 879-73 …… ●11-111
最判昭 53・2・17 判タ 360-143 …… ●●5-50
最判昭 53・5・1 判時 893-31 ………… 13-72
最判昭 53・7・10 民集 32-5-868 …… 注 12-2
最判昭 53・9・21 判時 907-54 ……… 注 11-33
大阪地判昭 53・11・17 判タ 378-122
　　　　　　　　　　　　　　　　　　13-15
大阪高判昭 53・11・29 判時 924-70 …… 4-29
最判昭 53・11・30 民集 32-8-1601 …… 5-23
最判昭 53・12・22 民集 32-9-1768 …… 9-205
最判昭 54・1・25 民集 33-1-26 ……… 11-40
最判昭 54・2・2 判時 924-54 ………… 11-78
最判昭 54・2・22 判時 923-77 …… 注 13-22
山形地米沢支判昭 54・2・28 判時 937-93
　　　　　　　　　　　　　　　　　　9-170
松山地宇和島支判昭 54・3・22 判時 919-3
　　　　　　　　　　　　　　　　　　注 9-7
宇都宮地判昭 54・6・20 判時 955-107
　　　　　　　　　　　　　　　　　　9-25
最判昭 54・9・27 判時 952-53 ………… 5-35
東京高判昭 54・11・7 判時 951-50 …… 2-17
最判昭 55・1・24 判時 956-53 ………… 7-56
宇都宮地判昭 55・7・30 判時 991-102
　　　　　　　　　　　　　　　　　　5-105
大阪高判昭 55・8・26 判時 986-119
　　　　　　　　　　　　　　　　　　注 10-5
東京地判昭 55・9・17 判タ 431-111 …… 4-19
最判昭 55・10・28 判時 986-36 ……… 9-90
最判昭 56・1・19 民集 35-1-1
　　　　　　　　　　●12-102, 注 12-42
最判昭 56・2・5 判時 996-63 ………… 注 12-2
最判昭 56・2・17 判時 996-61
　　　　　　　　　　　　4-83, ●11-109
横浜地判昭 56・3・26 判時 1026-114
　　　　　　　　　　　　　　　　　　9-184

633

大阪高判昭 56・5・29 判時 1015-66
　……………………………………… 注 13-26
最判昭 56・6・16 判時 1010-43 ……… ●4-15
岐阜地判昭 56・8・31 判時 1036-98
　……………………………………… 注 11-56
最判昭 56・10・8 判時 1029-72 ……… 5-36
大阪高判昭 56・10・30 判時 1043-123
　………………………………………… 12-56
東京地判昭 56・12・14 判タ 470-145 …… 2-19
最判昭 57・1・19 判時 1032-55 ……… 3-5
最判昭 57・3・4 判時 1042-87
　……………………………… 12-121, 注 12-6
最判昭 57・3・30 金法 992-38 ……… 13-72
最判昭 57・4・30 民集 36-4-763
　……………………………………… 5-90, 5-104
最判昭 57・6・17 判時 1058-57 …… 6-48
岡山地判昭 57・6・29 判タ 489-120 … 4-77
東京高判昭 57・9・8 判タ 482-90 ……… 9-25
最判昭 58・1・20 判時 1076-56 …… 注 11-30
最判昭 58・1・24 民集 37-1-21 …… 注 5-32
東京地判昭 58・1・27 判時 1089-68
　……………………………………… 注 11-18
津地判昭 58・2・25 判時 1083-125 …… ●1-48
最判昭 58・4・19 判時 1082-47 ……… ●2-17
津地判昭 58・4・21 判時 1083-134 … 1-47
最判昭 58・9・9 判時 1092-59 ……… 9-24
最判昭 58・9・20 判時 1100-55
　………………… 12-89, 12-97, 注 12-2, 注 12-44
東京高判昭 58・10・31 判時 1097-43 …… 8-19
東京高判昭 58・11・17 判例集未登載 …… 2-20
最判昭 59・4・20 民集 38-6-610 ……… 9-65
横浜地判昭 59・6・20 判時 1150-210
　………………………………………… 15-10
東京地判昭 59・7・31 判時 1150-201
　……………………………………… 注 13-2
最判昭 59・9・18 判時 1137-51 ……… ●2-18
——昭和 60 年代——
最判昭 60・5・17 判時 1168-58 …… 注 11-46
最判昭 60・11・29 民集 39-7-1719
　……………………………………… 5-24, ●5-25
京都地判昭 61・2・20 金判 742-25 ……… 2-3
東京高判昭 61・4・28 判時 1191-82 …… 9-29
東京高判昭 61・7・30 判時 1202-47
　……………………………………… 注 8-17

東京地判昭 61・12・11 判時 1253-80
　……………………………………… 注 8-6
大阪地判昭 61・12・12 判タ 668-178 …… 2-44
最判昭 62・2・13 判時 1228-84 ………… 7-60
神戸地判昭 62・2・27 判時 1239-93
　……………………………………… 注 9-10
最判昭 62・3・24 判時 1258-61 ………… 9-245
神戸地判昭 62・3・27 判タ 646-146
　……………………………………… 注 8-17
最判昭 62・4・2 判時 1244-126 ………… 10-28
最大判昭 62・4・22 民集 41-3-408 ……… 15-68
東京地判昭 62・6・26 判時 1269-98 …… 15-11
最判昭 62・7・17 民集 41-5-1283
　………………………………… 3-50, 10-27
最判昭 62・7・17 民集 41-5-1350 ……… 3-49
東京高判昭 62・8・31 判時 1253-60 … 13-14
東京高判昭 62・10・14 東高民時報 38-10
　〜 12-90 ……………………………… 7-7
東京地判昭 62・12・22 判時 1287-92
　……………………………………… 注 6-34
大阪地判昭 63・1・29 判タ 687-230
　……………………………………… 注 4-37
最判昭 63・3・15 民集 42-3-170 …… 注 10-12
東京高判昭 63・5・31 判時 1279-19
　……………………………………… 注 12-48
最判昭 63・12・22 金法 1217-34 …… 注 4-45
神戸地伊丹支判昭 63・12・26
　判時 1319-139 …………………………… 4-34
東京地判昭 63・12・27 判時 1341-37
　………………………………………… 12-49

[平成時代]
最判平元・2・7 判時 1319-102 …………… 9-34
最判平元・2・9 民集 43-2-1 ……………… 4-48
大阪地判平元・4・20 判タ 705-177 ……… 5-44
東京地判平元・6・26 判時 1340-106 …… 8-48
東京地判平元・9・29 判タ 726-190
　……………………………………… 注 6-17
東京地判平元・12・12 判タ 731-196
　………………………………………… ●4-27
最判平 2・2・20 判時 1354-76 …… 1-64
東京地判平 2・6・27 判タ 751-139 ……… 9-24
東京高判平 2・10・17 判時 1367-29
　……………………………………… 注 15-33
東京地判平 2・12・20 判時 1389-79 …… 3-26

最判平 3・3・22 民集 45-3-293 ……… ●9-105
最判平 3・4・2 民集 45-4-349 ………… 注 6-50
最判平 3・4・11 判時 1391-3 ………… 11-126
東京地判平 3・5・9 判時 1407-87 …… 注 8-15
東京高判平 3・6・27 判タ 773-241 …… 注 5-31
東京高判平 3・7・15 判時 1402-49 …… 注 6-17
最判平 3・9・17 判時 1402-47 ……… 注 9-86
最判平 3・10・17 判時 1404-74 …… ●9-171
最判平 3・11・29 判時 1443-52 …… 9-128
東京地判平 4・1・27 判時 1437-113 …… 7-22
東京地判平 4・3・31 判時 1487-67 …… 9-24
東京地執行処分平 4・4・22 金法 1320-65
……………………………… 3-85, 9-124
大阪地判平 4・4・22 判タ 809-175 … 注 4-37
最判平 4・9・22 金法 1358-55
……………………… ●12-114, 注 12-53
最判平 4・10・20 民集 46-7-1129 …… 6-204
最判平 5・1・21 民集 47-1-265 … 4-105, 6-93
最判平 5・3・16 民集 47-4-3005 … 6-47, 6-49
広島高判平 5・5・28 判タ 857-180 …… 9-25
最判平 5・7・20 判時 1519-69 ……… ●7-7
京都地判平 5・9・27 判タ 865-220 … 12-10
最判平 5・10・19 民集 47-8-5061
……………………………… 3-56, ●11-43
東京地判平 5・11・29 判時 1498-98
……………………………… 2-42, 2-45
大阪地判平 5・12・9 判時 1507-151 … 2-44
東京高決平 5・12・27 金法 1379-34 … 9-119
東京地判平 6・1・24 判時 1517-66 ……… 2-4
東京高判平 6・2・1 判時 1490-87 ……… 7-22
最判平 6・3・22 民集 48-3-859 ………… 6-52
最判平 6・7・18 判時 1540-38 ……… 9-243
東京地判平 6・9・7 判時 1541-104 …… 10-22
最判平 6・9・8 判時 1511-71 ……… 3-5
東京地判平 6・9・8 判時 1536-61 …… 注 10-5
東京地判平 6・9・8 判時 1542-80 …… 注 4-10
東京地判平 6・10・14 判時 1542-84
……………………………… 注 8-10
最判平 6・10・25 民集 48-7-1303 …… 注 9-29
東京地判平 7・3・16 判タ 885-203 …… 9-155
大阪地判平 7・4・12 判タ 887-221 … 4-23
最判平 7・4・14 民集 49-4-1063 …… 1-24, 9-6
最判平 7・6・29 判時 1541-92 ……… 9-25
東京地判平 7・7・26 判タ 912-184 …… 9-25
東京地判平 7・8・29 判時 1560-107 … 6-120

最判平 7・9・19 民集 49-8-2805 ……… 9-167
東京地判平 7・9・20 判時 1567-116
……………………………… 注 14-27
東京地判平 7・10・25 判時 1576-58 … 5-104
東京地判平 7・10・27 判時 1570-70 … 8-48
東京地判平 7・12・8 判時 1578-83 …… 6-242
浦和地判平 7・12・12 判時 1575-101
……………………………… 注 3-20
最判平 8・1・26 民集 50-1-155 … 注 6-78
東京地判平 8・2・5 判タ 907-188 … 6-64
最判平 8・4・26 民集 50-5-1267
……………………………… ●13-86, 13-99
福岡地判平 8・5・28 判タ 949-145 … 注 3-18
静岡地富士支判平 8・6・11 判時 1597-108
……………………………… 注 3-20
最判平 8・7・12 民集 50-7-1876 …… 9-131
最判平 8・7・12 民集 50-7-1918 …… 3-91
東京地判平 8・9・27 判時 1601-149 … 13-15
最判平 8・10・14 民集 50-9-2431 …… 9-214
大津地判平 8・10・15 判時 1591-94 … 2-41
最判平 8・10・31 民集 50-9-2563 …… 8-9
最判平 8・11・12 民集 50-10-2673 … ●1-70
最判平 8・12・17 民集 50-10-2778
……………………………… ●8-10, 注 8-9
東京高判平 9・1・30 判時 1600-100 … 9-46
東京地判平 9・1・30 判時 1612-92 …… 8-22
最判平 9・2・14 民集 51-2-337 ……… ●11-84
最判平 9・2・25 民集 51-2-398
……………………………… 9-140, 9-240
東京高判平 9・3・13 判時 1603-72 …… 11-26
最判平 9・7・1 民集 51-6-2251
……………………………… 9-39, 注 1-8
東京地判平 9・7・7 判時 1605-71 ……… 6-120
最判平 9・7・15 民集 51-6-2581 ……… ●11-86
東京地判平 9・10・15 判時 1643-159 … 9-25
東京地判平 9・10・23 判タ 995-238 … 8-38
最判平 9・11・13 判時 1633-81 ……… ●9-111
大阪高判平 9・12・3 金法 1554-78 … 13-81
最判平 9・12・18 民集 51-10-4241 … 注 9-5
――平成 10 年代――
最判平 10・2・26 民集 52-1-255 … ●8-12
長野地松本支判平 10・3・10 判タ 995-175
……………………………… 5-87
大阪地判平 10・3・19 判時 1657-85
……………………………… 注 6-21

最判平 10・3・24 民集 52-2-399
・・・・・・・・・・・・・・・・・・・・・・・・・・・・・・・・・・ 3-87, 9-125
最判平 10・4・14 民集 52-3-813 ・・・・・・ 15-81
最判平 10・4・30 判時 1646-162 ・・・・・・・・・ 3-55
東京地判平 10・6・12 金判 1056-26
・・・・・・・・・・・・・・・・・・・・・・・・・・・ 注 12-51, 注 12-56
東京高判平 10・7・29 判時 1676-55
・・・・・・・・・・・・・・・・・・・・・・・・・・・・・・・・・・・・・・・ 注 1-28
最判平 10・9・3 民集 52-6-1467 ・・・・・・ 注 9-70
最判平 10・9・10 民集 52-6-1494
・・・・・・・・・・・・・・・・・・・・・・・・・・・・・・ 3-63, 注 3-22
東京高判平 10・11・30 判タ 1020-191
・・ 8-35
東京高決平 10・12・11 判時 1666-141
・・ 11-33
東京地判平 10・12・28 判時 1672-84
・・・・・・・・・・・・・・・・・・・・・・・・・・・・・・・・・・・・・・ 注 9-31
東京地判平 11・2・5 判時 1690-87 ・・・・ 注 1-23
最判平 11・2・23 民集 53-2-193
・・・・・・・・・・・・・・・・・・・・・・・・・・・・・・ 15-11, 15-88
最判平 11・2・25 判時 1670-18 ・・・・・・・・・ ●8-44
最判平 11・3・25 判時 1674-61 ・・・・・・・・・ 9-59
最判平 11・4・16 金法 1554-77 ・・・・・・・・・ 13-81
東京高判平 11・8・31 判時 1684-39 ・・・ 13-77
東京高判平 11・9・8 判時 1710-110 ・・・ 2-43
東京高判平 11・9・22 判時 1698-77 ・・・ 5-58
最判平 11・11・30 判時 1701-69 ・・・・・・・・ 4-70
東京高判平 12・3・8 判時 1753-57 ・・・・・ 5-106
大阪地判平 12・6・19 労判 791-8 ・・・・・・・ 10-44
東京高判平 12・7・19 判タ 1104-205 ・・・・・ 8-47
大阪高判平 12・9・12 判タ 1074-214 ・・・・・ 4-19
東京地判平 13・1・25 金判 1129-55
・・・・・・・・・・・・・・・・・・・・・・・・・・・・・・・・・・・・・・・ 注 13-9
最判平 13・2・22 判時 1745-85
・・・・・・・・・・・・・・・・・・・・・・・ ●6-90, 6-212, 6-213
東京地判平 13・3・22 判時 1773-82 ・・・ 6-64
東京高判平 13・4・18 判時 1754-79 ・・・ 8-48
大阪高判平 13・7・31 判時 1764-64
・・・・・・・・・・・・・・・・・・・・・・・・・・・・・・・・・・・・・・ 注 2-13
横浜地川崎支判平 13・10・15
判時 1784-115 ・・・・・・・・・・・・・・・・・・・・・・・・ 6-60
最判平 13・11・27 民集 55-6-1311
・・・・・・・・・・・・・・・・・・・・・・・・・・・・・ 6-227, 注 6-77
最判平 13・11・27 民集 55-6-1380 ・・・・・・ 6-100

最判平 14・1・17 民集 56-1-20
・・・・・・・・・・・・・・・・・・・・・・・・・・・ 11-119, ●13-78
最判平 14・3・28 民集 56-3-662 ・・・・・・・・・ 9-255
最判平 14・3・28 民集 56-3-689 ・・・・・ 注 9-72
大阪地堺支判平 14・7・10 判タ 1145-177
・・ 6-61
東京地判平 15・1・27 判タ 1129-153
・・・・・・・・・・・・・・・・・・・・・・・・・・・・・・・・・・・・・・・ 9-170
最判平 15・2・21 民集 57-2-95
・・・・・・・・・・・・・・・・・・・・・・・・・・・・ 13-81, ●13-82
神戸地判平 15・2・25 裁判所ウェブサイト
・・・・・・・・・・・・・・・・・・・・・・・・・・・・・・・・・・・・・・・ 11-90
最決平 15・3・12 刑集 57-3-322 ・・・・・・・・・ 13-91
東京地判平 15・5・16 判時 1849-59
・・・・・・・・・・・・・・・・・・・・・・・・・・・・・・・・・・・・・・ 注 6-90
東京高判平 15・5・28 判時 1830-62 ・・・・・・ 5-96
最判平 15・6・12 民集 57-6-563 ・・・・・・・・・ 13-81
最判平 15・6・12 民集 57-6-595 ・・・・・・・・・ 9-132
最判平 15・10・10 判時 1840-18
・・・・・・・・・・・・・・・・・・・・ 11-62, 11-87, 注 11-22
最判平 15・10・21 民集 57-9-1213
・・・・・・・・・・・・・・・・・・・・・・・・・・・・・・・・・・・・・ ●9-135
最判平 15・11・7 判時 1845-58 ・・・・・・・・・・・・ 7-30
東京高判平 15・11・26 判時 1864-101
・・・・・・・・・・・・・・・・・・・・・・・・・・・・・・・・・・・・・・・ 15-10
最判平 15・12・9 民集 57-11-1887 ・・・・・・・・ 2-34
東京地判平 16・1・21 判タ 1155-226
・・・・・・・・・・・・・・・・・・・・・・・・・・・・・・・・・・・・・・・ 注 8-5
東京地判平 16・1・26 労判 872-46 ・・・・・ 注 7-4
東京高判平 16・3・25 判時 1862-158
・・・・・・・・・・・・・・・・・・・・・・・・・・・・・・・・・・・・・・ 注 8-10
最判平 16・4・20 判時 1859-61 ・・・・・・ 注 13-22
名古屋地判平 16・4・21 金判 1192-11
・・・・・・・・・・・・・・・・・・・・・・・・・・・・・・ 13-97, 13-99
東京地判平 16・5・24 金判 1204-56
・・・・・・・・・・・・・・・・・・・・・・・・・・・・・・・・・・・・・・ 注 13-7
東京地判平 16・8・4 判例集未登載 ・・・ 注 2-2
最判平 16・8・30 民集 58-6-1763 ・・・・・・・・・ 2-5
東京高判平 16・9・30 判時 1880-72 ・・・・・ 12-38
最判平 16・11・5 民集 58-8-1997 ・・・・・・・・ 5-59
最判平 16・11・18 民集 58-8-2225
・・・・・・・・・・・・・・・・・・・・・・・・・・・・・ 2-36, 注 6-21
最判平 17・3・10 判時 1895-60
・・・・・・・・・・・・・・・・・・・・・・・・・・ 注 9-64, 注 9-105

636

名古屋高判平 17・3・17 金判 1214-19
　　　……………… 13-99, ●13-100, 注 13-36
大分地判平 17・5・30 判タ 1233-267
　　　………………………………………… 注 6-20
神戸地判平 17・7・14 判時 1901-87
　　　………………………………………… 注 9-70
最判平 17・7・19 民集 59-6-1783 ……… ●7-32
東京地判平 17・9・2 判時 1922-105
　　　………………………………………… 注 2-20
最判平 17・9・8 民集 59-7-1931 ……… 注 8-7
最判平 17・9・16 判時 1912-8
　　　……………………… 2-37, 6-62, 12-50
東京地判平 17・9・26 判時 1934-61 …… 13-98
最判平 17・12・16 判時 1921-61 ……… 9-269
最判平 18・1・19 判時 1925-96 ……… 注 9-12
最判平 18・2・7 民集 60-2-480 ……… ●6-271
東京地判平 18・2・13 判時 1928-3 … 注 2-2
東京高判平 18・3・8 金判 1256-38 … 注 9-90
最決平 18・4・14 民集 60-4-1535 … 注 12-30
最判平 18・6・12 判時 1941-94 …… 2-39, 7-30
最判平 18・9・4 判時 1949-30 ……… 2-25
名古屋地判平 18・9・15 判タ 1243-145
　　　…………………………………………… 11-15
東京高判平 18・10・24 判タ 1243-131
　　　………………………………………… 注 12-44
最判平 18・11・27 判時 1958-62 ……… 1-22
最判平 18・11・27 民集 60-9-3597 …… 2-74
最判平 18・11・27 民集 60-9-3732 …… 6-23
最判平 19・2・27 判時 1964-45 ……… 注 2-8
最判平 19・3・8 民集 61-2-479 …… 4-140
最判平 19・7・6 民集 61-5-1769 …… 6-229
名古屋地判平 19・9・21 判タ 1273-230
　　　………………………………………… 注 11-41
大阪高判平 19・9・27 金判 1283-42 …… 7-30
　　　────平成 20 年代────
京都地判平 20・2・7 判タ 1271-181 …… 5-95
岐阜地判平 20・4・10 裁判所ウェブサイト
　　　………………………………………… 注 12-40
大阪地判平 20・6・25 判時 2024-48
　　　………………………………………… 注 2-12
東京地判平 20・6・30 判時 2020-86
　　　………………………………………… 注 9-15
最判平 20・7・4 判時 2028-32 ……… 注 12-2
大阪高判平 20・8・28 金判 1372-34 …… 2-29

山形地判平 20・9・2 消費者法ニュース
　　　79-90 ……………………………… 注 7-13
最判平 20・10・10 民集 62-9-2361 …… 13-92
最判平 21・1・19 民集 63-1-97 ……… 注 9-49
最判平 21・1・22 民集 63-1-228
　　　…… 1-27, 12-34, 13-61, 13-102, 13-103, 注 13-21
東京地判平 21・3・19 判時 2054-98
　　　………………………………………… 注 9-26
東京地判平 21・4・27WLJPCA04278002
　　　………………………………………… 注 9-15
最判平 21・7・16 民集 63-6-1280 …… 12-32
最判平 21・7・17 判時 2056-61 ……… 3-4
岐阜地判平 21・9・16 裁判所ウェブサイト
　　　…………………………………………… 12-49
鹿児島地名瀬支判平 21・10・30
　　　判時 2059-86 …………………… 注 12-20
東京高判平 21・12・21 判時 2073-32
　　　………………………………………… 注 12-53
最判平 22・6・1 民集 64-4-953 ………… 6-115
東京地判平 22・9・2 判時 2093-87
　　　……………………………… 9-227, 注 9-66
大阪地判平 22・9・30 判タ 1347-166
　　　………………………………………… 注 14-17
最判平 22・10・8 民集 64-7-1719
　　　………………………………………… 注 13-22
大阪高判平 22・10・21 判時 2108-72
　　　………………………………………… 注 8-8
東京地判平 22・10・27 判時 2105-136
　　　…………………………………………… 10-44
最判平 23・3・24 民集 65-2-903
　　　…………………………… ●9-271, 注 9-70
最判平 23・4・22 民集 65-3-1405 …… ●2-28
東京地判平 23・5・26 判時 2119-54
　　　………………………………………… 注 8-15
最判平 23・7・15 民集 65-5-2269 …… 9-66
札幌高判平 23・7・29 判時 2133-13 …… 3-89
最判平 23・10・18 民集 65-7-2899 …… 注 9-44
札幌地判平 24・6・7 判タ 1382-200
　　　………………………………………… 注 13-8
東京地判平 24・6・15 判時 2166-73
　　　………………………………… 13-77, 15-8
最判平 24・9・4 判時 2171-42 …… 3-86, 9-122
最判平 24・9・13 民集 66-9-3263 …… 注 9-25

東京地判平 24・9・25 判時 2170-40
………………………………………… 注 6-90
東京高判平 24・11・28 判時 2174-45
………………………………………… 注 9-36
仙台高判平 25・2・13 判タ 1391-211
……………………………………………… 9-209
最判平 25・3・22 判時 2184-33 ………… 6-115
東京高判平 25・3・28 判時 2188-57
………………………………………… 注 9-102
東京地立川支判平 25・3・28 判時 2201-80
……………………………………………… 9-153
最判平 25・4・9 判時 2187-26
……………………………… 注 1-8, ●9-50
最判平 25・4・16 民集 67-4-1049 … 注 12-2
東京高判平 25・9・26 金判 1428-16 …… 11-8
大阪高判平 25・10・17 消費者法ニュース
98-283 ……………………………… 注 9-102
大阪高判平 25・12・11 判時 2213-43
……………………………………………… 12-37
東京高判平 27・9・9 金判 1492-38
………………………………………… 注 13-28
最判平 27・9・15 判時 2281-98 ………… 14-17
東京高判平 27・10・15 判時 2281-105
……………………………………………… 14-10
東京地判平 28・1・18 判時 2316-63
………………………………………… 注 10-3
最大決平 28・12・19 民集 70-8-2121
………………………………………… 注 13-22
最判平 29・4・6 判時 2337-34 ……… 注 13-22

——平成 30 年代——

神戸地判平 30・2・21 LEX/DB25550012
………………………………………… 注 9-33
水戸地土浦支判平 30・4・18 判例集未登載
……………………………………………… 11-68
東京地判平 31・2・21 判時 2464-31 …… 9-253

［令和］

東京高判令元・9・18 金判 1582-40 …… 13-80
大阪高判令元・12・26 判時 2460-71
………………………………………… 注 9-74
東京地判令 2・3・2 判時 2509-50 …… 注 13-1
最判令 2・3・6 民集 74-3-149 ………… 注 12-8
東京地判令 3・1・21 判時 2519-52 …… 9-66
東京地判令 3・1・26 判時 2527-60 …… 注 7-3
東京地判令 3・5・19 裁判所ウェブサイト
………………………………………… 注 2-40
東京地判令 3・9・27 判時 2534-70 …… 4-31
東京高判令 4・2・17LEX/DB25592207
……………………………………………… 4-31
名古屋地判令 4・2・25 裁判所ウェブサイト
……………………… 4-31, 注 4-6, 注 6-11
最判令 4・12・12 民集 76-7-1696
……………………… 注 4-8, 注 4-9, 注 9-22
大阪地判令 5・1・19 判タ 1512-173 …… 11-21
さいたま地熊谷支判令 5・2・14
消費者法ニュース 136-211 …………… 1-43
東京高判令 5・4・18 判例集未登載 …… 注 6-13

条文索引

＊頁数ではなく、通し番号または注による。
＊○条とあるのは「民法」である（旧○条も同じ）。

1 条	9-246, 注 9-82
13 条	注 9-18, 注 14-12
25 条以下	12-12
28 条	9-63
33 条	15-2
88 条	注 9-46
89 条	6-69
90 条	1-73, 2-50, 7-44〜
91 条	2-50
92 条	注 1-6
93 条	15-20
94 条 2 項	3-71, 6-91, 6-287
94 条 2 項類推適用	4-161
95 条	2-62, 4-158, 14-34, 注 9-41, 注 14-23, 注 14-24
96 条 2 項	注 3-23
96 条 3 項	3-71, 4-156, 4-158, 15-27, 注 4-52, 注 4-54
97 条	2-87〜, 注 2-21
98 条	1-41
100 条	13-73
103 条	9-63
104 条	12-22
105 条	12-26, 13-24
106 条	12-24, 12-25, 13-25
109 条	注 12-58
110 条	15-51, 注 12-58
111 条	12-111, 12-121
112 条	注 12-57
117 条	6-91
121 条	4-120
121 条の 2	4-129, 注 4-49
126 条	6-233
130 条	12-59, 15-110
136 条	7-18
137 条	3-26, 3-28
151 条	1-36, 注 5-11
166 条	4-117, 6-10, 6-86, 6-89, 6-98, 6-218, 6-227, 6-280, 7-62, 7-64, 8-21, 8-56, 9-164, 11-99, 13-41, 13-42
167 条	11-100
169 条	注 14-27
175 条	13-95
176 条	6-249, 11-32, 12-44
177 条	4-161, 4-165, 9-17, 9-55
178 条	4-160, 12-45, 注 13-12
189 条	4-147, 4-148, 9-141〜
190 条	4-151, 9-141
192 条	6-91
196 条	4-149, 6-282, 6-283, 8-23, 9-162, 9-168
242 条	9-274, 11-116
243 条	11-40, 11-41, 13-53
244 条	13-53
245 条	6-168, 13-53
246 条	11-27, 11-39〜
248 条	6-168, 11-116
252 条	4-108〜, 6-184, 13-103, 15-69, 注 15-12
254 条	注 9-55
256 条	1-61
261 条	6-77
264 条	4-105〜, 13-103
266 条	9-251
276 条	9-251
278 条	1-61, 9-62
295 条	3-35, 11-28, 11-120, 13-28
295 条類推適用	3-9
304 条	9-119, 注 9-34
306 条	10-24
308 条	10-24
311 条	10-24
312 条以下	9-187
314 条	9-235
318 条	11-120
323 条	10-24
324 条	10-24
320 条	11-120
326 条	11-120
327 条	11-28, 11-120
344 条	1-34
360 条	1-61
388 条	2-67
398 条	9-245〜, 注 9-95
398 条類推適用	9-251
400 条	5-63, 6-67, 6-79, 12-17, 注 12-26, 注 14-2
401 条	6-3, 6-254〜, 注 6-97, 注 6-99
404 条	7-45
412 条	4-51, 4-52, 6-266, 7-37, 7-41, 8-31, 9-154, 12-40, 12-63, 13-106
412 条の 2	2-9, 3-46, 4-13, 4-87, 6-141, 9-69, 9-139, 9-152, 9-259, 11-74, 注 9-100, 注 11-28
413 条	6-262, 13-19
413 条の 2	4-97, 4-99, 6-122, 6-262, 6-264
415 条	1-46, 2-9, 3-31, 3-41, 6-88, 6-97, 6-124, 6-180, 6-230, 10-22, 11-77, 注 6-28

639

1項 4-20, 5-64, 5-78, 6-67,
　6-144, 6-149, 6-165,
　6-181, 11-47, 11-59,
　11-66, 12-26, 注11-31,
　注12-15
2項 4-154, 6-143〜, 6-185,
　11-58, 注6-64, 注11-31
416条 6-180, 6-230, 11-77,
　12-53
417条 8-52, 9-182, 9-183,
　9-263, 注4-46
418条 6-87, 6-121
419条 4-155, 5-64, 7-20,
　7-21, 12-39〜, 15-21,
　注11-50
423条 11-120
423条1項の転用 13-95,
　注11-15
424条 7-61
424条の6 4-132, 注4-49
427条 15-70, 15-74, 6-183,
　注11-43
437条 4-104, 4-105
439条類推適用 9-235
442条 12-63, 15-81, 注15-30
446条 1-36, 1-39, 1-41,
　注5-11
458条の3 1-57
459条 12-63
465条の2 1-57
465条の5 1-57
465条の6 1-40, 1-57
465条の9 1-57
465条の10 1-57
466条の6 3-84
467条 6-13, 6-65, 9-56, 12-45
467条類推適用 3-81, 3-90,
　6-15
468条 3-11, 4-156
469条 注7-12
472条 3-62
472条の4 1-41
473条 6-130
475条・476条 注6-32
478条 9-56, 13-30, 13-67,

13-88〜
478条類推適用 13-68
482条 1-34
483条 5-66, 6-73〜, 6-252,
　6-264, 11-67, 注6-23,
　注6-28
484条 6-3, 13-29
485条 6-3, 6-55, 6-56, 9-162,
　11-50, 12-62
486条 1-41, 3-4
488条 9-191
489条 9-191
492条 11-123
493条 6-52
494条 13-48
505条 12-69
509条 14-32
511条 注7-12, 注9-72
521条 2-10, 2-49, 2-50
522条 1-32, 2-51, 2-54, 2-69,
　2-98, 2-102, 6-3, 6-38
523条 2-77
524条 2-97
525条 2-78〜, 2-97, 注2-23
526条 2-88
527条 2-104
528条 2-56, 2-94, 2-99
529条 2-125
529条の2 2-129, 2-134
529条の3 2-130
530条 2-131, 2-133
531条 2-132, 2-135
532条 2-134, 2-135
533条 3-1, 3-3, 3-8, 3-9, 3-12,
　3-21, 3-23, 3-40, 3-41,
　注3-2, 注3-3, 4-141,
　6-145, 9-160, 11-81〜,
　15-23, 注3-10
533条類推適用
　3-35, 6-182, 9-161
533条以下 6-295
536条 3-42, 3-44, 15-24
1項 3-45, 4-97, 5-88, 6-251,
　6-252, 11-47, 注3-13,
　注3-16

2項 3-17, 3-47〜, 4-87,
　4-99, 6-174, 6-182, 6-264,
　9-156, 10-13, 10-25〜,
　11-48, 11-56, 11-60,
　11-114, 11-123, 11-132,
　11-137, 注9-50, 注9-58,
　注9-60, 注11-18,
　注11-42, 注11-61,
　注12-44
536条類推適用 11-51, 11-59
537条以下 3-62
537条 3-57〜, 注14-17
538条 3-68〜, 9-250
539条 3-71
539条の2 3-76, 3-88, 6-11,
　9-54, 9-211, 15-102
540条 4-101
541条以下 4-2, 9-71, 12-51
541条 1-72, 3-31, 3-41,
　4-41〜, 5-52, 6-5, 6-82〜,
　6-151, 6-170, 6-171, 6-189,
　6-190, 7-43, 9-73〜, 9-147,
　11-16, 11-127〜, 11-141,
　12-52, 12-61, 注6-74,
　注6-75, 注9-23, 注11-57
541条・542条 5-75, 6-124,
　6-190, 6-199, 8-20, 8-49,
　9-76, 11-66, 11-76, 11-130,
　12-85, 注6-28, 注10-15
542条 3-31, 4-41, 5-52, 6-88,
　6-97, 6-175, 6-295
1項 3-28, 3-45, 3-46, 4-47,
　4-59, 4-62, 5-49, 6-86,
　6-189, 9-69, 9-147, 11-18,
　11-47, 11-54〜
2項 6-151
543条 4-40, 4-60, 4-87, 6-121,
　6-123, 6-260, 6-264, 9-156,
　11-56, 11-60, 11-70〜,
　11-93
544条 4-103〜, 6-183, 12-112
544条類推適用 6-163, 6-183
545条 4-163, 9-248
1項 4-4, 4-127, 4-129,
　4-139, 4-142, 4-156〜,

条文索引

6-151, 6-285, 9-238,
9-251, 9-261
2 項　4-141, 6-151, 6-281,
12-121
3 項　4-142, 4-143, 6-281
4 項　4-132, 4-133, 4-152,
4-153, 6-151, 11-58,
11-125, 注 6-65
545 条類推適用　6-140, 6-156,
6-157
546 条　　3-3, 4-127, 4-141,
4-150, 4-162, 注 3-2
547 条　4-112, 4-162, 注 4-56
548 条　4-118, 4-136, 4-137,
4-162, 注 6-98
548 条の 2 以下　　　2-112
548 条の 2　2-110, 2-115,
2-117
1 項　　　　　　2-111
2 項　1-19, 2-111, 2-112,
2-123, 注 2-40, 注 2-41
548 条の 3　2-118, 2-119
548 条の 4　2-116, 2-121,
2-122, 4-36, 注 2-36
549 条〜696 条　　　1-16
549 条　　5-1, 5-8, 6-2
550 条　1-41, 1-44, 4-2, 4-7,
5-10
550 条類推適用　　　11-5
551 条　1-44, 5-66, 5-72, 7-35,
8-5, 8-17, 8-18
551 条類推適用　　　11-5
552 条　　　　　　5-83
553 条　　4-43, 5-1, 5-81〜
554 条　5-91, 5-93, 5-98
555 条　　6-1〜, 6-57, 注 6-2
556 条　1-53, 6-6, 6-10, 6-296,
7-13
556 条類推適用　　注 6-3
557 条　1-34, 5-32, 6-28, 6-29,
6-37, 6-39, 注 6-8
1 項　6-19, 6-33, 6-46, 6-47,
6-278
2 項　　　　　　6-53
558 条　　　　　　6-55

559 条　1-7, 1-42, 1-53, 3-44,
5-68, 6-3, 6-124, 6-148,
6-295, 6-297, 7-13, 9-140,
9-141, 11-12, 11-26,
11-61, 11-65, 11-96,
11-117, 11-130, 15-13
560 条以下　　6-234, 注 6-89
560 条　　　　　6-65, 9-141
561 条　　4-146, 6-58, 6-85,
注 6-32
562 条以下　　6-75〜, 6-238,
11-64, 注 6-32
562 条〜564 条　6-88, 6-124,
6-192
562 条　4-72, 6-78, 6-81, 6-97,
6-105, 6-107, 6-138,
11-62, 11-65, 11-73,
11-74, 注 6-29, 注 6-36
1 項　　6-96, 6-126, 6-128,
6-142
2 項　4-99, 6-121, 6-123,
6-260, 6-264, 9-156,
11-70〜, 11-93, 注 4-34,
注 4-36, 注 6-55
563 条　6-97, 6-144〜, 6-199,
6-297, 11-75, 11-83, 注
6-36
1 項　6-157, 6-158, 6-170,
6-171, 11-79, 注 6-71
2 項　6-125, 6-157, 6-174,
6-175, 注 11-32
3 項　4-99, 6-121, 6-123,
6-260, 6-264, 9-156,
11-70〜, 注 4-34, 注 4-36
563 条趣旨類推　　注 11-31
563 条類推適用　　　11-77
564 条　　6-82, 6-97, 6-121,
6-168, 6-180, 6-230,
11-66, 11-130, 注 6-75
565 条　　6-77, 6-88, 6-192,
6-195
566 条　6-77, 6-81, 6-86, 6-89,
6-98, 6-107, 6-152,
6-211〜, 6-243, 注 13-17
566 条類推適用　　6-233,

注 6-78, 注 6-87
567 条　　3-44, 6-81, 6-251,
6-259〜, 15-24, 注 6-103
1 項　6-252〜, 11-24, 11-25,
11-55, 11-65, 注 6-92,
注 6-94, 注 6-96, 注 6-98,
注 6-99, 注 11-20
2 項　4-99, 6-122, 9-156,
11-55, 11-56, 11-96,
注 6-96, 注 6-104
567 条類推適用　　　4-135
568 条 6-77, 6-197〜, 注 6-77
568 条類推適用　　6-202,
注 6-78
569 条　　　　6-77, 6-236〜
570 条　6-186, 6-193, 6-195
570 条類推適用　　　6-182
572 条　6-77, 6-239, 注 6-90
573 条　6-244, 11-12, 11-117
574 条　　　　6-244, 11-12
575 条 6-70〜, 6-266, 6-281,
6-295, 6-297, 注 6-22
575 条類推適用 4-141, 4-149,
4-150, 11-26
576 条　　6-94, 6-245, 9-140
577 条　　　　　　6-245
578 条　　　　　　6-245
579 条　　　　6-68, 6-268〜
580 条 6-272, 6-279, 6-280,
注 6-108
580 条類推適用　　　6-293
581 条　　　　　6-284, 6-285
583 条 6-272, 6-278, 6-282,
6-283, 8-23
584 条　　　　　　6-289
585 条　　　　　　6-290
586 条　　　　6-294, 6-296
587 条　　1-33, 7-1, 7-10〜,
7-44, 7-51, 13-62, 注 1-17,
注 13-19
587 条の 2 1-33, 1-41, 7-12〜,
13-62, 注 5-11
587 条の 2 類推適用　注 7-7
588 条　　　　　　7-49〜
589 条　　　　　　7-44

641

590 条　　　7-34, 7-35, 13-58
591 条　7-38〜, 13-58, 13-104,
　13-105
592 条　　　7-36, 13-58
593 条　　　8-2, 注 13-19
593 条の 2　　1-41, 4-7, 5-37,
　803, 8-4, 注 5-11
594 条　8-19, 8-20, 8-24, 8-49,
　9-173, 9-180
595 条　8-4, 8-6, 8-17, 8-22,
　8-23
596 条　　　　8-5, 8-17, 8-18
597 条　　　8-27〜, 注 8-12,
　注 8-13
598 条　　　8-27〜, 注 8-9,
　注 8-12, 注 8-15, 注 8-18,
　注 8-13
599 条　　　8-48〜, 9-260〜,
　9-274, 11-55, 注 9-106
600 条　　8-21, 8-56, 9-164,
　9-169, 13-40
601 条　　9-1, 9-137, 9-259,
　注 13-19
602 条　　　9-63, 注 9-18
603 条　　　　　1-61, 9-64
604 条　　　　　1-61, 9-62
605 条　　　　9-18〜, 9-61
605 条の 2　3-79, 3-82, 6-14,
　9-9, 9-53〜, 注 9-55
605 条の 3　3-80, 6-14, 9-54,
　9-55
605 条の 4　　　8-26, 9-9
606 条　　　　8-17, 9-137
　1 項　　4-99, 6-260, 9-68,
　9-150〜, 注 4-34, 注 9-47
　2 項　　　　　　　9-151
606 条類推適用　　　9-118
607 条　　　　　　　9-151
607 条の 2　　9-163, 注 9-62,
　注 9-67
608 条 3-82, 9-162, 9-166〜,
　注 9-53, 注 9-55, 注 9-62
609 条　　　　　　　9-176
610 条　　　　　　　9-176
611 条　　3-16, 4-99, 6-260,

9-114, 9-156〜, 9-177〜,
　注 9-59
611 条類推適用　　　9-118,
　注 9-61
612 条　　9-72, 9-173, 9-210,
　9-217〜, 注 9-23
　1 項　　　3-88, 9-211
　2 項　　3-89, 4-2, 4-45, 4-46,
　9-213, 10-37, 注 9-83,
　注 9-84
612 条類推適用　　　9-214
613 条 9-230〜, 9-243, 9-247,
　9-252, 13-25, 注 9-16,
　注 9-88
613 条類推適用　　　9-144,
　9-248, 注 9-90
614 条　9-114, 9-121, 9-174
615 条　　8-23, 9-151, 9-180,
　注 9-59
616 条　　　　9-173, 9-180
616 条の 2 8-28, 9-69, 9-139,
　9-140, 9-152, 9-178,
　9-241, 9-257, 9-259,
　注 9-61, 注 9-100
616 条の 2 類推適用　　8-49
617 条 2-52, 4-1, 8-33, 9-64,
　9-67, 9-87, 9-112, 9-257,
　注 9-21, 注 12-44
618 条　　　　9-257, 注 9-21
619 条　　1-61, 9-64, 9-109
620 条　　9-71, 9-261, 10-39,
　12-121, 13-12
620 条類推適用　　　13-12
621 条　　　4-4, 4-127, 8-54,
　9-183, 9-262, 9-268,
　注 8-21
622 条 9-164, 9-169, 9-260〜,
　9-264, 9-274
622 条の 2 3-82, 3-93, 9-186,
　9-187, 9-192, 9-194,
　9-202〜, 9-221, 注 9-68,
　注 9-76
623 条　　　　　10-1, 10-3
624 条 10-24, 11-106, 11-117,
　12-56

624 条の 2　　10-25, 11-102
625 条 10-14〜, 10-43, 11-19
626 条　　　　　　　10-34
627 条　　2-52, 10-38, 12-87,
　注 12-44
628 条 4-2, 4-44, 9-73, 10-36,
　10-38, 12-87
628 条類推適用 12-86, 12-88,
　12-94, 13-7
629 条　　　　　　　10-32
630 条　　　　　　　10-39
631 条　　　　　　　10-42
632 条　　11-1, 11-15, 11-22,
　11-23, 11-67, 11-102
633 条　11-22〜, 11-67, 11-80,
　11-106, 11-117〜
634 条　3-3, 4-13, 4-82, 4-85,
　11-11, 11-46〜, 11-54,
　11-102, 11-107, 11-114,
　11-116, 11-127, 11-134,
　11-137, 12-59, 注 3-13,
　注 6-102
636 条　　4-99, 6-77, 11-61,
　11-64, 11-71, 11-73,
　11-88, 11-91, 注 11-36
637 条　　6-77, 11-61, 11-73,
　11-98〜, 注 13-17
641 条　　4-2, 11-11, 11-25,
　11-64, 11-108, 11-114,
　11-131〜, 12-52, 12-85〜,
　12-94, 12-106, 13-9,
　注 3-16, 注 6-14, 注 11-47,
　注 11-57, 注 11-60
641 条類推適用　5-3, 12-86,
　12-87
642 条　　　11-138, 11-139
643 条　　　10-3, 12-1, 12-8,
　12-54
644 条以下　　　　　12-13
644 条 12-17, 12-29, 注 12-17,
　注 12-26
644 条の 2　　11-19, 12-22,
　12-25, 12-42, 13-22, 13-25
645 条　　　　　　　12-34〜
646 条 12-39, 12-43, 13-27,

条文索引

13-64, 13-65, 13-70,
13-81, 注 9-75, 注 12-24,
注 12-27
647 条　12-39, 12-41, 13-27
648 条　　　　　注 11-17
　1 項　12-1, 12-5, 12-8, 12-54,
13-34
　2 項　12-56, 13-34, 注 3-13
　3 項　4-32, 11-102, 12-8,
12-57, 12-121, 13-34
648 条の 2　11-102, 12-11,
12-58, 12-59, 注 3-13
649 条　12-60〜, 13-35
650 条　　　　　　12-65
　1 項　12-62〜, 13-35
　2 項　12-65〜, 13-35
　3 項　12-76〜, 13-35〜,
注 12-31, 注 12-33,
注 12-34, 注 13-15
650 条類推適用　9-166,
9-167, 13-38
651 条　5-3, 12-51, 12-83〜,
12-113, 13-9, 13-49,
注 12-44, 注 13-18
651 条類推適用　11-5, 13-7,
注 11-58
652 条　12-8, 12-51, 12-86,
12-121, 13-12, 注 12-6
653 条　12-106, 12-111〜,
13-50, 13-51
654 条　12-122, 12-124
655 条　12-123, 注 12-56〜58
656 条　10-4, 12-2, 12-25
657 条　13-1, 13-2, 13-6,
13-28, 注 13-19
657 条の 2　1-41, 4-7, 5-37,
13-7〜, 13-62, 注 5-11
658 条　12-24, 13-16, 13-22,
13-25
658 条類推適用　13-70
659 条　1-46, 1-46, 12-17,
13-17〜, 注 12-10,
注 12-26
659 条類推適用　5-63
660 条　13-26〜, 注 13-12

661 条　13-35〜, 注 13-16
662 条 13-9, 13-43〜, 13-59,
13-104, 注 13-19
663 条 13-47, 13-49, 注 13-16
664 条　　　　　13-29
664 条の 2　　13-40〜
665 条 11-102, 12-63, 13-10,
13-12, 13-27, 13-34〜,
13-50, 注 3-13
665 条の 2　　13-52〜
666 条　13-57〜, 13-104,
13-105, 注 13-21
667 条以下　　15-38
667 条　15-5, 15-20
667 条の 2　15-22, 15-25
667 条の 3　　15-26
668 条 15-28, 15-54, 15-70,
15-96〜
669 条　　　　15-21
670 条以下　　15-21
670 条　　　　15-73
670 条 15-30〜, 15-69, 15-105
670 条の 2　15-32, 15-48〜,
15-105
671 条 12-13, 13-81, 注 15-14
672 条 15-82, 15-105, 注 15-14
673 条　　　　15-82
674 条　　　　15-83
675 条 15-42, 15-44, 15-76,
15-77, 15-82, 15-85
676 条　15-56, 15-67〜
677 条　15-56, 15-64
677 条の 2　15-100, 15-101
678 条　15-86, 15-87
679 条　　　15-89〜
680 条　　　15-89〜
680 条の 2　15-93, 15-99
681 条　15-96, 15-97
682 条　　　15-103
683 条　15-24, 15-104
685 条　　　15-105
686 条　　　15-105
687 条　　　15-105
688 条　　　15-105
689 条　　　15-106

691 条　15-109, 15-110
692 条　　　　3-3
693 条　　　15-110
694 条　　　15-106
695 条　14-1, 14-7, 14-18
696 条 14-11, 14-18〜, 14-33,
14-34, 注 14-11, 注 14-14,
注 14-24
696 条類推適用　　14-12
697 条　12-20, 12-21
701 条　　　12-12
703 条以下　　4-163
703 条　4-128, 4-129
704 条 4-129, 4-151, 9-141,
12-39, 注 9-36
705 条　　　　15-4
705 条類推適用　　5-62
708 条　3-6, 5-32, 7-48
709 条 1-50, 2-8, 2-15, 6-201,
6-202, 10-22, 15-44
711 条　　　2-49
715 条 10-22, 15-42, 注 15-8
719 条　　　1-50
722 条　　　注 4-46
724 条　7-62, 7-64, 14-32
724 条の 2　　14-32
730 条　　　8-8
752 条　8-8, 注 8-6
820 条　　　8-8
827 条　　　12-17
831 条　　　12-12
869 条　　　12-12
874 条　　　12-12
886 条　　　5-94
891 条類推適用　　5-47
892 条　5-47, 5-53
904 条の 2　　15-12
909 条　4-48, 8-9
911 条　　　6-77
918 条　　　9-63
943 条　　　9-63
953 条　　　9-63
961 条　　　注 5-31
965 条　5-47, 5-94
967 条以下　　5-97

643

985 条以下	5-91	旧 571 条	3-3, 11-82, 注 3-3	割賦販売 35 条の 3 の 12	
985 条	5-94	旧 589 条	7-13		注 4-1
994 条	5-94, 5-95	旧 593 条	1-33, 8-1	仮登記担保法 10 条	2-67
1022 条	5-90, 5-100〜	旧 597 条	8-33〜, 注 8-15	仮登記担保法 3 条	
1023 条 5-90, 5-102〜, 注 5-34		旧 634 条	11-63		3-3, 注 3-5
1033 条	5-106	1 項 6-141, 11-74, 注 11-27,		教育基本法 6 条	1-23
1035 条	5-106	注 11-30		区分所有 3 条	15-7
1037 条以下	8-14	2 項	3-3, 6-143, 11-81〜	区分所有 28 条	12-13
1046 条	5-106	旧 635 条	11-76	区分所有 47 条	15-7
1050 条	15-12	旧 637 条	6-205, 11-97	建設業法 19 条	
旧 54 条	15-51	旧 638 条	11-97		注 11-4, 注 11-52
旧 105 条 12-26, 13-24,		旧 639 条	11-100	建設業法 21 条	注 11-49
注 12-15		旧 640 条	注 6-102, 注 11-35	建設業法 22 条	11-19
旧 107 条	12-24	旧 651 条類推適用 注 12-44		建築基準法 75 条	
旧 112 条	注 12-58	旧 657 条	1-33, 13-5		注 1-3, 注 3-18
旧 173 条	7-63	旧 658 条	13-24, 13-25	建築基準法施行令 38 条	
旧 174 条の 2	注 14-27	旧 666 条	注 13-21		11-68
旧 483 条	6-73	旧 670 条	注 15-17	建物保護法 1 条	
旧 526 条	2-98	旧 675 条	15-85		9-21, 9-33, 9-38
旧 527 条	2-99	旧 677 条	15-64, 注 15-29	鉱業法 43 条	15-6
旧 534 条 3-44, 6-80, 6-249,		旧 724 条	注 6-33	高年齢者雇用安定法 8 条	
6-250, 6-255		一般法人法 77 条	15-51		10-40
旧 535 条	3-44, 6-250	一般法人法 78 条類推適用		高年齢者雇用安定法 9 条	
旧 536 条	3-46, 11-51		15-43, 15-44		10-40
旧 541 条 4-40, 4-47, 6-187		一般法人法 83 条・197 条		高年齢者雇用安定	
旧 543 条	4-40, 11-18		12-28	10 条の 2	10-41
旧 548 条	4-139	会計 29 条の 8	2-101	高齢者の居住の安定確保に	
旧 549 条	5-76	会社 330 条	12-13	関する法律 7 条 注 9-77	
旧 551 条	5-76	会社 339 条	注 12-45	下請代金支払遅延等防止法	
旧 557 条	6-44	会社 355 条	12-28	3 条	注 11-4
旧 560 条〜564 条 6-84,		会社 575 条	注 15-27	下請代金支払遅延等防止法	
6-191		会社 576 条	注 15-27	4 条の 2	注 11-50
旧 561 条	6-87	会社 580 条	注 15-27	自賠法 15 条	注 9-92
旧 563 条	6-95	会社 580 条類推適用 15-78		借家法 1 条	9-45, 9-123
旧 564 条 6-89, 6-95, 6-203,		会社 607 条	15-94	借家法 1 条ノ 2	1-28
6-212		会社 609 条	注 15-24	借家法 6 条	注 9-53
旧 565 条 6-95, 6-100, 6-203		会社 624 条	注 15-24	借地法 12 条	9-131
旧 566 条 4-72, 6-108, 6-118,		会社更生 102 条	1-25	借地借家 1 条	9-22
6-180, 6-186〜, 6-203,		会社更生 103 条	1-25	借地借家 3 条〜8 条	
6-205, 注 4-19		会社更生 208 条	1-25		9-85, 9-87
旧 567 条 6-191, 6-194, 6-195		貸金業法 13 条	注 7-2	借地借家 3 条	9-82
旧 570 条 4-72, 6-104〜,		貸金業法 17 条	1-38	借地借家 4 条	9-102
6-118〜, 6-180, 6-189,		貸金業法 42 条	7-48	借地借家 5 条	9-101, 9-102
6-203, 6-205, 6-228,		割賦販売 5 条	注 4-14	借地借家 6 条	9-102
注 6-77		割賦販売 30 条の 4	注 1-24	借地借家 9 条	9-85

借地借家 10 条　9-21, 9-38, 9-43

借地借家 11 条　9-127〜, 注 4-7

借地借家 12 条　9-187

借地借家 13 条　2-66, 9-85, 9-87, 9-88

借地借家 14 条　9-88, 9-216

借地借家 16 条　9-85

借地借家 17 条　9-87

借地借家 18 条　9-85, 9-87

借地借家 19 条　9-215

借地借家 20 条　9-215

借地借家 22 条　9-2, 9-15, 9-84, 9-87

借地借家 23 条　9-85, 9-87

借地借家 24 条　9-86, 9-87

借地借家 25 条　9-87

借地借家 26 条　9-107

借地借家 27 条　9-112

借地借家 28 条　9-112

借地借家 29 条　9-91, 9-92

借地借家 30 条　注 9-9

借地借家 31 条　9-45

借地借家 32 条　9-127〜, 注 4-7, 注 9-33

借地借家 32 条類推適用　注 9-36

借地借家 33 条　2-66, 9-99, 9-168, 9-265

借地借家 34 条　9-254

借地借家 35 条　注 9-98

借地借家 37 条　9-99

借地借家 38 条　9-2, 9-15, 9-92〜, 注 9-25

借地借家 39 条　9-95

借地借家 40 条　9-91, 9-96

借地借家 52 条　注 9-9

借地借家旧 38 条　9-92

住宅セーフティネット法 2 条　注 9-8

出資法 5 条　7-47

商 504 条　13-73, 15-47

商 506 条　12-110

商 508 条　2-82

商 509 条　2-67, 2-95

商 511 条　15-81, 注 15-17

商 512 条　2-56, 12-54

商 513 条　7-44

商 521 条　3-10

商 524 条　13-48

商 525 条　注 4-32

商 526 条　6-76, 6-103, 6-108, 6-205, 6-211, 6-218〜, 6-223, 11-97, 注 6-93, 注 11-37

商 527 条　注 6-42

商 528 条　注 6-42

商 535 条以下　注 15-2

商 535 条　注 15-6

商 536 条　15-20, 注 15-2

商 543 条以下　12-14

商 552 条　12-14, 12-46, 12-48

商 558 条　9-58, 9-134

商 559 条　12-14

商 577 条　3-54, 13-21

商 586 条　7-62

商 587 条　13-21

商 588 条　3-54, 13-21

商 595 条以下　13-3

商 595 条　13-18

商 595 条類推適用　5-63

商 596 条以下　12-16

商 596 条　13-20, 13-21

商 597 条　3-54, 13-21

商 598 条　注 13-17

商 599 条以下　13-3

商 610 条　13-21

商 615 条　13-48

商 616 条　注 13-17

商 617 条　注 13-17

商旧 254 条の 3　注 12-17

商旧 507 条　2-84

商旧 522 条　7-63

消費者契約法 2 条　1-56

消費者契約法 4 条　2-32, 4-7

消費者契約法 8 条〜10 条　2-112

消費者契約法 8 条　6-243, 注 11-35

消費者契約法 8 条の 2　注 4-28

消費者契約法 9 条　12-94, 13-44

消費者契約法 10 条　1-19, 2-50, 2-123, 9-66, 9-152, 9-207, 9-270, 9-272, 11-100, 12-95, 注 1-6, 注 2-40, 注 2-41, 注 4-8, 注 4-9, 注 4-13, 注 4-28, 注 6-53, 注 9-22, 注 9-53, 注 9-70, 注 9-102

信託 28 条　注 12-14

信託 30 条　注 12-18

信託 34 条　注 12-23

信託 88 条　3-67

製造物責任 3 条　6-229

大規模な災害の被災地における借地借家に関する特別措置法 1 条・4 条　9-42

宅建業法 39 条　6-27

宅建業法 40 条　6-243

男女雇用機会均等法 5 条・6 条　10-12

地方自治 234 条　2-101

地方自治 260 条の 2　15-54

仲裁 47 条　14-6

仲裁 48 条　14-6

鉄道営業法 18 条の 2　注 2-38

動産債権譲渡 3 条　注 13-11

動産債権譲渡 4 条　6-14

動物愛護法 21 条の 4　6-63

特商法 4 条　1-38

特商法 6 条　2-32

特商法 9 条　注 4-1

特商法 9 条の 2　4-7, 注 4-1

特商法 12 条の 6　2-63

特商法 21 条　2-32

特商法 34 条　2-32

特商法 44 条　2-32

特商法 49 条　12-84

特商法 52 条　2-32

特商法 58 条の 10　2-32

特商法 59 条　注 2-16

任意後見法 4 条　注 12-55

645

任意後見法 10 条　　注 12-55	保険 42 条　　　　　3-67	労基 24 条　　　　　10-26
農地 3 条　　　　　　9-14	保険業法 309 条　　注 4-1	労基 26 条　　3-50, 10-27
農地 5 条　　　　　　4-69	民執 22 条　　　　　1-40	労基 27 条　　　　　10-26
農地 16 条　　　　　9-44	民執 38 条　　　　　13-93	労基 56 条　　　　　10-10
農地 17 条　　　　　9-113	民執 151 条　3-86, 3-87, 9-125	労基 58 条　　　　　10-11
農地 18 条　　　　　9-113	民執 152 条　　　　10-26	労基 84 条　　　　注 10-14
農地 20 条　　9-127, 注 4-27	民訴 58 条　　　　12-110	労基 91 条　　　　注 10-11
パートタイム労働法 9 条	民訴 89 条　　　　　14-4	労基 93 条　　　　　10-9
10-31	民訴 228 条　　　　2-54	労基 116 条　　　　注 10-6
破産 53 条　11-140, 注 9-101	民訴 248 条　　　注 6-68	労契 5 条　　　　　10-29
破産 62 条　　　　　13-51	民訴 267 条　　　　14-4	労契 6 条　　　　　10-1
破産 64 条　12-48, 注 12-27	民訴 275 条　　　　14-4	労契 7 条　　　　注 10-8
破産 148 条　　　　13-51	民調 16 条　　　　　14-5	労契 12 条　　　　　10-9
破産 253 条　　　　14-32	有限責任事業組合契約に	労契 16 条　　10-37, 10-39
品確法 2 条　6-214, 注 6-43	関する法律 3 条　注 15-6	労契 18 条　　　　　10-33
品確法 94 条以下　　11-62	利息制限 1 条　　　7-46	労契 21 条　　　　注 10-6
品確法 94 条　6-214, 注 11-35	利息制限 3 条　　注 7-13	労契承継法 3 条・4 条 10-19
品確法 95 条	利息制限旧 1 条 2 項　7-46	労災保険 64 条　　注 10-14
6-214, 6-215, 6-243	労基 9 条　　　　　10-8	老人福祉法 29 条　　注 9-77
品確法 97 条　　　　11-100	労基 13 条　　　10-1, 10-9	労組 16 条　　　　　10-9
不登 17 条　　　　　12-110	労基 14 条　　　　　10-31	労働安全衛生 1 条　注 10-13
不登 69 条の 2　　注 6-107	労基 15 条　　　　　10-9	労働安全衛生 29 条以下
不動産登記事務取扱手続	労基 16 条　　　　注 10-11	11-126
準則 77 条　　9-23, 9-46	労基 20 条　　　　　10-35～	労働者派遣 2 条　　10-17

平野　裕之（ひらの・ひろゆき）

1960年　東京に生まれる
1982年　明治大学法学部卒業
1984年　明治大学大学院法学研究科博士前期課程修了
1995年　明治大学法学部教授
2004年　慶應義塾大学大学院法務研究科教授
現　在　日本大学大学院法務研究科教授
　　　　慶應義塾大学名誉教授
　　　　早稲田大学法学部非常勤講師
主　著　『民法総則』（2017）『物権法（第2版）』（2022）
　　　　『担保物権法』（2017）『債権総論（第2版）』（2023）
　　　　『債権各論Ⅱ事務管理・不当利得・不法行為』（2019）
　　　　［以上、日本評論社］
　　　　『新債権法の論点と解釈（第2版）』（2021）『製造物責任法の論
　　　　点と解釈』（2021）『高齢者向け民間住宅の論点と解釈──』
　　　　（2022）『保証・人的担保の論点と解釈』（2024）『新・考える
　　　　民法Ⅰ 民法総則（第2版）』（2023）同『Ⅲ 債権総論（第2
　　　　版）』（2024）［以上、慶應義塾大学出版会］
　　　　『コア・テキスト民法［エッセンシャル版］』（2021）［新世社］
　　　　等。

債権各論Ⅰ──契約法　第2版

2018年 8 月25日　　第 1 版第 1 刷発行
2024年11月23日　　第 2 版第 1 刷発行

著　者──平野裕之
発行所──株式会社 日本評論社
　　　　　〒170-8474　東京都豊島区南大塚3-12-4
　　　　　電話 03-3987-8621（販売）-8590（同 FAX）-8631（編集）
　　　　　振替 00100-3-16
印刷所──平文社
製本所──松岳社
装　丁──大村麻紀子
© Hiroyuki, HIRANO　2024

ISBN978-4-535-52822-2　　　　　　　　　　　　Printed in Japan

JCOPY〈(社)出版者著作権管理機構　委託出版物〉
本書の無断複写は著作権法上での例外を除き禁じられています。複写される場合は、そのつど事前
に、(社)出版者著作権管理機構（電話 03-5244-5088、FAX 03-5244-5089、e-mail：info@jcopy.or.jp）
の許諾を得てください。また、本書を代行業者等の第三者に依頼してスキャニング等の行為によりデ
ジタル化することは、個人の家庭内の利用であっても、一切認められておりません。

平野裕之・民法シリーズ

民法総則
◆A5判／512頁 ◆定価4,950円（税込）

物権法 [第2版]
◆A5判／498頁 ◆定価4,840円（税込）

担保物権法
◆A5判／332頁 ◆定価3,740円（税込）

債権総論 [第2版]
◆A5判／604頁 ◆定価5,280円（税込）

債権各論I 契約法 [第2版]
◆A5判／666頁 ◆定価5,500円（税込）

債権各論II 事務管理・不当利得・不法行為
◆A5判／528頁 ◆定価5,060円（税込）

日本評論社